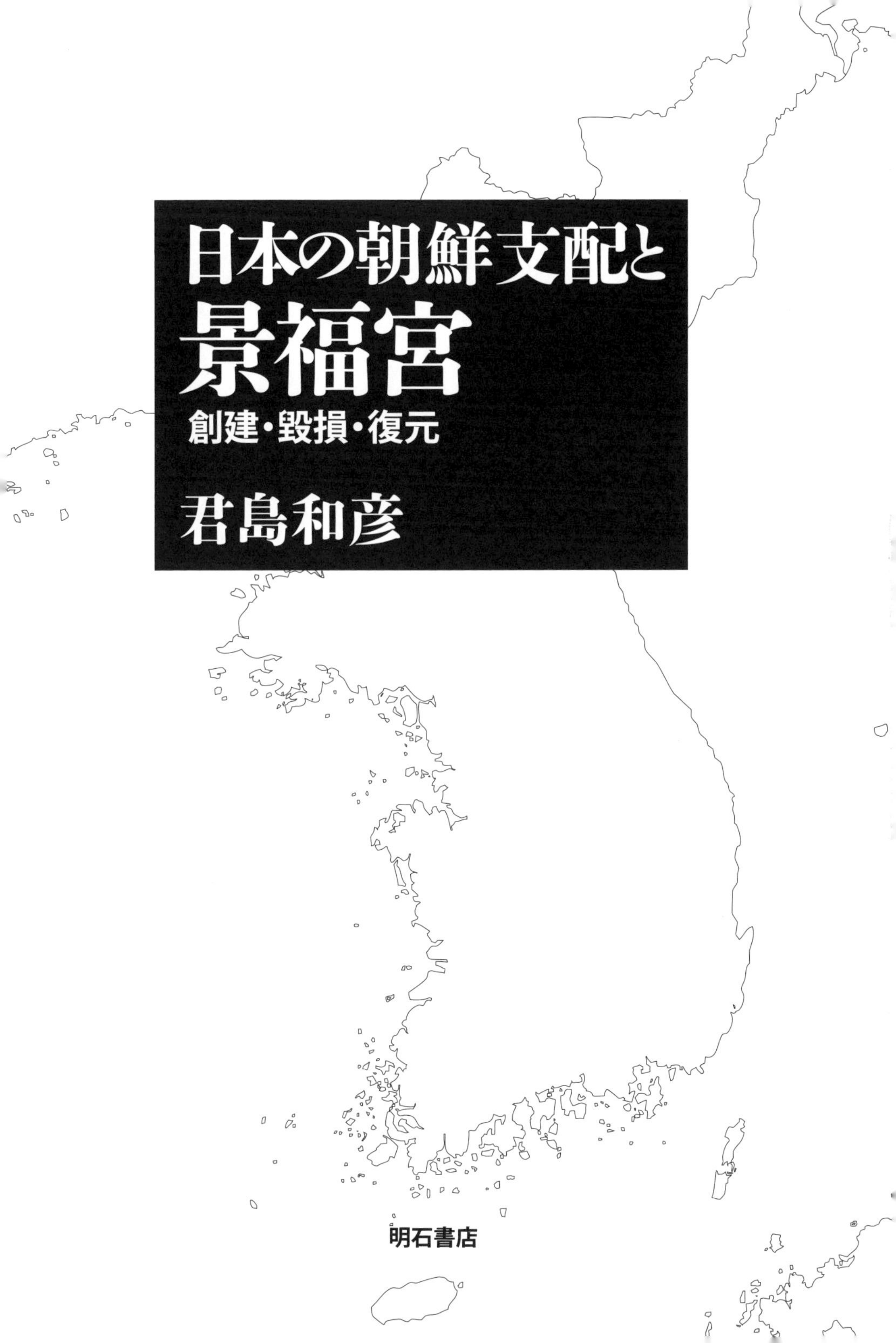

日本の朝鮮支配と景福宮

創建・毀損・復元

君島和彦

明石書店

はじめに

1910年以来、日本は朝鮮を植民地として支配した。植民地として支配するとはどういうことか、どのようなことがあったのか。このことを明らかにするために、日本でも、韓国でも、多くの研究者が長い間努力を重ねてきた。

筆者は、それを景福宮という朝鮮王朝の王宮と日本との関係を解明することで接近してみたいと考えている。その動機の第1は、1991年に韓国を訪問した際に景福宮を見学して受けた衝撃であり、第2は、景福宮は、植民地時代にいくつかの大きな殿閣を除いて大部分の建物が破壊されてしまったことへの衝撃である。そして第3は、景福宮では、長い期間復元作業が継続していることである。さらに第4は、その景福宮では、植民地時代に長期計画かと思えるほどの各種の催し物が行われたことである。

景福宮見学での「衝撃」とは、景福宮の前面に聳える国立中央博物館・旧朝鮮総督府庁舎を見たことである。植民地であるとはいえ、長い歴史を持つ朝鮮の王宮をないがしろにするあり方に「衝撃」を受けた。植民地の現実を見た思いがした。その朝鮮総督府庁舎はどのような建物で、どのように建立されたのか、探究心をかき立てる課題になった。

景福宮破壊の「衝撃」とは、勤政殿、慶会楼などを除いて、景福宮の奥深くまで入っていくと、多くの建物が破壊された様子を実感できたことである。王宮を破壊する、その行為の無慈悲さを実感し、その過程を知りたいという強い欲求が沸いた。その破壊は景福宮で起こった各種の事件の現場でもあった。どこで何が起こったのか、朝鮮の歴史に迫る出来事を究明する必要性を実感した。

そして、景福宮の復元事業は、1990年代に入って本格的になった。破壊と復元、この対比を考えると、膨大な費用と資材、人員を動員して、40年を超える日時を費やして復元事業を継続しているのはなぜかを追究してみたいと考えた。朝鮮王朝時代、絶対的な権力を持って朝鮮人を支配してきた権力の象徴である景福宮を、多くの苦難の後に民主主義国家になった韓国で復元しようとするのはなぜか。朝鮮王朝と現代の韓国との関係をどう見るのか。破壊した日本と、復元事業を継続する韓国との関係をどう見るのか。景福宮を訪れてみれば、世界各国から観光客が訪れ、朝鮮の文化として見学している。その観光資源として景福宮が復元されているのだろうか。それも無関係ではないだろうが、それだけと捉えるのは皮相なことではないかと考える。日本と景福宮はどんな関係にあるのか、何かもっと深い意味があるのではないか。

さらに、景福宮で企画実施された共進会・博覧会などは、極めて計画的に見え、植民地支配とは何かを検討することに非常に優れた素材を提供しているように思えた。

これらの課題を解決してみようとしたのが本書である。したがって、本書では景福宮一般ではなく、宮闕、殿閣、建築物に注目した。景福宮で起こった出来事の内容と共に、景福宮のどこで、どの建物で起こったかを追究した。

景福宮の歴史を見れば、朝鮮王朝の誕生と共に漢陽の地を都とし、そこに建立した正宮が景福宮である。定都と景福宮の建立の過程では、風水思想を重視し、何度かの変更を繰り返しながら漢陽を都とし、その北西の地に景福宮を建立した。この過程は景福宮を検討する際に必須の課題となった。朝鮮王朝の初代の国王太祖が建立した景福宮の姿を明らかにすることが本書の出発点となった。さらに、壬辰戦争時に焼失し、第26代国王高宗の時代に再建された景福宮の姿が第2の出発点になった。

以後の景福宮の歴史は、日本との関係が限りなく深い。その関係を、特に近代史に重点を置いて検討してみようとしたのが、本書である。漢陽の成立と景福宮の建立、壬辰戦争時の景福宮焼失問題、高宗代の景福宮再建、その後に景福宮で起こった出来事は日本との関係を欠くことができない。そして、植民地になった朝鮮では、日本による景福宮の毀損過程が進行する。その中で重要なことは寺内正毅朝鮮総督による始政五年記念朝鮮物産共進会の開催と朝鮮総督府庁舎の建立である。その後、一見平和的な博覧会などを経て、景福宮は見事なまでに毀損された。

解放後の韓国では朝鮮総督府庁舎は米軍政庁、韓国の中央庁・議事堂となり、国立中央博物館になり、その破壊と景福宮の復元が問題になる。その理由はなにか。風水の都漢陽に焦点が当てられ、「韓国の国脈」の復活と景福宮の復元が国家事業として取り組まれる。

この過程を検討することは、植民地であったことの意味、韓国人が受けた「心の支配」、「心の自由」・「精神的自由」の問題に関わり、植民地支配の根幹に到着するように思う。景福宮に係わる問題は長い歴史を経て、韓国の現代史に繋がっていく。そして日本と韓国の諸問題に係わっていくのである。

景福宮に関する先行研究

景福宮に関する研究は、韓国で豊かに蓄積されている。本書では各章で研究史の整理と史資料を検討しているので、ここでは研究史を検討した論文[1]を紹介しておこう。

第１は조재모・전봉희「高宗朝景福宮重建に関する研究[2]」である。論文では、冒頭の「研究動向及び関連資料」で、「60 年代の張大遠、80 年代の李康根、90 年代の洪順敏」が「代表的な研究者」であると評価し、次の論文[3]を紹介している。

張大遠「景福宮重建に関する小考」『郷土ソウル』16 号、1964 年３月。

李康根「景福宮に関する建築史的研究」韓国精神文化研究院碩士論文、1984 年。

李康根「景福宮重建」『大韓建築学会誌』35 巻２号、通巻 159 号、1991 年３月。

洪順敏「朝鮮王朝宮闕経営と“両闕体制”の変転」ソウル大学校国史学科博士論文、1996 年。

조재모・전봉희論文では、景福宮の「重建[4]」に関する初期の研究である張大遠の代表的な論文と、景福宮研究を大きく前進させたと評価されている李康根の碩士論文、朝鮮王朝時代は景福宮と昌徳宮というように二つの宮殿を使用する体制であったことを明らかにした洪順敏の博士論文を紹介している。何れも優れた研究であり、本書でも重要文献として参照している。

第２は、한동수・정봉구「1945 年以後の景福宮研究の成果と課題[5]」である。この研究では、論文の執筆された 2007 年の前年、2006 年までの研究を対象に、1980 年代以前を「景福宮存在の認識期」、1980 年から 1995 年を「景福宮研究の胎動期」、1996 年以降を「景福宮研究の跳躍期」と区分して、各期の研究成果を検討している。先に見た張大遠論文は第１の時期に、李康根論文は第２の時期に、洪順敏論文は第３の時期に該当している。そして、한동수・정봉구論文では、「付録：景福宮関連研究文献目録（1945 ～ 2006 年）」を掲載し、「景福宮関連国内学術誌論文」（４ページ）、「景福宮関連国内学位論文」（２ページ）、「景福宮関連単行本」（２ページ）、「景福宮関連報告書」（１ページ）を掲載している。

第３は、文化財庁『景福宮変遷史（下）[6]』に掲載された「参考文献」目録である。本書は、文化財庁の委託によって、（주）삼성건축사と（주）삼경이엔씨が、「景福宮変遷過程及び地形分析学術調査研究」を行った報告書である。この下巻に「参考文献」一覧があり、「年代記」、「宮闕誌・地志類」、「地図類」、「景福宮全図」、「写真類」、「単行本」、「学術論文」、「学位論文」、「報告書」、「その他」に

区分して全部で10ページも掲載している。

このような景福宮の研究史で紹介された文献以外に、景福宮そのものを研究した著書がある。特に李康根著『景福宮[7]』は1998年に出版され、筆者の所有する2009年版は第7刷で、多くの読者を持つ名著といえよう。専門家が執筆した簡単な通史ともいえるが、注も付けられ、専門家の検討にも堪えられる本である。

また、洪順敏は、その後、宮闕研究を深化させ、『わが宮闕話し[8]』を刊行した。本書は「朝鮮の歴史と文化を学ぶ宮闕紀行」とあるように、景福宮だけを取り上げたものではないが、景福宮に50ページ以上を費やしている。そして筆者の所有する2008年版は第18刷である。その後、洪順敏は『洪順敏の漢陽の読み方と宮殿（上下)[9]』を2017年に刊行した。本書も景福宮だけを扱ったものではないが、第1章は景福宮である。

さらに、文化財庁『景福宮変遷史（上下)』も重要である。この本は、上巻第２章が「景福宮の変遷過程」で、第1節「創建以後の変遷過程考察」(李康根)、第2節「高宗重建と大韓帝国末期までの変化考察」(이규철)、第3節「日帝時代の変化考察」(신혜원)、第4節「1945年以後の景福宮」(신혜원)、第5節「西十字閣についての考察」(장순용) という節で構成されている。執筆者は第1節を李康根が執筆しているように、景福宮に関する研究者である。内容は単なる景福宮の「通史」ではなく、各節ごとに先行研究を検討し、朝鮮王朝実録、各種地図、発掘調査資料などを元に執筆した論文集である。同時に、各種史資料が紹介されており、資料集的性格もある。下巻はより資料集としての性格が強く、各種地図が紹介され、各時代の建物調査などを掲載している。

本書との関係では、『景福宮変遷史』は日本との関係という視点は弱く、さらに各種事件の現場を調査するという視点も弱い。本書では、『景福宮変遷史』を論文集と資料集の両側面で活用している。

本書の構成

次に本書の構成を紹介しておこう。本書は基本的に未発表論文で構成している。したがって、学会誌や論文集に収録されたものはわずかである。

第1章「王都漢城の誕生」では、風水の都の漢陽が朝鮮王朝の都に決定した過程と漢城の構造を検討した。その際、鄭道伝と無学大師の役割、村山智順と崔昌祚の風水論などに言及した。

第2章「朝鮮初期の景福宮創建」では、漢城に創建された最初の景福宮について、基本資料である「太祖実録[10]」を使用してその構造を明らかにした。韓国の先行研究[11]や杉山信三の研究[12]などを検討した。

第3章「壬辰戦争と景福宮」では、壬辰戦争時の景福宮の消失について検討した。景福宮は創建約200年後、1592年の壬辰戦争時に焼失してしまうが、何時、誰によって焼失させられたのか、前掲李康根『景福宮』の記述を検討することによって事実に接近した。この章は「壬辰戦争と景福宮」と題して『日韓相互認識』[13]に掲載した。

第4章「高宗代の景福宮再建」では、高宗代の景福宮再建について、筆者が早稲田大学図書館で発見した『景福宮営建日記』などを使用しつつ、再建工事の進行過程や財政、労働力の動員、再建された景福宮の全体像などを検討した。再建された景福宮は、近代の日韓関係史の中で破壊の対象になるが、破壊される前の景福宮の姿を確認した。

第5章「19世紀末日本の朝鮮侵略と景福宮」では、近代史の舞台となった景福宮を検討した。最初に、「日清戦争時の景福宮占領事件」を、中塚明が発掘、公開した資料[14]によって検討した。次に日清戦争後に起こった「明成皇后殺害事件」を検討した。この事件は日本政府が直接関わった事件であり、金文子の研究[15]を基礎に景福宮での出来事を検討した。この節は、韓国で開催された「ソウル歴史編纂院70周年記念第18回ソウル歴史学術大会」での「特別講演日韓関係史から見た景福宮[16]」で報告した。次に高宗がロシア公使館へ避身する「露館播遷」を検討した。また、「大韓帝国期の景福宮」では、明成皇后殺害事件の現場である乾清宮の破壊に始まり、王宮の一般公開などによって景福宮が破壊されていく事実を明らかにした。

第6章「始政五年記念朝鮮物産共進会の開催」では、初代朝鮮総督寺内正毅が主導し、植民地統治5年間の成果を誇示した物産共進会を検討した。この会場に景福宮の勤政門の前を使用したために、景福宮毀損の開始を告げるものとなり、文化財を収奪破壊し、同時に朝鮮総督府庁舎の敷地確保にも繋がった。寺内正毅朝鮮総督の統監時期を含めた7年にわたる支配を総括するものであった。

第7章「朝鮮総督府庁舎の建設」では、1916年に着工し、1926年に完成した庁舎の建設に係わる諸側面を検討した。朝鮮総督府の威厳を示す大規模な庁舎は、植民地支配の象徴でもあった。この建設によって、景福宮の正面は「日本」になってしまい、ほぼ同時に朝鮮神宮と京城府庁舎も建設され、漢城は日本の朝鮮支配の中心地になった。本章では、庁舎の設計、建設場所の確定、庁舎の構造や設備、玉座を持つ意味などを検討し、さらに光化門移転にともなう柳宗悦の言説などを検討した。

第8章「20世紀前半景福宮での共進会・博覧会」では、1915年の物産共進会以後、景福宮で開催された各種共進会を検討した。ここでは景福宮の権威が破壊されていく姿を見た。各種の共進会は、植民地支配の成果の誇示とともに、産業の育成をうながす政策でもあり、朝鮮総督府の支配の多面性を見ることが出来る。

第9章「1929年朝鮮博覧会の開催」では、景福宮で開催された博覧会を取り上げた。植民地で開催される博覧会の意味から始まり、朝鮮総督府庁舎の後方、景福宮の後ろ半分が全て破壊されていく姿を検討した。朝鮮博覧会によって、景福宮は全くその面影を残すことなく破壊された。同時に朝鮮博覧会が、20年に及ぶ朝鮮支配の成果を誇示し、植民地支配の正統性を展示する博覧会であったことを、展示館の役割、その配置、さらに博覧会の評価を検討することで明らかにした。

第10章「1945年解放以後の景福宮」では、日本の敗戦後の、朝鮮の解放・光復以後の、景福宮と朝鮮総督府庁舎の変化を韓国現代史の中で検討した。朝鮮総督府庁舎が米軍の軍政庁になり、大韓民国の中央庁・議事堂になり、国立中央博物館になり、解体されるまでの歴史を検討した。朝鮮総督府庁舎の解体は韓国の国脈の回復であり、風水の都ソウルの回復であり、そのための景福宮の復元であることを明らかにした。第1章で見た王都漢城は風水の都であり、復元される景福宮は風水思想の「穴」の、「明堂」の復活なのである。

本書の各章の内容を紹介したが、見るように、漢城の始まりから検討しているが、景福宮と日本の関係を中心テーマとしており、景福宮の通史ではない。景福宮では、本書で取り上げなかった諸種の出来事が起こっており、朝鮮・韓国の歴史の中心地としての歴史がある。それらに関しては韓国で豊かな研究蓄積がある。本書は韓国の研究成果に依拠した所が多い。韓国の研究が日本では十分に紹介されていないという現状を踏まえて、韓国の研究を紹介するという役割を幾分かでも果たせれば、本書の意味もあるかと考えている。

注

1 本書では、韓国語の文献は本文で日本語訳のタイトルを、脚注では原文通りの韓国語のタイトルを採用している。翻訳書のない文献の日本語訳は筆者による。人名は漢字名の分かる人は漢字で、分からない人はハングル表記を用いた。

2 조재모・전봉희「高宗朝景福宮重建에 관한研究」『大韓建築学会論文集 計画系』16巻4号、通巻138号、2000年4月。

3 論文の原題は次の通り。

張大遠「景福宮重建에 対한小考」『郷土서울』16号、1964年3月。
李康根「景福宮에 관한 建築史的研究」韓国精神文化研究院附属大学院碩士論文、1984年。
李康根「景福宮重建」『大韓建築学会誌』35巻2号、通巻159号、1991年3月。
洪順敏「朝鮮王朝宮闕経営과"両闕体制"의変転」ソウル大学校国史学科博士論文、1996年。

4 韓国の論文では、日本で言う「再建」を「重建」という。

5 한동수・정봉구「1945년 이후 경복궁 연구의 성과와 과제」『서울학연구』xxix、2007.8。

6 文化財庁『景福宮変遷史（上・下）—경복궁 변천과정 및 지형분석 학술조사 연구용역』2007年。

7 李康根『景福宮』대원사、1998年初版。

8 洪順敏『우리 궁궐 이야기』청년사、1999年。

9 洪順敏『홍순민의 한양 읽기 궁궐（상・하)』눌와、2017年。

10 『太祖実録』太祖4年（1395）9月29日。

11 前掲洪順敏博士学位論文、前掲李康根『景福宮』など。

12 杉山信三『韓国の中世建築』(相模書房、1984年)。

13 拙稿「壬辰戦争と景福宮」『日韓相互認識』第10号、2020年3月10日。

14 中塚明「『日清戦史』から消えた朝鮮王宮占領事件－参謀本部の「戦史草案」が見つかる－」(『みすず』399、1994年6月)、中塚明『歴史の偽造をただす』高文研、1997年。

15 金文子『朝鮮王妃殺害と日本人』高文研、2009年。

16 「日韓関係史から見た景福宮」『ソウル歴史編纂院70周年記念第18回ソウル歴史学術大会　景福宮再建の歴史、最初のページを開く』(2019年6月17日、ソウル歴史博物館야주개ホール）報告集所収、これはソウル歴史編纂院『서울과 역사』103号、2019年10月に日本語と韓国語で収録された。この学術大会は『景福宮営建日記』発見を記念して開催されたものである。

日本の朝鮮支配と景福宮 ◎ 目次

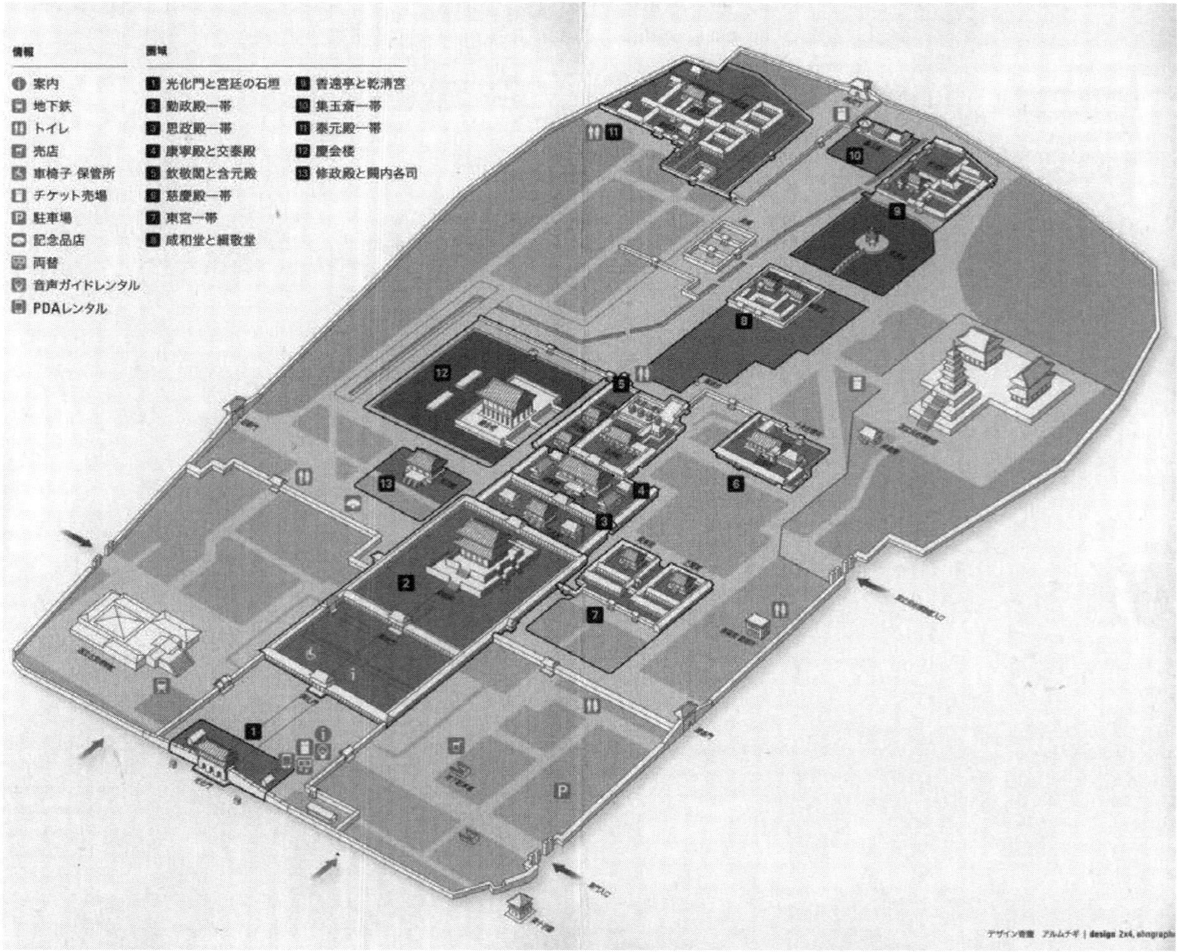
情報
案内
地下鉄
トイレ
売店
車椅子 保管所
チケット売場
駐車場
記念品店
両替
音声ガイドレンタル
PDAレンタル
圏域
1 光化門と宮廷の石畳
2 勤政殿一帯
3 思政殿一帯
4 康寧殿と交泰殿
5 飲敬閣と含元殿
6 慈慶殿一帯
7 東宮一帯
8 咸和堂と緝敬堂
9 香遠亭と乾清宮
10 集玉斎一帯
11 泰元殿一帯
12 慶会楼
13 修政殿と闕内各司

景福宮全図

第1章　王都漢城の誕生

はじめに

大韓民国の首都ソウルは長い歴史を持つ都市である。古代百済の首都であり、新羅の慶州、高句麗の平壌とともに古代文化が栄えた。高麗時代は首都開京（開城）とともに三京のひとつ南京[1]であり、漢陽府と呼ばれた。

朝鮮王朝が成立し、太祖は1392（太祖元年）８月13日に都邑を漢陽に移した[2]。そして1395年（太祖４年）６月６日漢陽府を漢城府に改めた[3]。この時以後、朝鮮王朝の都は「漢城」になった。

1910年、日本は朝鮮を植民地とし、同年９月30日勅令第357号によって「漢城府」を廃止し「京城府」を置いた。前日の勅令第318号によって「韓国」は「朝鮮」となった[4]。以後、日本の植民地時代は「朝鮮」と「京城」が正式名称として使用された。

1945年、朝鮮は日本の敗戦によって解放され、1948年８月に大韓民国政府が樹立されると、首都は「ソウル」になった。「ソウル」とは、韓国語では「都」の意味である。朝鮮人の学者柳本芸の『漢京識略』（1830年）によれば、新羅の昔の国名が「徐耶伐（ソヤボル）」で、後世の人が京都を「徐伐（ソボル）」といい、後にそれが訛って「ソウル」になったという[5]。

大韓民国の首都ソウルは、朝鮮王朝時代には「漢城」であり、植民地時代には「京城」となったが、行政・経済・文化の中心地として事実上の「都」であり続け、1945年の解放後は首都「ソウル」となり、600年以上の歴史を持つ「都」である。1992年には「定都600年祭」が実施された。

本章は景福宮のある「ソウル」の誕生、王都漢城の成立について検討する。漢城の成立については、日本では前掲姜在彦『ソウル』をはじめ、吉田光男『近世ソウル都市社会研究』[6]などがあり、本章は大きな示唆を受けた。韓国には多くの研究があり、ソウル研究の中心組織であるソウル市史編纂委員会は『ソウル600

年史』（全９巻）を1977年から刊行し、その過程で『郷土ソウル』を発行している。また、ソウル市立大学校ソウル学研究所機関誌『ソウル学研究』には漢城の成立に関する論文が数多く掲載されている。例えば第２号には이규목・김한배「ソウル都市景観の変遷過程研究[7]」が掲載されている。本章では장지연「開京と漢陽の都城構成比較[8]」などを参考にした。

本章では、韓国と日本のこれらの研究を踏まえて、王都漢城の誕生を考察する。

1　仁旺山の禅岩

ソウルの西、仁旺山の中腹に禅岩という大きな岩がある。山の木々の葉が落ちる冬の時期には、地下鉄３号線「独立門駅」の前の義州路からも、その大きな岩ははっきりと見えるほどである。

この岩は形が２人の禅僧が座禅を組んで座っている形に似ているところから禅岩という。禅岩は安産の御利益があるといわれ、今でもソウルの市民の崇拝の対象になっており、お参りする女性の姿が見られる。

この禅岩の説明板には、次のように書かれている。

1-1 図「禅岩[9]」

禅　　　　岩

ソウル民族資料　第４号

所在地：ソウル特別市鐘路区毋岳洞

この岩はその形状があたかも僧が長い衣を着ている姿のように見え、“禅”字を切っているようなので禅岩と呼ばれている。朝鮮太祖が城を築くとき、文臣鄭道伝と王師無学大師が、この岩を城内にするか城外にするかについて、大きく意見の対立を見たという逸話を残している。結局、鄭道伝の意見によって、禅岩は城外に押し出されることになった。

（注…所在地の「毋」は母ではない）

つまり、ソウルをめぐる城壁を作るとき、この禅岩を城壁の内部に入れるのか、外にするのかが、文臣鄭道伝と王師無学大師という２人の有力者の間で論争になり、結局鄭道伝の意見が採用されて、この岩は城壁の外になったという。

韓国には、禅岩を城壁の外にするか内にするかに関して、次のような逸話があるという。禅岩を城壁の外にすると主張した鄭道伝は儒者（性理学者）であり、内にすると主張した無学大師は禅僧である。ここで鄭道伝の主張が通ったから、朝鮮王朝は儒教（性理学）の国になり、無学大師の主張が通っていれば、高麗王朝と同じく仏教の国になったという話である。儒教の国か仏教の国か。この逸話は2人の対立を禅岩にからめて扱ったものであり、真意は確かめようもないが、興味深い話である。

禅岩はソウルの城壁にきわめて近い。禅岩の後ろの岩に登ってみれば、指呼の間に城壁がある。城壁は仁旺山の稜線を縫うように作られている。禅岩を城内にすれば、城壁は仁旺山の中腹を通ったことになる。

禅岩の前から西側を見れば、眼下に独立門や西大門独立公園、さらに西に開けた街並みがよく見える。東側、即ち、すぐ近くの城壁に登れば（実は厳しい岩壁で登れないが）、稜線の向こう側は城内であり、景福宮や青瓦台、ソウルの東の方が一望できる。

2　鄭道伝と無学大師

ソウルの城壁をどこに作るかをめぐって、鄭道伝と無学大師の間に論争があったとすれば、朝鮮王朝初期、漢城の建設に関して議論があったことになる。まず、鄭道伝と無学大師という人物を見てみよう。

鄭道伝[10]は1337年に生まれ、1398年に亡くなっており、高麗末から朝鮮初期の文人である。号を三峰というが、これは出生地の地名に由来する。高麗末期の有名な詩人で儒学者で、かつ政治家でもあった李穡の門に学び、鄭夢周、李崇仁、李在吾、金九容ら高麗末の著名な儒学者・政治家と交友があった。1362年科挙の文科に合格、1370年には高麗時代の朱子学の大学であった成均館で成均館博士になり、翌年には太常博士となって5年間銓選を管掌し、儒学者として最高の地位についた。その後、1383年に東北面都指揮使であった李成桂の参謀となった。1388年の威化島回軍を契機に新進勢力が執権すると、趙浚などとともに田制改革案を積極的に建議し、朝鮮建国の基礎を作った。李成桂を国王に推戴し、朝鮮王朝建国に決定的な役割をはたした。そして、鄭道伝は漢城遷都の主唱者であると同時に計画担当者であり、新都造営の総責任者でもあった。儒学者であり政治家でもあった鄭道伝は、『経済文鑑』、『朝鮮経国典』などを編纂し、朝鮮王朝建国初期の財政・経済運営の原則、統治の基本原理となった法典まで全て作り上げ、建国第1の功労者となった。

他方、無学大師[11]は1327年に生まれ、1405年に亡くなった。高麗末から朝鮮王朝初期の僧で、名は自超、号は無学、堂号は渓月軒である。18歳で出家し龍門山慧月国師に仏法を習い、妙香山金剛窟などで修行した。1353 年、燕京に留学、曹渓宗をインド僧指空法師に学んだ懶翁王師に師事し、帰国後の 1392 年王師となり、1402 年に檜厳寺監主となったが、翌年辞職、金剛山金蔵庵に滞在して入定した。無学大師によって曹渓宗という禅風の朝鮮仏教が広まった。この間、1393 年には遷都しようとする太祖とともに鶏龍山と漢陽の地相を見てまわり、晩年には仏教に帰依した太祖の厚い信頼を得ていた。

この２人はともに李成桂に重要視されたが、鄭道伝は 1398 年に起こった第１次王子の乱で死亡してしまう。この乱は、李成桂の第５王子である芳遠（後の第３代国王太宗）が鄭道伝と政治的に対立し、鄭道伝ら重臣と世子の芳碩とその弟芳蕃を殺害した事件である。無学は晩年に太祖の信頼を得るが朝鮮王朝では仏教は排斥される。そして第３代国王太宗のころ、朝鮮王朝は儒教（性理学）を国教としたので、鄭道伝が蘇った形になる。

3　太祖の即位

太祖は朝鮮王朝初代の王である李成桂に死後贈られた廟号である。李成桂[12]は 1335 年に咸鏡道永興に生まれ、1408 年に亡くなった。朝鮮王朝第１代国王で在位期間は 1392 年から 1398 年までである。李氏の本貫は全州で、李氏一族はこの地方の豪族であったが、咸鏡道に移住してから強力な軍事基盤を持つようになり、父親の李子春の代から高麗王朝の中央官人として出仕するようになった。李成桂は「崔瑩を始めとするその他の武将とは違って、憂国の情に燃える軍人であっただけでなく、卓越した能力の戦略家であり、包容力のある政治家の才能も持っていた。彼は当時の高麗社会が抱えていた矛盾の実情に対して正確に洞察しており、これを克服するために政治・経済・軍事的改革の必要性を切実に感じていた人物であった」という。彼は紅巾賊掃蕩（1361 年）や倭寇の撃退（1362 年）、元軍の撃退（1364 年）、２回にわたる東寧府の攻撃（1370 年）、度重なる倭寇の侵入の撃退（1372 ～ 1380 年）など、数多くの戦争で輝かしい戦果を上げるとともに、政治・軍事的基盤を強化していった。そして彼と同じく根本的な改革を追究していた鄭道伝を始めとする儒臣勢力と、彼に従う多くの農民、そして農民出身の軍師たちが協力した。

李成桂[13]が朝鮮王朝を興した 14 世紀末は、東アジア一帯が変革期であって、中国では 1368 年に元が滅んで明が興り、日本では 1392 年に南北朝が合一され、以後室町時代が開化する。朝鮮では南北朝合一と同じ年に高麗から朝鮮への政権の禅譲があった。東アジア３国の変革の中で、相互に見合いながら、李成桂は朝鮮王朝を樹立したのである。

李成桂の政権獲得にとって決定的な事件は「威化島回軍」である。1388 年、明は鉄嶺以北を明の領土、以南を高麗領とすると通告した。これに対し親元派の武将崔瑩は明の支配する遼東城を攻撃するよう李成桂に命じた。李成桂はこの遠征に反対であったが、命に従って出撃し、遠征途上に朝鮮と明との間を流れる鴨緑江の中州、威化島から軍を引き返し、崔瑩ら親元派を追放して国政の実権を掌握した。李成桂は儒臣の採用、科田法という土地制度の導入などの改革を実施した。この国政改革に賛成する官僚から李成桂を国王に推戴する声があがったが、穏健派の鄭夢周が高麗王朝の存続を主張し対立が深まった。ここで李成桂の５男芳遠（後の太宗）は鄭夢周の策動に先んじて鄭夢周を殺害した。1392 年、高麗王朝の最後の国王恭護王は李成桂に王位を譲り、ここに易姓革命によって李成桂は即位した。

この後、李成桂は明に使節を送り外交関係の継続と国王交代の承認を求めた。明はこれを承認したが、王号の使用は認めなかった。李成桂は国内的には国王であったが、明との関係では「権知高麗国事」であった。国号も「朝鮮」と「和寧」の２つの候補を提案し、1393 年、明の勧めで「朝鮮」に決定した。明が正式に朝鮮国王と称することを認めたのは、李成桂の退位後の 1401 年、第３代太宗の元年であった。この時を持って王氏高麗から李氏朝鮮への易姓革命が名分の上でも成就したことになる。以後、朝鮮王朝は明と宗属関係を結び、東アジアの国際秩序の中に組み込まれ、中国王朝に「事大の礼」をとることで善隣友好関係を維持していくことになる。

4　村山智順と崔昌祚

太祖は即位直後に遷都を考える。遷都の命は即位わずか１か月後である。そして結果的には、遷都前は漢陽府といい、遷都後は漢城府となる後の大韓民国の首都ソウルに遷都するが、その過程はまさに紆余曲折を経たものであった。どこが王都にふさわしいかについて、議論百出、太祖もその議論に加わって、王都建設工事が中止されたり、中断されたり、複雑な経過を経た。この遷都過程を複雑にしたのが風水説、国都風水解釈であった。

韓国では「風水」は過去のものではなく、墓地の位置決定や、住宅の建て方などで「風水師」が活躍している。そして、この風水思想は大変複雑で、難しく、素人を悩ませている。韓国には、風水思想を理解したうえでの朝鮮王朝の王都建設に関する研究がある。そして日本でも「風水学」が注目され、朝鮮と風水との関係を論じた著書が出版されている。これらの著書や論文で必ず参考にされている本が、村山智順の『朝鮮の風水』[14]と崔昌祚の『韓国の風水思想』[15]である。朝鮮王朝の王都建設を扱った吉田光男の前掲著書でもこれらの著書を参照している。村山の『朝鮮の風水』が植民地時代の風水研究の頂点を示すものであるとすれば、崔昌祚の『韓国の風水思想』は村山の業績を受け継ぎつつ、その後の地理学の研究成果をふまえた現代風水研究の水準を示すものといえよう。崔昌祚は「韓国における風水研究の第一人者」といわれ、その著書は「本格的な韓国風水の学術的な研究書」であり、「風水研究の基本的な著作」[16]と評価されている。この２著の成果を無視して朝鮮王朝の王都建設に関する研究は不可能であろう。

『朝鮮の風水』は、第１編・朝鮮の風水、第２編・墓地風水（陰宅)、第３編・住居風水（陽基）という構成であり、王都建設論を中心に論じたものではなく、風水思想全体を論じた体系的な著書である。

村山は『朝鮮の風水』をまとめた当時は朝鮮総督府官房文書課嘱託である。しかし『文化人類学事典』[17]によれば、「生没年不詳」[18]とあり、『朝鮮人物事典』[19]では生年は 1891 年とあるが没年は「？」である。両書とも経歴に関しては、東大を卒業したこと、朝鮮総督府嘱託であったこと、著書などを紹介しているだけである。まるで謎の人物である。しかし、国立民族学博物館の朝倉敏夫の研究によって、その生涯が明らかになったが、朝倉論文のタイトルも「村山智順師の謎」[20]である。その後、慶應義塾大学の野村伸一「村山智順所蔵写真展―1920 から 30 年代の朝鮮の人と暮らし」[21]によって村山智順の年譜や所蔵写真などが紹介された。

これらの論考を踏まえて、村山智順について整理してみよう。村山は 1891 年５月７日、新潟県刈羽郡北条で生まれた。幼少の時に母を亡くし、日蓮宗法布山妙広寺に入るが、ここの住職が村山智全で、智全の開いた四恩報学舎という私学で薫陶を受けた。その後、県立旧制小千谷中学、第１高等学校を経て 1916 年東京帝国大学哲学科社会学専修に入学し、「日本国民性の発達」という卒業論文を書いて 1919 年７月に卒業する。卒業とともに朝鮮総督府嘱託に就職した。普通の公務員では転勤が多いので嘱託を選んだという。朝鮮の京城に暮らし一男一女をもうけ、1941 年３月に日本に帰国し、朝鮮奨学会に勤務した。1943 年村山智全が亡くなると、檀家などに請われて身延山で修行し、1945 年（54 歳）から第 31 世妙広寺住職になる。しかし、1958 年に妻の要望によって東京に移り余生を送って 1968 年９月 17 日、77 歳で永眠したという。

村山智順は20年余の朝鮮総督府勤務中に1-1表「村山智順業績一覧」に整理したような著書・論文を残した。先に見たように1919年７月に卒業し、朝鮮総督府に就職し、就職４年目で最初の論文を発表し、以後、１年または２年に１冊、論文・著書をまとめている。

朝鮮調査資料は47輯まであるが、このうち12冊を村山が執筆した。「調査資料」とされているので、資料調査などには助手がいて仕事を手伝った可能性がある。『朝鮮の風水』ではその「自序」に「この調査をなすに当り現李王職参奉、もとの地官、北青の人全基応氏に負ふところ少なからず、ここに感謝の意を表する」と記している。全基応氏がどのような人かは分からないが、有力な助手がいたことになる。しかし、『朝鮮の風水』に見るように、村山の独自の見解、主張が随所に見られ、単なる調査報告書と見ることはできない。

1-1表「村山智順業績一覧」

書名	刊行年	調査資料番号
「朝鮮社会制度史」『朝鮮史講座』	1923年	
「風水について」『朝鮮史講座』	1923・24年頃	
『朝鮮の独立思想及運動』	1924年	10
『内鮮問題に対する朝鮮人の声』	1925年	12
『朝鮮の群衆』	1926年	16
『朝鮮の服装』	1927年	
『朝鮮人の思想と性格』	1927年	20
『朝鮮の鬼神』	1929年	25
『朝鮮の風水』	1931年	31
『朝鮮の巫覡』	1932年	36
『朝鮮の占卜と予言』	1933年	37
「民間信仰と犯罪対策」『朝鮮総覧』	1933年	
『朝鮮の類似宗教』	1935年	42
『部落祭』	1937年	44
『釈奠、祈右、安宅』	1938年	45
『朝鮮の郷土娯楽』（呉清）	1941年	47
未刊『朝鮮場市の研究』	1931年以降著述	

前掲朝倉論文（p.107-108）より引用

村山の研究は、1920年代後半以降、民俗学的な研究や民間信仰的な研究に進んでいく。そして村山は『朝鮮の風水』の「自序」で『朝鮮の鬼神』、『朝鮮の風水』、『朝鮮の巫卜』の３冊を３部作と位置づけ、これらは「朝鮮文化の根底に流るる民間信仰」の概要を明らかにしようとするものであると述べている。実際には『朝鮮の巫卜』という著書はなく、『朝鮮の巫覡』と『朝鮮の占卜と予言』の２冊になったと思われる。社会学から民俗学、宗教学へと研究分野が移っていったといえる。

晩年に就職の話があり、業績を整理したが、そこでは『朝鮮の鬼神』以降の調査資料７冊をあげている。その「ページ数合わせて5371ページ」であるという。

単純平均 767 ページの大著である。ちなみに『朝鮮の風水』は 857 ページである。

これら村山の研究業績が、日本の朝鮮植民地支配にどのように利用されたかは分からない。朝倉は前掲『朝鮮場市の研究』の「解題」で、この本が「朝鮮の植民地支配政策に有効な助言を呈する目的があったことを否定できないだろう」と述べている。

村山智順の研究をどう評価するかについて、朝倉は慎重に言及している。韓国のシャマニズム研究の重鎮金泰坤は、日本人の研究業績に対して、批判というより「残虐で固有の文化を破壊した『日帝』に対する拒否」を表明しているという評価を紹介し、他方で、村山と同時代に生きた韓国民俗学者孫晋泰の「肯定的」な評価を紹介し、さらに孫に対する川村湊の批判を紹介している。その上で村山智順の研究を読み解き評価した孫を高く評価している[22]。

また野村伸一は、村山の研究は「あくまでも内鮮一体化をめざす植民地経営のための調査でしかない」と評価し、「朝鮮を旧弊から解き放ち、やがて内地の日本人が違和感を感じないような水準にまで善導していくという構図が潜んでいたのだ[23]」と述べている。この評価は朝倉が紹介した金泰坤の評価と重なってしまうのではないだろうか。

村山の朝鮮の風水に対する理解は大変高度であり、したがって現在でも研究史的価値を維持し続けている。この風水の理解が植民地時代の京城の都市改造や朝鮮総督府庁舎の建立に何らかの影響を持ったとしたら、大変な意味を持ったであろう。本多昭一は関野貞『韓国建築調査報告書[24]』の「迷信」の項に「今日最韓民一般ノ精神界ヲ支配スル者ハ迷信ナリ即彼等ハ纖維風水ノ説ヲ信スルコト深ク冠婚喪祭ノ日時ヲ決シ居處墓地ノ方位ヲ定ムルカ如キ一挙一動殆皆之ニ據ラサルハナク[25]」とあり、景福宮については「配置」を述べた項に「吾人若李朝宮殿ノ最完備セル者ヲ知ラント欲セハ須ク景福宮ノ平面ヲ研究セサルヘカラス[26]」とあることを根拠に「総督府が風水信仰や景福宮の配置の意味を知っていたことは十分考えられる」と述べ、朝鮮総督府庁舎を風水思想を理解した上で建立したと推測している[27]。しかし、本多も風水が朝鮮総督府庁舎の「設計段階においてはほとんど無視されている[28]」と認めるように、そして本書第 7 章でも見るように、朝鮮総督府庁舎の建立の際に風水思想を考慮した論拠は見いだせない。韓国の研究でも朝鮮総督府庁舎と風水思想との関係を認める論考はないように思う。村山智順の『朝鮮の風水』と朝鮮総督府庁舎との関係を認めることは困難である。

次に崔昌祚の略歴を著書の筆者紹介欄[29]によって見てみよう。崔昌祚はソウル大学校文理大学地理学科を卒業し、同大学院を終了後、慶北大、ソウル大、全南大などの講師を務め、国土開発研究院主任研究員を歴任し、全北大学校師範大学及び清州師範大学地理教育学科教授になった。全北大学校教授の時の 1984 年に『韓国の風水思想』を出版した。これが空前の話題作となり、1988 年にソウル大学校社会科学大学地理教育学科教授に就任したが、「教授と呼ばれるより風水師と呼ばれる方を選ぶ」と宣言して教授職を辞した[30]。「現在は里仁地理思想研究会を主宰している[31]」。

村山智順と崔昌祚の著作には、朝鮮王朝の王都決定に関する章がある。村山智順『朝鮮の風水』では第３編・住居風水（陽基）の第２章が「国都風水」であり、第３章が「京城の風水」である。ここでは朝鮮王朝の王都選定の過程とその時の逸話が詳しく紹介されている。崔昌祚『韓国の風水思想』では第４章が「国都風水解釈」であり、高麗末から朝鮮王朝初期の遷都論議について、現代の地理学的研究成果をふまえつつ、村山の『朝鮮の風水』を大幅に発展させた内容で記述している。そして２人とも風水思想が単なる呪術や奇怪な呪いではなく、きわめて政治的、経済的、軍事的、文化的な合理性によって裏付けられる理論であることを強調している[32]。と同時に「風水術」という言い方もあるように、「術」的側面もあり、たとえば山の形の見方など、「術師」によって解釈が多様であり、「その究極するところ一種の信仰であつて決して科学ではない[33]」とも言い、複雑であり、当然議論が百出するとも述べている。

また、京城府の刊行した『京城府史[34]』（第１巻）第二編「李朝時代の京城（其の一）」でも朝鮮王朝の王都選定に関して詳しく記述している。ここでは原典の引用や、説明の仕方などで独自性もあるが、多くは『朝鮮の風水』からヒントを得て書かれたように見える。そして日本で発行されている「韓国の風水」に関する著作での王都決定論議[35]はこれらの先行研究の整理である場合が多い。つまり、大変難解な風水思想の研究では村山智順や崔昌祚の研究成果があまりにも大きく、かつ明快な説明をしているということかもしれない。本章でも以下の論述はこれらの業績に依拠している。

5　朝鮮王朝の王都候補・漢陽と鶏龍山

太祖は即位直後から遷都を考える[36]。高麗の王都開城には旧王朝派の人脈や遷都時期尚早論の主張者も多く、諸政策への抵抗も予想され、まさに「人心の一新」を求めたのであろう。と同時に、儒教の教えである「忠臣は二朝に事えず（忠臣不事二朝）」の教えに従って、高麗王朝に仕えた者は朝鮮王朝には仕えないという節義に殉じた人物がいた。鄭夢周や杜門洞派の儒者たちであった。高麗の文臣72人が開城郊外の杜門洞に集まり、「杜門不出」、新王朝への協力を拒否し、太祖に殺されてしまうという事件が起こった[37]。このような事態が太祖に遷都を考えさせたのであろう。

王都の選定は太祖自らが現地調査をするなどしたが、何人もの忠臣の意見によって紆余曲折がある。その過程は4段階ほどになる[38]。

第1の候補地は漢陽であった。漢陽は高麗朝の南京であり離宮があった。遷都の命がだされた1393年3月は寒波が激しく、離宮の修理工事が難航し中止される中で第2の候補地が浮上した。

第2の候補地は、権仲和の献策による忠清南道の鶏龍山山麓である。風水地理学に通じる政堂文学の権仲和が王命によって鶏龍山を踏査し、太祖2年（1393年）正月、吉地の「山水地形図」と鶏龍山の「都邑地図」を献上した。これに関心を示した太祖は揚州檜厳寺を訪ね王師無学大師（自超）の同行を求め、鶏龍山に登り形勢を視察した。ここでも太祖と無学大師の信頼関係が見える。さっそく地形や漕運の便不便、里程の険易などを調査させ、1393年3月に新都造営を着手させた。

ところが、新王都建設は1393年12月に突然中止された。それは、京畿道観察使で風水学の権威である河崙が鶏龍山の王都に強く反対したためであった。反対理由は、第1に、都は国の中央にあるべきなのに鶏龍山は南方に偏在している。第2に鶏龍山は中国・宋の湖舜申の『地理新法』にいう「水　長生を破り、衰敗立どころに至る」（水破長生　衰敗立至之地）」の地、つまり、山脈が乾（西北）の方向から来て、水は巽（南東）の方向に流れているので国都建設には宜しくないというものであった。

河崙の反対論は、風水思想に基づくものであった。太祖は権仲和や鄭道伝らに命じて河崙の風水説の真否、山水の地相の吉凶を点検させた結果、河崙の主張を認め鶏龍山での王都の建設工事を中止させた。

当時、河崙[39]は京畿左右道観察使という役職であったが、「王朝の基礎を確立し、文物制度を整備することに多くの功績をあげた人物」ともいわれている。

河崙はこの後も朝鮮王朝では重要な役割を担う。即ち、「実際に朝鮮初期の政治制度整備過程」で彼の担った「役割は大変大き」く、たとえば、「既存の門下府と都評議使司を合わせて議政府」に改めるなど、「高麗朝の制度を一新させて朝鮮王朝官制の基盤を固めたと言っても過言ではないほどである」と評される人物でもあった。そして第3代国王太宗の即位に関しては、太祖の後継者争いである 1398 年の「第１次王子の乱」では李叔蕃とともに定元君（後の太宗）を助けこれを成功させ、成俔の『慵齋叢話』によれば「太宗の即位はもっぱら河崙の功績である」といわれているほどである。

6　朝鮮王朝の王都候補・毋岳と漢陽

王都の第３の候補地は漢陽の毋岳山麓である。崔昌祚の見解によれば、「毋岳か母岳か」は必ずしも一定しておらず混用されており、諸説を検討した結果、母岳で良いとしている[40]が、ソウルでは「毋岳洞」としており、先に見た禅岩の説明も「毋岳洞」としているので、本章では毋岳を使用する。

王都の候補地毋岳は、鶏龍山の工事を中止させた河崙が、その責任上からも、また太祖の命もあって、高麗朝以来の書雲観所蔵の風水秘録を検討し、かつ実地に山川を踏査した結果、上奏したものである。

新候補地に対し、太祖は 1394 年２月に権仲和、趙浚など 11 人を派遣して調査させたが、彼らは「毋岳の南地は地狭くして都を遷すべき所ではない」と報告した。しかし、河崙は強く毋岳山麓を主張し、賛否両論、議論は沸騰し容易に定まらず、そのうち遷都時期尚早論まで主張されるようになった。

このように甲論乙駁、満足な決定を見なかったのは「之を相定する地理風水説に就て確固たる定見が樹つて居ないからである[41]」と村山は記しているが、風水の読み方に定説がないことに関しては崔昌祚も同様な見解を示している。

第４の候補地は漢陽である。高麗時代の王都は開城であり、漢陽は第 11 代文宗の時「南京」となり、国王がたびたび移御した。さらに高麗第 25 代忠烈王の時、漢陽府となった。太祖は自ら漢陽に赴き、「闕を相し山勢を観望し」、国都にすることを専門地師の意見を聞いて、さらに無学大師に諮問、無学大師は「賛成」であるが「衆議」に従うべきと答えた。太祖は諸臣に諮ったところ異口同音に賛成したので、河崙の意見を退け、王都に決した。

7　王都漢城の宮闕・坐向論

王都に決定した漢陽について、風水は開京が第１であり、漢陽が第２であるという意見があった。開京を避けての遷都であるから、第２の漢陽が選ばれることに無理はない。しかし、漢陽のどこに王宮を建設するかが問題になった[42]。つまり、無学大師の主張した仁旺山主山論と鄭道伝の主張した北岳主山論の対立である。いずれも風水説による主張である。これは王宮の後の主山（鎮山）をどれにするか、王宮の向きをどうするかである。風水では坐向論といい、「穴」の位置から見た方位、「穴」の後、背にした方位を「坐」、穴の正面を「向」とする。王宮が「穴」にあれば王宮の背にした方位を坐といい、正面を向ということになる[43]。

無学大師は、仁旺山を鎮山、玄武とし、南山と北（白）岳とを白虎と青龍とする坐向、都邑を東向きにした酉坐卯向を主張した（1–2 図参照）。これに対し鄭道伝は、古来君主はみな南面して政治を見たのであって東面したことを聞いたことがないと論じ、宮殿を南向き、白岳を玄武、仁旺山を白虎、洛山を青龍とする壬坐丙向を主張した。坐向論では真北に「子」があり、真南に「午」がある。この時は「子坐午向」となり、子午線の向きである。「壬坐丙向」は「子坐午向」から 15 度北北西にずれた方位である[44]。

1-2 図「坐向論」

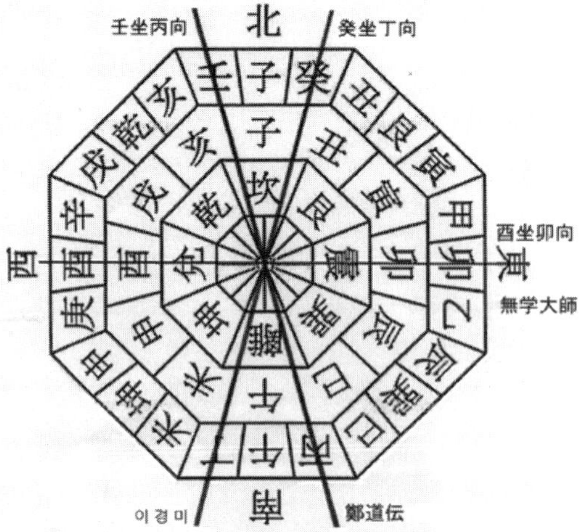

結果的には鄭道伝の主張が入れられ、無学大師は敗れたのである。後に無学大師は、新羅の名僧義湘大師の『山水秘記』によって、都を選ぶ者が僧の言を信じて聞けば国運延長の望みがあるが、鄭姓の人が是非を挟めば五世を経ないうちに簒奪の禍があり、200 年内外に国が乱れるような厄が起こると難じたという[45]。ここで「僧」とは無学大師であり、「鄭姓の人」とは鄭道伝である。そして歴史的には第 3 代国王太宗の時には兄弟間の争いがあり、世相反政の変があり、200 年後の 1592 年は豊臣秀吉による壬辰戦争があった。新羅の僧が 800 年後まで予言したとすると、義湘大師は本物の名僧であろう。

ここで禅岩の話を思い出してみれば、無学大師の仁旺山主山論では、主山の裏側を城壁が廻ることになるので禅岩が城壁の内側になり、鄭道伝の北岳主山論では、城壁は仁旺山の峰を通るから禅岩は城壁の外側になる。禅岩をめぐる論争も、宮殿の坐向論にかかわる議論であったといえよう。

結果として、漢陽が朝鮮王朝の王都になったが、その決定にあたっては風水的要素に多くを依拠していた。これについて村山は「即ち今の京城は純然たる風水の都として高麗朝の初より既にその出現と存立を確実にしたものである。この高麗に於ける風水の都京城が、李朝の国都と定めらゝるに当り、これまた全く風水的見地からであつて、李朝に於ても亦風水の都となった。京城はだから半島に於ける風水千年の都と云はねばならぬ[46]」と述べている。朝鮮においては、朝鮮王朝のみならず、風水思想が王都建設に与えた影響の重要さは並々ならぬものであったことがわかる。そして村山がこのことを明確に意識していたことも重要であろう。

8　王都漢城の主山

王都決定に大変苦労したが、これを風水思想によって説明すればどうなるか。すでに述べたように風水思想は実に複雑なので、崔昌祚の研究[47]によって骨組みだけを紹介しておこう。

風水思想、特に王都の立地条件では「脈」、「龍脈」が重視される。つまり、漢陽の王都としての「精気」がどのように流れてくるかである。「龍脈」の「祖山」を見つけ、これを「太祖」とするのであるが、この太祖山には、中国の岷山に端を発する南龍、西嶺から始まる中幹、「崑崙から出発し鴨緑江と黄河の間に位置する北龍」の３つがあり、「北龍は白頭山に至り、韓国風水の祖宗となる龍脈」である。崑崙山が大祖山、白頭山が朝鮮半島の風水龍脈の祖山となる。中国の崑崙山が大祖山ならば、韓国の白頭山は中祖山または小祖山ともいえるが、「中国とは異なる地勢を持つ朝鮮半島の始源的な性格を持つ山であるだけに……新しい祖山として扱うのが妥当である」と崔昌祚は主張する。

白頭山を祖山とすると、それにつながる半島内の名山が宗山（または近祖山、中祖山）となるが、漢陽にある北漢山への来脈は楸哥嶺地溝帯に沿ったその対岸の広州山脈勢に連なり、三角山（北漢山）を宗山とする形局で、来龍の脈勢としては何の問題もないという。風水の「脈」とは、中国の崑崙山に始まる「龍脈」を白頭山でうけ、そこで新しい精気を得て、北漢山に連なるという、スケールの大きな構想である。

以上が漢城の風水的立地解釈の根幹であるが、さらに王都の「主山」はどこかを検討する必要がある。「主山」とは「穴」の後ろに聳える山であって、「穴」を鎮護するという意味で「鎮山」ともいい、穴の後ろの山の意味で「後山」ともいう[48]。「穴[49]」とは「風水の要諦となる場所」で、住宅であれば実際の生活を営む「母屋」である。また、「龍脈の中で陰陽が合局し、山水の精気が凝結している所」でもある。人体でいえば「経穴」である。この「穴」の前にある地を「明堂」といい、「主建築物の前庭を特に内明堂といい、内明堂の前の比較的広い平地を外明堂」という。「元来、明堂は皇帝が臣下の拝賀を受ける場所を指す用語で、穴に参拝する場所という意味で明堂と称した」という。景福宮では、「勤政殿を穴と見た場合、品階石の並んでいる前庭は万朝百官が拝賀、政治を論じる明堂」である。そして前庭は「内明堂」であり、勤政門の外は「外明堂」である。

つまり、「主山」とは「龍脈」を受けて穴や明堂を鎮護する山である。漢陽の場合、壬坐丙向（南向き）を取った時、後ろには北岳山（白岳山・海抜342m）と北漢山（三角山・海抜836m）がある。漢城では鎮山は北漢山、主山は北岳山である。その理由は、漢陽の山の配置（1-3図「漢陽の周囲の山の位置」）を見ると、南側の案山にあたる南山（木覓山）が265m、冠岳山が632m、南漢山（地図にはない）が429mもあって、北岳山より高く、これらの案山によって北岳山が抑えられる形態になり、鎮山には不十分な形勢だからである。したがって北漢山は位置的には穴後の主山ではないが、北岳山の代わりに漢陽を鎮護する鎮山の役割を果たすことになった。しかし、漢陽の玄武（主

1-3 図「漢陽の周囲の山の位置」

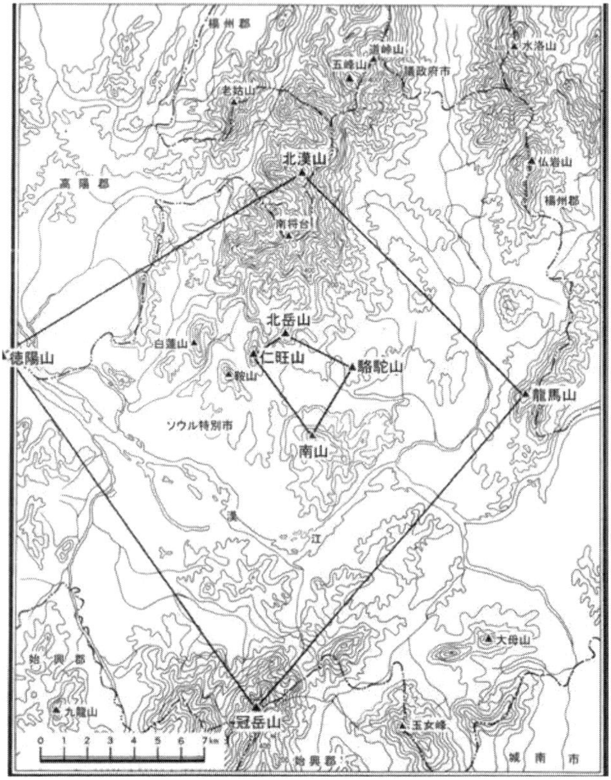

1-2 表「漢陽の山岳」

方	角	内 4 山		外 4 山	
北	玄武	北岳山（白岳山）	342 m	北漢山（三角山）	836.5m
西	白虎	仁旺山	338m	徳陽山	125m
東	青龍	駱山（駱駝山）	125m	龍馬峰（嵯峨山）	348m
南	朱雀	南山（木覓山）	265m	冠岳山	632m

山）はあくまでも北岳山であるという。

主山が北岳山、鎮山が北漢山として、漢陽を取り巻く山岳丘陵は1–3図「漢陽の周囲の山の位置[50]」のようになる。

漢陽は1–3図「漢陽の周囲の山の位置」や1–2表「漢陽の山岳」に見るように「内4山」と「外4山」があり、「内4山」という山岳丘陵によって囲まれた盆地状地帯であり、南東の方向の南山と駱駝山の間が少し開けていて清渓川が東流している。これを「内水一襟」という。さらに南西の方向の南山と仁旺山の間も低地になっているが、その東南には漢江が自然の濠のように西流している。また、「外4山」の山地丘陵は自然の城壁にもなっている。さらに南には地図には入っていないが南漢山もある。この内4山と外4山の間に漢江が流れており、これを「外水一襟」という。漢陽は「山河襟帯」の「明山吉地」であり、「四神相応の地」であるという。

9　風水の科学性・合理性

風水学・風水思想・風水術などといわれる「風水」は、中国から韓国に伝わっただけで、日本には伝わらなかった。韓国でも墓地の造成や住宅建築の際、「風水師」が活躍する場面は、占いであるかのようにも見える。

村山智順は「風水説はその究極するところ一種の信仰であつて決して科学ではない[51]」と述べているが、崔昌祚は「大部分の風水的な議論は名文のための方便として議論され、その結論は常に風水理論に反しない範囲内で、現実的、合理的に下される傾向を見せる[52]」と述べている。また東アジアの風水思想を総合的に研究している渡邊欣雄は「〈風水〉は〈家相〉と〈墓相〉を統合した思考体系であり、なおかつ環境評価としての〈地相〉や都市計画プランとしての〈立地論〉や、山水画の〈美学〉、日本庭園の〈造園法〉、いたれば家屋内の家具配置や人の寝かたまでをも説くことのできる動態理論[53]」であるという。姜泳琇は「思想というよりは宗教に近いもの」と言い、風水の隆盛は「歴代の政権が意図的にそのようにつくりあげたのです。いうまでもなくそれが王朝とその支配階級の利益に叶うことだったからです」とも述べている[54]。これらのとらえ方は、「風水」を単なる占いや信仰とは見ていない。結果的にその決定結果が科学性や合理性を持つと主張している。村山も風水は信仰であるとしつつも、「風水の目的はこの地母の生産力に依頼し、この地母の保育力ある懐に投じて、その生活の発展を効さんとするものである[55]」とのべ、その合理性を否定しているわけではない。

『韓国の風水思想』の訳者渋谷鎮明[56]が言うように、崔昌祚が「韓国における風水研究の第1人者」である点は、村山が合理性を認めつつも「一種の信仰」とした「風水説」を、地理学の理論によって説明し直し、まさに「風水地理学」または「風水思想」に高めたところにあるのではないだろうか。

ところで、「風水説」の朝鮮への伝来は、唐との文化的交流が頻繁になる新羅統一以後といわれ、それを集大成したのが道詵という僧侶であるとされている[57]。

それでは道詵とはどのような人物なのか[58]。道詵は827年に生まれた新羅末の僧侶である。15歳の時に月遊山華厳寺で出家し、仏典を研究したが、846年に桐裏山恵徹を訪ね、無説説・無法法の仏の教えを聞き、大儀に通じたという。850年、23歳の時に穿道寺で具足戒を受けた後、土窟で修行をしたり、後学の者を指導したりした。しかも風水地理説の大家で、早くから高麗太祖王建の誕生と建国を予言した。そして中国の風水地理説と陰陽図讖説を骨子にした『道詵秘記』は、以後の政治・社会に多くの影響を与えたという。

道詵は高麗王朝の太祖王建の父に会って、「王建」の誕生を予言し、高麗の王都「開城（開京）」を風水説での理想的な所と絶賛したという。開京は山に囲まれた地形で軍事的には防禦型地勢であり、国土の中央に位置し、国家統治にも便利だったからである。しかし、『道詵秘記』には予言的なことが多く、高麗王朝と開京の繁栄をいいつつも、「継王者李而都於漢陽」（高麗の王は「王」姓であるが、それを継いで王になる者は「李」姓であり、漢陽に都するだろう）とも予言していたという。つまり、高麗王朝の後は李氏の朝鮮王朝であり、漢陽に都するだろうということである。それが噂になり、高麗15代粛宗は北岳山の南麓に「李（すもも）」を植え、大きくなるとそれを根元から切り倒して「李」の旺盛な気運を断ったという話である[59]。『道詵秘記』が本当に道詵の著書であれば約500年後の朝鮮王朝の成立を予言したことになり、驚くという外はない。しかし、道詵の『道詵秘記』はこれほど大きな影響を持ったのである。

すでに見たように、道詵は僧侶であり、無学大師も禅僧である。とすれば仏教と風水はどんな関係にあるのか。この点については村山が巧みな説明を見せている[60]。すなわち、新羅や高麗時代には仏教は国教の観を呈し、盛んに造寺建塔と法会を執行した。これは鎮護国家のためであって、その目的は国利民福という現世利益からであった。このうち造寺建塔は、もっぱら地理的欠陥から生ずる国運の衰退を挽回し、地勢を裨補することによって、国運の伸長を計ろうとしたものである。したがって造寺建塔という仏事であったとしても、地力地徳の如何によって国家の隆衰興亡が左右されると信じた陽基風水信仰の一発現であることはいうまでもないという。確かに高麗王朝では、開京で風水的に問題がある場所に寺を建てた。日本での神仏融合に例えれば、風水仏融合とでもいえようか。

ここまで見てくると、王都決定過程で、太祖が自分の尊敬する無学大師の説を退けて鄭道伝の説を採用したことの意味が見えてくる。それは単に鄭道伝の説が風水的に説得力があっただけでない。高麗王朝から権力を奪取した太祖の第１の仕事は土地改革であった。土地改革のためには仏教寺院の所有地を取り上げなければならず、仏教が国教という地位にあってはそれは不可能であった。そこで無学大師の説を退け、鄭道伝の説を採用することによって漢陽に遷都し、漢陽から仏寺を排斥するという手段を取ったのである。禅岩の逸話は単なる説話というだけではなく、儒教の国にすることによって仏教を退け、土地改革を実施するという国家第１の仕事を実施したことにかかわるものであった。

風水思想が合理的・科学的である例を崔昌祚の説明[61]から紹介しよう。それは漢陽の大きな地形の合理性である。風水説によって、北岳山が主山になり、西に白虎の仁旺山があり、東に青龍の駱駝山がある。1-4 図「漢城の王宮などの配置図[62]」に見るように、この北岳山と仁旺山の山麓に発する清渓川という川がある。清渓川は東流し駱駝山と南山の間の低地を通って城外に流れ、そこから右にカーブしながら安岩川と貞陵川に合流し、さらに中浪川と合流して、漢江に流れ込む。漢江は清渓川とは逆に東から西に流れ、南山の南を大きく回り込んで北西方向に流れ、河口近くで臨津江と合流して江華島の北に流れついて海に入る。

1-4 図「漢城の王宮などの配置図」

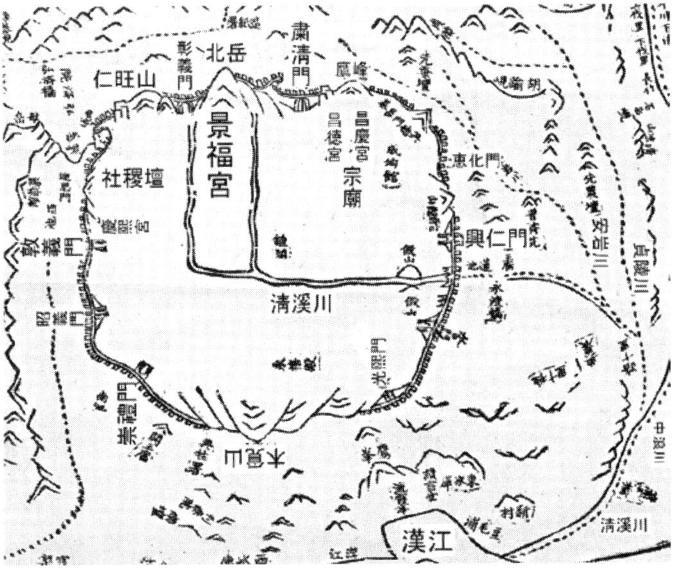

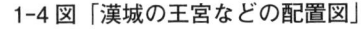

「風水」では水を得て風を防ぐ方法、つまり「蔵風得水」が要諦であって、「穴」を探すための明堂付近の地勢に関する理論を「蔵風法」といい、水を得

る川の流れ（水局）を「得水法」という。そして水を得るのが第1で、風を蔵するのはその次であるといわれる。「蔵風」とは地中より発する生気を持つ風を貯めておくことであり、防風ではない。穴を山で囲んで、その中央の凹地に陰陽二気の結合と生気の活動をもたらそうとするものである。また「得水」の「得」とは穴に向かって来る水（来水）をいい、流れ去る水（去水）は「破」という。

さて、漢陽では清渓川は明堂の中を流れるので「明堂水」といい、漢江は内四山の外を流れるので「客水」という。ここで風水の「得水法」を見れば、明堂水は乾・亥（北西）の方位から来て（来）、卯・乙（東）の方位に流れ（去）、客水は卯方（東）から来て、酉方（西）に流れるのが「吉」であると判断される。これは清渓川と漢江の流れ方にあっており、「得水法」に適合的である。漢陽の得水法が吉であると判断されるのは、現代の集落立地的な面からも妥当性をもつという。先に見たように、清渓川は都城内を東に貫流しているのに対し、漢江は西進しており、明堂水と客水は完全に逆勢の局面を持つ。つまり、漢江はソウルの南山の南側を大きく回り込んでいる。これは漢江が氾濫したとき、流水が強く当たって決壊の可能性のあるのは漢江の南側であって都城内は比較的安全であり、清渓川が右にカーブして漢江に合流しているので、清渓川への水の逆流・浸水も防止され、また、都城内の下水と地表水を容易に排水できる。つまり、風水的に吉地は自然災害にも強いというわけである。

蔵風と得水の両方に適合的な漢陽は、まず第1に、内4山によって囲まれるので盆地になり、冬の寒風から守られて生活条件が良い。第2に、内4山と漢江、そして外4山にも囲まれ、王都防衛上は3重の自然城壁を持つことになる。山頂に城壁を築けば、なおさら堅固である。第3に、清渓川によって生活水を確保できる。第4に、自然災害からも守られる。第5に、漢江は大きな川なので、海から船の通行が可能であり、経済的にも便利である。これらは風水思想では直接言及されるところではないが、現在の王都立地論からすれば、大変優れた利点であり、風水思想はこれらの合理性を持っているという。崔昌祚の説明は説得的であるといえよう。

10　漢城の城壁と城門

太祖は即位直後に遷都の命を下し、候補地の選定に入り、その結果王都は漢陽に決定した。そして太祖は1394年10月25日、新都工事に着工する前に漢陽に遷都し、1395年6月に漢陽府を漢城府と改めた。

この漢城の都市構造を見ると、1–3 図「漢陽の周囲の山の位置」で見たように、漢城を取り囲む山には、北岳を主山とする内４山と北漢山を宗山とする外４山があり、この内４山を結んで城壁が作られていた。（1–4 図「漢城の王宮などの配置図」参照）この城壁は、1–4 図は横長であるが、実際には南北に長く、しかも左右対称ではない。城壁は風水思想を採用し、自然の山を利用し、各山の稜線を結んで作ったためである。

漢城の山を連結する城壁の築造は、宮闕（景福宮）、宗廟、社稷など、都城の基本的な建築物が落成した直後から始まった。

太祖４年（1396）閏９月、都城築造都監という臨時の官庁を置き、鄭道伝に城基の測定を命じ、その調査報告に基づいて、４か月後の翌年正月９日から工事を始めた。

工事は、それに携わる農民の状況を考慮し、農繁期を避け、第１期工事を太祖５年（1397 年）正月９日から２月 28 日までの 49 日間とし、慶尚道、全羅道、江原道、西北面（平安道南州以南）、東北面（咸鏡道咸興以南）の農民、11 万 8070 余人を徴発して実施した。この工事によって城壁は基本的に完成した。鄭道伝の調査によれば、城壁の全長は５万 9500 尺（18.1km）であった。これを 97 工区に区分し、１区各ごとに工事分担を割り振る方式で実施した。工事が冬期のため凍傷・負傷などで死傷者が 600 余人もでたという。

第２期工事は 1397 年８月６日より９月 24 日までの 49 日間で、慶尚道、全羅道、江原道から７万 9400 人を徴発して実施し、残った部分の築城と毀損個所の修理を行い、この工事によって城壁は完成した[63]。

18 キロに及ぶ山頂に城壁を築く工事を、およそ 100 日間で完成したのであるから、「まことに電撃的な大工事で、動員された民衆の苦しみも、大変だったに違いない[64]」というのはその通りである。この点は『京城府史』でも「太祖の即位後其の二年には忠清南道鶏龍山に新都を築造し、工事半ばに之を中止し、三年には開城の都城を築造し、五年に至り此の大都城を築いたので、連年の土木工事が庶民を困憊せしむることを憂ひ、農事を顧慮して之を二回に分ち、第１回の如きは厳寒の候で工事上困難を感ずるにも係はらず、特に農繁期を避けたのである[65]」と記している。

この工事の際には城内の排水工事も行った。北と南に山があり、西に仁旺山が連なっているので、雨水などは東流する。これは風水的にも適合的であることはすでに見た。中心は城内の諸渓水を集めて東流する清渓川であり、３か所に水門を作ったが、その１つが５個のアーチを城壁に作った５間水門である。他に２

1-3表「4大門と4小門」

4 大 門		4 小 門	
北	粛清門（北大門）	北東	弘化門（恵化門・東小門）
東	興仁之門（東大門）	東南	光熙門（水口門・南小門）
西	敦義門（西大門）	北西	彰義門（紫霞門・北小門）
南	崇禮門（南大門）	西南	昭徳門（昭義門・西小門）

個の水門があり、南山の東隅と東大門の南側の水門である。これらによって、城内の雨水などを排水した。

さらに城壁には4個の大門とその中間に4個の小門を築いた。このうち、大きな門である東大門が太祖6年に、南大門が7年に完成した（1-4図参照）。

これらの門には風水説による各種の説明がある。たとえば南大門である崇禮門は他の門と違って縦額縦書である。これは「崇禮」の2字によって「火の炎」を表し、景福宮に直面する冠岳山の火山に対面させ、それを抑えるためであるという。また東大門の興仁之門は唯一甕城の構造になっている。敵の侵入を防ぐための構造であることは言うまでもない。そしてこの門の額だけが「興仁之門」と4字で記されているが、これも風水思想でいう都の東は西に比べて「虚」であるためそれを補う方策と説明される[66]。

11　漢城内の宮殿

漢城内の基本的な建造物は、宮闕、宗廟、社稷、官衙、市場などである。これらの配置など、漢城の都市計画について、前掲장지연の論文に依拠して整理してみよう。

漢陽の都城計画を立案・実施した中心人物は鄭道伝で、その影響は莫大である。「宮闕、官衙と市場・宗廟・社稷などの位置決定に参与したことはもちろん、都城城郭地決定、5部坊里名と宮闕諸殿閣名などが、すべて彼によって決定された[67]」。彼は実務担当者ではなかったが、彼の活動は大きく、彼の役割は理念的計画者であったと評価できるという。鄭道伝は都城計画のモデルを『周礼』に求め、太祖の即位教書で「天子七廟　諸侯五廟　左廟右社　古之制也」（天子は7廟を建て、諸侯は5廟を建てる、左側に宗廟を作り、右側に社稷を建てることは、古来の制度である）と書き、『周礼』の「考工記」によって南面する王の左側に宗廟を、右側に社稷を配置した。『周礼』の「左廟右社」の原則を実現したことになる。「左廟右社」の原則が『周礼』で最も重要である理由は、『周礼』の都城計画を適用した中国の全ての都城で基本的に守っており、ほとんど唯一の原則であるといえるからであるという。鄭道伝は高麗王朝からの使臣であり、高麗朝の南京であった漢城に彼自身がすでに訪問したことがあり、宗廟と社稷を王宮の前に左右対称に位置させることを貫徹したという。

しかし、現実には1-4図「漢城の王宮などの配置図」で見るように、宗廟と社稷は左右対称に位置していない。これは宮闕が都城の西北側に若干かたよっているためでもあり、また風水の山を重視する伝統的な建築観念のためでもある。中心となる景福宮は高麗朝の粛宗の代に南京に建てられた延興殿の南側の平坦な地域を選んで建てた。朝鮮王朝の景福宮と南京の宮闕は、北岳を主山としている点では同じである。景福宮の左側の宗廟は1-4図「漢城の王宮などの配置図」で見るように左青龍脈の鷹峰（坎山）を立地根拠にし、右側の社稷は右白虎である仁旺山を立地根拠にして造られた。このような主山を重視する『周礼』の観念に立脚して位置を決定したので、中国でも完全な左右対称になっていないものもあるという。鄭道伝が『周礼』を念頭に置いたことは、特に官衙と道路建設に現れている。高麗の場合、官衙がある道路が東側に伸びており、官衙が宮城の東側に位置するが、漢城では官衙の配置された六曹道路が景福宮の前に位置し「面造」の原則を忠実に具現しているという。

朝鮮王朝の太祖時代の都城建設は城郭建設であった。城内には宮闕と宗廟、社稷を作り、そして城壁を作った。太祖は武将出身なので、築城に深い関心を示したが、『周礼』のような整然とした城郭を作らなかったのは、理論的な側面より実質的な防御性の問題であった。これには朝鮮固有の方式が採用されたと장지연は主張している。

12　漢城の道路と行廊

城内にどのように道路が作られたかについては、孫禎睦、장지연、吉田光男らによる研究がある。第2代定宗が1399年（定宗元年）3月に開城に遷都して、第3代国王太宗代の1405年（太宗5年）10月に再遷都して漢城に戻ってくるまでの6年半ほどの間に、漢城の道路は元来の姿を失ってしまい、初代の太祖の時代にどのように作られたかが明らかにならない。

孫禎睦[68]によれば、漢城内の道路幅に関する最初の議論が行われたのは再遷都後1年半ほど後の1407年4月であるという。この時期は太宗が漢城に帰還するために造営した離宮・昌徳宮も竣工し、清渓川の開削も始まり、漢城府が都城内の5部の坊名表示、橋梁や街路の名称などを付け直した時である。都が移っている間に、住民が道路を侵犯したりして、交通が不便になっていた時でもある。

1415年（太宗15）８月７日漢城府は道路の制度が確定したことを国王に上奏した。そこでは「国の中の道路に関して昔は九軌・七軌の説があったが、今はこれに関する規定がなく、道ばたに住む住民が道路を侵削する事例が多いが、礼曹に命じて古制を参酌して路幅の拡狭と道の両側に溝渠の広さなどをともに定めること」[69]を啓請していた。この時は、王は漢城府と礼曹と工曹に研究・決定を命じたという。

この結果が、『世宗実録』1426年（世宗８）４月５日（戊辰条）に次のようなことが記録されている。『周礼』「冬官」条によれば、国都内に匠人たちが南北に９列ずつ道路を造り、天子（皇帝）が往来する道は９軌にし、諸侯の通る経道は７軌、環涂は５軌、一般百姓の通る野涂は３軌にすることになっている。わが都城内にも野涂３軌の法を採択し、中路は２軌が通れるようにし、小路は１軌が通れるようにし、道の両側の水溝は道幅に含まず、別途にその幅をつくることにしたい。王は個人の人家に被害がないようになどの工事の注意を与えた上でこれを許可した[70]。「軌」とは車輌の左右両輪の間の幅であるが、車体の幅と考えられ、当時の１軌（車線）を８尺とした計算であるという。

これらを受けて、1470年に頒布・施行された『経国大典』の「工典・橋路」条には都城内の道路幅は、大路は56尺、中路は16尺、小路は11尺、道路の両側に水溝を設け各２尺にすること、尺数は栄造尺によるとある。

栄造尺１尺は現在の長さでは31.21cmなので、大路は17.48m、中路は５m、小路は3.43m、水溝の幅は62cmとなる。

これらを根拠に孫禎睦は、建国初、漢城に遷都した直後にすでに道路の区画が画然と区画されていたが、定宗と太宗が開城に留まっている間に、秩序が乱れて当初の線が無視されるとともに、むしろ無計画な状態になってしまったと推測している[71]。

つまり、都城の道路制度が最初に議論されたのは1407年で、太宗が研究を下命した1415年から10年後の1426年（世宗８年）になって決定をみたことになる。

そして、朝鮮時代の道路制度は唐制を模倣したものではなく周制によった。周の初期、BC1000年にすでに車線の概念と循環線の概念（環涂）を発見していた。『周礼』を作ったと伝えられる周公は周の始祖で文王の王子の一人である。７軌の車線幅が56尺、２軌の車線幅を16尺と決めたことは、すなわち１軌の車線幅が８尺なので、栄造尺８尺の道は249.68cmで、これは今日の自動車車線幅の最小基準である2.5mと同じで、偶然にしてもあまりにも驚くべき符合であるとものべている。

しかし、すでに見たように、1426（世宗8）年4月5日の決定には、「大路」に言及していない。これについて孫禎睦は、実際には都城内の大路は既に建設されていて、その幅も7軌56尺よりも広かったが、朝鮮国王は「天子」ではないので、7軌以上の大路を作ることは公式には不敬にあたり誹謗されるからであると推測している[72]。

これに対して장지연は異論を提起している。1つは資料の読み方で、『世宗実録』巻32、1426年（世宗8）4月5日戊辰条のなかの「大涂可容七軌」の部分を孫禎睦は読み下しておらず、この部分が大路について触れた部分で、当時は「大路は7軌以上の規模を持っていたことがわかる[73]」とし、世宗の時の7軌は太祖時代に作られたときと大きな差異はないと推測している。第2は7軌は『周礼』の諸侯の経道の規模であり、太祖の時代は『周礼』の原則を適用した、しかし、『経国大典』では周尺ではなく栄造尺によっており、『周礼』でいう尺数を正確に守ることはできず、実用性を生かして1軌8尺ではなく11尺で建設したのだという[74]。장지연の批判は、前者は『世宗実録』を見れば明確で説得的であり、後者は「実用性」の論拠が不明確であるといえよう。

さて、漢城の道路について、吉田光男が説得的な見解を述べている。漢城内の道路の骨格は①東大門から西大門まで、中心部を東西に貫徹する鍾路、②鍾閣で鍾路から分岐して南大門に向かう現在の南大門路、③鐘路と黄土峴広場でT字形に交わる光化門前の御路（通称六曹前）、④鐘路の中央でT字形に交わり昌徳宮に向かう昌徳宮洞口の4本である。しかし、③と④は宮殿への「参道」であり、骨格は鐘路と南大門路であり、さらに4小門からの進入路は全て鐘路に入っており、とすれば南大門路も支線的正確が強く、「漢城は鐘路を単一基軸として街路網を構成していると言えるであろう[75]」と結論づけている。また、これらの道路も直線ではなく全て不規則な屈曲を描いている。これらは風水との関係が重要で、地脈との関連を考慮する必要があるという。すでに見たように、漢城を都とする際に風水が大きく影響した。とすれば、城内の構造に風水が影響を持っても何ら不思議ではない。重要な指摘であり、具体的な関係の考察が必要であろう。

また、この4本の幹線道路のうち主要部分に行廊が作られた。1412年（太宗12年）には昌徳宮の敦化門前から鐘路まで、翌13年には黄土峴広場から昌徳宮入り口まで、14年には宗廟入り口から東大門までと南大門路に行廊が作られた。『太宗実録』（大宗14年2月4日）では行廊を「京邑の體貌」と書いている。これは都城が都城らしい姿を持つには行廊が必要であるという意味で、『周礼』の原則や中国の都城をモデルにしているが、開城の様式を受け継いだものともいえる

と장지연は述べている[76]。

以上、漢城の初期の姿を見てきた。風水思想の影響を受け、『周礼』の原則に則りながら、また開城以来の伝統を受け継ぎつつ、漢城は朝鮮王朝の都として歴史を刻んでいく。

おわりに

本章は、朝鮮王朝の都・漢城の成立過程を検討することが課題であった。王都の決定に際しては「風水思想」が大きな影響を持ち、その結果、漢城は「風水の都」と呼ばれるほどであった。

漢城を王都に決定する過程では風水思想の理解をめぐって紆余曲折があり、第４の候補地漢陽に定まるまでに複雑な経過があった。

この適地の選択には鄭道伝と無学大師が深く関わり、儒学と仏教の朝鮮王朝への関わりにも関係があった。朝鮮王朝が儒教の国であるといわれ、仏教は排斥されたが、それは太祖が高麗王から政権を禅譲され、新国家を建設するために必須のことでもあった。

この経過を複雑にした風水思想に関しては、朝鮮総督府の嘱託村山智順の『朝鮮の風水』と韓国人の風水研究者崔昌祚の『韓国の風水思想』が優れた研究であり、この２書に依拠して風水思想を紹介した。そして「風水の都」である漢城は風水に適合的な土地であり、そこに建設された景福宮は風水の適地にあり、勤政殿は風水で言う「穴」であった。そこは崑崙に発する宏大な脈の流れが凝集する所であり、この脈は朝鮮の生命でもあるといわれている。

風水思想は「信仰」といわれ、「術」といわれるが合理性を持つ思想でもある。しかし、後に見るように、大韓民国のソウルで、「脈」を回復するために景福宮の復元を中心とした大きな努力を重ねられることを思うと、風水思想と漢城の関係は、極めて現代的な課題なのであることを確認しておきたい。

注

1　ソウル歴史編纂院『ソウルの歴史 2000 年』2009 年（日本語版）、p.99。
2　『太祖実録』太祖１年（1392）８月 13 日「教都評議使司移都漢陽」。
3　『太祖実録』太祖４年（1395）６月６日「改漢陽府為漢城府」。
4　京城府『京城府市（第２巻）』1934 年、p.431。
5　姜在彦『ソウル』文藝春秋、1992 年、p.130。

6 吉田光男『近世ソウル都市社会研究』草風館、2009年。本章に最も関係がある「第1章近世ソウルの都市空間」は『朝鮮史研究会論文集』(30号、1992年10月)に収録されている「漢城の都市空間―近世ソウル論序説」を改稿したものである。

7 이규목・김한배「서울都市景観의変遷過程研究」『서울학연구』第2号1994年。第1号は『ソウル学序説』と命名され「ソウル学研究」の刊行に関する論考を掲載している。第2号は事実上の第1号である。

8 장지연「개경과 한양의 도성구성 비교」『서울학연구』第15号、2000年9月。

9 禅岩の写真は1995年3月27日、筆者撮影。

10 ソウル市史編纂委員会『ソウル600年史(人物編)』1993年、pp.1238-1239、執筆者は孫禎睦。

11 同上書、pp.1211-1212。執筆者は睦楨培。李弘植編『増補새国史事典』1983年、教学社、pp.433–434。

12 前掲『ソウル600年史(人物編)』pp.1400-1401。執筆者は韓明基。

13 李成桂の即位までの経過は、李成市・宮島博史・糟谷憲一編『朝鮮史1』(山川出版社、2017年)第6章による。

14 村山智順『朝鮮の風水』(朝鮮総督府調査資料第31輯)、1931年。

15 崔昌祚『韓国의風水思想』民音社、1984年。日本語訳:三浦國雄・監訳、金在浩・渋谷鎮明・共訳『韓国の風水思想』人文書院、1997年。以下、本章の引用は日本語翻訳本による。

16 前掲『韓国の風水思想』、渋谷鎮明「訳者あとがき」pp.383-384。

17 石川栄吉・浦生正男・梅棹忠夫・佐々木高明・大林太良・祖父江孝男編『文化人類学事典』弘文堂、1987年。

18 同上p.763。

19 木村誠・吉田光男・趙景達・馬淵貞利編『朝鮮人物事典』大和書房、1995年、p.361。

20 朝倉敏夫「村山智順師の謎」『民博通信』1997年、No.79。さらに、村山智順『朝鮮場市の研究』(国書刊行会、1998年)の「解題」に朝倉は前掲論文に加筆執筆したものを掲載している。

21 野村伸一「村山智順所蔵写真展―1920から30年代の朝鮮の人と暮らし」慶應義塾大学アジア基層文化研究会、1998年。https://web.flet.keio.ac.jp/~shnomura/mura/contents/murayama.htm　(2023.9.17)参照。

22 前掲『朝鮮場市の研究』「解題」pp.275-278。

23 前掲「村山智順所蔵写真展―1920から30年代の朝鮮の人と暮らし」。

24 関野貞『韓国建築調査報告書』1904年、東京帝国大学工科大学。

25 同上p.25。

26 同上p.150。

27 本多昭一「風水思想を悪用してもくろまれたもう一つの侵略」『週刊金曜日』1995年8月11日号、第86号、p.37。

28 同上p.38。

29 崔昌祚『韓国의風水思想』民音社、1984年、奥付。

30 姜泳琇『青瓦台の風水師』文芸春秋、1994年、p.167。

31 前掲『韓国の風水思想』「訳者あとがき」p.383。「現在は」とあるが、日本語版『韓国の風水思想』の出版された1997年当時のものと思われる。

32 前掲『朝鮮の風水』p.660など。

33　同上 p.10。
34　京城府『京城府市』（第 1 巻）1934 年。
35　例えば前掲『ソウル』。
36　前掲『朝鮮の風水』p.678。
37　前掲『ソウル』pp.51-52。
38　遷都地の決定過程は前掲『朝鮮の風水』(pp.678-687)、前掲『韓国の風水思想』(pp.206-209) に依拠して整理した。
39　前掲『ソウル 600 年史（人物編)』pp.1403-1404。執筆者は韓基。
40　前掲『韓国の風水思想』pp.229-230。
41　前掲『朝鮮の風水』p.682。
42　王宮の向きについては前掲『朝鮮の風水』pp.697-699 参照。
43　坐向論は前掲『韓国の風水思想』p.163 以下に詳しい。
44　이경미『20 세기 조선 궁궐의 건축적 변형 과정』（『향토서울』60 号、2000 年）p.425 によれば、景福宮は発掘調査によって「壬坐丙向」ではなく北北東に 15 度ずれた「癸坐丁向」であることが確認されたという（1-2 図参照)。
45　前掲『朝鮮の風水』p.699。
46　同上 p.678。
47　前掲『韓国の風水思想』p.218 以下と p.230 以下を参照。
48　前掲『朝鮮の風水』p.238。
49　「穴」と「明堂」については前掲『韓国の風水思想』pp.57-71「主要用語」の項による。
50　前掲『ソウル 600 年史』（第 1 巻）p.53 の地図を利用して地名などを漢字に直して作成。前掲『韓国の風水思想』p.233 にも同様の地図がある。
51　前掲『朝鮮の風水』p.10。
52　前掲『韓国の風水思想』p.244。
53　渡邊欣雄『風水思想と東アジア』人文書院、1990 年、p.2。
54　前掲『青瓦台の風水師』p.119、p.124。
55　前掲『朝鮮の風水』、pp.8-9。
56　前掲『韓国の風水思想』p.383「訳者あとがき」参照。
57　同上 p.49。
58　前掲『ソウル 600 年史（人物編)』p.368。執筆者は睦楨培。
59　前掲『青瓦台の風水師』p.132、p.143。
60　前掲『朝鮮の風水』p.654。
61　前掲『韓国の風水思想』pp.249-255。
62　「四山禁標図」(1765 年・木版本）の 1 部に門の名前などを書き込み作成（許英桓著『定都 600 年서울地図』汎友社、1994 年、p23、第 6 図)。
63　工事については、前掲『朝鮮の風水』p.687、前掲『ソウル』pp.87-88 を参照。前掲『京城府市』（第 1 巻）p.157 を参照。なお日数に関しては『京城府史』による。
64　前掲『ソウル』p.88。
65　前掲『京城府市』（第 1 巻）p.157。
66　同上 pp.168-169。
67　前掲「개경과 한양의 도성구성 비교」p.83。
68　孫禎睦「道路制度・道路事情과 仮家」『朝鮮時代都市社会相研究』一志社、1977、p.333

以下。
69 『大宗実録』大宗 15 年（1415 年）8 月 7 日。
70 前掲「道路制度・道路事情과 仮家」p.334 の読み下しによる。
71 同上 p.337。
72 同上 p.337。
73 前掲「개경과 한양의 도성구성 비교」p.86。
74 同上 p.87 の脚注 79。
75 前掲『近世ソウル都市社会研究』p.29。
76 前掲「개경과 한양의 도성구성 비교」p.92。

第２章　朝鮮初期の景福宮創建

はじめに

近代における日本と景福宮の関係を検討するに際して、朝鮮王朝第26代国王高宗代に再建された景福宮の姿を確認しておくことは是非とも必要である。初代国王太祖時に創建された景福宮は壬辰戦争[1]時に消失し、その後約200年間、再建されなかった。では、高宗代に再建された景福宮は、太祖代に創建された景福宮と同じだったか、どのような関係にあったのかを見ておくことも重要である。ここでは、まず、太祖代に創建された景福宮の姿を検討してみたい。

1　創建当初の景福宮の略史

朝鮮王朝を建てた太祖は、紆余曲折を経た結果、太祖３年（1394）年10月25日、漢陽に遷都し[2]、28日に宮闕のできていない漢陽に到着した。12月４日になって、宗廟と宮闕の建設に着工し、約10か月後の太祖４年（1395）９月29日に宗廟と宮闕を完成した。その後、宮闕を取り巻く壁を築き、東側に建春門、西側に迎秋門、南側に光化門を建てた。光化門の外側の左右には、議政府、三軍府、六曹、司憲府などの官衙を建設した。

宮闕の名称は、同年10月７日、鄭道伝が王命によって命名し、新宮闕を景福宮、燕寝を康寧殿、東小寝を延生殿、西小寝を慶成殿、燕寝南側の報平庁を思政殿、思政殿の南側に勤政殿、勤政殿東楼を隆文楼、西楼を隆武楼、勤政殿の門を勤政門、午門[3]を正門とした。新宮闕完成後、残余の工事が終了し、２か月後の12月28日、王が景福宮に入御した。

しかし、まだ都の城壁が築造されておらず、太祖は都城増築都監を設置し、鄭道伝に場所の確定を命じ、太祖５年（1396）１月９日から工事を始めた。そして、２月28日に一部を除いて城壁が完成した。

漢陽には、景福宮以外に離宮があり、第３代国王太宗の５年（1405）10月に昌徳宮が、第９代国王成宗の15年（1484）９月には昌慶宮が作られた。二つの宮闕は、別の宮闕ではあるが、接続しており、事実上一つの宮闕のように使用された。朝鮮王朝は、首都が漢城、正宮が景福宮、離宮が昌徳宮と昌慶宮という体制ができた。洪順敏の研究[4]によれば、これ以後、朝鮮王朝の宮闕経営は「両闕体制」といわれ、景福宮と昌徳宮・昌慶宮の２つの宮闕を政治・行政と生活の場に活用する体制ができあがった。従って、国王は常時景福宮に起居したのではないが、正宮が景福宮、離宮が昌徳宮・昌慶宮であった。

この時期は、朝鮮王朝にとって建国当初の不安定な時期であった。太祖は、高麗の恭護王から禅譲という形式で王位に就いた。中国が元から明への政権交代期にあったので、早速明に使いを送り、宗属関係を結び、太祖２年（1393）２月15日に国号を「朝鮮」とすることになった。そして太祖４年（1395）６月６日に都の漢陽府を漢城府に改称した。太祖の子どもの間で王位継承をめぐって1398年８月26日に第１次王子の乱といわれる事件が起こり、世子李芳碩と共に朝鮮初期の功臣鄭道伝も殺害された。この事件後、太祖は次男に王位を譲り上王になり、第２代国王定宗が即位した。

定宗は、人心の一新をはかるという理由で、1399年３月７日に漢陽から開京へ遷都した。しかし、定宗２年（1400）１月28日、第２次王子の乱と言われる兄弟間の争いが起こり、定宗は1400年11月13日に太祖の５男である芳遠に王位を譲り、芳遠は第３代太宗として即位した。この間、都は旧都開京であり、政情不安もあって、中国の明からは国王として認められていなかった。

太宗が即位して、太宗元年（1401）６月12日、明の第２代皇帝建文帝から誥命（辞令書）と金印を受け、正式に朝鮮国王に任命され、次の皇帝永楽帝からも1403年４月８日に誥命（辞令書）と金印を受け、朝鮮の易姓革命は名実ともに成就した。この後、朝鮮は、明・清と宗属関係を結び、中国の皇帝に対して朝鮮の国王という関係を維持していくことになる[5]。

そして、太宗５年（1405）10月11日に、都を開京から漢陽へ遷都した。この時以来、景福宮は再び正宮としての位置を回復し、洪順敏のいう両闕体制を維持していくことになる。

2 『太祖実録』による創建時の景福宮

太祖によって創建された景福宮は、1592年の壬辰戦争の時に消失してしまう。

壬辰戦争前の景福宮はどのような構造だったのか。このことを知ることのできる資料は、『朝鮮王朝実録』の記録と景福宮を描いた絵図である。ここではまず『朝鮮王朝実録』、特に第1代国王太祖の『太祖実録』を見てみよう。

景福宮が完成した太祖4年（1395）9月29日の『太祖実録』に創建時の景福宮の構造を記した記録[6]がある。長文ではあるが、整理された記述で建物配置が分かりやすい。次に部分的に検討するので、この項を引用しておこう。原文は漢文で句読点は付いていない。句読点は韓国の国史編纂委員会によるものである。

> 「是月、太廟及新宮告成。太廟太室七間、〈中略〉新宮燕寢七間。東西耳房各二間、北穿廊七間、北行廊二十五間。東隅有連排三間、西隅有連排樓五間、南穿廊五間。東小寢三間、穿廊七間接于燕寢之南穿廊、又穿廊五間接于燕寢之東行廊。西小寢三間、穿廊七間接于燕寢之南穿廊、又穿廊五間接于燕寢之西行廊。報平廳五間、視事之所、在燕寢之南。東西耳房各一間、南穿廊七間、東穿廊十五間、始自南穿廊第五間、接于東行廊。西穿廊十五間、亦起南穿廊第五間、接于西行廊。自燕寢北行廊東隅、止于正殿北行廊之東隅二十三間、爲東行廊。自西樓止正殿北行廊之西隅二十間、爲西行廊。以上爲內殿。正殿五間、受朝之所、在報平廳之南。有上下層越臺、入深五十尺、廣一百十二尺五寸。東西北階廣各十五尺。上層階高四尺、石橋五級。中階四面廣各十五尺、下層階高四尺、石橋五級。北行廊二十九間、穿廊五間、起自北行廊、接于正殿之北。水剌間四間。東樓三間、有上下層、其北行廊十九間接于正殿之北行廊東隅、與內東廊連。其南九間接于殿門之東角樓。西樓三間、有上下層。其北行廊十九間接于正殿之北行廊西隅、與內西廊連。其南九間接于殿門之西角樓。殿庭廣東西各八十尺、南一百七十八尺、北四十三尺。殿門三間、在殿之南。左右行廊各十一間、東西角樓各二間。午門三間、在殿門之南、東西行廊各十七間。水閣三間、庭中有石橋御溝、水所流處也。門之左右行廊、各十七間、東西角樓、各二間。東門曰日華、西曰月華。其餘廚房、燈燭・引者房、尙衣院、兩殿司饔房、尙書司、承旨房、內侍茶房、敬興府、中樞院、三軍府、東西樓庫之類、總三百九十餘間也。後築宮城、東門曰建春、西曰迎秋、南曰光化門。樓三間有上下層、樓上懸鍾鼓、以限晨夕警中嚴。門南左右、分列議政府、三軍府、六曹、司憲府等各司公廨。」

2-1　内殿

最初の「新宮燕寢七間」から始まり、文章中半に「以上爲內殿」（以上を内殿となす）までが内殿である。そこには建物の間数（大きさ）や接続関係が記されている。この内殿の中で主要な建物は〈1〉「燕寝」、〈2〉「東小寝」、〈3〉「西小寝」、〈4〉「報平庁」である。この時は建物の名称が決まっていないので、建物の役割によって名前が記されている。「燕寝」は王の日常の居所であり、「小寝」は王の寝室のある建物である。「報平庁」は「視事之所」、つまり王が政事を見るところである。執務室ともいえる。ここまでが内殿である。

2-1 表「『太祖実録』に記された内殿の殿閣と接合関係」

番号	建物の名称	間数	備　考
1	**燕寝**	7	{康寧殿}
	東西耳房	（2+2）	燕寝（康寧殿）の両端。
	北穿廊	7	
	北行廊	25	
	連排（楼）	3	北行廊の東隅
	連排楼	5	北行廊の西隅
	南穿廊	5	
2	**東小寝**	3	{延生殿}
	穿廊	7	燕寝（康寧殿）の南穿廊に接合
	穿廊	5	燕寝（康寧殿）の東行廊に接合
3	**西小寝**	3	{慶成殿}
	穿廊	7	燕寝（康寧殿）の南穿廊に接合
	穿廊	5	燕寝（康寧殿）の西行廊に接合
4	**報平庁**	5	{思政殿} 燕寝（康寧殿）の南
	東西耳房	1+1	報平庁（思政殿）の両端
	南穿廊	7	
	東穿廊	15	南穿廊第五間から東行廊に接合
	西穿廊	15	南穿廊第五間から西行廊に接合
	東行廊	23	燕寝（康寧殿）北行廊東隅から正殿北行廊の東隅
	西行廊	20	西樓から正殿北行廊の西隅
	以上の小計	173	

これらの建物は、太祖4年（1395）10月7日に鄭道伝が王の命で名称をつけ、宮闕名を景福宮、燕寝を康寧殿、東小寝を延生殿、西小寝を慶成殿、燕寝南側の報平庁を思政殿とした。

また、『太祖実録』の記述にある「燕寝」と「報平庁」の次に記されている「東西耳房」とは、「燕寝」と「報平庁」の東西両端にあるオンドルのある部屋のことで、独立した建物ではない。それが「燕寝」は東と西に「二間」のオンドル部屋があり、「報平庁」は東西に「一間」のオンドル部屋があることを示している。また、「行廊」とは内殿を囲んでいる建物であるが、その長さだけが記されている。「行廊」には復廊（部屋になっている建物）と単廊（塀）があるが、側面の長さが記されていないので、『太祖実録』の記述ではどちらかが判明しない。しかし、『太宗実録』には勤政殿西廊に「国史」を補完したという記述[7]がある。西側の行廊を「書庫」として使用したのであるから「復廊」であったと推定できる。「穿廊」は建物を連結する通路である。この通路に屋根があったか、単なる通路かはわからない。また、「東隅有連排三間、西隅有連排樓五間」とある「連排」「連排楼」は、内殿を囲む行廊の東隅と西隅にあった建物で、「連なり排（配）置された楼[8]」である。

重要なことは、これらの建物の大きさが「間」数で記されていることである。これによって創建時の景福宮の大きさがわかる。ここに記された「間」は柱と柱の間の長さをいう単位である。柱が６本あれば５間になる。しかし、問題は、「間」の長さ（幅、寸法）である。大概は６尺または８尺であるが一定ではない。景福宮の場合も間数は記されているが、「間」の長さ（寸法）は書かれていない。さらに、ここに記された間数は、建物の正面の間数であって、側面の間数は記されていない[9]。このことが創建時の景福宮の規模と配置形式を正確に理解することを難しくしている。

以上を踏まえて、「内殿」の建物を整理してみると、2-1 表「『太祖実録』に記された内殿の殿閣と接合関係」のようになる。{　} 内の名称は、鄭道伝の命名した建物名である。

2-2　外殿

次に内殿以外の構造を見てみよう。『太祖実録』には、「以上爲内殿」以下、「正殿五間」から「其餘廚房」まで、建物の名前と簡単な役割、所在地や規模などが書かれている。ここは、景福宮の中心的建物である「正殿」があることもあって、「内殿」に対して「外殿」というべきところである。ただし、『太祖実録』では「外殿」という用語を使用していない。ここでは洪順敏論文[10]を参考に「外殿」を使用した。外殿での重要な建物は、〈5〉「正殿」、〈6〉「東楼」、〈7〉「西楼」、〈8〉「殿門」、〈9〉「午門」である。これらの建物も、鄭道伝が「正殿」を「勤政殿」、「東楼」を「隆文楼」、「西楼」を「隆武門」、「殿門」を「勤政門」、「午門」を「正門」と命名した。

「正殿」は「受朝之所」とあり、王が臣下や使節などの朝賀を受けるところである。儀式の場所でもあり、景福宮の中心的建物である。正殿には上下二層の「越台」がある。さらに「東楼」と「西楼」があり、共に広さ３間で上下２層である。「殿門」は三間の大きさで、正殿の南にある。さらに「午門」は３間で、これも正殿の南側にある。つまり、正殿（勤政殿）の前に「殿門（勤政門）」と「正門」があることになる。この「正門」は「興禮門[11]」である。そのほかに

2-2 表「『太祖実録』に記された外殿の殿閣と接合関係」

番号	建物の名前	間 数	備　考
5	正殿	5	{勤政殿} 朝賀を受ける所
	北行廊	29	
	穿廊	5	北行廊から正殿の北に接合
	水剌間	4	
6	東楼	3	{隆文楼} 上下二層
	北行廊	19	北行廊から 19 間にあり、正殿の北行廊の東隅に接合し、東行廊と連結する
	南行廊	9	殿門の東角の東角楼に接合する
7	西楼	3	{隆武門} 上下二層
	北行廊	19	北行廊から 19 間にあり、正殿の北行廊の西隅に接合し、西行廊と連結する
	南行廊	9	殿門の西角の西角楼に接合する
8	殿門	3	{勤政門} 正殿の南側
	左右行廊	11+11	
	東西角楼	2+2	
9	午門	3	{興禮門} 正殿の南側
	東西行廊	17+17	
	水閣	3	庭の中に御溝があり石橋が架かっている。水が流れる所
	左右行廊	17+17	門の左右
	東西角樓	2+2	
	日華門	?	東門
	月華門	?	西門
	以上の小計	212	

「水閣」があり、庭に溝があって石橋が架かっている。また、行廊の途中、東側に「日華門」があり、西側に「月華門」があった。ここは景福宮の中心部分なので、規模に関しても説明が詳しくなっている。

これらを分かりやすく表にすれば、2-2 表「『太祖実録』に記された外殿の殿閣と接合関係」のようになる。

『太祖実録』の記事には、正殿と越台の規模や、正殿の庭の規模などが記されているが、これについては後に景福宮の復元図を説明する際に触れることにする。

2-3　闕内各司

『太祖実録』の記述は、外殿の次は「其餘廚房」以下、名称だけが記されている建物がある。洪順敏[12]はこれらの建物を「總三百九十餘間也」と一括りにしていることや、後代に「闕内各司」と呼ばれていることをあげて、一つの範疇に入る建物群として整理し、「闕内各司」としている。これをまとめたのが 2-3 表「『太祖実録』に記された闕内各司の名称と業務」である。「備考」欄に記述した説明内容は、筆者が付け加えたもので、『太祖実録』には書かれていない。どのような仕事を担当したかを分かるようにしたものである。

これらの殿閣の役割を見ると、王や王室の生活、景福宮にいる官吏の生活を支えること、さらに、軍事・軍政に関わる組織が多く、王の側近で王の職務を補佐した組織が多いといえよう。

2-3表「『太祖実録』に記された闕内各司の名称と業務」

番号	建物の名称	備　考　（業　務）
10	廚房	飲食を調理するところ
11	燈燭引者房	宮闕内の燈明を作ったり管理するところ
12	尙衣院	王の衣服と宮中で使う日用品、金、宝貨などを供給する官庁
13	両殿司饔房	宮中の食事を担当する官庁
14	尙書司	御璽、符牌、節鉞を担当し、世祖代に尚書院と改称した
15	承旨房	王命の出納を担当すると同時に国王を補佐する秘書の役割を担当した官署
16	内侍茶房	王の側近機関で近侍の任務を担当、軍事機能にも関わった
17	敬興府	中宮の僚属を管掌するところ
18	中樞院	啓復・出納・兵機・軍政・宿衛・警備・差攝などを管掌する所
19	三軍府	義興親軍を統轄した軍官府
20	東西樓庫	
以上の合計		390余間

出典：業務は李弘稙編『新国史事典（増補）』教学社、1983年など辞典類による

2-4　宮中門

『世祖実録』には、「内殿」、「外殿」、「闕内各司」以外に宮城の門に関する記述がある。「後築宮城」以下の記述である。後に宮城を築いて、東側の門を「建春」と言い、西側の門を「迎秋」と言い、南側の門を「光化門」としたとある。「宮中門」と区分されるもので、これらの門は「後築」とある。「後」とは第3代国王世宗の時で、『世宗実録』の世宗8年（1426）10月26日[13]に集賢殿の修撰（史官）に命じてこれらの門の名前を命名させたとあるので、この時以前に建立され、光化門、建春門、迎秋門と命名されたものである。初代国王の『太祖実録』は、編集に複雑な経過があり、何回も改修され、第5代文宗の元年（1451）に完成[14]されたので、後代に建てられた「光化門」などの記事が書き込まれたのであろう。2-4表「『太祖実録』に記された宮中門の名称」を参照。

2-5　闕外各司

さらに、『太祖実録』には、「門南左右」以下に宮闕外の施設、門の南側の左右にある施設について記述している。洪順敏はこれらを「闕外各司」と分類して

2-4表「『太祖実録』に記された宮中門の名称」

番号	建物の名称	間数	備考
21	建春門		東門
22	迎秋門		西門
23	光化門	3	南門、上下層で樓上に鍾があり、早朝と夕に打つ

いる。それらは2-5表「『太祖実録』に記された闕外各司」である。備考欄の業務は『太祖実録』には書かれていない。

2-5表「『太祖実録』に記された闕外各司」

番号	建物の名前	備考（簡単な役割）
24	議政府	百官の統率と庶政を総括した最高の行政機関
25	三軍府	重要な軍務を議論する官庁
26	六曹	主要国務を処理する六つの中央官庁で、吏曹・戸曹・礼曹・兵曹・刑曹・工曹をいう。
27	司憲府	施政の得失を論じ、風俗を改め、功労と罪科を考察して褒賞したり弾劾する官庁

以上のように、最初に創建された景福宮は、『太祖実録』によれば「内殿」、「外殿」、「闕内各司」、「宮中門」、「闕外各司」の五つに区分される建物群で構成されていた。そして、「内殿」は国王や王妃、王室一族が生活する居住空間であると共に、政事を行う場所でもあった。国王は日常はここで政務を行い、生活していた。「外殿」は勤政殿を中心に、国王が朝礼を挙行し、法令を頒布し、朝賀を受け、さらに儀式を行い、外国の使臣に面会するなどの場所で、国王の権威を外部に知らしめる場所でもあった。「闕内各司」の建物は、国王の景福宮での生活や政務を支える官庁や官吏の生活を支える官庁があった。これに「闕外各司」の官庁を合わせれば、宮闕内外で広範な政治的機能をはたせるようになっていた。「闕外各司」は、宮闕と一体になっていたのである。

創建時の景福宮は、その規模を見ると、内殿173間、外殿212間、闕内各司390余間、宮中門9間（東門と正門を加えた）と闕外各司であった。判明する合計は784余間で、この後に多くの殿閣が建立されるので、太祖による創建時は大きくはなかったといえよう。

3　景福宮の完成

景福宮は、太祖4年（1395）9月29日に完成した。その後も修理が行われたりしたが、第2代定宗1年（1399）3月から第3代太宗3年（1405）10月までの6年半ほど間、朝鮮王朝は、高麗の都だった開京に遷都していたので、漢城全体が都としては荒廃し、景福宮も国王のいない王宮になってしまった。その後、太宗5年（1405）10月11日に開京から漢城へ遷都し、漢城は再び都になった。

このような経過をたどりながら、太祖7年（1398）9月5日には第2代国王定宗が景福宮の勤政殿で即位し、太宗18年（1418）8月10日には第4代国王世宗が勤政殿で即位した[15]。このように景福宮は正宮としての地位を担っていた。

第3代国王太宗は、1405年10月の還都に合わせて離宮として昌徳宮を作った。そして、主に昌徳宮で政務を執った。しかし、景福宮にも関心を示し、太宗11年（1411）には、景福宮の興禮門の前に明堂水を禁川として引き込み永済橋を作り、翌年には慶会楼を建立し、楼閣周辺を整備した。

本格的に景福宮を整備したのは第4代国王世宗である。世宗は景福宮の勤政殿で即位式を行ったが、先代の太宗が昌徳宮で起居したので、当初は昌徳宮に住み、即位後3年で景福宮に移御した。そして、世宗8年（1426）には集賢殿の文臣に宮内の門と橋を命名させた。これによって光化門、建春門、迎秋門など、景福宮の門の名称が決まり、景福宮が宮闕として整備された。景福宮の宮城は太祖7年（1398）に築造されたので、東西と南門の名称が約30年を経て決まったことになる。創建当初は、宮闕と行廊だけであった景福宮は、世宗の代になって宮城の門を持った宮闕として完成したことになる。

これ以後も世宗は景福宮を整備した。以下、年表的に整理してみよう[16]。世宗9年に宮闕内にはじめて東宮を創建した。王世子の起居する東宮は景福宮の東側にあったので、この名称を持っている。さらに、景福宮内の殿閣を修理すると共に、世宗15年（1433）には宮城の北門である神武門を新設し、宮城四門体制を完成した。

以降、世宗の業績として評価される科学技術の成果に関する建物を景福宮内に作っていく。世宗15年（1433）には簡儀台（天候観測所）を西北隅に建て、翌年8月には報漏閣（時間を測定する時計である自撃漏（水時計）を設置した殿閣）を建て、世宗17年（1435）9月には鋳字所（活字製造所）を設置した。さらに、世宗20年（1438）には康寧殿西側に欽敬閣（天体運行観測所）を建てた。世宗25年（1443）には諺文廰を設置し、ハングル文字を完成させた。まさに当時の科学文明の先端的施設を宮闕内に全て整えたのである。

また、歴代諸王の祭祀のために、世宗15年（1433）には魂殿である文昭殿に太祖と太宗の位牌を安置し、世宗20年3月29日には璿源殿（先王・先后の影幀を奉安する真殿）を文昭殿の東北側に建てた。

さらに、後宮領域を広げ、世宗25年（1443）に交泰殿を建立した[17]。さらに、同年尚書司と春秋館を建て、世宗末年である世宗31年（1449）6月には内殿の康寧殿・延生殿・慶成殿・思政殿・萬春殿・千秋殿などを整備した。その後、後宮に含元殿・紫薇堂・麟趾堂・宗会堂・松柏堂・清燕楼などを建立した[18]。後宮に建立されたこれらの殿閣は、仏像を安置し仏教儀式を行った含元殿、東宮の居所である麟趾堂、東宮の侍女の居所である紫薇堂と松栢堂と宗會堂、国王の母親が使った清燕楼などであった。

この整備によって、萬春殿と千秋殿は便殿である思政殿の左右に配置され、思政殿を補佐する小便殿として新しく追加された。そして、小寝殿である延生殿と慶成殿は行廊に付いていたが康寧殿の左右に配置し直した。このことは、創建当時、思政殿は寝殿区域に近くにあったが、内殿の中を康寧殿・交泰殿中心の寝殿区域と思政殿を中心にする便殿区域に明確に分離することになった。

こうして、景福宮は世宗の時期に、後宮領域を持った大きな正殿として完成した。「創建時期」をいつまでとするかもあるが、初代太祖、第3代太宗、第4代世宗の時期を通じて整備され、世宗の末年になって、一応の完成を見たといえよう。

4　絵図にみる創建時の景福宮

創建時の景福宮の姿を『朝鮮王朝実録』を中心に見てきたが、これを絵図や図面で見ることができれば、宮闕の位置、宮闕内の建物の配置、宮闕の空間構造をより把握しやすくなる。しかし、韓国での研究によれば、創建当時だけでなく、壬辰戦争（1592～）以前の景福宮の構造を描いた絵図や図面を探すことは難しいという[19]。だが、壬辰戦争以後に作成された構造図（概念図・絵図）が何枚か残っているので、これらの構造図（概念図・絵図）を使って、創建時の景福宮を推測してみよう。

4-1　残っている絵図

이규철の整理[20]によれば、朝鮮王朝第26代国王高宗による景福宮重建以前の絵図は5種類確認できる。以下に2-6表「景福宮関連絵図の現況と作成推定年代」と2-7表「景福宮関連絵図の収録書・論文」を示しておこう。

これらの絵図は、収録図書によって、建物の名称の記載や不記載があり、収録時に改変された可能性もある。①「景福宮図」については、李康根『景福宮』と文化財庁『景福宮変遷史（上）』に収録された絵図は建物の名前が記入されているが、朱南哲『韓国の門と窓戸』[21]に収録された絵図は

2-6表「景福宮関連絵図の現況と作成推測年代」

番号	絵図名	所蔵所	作成推定年代
1	景福宮図	소더비競売出品図面	1767-1772
2	景福宮全図	三省出版博物館	1767-1772
3	景福宮古図	ソウル大中央図書館	英祖以後
4	景福宮全図	江陵市立博物館	英祖以後
5	景福宮図	国立中央図書館	英祖以後

이규철の整理を基礎に再作成。作成推定年代は이규철による。英祖の在位年は1724-1776。

2-7表 「景福宮関連絵図の収録書・論文」

番号	地図名	収録書・論文
1	景福宮図	이강근『景福宮』대원사、1998年、p.43 朱南哲『한국의 문과 창호（韓国の門と窓戸）』대원사、2001年、p.143 文化財庁『景福宮変遷史（上）』2007年、p.33、p.51（部分）
2	景福宮全図	文化財管理局『景福宮－寝殿地域発掘調査報告書（図面）』1955年、図面2 李燦・楊普景著『ソウルの昔地図』ソウル学研究所、1995年、p.102 朱南哲『한국의 문과 창호（韓国の門と窓戸）』대원사、2001年、p.142
3	景福宮古図	조재모・정봉희「高宗朝景福宮重建に関する研究」『大韓建築学会論文集』16巻4号、2000年、p.37（再作成） 文化財庁『景福宮変遷史（上）』2007年、p.51（部分）
4	景福宮全図	文化財管理局『景福宮－寝殿地域発掘調査報告書（図面）』1955、図面3 文化財庁『景福宮変遷史（上）』2007年、p.51部分（部分）
5	景福宮図	洪順敏「朝鮮王朝宮闕経営と"両闕体制"の変遷」1996年、ソウル大学校大学院国史学科博士論文 p.81（一部書き込みあり）

建物に番号が振られ欄外に建物の名前が記されている。注記には朱南哲が再作成したことが記されている。また、②「景福宮全図」も、李燦・楊普景著『ソウルの昔地図[22]』に収録された絵図は、建物の名前は読みにくいが薄く彩色されている。朱南哲『韓国の門と窓戸』に収録された絵図は前者と同じであるが白黒である。これに対して文化財管理局『景福宮－寝殿地域発掘調査報告書（図面）』に収録された絵図は建物の名前が読みやすく書き直されているが、「丁亥親蚕碑」の脇の「採桑台」を「採采台」と誤記している。報告書に収録する際に誤記したものと推察できる。

4-2　絵図の作成時期

これらの絵図は景福宮の姿を描いたものであるが、いずれも概念図であって、正確な図面ではない。しかし、そこに描かれている建物の建立年代などから、2-6表「景福宮関連絵図の現況と作成推定年代」に示したように作成年代が推定されている。

「2-6表」の5枚の景福宮の絵図の作成年代を推定するに際して、２つの事実が重要な根拠となっている。作成推定時期には何年かの幅があるが、それが「いつから」で「いつまで」か、を確定できる事実である。第１は、「始めの時期」を示す事実、第２は「最後の時期」を示す事実である。

第１の「始めの時期」に関しては「採桑台」、「丁亥親蚕碑」が描かれているかどうか、第２の「最後の時期」に関しては「文昭殿の碑」があるかどうか、である。

「2-6表」の5枚の絵図には、全て「採桑台」、「丁亥親蚕碑」が描かれ、「文昭殿の碑」は描かれていない。従って、これらは同じ時期に作成されたと推測できる。

まず、第1の「採桑台」、「丁亥親蚕碑」に関して検討してみよう。この「丁亥親蚕碑」が絵図に描かれていることを理由に②「景福宮全図」を英祖43年（1767）以後の作成であると最初[23]に認定したのは李燦・楊普景著『ソウルの昔地図』の図版解説（p.156）である。この根拠は、『漢京識略』に「丁亥年に王妃が親蚕した」という記述があることである。英祖代の「丁亥年」は1767年である。この英祖43年（1767）説の根拠を『英祖実録』の記述によって示したのが洪順敏の博士学位論文である。洪順敏は、英祖43年（1767）年3月10日の『英祖実録』の記述を引用し、「この年3月10日（庚戌）に、英祖は王妃、王世孫等と共に景福宮に行って採桑礼を行った[24]。『丁亥親蠶』とこれを表記したことで、『景福宮図』は少なくとも1767年以後に製作されたものとわかる[25]」とした。洪順敏が博士学位論文で検討した「景福宮図」は⑤「景福宮図」である。したがって⑤「景福宮図」は1767年以後に作成されたものである。이규철の推定は「2-6表」に見るように「英祖以後」であるから正確ではなく、「1767年以後」と訂正する必要がある。

この外、「2-7表」に示したように、景福宮の絵図を掲載し、その作成年代に言及している李康根『景福宮』も朱南哲『韓国の門と窓戸』も、絵図の作成年代を英祖43年（1767）以後であるとしているが、根拠を示していない。根拠を示しているのは洪順敏の博士学位論文だけである。

ここで注目すべきは、洪順敏の根拠とした『英祖実録』（英祖43年3月10日）の記述である。この記述を見ると、英祖と王妃、王世孫等が、景福宮に行って採桑礼をしたことは記されているが、「丁亥親蚕」の碑を建てたという記述はない。つまり、『英祖実録』（英祖43年3月10日）の記述では、英祖43年（1767）に「丁亥親蚕」碑を建てた根拠にはならないのである。

ところで、李康根は『景福宮』（p.42）で、絵図には「丁亥親蚕碑」と「採桑台」が表記されているので、絵図は英祖43年（1767）以後に描かれたと説明している。しかし、この説明の注記を見ると、別の説明[26]がある。そこでは「『英祖実録』英祖43年3月10日条に、王妃が景福宮内で自ら蚕を飼育し、採桑礼を行い、「丁亥親蚕」と名付けたので、英祖46年1月9日に、王が「丁亥親蚕」という4文字を直接書いて、石に刻み、該当官庁に命令して碑陰記を作って記録した」と記している。この注記は重要で、『英祖実録』の英祖43年（1767）3月10日の内容と英祖46年（1770）1月9日の内容が一つの文章に書き込まれている。

英祖46年（1770）１月９日の記事[27]は、「王が彰義宮に行幸し、夜には景福宮の親蚕壇碑を建てた場所へ臨まれた。去る丁亥年の親蚕の際に、壇を勤政殿の北側に築き、五纚礼を執り行ったが、この時になって、王が『丁亥親蚕』という四文字を親筆し、石に彫り、有司に命じて、陰記を撰して、記録させた」とある。この記事によれば、王（英祖）が親蚕壇の碑を建てたのは英祖43年３月10日で、英祖46年１月に「丁亥親蚕」と親筆し陰記させたということになる。

李康根『景福宮』の註46の説明は、前半は英祖43年（1767）３月10日の内容が、後半は46年（1770）１月９日の内容が書かれていたのである。李康根は本文では簡潔に英祖43年（1767）に建立されたと記したのである。

中宗（1506–1544）代には、親蚕檀は、百姓に養蚕奨励の模範を見せるために王妃が自ら命婦を率いて養蚕をする儀礼を挙行したところであって、昌徳宮の後苑にあった[28]という。『朝鮮王朝実録』には、何回か檀を建てた記事がある。このように親蚕檀での採桑礼の儀式は王妃の重要な行事だったのであろうか。以上から「丁亥親蚕碑」は英祖43年（1767）に建てたことになる。

次に第２の文昭殿の碑について見てみよう。この点については李康根と朱南哲の見解は同じで、資料も明確である。『英祖実録』英祖48年（1772）５月23日[29]に、王は景福宮で文昭殿の跡地に行って四拝し、戸曹に命じて殿の跡地に碑を建て、御筆で「文昭殿跡地に壬辰年５月に建てた」と書かせたとある。英祖代の壬辰の年は1772年だけなので、1772年５月に文昭殿の跡地に碑を建てたことになる。「2–6表」にある絵図の全てに文昭殿の碑は描かれていないので、1772年以前の絵図であるといえる。しかし、「2–6表」では③④⑤は「英祖以後」になっている。この根拠として이규철は脚注51[30]で조재모・전봉희論文をあげている。この２人の論文を見ると、「他の絵と同様に正確な作成年代は分からないが、英祖朝以後に描かれたものと判断される[31]」と記しており、その根拠を示していない。英祖の在位年代は1724年から1776年であるから、1772年は在位中である。「英祖以後」とは1776年以後になるので、조재모・전봉희論文や이규철論文によって作成した「2–6表」の３つの「英祖以後」という推定は誤っているといえよう。

文昭殿とは、当初は太祖の妃の神懿王后の位牌を安置して仁昭殿と称したが、太宗８年（1408）、太祖が亡くなると一緒に奉安して文昭殿と改称し、世宗15年（1433）には太祖と太宗の位牌も奉安した建物である。朝鮮王朝にとっては重要な殿閣である。絵図を描く場合、書き落とせない殿閣で、『朝鮮王朝実録』を見れば、壬辰戦争によって景福宮が焼失した後の歴代の王も文昭殿での儀礼を重視している。

このように、絵図の作成年代を見ると、「丁亥親蚕碑」を建てた英祖43年（1767）から、文昭殿の碑を建てた英祖48年（1772）までの間ということになる。わずか5年足らずの間に「2-6表」にある絵図5枚が作成されたことになる。なぜこの年代に絵図の作成が集中したか、これ自体が研究対象になりそうである。

他方、洪順敏は、「いつまで」について、英祖48年（1772）の文昭殿の碑の建立には言及しないで、「いつまで」を推定している。洪順敏によれば、⑤「景福宮図」に記載されている建物が『宮闕志』〈奎3950、憲宗年間本〉に通じるものがあるので、推測してみると、『宮闕志』と共に憲宗年間（1834-1849）に製作されたものと考えられると述べている[32]。洪順敏の推定によれば、「2-6表」の絵図のうち、「英祖以後」と推定された③「景福宮古図」、④「景福宮全図」、⑤「景福宮図」は65年間ほどの間に作成されたことになる。朝鮮時代の末期、18世紀末から19世紀前半の間に作成されたと推測している。

李康根や朱南哲の推定では描かれた年代が数年間に限定され、洪順敏の推測では65年の間に描かれたことになる。絵図の作成年代の確定は、確たる根拠がなく、推定も困難である。しかし、いずれも壬辰戦争（1592～）から160年ほど後に、壬辰戦争前の姿を推測して描いた絵図である。壬辰戦争以前に描かれた絵図・地図が発見されない状況では、これらは重要な絵図と言えよう。

4-3　絵図と『朝鮮王朝実録』の照合

次に『太祖実録』などに記された創建時の宮闕の殿閣と絵図を照合してみよう。ここでは「2-6表」の②「景福宮全図」[33]（三省出版博物館所蔵）を使うことにする。この絵図は、他の絵図よりも建物が明確に書かれ、名称も入っているので、概念図として分かりやすい。

この絵図に、2-1図「『景福宮図』に区分を表示した絵図」のように、内殿（A）、外殿（B）、闕内各司（C）、宮中門（D）を書き込んでおく[34]。『太祖実録』の「闕外各司」は、この絵図で描かれた最も南側が「光化門」と城壁なので、光化門外の「闕外各司」は記されていない。また、この絵図では、第3代世宗の年間に建立された建物や、慶成殿、延生殿などの位置は『太祖実録』とは異なっている。（E）は王世子の住居である東宮で、資善堂は王世子の居所であり、丕顕閣は勉学と政務の場所で外殿に該当し、春坊は王世子の教育を担当する官庁である。後苑（F）も記号は入れてあるが、建物などが描かれていない。また、年代確定で取り上げた（G）「丁亥親蚕碑」と（H）「文昭殿」も取り上げておく。

『太祖実録』にあった「内殿」の建物は燕寝（康寧殿）、東小寝（延生殿）、西

2-1 図「景福宮図」に区分を表示した絵図

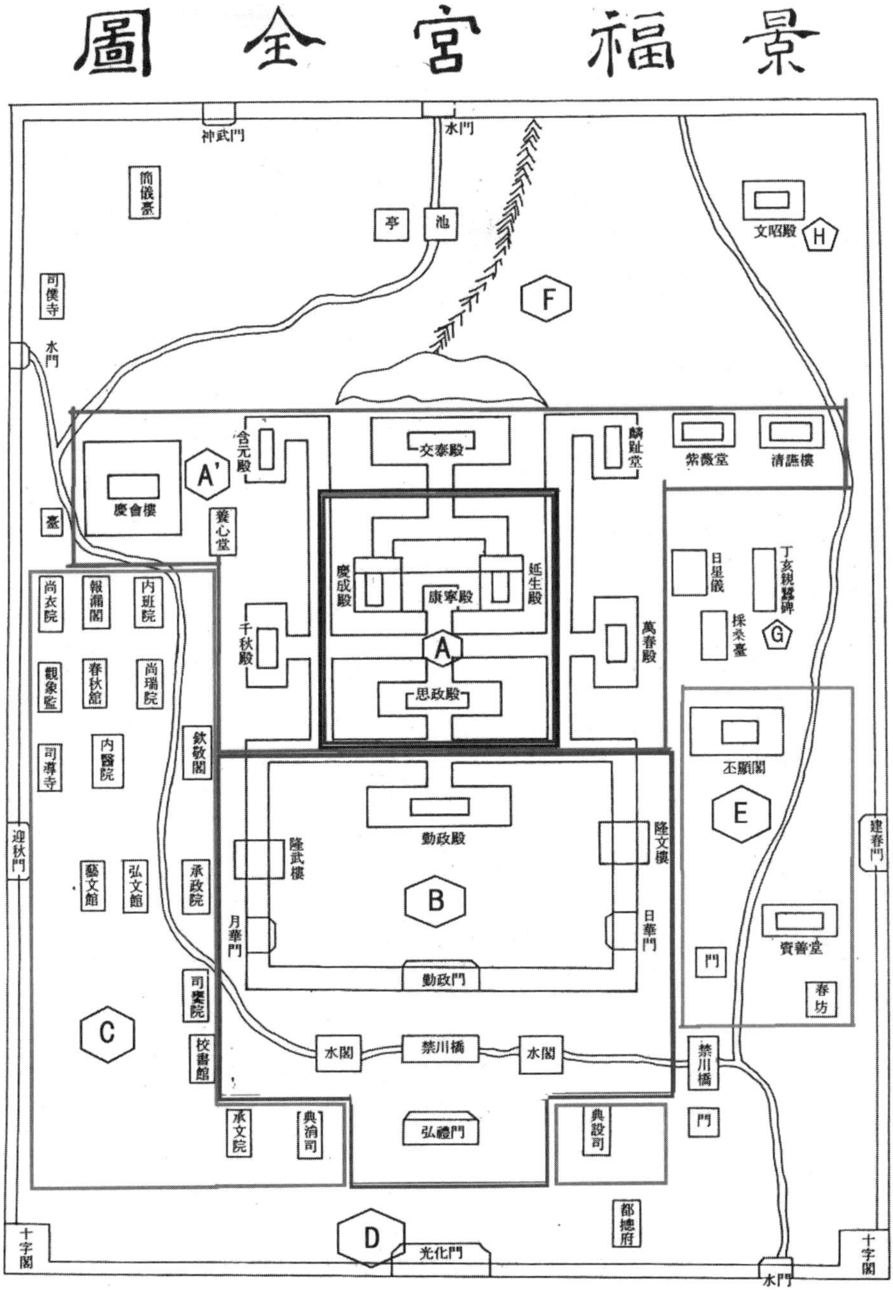

小寝（慶成殿)、報平庁（思政殿）であった。これらは「景福宮全図」の（A）部分である。全てそのまま記載されている。一直線上に配置され、基本軸を形成している。また、世宗代などに建立された交泰殿、含元殿、麟趾堂、紫薇堂・清燕楼、さらに慶会楼、そして萬春殿、千秋殿などは、「内殿」の一部と見なして、（A'）と表示した。

「2-1 図」の「景福宮全図」で「B」と表記したところは、「外殿」である正殿（勤政殿）と東楼（隆文楼)、西楼（隆武楼)、さらに殿門（勤政門)、午門（興禮門・弘禮門）である。内殿と外殿は『太祖実録』の創建時の景福宮に関する記載と同じで、興禮門から世宗代に建立された交泰殿まで、基本軸に位置する建物は、景福宮の基本構造として、壬辰戦争までは、維持されていたと推測される。

さらに「C」の「闕内各司」として一括して記載されていたのは、10 厨房、11 燈燭引者房、12 尙衣院、13 両殿司饔房、14 尙書司、15 承旨房、16 内侍茶房、17 敬興府、18 中枢院、19 三軍府、20 東西樓庫の建物であった。18 世紀末に作られた②「景福宮全図」と『太祖実録』に記載された「闕内各司」の殿閣の内、残ったものと新設されたものの差異を見れば 2-8 表「『太祖実録』の「闕内各司」と「景福宮全図」の「闕内各司」の差異」のようになる。

『太祖実録』と「景福宮全図」の「闕内各司」を比較してみると、壬辰戦争後の景福宮は「闕内各司」を見る限り、朝鮮王朝の創建時とは大きく異なっている。壬辰戦争までの景福宮と 18 世紀の景福宮は、朝鮮王朝の正宮であることは継続しているが、景福宮の組織は変わっていることが分かる。「2-1 図」の「景福宮全図」に記されている建物をその役割で分類してみると、第 1 に⑫尙衣院、㉑内班院、㉓尚瑞院、㉗内医院、㉘司導寺、㉜司饔院、㉟典涓司、㊱典設司のように王を始めとする宮闕構成員の生活と活動を補佐する実務官署、第 2 に㉔春秋館、㉙承政院、㉛芸文館、㉝校書館、㉞承文院のように王の側近で侍従し、学問と政治行政を担当する政務官署、さらに第 3 に㉒報漏閣、㉕観象監、㉖欽敬閣、㉚弘文館、後苑にある簡儀臺、「丁亥親蚕碑」の近くにある日星儀のように天文と時刻などを管掌する官衙に区分できる。さらに、区分して図示していないが、光化門の近くには都摠府にように宮闕守備を担当する軍務官署もあった。

これらの闕内各司は、「2-1 図」の「景福宮全図」を見ると比較的近くに建てられている。これらの実務官署が景福宮内に設置されたことは、宮闕の政治行政的機能が大きいことを示している。「景福宮全図」をみると、宮闕内に新しい殿閣が作られ、王と王妃の住居、東宮などができ、さらに世宗代に発展した科学技術に関する施設が「景福宮全図」に反映されているといえよう。

2-8 表『太祖実録』の「闕内各司」と「景福宮全図」の「闕内各司」の差異

番号	『太祖実録』	「景福宮全図」	備　考
10	廚房	記載無し	飲食を調理するところ
11	燈燭引者房	記載無し	宮闕内の燈明を作ったり管理するところ
12	尚衣院	尚衣院	王の衣服と宮中で使う日用品、金、宝貨などを供給する官庁
13	両殿司饔房	記載無し	宮中の食事を担当する官庁
14	尙書司	記載無し	御璽、符牌、節鉞を担当し、世祖代に尚書院と改称した
15	承旨房	記載無し	御璽、符牌、節鉞を担当し、世祖代に尚書院と改称した
16	內侍茶房	記載無し	王の側近機関で近侍の任務を担当、軍事機能にも関わった
17	敬興府	記載無し	中宮の僚属を管掌するところ
18	中枢院	記載無し	啓復・出納・兵機・軍政・宿衛・警備・差攝などを管掌する所
19	三軍府	記載無し	義興親軍を統轄した軍官府
20	東西樓庫	記載無し	
21	記載無し	内班院	内侍の詰所・執務室。内侍とは、内侍府に属した宮中の男の職員、王の面倒を見たり宿直などをした。
22	記載無し	報漏閣	標準時間を示す自撃漏を設置していた殿閣
23	記載無し	尚瑞院	璽寶・符牌・節鉞などに関する仕事を担当した官衙
24	記載無し	春秋館	時政の記録、各朝の実録を担当した官衙
25	記載無し	観象監	天文、地理、暦数、気象観測、水時計などの事務を担当した官衙
26	記載無し	欽敬閣	天体運行観測所
27	記載無し	内医院	宮中の医薬を受け持った官衙
28	記載無し	司導寺	宮中の米穀と醤の供給事務を担当する官衙
29	記載無し	承政院	王の命令を伝達し、王に奏上する仕事を担当する官衙
30	記載無し	弘文館	三史の一つで、宮中の經書、史籍、文書などを管理し、王の諮問に答える官衙
31	記載無し	芸文館	勅令と教命を記録する官衙
32	記載無し	司饔院	宮中の飲食に関する仕事を担当する官衙
33	記載無し	校書館	經書の刊行と香祝、印篆などを担当する官衙
34	記載無し	承文院	外交文書を担当する官衙
35	記載無し	典涓司	宮闕の修理と清掃を担当する官衙
36	記載無し	典設司	帳幕などを張る事を担当する官衙

5　創建当時の景福宮の推定復元図

これまで見たように、壬辰戦争以後の絵図（概念図）によって、世宗代に完成した景福宮の姿がほぼ推定できた。それでは、創建当時の景福宮の建物の構成はどのようになっていたか。『太祖実録』に記された間数などに依拠して考察してみよう。

創建当時の景福宮の建物の推定構成図については杉山信三の研究[35]がある。杉山の研究成果は、多くの韓国人研究者[36]に知られており、景福宮の推定復元図研究の先駆的研究として評価されている。その中で、杉山の研究に多くの点で異論を提示しているのが、金東旭の「朝鮮初期創建景福宮の空間構造―高麗宮闕との関係について―[37]」である。

以下、この２つの研究成果に依拠しつつも、双方の問題点を指摘して、創建当初の景福宮の建物構成を考察してみよう。

5-1　杉山信三の復元図

創建当初の景福宮の建物構成に関する資料は、すでに引用した『太祖実録』太祖４年（1395）９月29日の記事だけである[38]。そして、最も重要な論点は外殿（勤政殿）の部分である。『太祖実録』の「正殿」と書かれている勤政殿の規模や位置に関する記述である。すでに2-2表「『太祖実録』に記された外殿の殿閣と接合関係」で見たが、ここで再び整理してみよう。

まずは、該当部分を再度引用してみよう。

> 正殿五間、受朝之所、在報平廳之南。有上下層越臺、入深五十尺、廣一百十二尺五寸。東西北階廣各十五尺。上層階高四尺、石橋五級。中階四面廣各十五尺、下層階高四尺、石橋五級。北行廊二十九間、穿廊五間、起自北行廊、接于正殿之北。水剌間四間。東樓三間、有上下層、其北行廊十九間接于正殿之北行廊東隅、與內東廊連。其南九間接于殿門之東角樓。西樓三間、有上下層。其北行廊十九間接于正殿之北行廊西隅、與內西廊連。其南九間接于殿門之西角樓。殿庭廣東西各八十尺、南一百七十八尺、北四十三尺。殿門三間、在殿之南。左右行廊各十一間、東西角樓各二間。

漢文で書かれているので、１項目ずつに分解して検討してみよう。さらに杉山の復元案の勤政殿周辺を取り出した2-2図「景福宮正殿（勤政殿）の復元図[39]」を参照しつつ検討する。

〈1〉　正殿の幅は５間である。「正殿五間」

報平庁（思政殿）の南側にある。「在報平廳之南」

正殿の側面の広さは、ここでは分からない。

〈2〉　上下２層の「越台」がある。「有上下層越臺」

杉山は「越台」を「建物の前面の基壇」と解釈し、正殿（勤政殿）の基壇としている。「正殿は二重の基壇上にたてられ」、「この基壇の広さは正面が 112.5 尺、奥行きが 50 尺であった」としている。「入深五十尺、廣一百十二尺五寸」

さらに越台については

東西北階廣各十五尺
上層階高四尺、石橋五級
中階四面廣各十五尺
下層階高四尺、石橋五級

と記されている。杉山の論文では、この記述については全く論述していない。

〈3〉 次に正殿の北側には 29 間の行廊がある。行廊は部屋を持った長い建物である。「2-2 図」では行廊は 2 重線で書かれている。「北行廊二十九間」

〈4〉 この行廊には 5 間の長さの穿廊が連結している。穿廊は通路である。穿廊は北側の行廊から始まって正殿の北側で接している。「穿廊五間、起自北行廊、接于正殿之北」

「2-2 図」では、行廊の中心（どちらからも 15 番目）と穿廊の 1 番目が重複している。これを別々にすると 29 間の行廊の東西の数に差が出ることになる。

さらに『太祖実録』には王の食事を作る 4 間の水剌間があると記されているが、場所は分からない。「2-2 図」にも表示されていない。「水剌間四間」

〈5〉 次は東楼である。東楼は隆文楼である。幅は三間で、上層と下層があり、二階建てである。東楼は正殿の北行廊の東隅から始まって、北行廊の東隅から数えて 19 間の東行廊にある。そして東楼の南側は 9 間で殿門（勤政門）の東角楼に接合している。

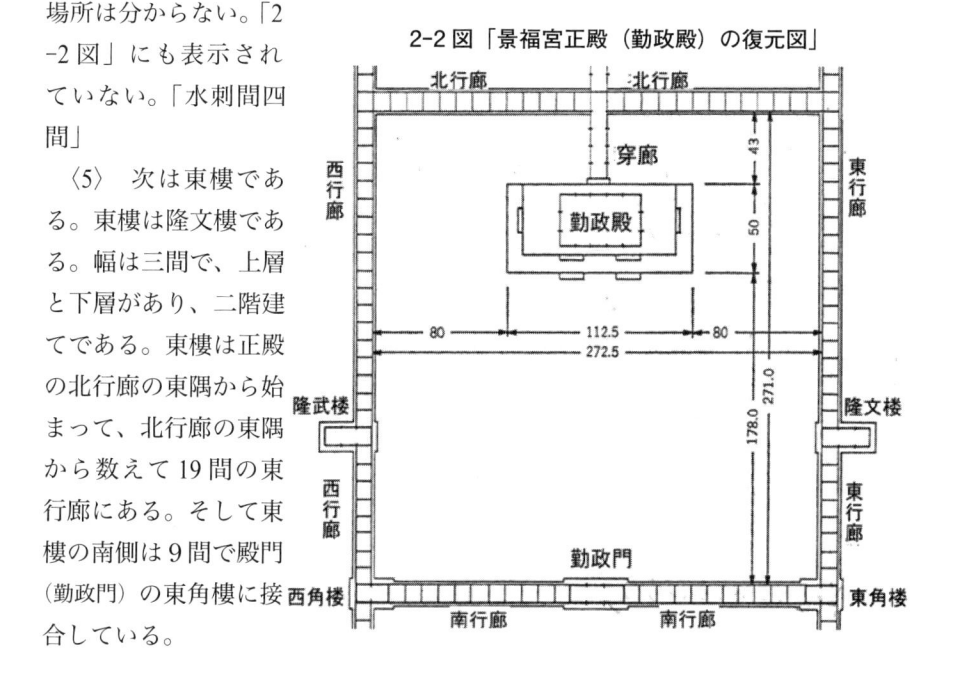

2-2 図「景福宮正殿（勤政殿）の復元図」

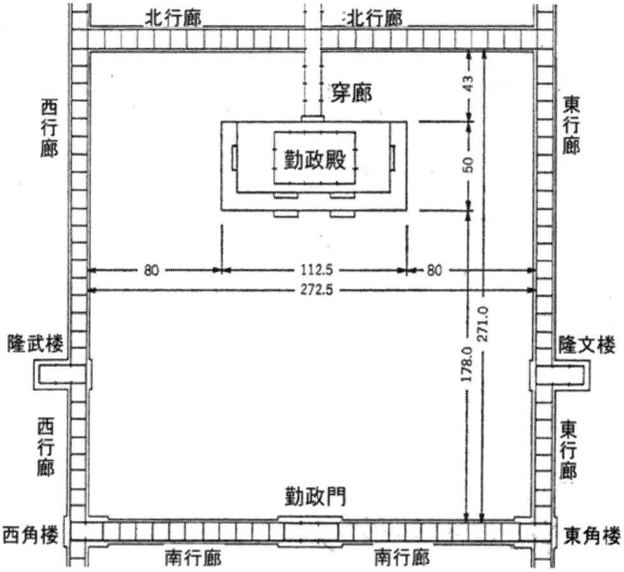

「東樓三間、有上下層、其北行廊十九間接于正殿之北行廊東隅、與內東廊連。其南九間接于殿門之東角樓」

〈6〉 反対側に西楼がある。西楼は隆武楼である。これも幅は三間で、上層と下層があり、二階建てである。隆武楼は隆文楼と対をなし、隆文楼が東側、隆武楼が西側である。従って、北行廊との接続や勤政門との接続は東楼（隆文楼）と同じである。

「西樓三間、有上下層。其北行廊十九間接于正殿之北行廊西隅、與內西廊連。其南九間接于殿門之西角樓」

〈7〉 殿庭の広さ。『太祖実録』では、次に勤政殿の前の庭の広さが記述されている。東西各80尺、南側178尺、北側43尺とある。杉山の復元図「2-2図」によれば、勤政殿に基壇があり、それを中心に東西はそれぞれ80尺あり、勤政殿の南側が広い庭で勤政門の行廊までの距離は178尺であり、勤政殿の北側、北行廊までが43尺であると書いている。「殿庭廣東西各八十尺、南一百七十八尺、北四十三尺。」

〈8〉 最後が殿門である。殿門は勤政門であり、勤政殿の南側にある。勤政門は大きさは3間で、南行廊の中央にあり、東西の行廊まで左右各11間である。南行廊は東西の隅の角楼につながっている。この角楼は2間である

「殿門三間、在殿之南。左右行廊各十一間、東西角樓各二間。」

以上が外殿、つまり勤政殿と周辺の構造である。間数だけでなく尺数もあって、広さが一番よく分かるところである。「2-2図」にもあるように、勤政殿を取り囲む行廊の中の大きさは、杉山の復元案に依拠して計算すれば、

東西が80尺＋ 112.5尺＋ 80尺＝ 272.5尺

南北が178尺＋ 50尺＋ 43尺＝ 271尺である。

間数で見ると

東西は、北行廊が29間である。

南行廊が殿門3間と行廊が共に11間、東西の角楼が共に2間で合計29軒である。

南北は、東西行廊と共に19間＋楼1間＋ 9間＝ 29間である。

つまり、東西と南北が272.5尺と271尺、さらに間数でも共に29間でほぼ正方形である。この271尺は、行廊の内側の数字である。東西と南北の行廊が、4隅で重複して計算されているので、内側だけを見ると2間分を引いて27間になる。

この数字を根拠に、杉山は、27間で271尺なので、1間を10尺と計算した[40]。この10尺を全ての行廊・穿廊などに当てはめて作図している。

また、正殿（勤政殿）の大きさについても、『太祖実録』では「正殿五間」とだけ書かれており側面の間数は分からない。そこで杉山は復元図では側面（奥行き）を3間とした。その理由は「内殿の燕寝（康寧殿）と報平庁（勤政殿）とが三間と算定」されると共に、「朝鮮建築においては奥行を三間にとることが愛好されているから[41]」であるという。杉山の朝鮮建築研究からの推測であろうが、根拠薄弱である。

杉山の復元案[42]のうち、勤政殿とその周辺に関しては、第1に越台に関する『太祖実録』の記事に言及していない点、第2に1間を一律に10尺とした点、第3に勤政殿の奥行きを3間とした点などが問題点である。

杉山案の全体像を示せば2-3図「杉山信三の復元案（全体像）」である。杉山復元案には「第Ⅰ案」と「第Ⅱ案」があるが、「第Ⅰ案」と「第Ⅱ案」の違いは、「第Ⅰ案」は北側の2つある連排楼が東側は南北3間と東西2間であり、西側が南北五間と東西2間であり、「第Ⅱ案」は東側が南北2と東西3間であり、西側が南北5間と東西5間であるかの違いであり、さらに勤政殿と思政殿の間の行廊と穿廊の間を1間（第Ⅰ案）とするか2間（第Ⅱ案）とするかの2点である。これらは『太祖実録』からは読み取れない所であり、高宗代の重建後の景福宮に「穿廊」はなく、広さや屋根の有無が判明しないために推定で作図している。しかし、この2点は復元案の全体像を検討する際には大きな問題にはならないので本章では第Ⅱ案を採用した。

2-3図では、行廊は二重線で書かれ、穿廊は単線である。特に思政殿と康寧殿周辺は周囲が行廊で内部は穿廊である。延生殿と慶成殿は、思政殿の北側の穿廊によって思政殿とも康寧殿とも連結していた。

この点は、金東旭の論考を検討する際に必要なので提示しておく。

5-2　金東旭の異論

金東旭は、創建時の景福宮を高麗王朝の宮闕との関係に注目しながら、景福宮の空間構造を検討している[43]。金東旭は、杉山の推定配置案を大筋では承認しながらも、近年の景福宮寝殿地域の発掘調査[44]の結果を活用しながら、いくつかの問題点を指摘している。第1は、杉山が内殿と外殿（正殿・勤政殿）周辺の行廊[45]や穿廊の1間を一律10尺にした点である。康寧殿周辺の穿廊と推定される遺構の柱の間は10尺未満であり、位置によって不規則な間隔であり、さらに行廊と穿廊

2-3図「杉山信三の復元案（全体像）」

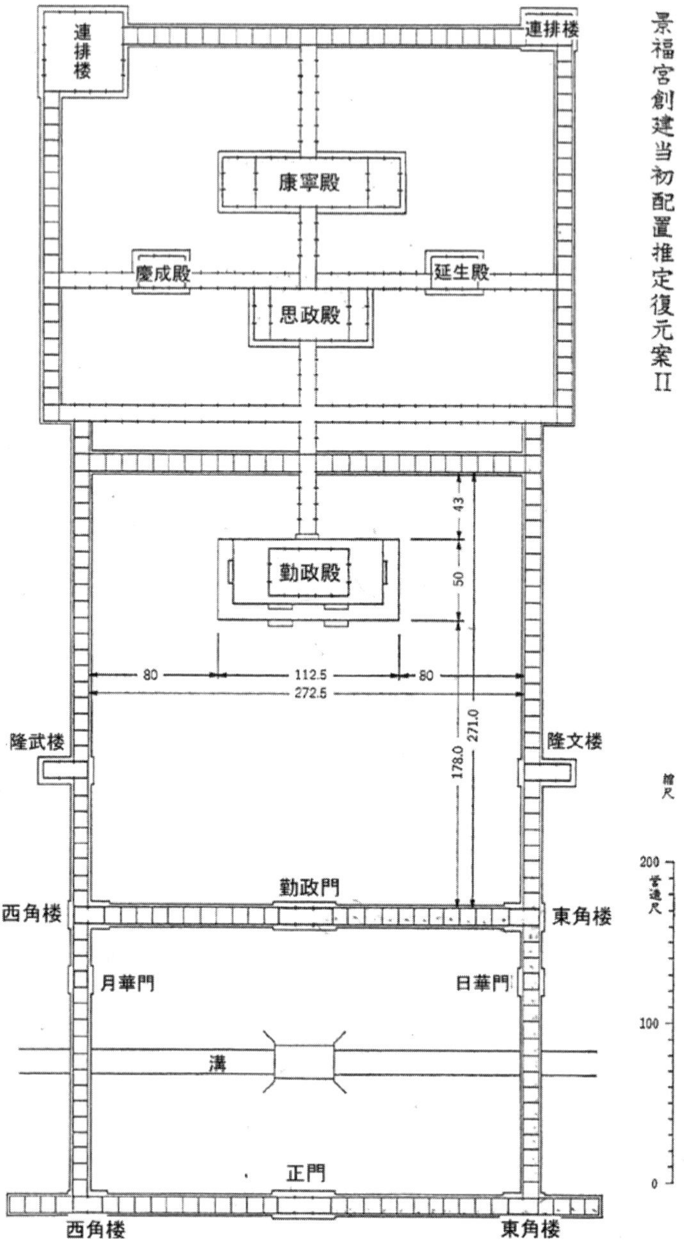

では規模に差異があるという。１間を一律10尺にすることで正殿周辺の行廊を縮小させていると指摘している[46]。しかし、金東旭は、杉山が単純な割り算で10尺と決めており、柱の存在を全く計算していないことには言及がない。金東旭も言うように康寧殿周辺の遺構では柱と柱の間が10尺未満なのであって、柱の太さも建物によって差異がある点も重要ではないだろうか[47]。

第２、正殿の上下越台の大きさを縮小解釈した点である。杉山は、『太祖実録』の「入深五十尺、廣一百十二尺五寸」を全体の下越台の縦横の大きさにしたために、越台の上の正殿の側面が３間ほどの狭い建物になってしまった。これでは正殿や正殿越台で挙行される朝賀儀式などが行えなくなってしまうという[48]。この金東旭の指摘は重要である。杉山は「2–3図」に見るように最も下の檀の幅を112.5尺、奥行きを50尺としている。そして側面３間の理由も、前に見たように、説得的ではない。しかし、より問題なのは、杉山は越台を基壇としている点である。そして、金東旭は基壇と越台は同じではないことを指摘していない。さらに、『太祖実録』の記事を、杉山はそのまま引用しているというが、読んでいない部分があることへの指摘がない。

金東旭は、以上のように杉山の復元図に問題点を指摘した上で、自らの復元案2–4図「金東旭の勤政殿地域の復元図」を提案している。その基本前提は創建時の景福宮の中心部分は、高宗代に再建された景福宮の中心部分と類似した規模を持っていたという点である。その理由は[49]、第１に、何度か再建された康寧殿の位置は、創建時の康寧殿の位置と同一であったという点である。康寧殿地域の発掘調査では、壬辰戦争以前と推測される３つの建物の遺構が出土し、全て正面７間以上の規模で、坐向も同一であった。発掘調査報告書[50]には、３つの復元平面図が提示されているがどれが創建時の康寧殿復元図かは確定していない。しかし康寧殿は何回か同じ場所で再建されてきたことがわかる。第２に、創建時に建立された

2–4図「金東旭の勤政殿地域の復元図」

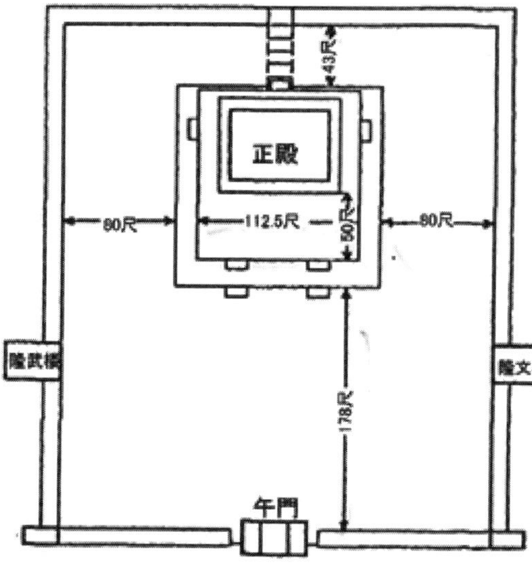

正殿（勤政殿）から午門（興禮門）、さらに光化門までの基本骨格は、壬辰戦争で焼失するまで、大きな改築がなく、高宗代の再建時まで続いてきたという点である。よって、高宗代の再建時の勤政殿から興禮門までの間の主要建物の位置と行廊の大きさは、創建時景福宮の位置を推定するのに決定的な手がかりになるという。

杉山復元案と金東旭復元図との差異は、「2-2 図」と「2-4 図」で見るように、第 1 に、奥行き 50 尺、広さ 112.5 尺（「入深五十尺、廣一百十二尺五寸」）の当てはめ方である。金東旭は、上越台の幅を 112.5 尺にし、上越台での正殿までの距離を 50 尺とした。そして下越台からの距離を杉山と同じく東西を 80 尺、南側を 178 尺、北側を 43 尺とした。このために、東西の幅が増加し、杉山の復元図「2-3 図」では内殿と外殿間に東西 2 間、合計 4 間の差異があったが、金東旭の復元図では直線になる。第 2 の差異は、正殿の大きさである。杉山は正殿の奥行きを 3 間としたが、金東旭は「2-4 図」に見るように、正殿はほぼ正方形であり、現在の勤政殿と同じく 5 間にしている。この理由を金東旭は明確に述べていないが、「基本前提」が高宗時の重建と同じであるという考えによれば、現在の勤政殿と同じく正面 5 間、側面 5 間になる。この点について、李康根は、景福宮の創建時の大きさは、『太祖実録』に記録された正面間数よりも大きく見るべきであると述べ、現存する勤政殿の平面構造によれば正面 5 間、側面 5 間が一般的で、創建当時の正殿の規模も 25 間であったと記している[51]。韓国の研究では、現存する高宗時の勤政殿の大きさを創建時の勤政殿と同じとみる研究者が多いようである。

以上のように、金東旭は、杉山の復元図に重要な異論を主張している。それは納得いくところも多いが、さらにいくつかの点で不十分であると考える点があるので、以下、それを見てみよう。

5-3　残された課題

杉山信三と金東旭、さらに李康根の主張などを踏まえて、解決されていないと考えられる問題点を指摘し、新たな提案をしてみよう[52]。

5-3-1　基壇と越台は別の空間

最初に「越台」とは何かを確認しておこう。越台とは景福宮勤政殿や昌徳宮仁政殿などのように、重要な建物の前に作った広い台である。諸行事に使用するもので、建物の品格を高める役割をしている[53]。

杉山は、この「越台」を「建物の前面の基壇」と解釈している。「正殿は二重の基壇上にたてられ」、この基壇の広さは正面が112.5尺、奥行きが50尺であったとしている[54]。しかし、基壇と越台は全く別である。この点を、金東旭は杉山論文を批判する際に言及していない。ただし、越台の説明では越台と基壇の差異に気づいているような記述もある。

越台について、『朝鮮王朝実録』には実に多くの記述がある。「越台」を「月台」と書いている場合も多い[55]。越台で行われた儀式などを見ると、建物の基壇とは思えない行事が行われている。いくつか例示してみよう。

『太祖実録』太祖5年9月18日[56]には、王が群臣を率いて聖節の祝いの儀式をした。明国の使臣牛牛などが最初に月台の上で五拝三扣頭禮をしたという記事がある。明の使臣を始め臣下が儀式に参加するのであるから、基壇ではない。

『世宗実録』7年1月14日[57]には、香祝を受ける儀節について書かれているが、有司が香祝案を勤政殿の中央に南向きに設置し、殿下の拝位は月台の中央に北向きにして設置すること、侍臣の席を東階段と西階段の南側に互いに相対して設置するなど、細かく規定している。この儀式の中心が月台であり、相当な広さがあったとみられる。

『朝鮮王朝実録』では、壬辰戦争以後の時代にも月台に関する記事があり、景福宮ではなく、昌徳宮などにも月台があったことをうかがわせる。このように越台（月台）は、建物の基壇ではなく、基壇とは別の役割と広さを持った空間だったのである。

5-3-2　越台の大きさ

冒頭に引用した『世祖実録』太祖4年（1395）9月29日の記事には、越台に関する記述がある。それは正殿について「受朝之所、在報平廳之南」と説明した後の次の記述である。

> 「有上下層越臺、入深五十尺、廣一百十二尺五寸。東西北階廣各十五尺。上層階高四尺、石橋五級。中階四面廣各十五尺、下層階高四尺、石橋五級。」

この記述を解釈してみると

「有上下層越臺」＝上下2層の越台がある。

「入深五十尺、廣一百十二尺五寸」＝上の越台と下の越台の広さで、上越台と下越台の合計の奥行き50尺で、下越台の広さが112尺5寸である。しかし、上と下の越台の各々の広さは分からない。

「東西北階廣各十五尺」＝基壇から上越台への広さ15尺の階段が東、西と

北にある

「上層階高四尺、石橋五級」＝基壇から上越台に下りる上の階段（上層階）は高さが4尺で、石の5段の階段がある。広さは不明。

「中階四面廣各十五尺」＝上越台から下越台に下りる中の階段（中階）が4面にあり広さは各々15尺である。ただし、高さは分からない。

「下層階高四尺、石橋五級」＝下越台から殿庭に下りる下の階段（下層階）は高さは4尺で、石の5段の階段がある。広さは不明。

以上が越台周辺についての『太祖実録』の記事であるが、複雑なので繰り返してみれば、〈1〉　越台は上下2段、下越台の端から基壇までの奥行き（広さ）が50尺である。従って、上越台の大きさはよく分からない。下越台の広さは112.5尺である。

〈2〉　階段について

①基壇から上越台に下りる幅15尺の階段が東、西、北にある。段数は不明。

②基壇から上越台に下りる正面に高さ4尺、5段の階段がある。

③上越台から下越台に下りる幅15尺の中偕段が東西南北の4面にある。高さと段数は不明、従って上越台の高さも不明。

④下越台から殿庭に下りる正面の高さ4尺、5段の階段がある。

⑤上の階段と下の階段は広さは不明である。ただし、正面の階段なので、他の階段と同じ15尺かそれ以上であったと推測される。

⑥王の通る正面の階段だけは②、③、④と別記されたのであろうか。

以上が越台の大きさである。杉山は、越台と基壇を同一視しているので、「奥行き50尺、広さ112尺5寸」を下の基壇の大きさと読んだ。これを金東旭は正殿を縮小していると批判した。

以上の記述が『太祖実録』に記録された越台の構造と大きさである。

5-3-3　正殿と越台の関係の図

正殿と越台の関係を見るために、2-5図「昌徳宮中和殿の越台」の模式図を見てみよう。この図によれば、基壇は正殿の周りを囲んで作られている。これに対して、越台は基壇をさらに囲んで設置され、上下2段になっている。中和殿は正面5間、側面4間であるが、この図では正面と側面の1間の幅は同じではない。

この越台図を参考に、景福宮勤政殿の越台を含んだ復元図を考えてみよう。復

2-5 図「昌徳宮中和殿の越台[58]」

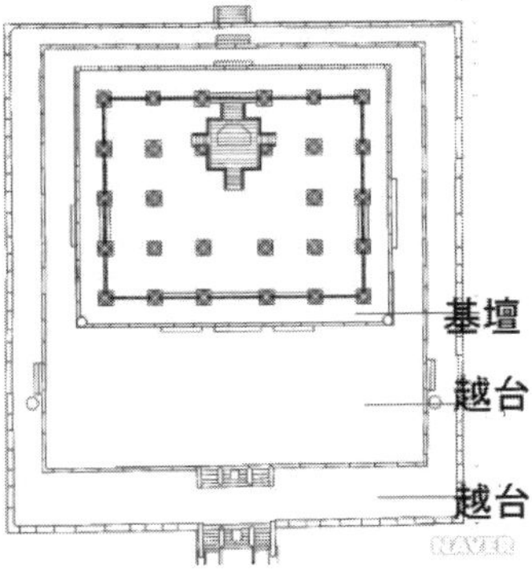

2-7 図「正殿（勤政殿）側面図」

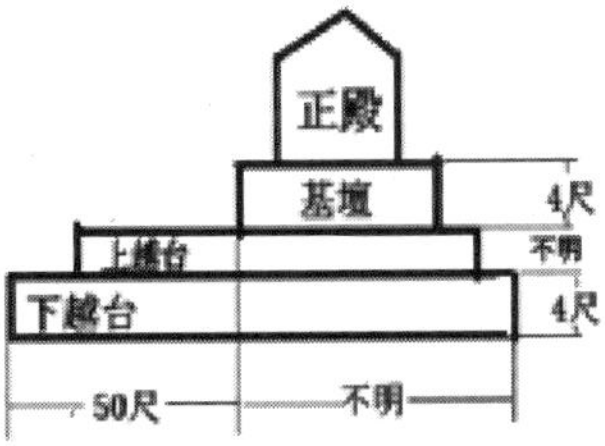

2-6 図「正殿（勤政殿）周辺平面図」

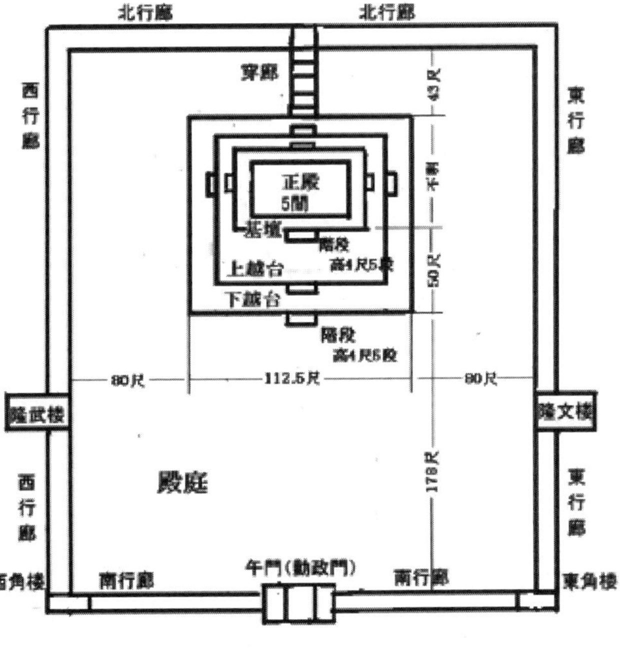

元図は平面図と高さの分かる側面図が必要になる。先に見た『太祖実録』の越台に関する事項を考慮して復元図を作成して見れば、2-6 図「正殿（勤政殿）周辺平面図」、2-7 図「正殿（勤政殿）側面図」のようになる。

この復元図では、下越台から基壇までを 50 尺とした。『太祖実録』には「奥行き 50 尺」とだけあって、上下の区別はないので、上越台の広さはわからない。正殿の側面は不明なので、尺数を入れていない。また、基壇から上越台に降りる上の階段は高さが 4 尺、5 段とあるので、基壇の高さを 4 尺とした。同じく下越台から殿庭に降りる下階段は 4 尺、5 段とあるので、下越台の高さを 4 尺とした。しかし、上越台から下越台に降りる中階段は、幅が 15 尺とあるだけで高さや段数がわからないので、上越台の広さや高さは不明とした。

杉山は行廊の１間を10尺としたが、１間の広さは統一されていない場合が多いので、正殿５間も尺数はわからない。側面図を見ることによって、越台の高さや基壇と越台の差異などが明確に分かると思う。

この復元図は、杉山の図とも金東旭の図とも大きく異なっている。その理由は、『太祖実録』の越台に関する記述を図に反映していない杉山の復元図を基本にしていて、金東旭も同じ誤りをしているからである。

この正殿（勤政殿）周辺の図を杉山の復元図に入れれば、景福宮の復元図ができる。しかし、杉山の復元図は、１間を10尺と統一したために、内殿と外殿の幅に差異があり、それを修正した金東旭の復元図では１間の尺数を統一していないので、内殿と外殿の幅を合わせてみた。今回の復元図では、金東旭と同じく、１間の尺数を統一していないので、内殿と外殿の幅の差異に関しては、金東旭と同じように考えている。

おわりに

高宗代に再建される景福宮を考えるために、その前提となる太祖によって創建された景福宮について考察した。『太祖実録』には、創建時の景福宮に関する詳しい記述がある。光化門が書き込まれるなど、後代に書き直された内容もあるが、最も詳しい創建時の景福宮の姿を見せている。この内容を分析することによって、内殿や外殿、闕内各司、闕外各司、宮中門などの概要が明らかになった。さらに、太祖以降の景福宮の略歴を見ることによって、景福宮は第４代国王世宗の末年に完成したという事実を確認できた。世宗は、科学文化の粋を行く施設を景福宮内に作っていった。

次に、壬辰戦争以後に作成された絵図を検討し、その作成年代を推定した。『英祖実録』の記事を分析することによって、「2-6表」に示した絵図は英祖43年（1767）から英祖48年（1772）の間に作成されたことを明らかにした。しかし、あまりにも短期間に多くの絵図が作成されたことになり、洪順敏の主張する顕宗年間までの間とする説も重要であると考えている。

さらに、これらの絵図を使って、各殿閣がどこにあったのかを確認した。ここでは洪順敏の提案している方法を用いて作図したが、創建時と絵図が作成された時期との差異にも注目して提示した。

そして、最後に『太祖実録』に記された創建時の景福宮の復元図について検討した。杉山信三の復元案と金東旭の問題提起を踏まえて、その是非を検討し、不十分な点を指摘して、新しい復元図を提案した。しかし、『太祖実録』には、記述されていないことも多く不明な点もあり、完全な復元図を作ることは難しい。ここで提案した復元図も一つの推定案であることを明確にしておきたい。

以上、創建時の景福宮の姿を多方面から検討したが、この時期の資料の少なさと読み込みの困難さを学んだ。

注

1 豊臣秀吉による朝鮮への出兵を、日本では「文禄・慶長の役」といい、韓国では「壬辰倭乱」という。本論では「倭乱」や「役」を使わず、「戦争」であることを明示し、かつ日韓共通の干支を使用して「壬辰戦争」という名称を使用する。詳しくは３章「壬辰戦争と景福宮」参照。

2 太祖による漢陽遷都や宮殿の建設などの基本的な資料は『朝鮮王朝実録』である。この項での日時などは「太祖実録」が根拠資料であるが、全てに脚注をつけると煩雑になるので、「太祖実録」を忠実に引用している洪順敏「朝鮮王朝宮闕経営과"両闕体制"의 변천」(1996年、ソウル大学校大学院国史学科博士論文）に依拠して記述する。なお、『朝鮮王朝実録』は、韓国：国史編纂委員会のホームページで参照できる。必要に応じて確認した。

3 景福宮の坐向は「子坐午向」ではなく「壬坐丙向」なので、方位上は「丙門」であるという説もある（文化財庁『景福宮変遷史（上)』2007年、第２章１「창건이후의 변천과정고찰」p.32。李康根執筆）が、『太祖実録』の記述は「午門」である。第１章（脚注44）でも言及したように、発掘調査によれば「壬坐丙向」ではなく北北東に15度ずれた「癸坐丁向」であったという（이경미「20세기 조선 궁궐의 건축적 변형 과정」『향토서울』、60号、2000年、参照)。

4 前掲、「朝鮮王朝宮闕経営과"両闕体制"의 변천」。

5 この過程は、武田幸男編『朝鮮史』（山川出版社、2000年）の第４章（山内弘一執筆）を参照した。

6 『太祖実録』太祖４年（1395）９月29日。

7 李康根『경복궁』대원사、1998年、p.14。『太宗実録』10巻、太宗５年10月２日、甲子「知春秋館事權近、柳亮藏國史于景福宮 勤政殿西廊」。

8 杉山信三『韓国の中世建築』相模書房、1984年、p.214。

9 李康根「창건이후의 변천과정고찰」文化財庁『景福宮変遷史（上)』2007年、第２章。p.32。前掲『韓国の中世建築』(p.211）で杉山も同じ事を言及している。

10 前掲「朝鮮王朝宮闕経営과"両闕体制"의 변천」p.76。

11 世宗８年（1426）10月26日。『世宗実録』８年10月26日条。

12 前掲「朝鮮王朝宮闕経営과"両闕体制"의 변천」p.80。

13 『世宗実録』世宗８年（1426）10月26日：命集賢殿修撰、定景福宮各門及橋名。勤政殿前第二門曰弘禮、第三門曰光化、勤政殿東廊夾門曰日華、西曰月華。宮城東曰建春、西曰迎秋。勤政門前石橋曰永濟。

14 『文宗実録』文宗１年９月11日：春秋館啓："《太祖實錄》內、廢王禑、改辛禑。"從之。

15 即位に関しては『太祖実録』太祖７年（1398）９月５日と『太宗実録』太祖18年（1418）

8月10日による。

16 景福宮の整備に関しては、李康根「第2章경복궁의 변천과정 第1節창건이후의 변천과정고찰」(前掲『景福宮変遷史（上)』p.31以下によった。

17 『世宗実録』巻91、世宗22年9月6日：兩宮移御于東宮、以將營交泰殿也。

18 『世宗実録』巻124、世宗31年6月18日。

19 前掲「朝鮮王朝宮闕経営과"両闕体制"의 변천」p.13。

20 이규철「고종 중건과 대한제국 말기까지의 변화 고찰」前掲『景福宮変遷史（上)、第2章2節p.47以下を参照。이규철は、高宗代の重建を考察しているので、1920年代の図面まで取り上げているが、ここでは高宗代以前のものだけを検討対象にした。

21 朱南哲『한국의 문과 창호』대원사、2001年。

22 李燦・楊普景著『서울의 옛 地図』ソウル学研究所、1995年。

23 この「最初」は「2-7表」に示した文献だけを対象にした場合である。

24 「英祖実録」巻108、英祖43年3月10日庚戌、上詣景福宮、王世孫隨駕、內殿詣景福宮、惠嬪王世孫嬪、亦同詣。採桑禮後、上御勤政殿、王世孫率百官陳賀。この注は洪論文につけられた注である。

25 前掲「朝鮮王朝宮闕経営과"両闕体制"의 변천」p.13。

26 前掲、『경복궁』、p.136、註46。

27 『英祖実録』英祖46年1月9日：丁亥／上幸彰義宮、夜臨景福宮親蠶壇竪碑所。初丁亥之親蠶也、築壇于勤政殿北、行五繅禮、至是上親書丁亥親蠶四字、勒于石、命有司、撰陰記以識之。

28 『中宗実録』中宗24年2月2日注記031。

29 『英祖実録』英祖48年（1772）5月23日：詣景福宮、文昭殿舊基四拜、命戶曹立碑殿基、以御筆書下文昭殿舊基、壬辰五月立。

30 前掲「고종 중건과 대한제국 말기까지의 변화 고찰」脚注51、p.48。

31 조재모・전봉희「高宗朝景福宮重建에 관한 研究」『大韓建築学会論文集』16巻4号、2000年、p.32。

32 前掲「朝鮮王朝宮闕経営과"両闕体制"의 변천」p.13。

33 ここでは文字が読みやすい文化財管理局『景福宮—寝殿地域発掘調査報告書（図面)』1955年、図面2を誤りを訂正して使用する。

34 前掲「朝鮮王朝宮闕経営과"両闕体制"의 변천」と同じ方法を用いる。

35 杉山信三『韓国の中世建築』（相模書房、1984年）第II編第2章「京城景福宮創建当初主要部分の配置」(pp.207-220)。この第2章は、最初は同名で『日本建築学会研究報告』（第8冊、1950年10月）にその概要が発表され、さらに1963年に、杉山信三『高麗末朝鮮初の木造建築に関する研究』（考古美術資料第三輯・1963年、考古美術同人会）の第2章に韓国語で執筆された。この本は謄写版印刷・手書きである。景福宮の復元図はp.216とp.217に掲載されている。

36 前掲『경복궁』(p.15）にも配置推定案として掲載されている。

37 金東旭「조선초기 창건 경복궁의 공간구성 - 고려 궁궐과의 관계에 대해서 -」『建築歴史研究』第7巻2号、通巻15号、1998年6月。

38 杉山信三は、『太祖実録』(太祖4年(1395）9月29日)の記事を『太宗実録』の記事と誤っている。そして年月日も入っていない。杉山の『韓国の中世建築』に収録された「京城景福宮創建当初主要部分の配置」の元の同名の論文『考古美術資料第三輯　高麗末朝鮮初の木造建築に関する研究』（考古美術同人会、1963 年、p.182）では『太祖実録』になっているので、『韓国の中世建築』を刊行する際に誤ったものと思われる。しかし、基本資料であるので看過し得ない。
39 杉山による景福宮全体の推定復元図は第Ⅰ案と第Ⅱ案があるが、その名称は「景福宮創建当初配置推定復元案」である。
40 前掲杉山著 p.212。
41 同上書 p.214。
42 前掲杉山著には「復元案１」（p.216）と「復元案Ⅱ」（p.217）の２案が提示されている。本章では「復元案Ⅱ」を取り上げている。
43 前掲「조선초기 창건 경복궁의 공간구성 - 고려 궁궐과의 관계에 대해서 -」。
44 文化財管理局・国立文化財研究所『景福宮 寝殿地域発掘調査報告書』1995 年。
45 金東旭は「行廊」をしばしば「越廊」と誤記している。「穿廊」もあって複雑ではあるが、重要な名称なので、記しておく。
46 前掲「조선초기 창건 경복궁의 공간구성 - 고려 궁궐과의 관계에 대해서 -」p.17。
47 同上論文 p.18、前掲『景福宮 寝殿地域発掘調査報告書』p.322。
48 同上論文 p.18。
49 同上論文 p.19。
50 前掲『景福宮 寝殿地域発掘調査報告書』pp.330-332。
51 前掲『景福宮』p.15。
52 残された改題を検討するに際して、ソウル大学校の徐毅植元教授に多くの示唆を受けた。記して感謝する。
53 김왕직『알기쉬운 한국건축 용어사전』2007、동녘。
54 前掲杉山書 p.211。
55 「越台」の「越」はハングルでは「월」で、発音が「月」と同じこともあって、『朝鮮王朝実録』でも「月台」と書いている所も多い。韓国・国史編纂委員会のホームページに掲載される『朝鮮王朝実録』で「月台」で検索すると、全体で国訳で 645、原文（漢文）で 777 個も出てくる。これらは儀式などの様子を書いているものが多い。
56 『太祖実録』太祖５年９月 18 日。癸酉／上率群臣、行賀聖節禮。朝廷使臣牛牛等、先於月臺上、行五拜三扣頭禮。
57 『世宗実録』世宗７年１月 14 日。受香祝：前享一日、晝漏上水一刻、有司設香祝案於勤政殿當中南向、設香案於其前、設殿下拜位於月臺當中北向。通禮門設典儀位於東階之東、通贊二人在南少退、俱西向、設左右侍臣位於東西階之南、相對異位重行、俱北上、設鹵簿於闕門外、侍臣各具朝服。
58 김왕직『알기쉬운 한국건축 용어사전』2007、동녘。

第3章　壬辰戦争と景福宮

はじめに

本章は、1592年の豊臣秀吉による朝鮮侵略時に焼失した景福宮に関して、いつ、誰によって、焼失させられたか、を資料に基づいて検討する。

まず、この時の戦争について、日本と朝鮮での名称について、検討する。日本での朝鮮史の概説書や高校の日本史や世界史の教科書などを見ると、「豊臣秀吉の朝鮮侵略」とした上で、「文禄・慶長の役」と記述している[1]。韓国では「壬辰倭乱・丁酉再乱」と記述することが多い。日本での「文禄」と「慶長」は日本の元号である。文禄元年が1592年であり、慶長2年が1597年である。したがって韓国では使用しない。また「壬辰」と「丁酉」は干支であり、壬辰の年が1592年で、丁酉の年が1597年である。「倭乱」という用語を使用しているので、日本では使用されない。つまり、日本と韓国では、用語が異なり、共通の用語がない。

韓国で2012年から新設された高等学校「東アジア史」の教科書[2]では、「壬辰戦争」という用語を使っている。これは高等学校の教科書なので、広範囲に広まる可能性を持っている。日本では、2008年に鄭杜熙・李璟珣編著『壬辰戦争[3]』が出版された。この本は、韓国で『임진왜란 – 동아시아 삼국전쟁[4]』というタイトルで出版された。韓国語版では「壬辰倭乱」という用語を使っているが、日本語版を出版するに際して「壬辰戦争」という名称を使用した。その理由を「日本語版への序文」で詳しく述べている。この戦争は日・韓・中で異なった名称が使われ、しかも「あまりにも強い民族主義的言説」で語られていた。2006年6月に開催された、この戦争を主題とした国際学術会議で、「国際的に通用するにふさわしい名称を定める必要がある」ということで「壬辰戦争」という名称で「意見の一致」を見た。東アジア三国では「十干十二支」で年代を表記する伝統があるので、最初の戦争の起こった1592年の干支「壬辰」を用い、「壬辰戦争」と表記

し、韓国が戦場だったので、韓国語の発音「イムジン」を用いて「壬辰（イムジン）戦争」とした。1597年の「慶長の役」「丁酉再乱」については、壬辰の年の戦争と別々の戦争であるかのような誤解を招きかねないので、「1597年の日本軍の再攻勢」と表記することにした。翻訳を担当した小幡倫裕の「訳者あとがき」によれば、韓国語原書では「壬辰倭乱」を使用しているが、日本語版で「壬辰戦争」に変更したのは「編著者からの要請」によるという。本書の主張とタイトルの「矛盾をなくし、本書の趣旨との一貫性を示したい」ということで改めたという。

本書の主張は、基本的に筆者と同じである。日本と韓国で同一の名称を使うことの重要性は、2007年に出版した『日韓歴史共通教材　日韓交流の歴史―先史から現代まで』（明石書店）でも痛感した。1592年は豊臣秀吉が全国を統一した後であり、その意味では豊臣秀吉1人の意図だけではない「日本の朝鮮侵略」である。さらに、「文禄・慶長の役」と「壬辰倭乱・丁酉再乱」では、どちらも「共通教材」には相応しくないということで、大議論の結果「16世紀末の日本の朝鮮侵略」とした。近代の「日本の朝鮮侵略」との混同を「16世紀末」をつけることで解決した。この時は「壬辰戦争」という名称は提唱されなかった。このような経験からも、「壬辰戦争」を使いたいと考えている。ただし、「壬辰戦争」をどう発音するかについては、「ジンシン戦争」で良いと考える。戦場が韓国であったことは否定しないが、現在、日本で使用する場合、「壬辰戦争」をどう発音するか、とは別問題であると思う。韓国人は「壬辰戦争」を「イムジンチョンジェン（임진전쟁）」と韓国語読みで発音し、「イムジン戦争（センソウ）」とは発音しない。日本は、日本語の発音「ジンシンセンソウ」で良いと考えている。

また、日本でも「壬辰戦争」という名称を使った研究会が開かれている。日本史研究会は2016年度7月例会[5]で「東アジア諸国家にとっての「国際戦争」―文禄・慶長の役（壬辰倭乱）―」と題して研究会を行った。報告者とタイトルは車恵媛（延世大学校）「『倭冦的状況』から壬辰戦争まで―中国の反応を中心として―」と米谷均（早稲田大学）「『壬辰戦争』終結をめぐる日明両国の演出儀礼―冊封儀礼・施餓鬼供養・献俘棄市―」で、池内敏（名古屋大学）がコメントを担当した。報告者は「壬辰戦争」を使用している。例会の趣旨には、「近年、韓国では東アジア三国が参加した国際戦争であったことから、『壬辰戦争』という名称が提起されている。戦争の具体的な展開過程や戦後処理問題など多様な分野で、日本・韓国両国で膨大な研究成果が蓄積されている状況である。」この状況を踏まえて「本例会では日本と韓国、両国の研究者を招き、近年の韓国での研究成果も踏まえながら、近世国家と戦争の関係について見直す機会としたい」と記している。

日本と韓国の研究状況を踏まえて、「壬辰戦争」という立場から例会を開いている。このようなことを考慮すれば、「壬辰戦争」という名称は、使用可能な名称になりつつあるといえよう。

1　焼失した景福宮

1392年に太祖が朝鮮王朝を立て、太祖によって創建された景福宮は、建国200年目の1592年に始まる壬辰戦争で焼失してしまった。景福宮が日本と直接的な関わりを持った最初の出来事が壬辰戦争である。

壬辰戦争によって「景福宮をはじめとする王宮の建物の多くも……焼失した。[6]」ということはよく知られた事実である。それでは、誰が、どのようにして、景福宮を焼失させたのか。このよく知られた事実を検討してみよう。

景福宮が壬辰戦争の時に焼失したことは、多くの研究書が記している。これらは『宣祖修正実録』（宣祖25年（1592年）４月14日癸卯28番記事）の次の記事に依拠している[7]。翻訳してみれば、

都城の宮省に火が出た。王の車駕が離れようとする時、都城の中の奸悪な姦民が先に内帑庫に入って宝物を争って持っていった。やがて王の車駕が出ていくとすぐに大きな反乱が起きて、先ず掌隷院と刑曹を燃やしたが、これは２か所の官署に公私奴婢の文籍があるためであった。そしてついに宮城の倉庫を大きく略奪して火をつけて痕跡をなくした。景福宮・昌徳宮・昌慶宮の三宮が一時に全部燃えてしまった。昌慶宮はまさに順懐世子嬪の櫕宮がある所だった。歴代の宝玩と文武楼・弘文館に大事に保管しておいた書籍、春秋館の各朝実録、他の倉庫に保管された前朝の史草、【「高麗史」を修撰する時の草稿】「承政院日記」が全部残らず燃えてしまった。内外倉庫と各官署に保管されたものも全部盗まれて最初に燃えてしまった。臨海君の家と兵曹判書洪汝諄の家も火に焼けてしまったが、この二家は常に多くの財物を集めたと評判が立っていたためであった。留都大将が何人か切って群衆を警戒させたが、乱民が集団で立ち上がって禁止することはできなかった。

この内容を理解するために、当時の事態を簡単に説明しよう[8]。豊臣秀吉の派遣した日本軍は、宗義智と小西行長などの第１軍が文禄元年（1592年）４月12日に釜山に上陸し、加藤清正と鍋島直茂らの第２軍が４月17日に釜山に上陸した。

以後、第９軍までが続々と朝鮮半島に攻め入った。日本軍は連戦連勝で４月26日に忠州で慶尚道巡辺使李鎰の軍を破った。この知らせが漢城にもたらされ、国王は平壌に都を移し、明の援軍によって回復をはかることにした。そして、４月29日、国王とその一行は都落ちをはかった。国王が漢城を放棄して逃避したために、漢城で民乱が起こったのである。

ここで重要なのは、第１に、日本軍の漢城入城前に国王１行は漢城から避難したことである。第２に、そのために王のいなくなった宮闕に乱民が入り財宝を盗み出したことである。第３に、さらに掌隷院と刑曹が襲われたことである。ここには奴婢文書があって、奴婢身分から抜け出すために、文書を焼いてしまったのである。第４に、景福宮・昌徳宮・昌慶宮の３宮が全部燃えてしまったことである。第５に、歴代の宝玩や、文武楼・弘文館に保管されていた書籍、春秋館にあった各朝実録、他の倉庫に保管された『高麗史』を修撰する時の草稿や、『承政院日記』が全部燃えてしまったことである。

このように、『宣祖修正実録』によれば、景福宮は、昌徳宮、昌慶宮と共に、日本軍の入城前に全焼してしまったことになる。日本軍の入城は、1592年４月28日に忠州で第１軍と第２軍が合流し、進路を分けて漢城に進んだ。そして５月３日、宗義智と小西行長などの第１軍が東大門から、加藤清正、鍋島直茂らの第２軍は崇礼門（南大門）から入城した[9]。つまり、日本軍の入城は、国王が漢城を離れた５日後である。

2　景福宮には誰が火を放ったか

景福宮は日本軍の入城前に乱民によって全焼した、と多くの研究書に書かれている。しかし、景福宮に関する代表的研究者の一人である李康根は、著書『景福宮』[10]で異説を主張している。李康根は、景福宮研究に関して、「60年代の張大遠、80年代の李康根、90年代の洪順敏の研究が代表的である[11]」と評価される研究者であり、1984年に韓国精神文化研究院附属大学院に提出した碩士学位論文「景福宮に関する建築史的研究」は、1980年代の「景福宮に対する研究の水準を高めた代表的な[12]」研究であると評価されている。このような景福宮研究の専門家の主張なので、検討に値するといえよう。

李康根は、著書『景福宮』[13]の中で、『京城府史』[14]（第１巻）に引用されている鍋島直茂軍と行動を共にした泰長院の僧釈是琢の『朝鮮日記』[15]を論拠にして、第２軍の加藤清正と鍋島直茂らが入城した５月３日には景福宮は燃えていなかったと述べている。

以下、李康根『景福宮』の内容を紹介しよう。李康根は、『京城府史』に引用されている鍋島直茂軍の僧釈是琢の『朝鮮日記』を引用した後で「倭軍が入城した時、景福宮は火に燃えたどころか、神仙が住む所かと思えるほど美しい姿を持っており、従軍倭層の驚きと嘆声をかき立てたのである。[16]」と記している。その釈是琢の『朝鮮日記』を『京城府史』から引用してみよう。

北山之下。南面立紫宮。削石為四壁。誠五歩一楼。十歩一閣。廊腰縵廻。簷牙高啄。不知謂何殿何閣矣。丹墀決御溝。自西向東流。其正面有石橋。削石蓮花為欄干。柱橋之左右。安置石獅子。四疋而令護橋。此時懐得愛花須作護花欄之句。其中央以削石。壘垣于八尺。艮巽坤乾隅者。置石獅子於四々十六疋矣。其上立紫宸清涼之二殿。以石為負棟之柱。四面彫上下龍也。以瑠璃為瓦。縫瓦頭皆青龍也。以栴檀為架梁之椽。一椽端一風鈴。畫棟朱簾。伸金銀連珠玉。天上四壁者。以五色八彩畫麒麟鳳凰孔雀鸞鶴龍虎也。紫宸之階級者。中者石鳳凰。左右者鋪石丹鶴。誠龍界耶。仙界耶。不所及凡眼。

漢文なので読み下してみよう。

北山の下に南向きに紫宮（景福宮…筆者）があって、石を削って四面で防壁を作った。誠に五歩行けば一楼があり、十歩行けば一閣があって、行廊を巡らし軒が高い。殿閣の名前は分からない。赤い踏み石で堀を作り、その堀は西から東に流れる。正面には石橋があって、蓮の花を彫刻した石の欄干で作られていた。橋脚の左右には石の獅子四疋が置かれ橋を護っていた。その時、「愛花須作護花欄」の句を思い浮かべた。その中央には石を削って垣を積んであり、その高さが八尺で、隅毎に方向に合わせて四疋ずつ十六疋の石の獅子が置いてある。その上に紫宸殿と清涼殿の二殿が立っている。石で出来た棟の柱の四面に龍を上下に彫刻していた。屋根には瑠璃で瓦を作り、瓦の頭は全て青龍で出来ていた。垂木は梅檀の木で、垂木ごとに一個の風鈴がぶら下がっていた。彩色した梁と赤い簾には金と銀の珠玉が繋がっていた。天上の四方には五色八彩で麒麟、鳳凰、孔雀、鸞、鶴、龍、虎が描かれていた。紫宸殿の階段の真ん中には石で彫った鳳凰が敷かれ、左右には石で彫った丹鶴が敷かれていた。誠に龍の世界か、神仙の世界か、凡人の目には分からないほどだ。

この文章について、李康根は「我々は『朝鮮日記』を通して次のような貴重な事実を推定できる。」として、次のように評価している[17]。

宮内の前の部分を貫流する明堂水の上には石の橋があって、その欄干は朝鮮王朝宮廷様式を代表する蓮の葉の束柱で飾られており、橋の左右に石で作った鳥獣彫刻4匹が配置され、橋を守護する姿を保っている[18]。

宮廷核心部の石造基壇4角に石鳥獣彫刻を各々4匹ずつ彫ってあるが、これは現在その場所にある3匹（雄と雌一対と子）の獬豸（ヘテ）の彫刻（柳得恭は犬と描写）を誤って説明したので、今残っている石彫刻が朝鮮前期に作られたものであることを確認させるのである。

そして、倭軍が入城した時、石で築いた景福宮内に無数の殿閣と行廊があったが、名前を知られないように扁額を全部取り出した状態であった。それで8尺の高さの基壇の上に紫宸、清涼の2つの殿堂があったというが、文脈で見る時、紫宸殿は勤政殿を示しているようである。日本の京都にある天皇の御所は正殿である紫宸殿、寝殿である清涼殿を中心に構成されているので、これを景福宮にあてはめて文を書いたとみられる。

以上のように、李康根は鍋島直茂軍の僧釈是琢の『朝鮮日記』に依拠して、『宣祖修正実録』や柳成龍の『西崖集』などの当時の記録の記述を否定している。たとえば、壬辰戦争時に朝鮮軍で重要な役割をはたした柳成龍が燃えた宮闕を直接目撃した時期は、朝鮮と明国の連合軍が漢城を奪還した後の1593年4月であって、この時はすでに宗廟も焼け、3つの宮闕は全て壊れてしまった後であったという。

それでは李康根は、景福宮はいつ、誰によって焼かれてしまったのかについて、どのように主張しているだろうか。李康根は「平壌城戦闘で敗れ、漢城までも奪還されるという敗戦を繰り返した倭軍が退却すると同時に、宗廟と宮闕を始めとした都城施設を放火し略奪と殺戮を恣に行ったのである[19]。」と記している。しかし、李康根は、日本軍の撤退時に景福宮に放火したという資料は示していない。

3 『朝鮮日記』の検討

『京城府史』に引用されている『朝鮮日記』と同じ文書は、4種類確認できる。第1は、『京城府史』にも引用されている『朝鮮日記』で、現在は内閣文庫にあり、国立公文書館デジタルアーカイブ[20]で見ることができる。第2は、『佐賀県史料集成古文書編[21]』に収録されている活字本である。佐賀県史編纂委員会が原文から活字に起こして収録したものである。第3は、東京大学史料編纂所にある泰長院文書の影写本である。ここには『朝鮮日記』も含まれており、草書体で書かれた毛筆の古文書である。文章は内閣文庫の『朝鮮日記』と同じだが筆跡や本の形式も違う。内閣文庫の『朝鮮日記』は楷書体で綺麗に清書されている。第4は、泰長院にある原本である。以上の4種類である。

内閣文庫の『朝鮮日記』の末尾には「明治21年10月24日以泰長院所蔵　原本校讐　掌記鹽谷時敏」と書き込みがある。この記載は、掌記の鹽谷時敏が明治21年（1888年）10月24日に、泰長院所蔵の原本を以て『朝鮮日記』を校讐、即ち校閲した、という意味である。この記述では、内閣文庫の『朝鮮日記』が、いつ作られたかは分からない。内閣文庫の『朝鮮日記』は「原本」ではなく「写本」であり、校閲した鹽谷時敏による「赤字」の書き込みが数多くある。

また、内閣文庫の『朝鮮日記』には、表紙に「徳川家達献本」と記されている。徳川家達は、最後の将軍である徳川慶喜の次の徳川第16代当主で、1863年8月24日に生まれ1940年6月5日に没している。原本は泰長院にあるので、「徳川家達献本」の意味は、徳川家達が写本の『朝鮮日記』を作成したか、または入手し、それを泰長院に「献本」したのであろう。この「献本」された『朝鮮日記』を「掌記」の鹽谷時敏が「校讐」したものが現在の内閣文庫の『朝鮮日記』である。

ここで検討すべきは、『朝鮮日記』というタイトルである。内閣文庫の『朝鮮日記』には表紙に『朝鮮日記』と書かれている。そして、本文の第1ページ、第1行には「在于朝鮮竹嶋城書之　是琢和尚」と書かれている。あたかも「タイトルと筆者」のようである。意味は「ここ朝鮮の竹嶋城で之を書く」である。この13文字について、赤字で「此十三字後人所加」と校閲されている。つまり、この13文字は、内閣文庫の『朝鮮日記』を作る時に書き加えられたものであると書いているのである。『佐賀県史料集成古文書編』の「明琳朝鮮役従軍日記」にも、東京大学史料編纂所影写本にもこの13文字はない。従って、この13文字はタイトルではない。『佐賀県史料集成古文書編』には「明琳朝鮮役従軍日記」というタイトルで収録されている。「明琳」は是琢の名前で、佐賀県のホームページの「県指定（古文書）」欄[22]にも「是琢（明琳）」と記されている。東京大学史料編纂所影写本にはタイトルはないようである。

以上から、是琢の書いた文書は、元々はタイトルはなく、内閣文庫の『朝鮮日記』を作る時に「朝鮮日記」と命名し、佐賀県史編纂委員会は、是琢の名前が明琳であり、是琢が鍋島直茂軍に従軍したので、「明琳朝鮮役従軍日記」と命名したのであろう。つまり『朝鮮日記』と通称されるようになったのは、内閣文庫『朝鮮日記』を作る時に『朝鮮日記』と命名したからではないだろうか。以上を踏まえて、本論では、便宜上、『朝鮮日記』を使用する。

それでは、『朝鮮日記』は、いつ、どこで、書かれたか。『朝鮮日記』の本文末尾には、「赤字」２行で「朝鮮国慶尚道金海府竹島□城」「文禄三年仲春十七日幻□如琢明□叟□」と記されている。□は原文のままである。『佐賀県史料集成古文書編』によれば、「朝鮮国慶尚道金海府竹島□城」の□は「新」と読んでいる。これは『朝鮮日記』に「竹島之新城」[23]という記述があるからであろう。「文禄三年仲春十七日幻□如琢明□叟□」は「幻菓如琢明琳叟書之」と読んでいる。この２行は、東大史料編纂所の影写本を見ると、本文の最後に書かれている。内閣文庫の『朝鮮日記』では、これが脱落していたので、校閲者の鹽谷時敏が書き加えたのであろう。そして、内閣文庫の『朝鮮日記』冒頭の「タイトルと筆者」のような「在于朝鮮竹嶋城書之是琢和尚」は、この２行を根拠に内閣文庫の『朝鮮日記』を作成する時に書き加えたのであろう。

この記述から、是琢が『朝鮮日記』を執筆したのは、「文禄三年仲春十七日」（1594年２月17日）であり、場所は慶尚道金海府竹島新城であることが分かる。この根拠は『朝鮮日記』に記されている。つまり、是琢は1593年２月「晦日」に２度目の「入京」をする。その後1593年４月18日に漢城を離れ、５月17日に蔚山に行き、５月28日西生浦の陣に入る。この時期、日本軍は釜山浦とその周辺に結集した。鍋島直茂は「西生浦本城幷端城一個所」[24]に陣をはった。是琢も同行した。６月18日鍋島軍は慶尚道の晋州城攻撃に出発した。しかし、是琢は「予臥病不能従軍」、つまり、病気になって鍋島直茂の軍に従軍できなかった。そこで、７月15日「竹島新城」についた。その後も体調は良くならず、「雖萬三年未得帰枌里」つまり、満３年になっても未だ枌（ニレ）の里に帰ることもできない、などと書いている。

是琢は病気になって鍋島直茂の軍に従軍できず、『朝鮮日記』を書いた「竹島新城」に滞在していたのである。他方、日本軍は文禄２年（1593年）５月29日に晋州城を陥落させた。その後、秀吉は在朝鮮の諸大名に在番の城を指示するが、鍋島直茂は釜山に近い竹島の城であった[25]。是琢はここで鍋島直茂と一緒になった。その後、鍋島直茂は朝鮮に滞在する。

この間の「文禄三年仲春十七日」（1594年２月17日）に是琢は『朝鮮日記』を書いた。内閣文庫の『朝鮮日記』の冒頭の後日追加されたと注記がある「在于朝鮮竹嶋城書之　是琢和尚」も、竹島城で是琢が書いたという意味である。

4　『朝鮮日記』と景福宮

次に、『朝鮮日記』の本文を見てみよう。『朝鮮日記』は「日記」とされているが、毎日書き足していく「日記」ではない。本文は、「文禄元年壬辰純陽廿有三日泛舟渡海」、つまり、「1592年4月23日舟で海を渡る」から始まり、順次「梅天初七日泊舟釜山浦同八日到梁山十日到彦陽十二日到慶州」と是琢の進んだ行程を記している。つまり、「梅天」即ち梅雨の5月7日は釜山の港で舟に泊まり、8日には梁山、10日には彦陽、12日には慶州に着いたと記している。次に慶州での見聞を記述し、5月28日に「入洛」する。つまり、漢城に到着する。その後「出洛」して開城府に赴いたと記している。第2軍の鍋島直茂の軍は5月23日に漢城を出発して臨津江に向かい、27日か28日には臨津江の朝鮮軍を破って渡江に成功している。そして5月29日には開城府に入っている[26]。是琢が開城府に向かうのは鍋島直茂軍を追ってのことであろう。このように、是琢の日程は、第2軍の鍋島直茂軍の行動とは同一ではない。

『朝鮮日記』のその後の記述をみると、開城府の見聞記を書き、その後永安道（咸鏡道）安邊府に至り、各地を経過して21日に永安道咸興府に到着する。ここでは咸興府が永安道の京であり、その歴史などを記している。そして、「明年癸巳仲春初四日」、即ち1593年2月4日に「朝鮮国王子臨海君順和君兄弟虜之引将来翼日予見王子君」とある。朝鮮の2人の王子が加藤清正に会寧で捕らえられたのは1592年（文禄元年）7月23日である。是琢は翌年2月4日に2人の王子に会って、悲しみ哀れんでいる王子に漢詩を送って慰めた[27]。その後是琢は2月11日に咸興府を離れ、大雪の中、金剛山を越えて、2月「晦日入京」する。この日は盆を傾けるほどの大雨で、寒く、進むこともできず、陣笠もなく、「雖入京無陣屋徘徊南大門之畔」、即ち、京に入っても陣屋もなく南大門の周りを徘徊したと書いている。そして、男女、牛馬などの死骸が収容されず、臭気がひどいという凄まじい光景を見ている。3月4月になって暖かくなれば臭気が増して、人は皆病死するだろうと心配している。この様子から、漢城は混乱したままの状況が、1593年2月末でも残っていたことになる。

『朝鮮日記』は、このように、是琢が見聞したことを、順を追って記述した見聞記であり、日々の出来事を書いた「日記」ではない。

そして、この後に『京城府史』に引用された文章が書かれている。漢城の凄まじい光景を書いた後に、「又洛人曰」とあり、「洛人」、即ち「漢城の人」から聞き取った内容が書かれている。漢城は京畿道の本府で「二百五十年以前」に開城府から移ったこと、3方に三角山など山があること、「石築墻高数尋而以囲三山倭人以杖計之即七里半矣以其石墻隅洛之中外」と記され、その後に『京城府史』に引用された「北山之下南面立紫宮……」が続くのである。石で築かれた牆（城壁）は大変高く、周りを3山で囲まれ、倭人が杖をもって計れば7里半もの石牆（城壁）が都の内外に築かれているというような意味であろう。そして、「北山の下に南向きに紫宮があって……」と続くのである。

『京城府史』は、是琢『朝鮮日記』の一部、3-1図「『朝鮮日記』（「洛人曰」以下）」の中の「　」の箇所を引用している。『朝鮮日記』の全文を読むと、景福宮について書いた個所は「洛人曰」の内容であり、「漢城の人に聞いた話」の一部である。その前に書かれた死骸があった光景などは是琢の体験であるが、景福宮の様子は「洛人」から聞いた話であり、是琢の聞いた景福宮の風景も、是琢が最初に「入洛」した1592年（文禄元年）5月28日や、次に再び入洛した1593年（文禄2年）2月晦日よりも前の状況ではないだろうか。日本軍の第1軍と第2軍が漢城府に攻め入るのは1592年（文禄元年）5月3日であり、宣祖が漢城を脱出するのはそれより前の4月29日である。『宣祖修正実録』に記された民乱が起こったのはこの時である。

「洛人」は民乱の起こる前の、往事の素晴らしかった景福宮の様子を是琢に話した。『朝鮮日記』に書かれた景福宮の姿は、「洛人」から聞いた往事の景福宮の姿と考えるのが妥当であるといえる。つまり、焼失する前の景福宮を是琢は見ていない。

『朝鮮日記』は、景福宮の様子を書いた後、檀君以来の朝鮮の歴史を書いている。箕子朝鮮、百済、馬韓、高句麗、弁韓、新羅、高麗、朝鮮と略史を書いてい

3-1図『朝鮮日記』（「洛人曰」以下）

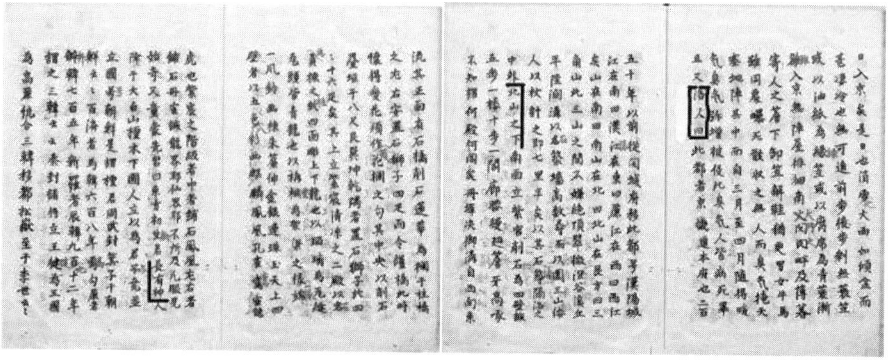

る。是琢には新知識だったのだろうか。『朝鮮日記』は是琢の「憶え」を整理した記録である。

5　『京城府史』の記述

『京城府史』(第1巻) での「僧釈是琢」[28]の『朝鮮日記』は、壬辰戦争を扱った個所で引用されているのではない。「第二編李朝時代の京城（其の一）」の「第一章李朝国初に於ける首府京城の建設」で、漢城の宮闕などを紹介するところでの景福宮についての記述である。ここでは、創建後の景福宮の略史を述べ、壬辰戦争については「4月29日日軍の入城に先ち、城内乱民の放火により昌徳・昌慶の両宮及其他の公廨民家と同時に火災を被つた。[29]」その後景福宮は高宗代まで再建されなかったと述べた後で、創建当時の景福宮の姿を知ることのできる資料として僧釈是琢の『朝鮮日記』をあげている。引用に当たって次のような前文をつけている。

「文飾に過ぐる嫌はあるが、壬辰役に於て日軍入城の際の観察録を見れば、国初に於ける宮殿の面影を略々推知することが出来る。[30]」と記して、『朝鮮日記』を引用している。

ここに見るように、『京城府史』では、「城内乱民の放火により昌徳・昌慶の両宮……火災を被った」と、昌徳宮と昌慶宮に言及しているが、景福宮の火災に触れていない。直後の『朝鮮日記』の引用との関係を見れば、「乱民の放火」によって景福宮が焼けてしまっては矛盾するからであろう。

それでは、『京城府史』では壬辰戦争をどのように記述し、景福宮をどのように描いているかを見てみよう。「第四章 文禄慶長役当時の京城」[31]の「一　京城を中心として見た同役の経過」である。

ここでは、宣祖が昌徳宮仁和門から出発し、西大門を出たあたりで夜が明けて、「顧みて城内を望めば大火南大門付近に起り、次第に他方に燃焼しつゝあつた。此れは乱民が相争ふて先づ南大門内の宣恵庁（今の消防署及市場の付近）を焼いたのである。次で掌隷院、刑曹（現光化門通逓信局の付近）を焼き、進んで王宮に乱入して内帑庫に入り金銭宝玉を掠奪し、更に景福宮・昌徳宮に放火した。此の外王子臨海君の邸、前兵曹判書洪汝淳の邸をも焼いた。[32]」と書いている。この記述は、前に見た『宣祖修正実録』の記事と同じ内容である。ここでは「景福宮・昌徳宮」の二つの宮闕が「放火」されたと記している。つまり、景福宮が「全て」燃えてしまったとは書いていない点に注目する必要がある。

『京城府史』では、同じ第四章に「二　同役に於ける京城の荒廃」という項がある。ここでは漢城の火災に日本軍が関係していないことを強調している。漢城の荒廃は乱民の放火によるものであることは、朝鮮の書物でも一致しているという。その書物[33]は、宣祖実録、国朝宝鑑、懲毖録、象村集、再造藩邦志、朝野輯要、青野漫輯、西崖集である。

これらを簡単に紹介すれば、3–1 表「『京城府史』に記された書物」である。

『京城府史』は、漢城が乱民によって放火されたことを強調しているが、景福宮などの大きな建物は焼け残りがあったとも記している。引用してみよう。

「王宮が全焼した如く記されあるが、宮殿の如き大廈高楼には尚ほ若干の焼け残りがあつた。稍文飾に過ぎた嫌はあるが、日軍の日記である釋是琢の朝鮮日記、肥前旧記の１節（第２編第１章景福宮の條に掲載）によつて明かに之を知ることが出来る。この日記は確に当時の状況を目睹しなければ能はぬことである。凡べて大事変のあつた時には、誇大に失する記事の現はれるのは古今皆同様である。

京城古地図によれば景福宮域内に慶会楼の石柱のみ残存し、他は鬱蒼たる状況

3–1 表「『京城府史』に記された書物」

書物名	本の概要
宣祖実録	朝鮮第 14 代宣祖の在位 41 年間の実録、壬辰戦争の時の王である。
国朝宝鑑	朝鮮王朝の歴代国王の治績の中から模範となる事実を収録した編年体の歴史書、90 巻。
懲毖録	朝鮮中期の文臣で学者の柳成龍（1542 ～ 1607）が壬辰戦争の間に経験した事実を記録した本。この本は 1592 年（宣祖 25）から 1598 年（宣祖 31）までの 7 年間の記事で、壬辰戦争が終わった後、著者が官職から退いている時に著述したものである。本の内容は壬辰戦争が起きた後の記事が大部分を占める。その中には壬辰戦争以前の対日関係での交隣事情も一部記録しているが、それは壬辰戦争の端初を詳しく明らかにするためである。日本語翻訳『懲毖録』（東洋文庫 357）平凡社、1979 年。
象村集	朝鮮中期の文臣象村申欽（1566 年（明宗 21）～ 1628 年（仁祖 6））の文集。漢文 4 大家の 1 人である著者の試験の精髓と道学全盛期に体得した広範囲な性理学的体系と多様な思想が含まれている。彼の文学・学術・思想・道徳・功績だけでなく宣祖、仁祖年間の政治、外交、軍事および思想を考察できる重要な資料。
再造藩邦志	朝鮮中期の学者申炅が壬辰戦争前後の朝鮮と明の関係と朝鮮が明の後援で再建された事実を記録した本。
朝野輯要	朝鮮建国から純祖初期までを編年體で記録した歴史書。
青野漫輯	不明
西崖集	宣祖代の文臣柳成龍の詩文集。木版本 20 巻 11 冊。1633 年（仁祖 11）に息子袗が陜川の郡守であった時に刊行した。

を記してゐるが、戦後復旧の事業も容易に捗らず、多年放棄する内朽敗して狐狸の住家に等しき様となつたのである[34]」

ここでは前に引用した是琢の『朝鮮日記』にも言及し、景福宮にあった大きな建物の中には焼け残ったものもあり、それを是琢は見たと記している。大きな事件の時には誇大に記されることがあって、景福宮などの全焼・荒廃もそのようなものだと主張している。壬辰戦争以来、高宗代まで復元されなかったので、その間荒廃していたものを全て壬辰戦争の時のことにしているというのである。

しかし、『京城府史』の筆者が、是琢の『朝鮮日記』の全文を詳細に読んだかどうかは不明である。先に見たように「洛人曰」以後の記述は是琢が直接見聞した景福宮ではないと判断できる。

6　景福宮はいつ焼失したか

景福宮が壬辰戦争の時に焼失したことは事実である。だが、大きな建物の焼け残りがあった可能性もある。

李康根は、著書『景福宮』で乱民が景福宮を焼いてしまったことを否定し、すでに引用したように、「平壌城戦闘で敗れ、漢城までも奪還されるという敗戦を繰り返した倭軍が退却するとと同時に、宗廟と宮闕を始めとした都城施設を放火し略奪と殺戮を恣に行ったのである[35]」と記している。

それでは、日本軍が平壌で破れ、漢城が奪還され、漢城から退却した時のことを見てみよう。日本での壬辰戦争研究の第一人者である北島万次の研究によると、日本軍が平壌で敗戦し、平壌から脱出するのは1593年1月7日である。明軍と朝鮮軍に追われて南下し、小西行長、黒田長政らは開城府で小早川隆景と合流して漢城府へ退いた。これを見た「漢城府の朝鮮民衆は南下する明・朝鮮軍に内応する動きを見せた（『宣祖実録』宣祖26年正月丁丑）。日本軍はこれをおそれ、漢城府にいる朝鮮人を殺戮する（「高麗日記」1月23日）。それにつき「李朝実録」はつぎのように記している。

倭軍（日本軍）、大いに京城の人（漢城府の朝鮮人）を殺す。行長（小西行長）、平壌の敗を忿（いきどお）り、且つ我人（朝鮮人）、天兵（明兵）に外応するを疑い、尽（ことごと）く、都中の民庶を殺す。惟（た）だ女人のみは死を免る。男子、或いは女服を扮着して免るる者有り。（「宣祖修正実録」宣祖26年正月[36]）」

ここに見るように、漢城に引き返した日本軍は漢城で朝鮮人を殺戮した。しかし、景福宮などを放火した、などの記述はない。

そして、「平壌の敗北を契機に朝鮮での戦局は攻守ところをかえ、日本軍は守勢にまわった[37]」と言う。この後、１月末に日本軍は碧蹄館の戦いで明軍に勝利し、２月には朝鮮軍が幸州山城の戦いで勝利し、日本軍は再び漢城に撤退した。そして４月になって日本軍は在朝鮮諸将での協議の末に、戦いが劣勢であり兵糧米が不足したために、明軍との講和交渉を行い、漢城からの撤退を決めた。1593 年４月 18 日、日本軍は明の使節と称する「参将謝用梓と遊撃徐一貫[38]」らと共に漢城を撤退した。

以上、北島万次の研究に依拠して、撤退までの経過を簡単に見たが、この研究には撤退時の様子は記されていない。

『京城府史』によれば、「三奉行等は譬ひ講和中とは云へ、尚ほ敵が追撃することを憂慮したが、小早川隆景は明使を質として同行すれば其の憂はないと云つた。よつて明の二使、沈惟敬、二王子を軍中に擁し、十九日全部撤退し、通過した所の漢江船橋は之を破毀した。」という。その後、明軍、朝鮮軍の追撃はなく、「京城を後にし悠悠として南下した」と記している[39]。

ここに見る限り、李康根の言うような、日本軍の漢城撤退時に「宗廟と宮闕を始めとした都城施設を放火し略奪と殺戮を恣に行った」という状況は読み取れない。

おわりに

景福宮の歴史のなかで、景福宮が日本と関係した最初の出来事が壬辰戦争であった。韓国の多くの研究は、景福宮は日本軍の入城前に乱民によって焼かれてしまったとしている。しかし、韓国でも代表的な景福宮研究者である李康根は、日本軍が入城した時には景福宮は残っており、それは鍋島直茂軍の僧釈是琢の『朝鮮日記』に記されている通りであると主張した。韓国に残っている多くの資料が、後日の記述であるのに対して、釈是琢『朝鮮日記』はその時の見聞であり、信憑性が高いと見ている。しかし、すでに見たように釈是琢『朝鮮日記』の記述は、「洛人曰」の内容で、是琢の自らの見聞記ではない。

景福宮はいつ、誰によって焼却されたかについて、李康根は日本軍の漢城からの撤退時であると自著『景福宮』で記しているが、その論拠を示していない。そこで日本軍の漢城からの撤退時の状況を見ると、景福宮などを焼却して撤退することはなかったのではないかと推測された。

従って、李康根の主張を肯定することは難しい。『京城府史』のいうように景福宮に焼け残りがあったとしても景福宮の焼失時期の確定にはならない。多くの朝鮮の研究は、乱民による焼却説をとっている。筆者も、これらの研究に依拠して論を進めている。

推測ではあるが、『京城府史』の筆者も李康根も、『朝鮮日記』の全文を読んでいないように思われる。李康根の『景福宮』は、初版の発行が1998年である。『佐賀県史料集成古文書編』（第5巻）は1960年の刊行である。李康根が『景福宮』を執筆する30年以上も前に『朝鮮日記』は活字になっていた。しかし、『佐賀県史料集成古文書編』の「奥付」を見ると「非売品」と書かれている。さらに収録の際のタイトルも「明琳朝鮮役従軍日記」であり、是琢という名前も「朝鮮日記」というタイトルもない。さらに、内閣文庫の『朝鮮日記』が国立公文書館デジタルアーカイブで検索できるようになったのは、李康根『景福宮』の刊行よりもさらに後日であったと思われる。これらのことを考慮すると、李康根が日本の史料を調査して研究に利用することは困難だったのかも知れない。日本と韓国での研究者の交流と史料に共有が重要であると考える。李康根は、1984年の碩士論文や前掲「景福宮重建」では、壬辰戦争時の景福宮の焼失には言及していない。

景福宮が壬辰戦争の時に焼失した事実に異論を挟む人はいない。古い研究論文ではあるが、李鉉淙が論文[40]でいう主張を紹介してまとめとしたい。

> 建物文化財などの焼却破壊された状況について見れば、宣祖がソウルを立ち去った直後、一部没知覚した乱民が焚焼してしまったことで混雑していたが、これもまた窮極的に問うてみれば、倭人に責任があることで、若し万一倭乱が起こらなかったならば焼却されなかったことは明白な事実である。よって、過去、日本人学者が都城の被禍について、倭軍入京前に焚焼し、倭軍が直接関与しなかったことを指摘したが、根源はどこまでも倭乱に起因しているという事実である。

注

1　最も新しい朝鮮史の通史である、李成市、宮嶋博史、糟谷憲一編『世界歴史大系　朝鮮史1』（山川出版社、2017年）は、秀吉の「朝鮮侵攻」と記述しているが、1592年の出来事を「第一次侵攻（壬辰倭乱／文禄の役）」（p.370）と両方の名称で記述している。

2　2012年からは（株）天才教育の「東アジア史」教科書と（株）教学社の「東アジア史」教科書が使われたが、どちらも「壬辰戦争」を使っている。天才教育（p.134）は丁酉再乱も使用。教学社（p.116）は壬辰戦争と丁酉戦争を使用。なお、「東アジア史」という科目は、2022年の「教育課程」（日本の学習指導要領に相当）改定によって、廃止された。

3 鄭杜熙・李璟珣編著、金文子監訳、小幡倫裕訳『壬辰戦争－16世紀日・朝・中の国際戦争』明石書店、2008年。
4 『임진왜란－동아시아 삼국전쟁』西江大学校韓国学センター企画、ピューマニスト、2007年。日本語で表記すれば『壬辰倭乱－東アジア三国戦争』である。
5 www.nihonshiken.jp/2016-06-14-01-04-36/ (2019年6月23日)。例会の内容については、『日本史研究』658号、2017年6月、p.93以下を参照。
6 六反田豊「第7章 朝鮮中期」の「3 日本と清の侵攻」、前掲『世界歴史大系 朝鮮史1』山川出版社、p.371。
7 『宣祖修正実録』(宣祖25年4月14日癸卯28番記事)
都城宮省火。車駕將出、都中有姦民、先入內帑庫、爭取寶物者。已而駕出、亂民大起、先焚掌隷院、刑曹、以二局公、私奴婢文籍所在也。遂大掠宮省、倉庫、仍放火滅迹。景福、昌德、昌慶三宮、一時俱燼。昌慶宮卽順懷世子嬪欑宮所在也。歷代寶玩及文武樓、弘文館所藏書籍、春秋館各朝《實錄》、他庫所藏前朝史草、【修《高麗史》時所草。】《承政院日記》、皆燒盡無遺。內外倉庫、各署所藏、竝被盜先焚。臨海君家、兵曹判書洪汝諄家亦被焚、以二家常時號多畜財故也。留都大將斬數人以警衆、亂民屯聚、不能禁。
8 日本軍の行動については、北島万次『朝鮮日々記・高麗日記』(そしえて、1982年)の巻末にある詳細な「秀吉朝鮮侵略関係年表」による。
9 李鉉淙「壬辰倭乱과 서울」『郷土서울』第18号、1963年10月25日、p.43。
10 李康根『경복궁』대원사、1998年。この本は、2009年12月に第7刷りが発行されている。
11 조재모・전봉희「高宗朝景福宮重建에 관한 研究」『大韓建築学会論文集 計画系』16巻4号、通巻138号2000年4月、p.32。ここでは代表的論文として、次の論文をあげている。
張大遠「景福宮重建에 対한 小考」『郷土서울』16号、1964年3月。
李康根「景福宮에 관한 建築史的研究」韓国精神文化研究院附属大学院碩士学位論文、1984年。
李康根「景福宮重建」『建築』35巻2号、通巻159号、1991年3月。
洪順敏「朝鮮王朝宮闕経営과"両闕体制"의 변천」ソウル大学校国史学科博士論文、1996年。
12 한도수・정봉구「1945 년 이후 경복궁 연구의 성과와 과제」『서울학연구』29号、2007年8月、p.12。
13 前掲『경복궁』、pp.34–38。引用はこのページから。
14 京城府『京城府史』第1巻、1934年。
15 是琢『朝鮮日記』同上書 p.51。
16 前掲『경복궁』p.36。
17 同上書 p.38。
18 〈李康根の原注〉倭僧は、獅子が4匹と言っているが、柳得恭は「春城遊記」で天禄(天鹿)が3匹であると言っている。現在は4匹が残っている。
19 前掲『경복궁』p.34。
20 https://www.digital.archives.go.jp/das/image-j/F1000000000000048287 (2019年3月12日)。この章の資料全般については堀新氏の教示による。記して感謝したい。
21 「明琳朝鮮役従軍日記」(佐賀県史編纂委員会編『佐賀県史料集成古文書編』第5巻、1960年、佐賀県立図書館発行(非売品)、pp.351–360。
22 http://www.pref.saga.lg.jp/kiji0031455/index.html (2019年7月2日)。

23　内閣文庫『朝鮮日記』、p.12。
24　前掲『朝鮮日々記・高麗日記』p.247。
25　同上書 p.253。
26　同上書 p.63 と巻末の年表による。
27　『佐賀県近世史料』第 1 編第 1 巻「直茂公譜」p.195。
28　是琢の泰長院は現在は臨済宗の寺である。僧に「釈」をつけるのは浄土真宗である。臨済宗の僧も「釈」をつけるのか、当時は泰長院は浄土真宗の寺だったのかは、不明である。
29　前掲『京城府史』（第 1 巻）p.50。
30　同上書 p.51。
31　同上書 p.243 以下。
32　同上書 p.253。
33　同上書 p.267。
34　同上書 p.269。
35　前掲『경복궁』p.34。
36　前掲『朝鮮日々記・高麗日記』pp.208–209、ルビは北島。『宣祖集成実録』の記事は宣祖 26 年 1 月 1 日。
37　同上書 p.210。
38　前掲『京城府史』（第 1 巻）p.261。
39　同上書 pp.261–262。
40　李鉉淙「壬辰倭乱과 서울」『郷土ソウル』第 18 号、1963 年 10 月 25 日、p.55。

第４章　高宗代の景福宮再建

はじめに

本章では高宗時代の景福宮再建を検討する。すでに見たように、景福宮は壬辰戦争の時に焼失してしまった。その後、何回か再建が試みられるが、規模の大きい正宮である景福宮の再建には財政問題と人的問題（労働力問題）が障害となって再建できなかった。しかし、19 世紀後半に第 26 代国王高宗が即位すると、再建が実現する。それはほぼ 270 年ぶりの出来事であった。

そして、高宗の時代は、日本との関係がこれまでとは違った様相で展開する。通信使体制から条約を締結する関係、いわゆる近代的な関係になる。景福宮に関してみれば、景福宮が日本の支配下に入り、破壊されていく時期でもある。この破壊の対象になるのが、高宗代に再建された景福宮である。以後の破壊の過程を検討するためには、高宗代に再建された景福宮がどのような宮闕であったかを検討することは最も重要な課題である。これが本章の課題である。

具体的な検討課題は、再建の中心人物になる高宗、その父親興宣大院君、そして高宗の即位を可能にした神貞王后の関係をまず見ておきたい。景福宮再建の発議を可能にした経緯でもある。次に景福宮再建の工程を明らかにすることで、どのような景福宮が再建されたのかを見ておきたい。さらに、再建を困難にしていた労働力問題、財政問題を検討したい。これらの検討の後に、太祖創建時の景福宮と比較して、高宗時代の景福宮の特徴を見てみたい。これらを検討することによって、高宗時代に再建された景福宮の特徴を明らかにすることが課題である。

1　景福宮に関する研究と史資料

高宗代の景福宮再建[1]に関して、韓国では非常に多くの優れた研究がある。すでに見たように、1960 年代の張大遠[2]、80 年代の李康根[3]、90 年代の洪順敏[4]が景福宮研究を代表する研究者である[5]という。これら以外にも多くの研究があり、それらは主に建築史の研究である[6]。この分野での研究視角は、本稿とは非常に近似した視角であり、重要な先行研究である。これに対して、日本には景福宮の再建を検討した論文は管見の限り見当たらない。ここでは韓国の研究者の研究を参考にして、高宗時代の景福宮再建を検討する。

次に高宗代の景福宮再建に関する史資料について見てみよう。朝鮮王朝時代には、王室の婚礼や国葬、または宮闕を始めとした主要施設を作るなどの大規模な業務を行う時には、臨時官庁である「都監」を設置して担当させた。そして業務が終了すると、都監で処理した業務の顛末を詳しく整理した報告書である「儀軌」を作成した。景福宮の再建では、大規模な営建都監が設置され、８年間も作業を継続したのであるから、前例と同じく、「景福宮営建儀軌」というような名称の「儀軌」が作成されなければならない。しかし、景福宮の再建に関する「儀軌」の存在は確認されていない。そして、この時代の王朝の行政を見ることができる『高宗実録』や『日省録』、『承政院日記』などからは「景福宮営建儀軌」を作ったという記録を確認できない。最初から作成されなかった可能性が高い[7]。結局、景福宮再建を検討するのに最適な第一次資料がないのである。しかし、「景福宮営建日記」（一部分だけ存在を確認）、「営建日鑑」、「景福宮・昌徳宮内上棟文」、「宮闕誌」（高宗代作成）、「北闕図型」などの各種の史資料によって再建工事に関する日程だけでなく、建築計画及び設計について、その輪郭を把握できる。特に、創建以後の景福宮の歴史的発展過程を念頭に置いて、「北闕図型」を分析してみれば、再建計画時に構想された設計指針を判断することもできる[8]。

さらに、『高宗実録』や『承政院日記』は韓国の国史編纂委員会によってデジタル化され閲覧が容易である。『日省録』もソウル大学校奎章閣によってデジタル化され公開されている。これらの資料によって、高宗代の景福宮再建に関する基本的な史資料を閲覧できる。

『朝鮮王朝実録』（国宝 151 号）、『日省録』（国宝 153 号）、『承政院日記』（国宝 303 号）は韓国の国宝に指定され、ユネスコ世界記録遺産に登録されている。

また『営建日鑑』は、個人蔵書家によって発掘されたものであり、「高宗２年４月から 12 月まで、工事による人力－物資収給事情を日誌式に詳しく記録したものである。願納銭徴収に関する記事が特に詳しく、月別、年度別進捗状況と工事規模などを理解できる重要な資料である[9]」。この史料は個人所蔵なので一般には公開されていないようである。

このような史資料状況の中で、張大遠によれば、『景福宮営建日記』という記

録があるが、韓国では「全てで何冊かは分からず現在1冊（乙丑6月1日～9月30日）だけ」が見られるという。この史料は「営建に関する全般的なことを詳細に日記体で記録してあり、日省録の記録とも相違がない良い資料であるが、僅かに4か月の記事だけ掲載されている[10]」という。前掲、조재모・전봉희論文では、『景福宮営建日記』について、「毎日その日の工事日誌を書いたもので」、「主に物資と財源、投入された人力を記録していて、工事関連受賞記録と大王大妃及び興宣大院君、高宗の下命を記載している。営建都監を『本都監』と呼んでおり、営建都監で直接作成されたもので、追後営建儀軌制作の基礎として作成されていたものと推測される[11]。」と記している。『景福宮営建日記』は、「景福宮営建儀軌」が確認できない状況で、高宗代における景福宮再建の「儀軌制作の基礎」として作成されたものと推定されている重要な史料である。

このように、韓国でもその全体像が明らかではない『景福宮営建日記』が早稲田大学図書館に所蔵されている[12]ことを、筆者は2018年5月20日に確認した[13]。早稲田大学図書館には、第1冊から第9冊まで所蔵されている。『景福宮営建日記』第1冊には、その最初に、5頁にわたる「景福宮営建記」があり、その末尾に「通訓大夫行漢城府主簿元世澈謹選」と記載され、元世澈が筆者名であり、筆者名の下に「自乙丑四月至戊辰七月主日記故選出九巻」とある。「乙丑」年は高宗2年（1865年）であり、「戊辰」は高宗5年（1868年）である。従って1865年4月から1868年7月までを「九巻」で作成したことになる。第九冊の中表紙には「自戊辰正月至四月二三日」とあるが、実際には4月23日ではなく7月4日まで記述されている。これらの記述から早稲田大学図書館所蔵本は『景福宮営建日記』の全冊であるといえる。

早稲田大学図書館では、この冊子を「写本」とし、「書写年不明」としている。また、早稲田大学図書館古典籍データベースの記載によれば、『景福宮営建日記』は「吉田東伍旧蔵」である。冊子には赤字の印「楽浪書斎」が各冊に印字されている。国文学研究資料館の蔵書印データベース[14]によれば、「楽浪書斎」の蔵書印は吉田東伍のもので、外に『雲養集』（著者：金允植）、『題昭代風謡』（編者：蔡彭胤）、『風謡三選』（著者：劉在建、崔景欽）、『泊翁詩集』（著者：李明五）、『古歓堂収艸』（著者：姜瑋、校閲：李建昌、編者：鄭万朝）という本にも印字されている。いずれも早稲田大学図書館所蔵本である。これら蔵書印が押された本は著者がいずれも朝鮮人らしいが、早稲田大学図書館古典籍データベースで公開されている吉田東伍の「旧蔵」書は284件もあり、大部分が朝鮮人と中国人による古典籍である。吉田東伍は朝鮮や中国の古典籍に関心が深く多くの本を収集したものと思われる。

『景福宮営建日記』を所蔵[15]していた「吉田東伍」とはどのような人だろうか。吉田の生誕の地である新潟県阿賀野市には「吉田東伍記念博物館」がある。そのホームページ[16]には吉田の生涯が記されている。また、吉田の生涯・研究に関する多くの研究もある[17]。吉田は1864年に生まれ、小学校の教員を経て1890年に北海道に渡り、そこから『史学雑誌』に多くの論考を寄稿した。さらに『史海』に投書した論考が主筆田口卯吉らに注目された。そして1892年に読売新聞に入社し、『読売新聞』に「徳川政教考」を連載した。また、膨大な著書である『日韓古史断』を1893年に発表し、翌年には『徳川政教考』を出版し、「歴史家としての地位を固めた[18]。」1895年に日清戦争に記者として従軍し、威海衛攻撃軍と行動を共にした。この頃から地誌に関心を持ち、13年後の1907年に『大日本地名辞書』11冊を完成した。吉田の大きな業績である『大日本地名辞書』は、冨山房から文語体、旧仮名遣のまま現在も版を重ねており、国立国会図書館のデジタルコレクションでも閲覧できる。その後、1910年に近代史の『維新史八講』、1913年には現代から逆にさかのぼる『倒叙日本史』を刊行した。吉田の業績は、単行著作20余冊、論文述作300余編であり、講演、公開講座の講師を行うなど、啓蒙的な活動も行った。1899年に東京専門学校（早稲田大学の前身）文学部史学科講師となった。前任者の喜田貞吉が文部省に移ることになり、喜田の推薦によって着任した。国史、日本地誌、明治史、日本地理を担当し、1910年に『大日本地名辞書』によって文学博士の学位を得た。そして1911年に教授となった。しかし、吉田の学歴を見ると、新潟学校中等部を退学し、後に新潟学校師範部から中等部に進んだが再び中退した。以後、大学には在籍していない。従って学歴のない博士であり、教授であった。1917年、早稲田大学では学長の後任問題で「早稲田騒動」と呼ばれる事件が起こり、この渦中に吉田は理事に就任した。ここでは議長的役割を担った。しかし、この事件の中で体調の不調を訴え、1918年53歳で尿毒症のため急死した[19]。

この吉田の生涯から韓国との関係を見ると、北海道にいる1891年に「古代半島諸国興廃概考」を『史学会雑誌』に公表し、1893年には古代史の論考である『日韓古史断』を刊行した。吉田は朝鮮半島に深い関心を持っており、新聞記者として日清戦争に従軍したが、その理由を朝鮮「半島と中国の大陸の土を自分自身の足で踏んでみたかった[20]」からであると述べている。また、吉田の読書欲は非常に旺盛であり、幅広い読書と論考がある。このような吉田の生活と研究の過程で『景福宮営建日記』を入手したものと思われる。そして、教授、理事を経験した早稲田大学に蔵書を納めたのであろう。

２『景福宮営建日記』

『景福宮営建日記』は、全部で９冊である。各冊の収録年代を一覧表にすれば4-1表「『景福宮営建日記』収録年」のようになる。韓国・ソウル大学校奎章閣所蔵本は、収録年月を照合すると第２巻である。しかし、本を見ると１行に入っている字数が少し異なっており、筆跡も明らかに異なっているので、違った筆写本である。奎章閣の本が原本であるかどうかも確認できない。

先に見たように、第１冊には冒頭に「景福宮営建記」がある。ここでは、大王大妃の発議によって再建が始まり、大院君に任されたこと、大王大妃が10万両を献納したこと、この作業が273年ぶりであり、太祖の時に鄭道伝が景福宮と命名したことなどの歴史が書かれ、景福宮再建の発端や歴史、意義などが書かれている。この「景福宮営建記」は、『景福宮営建日記』の「序文」に相当する。

『景福宮営建日記』は乙丑（1865）年４月１日から始まるが、４月１日は記述がなく、２日から書かれる。４月２日は神貞王后が景福宮再建の意志を示した日であり、４月２日の日記の記事には神貞王后、即ち「大王大妃[21]」の再建の意志が記述されている。そして４月３日には神貞王后が時原任大臣を召して、再建の意志を伝え、議論の模様の後に「如此重大之事」なので大院君に委任すると述べたこと、「営建都監」の設置や役職と任命された人の名前などが記されている。た

4-1表　『景福宮営建日記』収録年

第１冊	高宗２年（乙丑・1865）	４月、５月、閏５月
第２冊	高宗２年（乙丑・1865）	６月～９月
第３冊	高宗２年（乙丑・1865）	10月～12月
第４冊	高宗３年（丙寅・1866）	１月～４月
第５冊	高宗３年（丙寅・1866）	５月～10月
第６冊	高宗３年（丙寅・1866）	11月～12月
	高宗４年（丁卯・1867）	１月～２月
第７冊	高宗４年（丁卯・1867）	３月～８月
第８冊	高宗４年（丁卯・1867）	９月～12月
第９冊	高宗５年（戊辰・1868）	１月～４月、閏４月、５月～７月４日

・第９巻表紙には「至４月23日」とあるが７月４日まで記述されている。
・早稲田大学図書館古典籍データーベースによって作成
http://archive.wul.waseda.ac.jp/kosho/wa03/wa03_05101/
(2018.5.20)

だし、これらの事実は、書かれている文章に差異はあるが、『高宗実録』等でも判明することである。

そして『景福宮営建日記』に相応しく毎日の出来事が記されるのは4月6日からである。財政に関わる願納銭については4月4日から記録され、労働力である「自願軍」については4月13日から「一洞四十八名」などのように洞数と人数が記録されている。これによって財政と労働力の集計が可能である。しかし、この事実も『高宗実録』や『日省録』からも分かる

『景福宮営建日記』には、工事に関わる「木手」など工匠に関する記述が5月1日から始まる。さらに、資材の調達や搬入なども記され、工事の進行を知ることができる。このような記述は他の資料には記されていない。つまり、大きな決定事項などは『高宗実録』や『日省録』などでも判明するが、再建工事の具体的な内容に関しては、『景福宮営建日記』が最も詳しい。

さらに、建物の「上樑文」は主要なものが収録されており、個別の建物について検討する場合には貴重な資料である。

そして、最も重要なことは、『景福宮営建日記』には、景福宮再建の全過程が記録されていることである。全過程の財政、労働力、進行過程などが丹念に記録されており、景福宮再建研究の重要史料といえる。

3　高宗の即位

高宗時代の景福宮再建に関しては、最初に第26代国王高宗の即位の経緯を見る必要がある。高宗は11歳で即位したが、第25代国王哲宗の直系ではない。哲宗の男子の跡継ぎが亡くなって、傍系から国王を迎えることになった。高宗は、当時大王大妃として大きな力を持っていた神貞王后の影響力で即位した。その経緯からみてみよう。

複雑ではあるが、4-1図「李王家の系図」を参照してほしい。第21代国王英祖までさかのぼる。英祖の子に荘獻世子（思悼世子）がおり、荘獻世子と恵嬪洪氏（豊山洪氏）の娘との間に生まれた子が第22代国王の正祖、さらにその子が第23代国王純祖である。この純祖と安東金氏の娘（純元王后）との子に翼宗（孝明世子）がいる。翼宗は1812年王世子（皇太子）に冊封され、1819年10月嘉礼を挙げ、豊壌趙氏の娘を妃（神貞王后）とした。1827年純祖の命により代理聴政を行い、純祖の妃（純元王后）の家門である安東金氏の勢道政治を牽制した。しかし、翼宗は3年後の1830年に22歳（満20歳）で没した。即位しなかったが、息子の

憲宗が第 24 代国王に即位すると翼宗に追尊した。翼宗の父純祖は 1834 年に亡くなったが、その妃の純元王后は純祖の王妃として実力を持っていた。純元王后が哲宗 8 年（1857）に亡くなると、神貞王后は、翼宗の妃であり、第 24 代国王憲宗の母親として、王室内での最高年配者（尊長）である大王大妃になり、大きな力を持つようになった。荘獻世子—正祖—純祖—翼宗—妻神貞王后—憲宗という系譜である。この翼宗の妃神貞王后が高宗の即位に重要な役割を果たす。

他方、興宣大院君とその子の高宗の家系も荘獻世子までさかのぼる。荘獻世子の妃に良娣林氏の娘がおり、その子に恩信君がいる。恩信君には継嗣がおらず、第 16 代国王仁祖の 3 男麟平大君の 6 代孫の南延君を家系を継ぐために養子とした。この南延君の 4 男が興宣大院君（昰應）である。荘獻世子—恩信君—系（養子）—南延君—興宣大院君（昰應）—高宗である。第 21 代英祖の子である荘獻世子の系譜であるという点では関係があるが、途中に第 16 代国王仁祖の家系の人物が養子「系」に入っており、複雑な家系になっている。系譜図では入る養子は「系」、他人の養子になる場合は「出」と書かれている。

朝鮮王朝の複雑な家系から、高宗の即位までの経緯を見てみよう[22]。この当時、朝鮮王朝では、王妃の家門の人々が勢力を持つ勢道政治が行われていた。元々は儒教の思想の反映であるが、国王の外戚が国王が若年の時に政治を主導し、実権を持ってしまう政治であった。4–1 図の系譜図の年代では、第 23 代国王純祖の正妻である純元王后は、当時の 6 大有力家門の一つ安東金氏の出身で、安東金

4-1 図「李王家の系図」

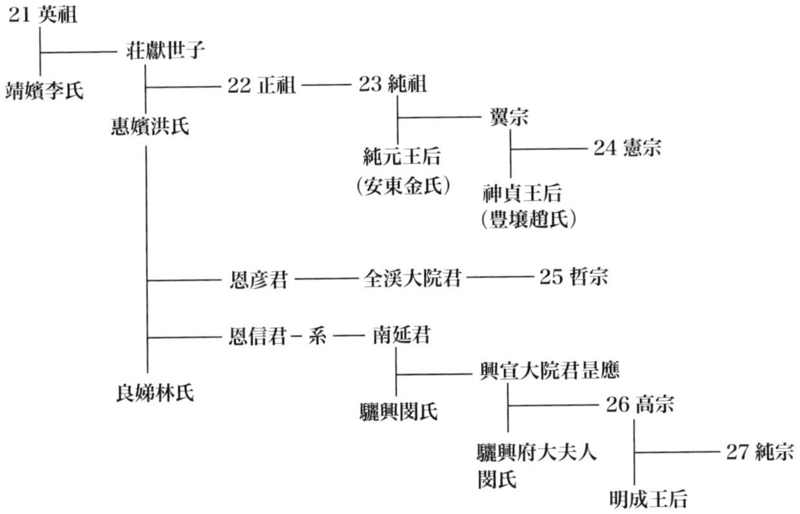

氏は第23代国王純祖、第24代国王憲宗、第25代国王哲宗（正妻哲仁王后・安東金氏）に王妃を輩出し、大きな勢力を持っていた。純元王后はその中心であった。しかし、病弱だった第24代国王憲宗は24歳で亡くなり、王位を継承する王世子がいなかったので、純元王后は第23代国王純祖の大統を継承する形式で、別系統の「昪」を第25代国王哲宗とした。これは純元王后が「昪」を自身の子と見なしたことを意味した。この時「昪」は18歳であった。

純元王后は、垂簾聴政を行った。垂簾聴政とは、国王が幼くて政事を処理できない時に、王妃や前王妃が政事を行うことであり、女性の王后が男性の朝臣と対面するのを避けるために、玉座の後ろに垂簾を下げその中で政務を行うことをいう。王后の背後には、王后の出身家門の力が作用することは当然である。

この時期には、何回か垂簾聴政があった。経過が複雑なので、上の系譜図と共に、国王と関係主要人物の生没年と即位年、さらに垂簾聴政の関連を、4–2表「国王などの生年・即位年・没年・垂簾聴政」で示しておこう。

4-2表 「国王などの生年・即位年・没年・垂簾聴政」

国王代	国王名など	生年	即位年（満年齢）	没年	垂簾聴政の時期と人物関係
21	英祖	1694	1724（30歳）–1776	1776	
	荘獻世子	1735		1762	
22	正祖	1752	1776（24歳）–1800	1800	
23	純祖	1790	1800（24歳）–1834	1834	1800–1803・貞純王后の垂簾聴政
					1827–1830・翼宗の代理聴政
	純元王后	1789		1857	
	翼宗	1809		1830	
	神貞王后	1809		1890	
24	憲宗	1827	1834（7歳）–1849	1849	1834–1840・純元王后の垂簾聴政
25	哲宗	1831	1849（18歳）–1863	1863	1849–1851・純元王后の垂簾聴政
	興宣大院君	1820		1898	
26	高宗	1852	1863（11歳）–1907	1919	1863–1866・神貞王后の垂簾聴政
27	純宗	1874	1907（33歳）–1910	1926	

この垂簾聴政と国王の即位のあり方が、高宗の即位と深く関係している。第21代国王英祖の２番目の王妃である貞純王后は、23代純祖が即位すると、大王大妃になって垂簾聴政を行った。貞純王后は慶州金氏の出で、３年間（1803年２月まで）権力を持った。この後、第23代国王純祖の子の翼宗が1827年から1830年まで代理聴政を行った。また、第24代国王憲宗が７歳で即位すると、第23代国王純祖の妃純元王后が垂簾聴政を行った。純元王后は安東金氏の出なので、安

東金氏の権力拡張に寄与し、第 24 代国王憲宗が幼かったので、1840 年まで垂簾聴政を継続した。さらに第 25 代国王哲宗が 18 歳で即位すると、その即位に大きな力を発揮した純元王后が 2 年半ほど垂簾聴政を行った。

このような状況の中で、神貞王后は、第 23 代国王純祖の子翼宗の妃であり、第 24 代国王憲宗の母であるが、純元王后が垂簾聴政をしており、安東金氏が勢力を持っていたので、実権がなかった。しかし、純元王后が哲宗 8 年（1857）に亡くなると、豊壌趙氏の出の神貞王后は、大王大妃となった。これによって、安東金氏に変わって 6 大有力家門の一つである豊壌趙氏が勢力を持つようになった。そして、第 25 代国王哲宗が 1863 年に亡くなり、哲宗の男子は幼くして亡くなり、継嗣がいなかったので、神貞王后は、自らの姑である純元王后が「昪」（第 25 代国王哲宗）を即位させたと同じ方法を用いて、第 23 代国王純祖の大統を持つとして、哲宗とは別系統の興宣大院君の 2 男「載晃」を王に選び第 26 代国王高宗として即位させた。興宣大院君の系譜は朝鮮王朝の宗親を持っていなかった。興宣大院君の父親である南延君は、第 16 代国王仁祖の子の麟平大君の 6 代の孫で、宗親の範囲を外れていた。しかし、南延君は 4-1 図「李王家の系図」を見るように、第 21 代国王英祖の子の荘獻世子（思悼世子）の 2 男恩信君の養子になることによって宗親を回復した。興宣大院君は南延君の 4 男である。第 26 代国王高宗は、第 21 代国王英祖の系譜を持つが、翼宗と神貞王后の子になることによって、11 歳という若年で即位した。したがって、神貞王后の垂簾聴政が行われるのは自然の成り行きであった。景福宮の再建に神貞王后が力を発揮する基礎ができた。

神貞王后は、第 26 代国王高宗の即位の日に、興宣大院君の封爵と礼遇を大君の例にならって行うように命じた[23]。これによって興宣大院君は爵位を受け、駕篭に乗って入城することが可能になり、さらに戸曹から毎月米 100 石と金 100 両を贈られるようになった[24]。こうして興宣大院君は、国王の父親として礼遇されるようになり、神貞王后と興宣大院君は、高宗の即位によって国政に参与する大きな力を持つようになったのである。

4　景福宮再建の発議

第 1 代国王太祖の時代に創建された景福宮は、その後第 3 代国王太宗、第 4 代国王世宗の時代に新しい施設が付け加えられ、法宮としての体裁を整えていった。しかし、第 13 代国王明宗の 8 年（1553）に、創建から 160 年で焼失してしまった。この時景福宮は再建され往事の姿を回復した。そして、第 13 代国王明宗代の再建から40年後、創建から200年後、壬辰戦争によって焼失した。その後、歴代の王は再建を企図したが実現しなかった。壬辰戦争時の第14代国王宣祖は、具体的な計画案まで作っていたが、戦争で国内は疲弊し、財政的理由で実行できなかった。それ以後、第15代国王光海君、第18代国王顕宗、第21代国王英祖などは、景福宮に一部の建物を作り、科挙試験を実施したり、祭祀、宴会などを行っていた[25]。景福宮は再建は実現しなかったが、法宮としての地位は維持し続けた。

そのような中で、第23代国王純祖の時に代理聴政を行った翼宗は、再建の意志を持って景福宮に赴いたりしたが、若くして亡くなり、次の第24代国王憲宗も先代の意志を継承しようとしたが、実現しなかった。

神貞王后は、高宗2年（1865）4月2日、景福宮を再建する意志を示した。神貞王后は、第26代国王高宗が即位すると垂簾聴政を行い、自らの夫である翼宗の遺志、さらに第24代国王憲宗の遺志を第26代国王高宗が受け継いでいることを大義名分とした[26]。この神貞王后の意志と、第26代国王高宗の父親である興宣大院君の意志が結合して、景福宮再建が発議[27]された。先王の第25代国王哲宗の時期までは、安東金氏の勢道政治が行われており、神貞王后の豊壌趙氏は弱体であった。そこで王の尊厳を国民に示し、さらに王権を強化して安東金氏の勢力をそぐためにも、景福宮の再建は重要であった。

神貞王后は、高宗2年（1865）4月3日、朝廷の大臣を召見し賛否を聴聞した。大臣の意見は反対論や慎重論もあったが、左議政金炳学、戸曹判書李敦栄などは賛意をのべた。神貞王后はさらに民力使用の可否を問い、領議政趙斗淳らは、その不可避であることを力説した。そこで神貞王后は、上は卿宰から下は庶民までが協力する必要を述べた。神貞王后の聴聞に対し、強硬に反対したものはなく、慎重論を述べていた者も賛成した[28]。こうして景福宮の再建は神貞王后の命令によって決定した。

ここで神貞王后は、興宣大院君に再建に関する諸般事を委任することを表明し[29]、領議政趙斗淳らも賛同した。以後、興宣大院君の主導の下に重建工事は進行していった。そして4月3日営建都監を白岳山麓に設置し、都提調や提調を任命した。営建都監は大規模な建築工事に際して設置される臨時の組織である[30]。この営建都監によって景福宮の再建事業は推進された。

5　営建都監の仕組み

営建都監については、『高宗実録』や『日省録』よりも『景福宮営建日記』[31]に詳しい。特に、高宗2（1865）年4月3日の『景福宮営建日記』は、営建都監の詳細な組織と人員配置などが記されている。この詳しい組織と人員配置が4月3日に決定されたとすれば、神貞王后または興宣大院君は詳細な腹案を持っていたことになるが、後日の決定もこの日に追加して記されたと見る方が妥当であろう。『景福宮営建日記』には、『高宗実録』や『日省録』には記されていない堂上官以下の役職に関して詳しく記されている。

営建都監[32]には、4-3表「営建都監都堤調などの担当者」に見るように、最高責任者に都提調、その下に提調、副堤調がおり、これらの役職は2品以上の堂上官で、「堂上」と呼ばれた。

4-3表　「営建都監都堤調などの担当者」

都堤調	領議政趙斗淳、左議政金炳学
堤調	興寅君最應、左贊成金炳冀、判府事金炳國、兼戸曹判書李敦栄、大護軍朴珪壽、宗正卿李載元
	〈追加〉訓錬大將任泰瑛、禁衛大將李景夏、御營大將許棨、總戎使李顯稷、右邊捕盜大將李周喆
副堤調	大司成李載冕、副護軍趙寧夏、同趙成夏

『景福宮営建日記』、『高宗実録』高宗2年（1865）4月3日条より作成。

4-3表「営建都監都堤調などの担当者」に見るように、重要な役職には、領議政や左議政など、最高の官職の人物が着任した。「都提調」という役職は六曹などの重要機関にも設置された正一品の官職である。臨時機関である営建都監の都提調は、多くの場合、都提調1人、提調3～5人である。景福宮再建の際の営建都監では、都提調2人、提調11人、副堤調3人である。ここからも景福宮再建が大規模な工事であったことが窺える。このような体制で景福宮の再建工事は着手されることになった。そして、景福宮再建の中心人物である興宣大院君は、礼遇を受けているが、国王の父親という以外に公式な肩書きを持っていなかったが、営建都監という大きな組織を構成する人物を統制することによって、自らの権力基盤を築いていった[33]。

営建都監には、最高役職の下に、4-4表「都廳、郎廳、監造官の人数と肩書・人名」に見るように、実務を担当する都廳4人、郎廳10人、監造官9人がいた。都廳の4人は、郎廳14人の中で「都廳称号」を受けた人物である。

これらの役職は、実際に工事に関わる部署で、郎廳は工曹などの官署の人物が任命され、監造人の肩書を見ると、さらに具体的な工事内容を理解できると思われる部署から派遣されているように見える。

4-4 表 「都廳、郎廳、監造官の人数と肩書・人名」

都廳	4人	副司果李明應、李昌鎬、洪遠植、修撰李鍾正
郎廳	10人	戸曺正郎林冕洙、工曺正郎金猷鎭、繕工副正洪配厚、漢城庶尹洪在元、宣恵郎廳韓教源、軍資判官鄭愉秀、廣興令金友根、刑曺佐郎朴憲陽、工曺佐郎南鍾友、尾署別提李象恂
監造官	9人	司饔直長尹弦善、尚衣直長任慶準、軍資奉事鄭稷容、禮賓直長趙鶴在、内資奉事李俊永、義禁都事李晩著、繕工奉事李景魯、敦寧参奉洪淳肯、済用奉事丁大林

・『景福宮営建日記』高宗2年4月3日条から作成
・金哲煥『韓漢大辞典』(民衆書林、1966年初版)によれば、戸曹などの「曹」は、中国では「曹」字を使い、朝鮮では「曺」字を使う。本稿では、本文では現在韓国で使用されている「曹」字を用いた。

そして、作業現場は都廳の下に4-5表「景福宮営建都監の下部組織と人数」に見るように、「一房、二房、三房」に区分されていた。このような仕組みは「参考前例」、つまり前例に倣って組織した。

4-4表「都廳、郎廳、監造官の人数と肩書・人名」に記された4人の都廳は、各人が1つの房を担当し、残りの1人は「印信」を監理した。都廳の場合、4名の名前は判明するが、誰がどの房を担当したかは不明である。

同じく10人の郎廳は一房に4人、二房に3人、三房に3人が配置され、9人の監造官も各坊に3人ずつ配置された。この下にさらに監役官がいたが、名前は記されていない。

このように営建都監は、堂上官の都提調、提調、副堤調の下に都廳がおり、その下に三房をおき、各坊に都廳、郎廳、監造官、監役官、守直軍士を配置し、さらに実務を担当する「房員」[34]、書員、庫直、そして使令や旗手で構成されていた。

そして、各坊は単なる集団ではなく、担当する業務が異なっていた。都廳房は、全体を監督・監理する部署である。各房の業務を整理すれば4-6表「各房の業務一覧」の様になる。

簡単に日本の建築関係の仕事風に言い直せば、次の様になる。一房は「掌治木鐵物燔瓦」である。「治木」は大工の仕事、「鐵物」は金物を扱う仕事、「燔瓦」は瓦を焼いて屋根を作る仕事で、これらの仕事を一房が管掌した。

二房は「掌浮石治石池定定礎入排」である。「浮石」は岩から石材を取り出す仕事、「治石」は石を調整して仕上げる仕事、「池定」は堀を作る仕事、「定礎」は礎石を設置する仕事、「入排」は宮中で儀式や宴会に使う諸道具を取りそろえる仕事で、これらの仕事を二房が管掌した。

三房は「掌隠溝築城附開基」である。「隠溝」は下水道を地下に埋設する仕事、

「築城」は城壁を作る仕事、「開基」は敷地を整備する仕事であり、これらの仕事を管掌した[35]。

これを見ると、一房、二房は材料を調え、基礎工事を担当し、三房はその上に城壁や敷地を整備するなど、宮闕を建立する仕事を担当したといえよう。同時に進行しながらも、順序もあって、これらが一体となって景福宮を再建して行ったといえる。

『景福宮営建日記』には、これら以外にも重要な役職が記されている。4-7表

4-5表　「景福宮営建都監の下部組織と人数」

都廳房	担当業務；印信の監理
	都廳１人　守直軍士４人
	房員：戸曹から９人、訓局から２人、兵曹から２人、宗府から２人、議政府から２人、糧餉廳から１人、宣恵廳から１人、経筵から１人
	書寫；文章を書く者で、戸曹と兵曹から各１人
	庫直；倉庫の監視人で、戸曹から４人、宣恵廳から２人、司僕から１人、その他１人、合計８人
	使喚（使用人）；使令 11 人、旗手５人
	別看役；廳旗手２人
一房	担当業務；掌治木鐵物燔瓦
	都廳１人　郎廳４人　監造官３人　監役官　守直軍士２人
	房員：戸曹から５人、内閣から２人、御営、禁営、兵曹、宣恵廳から各１人、合計 10 人
	書員；内贍から１人
	庫直；禮賓から１人
	使喚（使用人）；使令４人、旗手６人
二房	担当業務；掌浮石治石池定定礎入排
	都廳１人　郎廳３人 監造官３人 監役官　守直軍士２人
	房員；工曹から１人、訓局から２人、議政府から２人、禁営から３人、御営から１人、兵曹から１人、合計 10 人
	書員；兵曹から１人
	庫直；糧餉廳から１人
	使喚（使用人）；使令３人、旗手４人
三房	担当業務；掌隠溝築城附開基
	都廳１人　郎廳３人 監造官３人 監役官　守直軍士２人
	房員；宣恵廳から３人、戸曹から３人、議政府から１人、捻戎廳から１人
	書員；戸曹から１人
	庫直；氷庫から１人
	使喚（使用人）；使令３人、旗手４人

『景福宮営建日記』高宗２年４月３日条より作成。名前も記されているが、省略した。

4-6 表 「各房の業務一覧」

一房	掌治木鐵物燔瓦
	治木＝大工
	鐵物＝金物を扱う仕事
	燔瓦＝瓦を焼いて屋根を作る仕事
二房	掌浮石治石池定定礎入排
	浮石＝岩から石材を取り出す仕事
	治石＝石屋
	池定＝堀を作る仕事
	定礎＝礎石を設置する仕事
	入排＝宮中で儀式や宴会に使う諸道具を調整する仕事
三房	掌隠溝築城附開基
	隠溝＝下水道を地下に埋設する仕事
	築城＝城壁を作る仕事
	開基＝敷地を整備する仕事

『景福宮営建日記』高宗２年４月３日より作成

4-7 表「別看役などと人数」

役名	仕事の内容	人数
別看役	草記を作成	12 人
計士	会計を担当	7 人
救療官	医療を担当	15 人
牌将	現場監督	47 人
擔軍牌将	現場監督	2 人
待令捕校	左右捕盗廳の軍官で警務	2 人

『景福宮営建日記』高宗２年４月３日条より作成

「別看役などと人数」に見るように、別看役、計士、救療官など特別な任務である。

別看役は臨時の官職で、営建都監の命で「草記」を作成する役であり、前教授、前別提、前郡守、司譯院教授、前中軍、前五衛将、前僉正、前営将、守門将、前判官、前僉知、前正などの肩書きを持っている。正四品などの地位の者が多く、司譯院のように中国語や満州語、日本語などの翻訳や通訳を担当する官庁に勤務する者が任命されている。

計士は会計を担当し、彼ら７人は前行筭学別提という肩書きである。また、救療官は医師である。この役職には宮殿内の医薬品に関わった典医監で前検正や前直長の医者３人と、庶民の治療にあたった恵民署の前直長の医者３人、さらに前正の典医監が４人、前直長、前奉事、前参奉の恵民署の医者４人がいた。名前の判明する医者が 14 人、さらにもう１人追加されている。多くの人を動員することに備えて、多くの医師を任命していたことになる。

実際の仕事を進めるために現場を監督する牌将と擔軍牌将がいた。牌将は匠工を率いて工事を指揮した。牌将は御営別武士崇政、禁営教錬官嘉善、訓局教錬官嘉義、訓局教錬官嘉善、禁営別武士崇禄、前五衛将折衝など、御営、禁営、訓局などの所属で 47 人もいた。擔軍牌将は物資の運搬を担当する擔軍を監督する牌将で２人配置された。

さらに『景福宮営建日記』には、都廳房の房員、書冩、庫直、一房と二房、三房の房員、書員、庫直の所属と氏名、さらに都廳と一、二、三房の使用人である使令や旗手、廳旗手の氏名が記されている。これらの人数は4-5表「景福宮営建都監の下部組織と人数」に示しておいた。このように営建都監は、多くの人員が配置された大規模な組織であった。

『景福宮営建日記』は、以上の組織と役職と氏名、所属が明記されている点で、『高宗実録』や『日省録』より詳しい資料である。

6　景福宮の再建過程

景福宮の再建過程を検討するに際して、『景福宮営建日記』とともに有効な史料に『日省録』や『高宗実録』、『承政院日記』などがある。これらによって、進行過程を検討してみよう。

6-1　大院君の下臨と再建工事の開始

神貞王后は、高宗2年（1865）4月3日に、景福宮の工事を担う営建都監を設置し、工事開始日を4月13日に決めた[36]。高宗は工事開始前日の12日に景福宮を見に行った[37]。この時は、時原任大臣、営建都監の堂上官は景福宮に待機していた。そして、4月13日の工事開始日、申の時に景福宮で「開基」した[38]。最初に勤政殿の敷地を整え、その上で卯方に告祀を執り行った。この日、大院君が下臨し、都提調以下、堂上郎廳が一斉に進み出た。景福宮の開基とともに、大院君が重要な役割を持つことがはっきりした。このようにして景福宮の工事は開始された[39]。

この日、すでに自願軍が来ており、紙旗を立てて待機していた。また、資材の調達は4月11日から始まっており[40]、4月13日は開始日を決めたことが重要なのであろう。しかし、これらは「関文」を送っただけであり、資材が集まったわけではない。また、15日には、開城府に石手39名、江華府に17名、公忠道に19名を早急に送るように[41]に命じている。そして、景福宮の再建には、大瓦、方甎、防草等を燔造する公役が非常に急がれるが、瓦署にある私幕では多くの瓦を焼き上げることができないので、貴営に設置された瓦幕を、公役が終わるまでに瓦署、大瓦契、貢人處に合設させると連絡した[42]。このように、工事開始日とともに、景福宮の工事は進行していった。

具体的な工事は、4月20日に景福宮の墹の横の民家を撤去し、含春苑の内墹の外に移住するように措置し敷地を整理したことから始まった[43]。この民家の撤去については、4月12日に、撤去された民家に住んでいる人にお金を出すかどうかで国王と大臣が議論している。国王は出す、大臣は不法建築なので出さないと意見が分かれていた。この時は代価を払ったかどうかは分からないが、4月28日の『景福宮営建日記』には、景福宮の東側、建春門前の道路が狭いので民家を撤去することになった時には代価を支払ったという記事がある。瓦屋根85間の家には毎間10両で850両、藁葺き屋根の592間半の家には毎間5両で2962両5銭、仮屋10間半の家には毎間2両で21両、以上合計3833両5銭を営建都監で支払った。

25日に高宗は再び景福宮の工事現場に行った[44]。28日には営建都監が最初の工事対象である交泰殿と宮城の定礎日を6月20日と決め、さらにその後の日程も決めた[45]。このようにして、景福宮の再建工事は始まっていった。

高宗2年（1965）は工事が順調に進行した。工事は、宮城と内殿区域の主要建物が先行して着手された。5月には光化門、建春門、神武門、迎秋門など宮城門の工事日程が決まり[46]、6月には康寧殿、交泰殿、延生殿、慶成殿[47]、9月には麟趾堂、千秋殿、萬春殿などの日程も決まった[48]。10月には昌慶宮にあった慈慶殿を移築して紫薇堂を建てた[49]。

『日省録』の高宗2年（1865）9月6日には、

「營建都監以各殿堂營建吉日推擇啓含元殿麟趾堂定礎十月初九日申時立柱同月二十四日卯時上樑十一月十六日子時千秋殿定礎十月二十二日卯時立柱十一月初七日卯時上樑十二月初九日卯時萬春殿定礎十二月二十四日卯時立柱來正月十一日卯時上樑來二月初二日寅時」

と記されている。

これを読んでみれば、営建都監は、各殿堂の吉日を選んで推挙した。含元殿と麟趾堂は定礎日を10月9日申の時、立柱日は同10月24日卯の時、上樑日は11月16日子の時、千秋殿の定礎日は10月22日卯の時、立柱日は11月7日卯の時、上樑日は12月9日卯の時、萬春殿の定礎日は12月24日卯の時、立柱日は来る正月の11日卯の時、上樑日は来る2月2日寅の時となる。このように日時から時刻まで記されている。

以上のように『日省録』や『景福宮営建日記』には、建物の定礎日、立柱日、上樑日などが詳しく記述している。洪順敏が『日省録』の記述を整理して作成した表を基礎に、이균철論文[50]の「表2高宗2年景福宮重建時主要建物の工程表」と『景福宮営建日記』の「上樑日」以降の進行過程を加えて4-8「景福宮主要建物の工程」を作成した。

工事の進行を「定礎日」と「上樑日」を指標に日時を区分してみると、4-8表の「工期」にみるように高宗２年６月から高宗２年10月までを第１期、高宗２年11月から高宗２年12月までを第２期、そして若干間を置いて高宗３年８月から高宗４年１月までの第３期、さらに高宗４年５月から６月までの第４期、最後に高宗４年11月から12月の第５期に区分できる。これは、「定礎日」と「上樑日」を指標にしているので、竣工日ではない。工事は「上樑日」（棟上げ日）以後に本格的になり、大きな建物である勤政殿や思政殿、慶会楼などは工事期間が長

4-8表「景福宮主要建物の工程」

番号	工期	建物名	決定日	定礎日	立柱日	上梁日	備考・完成日など
1	1	交泰殿	2.4.28	2.6.20	2.10.9	2.10.11	3.5.22 完成
2	1	宮城	2.4.28	2.6.20			
3	1	光化門	2.5.2	2.9.16		2.10.11	3.2.14 守門将廳完成、3.12.22 既完成
4	1	神武門	2.5.2			2.9.22	
5	1	建春門	2.5.2			2.12.25	
6	1	迎秋門	2.5.2			2.12.25	4.2.9 火事
7	1	康寧殿	2.6.1	2.6.20	2.10.9	2.10.11	3.5.22 完成間近
8	1	延生殿	2.6.1	2.6.20	2.10.9	2.10.11	
9	1	慶成殿	2.6.16	2.6.20	2.10.9	2.10.11	
10	2	含元殿	2.9.6	2.10.9	2.10.24	2.11.16	
11	2	麟趾堂	2.9.6	2.10.9	2.10.24	2.11.16	
12	2	千秋殿	2.9.6	2.10.22	2.11.7	2.12.9	
13	2	萬春殿	2.9.6	2.12.24	3.1.12	3.2.2	
14	2	紫薇堂	2.10.26	2.11.22	2.12.3	2.12.15	慈慶殿移建
15	3	勤政殿	3.3.10	3.8.25	–	–	開基 3.6.8
			3.12.8	–	4.1.7	4.2.9	4.11.19 完成
16	3	思政殿	3.3.10	3.8.25	–	–	築台 3.6.24
			3.12.8	–	4.1.7	4.2.9	
17	3	慶会楼	3.12.8	4.2.7	4.4.12	4.4.20	
18	3	勤政門	3.12.8	3.12.26	4.1.4	4.1.19	
19	3	興礼門	3.12.8	3.12.26	4.1.4	4.1.19	
20	4	修政殿	4.5.1	4.5.20	4.6.13	4.6.29	
21	4	資善堂	4.5.24	4.5.27	4.6.12	4.6.28	
22	5	璿源殿	4.6.22	4.11.15	4.11.28	4.12.7	

備考・洪順敏博士学位論文 p.158 の表、이균철論文 p.45 の表、『景福宮営建日記』によって修正・補足して作成。
・洪順敏論文では「入柱日」とあるが『日省録』の記述に従って「立柱日」に変更した。
・数字は高宗在位年、月、日を表している。

い。「上樑日」以後の工事の進行過程については、『日省録』にはない記述が『景福宮営建日記』によってある程度判明する。

6-2　第1期・第2期の工事と生活圏の建立

第1期の建物を見ると、交泰殿、康寧殿、延生殿、慶成殿は、決定日には若干の差異があるが、実質的な工事の進行を示す「定礎日、立柱日、上樑日」が同じ日である。交泰殿、康寧殿、そして康寧殿と共に王家の私生活を支える延生殿、慶成殿が最初に再建されたことが分かる。そして、同じ時期に景福宮の周囲を形作る宮城、神武門、光化門、建春門、迎秋門が作られて、景福宮の外観が整えられた。これが第1期の再建工事である。

『景福宮営建日記[51]』には、「決定日」や「定礎日」より前から、工事関係の記述がある。工事にとって重要な費用に関しても記述があって、4月4日には「戸曹所捧願納銭」が2万7180両あったことが記されている。5日には7万5629両あり、以後毎日「戸曹所捧願納銭」の記述がある。そして4月8日には大王大妃が10万両を「内下[52]」した。さらに4月11日からは建築資材の収集も始まる。京畿道と江原道に対して機械所で使う生葛を各々2500同送ることを命じ、黄海道には正鐵一萬斤、強鐵5000斤、石灰5000石、魚膠一百斤を送ることを命じている。生葛は物を束ねる時に使い、石灰は砂や黄土などと混ぜて仕上げ用や基礎工事に使い、魚膠は魚類の皮、骨、内臓膜などを原料にした接着剤として使った。これらの建築資材は、定礎日などより前から集められた。さらに、4月14日には「自願軍」190人が初めて景福宮の工事現場に来た。以後毎日集まり、この洞数と人数が記録されている。そして、定礎日より前の5月1日には、木役のための仮屋が作られ、「交泰殿木手四名[53]」が『景福宮営建日記』には記されている。木手は大工なので、工事が始まったことを示している。以後、毎日「交泰殿木手」が記録されており、5月17日になって「光化門木手五名」が記録されている。交泰殿に次いで光化門の工事が「定礎」前に始まっている。「定礎日」に「定礎式」を行うとすれば、その準備として木材を準備する必要があるし、「立柱」や「上樑」は建物の骨格を組み立てるので、その準備には「木手」は必要であろう。そして、『景福宮営建日記』では高宗2年5月18日に「各邑工匠二百八十名」とあり、その説明に「各役所工匠各挙枚録極渉煩瑣故以捴数記之」とある。即ち、各役所の工匠をそれぞれ記録すると繁雑なのでその総数を記録すると記している。そして各工匠の種類と雇い価格が、後に見る4-10表「各色工匠の仕事と賃金」のように記されている。そして、この日以後、交泰殿や光化門など具体的な工事現場ごとの記載がなくなる。

それでは、交泰殿や光化門などの工程はどうなったか。『景福宮営建日記』によって見てみよう。高宗3年2月14日には光化門を始め各門の「守門将廳」が完成している[54]。守門将廳は王宮の門を守備する役所なので、各門は完成していたとみられる。光化門だけは東西両廳で構成されているとも記している。さらに、高宗3年12月22日には、次のようなことがあった。国王が毓祥宮に行ったが、還宮時に景福宮に立ち寄ることになった。寄る時の門路は最初には迎秋門と定められたが、光化門に書き換えて命令が下された。その理由は「光化門が完工した後、最初の行幸であるため、当然正門を通らなければならない[55]」ということで、大臣が筵票して書き改めたという。ここからは、高宗3年12月22日には光化門は完成していたことが分かる。

また、早くから着工した交泰殿は高宗3年5月22日には完成した[56]。交泰殿の左右の殿閣も完成した。左右の殿閣とは、東側が元吉軒で、西側が含弘閣である。さらに、同じ高宗2年10月11日に上樑した康寧殿もほぼ完成した。康寧殿は窓戸を付け、すでに下張りをつける壁紙も仕上げられているという。

以上のように、第1期に区分される殿閣は高宗3年中には完成した。しかし、高宗4年2月9日、勤政殿や思政殿が上樑された日、夕方、西北の風が強く吹いた。別看役の処所から失火して迎秋門から建春門内の銭庫、雑物庫まで広まり、多くの仮家が集まっていた思政殿の南側の行閣、各司を建てるのに使う材木まで燃えてしまった[57]。幸い、殿閣や光化門は燃えなかった。これらはすぐに再建作業が始まったようである。

第2期の工事は、10月に交泰殿の西にある含元殿、さらに昌徳宮の慈慶殿が移築された紫薇堂と麟趾堂が着工された。含元殿は仏像を安置し仏教儀式を行った建物で、麟趾堂は資善堂と共に東宮の居所であり、紫薇堂は東宮の侍女の居所である。ここまでが王家の私生活の場であるが、それらの建物がまず最初に建立された。宮闕は政事の場であるが、同時に王家の生活の場である。このことを考慮すれば、順当な順番と言える。

これらの殿閣は、上樑日が交泰殿などより1か月ほど遅いが、建物が小さいためか、工事の進行は早く、完成した日時は交泰殿などと変わらず、高宗3年5月22日には麟趾堂、紫薇堂も完成間近である[58]。麟趾堂はもはや合壁が張られ、紫薇堂はすでにオンドルが完成している。さらに思政殿の東西にある萬春殿と千秋殿、交泰殿の西側にある含元殿は窓戸を取り付けることと上張りの真っ最中である。このように、王家の私生活に関わる殿閣はほど同時に進行していた。

6-3　勤政殿などの竣工

次の第３期には、勤政殿と思政殿、勤政殿の前にある勤政門と興礼門、さらに慶会楼が作られる。国王の政事の中心舞台である勤政殿と思政殿は定礎日と立柱日、上樑日が同じである。しかし、これらは高宗３年（1866）８月25日に定礎されるが、立柱日、上樑日は高宗４年（1867）１月から２月である。定礎から上樑まで半年もかかっている。大規模工事のために進行に時間がかかったのであろう。次に勤政殿の前に作られた勤政門と興礼門が同時に進行していったことも、宮闕としての政事の場を完成させるには必要な建物といえよう。

『景福宮営建日記』によって勤政殿と思政殿のその後の工事の進行過程を見てみよう。高宗３年３月10日に６月８日卯の時の開基、６月24日卯の時の築臺、８月25日卯の時の定礎と決定した[59]。定礎日より前に開基を行い、築臺を行う予定である。この予定に従って、高宗３年６月８日には、思政殿と勤政殿の敷地を整え、古い月台を壊した[60]。そして同年６月24日には思政殿と勤政殿の台を卯の時に築いたが、勤政殿の月台の前部分を旧の月台より５尺広げて作った[61]。そして８月25日に思政殿と勤政殿の定礎式を行った。思政殿では牌将朱満喆が告祀を務め、勤政殿では牌将李思福が告祀を務めた。勤政殿の定礎式は、前部分を改築した月台で行い、内側は以前のものをそのまま使い、昔の礎石で地面に突き出た部分を削り、その上に新しい礎石を置いて定礎した。定礎式の祭物は両方とも同じで、豚１匹、牛１頭、餅果各３色、酒１卣で、陳設したものは思政殿は100両、大米と小米各２石、布木各10匹で、勤政殿は200両、大米と小米各４石、布木各20匹あった[62]。定礎式の執行は各種殿閣とも同じようであった。勤政殿に陳設したものは思政殿の２倍である。勤政殿が重視されたことがわかる。

定礎式の後の工事の進行過程を見てみよう。高宗３年11月29日[63]、勤政殿の営建に必要な大きな梁（大樑）と高柱に使う體大木37個を咸興で切り取り、東海から南海を経て、すでに公忠道の庇仁、保寧、舒川などに移して碇泊させている。さらに、慶会楼の工事では12月４日[64]に広州府に高柱に使う檜木２個を出すように命じている。12月５日[65]には勤政殿の高柱を建てた工匠、擔募軍などに30両を与えた。勤政殿の営建では難しい仕事には報償金を与えている。

そして高宗３年12月８日には、勤政殿や思政殿などの工事日程を決めた。勤政殿と思政殿の立柱は丁卯年（1867・高宗４年）正月７日の子の時、上樑は同年２月９日卯の時に決めた。慶会楼の定礎は丁卯年２月７日卯の時、立柱は同年４月12日子の時、上樑は同年同月20日戌の時とした。勤政門、興礼門の定礎は、高宗３年12月26日戌の時、立柱は高宗４年１月４日巽の時、上樑は同月19日子の時である。

この日程にしたがって工事は進行した。高宗３年12月14日[66]には勤政殿の浮堦（足場）に大樑を移し上げた。翌日[67]には戸曹に対して、勤政殿以下の数か所で定礎[68]と上樑、告祀をする際に必要な物品が米17石、豆17石、木綿48匹、麻布１同20匹なので、直ちに送るように文を送った。さらに高宗３年12月22日には、司謁に対して、今日上樑する際に牌將以下、工匠、募軍などに営建都監から金1000両を順位を分けて褒賞せよと命じた。そしてこの日に大樑２個を上樑した。翌年１月７日に行う立柱式や２月９日の上樑式の準備が進行している。

高宗４年になると、工事はさらに進行する。１月８日[69]には擔軍が勤政殿の觚稜縁を担ぎ上げた。觚稜縁は勤政殿の軒先である。屋根が出来つつあることが窺える。さらに１月15日[70]には５日から始まっていた勤政殿の崇閣（天井）に天蓋が完成した。

この間、勤政門と興礼門の立柱が高宗４年１月４日[71]に、１月19日[72]には上樑があった。陳設したのは木綿と麻布が各５匹、米と豆が各２石、葉銭100両であった。勤政殿の時とは規模の差異を見せている。

これらの準備を経て、高宗４年２月９日[73]に勤政殿、思政殿で上樑があった。これ以降、勤政殿などの工事が進行していく。２月19日[74]には勤政殿で丹青が行われた。画体は草龍と雲物の形であった。

高宗４年４月20日[75]には予定通り慶会楼の上樑があった。そして22日[76]には勤政殿の懸板を墨本に金字で書いた。同時に勤政門と興礼門の懸板を墨本に粉書した。そして４月28日[77]には勤政殿、勤政門、興礼門の屋根の下層を総て瓦を重ねて覆った。勤政殿は大女瓦1600張、夫瓦100張、夫女防草（雄瓦と雌瓦）各100張を左右の朴宮内に貯蔵して、左右に各々１つの窓を設けた。これは後日、雨漏りがする時、瓦を持っていくのが困難なためである。朴宮とは切り妻屋根や八角屋根の三角部分のことで、ここに瓦を準備しておくのである。さらに６月29日[78]には勤政殿の屋根の上下層の軒先の下に鐵の罘罳を70浮結びつけた。上層に33浮、下層に37浮であった。罘罳は鉄鋼匠の作る鳩やカカサギなどの鳥を防ぐ鐵の網のような物である。これらの『景福宮営建日記』の記述によって、勤政殿や勤政門、興礼門の屋根はほぼ完成していると判断できる。即ち勤政殿の完成も間近であると判断できる。

以後、『景福宮営建日記』には、勤政殿が作られていて行く様子が記されている。高宗４年９月10日には勤政殿の欄干竹石が完成した[79]。12日には勤政殿の屋根の上層をふたたび瓦で覆った[80]。14日には勤政殿の御榻の上と御間の上にそれぞれ一対の龍をつけた[81]。御榻とは宮殿の正殿で国王が座る場所である。翌15日には勤政殿の欄干の童子石6塊を整えた[82]。さらに9月25日には勤政殿に御榻を作り、その後ろに五峰屛を設置して、榻の上に唐家を建てた[83]。唐家とは、宮殿の玉座の上に装飾された天蓋である。高宗4年10月9日[84]には、勤政殿の上下の月臺に磚石を敷いて、四隅に雙法獸石をそれぞれ1座ずつ乗せた。上下の月台には石欄を置いた。歩塊の左右では欄干の柱頭に全て法獣を刻んだ。

このように勤政殿は屋根、月臺の欄干など外回りだけでなく、王の座る玉座を作り、その上に龍をつけ、天蓋をつけ、玉座の後ろに五峰屛まで設置した。宮殿の内外が完成しつつあるといえよう。

これらを受けて、高宗4年11月16日の午の時に勤政殿で祝賀の儀を行った[85]。午の時は正午前後のことである。この日の準備は、前日から始まっており、陳賀のための出宮・還宮の門は思政門にすることや、王が勤政殿に御座して勤政門を開門する時は、興礼門と光化門も開け放すことを定式にするように命じた[86]。当日は、今後、勤政殿に殿座する時は軒架楽を勤政門楼に陳設すること申しつけ、定式にした。軒架楽は宮中の宴礼楽で、鍾、磬、鼓などの雅楽器を架に掛けて絲竹ともに演奏する宮中雅楽である。さらに、儀式では大殿の出宮は卯の時、つまり午前5時頃で、各殿は辰の時、つまり午前7時頃、そして大殿と中宮殿は交泰殿に、大王大妃殿は慈慶殿に、王大妃殿は萬慶殿に、大妃殿は興福殿に臨御し、順和宮は萬和堂に居所した[87]。午の時になって勤政殿で賀儀を受ける時は、左右の月臺の銅爐に白檀香を漂わせた。このような準備の後に賀儀を受ける儀式が始まった。

ここから、勤政殿はこのような儀式を行えるように完成していたことになる。同時に各殿の臨御した交泰殿、慈慶殿、萬慶殿、興福殿も完成していた。この事実を確認できる記述が『景福宮営建日記』にある。高宗4年11月19日[88]の記述に、「正衙が完成した。息子のように来て誠意で仕事をする百姓の努力が多かったので、喜びを広げて恩恵を中外に施すことだ」という記述がある。この記述によって、11月16日の祝賀の儀には勤政殿が完成していたことを確認できる。

6-4　東宮などの再建

景福宮営建工事の第4期には、王世子の住居や先祖を祭る建物などが建てられた。高宗4年5月24日に定礎などの日程が決まった資善堂は、王世子の居所であり、東宮と言われた。修政殿は、世宗の時は集賢殿と言われ、世宗28年

(1446) 9月にここで訓民正音が創製されたが、壬辰戦争で焼失した。高宗時の再建で新しく慶会楼の前に作られた建物で、国王の居所であったり、政務を行う便殿であった。

第5期の璿源殿は勤政殿が完成し、祝賀の儀が行われた高宗4年11月16日[89]の前日に定礎が行われた。牌将嘉義宗應弼が告祀を務めた。陳設したものは米と豆各2石、布と木綿各10匹、銭100両で、その他のものは外の殿閣と同じであった。闕内の東北側にある璿源殿は先王と先后の影幀を奉安する殿閣である。

6-5　景福宮中心の都城

各期の殿閣の工事の進行を見てきたが、景福宮の主要な建物は、まず宮闕の外観ともいうべき宮城や門、さらに王家の私生活の場が作られ、次に政事の中心建物が建立され、さらに世子や先祖の影幀を奉安する建物が作られていったのである。

このように、景福宮の主要な建物は建立されたが、洪順敏の研究[90]の次のような指摘は重要である。景福宮の工事と共に、光化門前の主要官衙も建設されたことである。高宗2年(1865)10月12日、神貞王后は議政府の新庁舎竣工式の祝賀宴を時原任大臣を初めとした官僚を参席させて実施した。この時高宗は議政府を経て景福宮に行き臣僚に所見した。議政府の再建と景福宮の再建工事が同時に進行した事実は、両者が同じ意図の下に進んでいることを示している。さらに、同じ年の5月には六曹通りで議政府と向かいあっている礼曹の場所に三軍府を設置することを決めた。三軍府は備辺司の持っていた軍事関係の機能を担当する官署なので、議政府の新築と三軍府の設置は、備辺司の持っていた官僚機構の中枢としての地位を奪うものであった。景福宮とその前の議政府と三軍府の設置は、他の六曹通りの官署と共に、景福宮地域が政事の中心地になることを意味した。

備辺司が昌徳宮の前にあったことを考慮すれば、昌徳宮の持っていた正宮的な機能を景福宮に移すという意味もあった。景福宮ができるまでは、名目的には景福宮は北闕と呼ばれて正宮であったが、実際上は東闕と呼ばれた昌徳宮と昌慶宮が正宮で、西闕と呼ばれた慶熙宮を離宮とする両闕体制であった。これによって景福宮が名実共に正宮となることを意味した。

また、同じ時期に法典の編纂も行われた。高宗2年(1865)3月、領議政の趙斗淳の発議で『大典通編』の増補が決まった。『大典通編』は、1785年に編纂された法典で、朝鮮時代初期の『経国大典』を基にして『続大典』を加え、吏・戸・礼・兵・刑・工についての統治の規範と制度の基本構造を定め、その歴史的変遷まで分かるように構成されてい[91]た。この時の増補は、『大典通編』への増補で『大典会通』という名称になった。さらに『大典会通』の中の史典と兵典の関係条項を幅広く整理して『両銓便攷』も編纂した。11月30日にはこれらを編纂した関係者に賞を与えた。

以上のように、景福宮の再建と共に、6曹通りを整備し、議政府と三軍府の庁舎を作り、さらに基本法典を編纂した事実は、景福宮の再建が単なる王権の威厳を示す新しい宮闕を作るだけでなく、制度的な面も含んだ全体的な改革の一環として構想されていたと見ることができよう。

そして、高宗3年2月13日、神貞王后は熙政堂で時原任大臣に対して垂簾聴政を辞めることを発表した。この席に参席していた大臣は、これを当然だと受け入れた。大王大妃神貞王后は垂簾聴政をして擬制的には最高権限を行使する位置にいるが、実権はすでに大きくなかったからである。続いて3月6日には閔致禄の娘（驪興閔氏・明成皇后）を高宗の妃にすることが決定され、3月20日には王妃に冊封し、その翌日宮闕に招き入れた。高宗の成長もあるが、権力の核心が徐々に興宣大院君に傾いていく契機になった。しかし、高宗3年（1866）には丙寅洋擾と言われるフランス人宣教師処刑を契機にしたフランス軍との戦いやアメリカの商船ジェネラル・シャーマン号が平壌に来航した事件など、朝鮮王朝がヨーロッパ諸国と接触する事件がおきた。景福宮の営建と外事が同時に起こり、景福宮の工事進行にも影響があったと思われる。

しかし、景福宮の営建は進行し、高宗4年（1867）8月18日には建物と門の名前が決まり[92]、さらに高宗4年11月8日[93]と高宗5年6月12日に残りの建物も名称が決まった[94]。

このように景福宮の営建は進行し、高宗5年（1868）7月2日に高宗は大王大妃、王大妃、大妃、中宮とともに景福宮に移御した[95]。高宗は、景福宮の営建し始めてから40か月になったが、今すでに移御した。300年間できなかったことがこのように完遂されたので、その喜びをどう抑えることができるだろうか[96]と気持ちを述べた。

高宗が景福宮に移御したことによって、高宗2年4月から始まった景福宮の営建は一段落した。

しかし、営建都監は即座に廃止されることはなく[97]、景福宮の神武門の外、後苑の建設を高宗5年（1868）9月から実施した。隆文堂、隆武堂、景武台などの建立である。高宗時期の景福宮再建では、神武門外の整備などが重要な工事になった[98]。営建都監は高宗の移御から4年も継続して存続し、高宗9年（1872）9月15日に廃止された[99]。景福宮の工事終了後も国家の主要施設の改修工事を担当していた。

7　景福宮再建時の労働力問題

景福宮が長い間再建されなかった理由の１つは労働力の問題であった。この問題をどのように克服したのかを見てみよう[100]。

7-1　自願軍

始めに「自願軍」を見てみよう。『景福宮営建日記』を見ると、自願軍という人々は素早い反応を見せている。神貞王后は、景福宮の再建を高宗２年（1865）４月２日に発議し、翌日、営建都監を設置する。これに対して、４月 13 日には自願軍が来ている。彼らは紙旗を立てて待機していたが、旗には「三日赴役」[101]と書かれていた。この日の『景福宮営建日記』には、「自願軍二処所来一百九十名」と記されている。この 190 名が「紙旗」を立てて参集した自願軍かどうかは不明だが、工事開始の最初の日から自願軍が来たことになる。翌 14 日にも「自願軍一洞四十八名」が参集し、以後、『景福宮営建日記』には、毎日「○○洞○○○名」と自願軍に関する記述がある。これは、神貞王后が景福宮の再建を発議し、営建都監を設置した 10 日後である。

この自願軍について、神貞王后は、自願軍として集まる農民の農作業について、最初から心配していた。４月は農作業の始まる季節である。４月 17 日には、まるで父の仕事を子どもが手伝うように来ているのであるが、今は農事の時なので、これによって「失農」してはいけない、これは「王政」に反する、帰って農業に励むようにと京城府に伝えさせて[102]いた。神貞王后は、農民の自願軍について、農事との関係を何度も心配している。

4-11 表「景福宮営建時の労働力」に見るように、自願軍は高宗２年４月と５月は 10 万人を越える人々が集まっている。これは神貞王后の予想を超えるものだったようで、何回も喜びを表している。20 日には、城内と近郊に住む人が日毎に増加して、まるでこだまが呼応しているようで、甚だ実に嬉しいことだ[103]、と述べている。21 日にも、正衙の赴役を始めると坊民が勧めないのに先を争って来てその気像が甚だ好ましい[104]と述べている。そのために、自願軍への配慮もあった。４月 16 日には、自願軍が日ごとに増えて嬉しい、このことを「宣傳官」を派遣して一々慰問して奨励し、営建都監で褒美を与えよと命じ、営建都監は 683 名に１人１銭ずつ、合計 68 両３銭を与えた。また、19 日には、農民は帰農しなさいと言っても帰らない、これは良いことではない、また、遠方の農民は昼間働いて、夜帰ると疲れるので、両班や常民の家に宿泊できるようにせよ[105]、とも命じている。

このように、神貞王后は配慮しているが、4月20日には、自願軍がこのように集まるのは誰かが先頭に立って奨励し、統率しているのだろう[106]とも述べている。自願軍の自発性の問題を心配していることがわかる。5月3日には、神貞王后は、願納は余裕のある民が義捐金を出してこの公役を助けることだ、ところが今言われているのは、一緒に赴役に行けないなら資装を出すのが当然だと言って、貧富を問わず家ごとに分担させている、そうならば夫役に行く人も留まっている人も被害を受ける、これは残念な事だ、なので、これからは近畿地方で赴役に志願する民を一切募集しないようにすると述べた[107]。

この記述について、景福宮に関する代表的な研究者である張大遠は、「地方官が願納か赴役の中でどれかでも一つを選ぶことを強要するので願納する能力がない庶民が自願赴役する形式で景福宮重建役に参与したのではないか。ここから我々は中央政府の意図と地方官のそれが相互矛盾していたことが分かる[108]」と述べている。

神貞王后や大院君は、自願軍に来る農民の生活に配慮しているのに、多くの自願軍を送ろうとする地方官は、自願軍が赴役に行くか、願納銭を拠出するかで景福宮営建に協力することを求めていたことになる。

自願軍はどのような仕事をしたか。高宗2年4月25日の『景福宮営建日記』に興味深い記事がある。「工役を開始してからこの時まで13日の内1日だけ雨が降って工役を中止した。12日間は雇人を使わなかったが、址礎と水道の典型が姿を現した。だいたい兵乱後、ほとんど幾百年、廃墟の地だった勤政殿跡の北側は老松と古い栗の木が鬱蒼と森となっていて、豊かな草と茂った藪が雑多にあった。南側は青い畑と青々とした丘が縦横に野をなし、当時見た目は非常に大変だった。これを草を取り土を開墾し、割れた瓦を積んで塀を作り、焦げた土は集めて廃れた所を埋めた。片付ける工役が次第に終わると以前見たものを考えて見ればすでに過半を超えているようだ[109]。」

この記述に見るように、荒廃した景福宮の整備、老松や栗林、雑草を整備したり、壊れた瓦を積んだり、焼けた土を集めたり、などの仕事をしたのは自願軍だろうか。張大遠は、自願軍は「一般的な役事、即ち場内整理及び資材運搬[110]」などに従事したと述べている。

4-11表「景福宮営建時の労働力」を見ると、自願軍は高宗2年4月と5月は10万人以上である。翌月の閏5月からは半減し、3万人から6万人ほどである。

そして、高宗2年の10月から、進行過程の第1期に相当する時期に、多くの建物の上樑式がある。自願軍の担当した仕事は、必ずしも明らかではないが、農民なので、宮殿を建てる特殊な技術を持っていないとすれば、場内整理や資材運搬などの仕事はこの時期に多かったのかもしれない。工事が始まった直後に多くの自願軍が集まったことの意味はあったといえよう。神貞王后が喜んだのは、農民の至誠とともに、時期的に必要な労働力だったからであろう。

7-2　擔募軍

次に「擔募軍」について見てみよう。4-11表「景福宮営建時の労働力」を見ると、自願軍が減少する時期に「擔募軍」の数が多くなる。擔募軍とは、擔軍と募軍のことで、擔軍は主に石を背負ったり運んだりする仕事をした。労働の強度が高く、一般募軍に比べて高い賃金を受け取った。そして、募軍は主に単純な雑役をする作業員である。都監では作業種類、作業場の位置、手間賃などを事前に教えた後、作業員を募集して使役した[111]。

自願軍が減少する時期から擔募軍が増加することは、作業の進行に合っているといえる。高宗4年になり自願軍が来なくなる時期に擔募軍は増えている。この時期は、勤政殿や思政殿などの重要な建物の上樑式があり、工事が本格化している。この時期に擔募軍が増加していることも重要である。すでに見たように、高宗3年11月29日[112]には、勤政殿の大きな梁と高柱に使う軆大木37個を運搬したり、慶会楼の工事では高宗3年12月4日[113]に広州府に高柱に使う檜木2個を出すように命じている。同年12月5日[114]には勤政殿の高柱を建てた工匠、擔募軍などに30両を与えたりしている。このような仕事では報償金を与えている。

擔募軍の賃金を見てみよう。『景福宮営建日記』高宗2年5月18日には、擔軍や募軍の労賃が記され、これらと一緒に圓槿古軍、松都軍、広州軍、地定軍、負土軍という労働力の種類が記されている。次の4-9表「擔募軍などの一覧」を見てみよう。

4-9表「擔募軍などの一覧」

軍名	仕事・賃金
擔軍	木石（木材や石材を担いで運ぶ）詳定雇價4銭
圓槿古軍	以水鐵槿古丸築基（撻古丸で建物の敷地を固める一軍）
松都軍 広州軍	與松都軍倶是募軍穿隠溝雇價3銭加1銭（隠溝を開ける）
地定軍	記載なし
負土軍	以上詳定價3銭
募軍	詳定價2銭5分

出典：『景福宮営建日記』高宗2年5月18日より作成

これらの人々は敷地を整備したり、資材などを運んだりする仕事を担当したようである。賃金は擔軍が最も高く4銭であり、広州軍と松都軍は溝を作る仕事を担当し３銭または４銭で、募軍は２銭５分であった。これらの人々の賃金は、後に見る各色工匠の賃金と比べて遜色のないものである。このような仕事の重要性が分かる。

7-3　各色工匠

「各色工匠」を見てみよう。宮殿の建設にとって重要なのは「各色工匠」と書かれている各種の職人である。『景福宮営建日記』では、高宗２年４月15日に、開城府に石手39名、江華府に17名、公忠道に19名を早急に送るように[115]命じた記述がある。石手は石工なので、民家を移築させた後の石垣などの工事に必要だったのだろう。

景福宮の再建では交泰殿が最初に建設されることになった。そのために『景福宮営建日記』には、５月１日から「交泰殿木手四名」のような記事が見える。５月２日は７人、３日は10人、４日は10人、そして９日からは50人から70人ほどに増加する。15日からは木手だけでなく、石手も31人と記されている。５月17日には光化門など４門の工事の分担が記され、光化門の建立は訓錬都鑑で受け持ち、建春門と小東門は禁衛営で受け持ち、迎秋門は御営庁で受け持ち、神武門は金衛営と御営庁の二つの郡営で受け持っている。費用は営建所で所捧願納銭でまかなうことにした。この日は光化門の木石の工役が始まったので告祀を行った[116]。交泰殿だけでなく、光化門などの工事も始まった。ここでは木手や石手が集められている。そして、５月18日の『景福宮営建日記』に「各色工匠」という表記が初めて登場し、「各役所の工匠をそれぞれ記録すると非常に煩雑なので総数を記録する[117]」とあり、以後、「各色工匠○○名」と記録されるようになる。５月18日には280人の各色工匠が仕事をしている。そして「各色工匠擔軍募軍所擧與雇価」とあり、各種の工匠の種類と仕事内容の説明と賃金、さらに擔軍や募軍の種類と賃金が記されている。ここでは「各色工匠」の名称と仕事内容の一覧（4-10表「各色工匠の仕事と賃金」）を挙げておこう。

これらの工匠は、すでに見た各一二三房に所属するものと思われるが、先に見た各房の仕事内容よりも工匠の仕事が多様であって、所属を判別しがたい。『景福宮営建日記』には各房への所属については記されていない。

次に「各色工匠」の人数の推移を見てみよう。4-11表「景福宮営建時の労働力」を見ると、「各色工匠」は、高宗２年は毎月４万5000人から６万8000人にもなり、交泰殿などの建設時の第１期と建春門など建設時の第２期の進行過程である高宗３年の頃には10万人を越す月もある。そして勤政殿や思政殿の工事の始ま

4-10 表「各色工匠の仕事と賃金」

木手	（大工）
石手	浮石治石　（石工）
泥匠	築朴宮温突水道宮城苑墻及塗壁塗灰　（左官）朴宮（切り妻屋根の壁）、 オンドル、水道、宮城、苑牆を築き、壁を塗り灰を塗る職人
歧鉅匠	鉅歯半順半逆二人為一牌鉅木作板　（木挽き職人） 二人で巨大な鉅＝鋸（のこぎり）を引いて大きな板を作る職人
船匠	善使大斫耳又鑿大孔　大斫＝大きな手斧を上手く使って曲がった部材を整えたり大きな孔を掘る職人。又は舟を作ったり修理する職人
雕刻匠	刻楳樑頭貢踏　（彫刻使）内張と梁の頭と栱包を彫刻する職人

◎以上毎日雇価三銭八分此戸曹詳定更如一銭
（以上、毎日の雇い価格３銭８分。これは戸曹の詳定によって更に１銭を加算する）

大小引鉅匠	大者五人為一牌小者三人為一牌亦鉅木作板　大きい鋸は５人１組で、小さな鋸は３人１組で、木の板を作る職人

◎詳定によって雇い価格２銭５分更に１銭５分を追加する

乬鉅匠 걸거장	鉅木頭거목두　乬鉅＝原木を切る大きな鋸で、「頭」と書かれているのでその職の「長」、鋸で原木を切る職人
鉅刀匠	鉅有一柄如刀而大如箕亦鉅木作板　鋸で板を作る職人

◎以上詳定雇価３銭加５分

木鞋匠	斫貢踏邉面 雨の日にはく木製の履物、木靴を作る職人
朴排匠	掌窓戸排木　扉に蝶つがい、取っ手、蝶つがいの鍵などで窓枠に組み込む職人
鞍子匠	以弓錐穿椽木孔　牛馬に乗せる鞍や馬具を作る職人
造逶匠	綸為葛逶及熟麻逶　紐＝逶を作る職人。葛、熟麻はその材料
磨造匠	俗名가리장 磨浮堦桂回籠桶及欄檻頭鐘子木　俗名가리장とある。金属、木、石などの材料を磨いて、武器、楽器などを作る。編磬、挽き臼、臼、香器、石室、囲碁板などの多様な生活用品を作る職人

◎以上詳定雇価２銭２分更に１銭３分追加する

假漆匠	塗柱椽楳樑之初次丹青　丹青を塗る前に木材に土台漆を塗る職人、椽（たるき）、楳（梁と同じ意味－はり）樑（はり）等に塗る職人
機械匠	構浮堦　浮機を作る職人、浮機は飛階（工事の足場）で、建物周辺の仮設物。 堦＝階　工役に必要な各種道具、即ち機械を作る職人
船人	掌轆轤或云轆轤軍　轆轤（ロクロ）＝滑車を利用して重い物を持ち上げる職人
治匠	金属を生産し鍛錬し、各種器具、武器、農機具などを作る鍛治屋
豆錫匠	木製品をはじめとして各種家具に金属装飾をする匠人、真鍮で門の取っ手、錠前などを作る職人
鉄鋼匠	俗名적쇠정이 結勤政殿罘罳鉄　鐵網を扱う職人、　勤政殿の罘罳＝雀、鳩、カササギなどの鳥を防ぐために軒下を包む鐵網を作る職人

◎以上詳定雇価２銭２分更に８分追加する

『景福宮営建日記』高宗２年５月18日より作成

4-11 表「景福宮営建時の労働力」

年	月	自願軍		擔募軍	各色工匠	備考（上樑日）
		洞数	人数			
高宗 2 年 乙丑 1865 年	4	1,903	107,194			
	5	2,549	132,543		4,038	
	閏 5	2,284	62,711		31,751	
	6	797	24,012	14,070	43,912	
	7	1,265	28,069	27,193	45,835	
	8	663	34,653	28,159	48,016	
	9	660	29,919	39,265	62,690	神武門
	10	763	62,551	47,667	63,046	交泰殿、光化門、康寧殿、延生殿、慶成殿
	11	561	26,013	61,186	68,120	迎秋門、含元殿、麟趾堂
	12	178	6,800	29,196	41,772	建春門、千秋殿、紫薇堂
1865 年合計		11,623	514,565	246,736	409,180	
高宗 3 年 丙寅 1866 年	1	90	2,160	39,507	47,913	
	2	265	9,516	76,315	71,472	萬春殿
	3	324	13,986	98,665	76,026	
	4	273	9,679	83,215	115,410	
	5	176	9,600	108,408	90,060	
	6	361	14,599	77,564	72,188	
	7	136	6,100	97,674	73,476	
	8	136	5,059	81,418	65,432	
	9	150	4,322	66,564	55,291	
	10	123	2,999	73,433	53,568	
	11	7*	3,773	69,634	52,356	＊＝洞数の記述がない日がある。
	12		897*	44,749	49,039	＊＝ 30 日に 1 ヶ月の合計だけ記載。
1866 年合計		2,041	82,690	917,146	822,231	
高宗 4 年 丁卯 1867 年	1			64,854	42,522	勤政門
	2			101,205	53,751	勤政殿、思政殿、慶会楼
	3			91,352	53,385	
	4			97,585	54,800	
	5			119,948	67,994	
	6			97,188	60,815	
	7			114,973	55,527	
	8	5	705	123,063	52,619	
	9	8	518	121,500	49,707	
	10			112,575	54,596	
	11			65,846	44,070	
	12			38,734	27,718	璿源殿
1867 年合計		13	1,223	1,148,823	617,504	
高宗 5 年 丁卯 1868 年	1			26,985	21,658	
	2			72,357	42,243	
	3			104,056	47,271	
	4	44	1,956	107,968	47,752	
	閏 4	498	16,474	91,251	43,119	
	5	31	1,373	96,381	46,470	
	6			84,518	47,264	
	7			7,122	3,835	
1868 年合計		573	19,803	590,638	299,612	

る第３期、第４期の高宗４年になっても毎月５万人から６万人を維持している。

しかし、高宗４年になって、勤政殿や思政殿など、大規模な工事が続くようになると、工匠不足の事態もあったようである。高宗４年２月16日には、各種の瓦と煉瓦を焼く匠手が非常に不足しているので、道内に居住する燔瓦匠の居住地と氏名を書き出して送ることを命じている[118]。同じ高宗４年８月５日には、錦営への関文で、漢陽在住の大引鉅匠は数が非常に足りず、外邑から連れてきた者は逃亡してしまって、今赴役する数では期限に間に合うように行う方法がない[119]と言っている。また、勤政殿の完成間近の高宗４年９月20日に、勤政殿の殿庭に排設する品階石を刻む刻役は極めて多人数で関連仕事も急がれるが、漢城にいる石手と刻手の数が本来不足し、期日に合わせて執り行う方途が全くない[120]と漢城府に送った関文に記されている。品階石とは、勤政殿の庭にある両班の階級を示す石の標識である。これは勤政殿には不可欠のものである。

このように、各色工匠は不足しているが、その理由は都城内の私家の役事や畿湖の両班の家の役事が工匠を使っている[121]からであるという。漢城内の私家の仕事や京畿道や忠清道の両班の家の仕事を優先して景福宮の営建に支障を来していることになる。各色工匠は、景福宮営建の最後まで、一定の数は確保されているが、職種によっては不足していたことがわかる。

以上のように、景福宮再建時の労働力問題は、最初は自願軍が基礎工事の仕事を担い、強制があったかも知れない自願軍の数が激減する高宗２年12月ごろからは、賃金が支払われる擔募軍が多くなる。擔軍は力仕事も担当しただろうから、農民中心の自願軍の代役は充分にはたせる。擔募軍は勤政殿などの完成する高宗４年末まで、毎月10万人を越えて集まっている。そして、交泰殿から始まった宮殿の工事では、各種の技術を持った匠人が必要になり、各種の匠人が集められている。そして工事の進行によって、業種によっては不足することもあり、かなり強制的に集めている様子も見られる。このように、景福宮の再建では、各種の労働力が時期別に、仕事の内容別に集められ、景福宮の再建が進行していったといえる。

8　景福宮再建時の財政問題

景福宮が長い間再建されなかったのは財政問題が大きな理由であった。朝鮮王朝の法宮であるために、その規模が大きく、費用が膨大に必要であると予測されたからである。高宗代の景福宮再建では、この問題をどのように解決したか。財政問題を担当したのも営建都監である。財源の確保の方法を見てみよう。

8-1　願納銭

最初に検討するのは自発的な財源の「願納銭」である。漢城の人々は景福宮の再建に非常な関心を示し、願納銭の受付が始まる前の4月5日までに10万両に達し、さらに諸王家の願納銭が数万両になった。庶民の拠出を受けて政府高官をはじめ各部官吏と王室宗親の率先垂範が強調され、4月8日には神貞王后が内帑金10万両を営建都監に内下した[122]。このようにして、初年度の願納銭は順調に集まった。願納銭は「各所願納銭」という一般の庶民などが拠出するものと、「璿派諸人願納銭」という王家の人々の納めるものに区分できる。「璿派」とは王族である。

願納銭の記録は、『日省録』や『承政院日記』、『景福宮営建日記』に残されている。張大遠は『日省録』の記録によって4-12表「願納銭の収入状況」のように整理している。

4-12表「願納銭の収入状況」

	各所願納銭	璿派諸人願納	合　計
高宗2年分4月～12月	4,680,315両6銭8分	276,475両7銭	4,956,791両3銭8分
高宗3年分	1,039,210両9銭	47,705両5銭	151,627両4銭
高宗4年分			117,138両
高宗5年8月まで			866,725両

出典：前掲「景福宮重建に対する小巧」p.41より作成。

張大遠は各年ごとに集計しているが、高宗4年と5年は合計だけが記されている。洪順敏は『日省録』によって願納銭の収拾情況を月ごとに集計している[123]。『日省録』には、各月の1日に前月の願納銭の集計額が記されている。これと同じ数字の集計が『承政院日記』の各月1日にも記されている。たとえば、高宗2年6月1日の記事には、前月潤5月の集計額が記され、『景福宮営建日記』には、閏5月の最後の日に集計額が記されている。

『日省録』高宗2年（1865年）6月1日の記事は、

「本都監啓言自閏五月初一日至晦日、所捧、各處願納錢、爲四十九萬九千七百八十一兩零、宗親府所捧、璿派人願納錢、爲四萬六千四百四十一兩零、別成冊以入」とあり、

同じ日の『承政院日記』には

「以營建都監都提調意啓曰、自閏五月初一日至三十日、本都監所捧、各處願

納錢、爲四十九萬九千七百八十一兩二錢四分、宗親府所捧、璿派人願納錢、
爲四萬六千四百四十一兩五錢矣。」

さらに、『景福宮営建日記』には

「本都監草記閏五月朔各人願納錢四十九萬九千七百八十一両二銭四分　璿派人願納錢四萬六千四百四十一両五銭別成冊子二件以入事」

とある。『日省録』には両の単位までが記され、『承政院日記』と『景福宮営建日記』では、銭、分の単位まで記されている。上の引用個所では、『日省録』は「両」以下が「零」であり、後者2つは「2銭4分」である。この差異の理由は不明である。しかし、両以下の数字なので全体的に大きな差異はないだろう。

このように、『日省録』と『承政院日記』、『景福宮営建日記』は、願納銭収拾の詳細が記されている。特に『景福宮営建日記』では、願納者の名前が記されている。

願納銭を月単位で集計したものは、前述したように、洪順敏が『日省録』によって作成しているので、ここでは『景福宮営建日記』によって年単位で作成した4-13表「願納銭収捧額」を見てみよう。

「願納銭」について、『景福宮営建日記』は高宗5年6月で記述が終わり、『日省録』と『承政院日記』は高宗5年9月1日で記述が終わっている。高宗が高宗5年（1868年）7月2日に景福宮に移御し、作業が一段落したからであろう。

願納銭の収入を見ると、高宗2年（1865）は、総計500万両にも及ぶ膨大な願納銭が集まり、この年の工事は「順調に進行[124]」した。

しかし、翌年の高宗3年（1866）には願納銭は激減し、120万両になってしまう。この年は、1月に興宣大院君のキリスト教禁圧政策によって、フランス人神父と数千人のカソリック信者を処刑する「丙寅洋擾」があった。この事件に対して、フランス極東艦隊司令官ローズが、8月から9月にかけてソウルへの水路調査を

4-13表「願納銭収捧額」

年	戸曹各人願納銭	璿派人願納銭	願納銭収捧額
高宗2年	4,590,348両　8分	276,479両8銭	4,866,827両8銭8分
高宗3年	1,166,967両6銭8分	47,707両5銭	1,214,675両3銭
高宗4年	669,810両9銭8分	19,061両	688,871両9銭8分
高宗5年	1,001,081両5銭5分	9,252両	1,010,333両5銭5分
合　計	7,428,208両2銭9分	352,500両3銭	7,780,708両5銭9分

行い、さらに江華島に上陸した。10月初めに朝鮮軍がフランス軍に勝利し、フランス軍が撤退するという事件があった。ほぼ1年間かかった事件によって、朝鮮王朝は財政が枯渇し、景福宮再建工事にも影響した。先に見た工事進行表でも、勤政殿や思政殿、慶会楼などの工事が高宗4年になってしまうのは、丙寅洋擾の影響ではないだろうか。

この事件が一段落し、高宗4年になると工事が再開されるが、願納銭は約70万両にさらに激減する。そして景福宮の主要建物の工事が終わる高宗5年(1868)は、8月末までで若干回復し100万両に達した。しかし、重要な工事が残っており、この金額では工事の完成は難しかったであろう。この年(1868)の7月2日、高宗は大王大妃、王大妃、大妃を案内して景福宮に移御している。

このように見ると、3年以降は願納銭だけでは工事は実施できなかったといえよう。

8-2　売官売職

財政困難になり実施された資金調達が高宗3年(1866)年10月から始まった願納銭による売官売職であった。高宗3年は、願納銭が激減し、丙寅洋擾もあり、さらに勤政殿など外殿の重要工事が始まる頃である。この方法は、願納銭を1万両以上出した人に賞を与えるというものである。52人が対象になり、多くは10万両、少なくは1万両を願納した。『景福宮営建日記』と『日省録』の高宗3年(1966)10月1日には、1万両以上の願納者の職と姓名と金額、さらに与えた賞が記されている。たとえば前県監安時赫と出身安鴻悳、全州前県監鄭彦述の3人は10万両を出して即座に守令に任命された。また3万両を納めた出身李承倹は初仕調用、同じく3万両の咸興前参奉朴永胄は六品職調用、泰仁進士金相洪は初仕調用、松都前忠壯將金鼎実は守令に任命された。その中には、官職を持たず両班ではない人物である白木廛市民李度膺が2万500両を願納し五衛將に、大邱の鄭履健は1万両で五衛將に、全州の白東翰は1万両で守令に任命された。「階級制度が厳格であった李氏王朝では両班を除いた平民が官吏になることは想像できないことである[125]」という。

この時の売官売職による収入の合計は『景福宮営建日記』によれば95万4740両で、『日省録』によれば95万6080両[126]である。『景福宮営建日記』を見ると、高宗3年10月の願納銭は1万8124両なので、この収入は含まれていない。また、この金額は、高宗3年(1866)の願納銭121万4667両には及ばないが、高宗4年(1867)の約70万両を超える額であった。

職と階級を得るが、実職に就かない売官もあった。高宗4年（1867）4月に1万両以上を願納した7人は実際の職に就かない六品職の階級を得た[127]。この時の納入金額は『日省録』では「願納万両以上」とだけ記されているが、『景福宮営建日記』では各人の金額が記載されており、その合計は7万4000両である[128]。実際に職に就かない売官はこれ以後はほとんど行われていないという[129]。

しかし、願納銭による売官売職は、景福宮の営建都監が撤廃された後まで存続し、興宣大院君の影響力がなくなって、高宗が実権を掌握する頃である高宗10年（1873）10月29日になって撤廃された[130]。

8-3　当百銭の発行

さらなる資金調達方法が当百銭の発行である。景福宮の再建資金の中心は願納銭であるが、願納銭は高宗4年には約70万両にまで減少した。しかし、景福宮再建工事は継続しており、新たな財源が必要であった。この対策が当百銭の発行であった。

高宗3年（1866）10月30日、左議政金炳学が当百銭の発行を発議した。金炳学は、当百銭の発行は非常手段、「事係大變通」なので政府の時原任大臣の意見を聞こうとしたが、高宗ははなはだ良いことなので素早く実行せよと答えた[131]。しかし、その後、時原任大臣の間で議論があった[132]。左議政金炳学の弟の戸曹判書金炳国が鋳造を主張したが、判府事趙斗淳と上護軍金學性は当五銭や当十銭を通用させて利不便を見てからにすべきと言い、大護軍金世均も慎重論を述べた。しかし、『日省録』に名前が記してある他の大臣は意見がなく、当百銭の鋳造に異論を述べなかった。議論があった理由は、当百銭は従来通用していた葉銭の100倍に該当するものであるが、実価はその20分の1にも届かないものであったからである[133]。議論のあった当日、高宗は当百銭は戸曹で主管し、鋳造実務は禁衛営で行うよう命令した[134]。翌日、戸曹では当百銭を「戶大當百錢」と命名して鋳造し[135]、高宗3年（1866）12月10日から通用させた[136]。

当百銭の発行は、物価を暴騰させ、財政を混乱させた。当百銭発行の目的は、景福宮再建工事のためだけではなく、国家財政全般に調達したものであった。したがって、当百銭の無限定な鋳造を続けることができず、使用開始後5か月ほどたった高宗4年（1867）5月15日に鋳造を中止した[137]。当百銭の鋳造を中止した後、代用に「小銭」を通用させた。小銭は悪貨だったが、当百銭と小銭を同時に通用させたので、景福宮再建工事にとっては財政的余裕ができた[138]。

景福宮再建の財政問題は、願納銭、売官売職、当百銭の発行など、各種の方法で対処された。当百銭の鋳造が中止されるころは、景福宮の工事は最盛期であった。

以上の様な方法で景福宮の再建費用は調達された。これらは4-14表「景福宮営建都監の主な収入」のようになる。

4-14表は『景福宮営建日記』などによって集計したものであるが、『高宗実録』[139]には異なる数字が記されている。それは「内下」11万両、丹木5000斤、白飯3千斤、璿派人願納銭金34万913両6銭、各人願納銭金727万7780両4銭3分、白米824石である。総計金783万8694両3分、米824石、丹木5千斤、白飯3千斤である。この数字では「内下」が11万両で神貞王后による10万両と差異がある。また、『高宗実録』の集計は営建都監が解体された高宗9年9月16日までの収入であり、『景福宮営建日記』の記録より後日であるにもかかわらず、総計金額が少額である。また、白米は『景福宮営建日記』では高宗4年2月や高宗5年閏4月、5月、7月、8月に記され、その合計は白米905石であり、丹木の記載はない。『高宗実録』の記載との差異については不明である。

4-14表「景福宮営建都監の主な収入」

神貞王后	100,000両	
願納銭	7,780,708両5銭9分	
売官売職 （高宗3年10月1日）	954,740両 *	956,080両 **
（高宗4年4月23日）	74,000両	
当百銭・小銭	相当額	
合　計	8,909,448両5銭9分	

* は『景福宮営建日記』の数字
** は『日省録』の数字

8-4　建設費の使途

集まった資金はどのように使われたか。これについては『景福宮営建日記』にも明確に記されていない。しかし、労賃と人数など、判明するものだけを整理して見よう。

第1は各色工匠と擔募軍の賃金である。すでに4-10表「各色工匠の仕事と賃金」で見たように、各色工匠と擔軍、募軍の賃金[140]が記載されている。これを賃金別に整理したものが4-15表「工匠・擔募軍などの賃金」である。

4-15表を見ると、最も高いのは木手や石手、板を作る歧鉅匠などである。そして大きな鋸で板を挽く大小引鉅匠も比較的高賃金である。建物を作る基礎的な仕事を担う工匠が高賃金であった。

しかし、賃金に大きな差異はなく、高い賃金の場合で平均を出してみると3銭7分6厘である。また、擔軍も4銭で賃金は高い。これら擔軍や募軍などの賃金

4-15 表「工匠・擔募軍などの賃金」

木手、石手、泥匠、歧鉅匠、船匠、雕刻匠	３銭８分又は４銭８分
大小引鉅匠	２銭５分又は４銭
髩鉅匠、鉅刀匠	３銭加５分
木鞋匠、朴排匠、鞍子匠、造㙗匠、磨造匠	２銭２分又は３銭５分
假漆匠、機械匠、船人、治匠、豆錫匠、鉄鋼匠	２銭２分又は３銭
擔軍	詳定雇價４銭
松都軍	雇價３銭加１銭
広州軍	雇價３銭加１銭
募軍	詳定價２銭５分

『景福宮営建日記』高宗２年５月18日より作成

は平均で３銭２分で、各色工匠よりは若干安い。この賃金を基礎に計算すると、4-16 表「各色工匠と擔募軍へ支払った賃金」のようになる。

このように、各色工匠と擔募軍に支払った賃金の総計は173万6915両９銭である。

4-16 表「各色工匠と擔募軍へ支払った賃金」

年	各色工匠	賃　金	擔募軍	賃　金
高宗２年	409,180 人	153,851 両 6 銭 8 分	246,736 人	78,955 両 5 銭 2 分
高宗３年	822,231 人	309,158 両 8 銭 5 分	917,146 人	293,486 両 7 銭 2 分
高宗４年	617,504 人	232,181 両 5 銭	1,148,823 人	367,623 両 3 銭 6 分
高宗５年	299,612 人	112,654 両 1 銭 1 分	590,638 人	189,004 両 1 銭 6 分
合　計	2,148,527 人	807,846 両 1 銭 4 分	2,903,343 人	929,069 両 7 銭 6 分
総　計	1,736,915 両 9 銭			

・各色工匠は平均賃金３銭７分６厘、擔募軍は平均賃金３銭２分として計算

第２は通常の賃金に加えて支給された乾犒饋である。『景福宮営建日記』では、毎月１日に支給される「乾犒饋」が記されている。乾犒饋とは、本来は軍人の労苦をねぎらうために食事でもてなすものであったが、景福宮再建時は各色工匠や擔募軍などに食事の代わりに貨幣を与えたものである。『景福宮営建日記』では、高宗２年７月１日から毎月１日に乾犒饋に関する記述があり、同時に各色工匠と擔募軍の人数が記され、各色工匠は１銭、擔募軍は５分が支給されたとある。各色工匠や擔募軍の賃金は、すでに見たように、１銭や５分ではないので、慰労としての追加支給といえる。人数は「見草記」とあるので、先に見た人数に含まれていることになる。毎月１日に支給される乾犒饋の支給人数と金額を年ごとにまとめて整理すると4-17 表「乾犒饋の支給人数と金額」のようになる。4-17 表に見るように、毎月１日に支給される乾犒饋の合計は１万3651両２銭５分である。

4-17 表「乾犒饋の支給人数と金額」

年	各色工匠	金額	擔募軍	金額	合計
高宗2年(1865) 合計	12,750 人	1,275 両	11,132 人	556 両 6 銭	1,831 両 6 銭
高宗3年(1866) 合計	30,513 人	3,051 両 3 銭	39,898 人	1,994 両 9 銭	5,046 両 2 銭
高宗4年(1867) 合計	23,555 人	2,355 両 5 銭	46,455 人	2,322 両 7 銭 5 分	4,678 両 2 銭 5 分
高宗5年(1878) 合計	9,910 人	991 両	22,084 人	1,104 両 2 分	2,095 両 2 分
合計	76,728 人	7,672 両 8 銭	119,569 人	5,978 両 4 銭 5 分	13,651 両 2 銭 5 分

備考：各色工匠の単価は１銭、擔募軍の単価は５分で計算

乾犒饋は、営建都監から毎月１日だけでなく、随時にも支給されている。当初は賃金の額も様々で、支給対象も様々であった。『景福宮営建日記』を見ると、最初の乾犒饋支給は高宗２年４月 25 日で、「大駕に随行した軍兵に各軍営で乾犒饋を与え、赴役した坊民には営建都監で乾犒饋を支給せよ」という命令が出て、営建都監は赴役坊民３万 5881 人に１人１銭で 3588 両１銭を支給した。２回目は高宗２年６月 17 日で「末伏」[141] を理由に乾犒饋を支給している。従って金額も高く、工匠１人に２銭７分、擔募軍１人に２銭、さらに諸堂上の皀隷１人に１銭を支給した。この日の各色工匠は 1582 人、擔募軍は 592 人で、金額は合計 720 両であった。工匠に支給された２銭７分は営門での大犒饋の前例によるものであった。このような特別なものは高宗３年８月 15 日には「秋夕」を理由に乾犒饋を支給した。各色工匠 2300 人、擔募軍 2575 人に支給したが、各人の金額や合計金額の記入がない。

これ以外は労役に対する乾犒饋があり、4-18 表「随時支給の乾犒饋」に整理した。支給金額は各色工匠は１人１銭、擔募軍は１人５分であり、特別な日は各色工匠１人２銭、擔募軍１人１銭であった。4-18 表では「＊」でその回数を表示した。『景福宮営建日記』には支給日、人数、金額が記されているが、4-18 表では年単位にまとめた。

随時支給の乾犒饋の金額は、合計で 6341 両５銭５分であった。とすると、乾犒饋は毎月１日に支給された１万 3651 両２銭５分と随時の支給額の合計で１万 9992 両８銭である。

各色工匠と擔募軍の賃金は 173 万 6915 両９銭であり、乾犒饋の総額は１万 9992 両８銭なので、賃金と乾犒饋の支出の合計は 175 万 6908 両７銭である。

これらは、労働力の人件費であるが、営建都監の都提調以下の官職の人々の賃金は『景福宮営建日記』からは不明である。さらに、『景福宮営建日記』には、

4-18表「随時支給の乾犒饋」

年	各色工匠	金額	擔募軍	金額	合計	
高宗2年（1865）合計	12,340人	1,614両2銭	9,621人	606両5分	2,220両2銭5分	支給回数6回、＊は2回
高宗3年（1866）合計	12,473人	1,475両4銭	13,294人	760両1銭	2,235両5銭	支給回数5回、＊は1回
高宗4年（1867）合計	5,108人	825両3銭	9,386人	755両7銭5分	1,581両5分	支給回数3回、＊は2回
高宗5年（1878）合計	1,352人	135両2銭	3,382人	169両1銭	304両2銭	支給回数1回、＊は無し
合計	31,273人	4,050両1銭	35,683人	2,291両4銭5分	6,341両5銭5分	

金額：各色工匠-1人1銭、擔募軍-1人5分、特別な日・各色工匠-1人2銭、擔募軍-1人1銭

仕事が困難な場合などに臨時に報償金を出したという記事もある。

さらに、最も高額な支出が予想される材料費については『景福宮営建日記』でも判明しない。

以上の計算で判明した人件費だけを見ると、総収入は890万9448両に対して700万両以上の黒字である。しかし、営建都監の支出、材料費などを考慮すると、収入が年を経るに従って減少しているので、安定していたかは不明である。

9　再建後の景福宮での出来事

景福宮の再建工事は高宗5年（1868）7月に完工した。完工直後の姿はどのようであったか。『景福宮営建日記』には記述がなく、『高宗実録』や『日省録』などにも詳しい記述がない。したがって、高宗代に再建された景福宮の姿は、再建直後に描かれた図面などを見る必要があるが、多くの研究者が利用しているのが「北闕図形」である。この「北闕図形」はいつ作成されたか。その解明には、前提となるいくつかの出来事を見ておく必要がある。

景福宮の再建は、高宗5年（1868）7月に一段落し、高宗は7月2日に景福宮に移御した。しかし、景福宮の再建を担当した営建都監は即座に廃止されず、景福宮の後苑の隆文堂、隆武堂などの工事を行い、さらに議政府の仕事も担当し、中枢府、司憲府、六曹の衙門、四学と義禁府の獄舎、興仁之門（南大門）の工事、さらに西大門（敦義門）の扉の修理、成均館の改修、宗廟の修理など大規模な工事を担当した。その後、高宗7年になると大規模工事もなくなり、高宗9年（1782）9月15日に廃止された。[142]

景福宮再建後の姿を見るために重要な指標となるのが乾清宮である。乾清宮は

高宗代になって建てられた建物だからである。高宗が乾清宮を作ろうとしたことに対し、副護軍姜晉奎は高宗10年5月10日に上疏した[143]。姜晉奎は、近年の10年間の土木作業によって財政が窮乏しており、百姓が非常に疲れている時に、仮住まいの乾清宮を雄大な建物にすることは、倉庫が焼失して再建途中でもあり、国民を苦しめると述べた。これに対し高宗は旧地に数10間程度の建物を建てるのであり、この費用は王室財政を充当すると述べた。

この後も高宗は乾清宮の造営の意志を持ち続けた。これに対し、左議政姜渚は、高宗10年8月19日に上疏[144]した。左議政姜渚は、乾清宮のことは姜晉奎の上疏で知った。その後「大老閣下」即ち興宣大院君に聞いて、御真影の奉安所を立てるのであり、狭い建物で、華美ではなく、その場所も良いところであり興宣大院君が措置した所だと知った。長い間工事をしてきた庶民のことも考慮して、節約に努めてください、と述べた。

これに対し高宗は、丁寧な意見だから考慮する、しかし、この造営の費用は戸曹の財政ではなく内帑庫から支出すると述べ、乾清宮を造営するように命じた。同日、左議政姜渚の上疏後に、右議政韓啓源が、乾清宮は、昌徳宮の宙合樓、書香閣と同じく御真を奉安する所だろうかと述べたのに対し、高宗はその通りだと述べた[145]。このように、乾清宮は高宗の強い意志によって作られた。高宗は、高宗10年（1873）12月10日に、乾清宮で時任大臣などと会っているので、この時には乾清宮は完成[146]していた。4か月ほどで完成した。

さらに景福宮完成後の大きな事件は火災である。高宗10年（1873）12月10日、高宗が乾清宮で時任大臣などと会った日に慈慶殿が焼失した[147]。この時には純熙堂、錫趾室、福安堂、紫薇堂、交泰殿など合計364間半が焼けた。これらの建物は翌年の高宗11年4月29日に、秋に修理することが命じられた[148]。高宗は、火事の後は昌徳宮で生活し、修復工事が終わった後、高宗12年（1875）5月28日に景福宮に還宮した[149]。

また高宗13年（1876）11月4日にも火災があった[150]。この時は、交泰殿、麟趾堂、慈慶殿、協慶堂、福安堂、純熙堂、延生殿、慶成殿、含元殿、欽敬閣、虹月閣、康寧殿等が焼けた。交泰殿、康寧殿など内殿の中心的な建物が燃えてしまった。この火災後、高宗は昌徳宮に移御し、ふたたび景福宮に還宮するのは随分後の高宗19年（1882）6月末である[151]。

10　高宗代景福宮の最後の姿を示す「北闕図形」

景福宮が完工した後に、景福宮では、乾清宮の造営、大きな火災など、いくつかの出来事が起こった。これらの出来事の後の景福宮の姿を示すのが「北闕図形」である。しかし「北闕図形」には作成年が明示されていない。「北闕図形」（「北闕後苑図形」と合わせると縦 593.2cm、横 338.4cm）の作成年代を確定するために、完成後の出来事に関わる建物の描かれ方を検討してみよう。

「北闕図形」の作成年代に最初に言及したのは李康根である。前掲「景福宮重建」[152]で「1897 年以後の製作と推定、一種の平面配置図」と記した。その後、「北闕図形」の建物や「東闕図形」の変化などを検討した結果、1905 年 1 月から 1908 年 3 月の間に作成されたと推定した[153]。

洪順敏は「『宮闕誌』[154]と同じ時期、即ち 1907 年直後、隆熙年間に同一の主体によって製作されたことは確実である[155]」と記している。さらに、既に第 3 次日韓協約を締結し、内政権を獲得していた日本は、1907 年 12 月 27 日に宮内府官制を改訂し、宮内府から帝室に関する一切の事務を取り上げ、その傘下に帝室財産整理委員会を置き、帝室財産を綿密に把握し始めた。その結果、景福宮の建物の名称や位置などを記録した『宮闕誌』を作り、建物の名称まで入った平面図である「北闕図形」を作ったとしている。

また、張順鏞[156]は、「北闕図形」の作成時期について、① 1873 年の乾清宮の完成から⑩ 1920 年の西十字閣と光化門の撤去までの 10 項目の出来事が「北闕図形」と「東闕図形」に記載されているかどうかを検討した上で、次のように述べている。①から⑩までの「ような状況を総合して、北闕図形と東闕図形は 1900 年の璿源殿重建工事以後から 1908 年昌徳宮に動物園が建設される前である 1900 と 1908 年の間に作成されたものであると分かり、範囲をさらに狭めれば 1901 年から 1907 年の間に作成されたことがわかる」と記している。作成年代の範囲を狭まる理由は、④の璿源殿増築工事が終わったのが 1900 年 12 月 23 日であり、⑤昌徳宮の動物園の竣工が 1908 年 3 月 25 日であるが「東闕図形」には動物園が見えていないからである。

さらに、張順鏞は、洪順敏が言及した日本との関係についても検討している。日本は 1907 年 7 月 4 日に勅令 44 号で「臨時帝室有及び国有財産調査局官制」を公布した。7 月 4 日は「ハーグ特使事件」が発覚し、伊藤統監が高宗の責任を追及した日である。そして、第 3 次日韓協約以後の 1908 年 6 月 20 日に、任務の完了によって勅令38号で「臨時帝室有及び国有財産調査局官制」を廃止した。つまり、臨時帝室有及び国有財産調査局は、「1907年7月4日に発足し1908年6月20日に廃止されたので、1年もない期間に存続した機構であり、この機構で北闕図形と東闕図形及び宮闕誌を作成したという直接的な文献史料はまだ発見されていない」。しかし、『宮闕誌』は、憲宗代に作られた『宮闕志』と比較して、日本が「最初から最後まで建物の規模と間数だけを記録する方式で、財産把握という目的で作ったと見ることができる。特に日本の内政干渉がひどい時期であり、宮闕自体は日本人が調査するのは困難なので臨時機構を作り適法に調査できる手段を作ったといえる」という。つまり、『宮闕誌』や「北闕図形」を臨時帝室有及び国有財産調査局が作ったという文献史料は発見されていないが、「宮闕の内部を詳しく調べて記録する権限を持ってい」たのである。この上で張順鏞は「結論的に、北闕図形と東闕図形及び宮闕誌は作業の内容上短時日に製作することは難しいと言う点を勘案しても、臨時財産調査局の設立された1907年に作成されたと推定できる」と述べている。

韓国の研究者の検討によれば、李康根は「1905年1月から1908年3月の間」と推定し、洪順敏は「1907年直後」と言い、張順鏞は「臨時財産調査局の設立された1907年に作成されたと推定できる」と述べている。洪順敏と張順鏞は、『宮闕誌』と「北闕図形」を一対のものと把握し、日本による帝室財産や国有財産の調査の一環として1907年に作成されたと判断した。1907年7月には第3次日韓協約が締結され、日本の韓国侵略が本格的になっていく時期である。

この上で「北闕図形」はどのような意味を持つかについて、洪順敏と張順鏞はほぼ同様に評価している。洪順敏は、『宮闕誌』は「日帝によって宮闕が本格的に破毀される前、最後の宮闕の姿を表現している点で資料価値が大きい。機械的、羅列式記述ではあるが〈中略〉隆熙年間に現存したと確認できる建物を漏れなく載せていて、宮闕にあった建物を把握するのに非常に重要な資料である[157]」と述べている。

これらを踏まえれば、「北闕図形」によって、高宗代の再建後、日本による景福宮の破壊前の姿を検討することは可能であるといえよう。

11 「北闕図形」より前に作成された「景福宮配置図」

高麗大学校博物館に「景福宮配置図」という図面がある。この図面は『ソウルの昔地図[158]』に一部分が紹介されており、縦265cm、横407cmの大きな地図である。

この『ソウルの昔地図』には、直前に「北闕図形」も収録されているが、「図版解説[159]」では、この二つは「ほとんど類似した配置図」で「景福宮配置図」は「北闕図形」より「少し前の時期に作成されたもの」であり、後苑の香遠池が「北闕図形」と「僅かに違った姿で描かれている」と書かれている。

この図面は『ソウルの昔地図』に紹介された後、「特別に関心を持たれなかった[160]。」しかし、この図面の作成時期は「1888年末、内殿一画の再建直後から神貞王后が亡くなった1890年4月以前と推定される[161]」と李蕙遠は述べている。1907年に作成された「北闕図形」よりも前に作成されたものである。

李蕙遠は、いくつかの指標を上げて作成年を推定している。その1は景福宮内、乾清宮の近くに作られた「電機灯所」と「炭庫」の存在である。乾清宮に電灯が点いたのは1887年1月から3月の間である。この電機灯所の位置は乾清宮の南側であるが、この建物が「景福宮配置図」には書かれている。従って1887年1月以後の作成である。

その2は咸和堂と緝敬堂である。咸和堂と緝敬堂は香遠池の南側にある牆根の中にあり、「北闕図形」に記されている。しかし、「景福宮配置図」には全く違った形態の建物があって、その名称も違う。「北闕図形」の咸和堂と緝敬堂は、4-2図「「北闕図形」の咸和堂など[162]」のように、建物の中央に廣い板の間があり両側にオンドル房がある形式である。「景福宮配置図」では4-3図「「景福宮配置図」の春灑堂など」のように「日」字形の建物が三つ並んでいる。三つの建物は間数も同じで、東側から永勳堂、寶廣堂、春灑堂という堂号が書かれている。「北闕図形」では永勳堂、緝敬堂、咸和堂である。二つの図面では建物の構造も名称も異なっている。そして、「景福宮配置図」の三つの堂のある一画の堂号と門の名称は、景福宮重建時期の名称と一致しており、高宗代の重建時の姿を見せている

4-2図「「北闕図形」の咸和堂など」

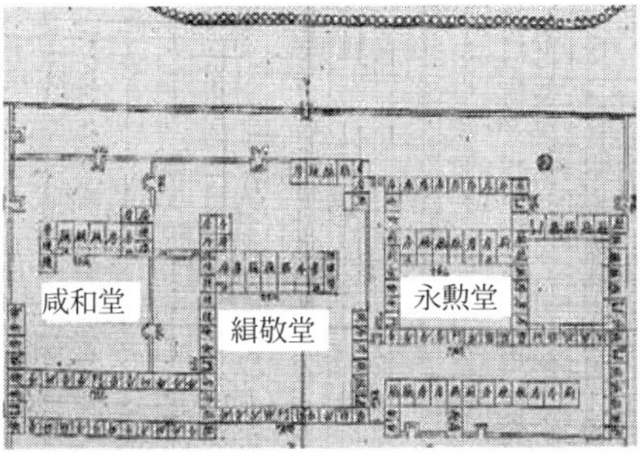

4-3図「「景福宮配置図」の春灑堂など」

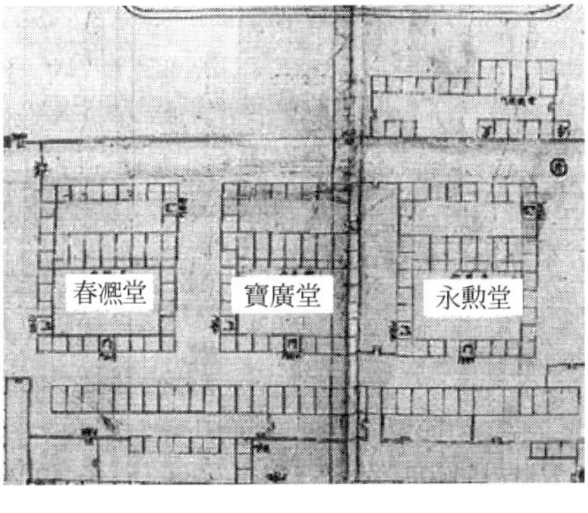

という。さらに、咸和堂の新築時期は高宗27年（1890）10月で、『高宗実録』に咸和堂に関する記録があるのは高宗27年（1890）12月である。このような事実から、「景福宮配置図」は、咸和堂の建立前に製作されたという。

さらに李蕙遠は、観文閣、紫薇堂、麟趾堂の三つの建物が「景福宮配置図」には記録されていない点も検討している。「北闕図形」では紫薇堂、麟趾堂は「今無」と表記されており、観文閣は書かれていないと言い、4-4図「「北闕図形」の紫薇堂と麟趾堂」を論文に掲載している。観文閣は御真を保管する建物で、高宗12年（1875）9月に観文堂から観文閣に名称が変わった。そして、高宗光武5年（1901）6月に撤去された。従って「北闕図形」には記録されていない。「景福宮配置図」では観文閣の場所は空白になっているが、観文閣を洋式建築として再建するまでの期間に作成されたからであろう。紫薇堂と麟趾堂は前記のように景福宮の火災で焼失している。しかし、記録があるので「北闕図形」では「今無」となっている。その後、高宗23年（1888）3月21日に交泰殿や康寧殿と共に定礎式があったが、紫薇堂と麟趾堂は「景福宮配置図」に記録できるまでになっていなかったのではないかと推測している。

しかし、文化財管理局・国立文化財研究所庁『景福宮　寝殿地域発掘調査報告書』（1995）の『図面』に収録されている「北闕図形」（図面４）には紫薇堂と麟趾堂は記されている。さらに『宮闕誌』にも紫薇堂と麟趾堂は記されており、「今無」とはなっていない。

このような疑問点はあるが、李蕙遠は、「景福宮配置図」が示している内容は、高宗13年（1876）に起こった火災で焼失した内殿一画を復旧し、乾清宮領域の観文閣を改建する直前である高宗25年（1888）頃から高宗27年（1890）4月神貞王后国葬以前の景福宮の姿であると推測している。[163]

4-4図「「北闕図形」の紫薇堂と麟趾堂」

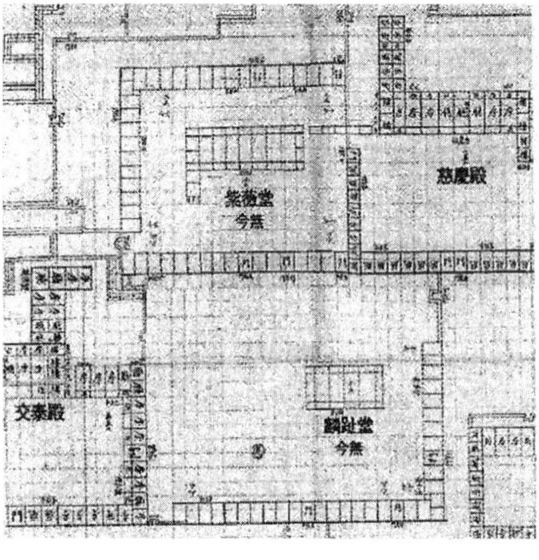

李蕙遠の研究によって、高麗大学校博物館に所蔵されている「景福宮配置図」は、「北闕図形」より前に作成され、高宗代の重建時により近い時期の景福宮の姿を描いていることになった。

12　重建された景福宮

第26代国王高宗の時に再建された景福宮はどんな構造であったろうか。この点を検討するために、第2章で太祖代に建立された景福宮を検討したと同様に、図面を利用する。景福宮再建直後の火災などの後の1888年頃から1890年4月以前までの間に作成された「景福宮配置図」と、日本の支配が進行していた1907年に作成された「北闕図形」があることが分かった。これらを使って、重建された景福宮の構造を検討してみよう。

洪順敏は、重建された景福宮の大きさを、『宮闕誌』を使って説明している[164]。『宮闕誌』では、各殿堂の配置などを説明した後に、本文の最後に、次のような記述がある。

殿閣以下間数合五千七百九十二間半
　今無秩
殿閣以下間数合一千四百三十二間半
　以上合間数七千二百二十五間半
六隅亭三所
　　後苑
隆文堂以下間数二百三十二間半
　今無秩
　以上合間数二百五十六間半
光化門以下宮墻合間一千六十三間半
自春和門以秋成門至宮墻合間六百九十八間半[165]

この記述によれば、殿閣などの間数は5792.5間、さらに今はない建物が1432.5間あり、以上合計7225.5間である[166]。間数が計算できない六隅亭が3か所ある。また、後苑は隆文堂以下232.5間で、今は無い建物を合わせると256.5間であり、光化門から始まる宮墻が1063.5間あり、春和門から秋成門までの宮墻が698.5間あると記している。春和門と秋成門は、景福宮の北側、神武門を挟んで東側と西側にある門である。

以上が再建された景福宮の規模である。合計の7225.5間が再建当初の大きさで、火災などもあって1432.5間が失われたことになる。地図にみれば、「景福宮配置図」の建物が 7225.5 間で、「北闕図形」の建物が 5792.5 間ということであろうか。

これは太祖代の景福宮の規模 775 間[167]と比べると、再建当初では 10 倍近い大きさであり、1907 年頃でも 7 倍以上の規模である。神武門外の後苑の拡大を除けば、全体の宮闕の規模は変わっていないので、建物が大幅に増加して景福宮の内部は混雑していることになる。

それでは、どのような建物があったのか。太祖代の景福宮創建を検討したと同じように「内殿（A)」（実線囲みの中)、「外殿（B)」（●●●●●囲みの中)、「闕内各司（C)」、「宮中門（D)」「闕外各司（E)」の様に区分して検討してみよう。

4-5 図「北闕図形[168]」を見ると、「内殿（A)」部分は、『太祖実録』、第 2 章で検討した「景福宮全図」（2-1 図）の「内殿」である康寧殿、延生殿、慶成殿、思政殿であり、「北闕図形」でも一直線に配置され、太祖代と変化はない。そして、「A'」（■■■■■囲みの中）は、国王などの生活と政務の場であり、「北闕図形」では、交泰殿、含元殿、麟趾堂、紫薇堂、慈慶殿、興福殿、萬慶殿、修政殿、慶会楼、萬春殿、千秋殿である。この中で、慈慶殿、興福殿、萬慶殿、修政殿は『太祖実録』、「景福宮全図」にはない殿閣である。慈慶殿は寝殿で高宗が神貞王后のために建てたものである。興福殿は国王の後宮の住居であるが、神貞王后はここで亡くなった。また外国の使臣と会う便殿としても使われた。萬慶殿は高宗 13 年の火災で康寧殿が焼失した後、寝殿としても使用され、さらに外国の使臣との面会にも使われた。修政殿は便殿として使われた。以上にように、これらの建物は「内殿」の思政殿や康寧殿などと共に便殿や寝殿として使用された建物である。

次に「外殿（B)」は勤政殿が中心建物である。この地域は 2-1 図「景福宮全図」と大きな変化はない。変化は「月華門」と「日華門」が勤政門の左右に移り、

4-19 表「闕内各司の業務内容」

大殿長房		書吏が大殿内で使用した部屋
検書廳		奎章閣で書籍を校訂したり原本と同じく書き写す検書官が勤務する所
入番憶昔		宿直する官吏が泊まる場所
内班院	○	宮内の内侍の勤務場所。内侍とは、内侍府に属した宮中の男の職員、王の面倒を見たり宿直などをした
鍼医院		鍼の医院
玉堂（弘文館)	○	三史の一つで、宮中の經書、史籍、文書などを管理し、王の諮問に答える官衙
政院（承政院)		議政府、六曹、司憲部、司諫院とともに中枢的な政治機構で王命の出納を担当した所
宣伝官廳		国王の命令を伝達する任務を担当する所
賓廳		宮闕内の高官の会議室

○印＝「景福宮全図」にも記載されているもの

4-5 図「北闕図形」

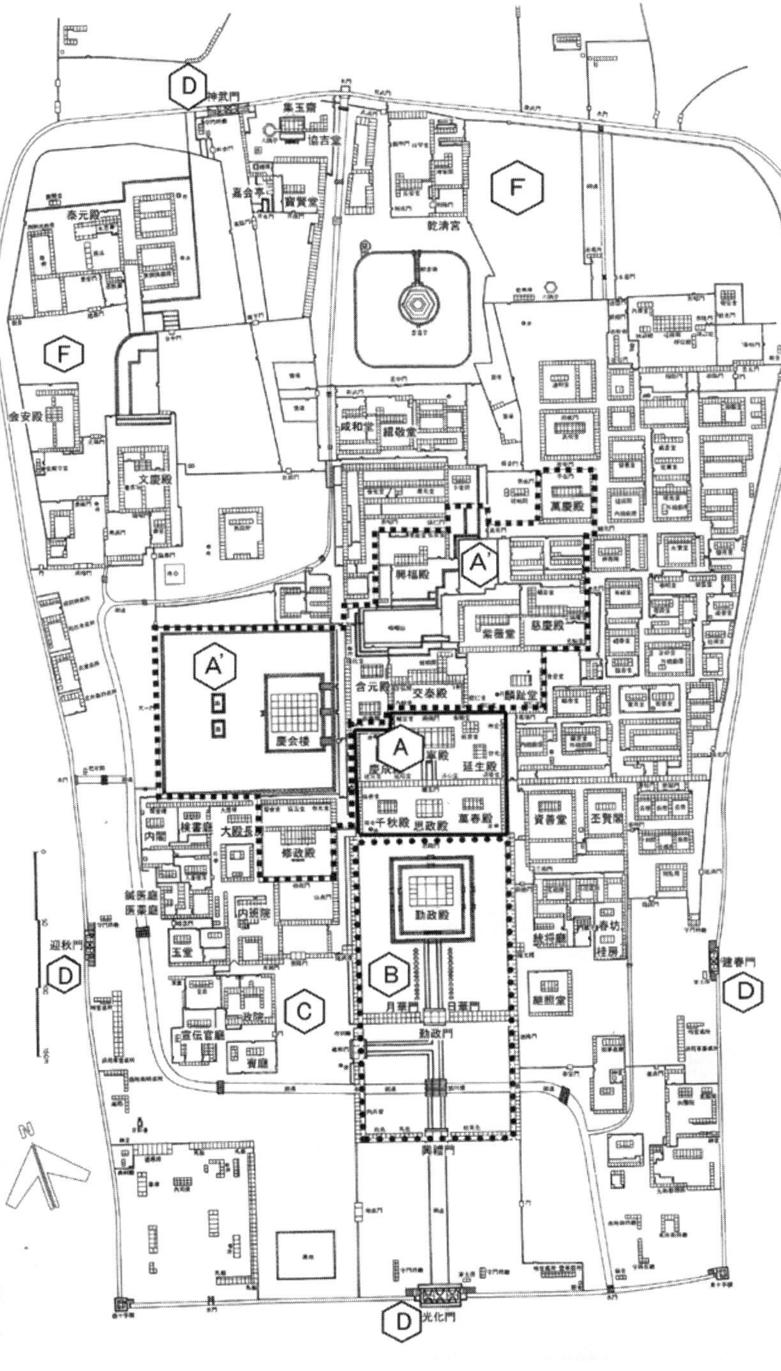
神武門
集玉齋
協吉堂
嘉会亭
乾清宮
泰元殿
会安殿
咸和堂
緝敬堂
文慶殿
萬慶殿
興福殿
紫微堂
慈慶殿
含元殿
交泰殿
麟趾堂
慶会楼
延生殿
千秋殿
思政殿
萬春殿
資善堂
丕顯閣
修政殿
勤政殿
迎秋門
建春門
月華門
日華門
勤政門
興禮門
光化門
玉堂
春坊
桂坊
緝熙堂
宣伝官廳
A
A'
B
C
D
F

興礼門まで行閣が延長された点である。

「闕内各司（C）」は、「景福宮全図」とは大きく変化している。景福宮内の位置は同じだが、新しくできた修政殿の南側とその周辺で、玉堂（弘文館）や政院（承政院）を中心に、国王の身の回りの世話と文書の扱いに関連する官庁が集まっている。各種の仕事を担当しているので、内容をまとめたのが4-19表「闕内各司の業務内容」である。

「宮中門（D）」は光化門、建春門、迎秋門と神武門であり、「景福宮全図」と同じである。しかし、高宗代に建てられた殿閣には数多くの門がある。『景福宮営建日記』、『日省録』の高宗4年8月18日、11月8日、高宗5年6月10日（12日）[169]には、再建時に命名された殿閣が記されている。ここに記載されている殿閣には、その殿閣に付随した多くの門があり、その名称が細かく記されている。景福宮には実に多くの門があった。

「闕外各司（E）」に関しては「北闕図形」では最も南の光化門の外は記されていないので該当箇所がない。

「景福宮全図」と「北闕図形」での最も大きな差異は「後苑（F）」である。「景福宮全図」では交泰殿の北側には「文昭殿」、「簡儀台」、「司僕寺」があるに過ぎなかったが、「北闕図形」では非常に多くの殿閣が建てられた。その中でも高宗10年（1873）に建てられた乾清宮（長安堂、坤寧宮、福寧宮）、集玉齋、協吉堂、宝賢堂、嘉会亭、さらに、香遠亭の南側の咸和堂、緝敬堂は、高宗が起居するようになって、事実的に内殿の機能を担うようになった。さらに景福宮の北西側に作られた泰元殿、文慶殿、會安殿などは賓殿や祖先を祭ったりする建物である。このように高宗代の再建によって、後苑は大きく変化した。

以上が高宗代に再建された景福宮の殿閣の配置である。洪順敏は、景福宮の建物を検討して、「建物の名前は殿、堂、閤、閣、齋、軒、楼、亭の順に位階秩序で整えられていた。『殿堂閤閣齋軒楼』は、厳格なものではないが、大体建物の規模が大きいものから小さいものに行く順序で、用途の軽重を正確に問うことは難しいが、大体国家的、公式的、儀典行事を行うものから日常住居用に、また非日常的で特別な用途に、休息空間に続く順である。総合して言えば、『殿堂閤閣齋軒楼』はその順序が宮闕の建物の品格順の位階秩序と言うことができる[170]」と整理し、景福宮では殿号17棟、堂号86棟、閤8棟、閣9棟、齋7棟、軒2棟、楼13棟があるという。合計142棟である。

この中で、「殿」は王や王妃、前王妃などが使用する建物につけられ、政治的、行政的に重要な機能を持つ場合が多い。景福宮では正殿である勤政殿や便殿の思政殿、萬春殿、千秋殿、寝殿の康寧殿、延生殿、慶成殿、王妃の寝殿である交泰殿、含元殿、興福殿、賓殿や祖先を祭った会安殿、文慶殿、泰元殿、便殿でもある修政殿、璿源殿、万慶殿、慈慶殿があった。

堂は王が日常的に起居する建物であり、閤閣は補助的な機能を果たす建物で、齋は独立した居住空間であるが、堂の主人より格が落ちる。軒も補佐的な建物で、楼は慶会楼に代表される高い楼で、使用者の身分によって大きさに差異がある。

その中で、高宗10年12月には完工していた乾清宮は、景福宮の中にある「宮」で、この時期、高宗は日常的に起居し、便殿の役割も果たしていた建物である。

おわりに

ここまで高宗代の景福宮再建について検討した。再建された景福宮で、この時以後、日本との関係が展開される。それは、景福宮が破壊されていく歴史であり、日本が朝鮮を植民地にしていく歴史でもある。そのことの意味を問うためにも、景福宮再建の在り方を見る必要があった。

景福宮の再建に関する史資料はあまり多くはない。朝鮮時代に大きな工事が行われる時に作成される『儀軌』が見つかっていない。したがって、景福宮の再建に関する研究は、『朝鮮王朝実録』に代表される公文書と作成時期の確定が難しい絵図を使って検討されてきた。そのような中で、2018年5月に、早稲田大学図書館に所蔵されていた『景福宮営建日記』を筆者が発掘し公開したことによって、研究に有効な手がかりができた。再建工事の全過程が見通せたのである。

この章では、まず、高宗の即位について検討した。壬辰戦争によって焼失し、その後再建されなかった景福宮が、高宗の即位後に再建された。その理由を考察するためにも、高宗の即位状況を検討する必要があった。高宗は、第23代国王純祖の子である翼宗の妃であり、第24代国王憲宗の母である神貞王后の力によって即位した。そして純祖、翼宗、憲宗の遺志を継ぐという大きな名目で、神貞王后によって景福宮の重建が発議された。高宗の父である興宣大院君は、神貞王后の意志によって景福宮重建に大きな力を持ち、政治的にも大きな力を発揮した。

景福宮の再建は営建都監によって実施された。この仕組みも『景福宮営建日記』に詳しく記されていた。景福宮営建都監は、それまでの工事の時の営建都監と比較して、大きな組織であった。その組織を明らかにできた点でも『景福宮営建日記』は重要な史料であった。景福宮内の各殿閣の工事の進行過程もほぼ明らかになった。

さらに、景福宮再建が困難であった理由に労働力問題があったが、これも明らかになった。神貞王后の発議直後から「自願軍」として自主的に農民などが集まった。初期の単純労働には適していたといえよう。その後、「擔募軍」という荷物などを運ぶ労働力が募集された。そして具体的な工事が始まると、各種の職人が必要になり、『景福宮營建日記』には各種の職人が例示されている。彼らは賃金が支給され、「各色工匠」として人数が判明する。営建の後期には職人が不足することもあったようだが工事は進行した。

また、再建を困難にした財政問題も、一般人の「願納銭」と王族などの「璿派人願納銭」によってまかなった。それでも資金が不足し、売官売職や当百銭の発行なども行った。財政問題では、どのように資金が使われたかはよく分からない。労働力への賃金はある程度判明するが、資材の購入にどのくらい、どのように支払われたかは判明しない。今後の課題である。

景福宮は高宗5年（1868）7月に完工した。しかし、その後に後苑に乾清宮が作られた。高宗の強い意志によって工事が進行し、高宗10年（1873）12月までには完工した。

さらに、景福宮では大きな火災があった。高宗10年12月10日と高宗13年（1876）11月4日に火災があり、交泰殿を始め多くの殿閣が焼失した。この復旧には時間がかかったが、高宗は高宗19年（1882）6月に昌徳宮から還宮した。

この火災とその復旧によって、景福宮の高宗5年7月の完工時の姿が判明しなくなった。『景福宮營建日記』には完工直後の姿に関する記載がなく、『高宗実録』などにも詳しい記載がない。完工直後の姿を見るためには絵図を用いる必要があった。しかし、絵図には作成時期が記されていない。高麗大学校博物館に所蔵されている「景福宮平面図」は高宗23年（1888）末から高宗27年（1890）以前に作成された。この平面図は火災から復旧した後の姿を示している。さらに「北闕図形」は1907年に作成されたと推測されている。同時期に『宮闕誌』も作成され、この2つの史資料から、日本の侵略によって破壊されていく直前の姿を見ることができる。しかし、『宮闕誌』は、韓国学中央研究院の書誌によれば、「李王職實錄編纂會」による作成であり、日本との関係をうかがわせる。

「北闕図形」を基礎に、『宮闕誌』の「景福宮」に関する記述の最後にある各殿堂の配置に関する記述を使って殿堂を見れば、その規模は太祖代の景福宮の殿堂数とは比較にならないほど多く、重建後の景福宮は多くの建物で混雑していることがわかる。基本構造は太祖代を受け継ぎ、後苑を大きく拡大した姿を見て取れる。

このように見ると、高宗代に再建された景福宮は、壬辰戦争によって焼失した景福宮とは大きく異なった宮闕になったといえる。

この点について、李康根は「宮城を広げるとか、宮城の外に後苑を作ることが全く新しいことであるならば、勤政殿のように過去の建物の場所に元の建物よりさらに大きな建物を作る場合も多い。また、康寧殿（王の寝殿）の周囲に４棟の建物を配置したことも以前にはない新しい形式である。言い換えればこの時期の景福宮重建は、単純な再建にとどまらず、重創であると言わなければならないほど新しく創建された建物が多く追加された[171]」と評価している。「重創」という表現は、日本ではあまり使われないが、高宗代に再建された景福宮を表現する用語としては適しているように思う。

注

1　韓国では、「再建」という用語は使用されずに「重建」という用語が多用される。引用などでは「重建」という用語も使用する。

2　張大遠「景福宮重建에対한小巧」『郷土서울』16号、1963年５月。

3　李康根「景福宮重建」『大韓建築学会誌』35巻２号、通巻159号　1991年３月。この後、李康根は『경복궁』（대원사、1998年）をはじめとして、多くの研究論文を公表している。

4　洪順敏「朝鮮王朝宮闕経営과“両闕体制”의 변천」ソウル大学校大学院国史学科文学博士学位論文　1996年２月。洪順敏はソウルの宮闕に関する多くの著書、論文を公表し、2017年にも『홍순민의 한양 읽기 궁궐（上下）』눌와を刊行した。現在最も活発に景福宮などの宮闕を研究している研究者である。

5　조재모・전봉희「高宗朝景福宮重建에 관한 研究」『大韓建築学会論文集 計画系』16巻４号、通巻138号、2000年４月、p.32。

6　研究史に挙げた張大遠、李康根、洪順敏、さらに조재모・전봉희、金東旭などの研究者の論文は建築学会の学会誌に掲載されている。

7　前掲「朝鮮王朝宮闕経営과“両闕体制”의 변천」p.16。

8　前掲「景福宮重建」p.31。

9　前掲「高宗朝景福宮重建에 관한 研究」、p.32。脚注３。この記事は『朝鮮日報』1985年９月11日７面参照という注記がある。

10　前掲「景福宮重建 에対한 小巧」、p.24、脚注32。

11　前掲「高宗朝景福宮重建에 관한 研究」、p.32。

12　早稲田大学図書館古典籍総合データベース　http://archive.wul.waseda.ac.jp/kosho/wa03/wa03_05101/ (2018.5.20)。

13　韓国のソウル歴史編纂院では、早稲田大学の許可の元に、『景福宮営建日記』の写真版、韓国語訳「국역경복궁영건일기 1.2」（国訳景福宮営建日記）を2019年に刊行し、2019

年６月17日に「ソウル歴史編纂院70周年記念第18回ソウル歴史学術大会」を「景福宮重建の歴史、第一章を開く」と題して開催した。韓国語版の『国訳景福宮営建日記』は早稲田大学図書館で閲覧できる。

14 http://base1.nijl.ac.jp/infolib/meta_pub/detail　(2018.6.19)

15 吉田東伍旧蔵書が早稲田大学図書館に存在する理由はよく分からない。図書館司書によれば、寄贈されたか、購入したかも分からないという（2019年４月21日聞き取り）。

16 吉田東伍記念博物館　http://www.city.agano.niigata.jp/site/togomuseum/（2018.6.18）

17 佐藤能丸「吉田東伍」（永原慶二・鹿野政直編『日本の歴史家』、日本評論社、1976年）によれば、1918年の死亡直後から評伝が書かれており、多くの参考文献が提示されている。

18 同上書 p.146。

19 この項の記述は、前掲、佐藤能丸論文、吉田冬造『吉田東伍の特質（講演録）』吉田東伍記念博物館、1997年、『小伝吉田東伍』吉田東伍記念博物館、1999年、佐藤能丸『歴史家吉田東伍─地名・民衆・生活─（講演録）』吉田東伍記念博物館、2002年によった。

20 前掲『吉田東伍の特質（講演録）』p.12。

21 『景福宮営建日記』では神貞王后を大王大妃と記している。これは『高宗実録』などと同じである。

22 この経過は前掲「朝鮮王朝宮闕経営과“両闕体制”의 변천」第４章３節による。

23 『日省録』高宗即位年12月13日「大王大妃殿曰大院君封爵國朝初有之事也凡事似當依大君例擧行而大君出入乘八人輿大臣皆敬之故大院君固辭其言無怪何以則爲好耶〈略〉大王大妃殿曰大院君所乘依大臣所乘轎子則何如乎筵退後相議爲定可也仍敎曰議謚議號何日爲之乎都承旨関致庠曰以十五日已爲擇入矣」朝鮮王朝時代には、高宗１年は即位後の新年からで、即位した年は「即位年」と数える。『日省録』はソウル大学校奎章閣に保存され、奎章閣韓国学研究院の原文資料検索─日省録で全文を見ることができる。

24 『日省録』高宗即位年12月18日「大王大妃殿命度支月送米十石錢一百兩以副」

25 この経過は前掲「景福宮重建」による。

26 『高宗実録』高宗２年（1865）４月２日。

27 発議に関する経緯は、前掲「景福宮重建에対한小巧」による。

28 各大臣の意見は『高宗実録』高宗２年（1865年）４月３日を参照。

29 同上、「大王大妃曰、如此莫大之事、以予精力有所不逮、故都委於大院君矣。毎事必講定爲之也。斗淳曰、當依下敎爲之矣。」同じ内容の記述は『景福宮営建日記』高宗２年４月３日にもある。

30 営建都監や都提調などに関しては、中西章「朝鮮李朝における『営建都監』組織の変化について」『日本建築学会計画系論文集』第546号、2001年８月参照。

31 『景福宮営建日記』高宗２年（1865年）４月３日の記事。

32 この項は『景福宮営建日記』高宗２年４月３日の記事による。

33 前掲「朝鮮王朝宮闕経営과“両闕体制”의 변천」第４章３節「推進主体と権力の向背」参照。

34 『景福宮営建日記』高宗２年４月３日条には「房員」という名称は記されていないが、所属する人がいるので筆者が「房員」と名付けた。

35 各房の担当業務については、韓国：ソウル大学校の徐毅植元教授の教示を得た。

36 工事の工程に関しては、前掲「朝鮮王朝宮闕経営과“両闕体制”의 변천」第４章１節

に詳しい。開始日の決定は『日省録』高宗２年４月５日では「営建都監以始役吉日四月十三日巽時推擇啓」と記し、『景福宮営建日記』では６日に「景福宮重建日子令日官李秉洪推擇則今月十三日申時為吉云以此日時定行事」と記述している。

37 『日省録』高宗２年４月 12 日「 詣景福宮親審殿基」、『景福宮営建日記』４月 12 日「大駕篭詣景福宮親審」。

38 『景福宮営建日記』高宗２年４月 13 日「申時　景福宮開基先行告祀開勤政殿基上卯方是日大院位下臨都提調以下諸堂郎齋進」。

39 以下の日程について、『景福宮営建日記』と『日省録』には同じ事実が記されている。

40 京畿道と江原道に生葛 2500 同を出すように命じ、黄海道には正鐵１万斤、強鐵５千斤、石灰５千石、魚膠１百斤を命じ、慶尚道、全羅道には熟麻１千斤、公忠道と江原道には正鐵２万斤を出すように命じている。

41 『景福宮営建日記』高宗２年４月 15 日「開城府石手三十九名江華府十七名公忠道十九名後録発関使之同夜上送」

42 同上 高宗２年４月 15 日「移文訓局今此景福宮営建時大瓦方甎防草等燔造之役萬分時急而以瓦署如干私幕萬無数多瓦子燔出之路貴営所設瓦幕限竣役間許付於瓦署大瓦契貢人處合設事」

43 『日省録』高宗２年４月 20 日「命景福宮宮墻下民戸撤毀令結構於西宮含春苑内墻外」

44 同上 高宗２年４月 25 日「詣景福宮臨觀」『景福宮営建日記』では 21 日に予定を記述。

45 同上 高宗２年４月 28 日「營建都監以交泰殿營建景福宮築城吉日推擇啓」「定礎築城六月二十日申時立柱十月初九日寅時上樑同月十一日子時」

46 同上 高宗２年５月２日「營建都監以景福宮四門及小東門改建吉日推擇啓」。『景福宮営建日記』高宗２年５月２日「景福宮四門及小東門改建吉日時令日官推擇則光化門上樑令十月十一日戌時神武門上樑九月二十二日辰時建春門上樑十二月二十五日辰時迎秋門上樑十一月二十五日辰時小東門（乙辰方）建造十二月二十五日辰時倶吉以此日時定行事」

47 同上 高宗２年６月 16 日「營建都監以康寧殿 延生殿 慶成殿定礎立柱上樑吉日推擇啓」

48 同上 高宗２年９月６日、本文中の引用を参照。

49 同上 高宗２年 10 月 26 日「營建都監以慈慶殿移建紫微堂啓　慈慶殿撤毀今月二十九日申時紫微堂定礎十一月二十二日午時立柱十二月初三日丑時上樑同月十五日丑時」

50 이규철「고종중건과 대한제국 말기까지의 변화 고찰」文化財庁『景福宮変遷史（上）』2007 年、p.45。

51 『国訳景福宮営建日記』(1.2)（ソウル史料叢書 16・ソウル歴史編纂院、2019 年６月 17 日）は『景福宮営建日記』の韓国語版であるが、この本には注釈があり用語の解説もある。本稿ではこの注釈を参考にして執筆した。

52 『景福宮営建日記』高宗２年４月８日「此景福宮重建時銭十萬両当内下矣」。「内下」は公式な下賜以外に特別なことがある場合、国王が内帑金の金や物を下すこと。

53 同上 高宗２年５月１日。

54 同上 高宗３年２月 14 日「各門守門将廳倶成」。

55 同上 高宗３年 12 月 22 日「光化門造成後初次動駕当由正門大臣筵票改書」。

56 同上 高宗３年５月 22 日「至是交泰殿及左右殿閣挙皆告成康寧殿懸窓戸而已尽初塗褙」。

57 同上 高宗４年２月９日「是日適西北風大起始自別看役処所守直軍輩乗昏失火自迎秋門至建春門内銭庫雑物庫及許多仮家所儲思政殿以南行閣及各司所建材木尽為焼尽」

58 同上 高宗３年５月 22 日「麟趾堂方塗合壁紫薇堂方入排温堗千秋殿萬春殿及含元殿懸

窓戸與塗褙之役方殷」。

59 『景福宮営建日記』高宗3年3月10日「勤政殿思政殿営建吉日令日官推択則開基来六月初八日卯時築臺同月二十四日卯時定礎八月二十五日未時俱吉云以此日時挙行事」

60 同上 高宗3年6月8日「卯時思政殿及勤政殿開基毀旧月台」。

61 同上 高宗3年6月24日「思政殿勤政殿築台即是日卯時也勤政殿月台前面加五尺廣於旧制」。

62 同上 高宗3年6月25日「未時思政殿勤政殿定礎思政殿以牌将朱満喆行告祀祭物用豚一牛一餅果各三色酒1卣所陳大小米各二石布木各十匹勤政殿以牌将朱満喆行告祀祭勤政殿告祀牌将李思福行之祭物與上同所陳銭二百両 [思政殿用百両] 大小米各四石布木各二十匹…勤政殿只改築月臺而簷堦以内則用仍旧築琢去旧礎之出地面者定新礎于其上」

63 同上 高宗3年11月29日「勤政殿営建所用大樑高柱次體大木三十七個斫伐於咸興自東海由南海已為運泊於公忠道庇仁保寧舒川等地矣」

64 同上 高宗3年12月4日「関広州府慶会楼営建時高柱檜木二個為斫取於献陵局内」

65 同上 高宗3年12月5日「華留李景夏行下三十両銭于勤政殿立高柱之工匠擔募軍等」

66 同上 高宗3年12月14日「勤政殿浮堦運上大樑」。

67 同上 高宗3年12月15日「移文戸曹勤政殿以下諸処定礎及上樑告祀時需用次米十七石太十七石木四十八匹布一同二十匹至即輸送事」。

68 勤政殿と思政殿の定礎はすでに8月25日に行ったので、慶会楼や勤政門、興礼門の定礎であろう。

69 『景福宮営建日記』高宗4年1月8日「以擔軍擔上勤政殿觚稜緣」。

70 同上 高宗4年1月15日「勤政殿崇閣唐家自初五日為始是日成」。

71 同上 高宗4年1月4日「巳時勤政門興礼門立柱」。

72 同上 高宗4年1月19日「子時勤政門興礼門上樑所陳布木各五匹米太各二石葉銭一百両」。

73 同上 高宗4年2月9日「卯時思政殿勤政殿上樑」。

74 同上 高宗4年2月19日「添付紙・勤政殿丹青成画体則取象形草龍興雲物」

75 同上 高宗4年4月20日「戌時慶会楼上樑」

76 同上 高宗4年4月22日「勤政殿懸板墨質金字」「勤政門興礼門懸板墨質粉書」

77 同上 高宗4年4月28日「勤政殿勤政門興礼門下層皆覆重瓦勤政殿則以大女瓦一千六百張夫瓦百張夫女防草各一百張貯置於左右朴宮内左右各設一窓尽日後有滲漏之契則運瓦為難故有此予備」

78 同上 高宗4年6月29日「結罘罳鐵七十浮張于勤政殿上下層簷底九上層三十三浮下層三十七浮」

79 同上 高宗4年9月10日「石手十牌（毎牌二人）十日内能治錬勤政殿欄干竹石十塊華留李景夏毎牌一両式行下勧奨之」

80 同上 高宗4年9月12日「勤政殿上層改覆瓦」

81 同上 高宗4年9月14日「勤政殿御榻上及御間上懸龍各一雙」

82 同上 高宗4年9月15日「石手六牌（毎牌二人）九日内治錬勤政殿欄干童子石六塊毎牌二両式行下」

83 同上 高宗4年9月27日「勤政殿造御榻ㇾ後設五峰屛榻上構唐家」。25日のことが27日に書かれている。

84 同上 高宗4年10月9日「勤政殿上下月臺鋪磚石上下四隅置雙法獸石各一座上下月臺

為石欄至於歩塊之左右則欄干柱頭倶刻法獣」
85 『景福宮営建日記』高宗４年 11 月 16 日「午時勤政殿受賀」
86 同上 高宗４年 11 月 15 日「明日陳賀出還宮門路以思政門為之…勤政殿殿座勤政門開門時興礼門光化正門一体通開事著為定式」
87 同上 高宗４年 11 月 16 日「自今以後勤政殿ヒ座時軒架楽陳設勤政門楼事分付定式…大殿出宮時卯時　各殿倶以辰時　大殿　中宮殿交泰殿　大王大妃殿御慈慶殿　王大妃殿御萬慶殿　大妃殿御興福殿順和宮処萬和堂　○午時勤政殿受賀左右月臺銅爐炎白檀香」
88 同上 高宗４年 11 月 19 日「傳曰正衙告成矣子来之誠民力既多廣慶畢恵中外宜均令承」
89 同上 高宗４年 11 月 15 日「辰時璿源殿定礎使牌将嘉義宗應弼行告祀所陳米太各二石布木各十匹銭一百両其與殿同」
90 前掲「朝鮮王朝宮闕経営과“両闕体制”의 변천」第４章第１節参照。
91 『朝鮮を知る事典』平凡社、1986 年、pp.262–263、矢沢康祐執筆。
92 『景福宮営建日記』高宗４年８月 18 日「本都監啓曰令此景福宮営建時慈慶殿以下各殿堂殿号堂号及各行閣門名別單書入」。『日省録』高宗４年８月 18 日。「營建都監以各殿堂號及各門名別單啓」。さらに同じ内容が『高宗実録』と『承政院日記』の高宗４年８月 18 日に記されている。これらには建物や門の名称が列挙されている。
93 『高宗実録』高宗４年 11 月８日と『日省録』、『承政院日記』、の同日にも同じように建物の名称が記されている。『景福宮営建日記』では 11 月８日には記述がない。しかし、８月 18 日の記事に「本都監草記十一月初九日所啓今此景福宮営建時慈慶殿以下各殿堂殿号堂号及各行閣行門名別単前已」とあり「営建都監別単」以下、11 月８日に『高宗実録』などに記された建物の名称が記されている。
94 『景福宮営建日記』高宗５年６月 12 日「本都監草記令此営建時慈慶殿以下各殿堂殿号堂号及門名前已　啓下而鱗次新建各殿堂殿号堂号及行閣門名又為別單書入事」。高宗５年『日省録』では６月 10 日に同じ記述がある。従って、名称の決定は高宗４年８月 18 日、11 月８日、高宗５年６月 10 日（又は 12 日）である。『日省録』では６月 10 日、『景福宮営建日記』では６月 12 日になっている。
95 『日省録』高宗５年７月２日「移御于景福宮」。『景福宮営建日記』高宗５年７月２日「移御時…大王大妃殿　王大妃殿　大妃殿　中宮殿」
96 『景福宮営建日記』高宗５年７月２日「傳曰法宮営建甫四十朔頃而今已移御矣三百年未遑之事有此告成昀勝喜幸」
97 『景福宮営建日記』高宗５年７月２日「猶有工役之未及畢処則都監不可撤罷」
98 前掲「朝鮮王朝宮闕経営과“両闕体制”의 변천」p.166 以下を参照。
99 『日省録』高宗９年９月 15 日「教曰營建之役今既告成營建都監撤罷都提調以下別單書入」
100 労働力に関する基本的な資料は『日省録』と『景福宮営建日記』である。
101 『景福宮営建日記』高宗２年４月 13 日「坊内自願赴役軍掲紙旗等待旗上各書三日赴役」
102 同上 高宗２年４月 17 日「此方農之節若因此失農則非但有欠於王政之不奪農時哀我赤子其何以仰事……閑散人外近郊農民則各自帰去先為務本事発遣京兆郎官」
103 同上 高宗２年４月 20 日「城内及近郊居民之自願赴役者日益増加若響応…誠甚喜幸」。
104 同上 高宗２年４月 21 日「正衙始役坊民之不勧争赴気像甚好」。
105 同上 高宗２年４月 21 日「昨日近郊農民則帰耕作之意有所傳諭而皆知先公後私之義不欲罷還一直楽赴云於此尤可見天意人心之相興符合易不休裁但居在稍遠之地窮日作役抵暮各帰則困疲之中易致生病為民上者最所当念自今為始郊外居民之当日歇役後無以帰去

無論班常家各令分排止宿佣無一民捿遑事」。
106『景福宮營建日記』高宗２年４月20日「無勧起領率之人則衆民之同心楽赴者豈至於此守各坊各里領率之該洞長不可無」
107 同上 高宗２年５月３日「願納云者欲令饒民出義損財以多助是役之謂也而今令乃称之曰不能共赴則当出資装而不論貧冨遂戸収斂然則行者居者並受其害……念之及此誠極憂悶自今為始近畿願赴之民一切禁防」
108 前掲「景福宮重建에対한小巧」p.18。
109『景福宮營建日記』高宗２年４月25日「自始役至此十三日内一日緑雨停役凡十二日不用雇人而址礎與水道典型豁然呈露蓋自兵燹以来幾百年就荒之墟也勤政殿基以北則老松古栗繆鬱成林豊草蓁莽叢雑無際其南則藍田菜坂縦横成圃于時観之極其杳然於是攘之剔之啓之辟之積其破瓦待用于築堵堆其燻土待用于補陥蹠滌之功次第告成以向時所見言之役未幾日思已過半矣」。
110 前掲「景福宮重建에対한小巧」p.17。
111 前掲『国訳景福宮營建日記』高宗３年５月１日の註。
112『景福宮營建日記』高宗３年11月29日「勤政殿營建所用大樑高柱次軆大木三十七個斫伐於咸興自東海由南海已為運泊於公忠道庇仁保寧舒川等地矣」
113 同上 高宗３年12月４日「関広州府慶会楼營建時高柱檜木二個為斫取於献陵局内」
114 同上 高宗３年12月５日「華留李景夏行下三十両銭于勤政殿立高柱之工匠擔募軍等」
115 同上 高宗２年４月15日「開城府石手三十九名江華府十七名公忠道十九名後録発関使之同夜上送」
116 同上 高宗２年５月17日「光化門建造訓局掌之建春門小東門禁営掌之迎秋門御営掌之神武門禁御両営掌之所費則挪用營建所所捧願納銭而是日始光化門木石之役有告祀」
117 同上 高宗２年５月18日「各役所工匠各挙枚録極渉煩瑣故以捴数記之」。
118 同上 高宗４年２月16日「各様瓦燔瓦造之役萬分時急而付役匠手数甚不数萬無及期挙行之路故道内居生燔瓦匠居住姓名後録発関」
119 同上 高宗４年８月５日「関錦営令此營建時各様木物引鉅之役極為浩大且係時急而京居大引鉅匠即数甚不敷外邑捉上者則専事逃躲以令付赴之数萬無及期挙行之路」
120 同上 高宗４年９月20日「勤政殿ヒ庭所排品石刻役極為浩大且係時急而京在石刻手数本不数萬無及期挙行之路」
121 同上 高宗４年５月４日「都下私家之役畿湖班家之役必是浩大」
122『日省録』高宗２年４月８日「大王大妃殿敎曰今此景福宮重建時錢十萬兩當內下矣先爲補用事分付營建都監」
123 前掲「朝鮮王朝宮闕経営과“両闕体制”의 변천」(pp.173–174)に『日省録』によって願納銭を集計した表がある。『日省録』と『景福宮營建日記』の数には若干の差異がある。本稿では後者を採用した。
124 前掲「景福宮重建에対한小巧」p.41。
125 同上 p.42。
126 ２つの史料では、５人の金額に差異がある。
127『日省録』高宗４年（1967）４月23日参照。全員の職や名前などが記されている。
128『景福宮營建日記』高宗４年４月23日の記載によって計算した。
129 前掲「朝鮮王朝宮闕経営과“両闕体制”의 변천」p.172。
130 同上 p.172。

131『日省録』高宗4年（1967）10月30日「批以所陳甚好亟速擧行」
132 同上 高宗3年（1866）11月6日には長文の議論の様子を掲載している。
133 前掲「景福宮重建에対한小巧」p.44。
134『日省録』高宗3年（1866）11月6日「命鑄事令度支擧行處所禁衛營爲之」
135 同上 高宗3年（1866）11月7日「戶曹以鑄錢依年前別鑄例爲之字號以戶大當百錢鑄出應行事目別單書入啓」
136『日省録』高宗3年（1866）12月1日「鑄錢所以當百錢自今月初十日行用啓」
137 同上 高宗4年（1868）5月4日「命當百鼓鑄今十五日以後撤罷」
138 前掲「朝鮮王朝宮闕経営과"両闕体制"의 변천」p.175。但し、張大遠「景福宮重建에対한小巧」(p.45) では、当百銭の私鋳が行われ、経済が混乱した点を強調している。
139『高宗実録』高宗9年9月16日。『高宗実録』巻9高宗9年9月16日「營建都監進會計簿。內下十一萬兩、丹木五千斤、白礬三千斤、璿派人願納三十四萬九百十三兩六錢、各人願納七百二十七萬七千七百八十兩四錢三分、白米八百二十四石。總計金七百八十三萬八千六百九十四兩三分、白米八百二十四石、丹木五千斤、白礬三千斤。この『高宗実録』は前掲이규철「고종중건과 대한제국 말기까지의 변화 고찰」p.46に紹介されている。
140『景福宮營建日記』高宗2年5月18日。
141 末伏は、初伏、中伏とともに三伏の一つで、立秋の後の初めての庚の日のこと。
142『日省録』高宗9年（1872）9月15日「命營建都監撤罷都提調以下別單書入」
143 同上 高宗10年5月10日「副護軍 姜晉奎上疏請宮後勿事侈大賜批　疏略曰……顧今土木之役近十年于玆正衙重建諸司改觀亶是一勞永逸之計則民雖勞矣勢不得不爲也財雖絀矣事不可不修也是以環東土跛躄聾瞽莫不樂於趨事勇於出義然其力則固疲其心則固瘁矣於此而伏聞又有乾淸宮經始之役頗尙宏麗云此不過時備臨幸之所而將焉用彼壯麗而過爲靡費也加之倉廒失火修繕方張復有此過度之役則民力重困國儲愈絀而其於昭儉之德所損非細矣況庭衢八荒無微不顯一政之善萬姓孚顒一政之疵四方憂歎伏乞務從省約勿事侈大加意於緝熙懋敏之學焉批以予於此等事非不知也適因舊址肯構幾十間堂屋予意攸在六緯幾竣而自內經紀初不任有司是不欲壯麗之意也然爾言如是條條切實至於萬姓孚顒四方憂歎之句云云此爲王家之第一要語予豈不感歎尤庸嘉尙嘉尙」
144『高宗実録』高宗10年8月19日「 試所入侍時 左議政姜㳣曰伏見宰臣姜晉奎疏批下者始知有乾淸宮造成之事 而自內經用 不任有司 且又承聆於大老閤下 審知御眞所奉之所 間架甚少 制度不麗 又是空閒吉地 大老閤下所措辦者也 雖然臣等皆知其事體之不得不然 至於遠外之人 不識其本末 必謂十年土木之餘 又有此役 興作無時可已云矣 此不可家喩而戶說者也 前後數三千間鉅役用費 皆出於民 此時節愛 宜倍於前日 所望深留聖念 凡於財用所費 益懋節省焉 教曰 所陳懇摯 當服膺 而此宮營辦之費 不以度支 而只以內帑者 亦予務從省略之意也」
145 同上 高宗10年8月19日「右議政韓啓源曰　此宮 倣東闕之宙合樓 書香閣也 事體之不可已者 而遠人何以知此乎 教曰　誠然矣」
146『承政院日記』高宗10年12月10日「癸酉十二月初十日巳時 上御乾淸宮 時任大臣宗正卿諸閣臣儒臣 入侍時 」
147『日省録』高宗10年12月10日「慈慶殿失火」
148 同上 高宗11年4月29日「命景福宮修理待秋挙行」
149 同上 高宗12年5月28日「移御于景福宮」
150『高宗実録』高宗13年（1876）11月4日「交泰殿、麟趾堂、健順閣、紫薇堂、德善堂、慈慶殿、協慶堂、福安堂、純熙堂、延生殿、慶成殿、含元殿、欽敬閣、虹月閣、康寧殿、八百三十餘間延燒。

151『高宗実録』高宗 19 年 6 月 5 日「教曰 當移御景福宮矣 日字 今月晦前擇入」

152 前掲「景福宮重建」p.31。

153 李康根「北闕図形解題」国立文化財研究所『北闕図形』2006 年、p.117。

154 韓国語で『궁궐지』と書かれる本は 2 種類ある。一つは『宮闕志』(규 3950・憲宗年間 1834 〜 1849) であり、他は『宮闕誌』(규 11521) である。규はソウル大学校奎章閣 (규장각) 所蔵本の記号である。また、『宮闕誌』は韓国学中央研究院にもあり、「k2–4360」と「k2–4361」である。韓国学中央研究院の書誌によれば、「李王職實錄編纂會」による作成である。

155 前掲「朝鮮王朝宮闕経営과 " 両闕体制 " 의 변천」第 1 章 2 節、p.16。

156 張順鏞「第 3 章 資料分析및考察」『景福宮 光化門및其他圏域復元整備計画報告書』文化財庁、2002 年、pp.104–107。

157 前掲「朝鮮王朝宮闕経営과 " 両闕体制 " 의 변천」第 4 章 4 節、pp.12–13。

158 李燦・楊晋景著『서울의 옛 地図』ソウル学研究所、1995 年、p.117。

159 前掲『서울의 옛 地図』p.159。

160 李蕙遠「고려대학교박물관소장「경복궁배치도」의 제작시기와史料価値에 대한연구」韓国建築歴史学会『建築歴史研究』第 17 巻 4 号、通巻 59 号、2008 年 8 月、p.62。

161 李蕙遠「景福宮중건 이후 殿閣構成의 변화 –「경복궁배치도」와「北闕図形」을 중심으로 –」京畿大学校大学院建築工学科博士学位論文、2009 年 6 月。p.6。

162 4–2 図と 4–3 図は前掲『서울의 옛 地図』p.117 より作成。建物名は拡大して書き込んだ。前掲「고려대학교박물관소장「경복궁배치도」의 제작시기와史料価値에 대한연구」p.51 とほぼ同様に作成。

163 前掲「고려대학교박물관소장「경복궁배치도」의 제작시기와史料価値에 대한연구」p.62。

164 前掲「朝鮮王朝宮闕経営과 " 両闕体制 " 의 변천」第 4 章 4 節、pp.196–198。

165『宮闕誌』蔵書閣所蔵 (K2–4360) 画面 33。

166 合計間数は 7225 間であり、半間合わないが、『宮闕誌』のままとする。

167 前掲「朝鮮王朝宮闕経営과 " 両闕体制 " 의 변천」第 2 章 4 節、p.78。

168 前掲『景福宮 寝殿地域発掘調査報告書』の『図面』の図面 4 「北闕図形」を使用した。

169『日省録』の高宗 5 年 6 月 10 日に記載された殿閣の名称が『景福宮営建日記』では 10 日に記されている。また、『景福宮営建日記』では高宗 4 年 8 月 18 日に、『日省録』の高宗 4 年 11 月 8 日の記事が、11 月 9 日の記事と明示して、記されている。『日省録』には高宗 4 年 8 月 18 日、11 月 8 日、高宗 5 年 6 月 10 日の 3 日に殿閣の名称が記され、『景福宮営建日記』には高宗 4 年 8 月 18 日と高宗 5 年 6 月 12 日に『日省録』と同じ内容が記されている。『高宗実録』と『承政院日記』には高宗 5 年 6 月 10 日の記述が欠落している。

170 前掲「朝鮮王朝宮闕経営과 " 両闕体制 " 의 변천」第 4 章 4 節、p.202。

171 前掲「景福宮重建」p.32。

第5章　19世紀末日本の朝鮮侵略と景福宮

はじめに

本章では朝鮮王朝末期と大韓帝国期の日本と景福宮の関係を検討する。具体的には、1894年7月に起きた日清戦争開戦時の景福宮占領事件、日清戦争後の明成皇后殺害事件、そして高宗がロシア公使館へ避身した露館播遷、さらに朝鮮王朝末期と大韓帝国期の日本による景福宮毀損である。これらの出来事は、何れも景福宮を舞台にして起こったことであり、朝鮮王朝末期と大韓帝国期における日本と景福宮の関係を検討する場合に欠かせない出来事である。

本章では、日本と韓国でのこれまでの研究に依拠しつつ、これらの出来事が景福宮のどこで、どのように遂行されたのかに注目しつつ検討していきたい。

最初に、これまでの主な研究を見てみよう。

日清戦争開戦時の景福宮占領事件について、中塚明『日清戦争の研究』[1]は先駆的な研究で、日清戦争を見る場合、欠かせないものである。この研究を踏まえて、景福宮占領事件に言及した研究に朴宗根「日清開戦における日本軍の朝鮮王宮占領事件（上下）」[2]も必読文献である。中塚は1994年に福島県立図書館の佐藤文庫から日清戦争の戦史の草稿を発見し公表し[3]、この史料を使って『歴史の偽造をただす』[4]や『現代日本の歴史認識』[5]を執筆し、歴史における文書の歪曲の問題と史料調査、公開の重要性を指摘した。

中塚の史料公開を受けて、大江志乃夫『東アジア史としての日清戦争』[6]、原田敬一『戦争の日本史19 日清戦争』[7]、大谷正『日清戦争－近代日本初の対外戦争の実像』[8]でも景福宮占領事件を検討し、景福宮占領事件は日清戦争における重要な歴史的事実として位置付けられた。

また、景福宮占領事件や明成皇后殺害事件に関して、景福宮での国王高宗の行動を緻密に検討した安熙敬『高宗の景福宮運営と空間認識』[9]は、本章で重視した景福宮の「どこで」を検討するに際して、重要な示唆を与えている好論である。

次に明成皇后殺害事件について見ると、金文子『朝鮮王妃殺害と日本人』[10]は、従来の説を根底から覆した優れた研究である。これまで山辺健太郎「閔妃事件について」[11]などで殺害犯人は特定されず、日本人「壮士」などとされてきたが、金文子の研究によって、殺害犯人が明確になった。さらに、犯人は日本人「壮士」などとされた理由も明らかにされ、研究が画期的に進展した。本章でも金文子の研究に依拠しながら「どこで」を追究した。

露館播遷については韓国の韓露関係史研究者の優れた研究がある。金英秀『ミッシェルの時期乙未事変と俄館播遷』[12]と李敏遠『明成皇后殺害と俄館播遷』[13]は、露館播遷[14]について、ロシアの史料も使用して事実を解明している。日本には露館播遷の詳しい研究がない中で、本章でもこれらの研究に依拠して検討する。

大韓帝国期の景福宮については이규철「高宗重建と大韓帝国末期までの変化考察」[15]が多くの資料を提示している。また『ソウル600年史（文化史跡編）』[16]も景福宮の殿閣について詳しく叙述している。

これらを検討するに必要な史料であるが、中塚明「『日清戦史』から消えた朝鮮王宮占領事件」に紹介された『明治二十七八年日清戦史第２冊決定草案』の第11章の全文は貴重な史料を提供しており、本章でも詳細に検討したい。

また、外務省編『小村外交史（上）』（1953年）、外務省編『日本外交文書』（第28巻第１冊）、市川正明編『日韓外交史料』[17]（第５巻・韓国王妃殺害事件）は、明成皇后殺害事件に関して貴重な史料を提供している。同様に、原敬文書研究会編『原敬関係文書・第１巻・書翰編１』[18]に収録された史料は当時の状況をつぶさに伝えており、貴重である。これらは日本の当時の官僚の重要文書を保存する姿を垣間見るものである。

韓国の史料では尹孝定「露館大於朝鮮」『韓末秘史 一名最近六十年の秘録』（発行年不明）や京畿道編纂『京畿地方の名勝史蹟』[19]は見聞記のようではあるが、大韓帝国期から植民地期の様子を伝える貴重な文献である。

本章は、これらの先行研究や史料によって、日清戦争の開戦期から大韓帝国期までの日本と景福宮の関係を検討していく。

1　日清戦争時の景福宮占領事件

1894年７月25日、日本軍が豊島沖で清の艦隊を攻撃し、７月29日、大島義昌陸軍中将の率いる混成旅団が清軍の駐屯していた朝鮮の成歓を占領し、30日に牙山も占領した。そして、翌８月１日に清に宣戦布告し、日清戦争が始まった。

しかし、これら一連の出来事が日清戦争の始まりではなく、それ以前の 1894 年７月 23 日、日本軍が朝鮮王朝の首都漢城を占領し、さらに景福宮を占領する事件があり、この事件から日清戦争が始まった。

この事実は、日清戦争研究者である中塚明が『日清戦争の研究[20]』で簡単に言及しており、朴宗根は朝鮮王宮占領事件に注目した論考[21]を発表したが、『日本外交文書』や『明治二十七八年日清戦史[22]』などの記述の矛盾を指摘するにとどまり、十分に解明できないままになっていた。その後、中塚明が、1994 年に福島県立図書館にある佐藤文庫から日清戦争の「戦史草案」を見つけて公開[23]することによってその内実が鮮明になった。原田敬一は、この事件に「七月二十三日戦争[24]」という名称をつけ、日清戦争は、1894 年７月 23 日に始まり、台湾征服戦争が一段落して、大本営が解散した 1896 年４月１日に終わった、１年８か月と 10 日の長期間の近代日本最初の対外戦争であったと主張した。朴宗根も７月 23 日を「日清戦争の事実上の開幕であった[25]」と指摘していた。景福宮占領事件は、日清戦争に触れる際には欠かせない事実になり、現在では、高校の日本史教科書[26]にも書かれている事実である。

この章では、中塚明の公開した史料に依拠しながら、景福宮占領事件を、景福宮との関連で紹介し、景福宮の建物がどのように破壊され、占拠されたか、高宗が「擒（トリコ）[27]」になってしまった建物はどこにあるのか、どのような建物なのか、高宗にとって、その建物にいることが、どのような意味があったのか、等を明らかにしたい。

1-1　日清戦争開戦前の情勢

日清戦争の前の、朝鮮、清、日本の関係を最初に見ておこう[28]。当時、朝鮮では、東学農民戦争が起こり、朝鮮王朝は、その鎮圧のために、1894 年６月３日に清に出兵を求めた。朝鮮王朝の公文を受け取った直隷総督李鴻章は、６日、朝鮮・忠清南道牙山に歩兵約 2500 人と山砲８門の部隊を上陸させた。日本は天津条約を根拠に出兵し、まず広島第５師団の歩兵一個大隊と工兵一個小隊を 12 日に仁川に送った。さらに６月 16 日までに残余の部隊を仁川に上陸させ、23 日に漢城郊外の龍山に入った。その後も日清の衝突は避けられないとの判断で、第５師団の混成第９旅団を龍山に派遣した。

軍隊を派遣した後、開戦の口実を作るのに１か月を要したが、その理由は陸奥外相が「被動者」の立場で戦争に持ち込みたいと考えたからである。その理由は、漢城にいる欧米各国公使からの干渉を阻止するためであった。

1-2　景福宮占領計画の樹立

ロシアやイギリスからの干渉があるなかで、漢城と景福宮占領計画はどのように進められたのか。日本政府は、清国に共同での朝鮮内政改革を提案した。しかし、清国政府は、日本の撤兵を求めてきた。対応に差異が生じ、開戦は避けられなくなった。在朝鮮大鳥圭介公使は、開戦の口実を求めて、７月３日に朝鮮政府に内政改革を迫った。朝鮮政府と会談がもたれたが、朝鮮政府は日本軍の撤兵を求めてきた。

この事態に対し、当時の外務大臣陸奥宗光のとった方法[29]は、１つは「朝鮮政府ヲシテ牙山滞陣ノ清国軍隊ヲ其国外ニ駆逐スルコトヲ請求」し、もう１つは朝鮮と清国の宗属関係の破棄を求めることであった。これらは朝鮮政府には受けいれがたいものであった。

２番目の清韓の宗属問題を利用することは、日本政府内部にもためらう空気が強かった。しかし、駐朝鮮大鳥圭介公使は、「清国使臣ニ向ヒ汝ノ国ハ朝鮮ノ宗国ナルヤト推究スルヲ避ケ朝鮮政府ニ向ヒ汝ノ国ハ清国ノ属邦ナリヤト詰問スルノ狡猾手段ヲ執」った。「本源ニ遡レバ必竟清韓宗属問題ヲ利用シ」た。清国軍隊の駆逐も宗属関係の破棄も朝鮮政府が受けいれるはずはなかったが、大鳥圭介公使は７月20日、最後通牒を突きつけ、22日中の返答を求めた。

景福宮占領事件は日本の要求を貫徹するために計画された。７月20日、大鳥公使の意を受けて、本野一郎参事官が、龍山に留まっていた大島義昌第５師団混成旅団長を訪ねて、王宮を囲むことを提案する[30]。本野参事官は、「頃来朝鮮政府ハ頓ニ強硬ニ傾キ我撤兵ヲ要求シ来レリ、因テ我一切ノ要求ヲ拒否シタルモノト看做シ断然ノ処置ニ出テンカ為メ、本日該政府ニ向テ清兵ヲ撤回セシムヘシトノ要求ヲ提出シ其回答ヲ二十二日ト限レリ」とこれまでの経緯を説明し、期限までに確固たる回答が来ない場合、「先ツ歩兵一個大隊ヲ京城ニ入レテ之ヲ威嚇シ」、それでも日本の提案を受けいれない場合は、「旅団ヲ進メテ王宮ヲ囲マレタシ」と提案した。その後の計画は、「大院君（李昰應）ヲ推シテ入闕セシメ渠ヲ政治ノ首領ト為シ、由テ以テ牙山清兵ノ撃攘ヲ我ニ嘱託セシ」めることとした。つまり、景福宮を占領し、大院君に政権をとらせ、牙山に駐屯してる清の軍隊を国外に駆逐することを日本に委嘱させる計画であった。これは正に、「開戦ノ名義」を獲得することであった。旅団は牙山に向かって南下しなければならなかったが、開戦の「名義」も必要であると判断し、大島旅団長は「此請求ヲ容レタ」。ここに景福宮占領計画はできあがった。

この景福宮占領を軍はどう進行させたか。大島旅団長にとっては、牙山に駐屯する清国軍を攻撃するために南進の必要があり、大本営から通報のあった北から送られてくる清軍の侵攻に備える必要もあり、その上に景福宮を占領するという事態になった。そこで、「南進中ハ王城ニ守備兵ヲ置カサル可ラサル事ト為リタレハ、旅団長ハ山口大隊（第八中隊欠）ヲ之ニ充テヽ京城ニ留メ」ることにした。山口大隊とは、歩兵第21連隊第2大隊である。この山口大隊が景福宮占領の「中核部隊」になる。7月22日午前の秘密会議で各部隊長に計画を命令した。その計画を「朝鮮王宮ニ対スル威嚇的運動ノ計画」[31]と名付けた。

漢城と景福宮の占領計画を整理すれば、5-1表「朝鮮王宮に対する威嚇的運動の計画」のようになる。

5-1表を見ると、歩兵第11連隊が漢城の城門を開いて占領したり、市街地を警戒することに従事し、歩兵第21連隊が景福宮の周辺を占領、護衛し、両連隊

5-1表「朝鮮王宮に対する威嚇的運動の計画」

旅団司令部	京城日本公使館内に移る
担当部署	**任務**
歩兵第11連隊（長：中佐西島助義）本部：龍山	
第1大隊本部：第1中隊	
第1大隊第1中隊の1小隊	南大門から入京する諸隊に開門する
第1大隊第2中隊	倭城台から鐘楼までの市街の警備
第2中隊の1小隊	西大門から入京する諸隊に開門する
第3中隊	東大門及南小門の占領
第4中隊	東小門の占領
第2大隊本部：第5中隊	
第7中隊	鐘楼付近、市街の東部、北部の警戒
第6中隊	大院君（李昰應）の護衛
第3大隊本部：第9中隊	
第8中隊と第11中隊	堂峴東方高地の南端から阿峴洞の占領警戒
歩兵第21連隊（長：中佐武田秀山）　本部：第2大隊	
第1大隊本部：第4中隊	
第1大隊第1中隊	阿峴山の占領、西大門の守備、外人の保護
第2大隊・工兵1小隊	王宮への入場と守護
第3中隊	王宮東北高地の占領
第4中隊	親軍壮衛営占領と光化門前の交通遮断
野戦砲兵第5連隊第3大隊	阿峴洞北方高地に放列、示威

『明治二十七八年日清戦史第2冊決定草案』より作成
＊龍山に留まる部隊や軍旗護衛隊などは省略している

で日本公使館のある南山付近から龍山にいたる一体を警護するように配備されている。そして歩兵第21連隊の第2大隊が景福宮を占領することになっている。漢城の占領計画は、漢城へ出入りする城門を占拠し、景福宮の正門光化門前の道路を遮断するなど、緻密な計画である。そして、この計画書には景福宮を占領する歩兵第21連隊第2大隊の中の各中隊や小隊の動きが記されていない。これらは「計画」ではなく、実際に行われた「動作ノ核心タルヘキ一団」[32]の行動に記されている。

1-3　景福宮の占領

景福宮の占領は、中佐武田秀山歩兵第21連隊長が直接指揮をとって実施された。第21連隊は、龍山を午前3時半に出発した。西大門から入城し、景福宮に到着した時間は、午前4時20分から30分頃と思われる。「動作ノ核心」となる景福宮進入作戦は、迎秋門の破壊活動から始まった。この作戦は、第5中隊と工兵小隊が担当したが、困難を極めたといえよう。その様子を、前掲「決定草案」によって見てみよう。景福宮の西門である迎秋門は、到着時、「門扉固ク鎖サレテ入ル能ハス」、よって「迎秋門ヲ破壊スルニ決シ」、工兵小隊は「爆薬ヲ装シ之ヲ試ルモ薬量少クシテ功ヲ奏セス」、これを「再三」実施するも「竟ニ破レ」なかった。そこで「長桿ヲ周壁ニ架シ（長い竿を城壁に架けて）」、雇通弁渡辺卯作が最初に長竿にすがりついて門の中に入り、次に河内中尉が壁を超えて城内に入った。そして、「内部ヨリ開扉セントスルモ亦果サス、遂ニ内外相応シ鋸ヲ用ヒテ門楗（カンヌキ）ヲ裁断シ」た。その後「斧ヲ以テ門ヲ破リ」、まさに「辛フシテ開門シ得タ」。この時が「午前五時頃」であった。迎秋門を開けるのに3～40分もかかったのである。

景福宮の正門である光化門や東の門である建春門は、迎秋門から入った部隊が、内部から開門する事になっていた。迎秋門を破壊すると、第7中隊が光化門に行き、護衛の兵隊を駆逐して開門した。そして、第7中隊の1小隊が建春門を開けた。

建春門の外で待機していた第6中隊は、建春門から入城し、北方の春生門や神武門、昏居門を「占拠スル任務ヲ受ケ」、5-1図「景福宮北側の門」に見るように、王宮内部を通って北に向かった。春生門は、景福宮の北側にあり、王宮内から行くためには、武寧門、広武門、春到門、さらに春和門を通過した先にあり、城壁の外にある門で、建春門から城壁の外を廻って行くと最初にある門である。「韓兵」の出入門になっていた。これらの門の占拠によって「韓兵」の動きを止められた。門を占拠した第6中隊が城外に出ると「北方ノ松林中ヨリ韓兵ノ射撃ヲ受ケ」戦闘になった。ために、武田連隊長は第2大隊長（山口圭蔵・少佐）を第6中隊の応援に向かわせた。これによって「韓兵ハ陸続北方王宮囲壁ヲ出テ白岳ノ方向ニ敗走シ」た。この時が「午前七時半」であった。朝鮮兵の果敢な抵抗を受けて、この戦闘は2時間半もかかった。この作戦が終わって、「概ネ王宮内ノ韓兵ヲ駆逐シ去リ、囲壁ハ四周皆日本兵ノ占拠スル所」となった。

5-1図「景福宮北側の門」

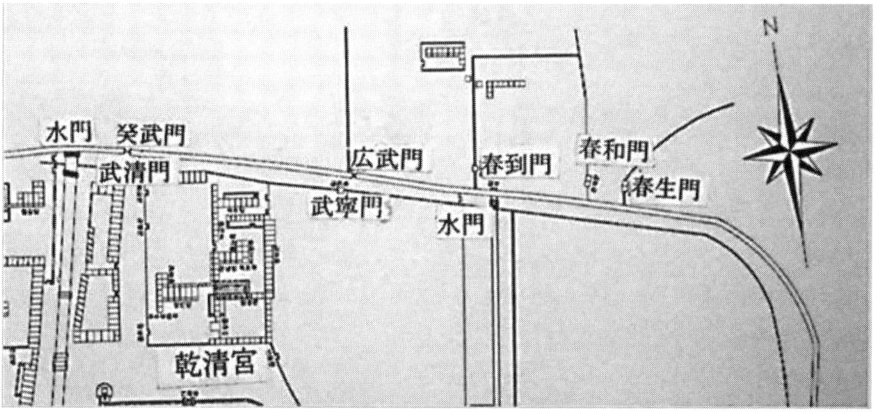

この戦闘中、外務督弁趙秉稷が、大鳥公使に面会を求めてきたので、光化門から出て、大鳥公使に面会に行くことを許可していた。事態の詳細を問うためである。この当時、日本公使館は、植民地時期には「倭城台」と言われた南山の中腹、後に統監官邸、ついで総督官邸になった建物にあった[33]。漢城の北側にある景福宮から南側の南山中腹の日本公使館までは遠かった。

残ったのはこの作戦の最大の目的である「国王ノ発見シテ、彼レヲ手裡ニ入ルル」ことであった。「手裡ニ入」れるとは、「手中」、「手の内」に入れるという意味であるから、捕虜にするということに等しい。

しばらくして、第2大隊第5中隊長から「国王雍和門内ニ在リ韓兵之ヲ守護ス」と報告があった。山口第2大隊長は、部下に戦闘を中止させ、雍和門に向かった。この時、右捕将金嘉鎮ら数人の官吏は、外務督弁趙秉稷が大鳥公使に面会に行っているので、帰るまで日本軍を雍和門内に入れないよう求めた。これに対し山口大隊長は朝鮮兵の武装解除を求め、応じない場合は突入すると脅したので、国王高宗は武装解除に応じた。さらに山口大隊長（少佐）は国王に面会を求め許された。国王に対し、「我兵玉体ヲ保護シ決シテ危害ノ及ハサル」ことを伝え、雍和門内の武装を解除し、修了したのは「午前九時過」であった。

午前11時に大院君李昰應が景福宮に到着して昇殿した。さらに大鳥公使、朝鮮諸大臣、各国公使が入闕した。そして大鳥公使の要請で、宮殿の哨兵と雍和門の守備兵を撤退させ、昬居門に哨兵を置き、第5中隊が慶会楼に集合した。

さらに午後5時に大島義昌第5師団混成旅団長が入城し、国王に拝謁し「慰籍」した。以上で「王宮威嚇ノ動作」は終了した。この後「左ノ諸隊ヲ除クノ外ハ午後五時ヨリ六時ノ間ニ撤回シ、皆幕営地ニ帰」った。

ここに記された「左ノ諸隊」とその任務は5-2表「京城と景福宮を占領した部隊の任務」のとおりである。

5-2表「京城と景福宮を占領した部隊の任務」

王宮の守護	歩兵第21連隊第2大隊(第8中隊欠)
親軍統衛営の守護	歩兵第11連隊第7中隊
大院君邸宅の守護	歩兵第11連隊第6中隊の1小隊
南大門西小門の守護	歩兵第11連隊第5中隊の1小隊
西大門の守護	歩兵第21連隊第1大隊の2分隊
本日の守護線に拠って露営	歩兵第11連隊第3大隊及び第8中隊

前掲「決定草案」p.58より作成

5-2表によれば、歩兵第11連隊は軍営や大院君の邸宅、南大門・西小門、さらに漢城市街地の占領を担当し、歩兵第21連隊は王宮と王宮に近い西大門の占領を担当したことになる。そして、歩兵第21連隊長は歩兵第21連隊第2大隊に「王城内一ノ韓兵ヲモ止メサル」状態なので、「王宮各門ヲ守備シ一部ノ首力ヲ雍和門付近ニ、他ハ光化門付近ニ置キ西大門ト交通スルヲ要ス」[34]という訓令を出した。つまり、日本軍は、漢城内と景福宮を占領したのである。

日本は、7月23日、日清戦争の最初の作戦で、早朝から夕方までかかって漢城と景福宮を占領し、大院君を入城させて国政を総裁させた。そして、大院君政権は「清韓宗属関係の破棄」と「牙山駐屯清軍の撤退」[35]を大鳥公使に委託した。漢城と景福宮の占領という目的は達成された。さらに、日清戦争開戦後の8月20日に結んだ「日韓暫定合同條款」[36]によって「本年七月二十三日王宮近傍ニ於テ起リタル両国兵員偶爾衝突事件ハ彼此共ニ之ヲ追究セサル可シ」との一項によって事件をなかったことにし、8月26日の「大日本大朝鮮両国盟約」[37]によって「清兵ヲ朝鮮国ノ境外ニ撤退」させることを明記させた。これによって、日清戦争の準備を整えた。

1-4　景福宮と占領事件

景福宮の占領は歩兵第21連隊第2大隊が実行した。そして、迎秋門の開門を担当した第2大隊第5中隊がその中心的役割を担った。国王と王妃を「発見」したのも、第5中隊であった。第5中隊からの報告によれば、「当時国王ハ雍和門内咸和堂ニ、王妃ハ其後宮緝敬堂ニ在リシカ、戦闘ノ開始スルヤ王妃ハ咸和堂ニ居ヲ移シテ国王ト連座シ[38]」ていた。つまり、5-2図「咸和堂と緝敬堂」に見るように、高宗と王妃は雍和門の中にある咸和堂と緝敬堂にいたが、事件を察して王妃が咸和堂に移動して一緒にいたのである。この咸和堂と緝敬堂はどこにあるのか、確認してみよう。

5-2図に見るように、咸和堂（함화당）と緝敬堂（집경당）は、香遠池の南側にあり、この当時、高宗の居室のあった乾清宮に近い所にあった。咸和堂と緝敬堂は、早くは1867年から1873年の間か、1890年頃に建てられた殿閣で、1891年

5-2図「咸和堂と緝敬堂」

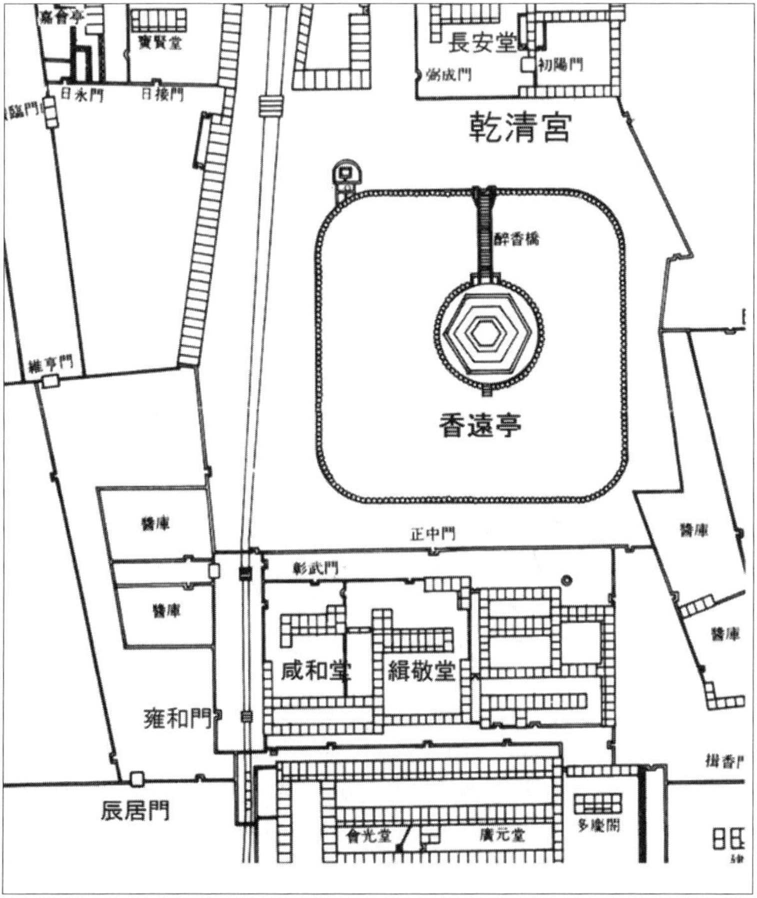

に集玉齋が建てられるまで王室の書画を収蔵していた所である[39]。そして、雍和門は咸和堂と緝敬堂への出入に使われた門で、高宗の出宮門路に指定されていた。

この当時、高宗が乾清宮をはじめ、景福宮の北側にある殿閣で各種の行事をしていたのは、神貞王后の殯殿と魂殿がそれぞれ泰元殿と文慶殿にあったからである[40]。殯殿とは、棺を埋葬まで安置する建物であり、魂殿（혼전）とは、死者の霊を祭る建物である。そして、神貞皇后の殯殿の居廬庁（墓の脇の番人の居室）が泰元殿の恭黙齋に作られ、高宗は凶禮（喪中）期間の間、ここで政府の堂上人と面会した。さらに、魂殿の居廬庁は、文慶殿の禮成門の内側なので、移動が容易な乾清宮を利用し、同様に政府の堂上人と面会した。つまり、泰元殿と文慶殿、そして乾清宮近辺が政府の中枢機関の存在場所になっていたのである。この泰元殿と文慶殿は、5-3図「泰元殿・文慶殿・乾清宮」に見るように、景福宮の最も北西にあり、神武門への通路を挟んで乾清宮の反対側である。従って咸和堂と緝敬堂とも近い場所である。

この当時、高宗が政事を行う場所は、乾清宮・萬慶殿（5-3図香遠亭の南側）・興福殿などに集中していたが、火災の被害を受けた殿閣が復旧した1890年以後には、乾清宮・萬慶殿・興福殿と共に復旧された殿閣、そして新しくつくられた殿閣（咸和堂・緝敬堂）などが使われ、以前よりさらに多様な場所で国政が論議されたのである。

すでに第4章で見たように、神貞王后は、高宗の即位に力を発揮した人物である。1890年4月17日、83歳で景福宮の興福殿で死去した。景福宮占領事件の起こった1894年7月は、高宗にとっては母親の喪中であり、生活、政務ともに、景福宮の北側で行っていた。

国王が「発見」された「雍和門」内の「咸和堂」と「緝敬堂」は、5-2図にあるように、雍和門が入り口である。さらに雍和門内の宮殿の哨兵と雍和門の守備兵を撤退させて哨兵を置いた昬居門は、雍和門の近くである。

景福宮の占領を実施した歩兵第21連隊第2大隊が、高宗の生活・政務の場所がどこかを知っていたかは不明である。しかし、雍和門内の咸和堂で国王は捕らえられ、大院君が入闕して、親日政権が樹立されたのである。

『高宗実録』には、占領当日日本軍が回収した武器は後日全部返還された[41]と記されている。他方、7月25日には大島旅団は牙山の清軍の攻撃に向かった。この時の部隊の編成[42]は、歩兵第11連隊（第1大隊欠）と歩兵第21連隊（第2大隊本部及第2、5、6、8、11中隊欠）、騎兵第5大隊第1中隊（1小隊欠）などで、この人員は「合計歩兵三千人、騎兵四十七騎」であった。

5-3 図「泰元殿・文慶殿・乾清宮」

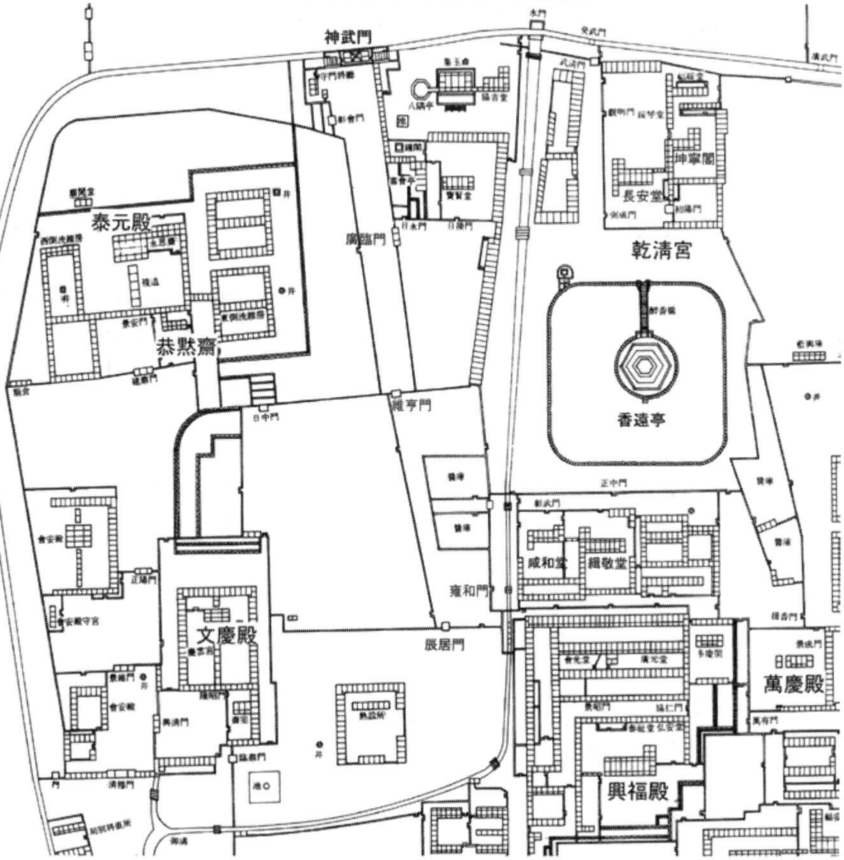

日本軍が景福宮を占領した後、歩兵第21連隊長は同連隊第2大隊長に「1．王宮ヲ守備スヘシ」、「2．我が近衛守備隊ノモノニ異ナル事無シ」、「3．王宮各門ヲ守備シ一部ノ首力ヲ雍和門付近ニ、他ハ光化門付近ニ置キ西大門ト交通スルヲ要ス」[43]という3項目を訓令した。王宮を占拠し、雍和門付近と光化門付近に主力部隊を配置せよという命令であった。

金文子の研究によれば、景福宮占領事件以降、光化門前に配置された「京城守備隊」は、上記「3」の訓令で「光化門付近」に配置された部隊で、最初の京城守備隊は、大島旅団長配下の歩兵第11連隊の第1大隊である。南下に際して「欠」とされた部隊である。以後、京城守備隊は松山の歩兵22連隊第2大隊に代わり、さらに編制が変わり、11月には広島の第5師団の後備歩兵独立第18大隊が任務に就いた。大本営直属の「独立大隊」[44]であるこの部隊は、景福宮を占領した1894年7月23日に大本営の命令によって第5師団に3中隊編制で設立された。

そして、景福宮占領を担当した第21連隊第2大隊は、南下した大島混成第9旅団の第21連隊の編成では「第二大隊本部」は「欠」である。景福宮占領を担当した第2大隊は南下せずに残留していた。歩兵第21連隊長が同連隊第2大隊長に与えた訓令の「1.王宮ヲ守備スヘシ」を担当していたのであろう。景福宮の占領は歩兵第21連隊第2大隊が担当し、景福宮前の京城守備隊は歩兵第11連隊第1大隊が担当した。景福宮占領に関わった二つの大隊はその後も景福宮と光化門前に駐屯した。

2　明成皇后殺害事件と景福宮

日本は日清戦争に勝利し、親日的な金弘集政権を成立させたが、朝鮮では国王や明成皇后を始め金弘集政権に反発する勢力がロシアへの接近を図っていた。この中心人物が明成皇后であると見て起こした事件が明成皇后殺害事件である。明成皇后殺害事件は、陸軍中将で駐朝鮮公使三浦梧楼が直接に関わった事件であり、当時漢城にいた内田定槌在京城一等領事でさえ、「歴史上古今未曾有ノ凶悪」事件であり、「我帝国ノ為実ニ残念至極ナル次第」[45]と言わせた大事件であった。この事件については、早くは山辺健太郎の研究[46]によって大筋が明らかにされ、その後のいくつかの通史でも言及されている。近年、金文子の詳細な研究[47]によって、これまで認識されていた事実が大きく訂正された。本章では、事件の実態については金文子の研究に依りつつ、可能な限り原史料を参照して検討する。その上で、金文子によっても言及されていない景福宮との関係を中心に検討していく。

2-1　明成皇后殺害事件という表記

明成皇后殺害事件は、日本では歴史の教科書をはじめとして、多くの歴史書で「閔妃殺害（虐殺）事件」と呼ばれている。韓国では、歴史の教科書を始めとして多くの歴史書で、事変の起こった年の干支を使って「乙未事変（을미사변）」と呼ばれることが多い。ここでは「明成皇后殺害事件」または事件当時の記録には「王妃」と記されることも多いので、「王妃殺害事件」も使用する。

その理由は以下の通りである。明成皇后とは、高宗の妃に贈られた諡号である。明成皇后という諡号がどのような経過で贈られたを知るには、王妃殺害事件が起こった後の韓国の歴史を見る必要がある。王妃殺害事件の後、国王高宗は、1896年2月11日にロシア公使館に避身（露館播遷）し、その1年後の1897年2月20

日、ロシア公使館に近い慶運宮に還宮した。そして、11月12日、慶運宮に近い圜丘檀で皇帝に即位し、国名も大韓と改め、朝鮮王朝から大韓帝国になった。この事実は中国の冊封体制からの独立を意味し、名実共に独立国家になったのである。大韓帝国では、皇帝の妃は「皇后」である。大韓帝国初代の皇后の地位に就いたのは、すでに殺害されていた王妃であった。その諡号が「明成」であり、明成皇后となった。明成皇后は、殺害事件直後に、王妃の地位を廃する詔勅が出されたりしたので、諡号が贈られていなかった。高宗は慶雲宮に還宮するに先だつ1897年1月6日、王妃に諡号を与えた。この時、諡号として「文成」、「明成」、「仁純」が候補になり、「文成」が選ばれ、同時に陵号は洪陵、殿号は景孝と定められた[48]。高宗が皇帝に即位した後の3月2日、諡号が「明成」に改められた[49]。そして、1897年11月21日から明成皇后の国葬が営まれた。大韓帝国での最初で最後の国葬であった。以上の経過を見れば、殺害されたのは、皇帝高宗の妃である明成皇后であるので、「明成皇后殺害事件」と諡号を用いた事件名を使用するべきであろう。

また、日本で多く使用される「閔妃」という用語は「朝鮮の国権喪失の過程とともに流布されていった」という指摘[50]もある。王妃殺害事件に加わった小早川秀雄の『閔后殂落事件』(ガリ版刷り186丁・国会図書館憲政資料室蔵)でも、小早川自身は「后」「閔后」「王妃」「閔王妃」という呼称を用い、「閔妃」とは書いていないという[51]。また、王妃殺害事件後に駐朝鮮公使になった小村寿太郎の活動を記した外務省編の『小村外交史(上)』でも「閔后」を使用している[52]。この本は外務省編なので、日本政府でも「閔后」と呼称していたと思われる。「閔」は王妃の本貫である驪興閔氏に由来するが、「閔妃」が植民化の過程で流布したとすれば、日本の朝鮮植民地支配と深く関わる歴史用語であり、その払拭のためにも明成皇后を使用すべきであり、「明成皇后殺害事件」と呼ぶことが適切であろう。

2-2　殺害したのは誰か

明成皇后を殺害したのは誰かについては、山辺の研究[53]でも、容疑者の調書を見ても「だれが閔妃を殺したかわからない」と言い、「この事件は日本の守備隊が中心になってやったこと」であり、日本人の「壮士」などといわれた民間人は「ただその手先きにつかわれて王宮に侵入し、閔妃を殺したのである。」と、日本の民間人を殺害者にしている。つまり、「日本兵は直接に手は下さなかったが、凶行の協同実行者であった」と日本軍人の犯行を否定している。

殺害者が誰なのかが不明なのは、事件後に「関係者が三浦梧楼のもとに集まり、日本の官吏と軍人の関与を隠蔽するため、『壮士』の中から下手人の名前を次々に挙げて、ことさらにうやむやに持ち込むための口裏合わせ[54]」をしたためである。従って、最近の研究でも「残された数々の記録を素直に読む限り、閔妃は直接的には『壮士』らによって殺害されたとみるのがおそらく適当であろう。またこの王宮襲撃に、日本公使館が深く関与していたことは明らかである[55]」と山辺の研究を踏襲したままである。

また、韓国の明成皇后の生家にある明成皇后記念館でも、壮士を犯人とし、壮士の使ったとされる「日本刀」まで展示していた[56]。

金文子は「口裏合わせ」があったと記しているが、この事実は王妃殺害事件に関して貴重な資料を残している内田定槌在京城一等領事の報告[57]に赤裸々に記されている。この「機密第36号」の「具報」は、事件から約1か月後の11月5日に内田領事が西園寺外相[58]に送った事件の詳報である。詳報が1か月も遅れた理由は、この事件に「三浦公使ヲ始メ其他ノ本邦官吏ガ之レニ関係セル事実公然ト相成候テハ我帝国政府ノ不面目此上ナク[59]」なるので、三浦公使と相談の上で日本の外務省への報告は公使館から行うことにして領事館からは提出しないことに「取極メ」たからである。しかし、内田領事は、「当局者ニ於テ実際ノ事情ヲ承知致サレ居ルコト最モ肝要ト認メ[60]」、王妃殺害事件の当日の10月8日と9日に2回、原敬外務次官に親展の私信で「内報[61]」していた。この「内報（私信）」は、「公文ヲ以テ伺出ツルモ甚ダ妥当ナラス」と考え、「極内々」に送るものなので、「御一覧後ハ御火中被下度候[62]」と書いている。この「内報（私信）」は、三浦公使や内田領事が中心になって「口裏合わせ」をする前に送っているので、「具報」では「口裏合わせ」によって曖昧にされてしまった内容が記されている[63]。

「具報」に記されている「口裏合わせ」の様子[64]は次のようである。「我官吏ノ関係セルコトニ付テハ当人ハ勿論他ノ関係者ヲシテ厳重ニ其秘密ヲ守ラシメタトヒ法庭(ママ)ニ於テ審問ヲ受クルト雖モ決シテ之ヲ口外セシメザル様」にし、新聞通信員などには公使の「旨」を受けて「柴四郎ノ旅宿ニ会シ本件ニ関シ通信ノ仕方ヲ協議一定」した。さらに、内田領事は、日本人が関係したことは「最早隠レナキ事実」であり、外国人に対して「甚ダ不体裁」と考え、10月12日から領事館警察に関係者の取り調べをさせた。そこでは「同一ノ申立ヲ致スベキ様彼等ノ間ニ申合ハセ」、「虚構ノ供述」をさせた。この「口裏合わせ」は、内田定槌領事が10月8日におくった「内報（私信）」に続いて9日に送った「私信」に「昨日午後」とあるので、10月8日の午後に行われた[65]。ここには「三浦公使ノ内達ニヨリ本邦新聞紙へ通信方ヲ協議一定シタ」ともある。

以上のように「口裏合わせ」をした結果、「具報」では、王妃殺害は、三浦公使と大院君が共謀し、民間人「壮士」が殺害した事件になってしまい、その後の研究でもこの『日本外交文書（28-1）』に掲載されている「具報」によって王妃殺害事件が理解されてきたのである。しかし、2009年に刊行された金文子著『朝鮮王妃殺害と日本人』によって、殺害した人物が「壮士」ではなく、日本軍人であることが、きわめて説得的に明らかにされ、これまでの見解が訂正されたのである。金文子は『朝日新聞』（2021.11.6）に掲載された「堀口九萬一」書簡にある「王妃ヲ弑シ申候」について、書簡を検討した結果、「弑シ申候」の主語は「我々が」でしょうと記し[66]、著書の主張を変えていない。ここでは以下、金文子の研究に依拠して、明成皇后殺害事件について述べていこう。

明成皇后の殺害を実行したのは、事件後に軍法会議で「無罪」とされた軍人である。その軍法会議判決書[67]に記載された軍人は、

朝鮮国公使館付武官兼同国軍部顧問		楠瀬幸彦	陸軍砲兵中佐
	後備歩兵独立第18大隊長	馬屋原務本	陸軍歩兵少佐
同	大隊付中隊長	石森吉猶	陸軍歩兵大尉
同	大隊付中隊長	高松鉄太郎	陸軍歩兵大尉
同	大隊付中隊長	鯉登行文	陸軍歩兵大尉
同	第3中隊長	馬来政輔	予備陸軍歩兵大尉
同	第2中隊長	村井右宗	予備陸軍歩兵大尉
同	第1中隊長	藤戸与三	後備陸軍歩兵大尉

以上の8人[68]である。

楠瀬中佐以外の「実行者」が所属した後備歩兵独立第18大隊は、日清戦争開戦時に日本軍が景福宮を占拠した日に、大本営が第5師団に編成させた大隊である。後備兵を招集して、広島の第5師団第9旅団第11連隊に3中隊で編成された[69]。後備歩兵独立第18大隊は、1894年11月2日に仁川に上陸した後に京城守備隊の任務に就く。京城守備隊は、日本軍が景福宮を占拠した1894年7月23日以降、景福宮の光化門前にあった旧朝鮮軍営に駐屯していた[70]。

そして判決書に最初に名前が記されている楠瀬幸彦陸軍砲兵中佐は、在朝鮮公使三浦梧楼とも、大本営陸軍上席参謀川上操六中将とも親しい間であった。また、三浦梧楼と川上操六も大山巌陸軍卿の下で以前から親交を深めた仲間であった。この川上操六が「一番弟子[71]」の楠瀬幸彦中佐をロシア公使館付武官のまま「臨時京城公使館付」を兼任させるのは1894年11月である。日本軍の京城守備隊に属し、朝鮮国の軍務顧問（後に軍部顧問）に就任した楠瀬中佐は、日本軍の創設し

た親日軍隊である訓錬隊の養成を担当する。この訓練隊は、大本営の川上操六が、日清戦争の後に、日本軍が朝鮮から撤退することに備えて、親日軍隊を養成する軍略によって創設されたものであった。

これに対して、朝鮮国王高宗は明確に抵抗する。1895年5月には親日派の軍部大臣趙義淵を解任し、7月には宮中護衛のためにアメリカ人士官ゼネラル・ダイの指導する「侍衛隊」を編成し、王妃に忠実な洪啓薫を訓錬隊連隊長に任命した。

このような情勢の中で1895年7月に三浦梧楼が駐朝鮮公使に任命された。そして、ほぼ同時期に後備歩兵独立第18大隊に大隊付中隊長として、石森吉猶、高松鉄太郎、鯉登行文という三人の陸軍大尉が赴任する。彼等は楠瀬中佐の要請を受けたもので、後備兵ではなく現役の大尉である。彼等は楠瀬の下で訓錬隊教官に就任した。三浦梧楼の赴任にあわせて訓錬隊を指揮する日本人教官団を補強[72]したのである。このように、王妃殺害事件の前に、大本営上席参謀兼兵站総監川上操六中将から、在朝鮮公使でありながら在朝鮮兵站守備隊の指揮権を与えられた三浦梧楼予備役陸軍中将[73]と、川上の一番弟子である楠瀬中佐をはじめとする現役の大尉が朝鮮に集合したのである。

事件当日（10月8日）の様子は内田定槌領事[74]から西園寺外相に送られた「具報[75]」に詳しく記されている。殺害事件の前夜から当日に朝の時間に、堀口領事官補、荻原警部などの日本人公使館員と領事館員、岡本柳之助、安達謙造など約20人の壮士は、漢城郊外麻浦の孔徳里にある別荘に幽閉状況になっていた大院君を連れだしに行った。彼等は、孔徳里を出発するまでに、大院君との評議に3時間もかかった。ここから西大門に向かう途中で訓錬隊と合流し、西大門で京城守備隊の一部と合流するはずだった。しかし、京城守備隊が誤って南大門に行ってしまい、この守備隊を待って西大門で合流したため、光化門に到着した時には「已ニ黎明ノ頃」になってしまった。

光化門前では「我公使館ノ方ニテ梯及斧等ヲ当館巡査ノ内両三名ニ渡シ、大院君ノ一行宮門ニ達スル前大闕ノ高壁ヲ乗越へ、内ヨリ正門ヲ開カシメタ」。門が開くと「表面ニ俟チ合セ居リシ一群ノ韓兵及日本兵及壮士等ハ時（ママ）ノ声ヲ挙ケ門内ニ進入[76]」した。彼等は、景福宮内の「後宮」まで押しよせた。ここで「国王宸殿ノ近傍ニ宿直セシ当国政府雇ニシテ侍衛隊ノ教官タル米国人『ゼネラル、ダイ』……ハ其近傍ニ佇止シテ本邦人ノ暴行ヲ目撃」し、「同日『ダイ』ト共ニ王宮内ニ宿直セル露国人『サバチン』ナル者モ亦隱カニ之ヲ傍観シ[77]」ていた。事件はアメリカ人とロシア人に目撃されてしまった。

進入した一群の目的は王妃の殺害である。王妃は居室で殺害されたが、その際に女官や訓錬大隊長洪啓薫、宮内大臣李耕植、侍衛隊の兵士なども殺害された。高宗が日本への抵抗のために任命した人物が殺害された。その後、王妃の遺体を「松林中ニ運ヒ……薪ヲ積ンテ其上ニ載セ直チニ之ヲ焼キ棄テ[78]」た。

王妃の殺害者に関して、内田領事の「具報」では「我陸軍士官[79]」となっているが、「口裏合わせ」前に書かれた原敬外務次官への「内報（私信）」では「我守備隊ノ或陸軍少尉[80]」となっている。ここで言う「或陸軍少尉」が誰かは内田領事には分かっていたと考えられる。判決書に名前のある楠瀬公使館付武官と後備歩兵独立第18大隊長・馬屋原少佐や中隊長は、事件直後の10月23日に帰国を命じられ[81]、広島憲兵隊本部に収監されて取り調べを受けるが、その過程で宮本竹太郎少尉の名前があがってきた[82]。

宮本竹太郎少尉の名前が出てくる経緯を見てみよう。宮本少尉は11月17日に帰国している。宮本少尉は1894年７月に後備歩兵独立第18大隊に入営した。朝鮮に渡って京城守備隊から派遣されて忠清道での東学農民運動との戦いに出向き、帰ってからは訓錬隊の教官になっていた。事件の前日の10月７日に、馬屋原少佐が開いた臨時秘密会議に第２訓錬連隊長禹範善を連れて参加している。事件当日には馬屋原少佐に付き添って入城し、「宮内大臣李耕植を狙撃し、王妃に最初の一刀を振るって致命傷を与えた[83]」のは宮本竹太郎少尉であった。このことを金文子は防衛研究所に所蔵されている「明治二十八年十月起仝二十九年一月結了朝鮮内乱事件」を使用して述べている。それに近似する事実は次に見る通りである。宮本少尉は軍法会議では「事実参考人」として牧熊虎特務曹長とともに尋問されている。宮本少尉や牧特務曹長の尋問調書は、同じく尋問された証人蓮木泰丸の尋問調書、三浦梧楼の尋問調書とともに、軍法会議の判決で楠瀬幸彦中佐らが「無罪」になる事実を証明するために使われている[84]。宮本少尉を尋問する過程で、当日の宮本少尉の行動が明らかにされたのだろう。11月12日に、林憲兵中佐から児玉陸軍次官に、「宮本少尉牧特務曹長ハ壮士ノ王妃ヲ殺害シタルトキ其場ニ居リタルコトヲ本人ヨリ聞知セシ由馬来大尉陳述ス[85]」と電信で伝えられた。さらに、11月13日に内田領事から広島地方裁判所草野検事正へ送られた「機密第２号[86]」には、王妃と共にいた女官も含め数人の男女が殺害されたと記し、これらの人が「日本人中何人ノ手ニ殺サレタルヤ判然セズ」とした上で「去レトモ王妃ハ我陸軍士官ノ手ニテ斬リ殺サレタリト云フ者アリ[87]」と記している。金文子は「関係者の間では周知の事実であったのではないだろうか」と推測している[88]。

宮本少尉による王妃殺害が明らかになってきたためか、事実参考人にすぎない宮本少尉と牧特務曹長は、尋問とその後の措置が他の軍人や民間人と異なっている。以下、それを見よう。春田憲兵司令官から児玉陸軍次官への報告では、宮本少尉と牧特務曹長の尋問は、帰国直後の11月23日から始まっている。24日には「宮本牧ノ陳述未タ要ヲ得ズ[89]」とあり、その後尋問が終わった後も、井上第五師管軍法会議理事から児玉陸軍次官に対し、両名は「釈放ノ上ハ当分ノ内広島ニ滞在ヲ命セラルゝ事ニ御取計アリタシ[90]」と要求され、11月26日になって児玉陸軍次官が上田参謀長に「其事件全ク結了セハ孰レモ招集ヲ解除シ可然モノト存ス[91]」と連絡しているが、他方、児玉陸軍次官は井上軍法会議理事に、宮本らは「当分ノ内其地ニ滞在スル事ニ第五師団参謀長ヘ通シ置キタリ[92]」と電信を送っている。これらの電報の交換を見ると、楠瀬中佐以下軍人が1896年1月14日に軍法会議で無罪で放免[93]となり、三浦梧楼をはじめ、杉村濬書記官、堀口九満一領事官補、荻原秀次郎警部など公使館関係者や、岡本柳之介　柴四朗その他の民間人が1896年1月20日に広島地方裁判所で無罪、放免[94]になったのに対し、宮本少尉と牧特務曹長は、単に事実参考人であるにもかかわらず、尋問の後に放免されていない。王妃殺害に関係したために、軍法会議や広島地方裁判所での審理の進行に備えて身柄を監視していたのかも知れない。

最後に王妃殺害事件の目的は何かについて、金文子の研究を紹介しておこう。金文子は、「三浦梧楼は、大院君と訓錬隊のクーデタを装って王妃を殺害し、親日政権を樹立して、日本政府・軍にとって懸案だった電信問題と駐兵問題を一挙に解決しようとした[95]」と王妃殺害事件の目的を述べている。「『電線守備、地方警備兵の事』を解決するためには、『朝鮮政府よりの依頼』が必要で、そのためには、国王の背後にあって、ロシアに依頼して日本を牽制しようとする王妃を除かねばならない。そしてその王妃を除去するためには、親日部隊の『訓錬隊』が王妃と対立する大院君を担ぎ出し、王宮に侵入して王妃を殺害したとするストーリーが最も望ましい。その後、治安維持を名目に日本軍が王宮に入れば、一年前の王宮占領時のように、国王はどのような要求にも応じるはずだ－と三浦梧楼は考えなかったであろうか[96]」と言う。そして、「予備役陸軍中将の三浦梧楼を朝鮮公使に就けたのは大本営」であり、「当時の大本営の意志決定の中心にいたのが川上操六参謀次長[97]」であったと主張する[98]。この金文子の主張は、三浦梧楼と大院君の共謀説や民間人中心の事件という主張を覆し、参謀本部が直接関わっていた事件であり、そうであれば関与した日本軍の軍人や公使館員、領事館員、壮士などが無罪になる理由も説得的である。そして、直接の「下手人」は不明のままとされてしまったのも、納得できるところである。

2-3　殺害事件は景福宮のどこで起こったか

内田領事は、1895 年 12 月 21 日に、原敬外務次官宛の「機密第 51 号[99]」で「王宮景福宮見取図進達ノ件」を送り、これに明成皇后を殺害した場所を明示した地図[100]を添付した。この「機密第 51 号」は、内田領事が 11 月 12 日に景福宮に入り、乾清宮に行って現場を検分した報告である。この地図は殺害事件の起こった場所を確定するための重要な資料である。

この「機密第 51 号」は、外務省編『日本外交文書』(28-1) には掲載されていない。そして『日韓外交史料』(第 5 巻・pp.276-277) には掲載されているが、本文の一部が欠落しており、肝心の地図は白黒で小さい地図しか掲載していない。アジア歴史資料センターで本文・地図をみることができる。金文子は、この地図を外務省外交資料館で閲覧し、カラーの原図を前掲『朝鮮王妃殺害と日本人』の巻頭に掲載した。この「機密第 51 号」は、原外務次官から西園寺外務大臣に渡され、さらに翌 1896 年 1 月 11 日に侍従長から天皇に上奏された[101]。欄外には「大臣」と書かれ、その下に「花押」がある。さらに「次官」と「印」があり、最も上に「上奏」と記されている。「上奏」とは天皇に意見を言うことである。天皇も事態を認識していたことになる。

以下、この原図などを利用して、金文子の言及していない景福宮の建物と王妃殺害事件の関係について、検討してみよう。

内田領事が原敬外務次官に送った「具報[102]」には、王妃殺害の様子が、「後宮ニ押寄セタル一群ノ日本人等ハ……内部ヲ伺フニ数名ノ宮女其内ニ潜ミ居ルコトヲ発見セシカバ此ゾ王妃ノ居間ナリト心得直チニ白刃ヲ振ツテ室内ニ乱入シ……婦人ヲバ情ケ容赦モアラバコソ皆ナ悉クヒツ捕ヘ其中服装容貌等優美ニシテ王妃トモ思ハルベキモノハ直ニ剣ヲ以テ之ヲ殺戮スルコト三名ニ及ベリ去レトモ彼等ノ中ニハ眞ニ王妃ノ容貌ヲ識別シ得ル者一人トシテナカリシ」と記されている。そのために、「王妃ヲ取逃シタルナラン」と思い、「国王ノ居室ニ迄踏ミ込」む者もあった。混乱の中で、宮女に質問するも日本語が通じず、王妃を識別できなかった。その中である宮女から「王妃ハ頬ノ上部ニ一点ノ禿跡」があると聞き、殺害した女性の中に「禿跡ノ存スル者」を発見し、この女性を宮女数人が王妃であると言い、大院君に告げると「必ズ其王妃ナルヲ信ジ……頗ル満足ナル意を表」したので、王妃殺害を確認できた。

この殺害状況の報告には、殺害現場に関しては、「王妃ノ居間」としかなく、建物の名称が出てこない。しかし、「機密第 51 号」の付図（5-4 図「日本軍人の光化門から乾清宮への進入路」）には景福宮の光化門から事件現場までの進入経路と事件現場が記され、さらに5-4図に記入された番号を使って事件の進行状況を説明している。5-4図は「機密第51号」に添付された地図に進入路や通過した門、建物を分かりやすく書き入れたものである。

まず、進入経路[103]を見てみよう。地図には点線で進入路が赤線で描かれている。景福宮には多くの殿閣と門がある。日本の軍人や民間人などは、光化門を入ると、光化門の次にある興礼門の左手前の用成門を抜けて、景福宮の西側を流れる川に沿って北上している。この川は「御溝」といい、興礼門と勤政門の間にある「禁川橋」に流れる川である。内田領事は「溝」と書いている。御溝に沿った道には門が比較的少なく、そのまま北上して、会安殿の清穆門の前で右に曲がり、熟設所に入る臨粛門を入り、景福宮の北門である神武門に通じる辰居門と維亨門を通って北上し、右折して広臨門を入って嘉会亭や宝賢堂の前を通過して、建善門を入ると乾清宮の正門に着く。乾清宮は、正門である光化門から入れば、景福宮の最も奥にある建物である。各種の殿閣や行閣が極めて多くて複雑な経路を、光化門を含めて7つの門だけで乾清宮に到着したことは、きわめて効率の良い経路を選んでいるといえよう。この進入経路について、事件前日の打ち合わせで、三浦公使が「王宮内ノ模様ヲ熟知セル者ヲ連レ行クヘシ」と言い、堀口領事官補が「荻原警部コソ然ルヘシ」と答えた。そこで「同人竝ニ事ニ慣レタル巡査等[104]」を伴って出発した。ここから、この効率の良い通路選択は荻原秀次郎警部が先導した可能性が高い。というのも、この当時、朝鮮は、1882年の朝米修好通商条約締結など、西洋列強と各種の条約を結んだ。そのために、高宗は、景福宮内の殿閣で各国公使と接見し、その回数は116回に及んだ。その中で、乾清宮を17回使用した。萬慶殿19回、咸和堂18回に次ぐ回数である。日本公使とは21回接見しているが、乾清宮での接見は8回で最も多い[105]。とすれば、公使館付の荻原警部が公使を護衛して景福宮の北側にある乾清宮に行った可能性はある。

さらに、日本人の入った経路は、高宗が思政殿や修政殿で国政を処理していた時に北側の神武門外の景武台・隆文堂・隆武堂・北苑などで閲武行事や望拝禮などを挙行する場合に使用した通路とほぼ一致する[106]。光化門という最も南の門から景福宮に入り、最も北の神武門に近い乾清宮に行った日本人が通過した経路は、高宗によって最も多く使われた通路だった。

着いた先が事件現場の乾清宮である。乾清宮は塀で囲まれた中にいくつかの建物がある。乾清宮にも門があり、内田領事が地図に「乾清宮正門」と記している門の名称は「乾清宮」である。「乾清宮」は「門」に分類[107]され、門の名称である。従って、「乾清宮」は1つの宮殿の名称であり、その正門の名称でもある。乾清

5-4 図「日本軍人の光化門から乾清宮への進入路」

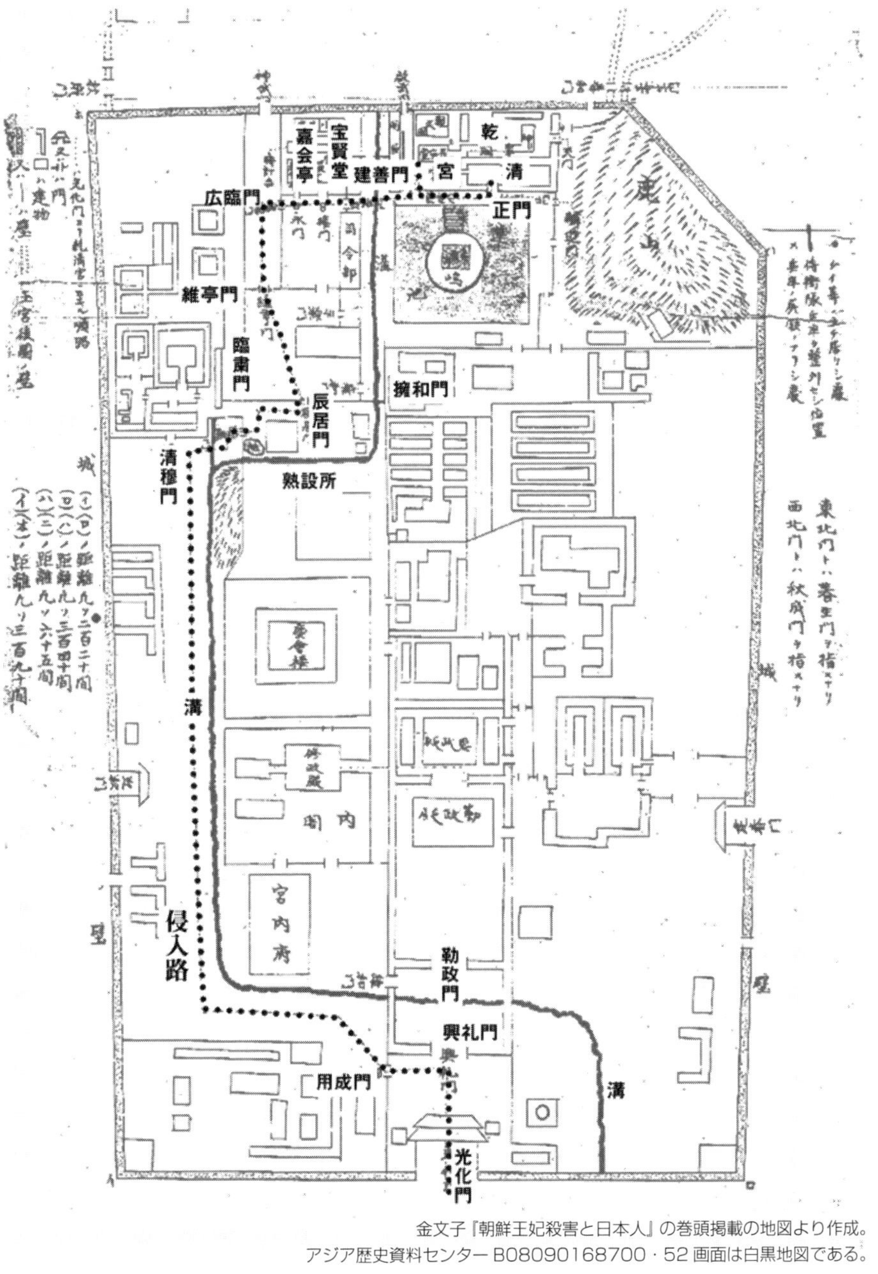

金文子『朝鮮王妃殺害と日本人』の巻頭掲載の地図より作成。
アジア歴史資料センター B08090168700・52 画面は白黒地図である。

宮には門が３つある。１つは乾清宮の正門であり、西側の弼成門、さらにその北側に観明門がある。「機密第 51 号」の付図（5-4 図）には観明門は記されていないが、5-4 図によれば、正門と弼成門から出入りしているらしく、使用した門だけが書かれているのかもしれない。また、長安堂と坤寧閣は室内の移動は可能のようだが、外から見ると分割されており、その間に初陽門がある。そして、長安堂は王の居室で坤寧閣は王妃の居室であった。

内田領事は「機密第 51 号」で、乾清宮について「景福宮即チ現王居」の中の「乾清宮ハ十月八日前後ニ於ケル国王陛下初メ王族方ノ御居殿ニシテ長安堂ハ国王陛下坤寧閣ハ王妃陛下ノ御居間ナリ[108]」と記している。そして、殺害現場と殺害状況について、事変の時「王后陛下ハ図中ニ示セン（1）ノ所ヨリ（2）ノ所ニ引出サレ此処ニテ殺害ニ遭ハレタル後屍骸ハ一旦（3）ノ室ニ持込ミ其後夾門ヨリ持出シ（4）点ニ於テ焼棄テラレタ[109]」と記している。

5-5 図「乾清宮付近」

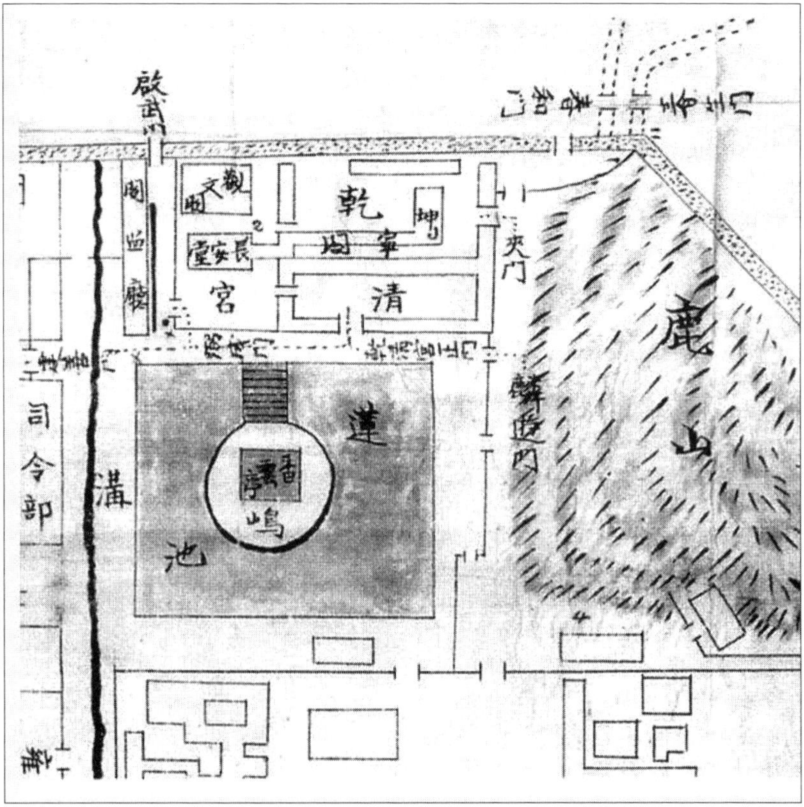

5-4図の乾清宮の部分だけを拡大した5-5図「乾清宮付近」を参考に見れば、(1)は長安堂の中に記され、数字「1」は「長安堂」の「長」の上にある。ここで王妃は日本人に捕らえられ、(2)の所、即ち長安堂の外に連れ出され、ここで殺害された。そして死骸は一時坤寧閤(3)に運び込まれた。数次の「3」は、「坤」の下にある。その後、乾清宮の東側の門である夾門から(4)の所、鹿山の南側に持ち出されて焼き捨てられたのである。

この経過を見ると、王妃は長安堂で捕らえられた。長安堂は国王の居室なので、王妃は国王の居室である長安堂に避難していたが、長安堂内で捕らえられた。内田領事の「具報」には、日本人は王妃を判別できず、「取逃シタ」と思って「国王ノ居室ニ迄踏ミ込マントシ」たが荻原警部が阻止したという記述がある。しかし、王妃は長安堂で捕らえられたと「機密第51号」には記されているので、日本人は長安堂に入り、国王と王世子のいる前で王妃を捕らえたことになる。

また、死骸を焼いたことについて、内田領事は「機密第51号」で、11月22日に自ら王城に入り、「燃残リタル薪類尚(4)点ニ散在シ其傍ラニハ何物ヲカ埋メタル如キ形跡歴然タルヲ認メ候」とも記している。この報告を内田領事は、「或ル本邦人ノ作リタル見取図ニ基キ尚小官カ実施ノ見聞ニヨリ修正ヲ加ヘ調整シタルモノ」であり、「概略ニ於テハ格別ノ誤謬無之モノト相信候」と記している。「或ル本邦人」は不明だが、内田領事がアメリカ人ゼネラル・ダイに面会して、目撃内容を聞き、現場に案内してもらった時に、同行していた内田巡査が事件当日、「三浦公使ノ護衛トシテ王宮ニ入リ王妃ノ死骸ノ焼カレ居ルヲ目撃」しており、その場所で「死骸ヲ焼キタル場所ヲ内々小官ニ指シ示セシガ同所ハ今尚ホ其痕跡ヲ残セリ」と西園寺外務大臣に報告している[110]。この記事から、内田領事のために「見取図」を作成したのは内田巡査である可能性が高い。内田領事の報告と地図は実際の情況を示しているといえよう。

また、内田領事は、「乾清宮ハ十月八日前後ニ於ケル国王陛下初メ王族方ノ御居殿」[111]と記している。この記述を見ると、内田領事は朝鮮王朝の宮廷について詳しい人物といえそうである。

第4章で見たように、高宗は、高宗10年(1873年)12月10日に乾清宮で時任大臣などと会っているので、この日には乾清宮は完成していた[112]。その後、高宗は、1876年11月4日の景福宮の火災によって多くの殿閣が消失[113]してしまった後、長期に渡って昌徳宮へ移御していた。景福宮の復旧がある程度進行して1885年1月に景福宮に還宮した後、高宗は、神貞王后の殯殿と魂殿が、景福宮の神武門の西側、景福宮の最西北にある泰元殿と文慶殿にあったこともあって、景福宮の北側の殿閣を便殿[114]に使用した。その中でも、乾清宮・萬慶殿・興福殿などは最も多く使用され、特に乾清宮は高宗の便殿と寝殿として使用されていた[115]。従って、この王妃殺害事件当時、高宗の家族は乾清宮を居所としていたのである。同時に、景福宮は火災などの影響もあって、殿閣の使用方法が変更されたり、殿閣が新築されたりしていた。

このような状況の中で、内田領事は乾清宮が高宗や王妃の「御居殿」であることを認識していたのである。

また、内田領事は「具報」で、米国人「ゼネラル、ダイ」と露国人「サバチン」に「本邦人ノ暴行ヲ目撃」されたと記している。5–4図を見ると、景福宮の地図の右側に、「ダイ等ノ立チ居リシ処」と書き込みがあり、乾清宮の西門である弼成門の入り口に「赤丸」を付けている。5–5図では閣監庁の右側の侍衛隊の整列を示す太線の右下の・で、乾清宮の中の現場を直視できる場所である。ダイは事件後に内田領事と面会し、当日のことを尋ねられている。ここでは「日本ノ兵士及ヒ壮士体ノ者王宮ニ乱入セシヲ見タレドモ王妃其他ノ当国人ヲ殺害セルヲ目撃ゼズ又其死骸ヲモ見タルコトナシ[116]」と話している。「具報」には、ダイやサバチンは「立退クベシト請求」され、「同人ハ一時現場ヲ立去リ暫アツテ再ビ出テ来リ傍観セリ[117]」とあるので、２人は全てを見ているわけではない。

内田領事は漢城に滞在する諸国の外交官がこの事件を追及する可能性を予想し、現場を見た２人にどの程度の認識があるかを確認したのであろう。

現場を目撃したダイは、「国王宸殿ノ近傍ニ宿直セシ当国政府雇ニシテ侍衛隊ノ教官」であり、サバチンは「同日『ダイ』ト共ニ王宮内ニ宿直[118]」していた。ダイの宿舎は、内田領事の作成した5–4図によれば、神武門の近くで、乾清宮のすぐ西で宝賢堂の北側に「ダイ等ノ居家」と書かれている。ダイ[119]（W. M. Dye）はアメリカの陸軍大佐で、1890年に朝鮮の兵曹参判[120]になり、王妃殺害事件当時は外国人大闕守備隊の教官であった。高宗によって採用された侍衛隊の教官である。5–5図を見れば、閣監庁の右側にある縦の線は「侍衛隊兵卒ヲ整列セシ位置」とある。同じくサバチン（A. S. Sabatine）は、ロシア人建築家で、乾清宮の中にあって、当時朝鮮で唯一の洋館であった観文閣の工事を指揮監督した人物である。観文閣は1888年２月13日に高宗が再建を命令[121]し、直後に工事が始まり、1891年８月に竣工した[122]。観文閣は御真影と各宮殿の冊宝を奉安するところであり、工事のために御真影は一時長安堂に移して奉安された[123]。再建直後は御真影の奉安所として使われたが、御真影を集玉斎に移し、観文閣は「王妃の離宮」とも呼ばれ、外国客との接見や宴会場として使われた。観文閣は、内田領事の作成した5–4図にある時計台とともに、「韓国の自力的開化への意志を象徴する建築物」であるとされている[124]。当時、高宗は近代文物の受容に関心を示し、乾清宮にはアメリカのエジソン電気会社が設置した電気施設もあり、乾清宮とその前庭に朝鮮で最初に電灯がともった[125]。高宗は開化政策を進めており、新しい設備が景福宮に作られていた。

明成皇后殺害事件は、日本公使三浦梧楼と川上操六参謀次長の密接な関係のもとで起こされた事件であり、三浦梧楼公使の独断によるものではなかった。そして、殺害実行者も日本軍兵士宮本竹太郎陸軍中尉であった。従来、日本人壮士による犯行とされてきた研究は、金文子の実証的研究によって覆された。

この事件の起こされた場所は、景福宮の最も奥にある乾清宮であり、この時期の国王高宗が便殿としても、寝殿としても使用していた宮であった。事件当日、日本人が乾清宮まで到達した経路は、思政殿や修政殿が便殿になっていた時期に、景福宮の北門である神武門から高宗が出御する時に、頻繁に通過した通路でもあった。

この乾清宮は、景福宮の再建後に、火災によってそれまでの便殿であった思政殿などが使用できなくなる中で、便殿として使用され、日本公使との接見の場所にもなっていた。このことは、道案内をしたと思われる荻原警部や内田巡査が、日本公使を護衛して乾清宮に行く時に通過した経験があったかも知れない。

これらを考慮すれば、明成皇后殺害事件は、極めて計画的に実行されたといえる。日清戦争後の日本と中国・朝鮮関係をみれば、この事件は、この後に起こる露館播遷に直結する大事件であった。

3　露館播遷と景福宮

ここでは1896年2月11日に実行された、朝鮮王朝第26代国王高宗がロシア公使館に避身した出来事、露館播遷（韓国では「俄館播遷」という）を検討する。

露館播遷とは、日清戦争後の1895年10月8日（陰暦8月20日）に起こった明成皇后殺害事件の後、夫である国王高宗が身の危険を感じてロシア公使館に避身したことをいう。この事によって、景福宮は国王が居住しない王宮になってしまう。景福宮の歴史にとってきわめて重要な事件である。ここでは、明成皇后殺害事件後の朝鮮の情況、朝鮮とロシアなどの関係を検討することによって明成皇后殺害事件と露館播遷の関連を考える。

次に、露館播遷がどのようにして実行されたのか、韓国、ロシア、日本、欧米諸国などはどのように対応したのかを検討し、露館播遷という重大な出来事と景福宮の関係について考えてみたい。

3-1　明成皇后殺害事件以後の朝鮮

明成皇后殺害事件直後、康寧殿に待機していた大院君は、乾清宮の長安堂に入り、国王高宗と対面した[126]。その時、三浦公使も入闕し、対策について意見を述べた。そして、高宗に内閣を改組させ、第４次[127]金弘集内閣を成立させた。閣僚には宮内部大臣李載冕、軍部大臣趙羲淵、学部大臣徐光範、農相工部大臣鄭秉夏など、親日的な人物が就任した。これによって、三浦公使は、日本の影響力を強めることができると認識した[128]。金弘集内閣は、第３次甲午改革[129]と言われる諸改革を実施した。その中には、太陽暦の採用[130]、漢城での小学校の開校などもあったが、強い反発を受けた断髪令も含まれていた。軍事面では日本によって育成された訓練隊を廃止し、漢城に親衛隊、地方に鎮衛隊を設置したりした。さらに、三浦公使の強要の下で高宗は王妃の廃位を発表した[131]。大院君が景福宮にいて、国王の実権は日本と大院君の影響を受けて制限的であった。

3-2　日本政府の対応

明成皇后殺害事件は、事件当日の10月８日、公使館付武官から海軍軍令部と参謀本部に連絡[132]が入ったことによって日本政府に伝わった。この電報は、陸軍大臣大山巖、首相伊藤博文、外務大臣臨時代理西園寺公望[133]（以下、西園寺外務大臣と略す）に伝えられた。しかし、この時点では事件の詳しい内容は報告されていなかった。日本政府は、事件を知って、朝鮮駐在の三浦公使に日本人の関与などについて報告を求めた。翌９日に三浦公使から西園寺外務大臣に回答[134]があり、三浦公使は「裏面ニハ多少日本人相加ハリ而シテ実ハ本官ノ黙視シタルコト」と回答してきた。現状のままでは「昨年来我国ガ経営シタル事業ハ全ク水泡ニ帰スル」事態となるので、「此際一変動ヲ起」して「王妃ヲ退ソケテ大院君ヲ出」した方がよいと判断したといい、これによって「外交上ノ困難ヲ惹起」するならば「本官ハ処罰ヲ受クルトモ遺憾ナシ」とまで述べていた。

日本政府は、三浦公使が事件に関与したことが明らかになると、事件翌日の９日には事実調査のために、小村寿太郎政務局長を朝鮮に派遣することにした。小村政務次官は、10日に東京を出発し、14日仁川着、翌15日には漢城に到着した[135]。小村政務次官の漢城到着前に、日本政府は三浦公使の召還を決定した。17日に日本政府は三浦公使に帰国命令を出し、同日小村政務次官を在朝鮮日本弁理公使に任命した[136]。さらに、18日には事件に関与した岡本柳之介他20人に韓国からの退去を命じ、22日に仁川発の商船で退去させた。この商船は出帆に先だち急に陸軍御用船に借り上げられ、普通荷客の搭載を禁じ、宇品へ直行した[137]。三浦前公使、京城守備隊長楠瀬中佐なども10月下旬に仁川から「逐次御用船[138]」で宇品へ向かった。

宇品到着後、楠瀬幸彦陸軍中佐を初めとする軍人は、第五師管軍法会議で裁かれたが、1896年1月14日の判決では「事件ニ関与シタル所為ハ総テ罪ト為ラズ因テ無罪[139]」とされた。また、軍人以外の三浦公使や杉村書記官、堀口総領事官補など駐朝鮮官吏は、宇品到着前に免官となり、その他の日本人と共に「謀殺及兇徒聚衆」の罪で広島地方裁判所で裁かれた。しかし、3か月半の審理の結果、翌1896年1月20日、「証憑十分ナラス」として「放免[140]」となった。

一方、明治天皇は、朝鮮王妃が死亡したので、10月21日に朝鮮国王を慰問するために井上馨を派遣した[141]。井上馨は、三浦梧楼の前任公使であり、三浦梧楼を韓国公使に推薦した人物でもあり、伊藤博文首相とは盟友である。小村公使にとっては20歳も先輩の外交官である。

井上馨は、10月24日に東京を出発し、31日に特派大使として漢城に到着した。西園寺外務大臣から井上馨に宛てた「機密内訓第4号[142]」によれば、井上特派大使の任務は「事変竝ニ其以来ノ情状ヲ観察シ且将来如何ノ形勢ニ成行クヘキヤヲ考察」することであり、三浦公使の前の公使として朝鮮の事情に通じており、各国公使と「旧交」もあるので、彼等と「面会交談」することであった。そして、小村公使に「助言」することでもあった。

井上特派大使は、漢城に到着後、早速活動を開始した。国王高宗に拝謁し、在漢城各国公使に会い、日本政府の見解を述べるなどした。

以後、11月15日の帰国までの半月間に井上特派大使の行ったことは、高宗国王を危険におとしめている大院君や軍部大臣などを日本軍を使って追放することであった。井上特派大使と小村公使は、連名で西園寺外務大臣にほぼ毎日電報を送り、日本軍の使用を求めている。「目下京城ノ情況不穏国王ノ身辺危険ニ迫リ居」り、「各国公使等ハ我兵ヲ以テ速カニ宮城ヲ護衛スルコトヲ頻リニ勧告シ居レリ」と言うものである。国王の危機とは「国王ヲ強迫シテ王ノ意ニアラサル勅令ヲ出シ王ノ言行ヲ束縛シ居ル」ことである。井上特派大使が日本軍を出動させるべきであると主張する理由は、各国公使の要請を受けいれて日本軍を出動させなければ、米国公使の言うように「露国ハ之ヲ口実トシテ或ハ露国水兵ヲ王城ニ入レ内政ニ干渉スルノ端緒ヲ開ク[143]」ことになるというものであった。井上特派大使の主張は、全て各国公使の要請を根拠にしている。

これに対し日本政府は、一貫して「我政府カ此際主導的行為ヲ執ルコトヲ許サヽル」[144]という方針を堅持した。そして、井上大使のあまりの強硬意見に対し、日本政府は直接ロシア政府などに問い合わせ、井上特派大使の言う各国公使の要請という事実を否定している。11月13日になると、伊藤総理大臣が西園寺外務大臣に電報を送り、在日露国公使や仏公使との談話や本国への電報などからは「全ク井上大使ガ我兵ヲ王宮ニ入ルヽノ張本人タリト認メラレタルコト明カ」であり、「井上ガ今日ノ所論ヲ固守シ在京城各国公使ニ対スルハ我政府ノ主意ニ違フノミナラス甚ダ危険ノ地位ニ陥イルノ畏レアリ」[145]と強く主張し、井上大使にこの旨を訓電せよと命じている。陸奥外務大臣も西園寺外務大臣臨時代理に、伊藤総理大臣の意向として「井上ハ成ルヘク早ク京城ヲ引キ取ル様勧告アリテ然ルベシ」[146]と伝えている。それでも井上特派大使は自説を主張したが、遂に政府との意見の違いを認め、これらの訓電を受けて、「最早滞在ハ無用ト困難ノ位置ニ立」ったと述べ、朝鮮王宮や政府内の混乱、外国人の感情については、「電信位ニテ御了解ハ難カルベシ」[147]と無念の情を述べている。

強硬派の井上は、明成皇后殺害事件でもまだ朝鮮王朝が意のままにならないことに不満を持っていたことになる。しかし、高宗にとっては、大院君が景福宮に居り、親日派政権によって設置された親衛隊が景福宮を監視する下で、さらに井上特派大使の日本軍による王宮占領策謀に悩まされる日々であった。同時に井上馨特派大使が漢城を離れる11月15日までの半月間、小村公使にとっても先輩外交官が滞在し、政府の方針との調整など大変な日々であった。

3-3　駐朝鮮欧米各国公使の対応

朝鮮に駐在している各国使臣は、明成皇后殺害事件の当日8日午後3時に、「打揃ヒ」日本公使館に来館し、「今朝事変ノ顛末」を尋ねた。その中で、ロシア公使は事件の概要を把握していて、三浦公使を問い詰めた。三浦公使はロシア公使の述べた事実を否定しつつも、「此事変ハ頗ル重大」なので、「看過スル能ハサルモノ」と答えた。ロシア公使は「斯ル事変ノ起リ来ルハ如何ニモ残念」[148]と抗議して引き取った。ロシアが最も強く抗議していて、10日には西園寺外相が在東京ロシア公使と面会し「双方ノ誤解ヨリ生スル衝突ヲ予防スルノ必要ヲ説」[149]くほどであった。三浦公使の報告[150]によれば、露米の公使が中心になって、各国公使がたびたび会議を開き、「各国干渉シテ王妃殺害ノ罪人取調」べるべしとか、「新政府ヲ認メス」とか、「廃后ノ通知ヲ斥」けるなどを協議し、特に「露公使ハ激怒」して主張した。と同時に、同報告では英独仏は「余リ熱心ナラス」とも記している。その後もロシア公使は駐朝鮮日本軍の撤退を要求したりして抗議を続けている。しかし、他の国に駐在している日本公使からの報告を見ても、批判は沈静化している。在独青木公使からは、10 月 31 日にドイツの外務大臣が、日本の「守備隊ノ京城ニ在ルハ秩序保全ノ為メ必要」と認めたと報告[151]が来た。11 月５日には、在米粟野公使からは、米国務長官との面談で「朝鮮ニ他意ナキコトコトヲ宣言」すると「米国政府ノ大ニ満足」する所になったと報告[152]してきた。また、同日、イギリスの加藤公使からは、ソールスバリー侯に面会し説明すると「我国ノ勢力カ朝鮮ニ普及スルコトニ付毫モ反対ノ意ナキハ明瞭」と報告[153]してきた。

以上のように、親露政策をとっていた明成皇后が殺害された事件では、ロシア政府は日本に強く抗議したが、三国干渉では歩調を合わせた独仏を始めイギリスやアメリカは朝鮮での事件に大きな関心を示さなかった。このことも高宗には大きな危機意識を持たせた。

3-4　春生門事件

このような状況の中で起こったのが「春生門事件」である。この事件は「景福宮に監禁され身辺が危ない高宗を春生門を通って宮城の外に脱出させようとしたもの[154]」である。当時、国王高宗は乾清宮で起居していたが、そこに近い春生門付近で起こったので、「春生門事件」と呼ばれるようになったといわれている[155]。たとえば、『日本外交文書[156]』に収録されている小村公使や内田領事からの電報の題目は「王宮襲撃」「王城襲撃」という用語が用いられ、「春生門事件」という用語は使用されていない。

春生門事件は 1895 年 11 月 28 日未明に起こった。27 日の深夜ともいえる。この事件の起こる前、類似の事件が、11 月３日に、公使館付武官の田村中佐から参謀本部の川上操六中将に送った電報で報告されていた。それは明成皇后殺害事件後、ロシア公使館に逃げ込んだ旧侍衛隊の大隊長が「国王ニ露国公使館ニ行幸」を勧める密書を送り国王は「宜シク頼ム」との返書を与えた、という「風説[157]」である。まさに露館播遷に近似した「風説」である。しかし、この「風説」は、翌日小村公使によって「事実ナキ事[158]」と西園寺大臣に報告され、否定されている。

そして事件当日の 11 月 28 日になる。『日本外交文書』（28-1）には、小村公使が西園寺外務大臣に送った電報が、この日だけで４本、内田領事から１本、その途中で西園寺大臣が陸奥外務大臣と井上馨に送った電報が１本、合計６本の電報が収録されている。そして、漢城の田村中佐からの電報の内容を、西園寺外務大臣臨時代理が陸奥外務大臣と井上馨へ送った報告にあるように「其成リ行分カラズ」[159]である。事件当日の小村公使の認識では、「現内閣ニ反対スル或ル部分ノ者」が、旧侍衛隊を煽動し、王宮護衛の親衛隊と連絡を取って「王宮ヲ襲ヒ内閣ヲ乗取ラントノ陰謀」[160]が行われたというものである。明成皇后殺害事件以後、侍衛隊と訓錬隊を統合し、中央に親衛隊、地方に鎮衛隊が作られていた。

小村公使は、事態を詳しく把握するのに2日ほどかかり、30日にある程度詳しい事態を報告している。しかしこの報告は手紙[161]なので、日本では翌1896年1月10日に接受している。小村公使の認識できた内容は、「首謀者」は「10月8日ノ事変ニ際シ現政府ノ反対ニ立ツ」者、または「米館内ニ潜匿」していて、米国公使館の書記官「アルレン」氏と「平素最モ親シム所ノ王妃党」の者である。そして名前が記されているのは、李範晋、李充用、李完用、玄興澤、李夏栄、李采淵、閔商鎬、尹致昊父子、李学均などであり、「安駉壽、李載純等ノ輩主トシテ計画シタルモノニ無相違」と把握している。そして、アメリカの「アルレン」以外に「アンダーウード」「アツペンゼイラ」「エビソン」がこの「陰謀」を助けているとも述べている。各国公使が参与した理由は「感情的ニ王妃ノ横死ヲ憤慨シ復讐的ノ念ニ出テ竟ニ陰謀ヲ助クルニ至レルモノ」であり、その目的は、明成皇后殺害事件に対する「復讐ノ念ヲ抱キ現内閣ヲ顚覆セントノ陰謀」である。

この報告によれば、小村公使は事件を事前に察知していた[162]。事件前日の27日午後4時頃「探聞」し、午後5時に内閣に行って「内輪ノ景況等取調度且ツ能フナラバ之ヲ事前ニ防遏スル様勧告致度」と望んだ。そして金弘集総理や魚允中度支部兼軍部大臣などに面会した。金弘集内閣も事件を察知していて防御策の検討で忙しかった。ところが、その場に、小村公使が首謀者と認識していた李範晋から親衛隊第2大隊長李軫鎬[163]への手紙が届き、「今夜都合アリテ事ヲ挙ル運ニ至ラズ」と伝えてきたという情報が入り、小村公使は帰館してしまった。ところが、その日の深夜に事件が起こったのである。

ところで、露館播遷やその直前に起こった春生門事件について、日本ではあまり研究されていない。韓国では、韓露関係史の研究者によって、多くの研究が公表されている。以下、春生門事件について、代表的な研究成果と思われる金英秀の著書[164]によって概要を見てみよう。

春生門事件の中心人物は、侍従院卿の永平君李載純と侍従林最洙である。李載純は、特別な科挙である宗親庭試文科に合格し、彼の養父永平君李景應と共に1882年から続いて宗親執事に任命され、宗親と緊密な関係を維持していた。王族の1人でもあり、高宗とも近い関係にあった。さらに、李載純は壬午軍乱当時、明成皇后が漢城を抜け出して忠州長湖院に避難した時に活躍し、高宗と明成皇后の信任を受けていた。以後、李載純は司憲府大司憲、刑曹判書など重要官職を歴任し、三国干渉直後に宮内部侍従院卿に任命された。このような王室との関係から、春生門事件当時、侍従院卿という地位にあって、権力を強化したいという高宗の意志を忠実に遂行できる人物であり、宮内部の侍従林最洙を始め、多くの宮内部の人物を動員することができた。先に見た小村公使の報告では「首謀者」は李範晋、李充用、李完用、玄興澤、李夏栄、李采淵、閔商鎬、尹致昊父子、李学均を「第一」とし、「安駉壽李載純等ノ輩主トシテ計画シタルモノニ無相違シ」[165]とされ、「首謀者」ではなく「計画者」と認識されていた人物である。

春生門事件には、中心人物である李載純と林最洙以外にどのように人物が関与したか。林最洙は、11月中旬に細部計画を作った後、日本守備隊の妨害を阻止しようと、親衛隊に編成された「旧侍衛隊」の兵力を自らも動員する一方、各国公使館に兵力支援を要請した。そのために、尹致昊の父親である前南兵使尹雄烈を説得した。この過程で前軍部大臣安駉寿の後援を取り付けた。

李載純と林最洙はロシア公使館の支援を要請した。これによって親露派とされた李範晋などと連結がついた。同時にロシア公使ベベルは春生門事件当日、ロシア領事ロスポポプを中心に将校と兵士を宮殿に派遣した。

また、李載純と林最洙は、外務協辦である尹致昊を通してアメリカ公使館の後援を要請した。これによって、アメリカ公使館の支援だけなく、各国公使館員と領事などの支援も受けた。それらは、朝鮮駐在イギリス総領事ヒッリオ（Walter C.Hillier）、アメリカ公使館書記官アレン（Horace N.Allen）、宣教師アンダーウッド（Horace G.Underwood）、アメリカ公使シル（John M.B.Sill）、ヨークタウン（Yorktown）号艦長フォルガー（W.M.V Folger）と中尉スチブン（Steven）、ロシア公使ベベル（K. N. Bebep）、ロシア軍事探検責任者ソコブニン（Соковнин）大尉、ロシア公使館書記官事務代理シュテイン（IIITeИH）などである。春生門事件には、朝鮮駐在の各国公使や領事、宣教師など、多様な人物が関与することになった。

それでは、李載純と林最洙は、高宗とどのようにして連絡を取ったか。林最洙は、明成皇后殺害事件の時に光化門を守備していて死亡した洪啓薫の親戚である洪秉晋を利用した。洪秉晋は、宮内部会計院出納司主事で、準備初期から林最洙と連絡を取っていた。洪秉晋は洪啓薫の妹である洪尚宮に意志を伝え、宮殿に出入り可能な洪尚宮を通じて高宗と連絡をとった。さらに、高宗は11月18日、洪尚宮を通して「林最洙は信じることが出来る臣下で、大小臣民が全て賛意を主張するなら、どうして押さえられだろうか」という「密旨」を李載純と林最洙に出した。[166] その上に、高宗は春生門事件が起こる直前に李道徹と林最洙などに「宮城を保護し凶逆を殺せ」と督励する「密旨」を出した。[167]「逆賊」とは金弘集内閣である。以上のように、李載純と林最洙は宮内部の人脈を使って高宗と連絡をとり、事件に関する高宗の事前承認を得ていた。

このことは、小村公使の手紙からも伺える。事件当日、乾清宮の近くの「ダイ」の当直所にいたアメリカ人「リゼンドル」「アンダーウード」「アツペンゼイラ」「エビソン」「ニンステツト」「ダイ」の6人は乾清宮に入ろうとして哨兵と押し合いになったが、宣教師の「アンダーウード」と「エビソン」が乾清宮に入り、李載冕宮内大臣と金弘集総理が「国王ノ左右ニ陪侍」している中で、「アンダーウッド」は国王に「驚キ給フコト勿レ何事モナク只今鎮静スヘシト」と「恰カモ事ノ成行ヲ熟知シタルガ如キ語調ヲ以テ奏スル所アリ」と記されている。[168] これは、国王とアメリカ人宣教師「アンダーウード」が事前に成り行きを打ち合わせていたことを示すもので、小村公使も「恰カモ事ノ成行ヲ熟知シタルガ如キ」と認識したのである。

では、当日、事件はどのように推移したか。中心人物の李載純と林最洙は10月末に春生門事件の全体計画を作り、11月中旬に細部計画を作り上げた。その後、外国公使などの援助を取り付け、自らも旧侍衛隊将校を動員した。将校等は明成皇后殺害事件後、休職させられ、金弘集内閣に不満を持っていた。旧侍衛隊、即ち改組後の親衛隊は2大隊編成で総兵力1600余人であったが、当日はその約半数、800余人の兵力を動員した。この時、宮殿の門を開ける約束をしていた親衛隊第2大隊長李軫鎬は、以前から李範晋と連絡を取っていたが、事態が不利と判断して、金弘集内閣に計画を漏洩していた。

事態の展開は、28日の朝になって、小村公使が宮殿に行って金弘集総理、魚允中度支部兼軍部大臣などから聴いた話に詳しい。[169] 昨夕、小村公使らが「首謀者」と見ている李範晋から夜中に李軫鎬に再度手紙が届き、今夜実行するので「春生門開放ノコト手抜無之様」とのことなので、金弘集内閣は実行を確実視し、対策を準備した。28日の未明、午前1時頃、3発の号砲と共に兵800人と刺客40人が春生門に押しかけた。春生門を明けろと叫び、門内から内応がないので、一部は城壁を乗り越え門内に入った。守備していた訓錬隊4小隊と光化門の守備隊も合流して、鬨の声をあげて対応すると不意の突撃に親衛隊員は退却してしまい、李道徹、南萬里などは取り押さえられ、刺客4人、兵5人も捕獲された。また、親衛隊の1隊は春生門の西側の北牆門に押しかけ、一部は門を破壊して潜入した。そこで歩哨兵が一斉に銃を放つと、多数の兵がいると誤認した親衛隊員は退去してしまった。春生門付近はこのような状況になったが、内部では「アンダーウード」など外国人が乾清宮に押しかけ、国王の近くまで行って、国王に「驚キ給フコト勿レ何事モナク只今鎮静スヘシト」と言っていた。そして、これらの外国人は、「払暁ニ及ンデ悄然トシテ引挙」げた。

この結果、国王を避身させるという春生門事件は失敗に終わり、李載純、林最洙を始め、李道徹、南萬里、李忠求などは逮捕されてしまった。小村公使は、28日正午にアメリカ公使館を訪問した。書面で連絡してあったこともあって、各国使臣が集まっており、小村大使が今朝の事件の見聞を話すと、各国使臣は「別段聞込タル事ナシ」と答え、「就中露公使ノ如キハ最初ヨリ頭ヲ垂レ黙々」としていた。この結果、その後も、特に露米公使は、面会しても「11月28日ノ事変ハ可成之ヲ避」け、「随テ昨今10月8日ノ事変ノ如キモ」話題にならなくなったと[170]いう。外国人が関係した春生門事件の失敗によって、日本は明成皇后殺害事件による失態を挽回してしまった。

それでは、事件の現場である春生門はどこにあるのか。景福宮の建物・門などは、植民地期に撤去されたために、それ以前の景福宮の姿を知ることができるのは「北闕図形」である。「北闕図形」は、1907年前後に製作された、韓国の国立文化財研究所所蔵本と奎章閣所蔵本の2つだけ[171]が残っている。前掲の5–1図「景福宮北側の門」は、景福宮の北側、乾清宮の北側の拡大図[172]である。春生門は景福宮の城壁の外側にある城門である。景福宮では、東には「春」が、西側には「秋」が、門などの名称に使われている。東の大門は建春門で、西の大門は迎秋門である。事件の現場は「春生門」であり、その西には春和門、春到門がある。図にはないが、北の大門である神武門の西側には秋成門がある。春生門は、「柱長13尺5寸、道里14尺、樑12尺[173]」という規模で、秋成門の「柱長14尺、道里13尺、樑13尺」という大きさに対応している。東の大門である建春門から春生門までは291間で、神武門までは137間半である。1間＝6尺＝1.818メートルで計算すると、建春門から春生門までは529メートル、春生門から神武門までは250メートルである。

春生門事件の中心人物である李載純と林最洙などが、高宗を景福宮外に避身させるために北側の大門である神武門を使わない場合、乾清宮に近く、外部に通じる門は広武門と武寧門である。この2つの門は対になっていて、外から広武門を入ると武寧門がある。この門までは春生門からは春和門と春到門を通過する必要がある。しかし、広武門と武寧門を通過してしまえば、乾清宮に到着するので、極めて便利な門である。しかし、この「北闕図形」には小村公使の手紙にある

「春生門ノ西側ナル北牆門」[174]は記されていない。乾清宮に入る広武門などを、名称が分からずに「北牆門」と記したのかも知れない。春生門事件は、景福宮の東側、建春門の方から景福宮を廻って来ると最初に通る門であり、ここまでしか行けなかった李載純と林最洙などの計画は不十分なものだったと言えよう。

3-5　断髪令と義兵・「高宗廃位説」

朝鮮では、1895年9月9日に太陽暦を採用し、1895年11月17日を1896年1月1日にする詔書を出した[175]。明成皇后殺害事件後、日本の影響下にある金弘集内閣が行った第3次甲午改革によるものであった。春生門事件が起こったのは、太陽暦採用の詔書直後の10月12日であり、春生門事件の失敗によって、朝鮮政府内での宮内部の影響力は弱まった。

第3次甲午改革の政策の1つに断髪令があった。断髪令は、太陽暦採用の2日前の1895年11月15日に出され、高宗は早速断髪した[176]。断髪令は金弘集内閣による太陽暦の採用とともに実施された。明成皇后殺害事件、断髪令、太陽暦採用などが重なり、旧習を重視する大多数の朝鮮人から反発を受けた。断髪令への反発は、親から与えられた身体の一部を切ることは親不孝であるという気持ちであり、これに伴って洋装が普及し、日本商品が流入する事への不安もあった。

断髪令への反発は、明成皇后殺害事件（乙未事件）に後に起こっていた義兵闘争を一層盛り上げた。「乙未義兵」ともいわれる蜂起は、露館播遷と密接な関連があった。代表的な義兵将には、利川・驪州の朴準英（2000余人）、春川の李昭応（1000余人）、堤川の柳麟錫・徐相烈、江陵の閔龍鎬、洪州の金福漢、山清の郭鐘錫、聞慶の李康秊、長城の奇宇万などである[177]。義兵闘争は、朝鮮の軍隊や日本軍と激戦を繰り返したので、高宗を鼓舞することになった。

また、明成皇后殺害事件に関係したと目され日本で取り調べられていた三浦梧楼が1896年1月20日に無罪放免になったことも、反日気運を高めた。さらに、高宗に露館播遷を実行させる要因になったのは、1896年1月29日に親日派の趙義淵が軍部大臣に復活したことである。そして、日本人が高宗を殺害するという噂[178]が広まり、高宗を恐怖に陥れた。

さらに、露館播遷直前に、金弘集内閣による「高宗退位説」[179]が高宗に伝えられた。これは明成皇后殺害事件以後、ロシア公使館にいた宮内部の李範晋などが、高宗に露館播遷を決断させるためにとった手段である。春生門事件で李載純は逮捕されたが、李範晋は逮捕されず、宮内部勢力も一定の力が残っていた。李範晋は、李充用、李完用など、春生門事件後もロシア公使館やアメリカ公使館などにいた勢力と連絡を取り、明成皇后の死後に高宗に寵愛を受けていた厳尚宮を通じて高宗に書翰を渡した。厳尚宮にはロシア公使館から物品を送るなど密接な関係を維持していた。この事実は、小村公使も露館播遷後の２月17日に「予テ露館ヨリ物ヲ贈リ歓心ヲ買ヒ置ケル宮女厳氏（国王ノ愛嬪）ノ手ヲ経テ閣員日兵ト共謀シ陰ニ不軌ヲ図リ方ニ闕ニ入リ国王ヲ廃セントス時機切迫甚タ危険ナリ速ニ露館ニ播遷アツテ禍害ヲ免カレ賜フニ如カズ」と報告している。即ち、ロシアから贈り物をするなどして国王の寵愛を受けている厳尚宮の手を経て、内閣が日本軍と共謀して高宗を廃位しようとしており、時期が切迫していて甚だ危険なので、露国公使館に避身するのが良いと高宗を説得したというものである。李範晋らは、この手紙を託した厳尚宮に対しては、「若シ奸臣等国王ヲ廃スルノ日ハ厳嬪ノ身上亦タ甚タ危[180]」ないと説得した。

この「高宗廃位説」は、高宗の露館播遷の決断に大きな影響があった。この「高宗廃位説」を流した李範晋らは、２月９日に高宗の露館播遷を計画していた。しかし、高宗はロシア公使館の兵力が少ない事を知り、自分の身辺の安全に対する不安を抱き、この日は実行しなかった。また、国王が外国公使館に避身する政治的負担感、露館播遷による民心の動揺など、行動を躊躇させる要因が多かった。このような状況の中で、「高宗廃位説」は、高宗の身の安全と政治的負担感を解消して、露館播遷を実行する大義名分になった。

3-6　露館播遷へのロシアの対応

ロシア政府、または朝鮮駐在ロシア公使が、露館播遷にどのように関与したかについて、日本には研究が見あたらない。朝鮮とロシアの関係史だからであろうか。ところで、韓国にはこれに関する研究がある。ここでは、前掲の李敏遠[181]と金英秀[182]の研究に依拠して整理してみよう。

露館播遷は高宗がロシア公使館に避身した出来事である。この事件に対して、ロシア政府はどう対応したのかは、重要な事実である。この時、朝鮮に駐在していたロシア公使は誰だったか。事態は若干複雑である。

露館播遷が実行される１か月ほど前に新任駐朝鮮ロシア公使にシュパイヤー（Alexis de Speyer）が任命され、1896年１月８日、ソウルに到着した。一方、前駐朝鮮ロシア公使ウエーバー（karl I. Waeber）は、すでに1895年９月11日にメキシコ駐在公使に発令されていた。しかし、新任公使が着任するまでは待機せよとの指示を受けて、漢城に滞在していた。これによって２人のロシア公使が滞在することになった。

新任公使のシュパイヤーは、1885年から1890年まで、駐日公使を歴任した日本通で、さらに1885には朝鮮政府にロシア人軍事教官を招聘する問題に関わった事もあった。そして、朝鮮に赴任する前に、東京に行って駐日公使ヒツロボ(Mikhail Aleksandrovih Khitrovo)、伊藤総理や西園寺外相と面会し、朝鮮問題を話し合った。伊藤らは日本政府は朝鮮の内政に干渉しない、朝鮮の独立を尊重するなどと言った。しかし、赴任した朝鮮では王妃殺害や断髪令の強行に対し義兵闘争が展開され、政府内では日本人顧問が実権を持っていた。このような状況をみて、シュパイヤーとウェーバーは、朝鮮政府から親日官僚を除外することを考えた。そのために反日勢力を支援する事を目論んだ。[183]

シュパイヤーは、ロシアの外務大臣ロバノフに、朝鮮支援のための全体的な計画の作成を進言した。しかし、露館播遷の前後約1か月、ロシアと朝鮮の電信が途絶していて、東京を経由して首都ペテルスブルグに電報が届くまでに急いでも3日間程度かかった。

このような状況で、シュパイヤーは1896年1月22日に、ロシア政府に高宗がロシアの援助と介入を求めていることを打電した。これに対し、ロシア政府からは、朝鮮の政府を顚覆することの意味と手段を考慮せよと返事が来た。しかし、この時は朝鮮とロシアの直通電信は途絶していたので、日本経由で送られ電報には日本公使ヒツロボの見解も入った。ヒツロボは、シュパイヤーの主張に驚愕し、慎重な対応を求めた。これに対し、シュパイヤーは、1月28日に、朝鮮では上下全てが日本を憎悪していること、日本が朝鮮を飲み込む状況で、日本との協商は不可能で、朝鮮の独立を保つには日本と同程度のロシア軍の派遣が必要であると打電した。これに対して、2月1日に、ロシア外相ロバノフから、シュパイヤーの案に原則的は賛成だが、軍隊の派遣は拒絶するという訓令が届いた。[184]

その後の交渉も、電信の途絶で時間がかかった。シュパイヤーは露館播遷の1週間前にロシア政府に計画を打電したが返事をもらえなかった。このためにロシア政府は露館播遷について事前に承認、若しくは反対の立場を朝鮮のロシア公使館に伝えられなかった。したがって、露館播遷は駐朝鮮公使のシュパイヤーの判断と責任で実行されたことになる。[185]

3-7　高宗の動き

李敏遠と金英秀の研究はロシアに残された資料によっている。特に金英秀はロシア外務部の対外政策文書保管所と海軍部の海軍艦隊文書保管所に所蔵されている資料を使用している。これらの資料からは、露館播遷に関して高宗の強い意志を読み取れる[186]。その経過を見ておこう。２人の研究にはほぼ同じ経過が記されている。

高宗は、シュパイヤーが着任した翌日の1896年１月９日、李範晋を通して、ロシアからの援助を待っていること、自分は日本の妨害で皇太子にもあえないことなどを訴えた秘密の手紙を送った。

さらに１月12日に新任公使のシュパイヤーがウエーバーと共に信任状を提出した際に、高宗はシュパイヤーにロシアの援助を求めた手紙を渡した。それを受けて、シュパイヤーは、前述のように、１月22日にはロシア政府に高宗がロシアの援助と介入を求めていることを打電したが、２月１日に軍隊の使用を拒否する訓令が届いた。

高宗は、１月31日に春川の義兵が地方の火薬庫を掌握し、漢城に進撃してくるとシュパイヤーに知らせた。さらに、高宗は、２月２日には、李範晋を通して、生命の危機を避けるために、皇太子と共に、ロシア公使館に避身したいという秘密の手紙を送った。高宗が露館播遷を決心したことを伝えたのである[187]。この時期、春川の義兵を攻撃するために、王宮を守護する訓錬隊が春川に派遣されていた。

２月３日には、高宗は、訓錬隊の弱化に言及しながら、播遷方法の具体的な内容をロシア公使館に伝えていた。そして、２月７日、高宗は李範晋を通して、９日の夜に避身する予定であるとシュパイヤーに伝えた。しかし、９日には実行されなかった。その理由は、ロシア公使館の守備兵が非常に不足していたからである。

シュパイヤーは、以前からロシア政府に軍隊の派遣を求めていたが、拒絶されていた。この時、春川を始めとした全国での義兵の蜂起は、シュパイヤーが公使館保護を名目にロシアの海兵を入京させるために有利な条件であった。シュパイヤーは、２月１日に、太平洋艦隊司令官海軍中将アレクセイブ（E.N.Ajlekceeb）に、高宗が義兵の蜂起によって危険な状況なので済物浦にロシア軍艦を迅速に派遣することを要請した。だが、アレクセイブはシュパイヤーの行動の問題点を指摘して軍隊を派遣しなかった。そこで、シュパイヤーは、済物浦に碇泊していた巡洋艦アドミラル・コルニルプの艦長ポッツリ・モルラスに大規模な守備兵を派遣することを要請した。アドミラル・コルニルプは、砲艦ポブルとともに停泊していた。これらの軍艦は、自国の公使館を保護するために日常的に碇泊していた。艦長モルラスは、シュパイヤーの要求に同意し、ロシア公使館守備のために海兵を派遣した。しかし、モルラスは、済物浦の天候が良くなかったために、２月９日に海兵を漢城に派遣できなかった。10日に漢城に到着したロシア軍の海兵は、将校３人、巡洋艦アドミラル・コルニルプから100人、砲艦ポブルから32人であった。将校を含むロシア軍の海兵は全体で135人である。砲艦ポブルから大砲１台もロシア公使館に輸送された。この軍隊がロシア公使館を護衛することになった。

3-8　李範晋などの役割

これまで、主体的に行動する高宗とロシア公使シュパイヤーの動きを見てきたが、実際に高宗が景福宮から移御するためには、王宮内の側近の援助者が必要である。国王の移御は自由にできるものではなく、一般には多くの手続きが必要である。しかし、露館播遷は正常な移御ではなく、秘密の行動なので、さらに複雑であった。

李範晋は、高宗の露館播遷の意志を確認すると、アメリカ公使館に逃避していた李完用などと共に、金弘集内閣に対抗する方法を模索した。

李完用は、アメリカ公使シルに朝鮮在駐外交団の招集を依頼し、外国公使館に露館播遷に対する支持と承認を求めた。前外務協辦の尹致昊は日本居留民を保護して外交問題になる素地を防止した。さらに朴定陽は内外の動揺に対処するために高宗の詔勅を発表した。

また、兵力が動員できなくなることに備えて、金弘集内閣の政策に不満を持っていた褓負商を動員した。京畿道、忠清道、黄海道の褓負商数千人が動員された。

ロシア軍の海兵、アメリカ公使などの支持、軍事力としての褓負商などが準備され、高宗の身の安全を確保する準備を李範晋などが行った。[188]

3-9　露館播遷の実行

露館播遷は1896年２月11日の早朝に実行された。その方法は、春生門事件の時にも試みた駕籠を利用する方法であった。

国王が政務を執る思政殿から景福宮の外に出る場合、思政殿の閤門（便殿の前の門）の外で輿（여）に乗って、勤政門の外で輦（연）に乗り換えて出宮した。[189]つまり、国王は尚宮の乗る駕籠には乗らない。

また、金英秀の研究[190]によれば、高宗の駕籠は、景福宮の西の正門である迎秋門から出ている。当時、高宗の便殿であった乾清宮からは比較的近い門である。しかし、乾清宮から迎秋門までの通路は金英秀の研究にも記されていない。景福宮内の高宗の空間認識、高宗の行動範囲などを研究した安熙敬の研究にも記されていない。従って景福宮内の通路は現時点では判明していない。しかし、安熙敬の研究によれば、高宗は乾清宮を出発し迎秋門から宮闕外にでるという経路を使っていない。迎秋門へは思政殿の閤門の思政門－勤政門－興礼門－用成門－迎秋門という行程がある[191]。高宗が景福宮の外に出る場合に使用する門は、正門の光化門と北門の神部門である。

高宗は迎秋門から宮闕を出たが、この点でも高宗の移御は計画的であった。乾清宮から迎秋門へは、5-4 図・5-5 図に見るように、建善門－広臨門－維亨門－

5-6 図「景福宮からロシア公使館への経路」

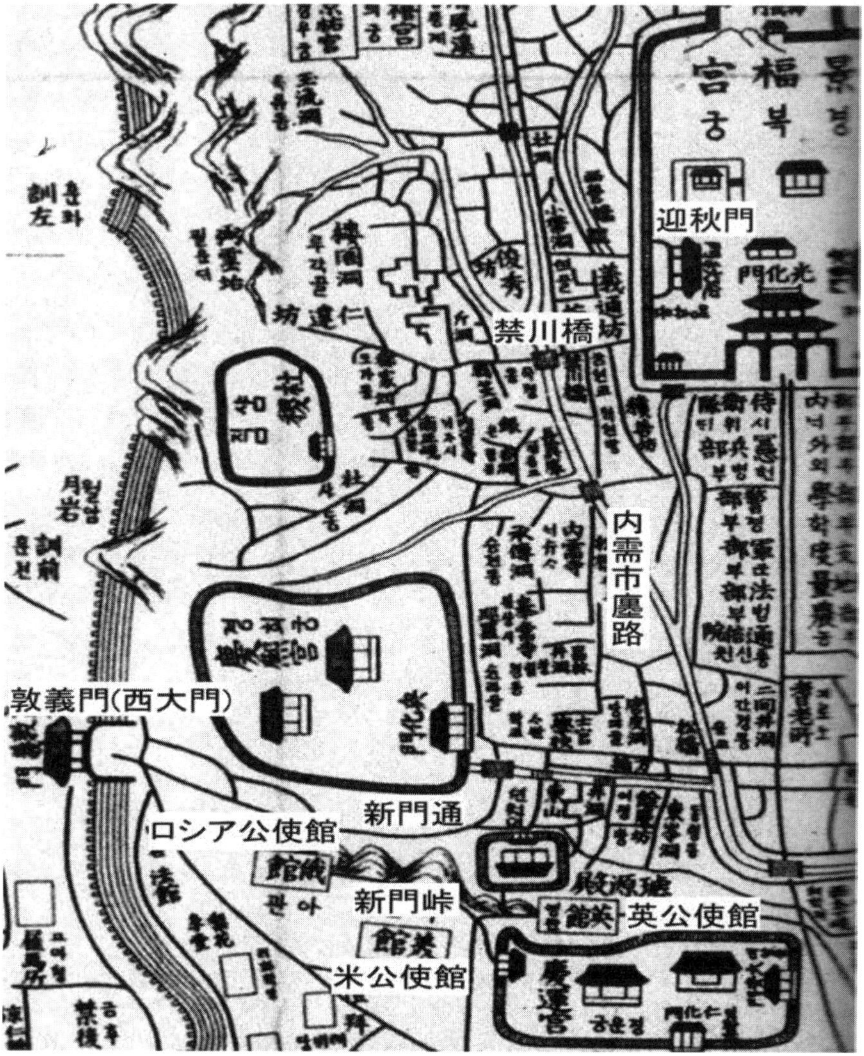

雍和門－辰居門－臨康門－迎秋門という行程が考えられる。高宗が光化門から出御する際に通る通路とは異なる行程である。この景福宮の西側を通る行程は、明成皇后殺害事件の際に、日本人の軍人などが通過した通路に近いものでもある。

高宗の移御のために、李範晋は、奎章閣の閣監であった李基東の従妹の李尚宮を説得した。当時、李基東は李尚宮が宮殿に入るとき、駕篭を護衛していた。[192]

尹孝定の『韓末秘史』[193]によれば、金英秀[194]が記しているように、閣監李基東の従妹の李尚宮は親族一家のいる本家が弼雲臺にあり、夜は本家の母親を見舞っていたが、昼は景福宮に奉職しており、夜の12時に駕籠に乗って閣監李基東が随後して、監査を受けて門を通り、迎秋門から景福宮を出て本家に行き、未明に帰還した。これを数次にわたって行い、宮闕の警戒を緩めることができた。

高宗は早朝に寝付く習性だったので、早朝の移御を守備隊は予期しておらず、監視から抜け出すには都合が良かった。高宗は、午前1時頃、李尚宮の駕篭に乗り迎秋門を出た。閣監李基東が随後していたので検査はなかった。こうして高宗は景福宮外に移御した。

では、景福宮からロシア公使館まで、どこを通っていったか。金英秀は、尹孝定の『韓末秘史』やロシア語の文献などを使ってロシア公使館への通路を示している。[195]ロシア公使館への通路は、迎秋門→禁川橋→内需市廛前路→新門峠→ロシア公使館という行程であった。禁川橋で4人の駕篭に乗り換え、新門峠に李範晋などが待機していて陪従した。陰暦12月29日、早朝の7時頃にロシア公使館に到着した。景福宮からロシア公使館への経路を古地図で確認してみると、景福宮の近くの禁川橋には禁清橋と表示するものもあり、古地図には町名はあっても、通りの名前は記されておらず、正確な行程はわかりにくい。1900年に作成された古地図によって、景福宮からロシア公使館までの通路を当てはめてみると、5–6図「景福宮からロシア公使館への経路」[196]のようになる。ここでは、内需市廛前路を確定することは難しい。「内需寺」という寺が確認できるので、その付近であろう。禁川橋や新門峠などは、古地図からも判明する。

景福宮からロシア公使館までの距離は4 kmほどであるが、高宗の駕籠は6時間もかかった。国王の移御は大変なことであったといえよう。

高宗の露館播遷によって、景福宮は国王の居住しない宮殿になってしまった。露館播遷は、日本による明成皇后殺害事件後に親日内閣が成立し、日本によって訓練された訓錬隊（親衛隊と鎮衛隊）が王宮を護衛することによって、蟄居状況になった高宗が、ロシア公使スペンサーや宮内部に影響力を持つ李範晋などの支援と援助を受けつつ、積極的に関わって起こした事件といえよう。高宗は、露館播遷後、即座に新内閣を任命している点でも準備をしていたと考えられる。

露館播遷は、日本の朝鮮侵略に対してロシアの支援を受けつつ処置しようとしたものであった。しかし、その結果ロシアの内政干渉を受けてしまう事件でもあった[197]。

4　大韓帝国期の景福宮

4-1　増築補修された景福宮

露館播遷によって、景福宮は再建30年で再び国王が居住しない王宮になってしまった。では、この時期の景福宮はどうなっていたか。

初代朝鮮総督寺内正毅の伝記『元帥寺内伯爵伝』では、物産共進会の会場となった景福宮を「閔妃去世の後国王還宮せられて人の之を修築するもの無く秋草離々として空しく鷓鴣の巣ふに委せし[198]」と記している。また、朝鮮総督府の発行していた『朝鮮彙報』の「物産共進会[199]」特集号では、景福宮の様子を「日清戦役後突発せし事変」によって「亦も帝家をして居」を昌徳宮に移させ、景福宮の「殿堂半ば朽廃し、禁苑久しく草莱の繁るに委して、狡鼠徒らに残墟に巣ひ、鷓鴣空しく廃苑に遊ぶの惨景を呈せり[200]」と記している。ここでは、日清戦争後の明成皇后殺害事件、その後の露館播遷によって国王が「居」を移したために景福宮は、殿堂は朽ち、草木が繁茂し、鼠が巣を作り鷓鴣（シャコ）が飛び交うほどに荒廃していると記している。この記事の目的は、物産共進会の会場を景福宮に決めた理由を述べた箇所なので、景福宮が荒廃していたために会場として使用したと述べているといえる。したがって過大に荒廃を強調している可能性はある。

現実の景福宮は、この記事のように荒廃に任せて放置されていたのではない。以下にその事実を見てみよう。

この時期、景福宮には国王はいないが、王室は儀礼空間などとして使用していた。そのいくつかを見てみよう。

光武4（1900）年3月23日に繍針房と行閣、慈慶殿、齊壽閣、巡検居接処を修理する費用595元49銭8里が予備費から支出されている[201]。「王室を補助する所を生活できるように修理した[202]」と推測されている。修理された建物のなかの慈慶殿は、壬辰倭乱の時に焼失したが、高宗2年（1865年）に再建された。その後高宗10年（1873年）火災で焼失し、再び再建された。慈慶殿は景福宮の燕殿、すなわち国王の休息の場所である。交泰殿の後山、峨嵋山の東側にあって、紫薇堂と並列して建っており、共に行閣や門を持つ大きな建物である[203]。国王の休息の場所が修理されるということは、景福宮が無人の場所ではなかった証である。

また、光武4年（1900年）10月1日には、議政府議政臨時署理賛政内部大臣が、景福宮と昌徳宮の璿源殿に1室を増建する費用6万957元76銭8里を度支部に請求し、この費用が予備費から支出されている[204]。この時には、昌徳宮や慶運宮の殿閣も修理や新設されている。璿源殿は、高宗4年（1867年）に慶会楼などと共に重建[205]された建物で、景福宮の北東方向、乾清宮や香遠亭の東側にあって、行閣の内には内齋堂や拝位庁などがあるように、太祖以下歴代の王と王后の真影を安置したところである。1室の増設は、先祖の国王の位牌を祀る部屋を増設したのであろう。この地域は先祖を祭祀する重要な場所で、植民地時代になっても残されていた。

さらに、光武8（1904）年4月28日に昌徳宮と景福宮の各殿閣の修理費7万540元88銭が予備費から支出された。このうち景福宮の費用は3万4345元4銭[206]である。修理されたのは、殿閣861間半（雨漏及墻垣修築）、行閣5115間、外宮墻955間、内宮墻570間、土墻300間である。この時期には景福宮、昌徳宮などだけでなく、慶熙宮、慶運宮なども補修された。その予算が合計で17万1725両2銭であり、景福宮には3万4345元4銭が使われた。

この時期に大韓帝国の王室では景福宮全域の大規模な修理を計画しており、その20%程度が実施された[207]。

4-2　乙巳条約以後の景福宮

日露戦争の後1905年11月、日本は大韓帝国に乙巳條約（第2次日韓協約）を強要し、韓国の外交権を奪い、統監府を設置して内政の実権を握った。

これ以後の景福宮を見てみよう。これまでのように、大韓帝国政府の主導で景福宮を管理することは困難になった。1907年1月14日の「通牒第21号[208]」によって、景福宮への出入に門標が必要になった。これは景福宮視務主殿院警務官から議政府参書官へ出された通牒である。以前に出された門標の制度が、多くの人が出入りするようになって乱れてしまい、そのために門標を改善する、そこで門標の必要な議政府内の役人の数を明らかにしてほしいというものである。ここには親勅奏判任官でも昔の門標を毎日提示することという「符」が付いている。景福宮への出入りが制限されることになった。

他方、景福宮内で園遊会がしばしば開かれた。光武10（1906）年9月13日には、萬壽聖節[209]を祝賀して園遊会[210]が催された。

さらに、1年後の1907年9月29日にも園遊会が開かれた。そのために、慶会楼の修繕費１万2919円96銭が予備費から支出された[211]。内閣総理大臣李完用[212]が、来年度予算で実施する予定であったが、開催が早まったので今年の予備費から支出してほしいと請求し、支出された。この金額は景福宮内の道路新設、修繕、掃除費の合計である。慶会楼[213]は景福宮の中の勤政殿に次ぐ規模の建物で、基本的には王と外国の使臣や臣下などが集まって宴会を開く場所である。開催が早まった園遊会[214]は９月29日に開催された。この園遊会のために2500円の支出が李完用から請求されている。この費用の概算によれば、料理費400人分1200円などで合計2500円であり、書記官長などが承認している。参加者が400人と予定されているので大規模な園遊会である。このように、景福宮は園遊会など王室に係わる行事にも使われていた。

また、隆起元年（1907年）10月19日には、日本の皇太子が昌徳宮と景福宮を観覧[215]した。この時は、1907年７月のハーグ特使事件によって高宗が退位を強要され、純宗が27代国王（皇帝）になっていた。日本の支配がいっそう強化された時期のできごとである。

日本の皇太子は、後の大正天皇で、この時の韓国訪問は、第３次日韓協約締結（1907年７月24日）と純宗の即位の直後であり、統監伊藤博文が純宗の即位を機に「日韓親善」を目的に韓国の皇太子李垠の日本への「留学」を思い立ち、それと引き替えに日本の皇太子の韓国訪問を発案したのである。皇太子一行は、10月10日東京を出発、鉄道と軍艦に乗って17日にソウルに到着、19日まで滞在した。慶運宮（徳寿宮）、惇徳殿、韓国駐劄軍司令部、統監府、倭城台公園、昌徳宮、景福宮を回った[216]。韓国の『大韓毎日申報』は、この訪問を日本は「他の列国どうしが条約を結ぶのと同様に誠実なものであったことを示すとともに、条約をより堅固にすることを必要としている。だが我が国の人民が、これらの条約を喜んでいないのは明白である。……（条約が）しっかりしたものになっているように見せかけることが究めて重要であるため、今回、日本皇太子殿下が来られたと考えるべきである[217]」と記した。景福宮もこの政治的演出のために利用されたのである。

このように、景福宮の管理と使用は、内政の実権を握る統監府によって統制されていくことになる。そして、翌1908年３月に景福宮は一般公開されることになった。韓国政府『官報[218]』には「景福宮拝観者の須知」という宮内府名の３月３日付けの「広告」が掲載された。景福宮の拝観は、1908年３月８日から実施され、希望者は景福宮光化門主殿院派出所に申請して拝観票を受け取った。拝観料金は大人10銭で、８歳以上15歳未満は半額、７歳以下無料である。拝観日は日曜日と水曜日、拝観時間は午前7時から午後5時までである。「広告」には、いくつかの注意事項が記されており、それらは、拝観者は醜猥ではない服装をすること、苑内では静粛にすること、建物を汚濆毀損しないこと、生き物や草花を取らないこと、酒を飲まないこと、煙草や食物は指定された所でとること、苑内では車や馬に乗らないこと、守衛の指揮に従うことなどであった。拝観後は拝観票を守衛に返納することになっていた。

国王の住んでいない宮殿とはいえ、景福宮は朝鮮王朝、大韓帝国の正宮である。退位したとはいえ、高宗は健在であり、純宗の在位中である。その景福宮を一般公開することは、景福宮の公園化の準備であり、始まりであると言えよう。

しかし、その直後の隆起2（1908）年6月29日の『官報』[219]に「朕が宮内府所管及慶善宮所属財産の移属と帝室債務の整理に関する件を裁可しここに頒布する」と言う「御名御璽」と書かれた「勅令第38号」が掲載された。この具体的な内容が「勅令第39号」で、第1条では「宮内府所管及慶善宮所属の不動産は此を国有に移属する」とある。王室所有の不動産が国有になってしまった。1907年から1908年にかけて、統監府は一司七宮制を廃止し、王宮以外の宮の財産の国有化[220]を進めている。このような王室有財産の国有化によって、王室の力の弱体化を図ったといえよう。ただし、この時は『官報』の「但し書き」で「宮殿、太廟の基址及本朝の陵園墓」などは「此限に不在」となっていたので、景福宮は国有にはならなかった。

景福宮は国有財産にはならなかったが、この頃から景福宮内の建物の毀損が始まった。その最初が1895年10月に起こった明成皇后殺害事件の現場である乾清宮の毀損である。乾清宮は1906年7月に宮内府によって修理[221]されている。そして、約2年後の1908年4月には、日本軍の水兵に景福宮とその中にある乾清宮を見学させて、その管理の仕方をめぐって「一場風波」が起こったという新聞記事[222]がある。したがって、この時点では乾清宮は存在していた。しかし、その4か月後の1908年8月には「北闕乾清宮内の玉壺楼を先頃毀撤してしまったので、その跡地には壇を築いた[223]」という記事がある。さらに翌1909年3月には「景福宮内の健善門外に積み置いていた乾清宮の毀撤石材は昌徳宮修理工事に充用するため再昨日に運去した[224]」という記事があり、同年6月には「過日太皇帝陛下の処分によって北闕内の乾清宮を毀撤する時に顧問某氏が該宮木柱を没収攫取し、自家に積置していたが、狭雑が露呈してしまい、関西に避身したが、後に還家したという[225]」という記事がある。

断片的な記事なので、明確には分からないが、乾清宮は1908年4月には存在し、8月には乾清宮の中にあった玉壺楼はなくなっている。玉壺楼だけが先に撤去され、後に乾清宮全体が撤去されたのかもしれない。ここから推測すれば、乾清宮は1908年4月以後1909年3月以前の1年間の間に撤去されたことになる。景福宮の中に多くの建物がある中で、明成皇后殺害事件の現場が真っ先に撤去されたことは注目すべきことだといえよう。日本人によって起こされた事件であることが明らかになってしまっているだけに、その存在が統監府にとっても忌まわしいことだったのだろうか。

その後、統監府による景福宮管理はいっそう進行していった。隆起4（1910）年3月30日の『官報』には、宮内府名の「不用建物売却広告」が掲載された。ここに言う「不用建物」とは「景福宮、昌徳宮内に散在する」建物で、「総建坪四千余間」である。景福宮などにある建物を一般に売却するという内容である。その説明文では、希望者は「本府主殿院」に詳細な手続きを問い合わせ、かつ「実地を熟覧して来4月10日」までに申し込むこととなっている。また、「本府主殿院」にくるときは「昌徳宮金虎門で皇宮警察」に用件を告げれば許可されるとも説明している。

この「不用建物売却」について『大韓毎日申報』は「景福宮がなくなるよ[226]」というタイトルで「全国民の力を尽くして建築し、何十年も尊厳を保ちつつ大事にしてきた景福宮が、乙未年になってから残酷に扱われてきたことは皆知っていることだろう。宮内部はその宮殿4000余りの部屋を販売することで毀損し、大きな公園を建築する場所として本月9日と10日に競売にかけられた。買い手が韓国人・日本人の中で80人余りになったので、そのうちの10人余りに販売することを許可した。値段をつけると、間ごとに15圜[227]から20圜までである。そのうちの三分の一は日本人福井清三郎[228]が買うことに契約したが、福井清三郎は拓殖会社総裁宇佐川の妾の親族なので、宇佐川がその者を使って買ったようである」という記事を載せている。拓殖会社とは東洋拓殖会社のことで、総裁宇佐川とは宇佐川一正であり、1908年12月から1913年12月まで初代総裁を務めた陸軍中将で、この時期は東拓総裁であった。他の建物も主に日本人が購入したことが分かる。しかし、ここでも、どの建物が売られたかは分からない。

京畿道が編纂した『京畿地方の名勝史蹟』には、この「不用建物」売却にかんする記事がある。「明治四十三年に至り、慶会楼、勤政殿等巨大なもの及其の他数個の楼殿を残して大部分の建物約四千間を撤し、其の多くは民間に払ひ下げたので旧態は一変した」とあり、次に建物の移転先が記されている。「京城府内では、西四軒町一九二番地南山荘別荘は建春門内にあつた丕顕閣で、南山町二丁目五〇番地の花月別荘も建春門内にあつた一建物である。……其の他旭町一丁目、桜井町二丁目、岡崎町等に散見する朝鮮式宏壮な建物には此の際移築したものが多い[229]」と記されている。

ここに記されている建物だけが移築されたかどうかは不明であるが、1910 年の「不用建物売却」は、「景福宮址約十三万坪の地が現在の状態に至つた大体の模様[230]」と記された内容は以上の通りである。しかし、一方で景福宮は建物の修理も行われており、一般人の拝観も認めているので、その景観を保とうとすれば、「不用」な建物などないはずである。王室の力を弱体化する作業が進行しているし、景福宮の破壊は、1910 年の「韓国併合」以前から進行していたのである。

このような作業の仕上げが景福宮を総督府の管理下に置くことである。これは大韓帝国が存在している時期には行えず、純宗 4 年（1911 年） 5 月 17 日に行われた。『純宗実録付録』には「景福宮全部面積十九萬八千六百二十四坪五合六勺引渡于総督府[231]」とある。つまり、景福宮は併合後に王室から総督府に所有権が移ってしまった。ここに景福宮は朝鮮王朝と大韓帝国の正宮としての地位を失ってしまった。景福宮に関する朝鮮王朝の王宮史は、ここで終焉したことになる。

おわりに

本章では日本と朝鮮が条約を締結して国交を結ぶようになった時期に起こった歴史的事件の中で、景福宮と関連した出来事を検討した。その最初が日清戦争開戦時の漢城と景福宮の占領事件であった。この時期の日本と景福宮の関係は、景福宮の占領と景福宮に住む国王を「虜」にするという侵略的事件から始まった。日清戦争の開戦理由、その大義名分を獲得する手段としての景福宮占領と国王高宗の「虜」であった。本章では、高宗と王妃がいた殿堂が咸和堂と緝敬堂であり、ここは当時の高宗の生活の場の一つであったことを明らかにした。

日本は、朝鮮の支配権をめぐって戦った日清戦争に勝利し、親日政権を樹立したが、朝鮮を支配下に置くことができなかった。金弘集親日政権に異を唱えたのは国王と王妃を始めとした勢力であった。その中心人物と見られた王妃明成皇后を排除する計画が、日本の公使三浦梧楼陸軍中将によって計画され、実行された。だが、この計画は三浦公使の単独の企画ではなく、大本営陸軍上席参謀の川上操六中将とも通じていた。その下で広島の第５師団に属する日本軍兵士によって王妃が殺害された。この点については金文子の優れた研究によって明らかにされた。本章では、この研究を受けて、この事件が乾清宮で起こったことに加え、乾清宮で起こった理由を、この時期の国王高宗の生活空間との関係で解明した。

明成皇后殺害事件後、国王高宗は身の危険を感じ、景福宮からの避身を積極的に考え、行動した。先ず計画されたのが景福宮の北側にある春生門からの避身であった。この計画は各国公使が関与していたが、親衛隊第２大隊長李軫鎬が金弘集内閣に通報したことによって失敗した。

次に計画されたのが迎秋門からの避身である。ロシア公使館とロシア政府との連絡が電信の不通などで混乱したが、尚宮の駕籠で景福宮を脱出する方法で実行された。

露館播遷に関しては、韓国の韓露関係史研究者金英秀と李敏遠の優れた研究があり、これらの研究に依拠して、露館播遷の展開を論じた。本章では、日本には露館播遷の詳しい研究がない中で、『日本外交文書』に残された克明な記録を分析し、その経過を解明し、さらに不十分ではあるが景福宮からロシア公使館への経路を当時の地図を利用して確認した。

1896年２月の露館播遷から１年後、高宗が慶雲宮に還宮したことによって、景福宮は国王が居住しない王宮になった。この時期の景福宮は荒廃しただけではなく、補修・修理され、各種行事や園遊会などに使用されていた。

この状況が大きく変化するのは日露戦争後の1905年11月の乙未条約（第２次日韓協約）以後である。多くの人々を招待した園遊会などで使用された反面、統監府によって使用が制限されていった。他方、一般の人々に公開され、乾清宮が破壊され、「不要な建物」が売却された。そして1911年５月に景福宮は朝鮮総督府に所有権が移ってしまった。本章ではこれまで十分に整理されていなかったこの過程を検討した。

朝鮮王朝末期から大韓帝国期の景福宮は、国王の居住する王宮であったこともあって、日本の朝鮮侵略が本格化する過程で起こった重要な出来事の舞台になった。王宮として景福宮は、朝鮮総督府の支配が強化される過程で一層その威厳と権威が毀損されていく。植民地支配とは何か、この本質が見えてくる。

注

1　中塚明『日清戦争の研究』青木書店、1968年。
2　朴宗根「日清開戦における日本軍の朝鮮王宮占領事件（上下）」『歴史評論』1975年６月号・８月号、No302.304。この論文は朴宗根『日清戦争と朝鮮』（青木書店、1982年）に加筆増補し収録された。
3　中塚明「『日清戦史』から消えた朝鮮王宮占領事件」『みすず』1994年６月号、第399号。

ここには『明治二十七八年日清戦史第２冊決定草案』第11章の全文が掲載されている。
4 中塚明『歴史の偽造をただす』高文研、1997年。
5 中塚明『現代日本の歴史認識』高文研、2007年。
6 大江志乃夫『東アジア史としての日清戦争』立風書房、1998年。
7 原田敬一『戦争の日本史19 日清戦争』吉川弘文館、2008年。
8 大谷正『日清戦争－近代日本初の対外戦争の実像』中公新書、2014年。
9 安熙敬（안희경）『高宗의 景福宮운영과 공간인식』ソウル市立大学校大学院国史学科碩士学位論文、2014年８月。
10 金文子『朝鮮王妃殺害と日本人』高文研、2009年。
11 山辺健太郎「閔妃事件について」『日本の韓国併合』太平出版社、1966年。
12 金英秀（김영수）『미쩰의시기 을미사변과 아관파천』景仁文化社、2012年。
13 李敏遠（이민원）『명성황후시해와 아관파천』国立資料院、2002年。
14 韓国では「露館播遷」を「俄館播遷」という。「俄」はロシアのことである。
15 이규철「고종 중건과 대한제국 말기까지의 변화 고찰」文化財庁『景福宮変遷史（上)』2007年。
16 ソウル特別市史編纂委員会編『서울六百年史（文化史跡編)』1987年。
17 市川正明編『日韓外交史料』（第５巻・韓国王妃殺害事件）原書房、1981年。
18 原敬文書研究会編『原敬関係文書・第１巻・書翰編１』（日本放送出版協会、1984年)。
19 京畿道編纂『京畿地方の名勝史蹟』朝鮮地方行政学会、1937年。
20 前掲『日清戦争の研究』p.159。
21 前掲「日清開戦における日本軍の朝鮮王宮占領事件（上下)」。
22 参謀本部編『明治二十七八年日清戦史』1904年。
23 前掲「『日清戦史』から消えた朝鮮王宮占領事件」、以下『明治二十七八年日清戦史第２冊決定草案』は「決定草案」と略す。
24 前掲『戦争の日本史19　日清戦争』吉川弘文館、2008年、p.38。
25 前掲「日清開戦における日本軍の朝鮮王宮占領事件（下)」p.75。
26 東京書籍『日本史Ａ－現代からの歴史』田中彰他、2007年検定済み。実教出版『日本史Ｂ』脇田修・大山喬平他、2013年検定済み。実教出版『高校日本史Ｂ』君島和彦・加藤公明他、2013年検定済みなど。
27 福島県立図書館「佐藤文庫」の「参謀本部　日清戦争　第３草案」には、「決定草案」で「国王ヲ擁シ」と記された個所が「国王ヲ擒ニシ」と記されている。前掲『みすず』p.53参照。
28 この項の記述は、前掲『戦争の日本史19　日清戦争』による。
29 中塚明『『蹇蹇録』の世界』みすず書房、1992年、pp.108–109。
30 前掲「決定草案」p.49。
31 同上p.50–51。
32 同上p.54以下。
33 拙稿「第１章　漢城での日本公使館設置に関する考察」君島和彦監修『近代の日本と朝鮮－「された側」からの視座』東京堂出版、2014年、p.26、p.64。
34 前掲「決定草案」p.58。
35 外務省編『日本外交年表竝主要文書（上)』年表、p.114。
36 同上p.155。
37 同上p.157。

38 前掲「決定草案」p.55。
39 황정연「고종 연간 집경당의 운영과 궁중서화 수장」『文化財』第 40 号、2007 年、pp.219–222。
40 前掲『高宗의 景福宮운영과 공간인식』p.50。
41 『高宗実録』1894 年６月 21 日（陰暦）。「日兵以六月二十一日入衛宮闕。是日大院君以命入內、管改革實行之事。日本公使大鳥圭介亦後入闕。本日日兵收去之武器、後日皆返還」
42 「日清戦史」第４回「其二、混成旅団ノ南進及成歓ノ役」アジア歴史資料センター c3110311100。
43 前掲「決定草案」p.58。
44 前掲『朝鮮王妃殺害と日本人』p.244、注３・４。
45 外務省編『日本外交文書』第 28 巻第１冊（以下、28–1 と略す）文書番号 424、11 月５日、京城在勤内田領事ヨリ西園寺外務大臣臨時代理宛「10 月８日朝鮮王城事変ノ詳細報告ノ件」、機密第 36 号、11 月 15 日接受「明治 28 年 10 月８日王城事変ノ顛末ニ付具報」1895 年、pp.552–562、引用は p.562。以下「具報」と略す。
46 前掲「閔妃事件について」。
47 前掲『朝鮮王妃殺害と日本人』。
48 『高宗実録』高宗 34 年（1897 年・建陽２年）１月６日「議政府以大行王后諡號望文成明成仁純陵號望洪陵熹陵憲陵殿號望景孝正孝誠敬上奏。
49 同上 高宗 34 年（1897 年・建陽２年）３月２日「大行王后諡號改望明成」、明成の意味は「臨照四方曰明禮樂明具曰成」とある。
50 前掲『朝鮮王妃殺害と日本人』p.286。
51 同上 p.285。
52 外務省編『小村外交史（上）』1953 年、p.69 以下（第３章駐韓公使時代）を参照。
53 前掲「閔妃事件について」p.218、p.223。
54 前掲『朝鮮王妃殺害と日本人』p.255。
55 木村幹『高宗・閔妃』ミネルヴァ書房、2007 年、p.253。
56 筆者が 2014 年９月に明成皇后記念館を訪問して確認した。
57 前掲「具報」。
58 西園寺公望はこの当時は病気療養中の陸奥宗光外相に代わって外務大臣臨時代であるが、以下外務大臣と略す。
59 前掲「具報」p.560。
60 同上 p.560。
61 内田領事が「内報」した私信は、原敬文書研究会編『原敬関係文書・第１巻・書翰編１』（日本放送出版協会、1984 年）に収録されている。以下、「内報（私信）」と略す。
62 前掲「内報（私信）」p.243。
63 前掲『朝鮮王妃殺害と日本人』p.260、曖昧にされた内容には王妃を殺害した人物に関するものなどが含まれる。
64 前掲「具報」pp.560–561。
65 前掲『原敬関係文書・第１巻・書翰編１』文書番号６「明治 28 年 10 月９日」p.244。また、金文子「『王妃ヲ弑シ申候』―新たに発見された堀口九萬一の書簡から」『朝鮮史研究会論文集』（No.61、2023.12）p.22。
66 同上金論文 p.22。この論文は 2022 年 10 月の朝鮮史研究会大会の講演草稿に加筆修正したものである。
67 前掲『日韓外交史料』（第５巻・韓国王妃殺害事件）p.307 以下。
68 この８人の所属は前掲『朝鮮王妃殺害と日本人』p.203 による。軍法会議の判決文では全員が「第五師団司令部付」であり、馬来と村井は後備役と記されている。
69 前掲『朝鮮王妃殺害と日本人』p.245、注４参照。
70 同上書 pp.244–245、注３参照。
71 同上書 p.213。
72 同上書 p.212 以下参照。
73 同上書 p.140。指揮権の付与は、内閣総理大臣伊藤博文と陸軍大臣大山巌も協力した。
74 内田は 1893 年 11 月から 96 年 11 月まで漢城に滞在した。原奎一郎・山本四郎編『原敬をめぐる人びと』NHK ブックス、1981 年、p.149。
75 前掲「具報」pp.552–563。「具報」は、関係者の「口裏合わせ」によって曖昧になったところもあるが、内田領事の「内報（私信）」より事件の様子を詳しく記している。ここでは「具報」で曖昧になったところを除き、「具報」による。金文子も「具報」と「内報（私信）」は「口裏合わせ」の結果改変したところ以外は同じ内容であると分析している。
76 前掲「内報（私信）」p.243。
77 前掲「具報」p.557。
78 同上 p.558。
79 同上 p.558。
80 前掲「内報（私信）」p.243。
81 三浦梧楼には 10 月 17 日に帰国命令が出され、岡本など民間人には 18 日に「退韓命令」が出された。三浦と楠瀬などは 23 日に御用船「尾張丸」に乗船し、民間人は 22 日に別の御用船で宇品に直行した。前掲『小村外交史（上）』第３章「駐韓公使時代」参照。
82 前掲『朝鮮王妃殺害と日本人』p.255。
83 同上書 p.257。
84 前掲『日韓外交史料』（第５巻）、文書番号 349「韓国王妃殺害事件軍法会議判決書」p.310。
85 同上書、文書番号 241「宮本等王妃殺害現場ニ在リシ旨判明ノ件」p.206。
86 「機密第２号」は、内田領事が草野検事正の提出したもので、文書番号 252「京城事件顛末報告ノ件」は、このことを原敬政務次官に報告したものである。この文書は、「具報」の最初と最後の部分を削除したもので、これを参考にした軍法会議も「口裏合わせ」の通り審理されたといえる。前掲『日韓外交史料』（第５巻）pp.211–217。
87 前掲『日韓外交史料』（第５巻）p.216、前掲「具報」p.558。
88 前掲『朝鮮王妃殺害と日本人』p.257。
89 前掲『日韓外交史料』（第５巻）文書番号 285「事件関係者取調ノ件」p.233。
90 同上書、文書番号 287「取調済ノ関係者処理方ノ件」p.238。
91 同上書、文書番号 289「宮本少尉等事件結了後召集解除ノ件」p.238。
92 同上書、文書番号 290「取調済ノ関係者処理方ノ件」p.238。
93 判決文は、同上書、文書番号 349「韓国王妃殺害事件軍法会議判決書」p.307 以下。
94 同上書、p.391 以下、文書番号 354「杉村他免訴通知ノ件」、355「事件関係予審終結ノ件」、356「三浦子爵以下被告無罪放免通知ノ件」。
95 前掲『朝鮮王妃殺害と日本人』p.139。

96 同上書 p.231。
97 同上書 p.350。
98 金文子は、王妃殺害事件の目的を「電信利権」としたことについて批判を受け、この批判に答える目的で『日露戦争と大韓帝国』（高文研、2014 年）を刊行し、韓国侵略での電信利権の重要性を実証した。
99 「機密第 51 号」『韓国王妃殺害事件一件』（第二冊・分割１）アジア歴史資料センター・レファレンスナンバー「B08090168700」72 画面。
100 前掲、アジア歴史資料センター「B08090168700」（51・52 画面）。この地図は進入経路は「赤点線」で書かれている。
101 前掲『朝鮮王妃殺害と日本人』p.266。
102 前掲「具報」、引用は pp.557–558。
103 経路にある建物や門の名称の確定には、内田定槌領事の作成した地図と、文化財管理局・国立文化財研究所『景福宮－寝殿地域発掘調査報告書（図面）』（1995 年）に収録されている「図面４北闕図形（景福宮）」と「図面５景福宮配置図（朝鮮古蹟図譜・巻10）」を使用した。
104 前掲「具報」p.554。
105 前掲『高宗의景福宮운영과 공간인식』pp.62–62、表 13 も参照。
106 同上論文、「第３章第２節行次の経路」、「絵 15 高宗の景福宮内行次の経路」p.36 も参照。
107 「北闕図形・宮闕地記録比較表」、前掲『景福宮変遷史（下）』p.81。
108 「機密第 51 号」アジア歴史センター B08090168700、72 画面。前掲『日韓外交史料』（第５巻）に収録された「機密第 51 号」（文書番号 333）では、この部分が欠落している。
109 内田領事の「機密第 51 号」では、説明文では（1）、（2）などと（カッコ）付きで記しているが、地図では算用数字だけでカッコは付いていない。
110 報告日時は 1896 年 11 月 23 日なので、案内された翌日に報告したことになる。前掲『日韓外交史料』（第５巻）、文書番号 279「米人ゼネラル・ダイ尋問ニ関スル件」p.231。
111 前掲「機密第 51 号」、アジア歴史センター B08090168700、72 画面。
112 『承政院日記』高宗 10 年 12 月 10 日「癸酉十二月初十日巳時 上御乾清宮 時任大臣宗正卿諸閣臣儒臣 入侍時」
113 『高宗実録』巻 13、高宗 13 年 11 月 4 日によれば、消失した建物は、交泰殿、精趾堂、健順閣、紫薇堂、德善堂、慈慶殿、協慶堂、福安堂、純熙堂、延生殿、慶成殿、含元殿、欽敬閣、虹月閣、康寧殿で、830 余間が延焼した。
114 便殿とは「視事之所」で、国王が国政を処理する殿閣である。
115 前掲『高宗의景福宮운영과 공간인식』pp.56–58。
116 前掲『日韓外交史料』（第５巻）文書番号 279「米人ゼネラル・ダイ尋問ニ関スル件」p.231。
117 前掲「具報」p.557。
118 同上。
119 ダイとサバチンの経歴は、前掲『미젤의시기 을미사변과 아관파천』所収の「主要人物・西洋人物」による。
120 兵曹参判は、朝鮮時代の兵曹に置かれていた従二品の官職で定員は１人である。兵曹判書（正二品）に次ぐ官職で、1894 年（高宗 31）の甲午改革以降は勅任官であった。（官職名事典、韓国学中央研究院、2011 年）。
121 『高宗実録』1988 年２月 13 日「親軍營以 “ 觀文閣改建始役 ” 啓」。

122『承政院日記』1891年8月13日「又以親軍營言啓曰觀文閣改建之役今既告竣工匠竝皆放送、何如、傳曰、允」。
123 同上1888年1月17日「以司謁口傳下敎曰觀文閣當改建矣御眞移奉于長安堂擇日擧行」。
124『東亜日報』2005年1月13日。李泰鎭前ソウル大教授が福島県立図書館で発見した日清戦争従軍記者遅塚麗水が発行した陣中日記に描かれた景福宮の絵の説明を参照。
125 朝鮮での最初の電灯がついた日時は1885年末頃と推測されている。ソウル市史編纂委員会編『서울 六百年史』(第3巻) p.938。
126 同上、p.132。
127 金弘集は、日清戦争開戦前の日本軍による景福宮占拠直後に領議政に任命され、軍国機務処を設置し総裁官になって政権(第1次)を担当し、1894年12月に日本から帰った朴泳孝などを入閣させて第2次甲午改革を実施するために第2次金弘集内閣を組織した。第2次甲午改革で「洪範14条」が実施され、その中に議政府を内閣、衙門を部と改めることもあった。この時の金弘集内閣は親日内閣である。三国干渉の最中、朴泳孝らが明成皇后の廃位を企図し発覚して日本に亡命して内閣は瓦解し、8月に第3次金弘集内閣が親米・親露派内閣として組閣された。そして、明成皇后殺害事件後に再び親日内閣の第4次金弘集内閣が組閣された。
128 前掲『日本外交文書』28–1、文書番号378「三浦公使「事変起因竝其ノ対策ニツキ禀申ノ件」p.514。
129 韓永愚著・吉田光男訳『韓国社会の歴史』明石書店、2003年、p.478。
130 朝鮮では太陽暦の1895年9月9日に、太陰暦1895年11月17日を太陽暦1896年1月1日にすることを公布した。
131『高宗実録』高宗33巻、1895年8月22日に詔勅が掲載されている。
132 前掲『朝鮮王妃殺害と日本人』p.145によれば、王妃殺害に関する第1報は、新納時亮公使館付海軍少佐から軍令部長伊東祐享海軍中将宛ての10月8日午前6時32分発の電信「今訓練隊大院君ヲ戴キ吶喊シテ大闕ニ打チ入レリ」であるという。王妃殺害については、新納公使館付海軍少佐から軍令部長伊東海軍中将宛の同日午前9時20分発電信「国王無事王妃殺害セラレシトノ事ナリ」であり、参謀本部には、同日午前8時50分発の楠瀬幸彦砲兵中佐が参謀総長宛に送った電信で知らされた。(前掲『日韓外交史料』(第5巻) 何れもp.72)。
133 当時の第2次伊藤博文内閣の外務大臣は陸奥宗光であったが、陸奥は肺結核のために大磯で静養しており、西園寺が臨時代理に就任していた。
134 前掲『日本外交文書』28–1、文書番号358「王妃殺害事件ニ邦人加入ノ有無回答ノ件」p.493。
135 前掲『小村外交史(上)』p.73 。
136 前掲『日本外交文書』28–1、文書番号384「朝鮮国駐劄公使ニ任命ヲ通知ノ件」p.517。
137 前掲『小村外交史(上)』pp.73–74。
138 同上。
139 前掲『日韓外交史料』第5巻、文書番号349「韓国王妃殺害事件軍法会議判決書」p.311。
140 同上書、文書番号353「韓国王妃殺害事件予審集結決定書」p.334。
141 前掲『小村外交史(上)』p.76。
142 前掲『日本外交文書』28–1、文書番号395「朝鮮国派遣ニ付内訓ノ件」p.523。
143 同上書、文書番号432「我兵ノ王宮護衛ニ関シ英米公使ノ意向報告ノ件」pp.569–570。

144 同上書、文書番号428「我軍隊ノ使用ヲ許サザル旨回答ノ件」p566。
145 同上書、文書番号444「事件善後処理ニツキ発訓方ヲ訓令ノ件」p.581。
146 同上書、文書番号440「事変処理ニ対スル総理ノ方針ヲ訓達ノ件」p.578。
147 同上書、文書番号441「井上伯帰朝ニ関スル件」p.578。
148 同上書、文書番号359「王妃殺害事変ニツキ各国使臣トノ談話報告ノ件」pp.495–496。
149 同上書、文書番号366「王城事変ニ関シ在本邦露国公使トノ協議ノ結果通達及訓令ノ件」p.499。
150 同上書、文書番号376「王妃事変ニ対スル各国使臣ノ行動ニ関シ報知ノ件」p.511。
151 同上書、文書番号414「駐韓軍隊撤退ニ関スル独外相ノ談話報告ノ件」pp.535–536。
152 同上書、文書番号421「対韓態度米国政府へ声明顛末ヲ報告ノ件」pp.541–543。
153 同上書、文書番号423「朝鮮問題ニ関シ英国外務大臣及同次官補ト談話ノ件」p.548。
154 前掲『명성황후시해와 아관파천』p.111。
155 前掲『미쩰의 시기 – 을미사변과 아관파천』pp.155–156。
156『日本外交文書』第28巻第１冊には「王城事変」という項目で、明成皇后殺害事件関係文書が収録されているが、その後半部分に「春生門事件」関係文書も含まれている。小村寿太郎公使が、この事件を最も詳しく報告している文書の題目は「11月28日王城事変ノ顛末詳細報告ノ件」（文書番号474、pp.603–619）である。「春生門」は文中に出てくる。
157 前掲『日本外交文書』28–1、文書番号417「韓国王露国公使館ニ行幸ノ風説報告ノ件」p.537。
158 同上書、文書番号420「韓国王露国公使館行幸ノ風説ニ関シ報告ノ件」p.541。
159 同上書、文書番号463「李範晋ノ陰謀タリシ旨報告ノ件」p.591。
160 同上書、文書番号464「旧侍衛隊ノ王宮襲撃ニ関シ具報ノ件」pp.591–592。
161 同上書、文書番号474「11月28日王城事変ノ顛末詳細報告ノ件」pp.603–619。
162 同上書、文書番号474「11月28日王城事変ノ顛末詳細報告ノ件」中の「機密発第100号、28日事変ノ顛末」pp.604–605。
163 親衛隊第２大隊長李軫鎬は、事件参加者であるが内閣に情報を伝えた内通者なので、情報が漏れていた。小村の報告（手紙）には、同一人物を李振鎬と李軫鎬と２通りで記しているが、李軫鎬が正確な表記である。
164 以下、春生門事件に関する記述は、前掲『미쩰의 시기 – 을미사변과 아관파천』の第２部第５章「춘생문사건과 정국변동」pp.155–178による。
165 前掲『日本外交文書』28–1、前掲文書番号474「11月28日王城事変ノ顛末詳細報告ノ件」p.610。
166 前掲『미쩰의 시기 – 을미사변과 아관파천』p.163脚注37によれば、尹用求『墓碣銘』にこの記録があり、事件に失敗すると密書を隠してしまったという。
167 同上書p.164脚注38。「勅令 率兵来護 宮城誅討逆賊 大朝鮮　大君主 啣」（『乙未十月（李道徹）正義事実記』p.483。
168 前掲前掲『日本外交文書』28–1、文書番号474「11月28日王城事変ノ顛末詳細報告ノ件」p.609。
169 同上pp.606–609。
170 同上p.609。
171 이혜원「제２장 복궐도형의 비교・고찰」前掲『景福宮変遷史（下）』p.27。

172 この部分は国立文化財研究所所蔵本と奎章閣所蔵本は同じである。
173 この規模は国立文化財研究所所蔵本による。前掲「제 2 장 복궐도형의 비교・고찰」p.48。
174 前掲『日本外交文書』28–1、前掲文書番号 474「11 月 28 日王城事変ノ顛末詳細報告ノ件」p.607。
175『承政院日記』1895 年 9 月 9 日「詔勅, 三統互用, 因時制宜, 改正朔, 用太陽暦, 開國五百四年十一月十七日, 爲五百五年一月一日」。
176『承政院日記』1895 年 11 月 15 日「詔勅, 朕之斷髮, 先於臣民, 爾有衆, 克體朕意, 竝立於萬國之列, 永成大業」。
177 前掲『韓国社会の歴史』pp.479–480。
178 前掲『명성황후시해와 아관파천』、p.120。
179「高宗廃位説」については、前掲『미쩰의 시기 – 을미사변과 아관파천』p.189 以下参照。
180 前掲『日本外交文書』第 29 巻、文書番号 360（機密第 12 号）「親露派李範晋等ノ陰謀ニツキ報告ノ件」pp.692–693。
181 前掲『명성황후시해와 아관파천』p.115 以下を参照。
182 前掲『미쩰의 시기 을미사변과 아관파천』第 6 章「아관파천과 러일협상」p.179 以下参照。
183 前掲『명성황후시해와 아관파천』p.117。
184 同上書 pp.119–120。
185 前掲『미쩰의 시기 을미사변과 아관파천』pp.186–187。
186 同上書 p.186。
187 同上書 p.182。
188 以上の内容は、主に同上書 pp.189–191 による。
189 前掲『高宗의 景福宮 운영과 공간 인식』p.10。
190 前掲『미쩰의 시기 을미사변과 아관파천』p.194。
191 前掲『高宗의 景福宮 운영과 공간 인식』p.32 の一覧表と p.36「絵 15 高宗の景福宮内移動経路」を参照。
192 前掲『미쩰의 시기 을미사변과 아관파천』p.192。
193 尹孝定「露館大於朝鮮」『韓末秘史 一名最近六十年の秘録』（発行年不明、p.137）。李弘植編『새国史事典』（教学社、1991 年、p.949）によれば、尹孝定は韓末の政治家、独立運動家。甲申政変後、度支部主事になったが、1898 年の帝位譲位陰謀事件が発覚して日本に亡命した。その後、官職に就かず、宮中粛正などを建議したが流刑されたりした。1905 年には李儁らと憲政研究会を組織したという。宮中や民間の動向に詳しいので、『韓末秘史』に記されたような動向も理解していたかも知れない。
194 前掲『미쩰의 시기 을미사변과 아관파천』p.194。著者の金英秀は、本書 p.194 の脚注 66 で、尹孝定の「露館播遷의動機」『韓末秘史』（성울, 교문사, 1995, pp.177–178）と記載しているが、筆者の見た『韓末秘史』とは頁数などが異なっている。金英秀の使用している本は 1995 年発行なので復刻版だろうか。
195 前掲『미쩰의 시기 을미사변과 아관파천』p.194。
196「MAP OF　SEOUL」（部分）銅板本、1900 年、所蔵　英国：王立亜細亜協会、許英桓著『定都 600 年　서울地図』汎友社、1994 年、p.78、図 28。
197 前掲『명성황후시해와 아관파천』p.115。
198 元帥寺内伯爵伝記編纂会『元帥寺内伯爵伝』1920 年、p.776。
199 始政五年記念朝鮮物産共進会のこと。第 6 章参照。

200『朝鮮彙報』1915 年 10 月 1 日号、p.1。
201「奉本第 70 号」光武４（1900）年３月 23 日、前掲『景福宮変遷史（上)』p.55。
202 同上書 p.56。
203 交泰殿や慈慶殿の位置は国立文化財研究所『景福宮　寝殿地域発掘調査報告書（図面)』1995 年の「図面４」(北闕図形）参照。
204 前掲『景福宮変遷史（上)』p.56。
205 前掲『서울 600 年史（文化史跡編)』p.38。
206「奉本第 72 号」光武８（1904）年４月 28 日、前掲『景福宮変遷史（上)』p.57。
207 同上書 58 頁。
208「通牒」1907 年１月 14 日、前掲『景福宮変遷史（上)』p.58。
209 萬壽聖節とは光武元年（1897 年）に定められた皇帝の誕生日のこと。
210『高宗実録』43 年（1906 年）９月 13 日「設苑遊會于景福宮內。以萬壽聖節祝賀也」。
211「照会第 144 号」1907 年９月 27 日、前掲『景福宮変遷史（上)』p.59。
212 李完用は、乙巳条約に学部大臣として積極的に賛成した、いわゆる親日派である。
213 홍순민（洪順敏）『우리 궁궐 이야기』청년사、1999 年、p.165。
214「照会第 187 号」1907 年７月 29 日、前掲『景福宮変遷史（上)』p.59。
215『純宗実録』純宗即位年（1907 年）10 月 19 日「十九日。皇太子隨詣會見。仍同伴日本國皇太子, 觀覽昌德宮、景福宮」。
216 日本皇太子の韓国訪問の日程と『大韓毎日申報』の記事は、原武史『大正天皇』(朝日新聞社、2000 年）による、pp.120–131。
217『大韓毎日申報』10 月 27 日、前掲『大正天皇』p.130。
218『官報』第 4014 号、隆熙２（1908）年３月５日。同じ内容のものが翌日の『官報』にも掲載された。
219『官報』4112 号、隆起２（1908）年６月 29 日。
220 홍순민「日帝의植民地침탈과 景福宮훼손 – 통지권력의 상징성 탈취 –」『문영연지』vol5–no1 2004 年、pp.9–10 参照。
221『大韓毎日申報』(国文版）1906 年７月 19 日号ではまもなく修理が始まるとされ、翌 20 日の『漢城新聞』では 18 日から修理が始まっていると報じている。
222『大韓毎日申報』(国文版）1908 年４月 28 日。
223『漢城新聞』1908 年８月４日。
224 同上 1909 年３月 16 日。
225『大韓民報』1909 年６月 25 日。
226「景福宮がなくなるよ」(『大韓毎日申報』(国文版）1910 年５月 15 日)。
227「圜（환）とは、当時韓国で使われていた両（냥）と 1894 年から使われた元（원）に対して、財政顧問目賀田種太郎が 1905 年から導入した貨幣単位で「１원（元）＝５냥（両）＝１환（圜)」で、１환（圜）＝ 100（전）銭である。一般に「원（ウォン)」と言われた。
228『大韓毎日申報』(国文版）は、全てハングル表記なので、福井清三郎も韓国語の読み方（복정청삼랑）で表記されている。したがって、漢字表記は正確ではない。
229 前掲『京畿地方の名勝史蹟』pp.81–82。その後の景福宮からの建物移転について「漢江通十一番地高野山龍孝寺は昭和四年五月神武門外の隆武堂（龍光寺本堂）龍文堂（同寺東北隅の客殿）を移築したものであり、東四軒町博文寺の庫裡は昭和七年十月建春門の西北にあつた璿源殿を移したものである。」と記されている。

230 同上書 p.81。
231『純宗実録付録』1911 年 5 月 17 日。『朝鮮王朝実録』では 1910 年以降は『純宗実録付録』として純宗の死亡する純宗 21（1928）年まで収録している。しかし、この時期の編纂委員には委員長の李王職長官篠田治策を始め小田省吾、成田碩内、菊池謙譲など日本人も入っており、正式な実録と認めない研究者もいる。なお、『朝鮮王朝実録』は、韓国の国史編纂委員会のホームページで全文を見ることができる。

第6章　始政五年記念朝鮮物産共進会の開催

はじめに

景福宮の歴史を考えるとき、1915年に開催された「始政五年記念朝鮮物産共進会」は、決定的に大きな意味を持っている。すでに見たように、景福宮は植民地になる前から破壊されていたが、「始政五年記念朝鮮物産共進会」（以下「物産共進会」と略す）の開催によってその姿は大きく変貌させられる。ここでは「物産共進会」を検討するとともに、日本の韓国植民地支配による景福宮の変容を見てみよう。

最初に「物産共進会」に関する研究史を簡単に見ておこう。「物産共進会」に関する研究は、管見の限り、2000年以前には韓国にも日本にも見当たらない。また、2000年以降も山路勝彦の著書[1]以外に日本人によると思われる論文はなく、日本語の論文も筆者は韓国人と思われる。従って、以下では韓国語論文も日本語論文も区別することなく検討する。

論文を主要な論点別に整理すると、第1に景福宮の破壊に重きを置く研究、第2に物産共進会を進歩・発展、または近代的建築物と古色蒼然たる景福宮の殿閣との対比などに注目する論文、第3に建築学的に展示館を検討している論文、第4に文化財との関連を検討している論文、第5に物産共進会の展示内容などを検討している論文に分類できる。

第1の景福宮の破壊に言及する論文を見ると、이경미「20世紀朝鮮宮闕の建築的変容過程[2]」、목수현「日帝下博物館の形成とその意味[3]」、洪順敏「日帝の植民侵奪と景福宮毀損―統治権力の象徴性奪取[4]」、박성진「日帝強占期朝鮮王朝宮闕建築の移建と変容[5]」などがある。これらの論文は物産共進会で展示館を建てるために景福宮の殿閣が毀損された点や、景福宮の正殿である勤政殿の回廊が漁具、農具、園芸品の展示場になって景福宮の法宮として面目を喪失した点などを強調している。特に박성진の研究は物産共進会の会場になった景福宮内の殿閣の

破壊・移転について具体的に検討している。

第2の物産共進会での進歩・発展、近代化の象徴である新設の展示館と古色蒼然たる既存の殿閣の対比などに注目している論文には、한도현・주윤정「植民地の展示文化の社会構造―「朝鮮物産共進会」(1915) を中心に[6]―」をはじめとして、주윤정「「朝鮮物産共進会」(1915 年) に関する研究[7]」、주윤정「朝鮮物産共進会と植民主義の視線[8]」などの주윤정の研究があり、さらに近年の研究として李東勲「『始政五年記念朝鮮物産共進会』と植民地空間[9]」がある。주윤정は物産共進会で朝鮮総督府が提示した「進歩・発達の近代的談論」、「近代的知識生産様式」、「展示戦略」を明らかにし、植民地談論（담론）と近代的談論の相互関係を分析している。日本の植民地支配以前の旧政と以後の新政を比較し、展示では在来種と内地種を分類し二分法的視線について論じている。李東勲論文は最も新しいもので、物産共進会には共進会と博覧会の側面が共存したと言い、会場が景福宮であったことで勤政殿は滅びた朝鮮王朝を肌で感じる空間となり、勤政殿での寺内総督による開場式の挨拶は時代の転換を象徴し、新領土の獲得を祝賀記念する象徴的空間になったと言う。また京城[10]協賛会にも注目し、在朝日本人の姿を追究している。朝鮮総督府は物産共進会を、京城協賛会は博覧会的側面を担当したことを明確にすればさらに要旨が鮮明になったと思う。

第3に建築学的に展示館を検討している論文を見ると、姜相薫「日帝強占期博覧会建築を通してみた建築様式の象徴性[11]」、송인호・김제정・최아신「日帝強占期博覧会の開催と景福宮の位相変動―1915 年朝鮮物産共進会と 1929 年朝鮮博覧会を中心に[12]」などがある。姜相薫は、1915 年の物産共進会、1929 年の朝鮮博覧会、1940 年の朝鮮大博覧会を検討している。物産共進会では、会場の建物を新築の展示館と既存の景福宮の殿閣に区分し、新築建築は先進性と近代性を示し、それは全体的に「白色」の色調の建築様式であり、ルネッサンス様式とセセッション様式を用いていたと主張し、物産共進会は新しい建築様式を披露する場所であったことに注目している。新築展示館は先進性と近代性を象徴し、既存の景福宮の殿閣は後進性を象徴しており、この対比によって景福宮の権威は失墜したと主張した。송인호・김제정・최아신論文は、建築様式に関しては姜相薫と同様な見解を示しており、物産共進会が景福宮で開催されたことによって景福宮の権威は失墜したが、新築の展示館は共進会のための一回用の建物であり、景福宮の殿閣が後進性を象徴するとはいえないと姜相薫論文を批判している。物産共進会の展示館と景福宮の殿閣の優位性に関して興味深い論点を提示しているといえる。

第4に物産共進会と文化財を検討している論文は、강민기「朝鮮物産共進会と

日本画の公的展示[13]」、全東園「朝鮮物産共進会と『朝鮮文化財』の誕生[14]」、朴美貞「植民地朝鮮の博覧会事業と京城の空間形成[15]」、孫孝珍「日本に存在する韓国文化財の『還収（返還）』に関する一考察[16]」などがある。강민기論文は、物産共進会の美術品展示に岡倉天心が深く関わっていたことを明らかにしたものである。全東園論文は、物産共進会では朝鮮の文化財の価値を日本人が決定したこと、その収集と美術館と庭園での美術品展示について検討したものである。朴美貞論文は、物産共進会での受賞者を分析し、韓国で財をなして受賞者であった富田儀作を分析している。富田儀作は光化門移転で意見を表明した柳宗悦に多くの援助をした人物でもあり、物産共進会の重要な一面を捉えている。孫孝珍論文は、物産共進会を検討したものではないが、物産共進会会場に展示された利川の五重石塔が日本の大倉集古館へ移転された経緯を検討したもので、現在の返還運動にも言及している。多くの「文化財」が日本に現存するが、その一事例の検討である。

第5の物産共進会の展示内容については、これまで見てきた諸論文が少なからず言及しているが、本格的に分析している論文を取り上げる。すでに見た주윤정「『朝鮮物産共進会』（1915）に関する研究」があり、金泰雄「1915年京城府物産共進会と日帝の政治宣伝[17]」、李泰文「1915年『朝鮮物産共進会』の構成と内容[18]」などである。これらの研究のなかで金泰雄論文は、物産共進会の全体像を韓国で最初に詳細に検討したものである。物産共進会は殖産興業と文明開化を名分に植民地支配の正当化を広報し窮極的に同化主義の実現を目的にしており、同化主義イデオロギーを注入する政治宣伝の空間であったと主張している。주윤정の碩士論文は、景福宮の二分割、日本の植民地支配以前の旧政と以後の新政、在来種と内地種など、二分法的視線で物産共進会を分析し、さらに観客の経験も分析している興味深い論文である。また、李泰文論文は、朝鮮物産共進会の構成と内容を紹介したもので、写真などを数多く使用している。日本語ではじめて物産共進会を紹介した点で評価できる。

この章では、これらの先行研究に依拠しながら、先ず物産共進会が1915年という時期に開催された意味を考察したい。寺内正毅朝鮮総督の物産共進会に対する姿勢、さらにその会場がなぜ景福宮なのか、開催によって景福宮を破壊した事実を確認したい。また、物産共進会は、植民地支配下での朝鮮の「進歩」と「発展」を展示しているが、それの朝鮮人にとっての意味と日本人にとっての意味を検討したい。さらに「進歩」と「発展」を展示しながらも、朝鮮総督の威圧と権威を象徴するものであった点も見ておきたい。そして物産共進会を契機に朝鮮の文化財が浸食されていった事実も見ておきたい。最後に観客動員に関する京城協賛会の果たした役割を明らかにしたい。物産共進会には、朝鮮総督府が主催した物産共進会と京城協賛会が主に担った博覧会的側面のあったことに注目して検討してみたい。これらの検討事項は、これまでの研究では十分に明らかにされていない。これらを検討することによって、物産共進会が1915年という時期に開催され、朝鮮総督府が総力を投入した一大行事であったこと、その過程での景福宮の破壊の実態と朝鮮人に与えた影響について検討したい。

1　物産共進会の開催

朝鮮総督府は、日本の朝鮮統治5周年を記念する「始政五年記念朝鮮物産共進会」を主催し、準備と運営に総力を投入して実施した。物産共進会の「事務章程」[19]によれば、事務総長に政務総監山県伊三郎、事務委員長に農商工部長官石塚英蔵が任命され、事務委員や事務員には「本府職員」が任命された。事務委員には、総務局長児玉秀雄、土木局長持地六三郎など51人が任命されたが、全て日本人であり、106人の事務員も全て日本人であった。

会場は景福宮であった。6-1図「物産共進会会場図」[20]は物産共進会の案内リー

6-1図　「物産共進会会場図」

フレットに掲載された全体図である。景福宮はすでに朝鮮総督府の管理下にあり、「景福宮祉」[21]「旧景福宮址」[22]になっていた。物産共進会の会場は景福宮の中で「総面積七万二千八百坪」(24万660㎡)を使用した[23]。

開催期間は1915年9月11日から10月31日までの50日間[24]であった。まず、「開場式」が9月11日に勤政殿で行われ、「開会式」は、この年に「始政記念日」と定められた10月1日に、皇族閑院宮が出席して勤政殿で実施され、予定通り10月31日午後4時から勤政殿で「閉会式」が行われた。

物産共進会の企画は、1913年[25]から始まっており、1914年に帝国議会で予算が成立した。そして、当初の計画では1915年度に「直チニ開催スヘキ計画」であったが、1914年4月9日に昭憲皇太后（明治天皇の皇后）が死亡し喪に服することになり、「諸般ノ計画ニ一頓挫ヲ来シ」、開会が9月に延期された。それによって「十分ナル準備研究ノ日時」と「諸般ノ状勢ニ鑑ミ」、「已定ノ規模ヲ拡張シ其ノ経費ヲ倍加」して実施された。

物産共進会の経費は当時としては膨大な額であった。当初の予算は24万9640円（1914年度19万1680円、1915年度5万7960円）であったが、会期が延期されたために、1914年度は既定のままとし、1915年度予算が30万8320円に増額され、14年度と15年度の2年度で総額50万円にふくらんだ。このうち31万円が新鋭設備の作成に使用された[26]。

物産共進会での展示品は第1部から第13部までに分類された。展示館と展示品をまとめてみれば、次のようになる[27]。

第1号館

第1部農業、第2部拓殖、第3部林業、第4部鉱業、第5部水産、第6部工業

第2号館

第7部臨時恩賜金事業、第8部教育、第9部土木交通、第10部経済、第11部衛生及慈恵救済、第12部警務及司獄

美術館

第13部美術及考古資料

以上の13部を細項目に区分し、13部46類に分類した。

美術館は「永久的建築物」として建設され、1階と2階の展示室を合算して230坪（760㎡）であった。出品点数が1300余点もあり、展示しきれずに「康寧、慶成、延生、膺祉ノ四殿堂」[28]にも陳列した。

また、朝鮮の各地方の状況を展示した審勢館には「既往5年間ノ生産力ヲ比較対照」した朝鮮「十三道の道勢如何」[29]が展示された。参考館には日本国内ばかり

でなく「台湾出品ノ四百三十点」[30]も展示された。

これら以外の展示館[31]に電力・動力を使い観覧客に運転を経験させる機械館、第３部林業の建築用木材などを陳列する営林省特設館、第９部の鉄道局の事業を陳列する鉄道特設館、東洋拓殖会社の事業を紹介する東洋拓殖会社特設館、李王職が出品した１万 3970 余点を展示した李王職特設館等があった。これらは共進会と博覧会の両方を兼ね備えた展示館であった。

また、景福宮の会場内には慶会楼の周辺を中心に、京城協賛会による演芸館や曲馬館、さらに各地方道庁によって出店された飲食店も多数あった。地方からの観覧客には必要な店舗であった。

物産共進会には、50 日間の会期中に 116 万 4383 人が入場した[32]。有料入場者 55 万 1930 人、無料入場者 50 万 8368 人、団体入場者 10 万 4085 人である。また、「内地人」は 29 万 9541 人、朝鮮人は 72 万 7173 人、「支那人」は 4659 人、外国人は 2843 人で、無料入場者の区分は不明である。

物産共進会の会場は景福宮であるが、京城協賛会[33]が、会場正面の光化門通に春日燈籠 80 基を設置したのを始め、南山にある漢陽公園に探照灯を設置し連夜市中を照らし、南大門も装飾とイルミネーションで飾り、南大門通、鐘路通、太平通、さらに日本人の居住地付近の黄金町通などには「祝共進会」と書かれた提灯か行灯をつるすなど、京城の市街全体で物産共進会開催の祝賀ムードを盛り上げた。

物産共進会は、日本の近代的な現状を「進歩と発展」の文物で示し、「客観的で実証的な論理に基礎を置いて数量化」して示していた。これらは「旧政」と「新政」とを比較・展示することによって、朝鮮人には日本の支配の圧倒的な文化力を認識させ、日本人には総督府の統治による「発展」を示すことによって、「新政」を正当化する役割を果たした[34]。物産共進会は 1910 年代という「武断統治期」といわれる時期に、「進歩と発展」や「新政」という「文化的」な統治の事実を展示したのである。物産共進会は、朝鮮総督府が中心になって開催した一大イベントであった。

2　物産共進会の目的

寺内正毅朝鮮総督は、物産共進会委員や評議員への訓示で、物産共進会の目的は、「物産ヲ蒐集」することによって、これらの一層の「改良発達」を図り、人々の「勤勉力行ノ美風ヲ養成」することであり、そのために、「併合後五箇年間」の朝鮮の「進歩発達」またはその「萌芽」[35]を展示し、朝鮮の物産の「発達」

と「庶政ノ現況」と「朝鮮各道ノ物産ノ比較研究[36]」を行うことであるとのべた。

各道の物産、行政、教育、文物など「朝鮮の状勢全般の縮図」を展示し、「諸般の事」が「今日と昔」でどのように「変化」しているかを明示すれば、「事理に通」じない「婦人小児も猶能く一見して新政の効果[37]」を認めるだろうと、企画の意図をのべている。

さらに、物産共進会の間接の目的は、朝鮮人が国富の増進を考え、奢侈を戒め勤勉力行するようになることであり、付帯の意味としては、内地の政治家、役人、学者に朝鮮を研究してもらうことであるとしている。まさに、事実の提示は「言語文章ノ到底能クスル所ニアラザルナリ[38]」とものべている。

このように、物産共進会の目的は、日本の支配による朝鮮の「進歩発展」を事実によって検証し、日本の朝鮮支配の正当性を検証しようとしたものであった。物産共進会はマスメディアの発展していない当時にあって、朝鮮の「進歩」と「発展」を示す方法として開催された。주윤정の言うように二分法的視線によって、朝鮮時代・大韓帝国時代の「旧政」と朝鮮総督時代の「新政」を比較することによって、朝鮮人には日本の「進歩」を実感させ、日本人には朝鮮総督府の統治による朝鮮の「発展」を見せることによって、朝鮮植民地支配を正当化する目的もあった[39]。

3　寺内正毅朝鮮総督と物産共進会

物産共進会は、陸軍大将寺内正毅が朝鮮総督の時に開催された。寺内正毅は1910年5月に第3代統監（陸軍大臣兼任）に就任し、その年の8月に韓国「併合」を断行した。この功績によって1911年4月に伯爵になり、1916年6月に元帥になった。そして物産共進会終了後の1916年10月、内閣総理大臣に任命されて朝鮮総督を辞任した。朝鮮在任「前後七年[40]」、「不幸首相の印綬を拝せらる[41]」と伝記には記されている。伝記は「不幸首相」と謙遜しながら、朝鮮総督の業績を高く評価している。確かに、統監と朝鮮総督を合わせての7年間は、後の朝鮮総督と比べても最も長期である。

翌年の首相就任を想定していたとは思えないが、総督最後の年である1915年の物産共進会は、寺内総督の朝鮮支配の実績を検証する最大の試みであったといえる。したがって、寺内総督は物産共進会に非常に積極的に対応した。準備過程から物産共進会のあり方について詳細な指示を出していた。物産共進会評議員や委員に対して、今回の催しは「博覧会」ではなく「共進会」であり、「軽薄ノ悪風ヲ助長[42]」する博覧会には「絶対ニ反対[43]」であると述べ、物産共進会の目的は「朝鮮ノ物産ノ発達其ノ他庶政ノ現況」を展示し、「朝鮮各道ノ物産ノ比較研究[44]」することであると述べた。

このように、物産共進会は、寺内総督の在任期間中の朝鮮の「発展」・「進歩」・「成長」を検証するために開催されたものであった。したがって、寺内総督は物産共進会の報告書作成準備を開会前から指示[45]していた。10月18日に開催された事務委員会では「報告書ノ調整ハ総督府事業ニ引継クコト[46]」と決定され、物産共進会後には総督府で報告書を作成することにした。「併合」後5年間の実績を検証し、記録し、広報する物産共進会は、寺内の総督としての成果を示すものであり、それは報告書という形で記録して保存する必要があった。全部で三冊にもなる報告書は、「併合」後の5年間だけでなく、寺内の統監・総督としての7年間の実績・成果の集大成でもある。

さらに物産共進会の権威を高め、寺内の総督としての実力を示すために、皇族の出席を求めた。寺内総督は、1915年5月、大隈重信首相に親書[47]を送り、本来であれば「今上天皇ノ御親臨ヲ忝ウスルヲ得ハ無上ノ光栄」であるが、「軍国多事ノ砌」、「皇族御差遣ノ儀」を宮内大臣を経て願い出たので「御斡旋相成度」と依頼した。そして、寺内総督は、開会前にわざわざ「東上」し、その結果、「閑院宮及び妃殿下の御西下」を実現させた。まさに物産共進会の「光栄を飾る[48]」ものであった。したがって、閑院宮一行の朝鮮訪問を誇示するために、物産共進会では、一般公開の開場式（9月11日）とは別に、10月1日に「開会式」を実施した。朝鮮総督府の新聞『京城日報』は、「朝鮮大共進会　開会盛式　三千の佳賓一堂に集まり　殿下台臨親しく令旨を賜ふ[49]」の大見出しで、開会式の様子を伝えている。開会式の会場は景福宮の「勤政殿ノ正面」である。「閑院宮竝妃殿下李王竝妃殿下李埈公殿下」を始め「寺内総督竝同婦人河野農相等」が「壇上ノ定座」に就き、開会式が始まった。ここで寺内総督は、「聖旨ニ依リ特ニ閑院宮殿下ノ御台臨ヲ忝フシ河野農商務大臣ハ閣員ヲ代表シテ来臨セラレ又内外貴紳ノ臨場ヲ得タルハ寔ニ本官ノ光栄トスル所ナリ[50]」と式辞を述べた。寺内総督にとっては、最上の時であったろう。

開会式には閑院宮が出席したが、この時期、皇族は多忙であった。1912年7月30日に明治天皇が死去し、9月13日に「大喪」が行われた。閑院宮も皇室服喪令に定めるように、喪に服さなければならず、1913年7月29日には「一周年祭」があった。その後、大正天皇即位の礼が1915年11月10日に行われた。即位式も本来は1914年に予定されていたが、同年4月に昭憲皇太后（明治天皇の皇后）が死去し、5月には「大喪」があり、そのために即位式は1年延期された。各種皇室行事の間隙を縫うような時期に実施されたのが物産共進会であり、そこに皇族の出席を求めたのである。皇室の力を内外に誇示するためにも、寺内の力量と物産共進会の成果を誇示するためにも、皇族の出席は必要であったのだろう。

さらに、開会式の10月1日は「始政記念日」であった。韓国を廃滅する条約は1910年8月22日に調印（29日公布施行）されたが、10月1日は、「朝鮮総督府官制の実施と共に新政の開始」された日である。そして「今や総督府設置以来正に五周年に及び、半島統治の基礎既に確立し、創業的施設は正に其の緒に就き、万衆は治平の慶に浴し、産業は興隆の運に向ひつゝある」という認識の下、「大正四年より始めて毎年十月一日を以て朝鮮総督府始政記念日と定め[51]」たのである。まさに、物産共進会開会式の日は、第1回の始政記念日でもあった。第1回始政記念日の「始政記念祭[52]」は、景福宮で物産共産会の開会式が行われているので、京城神社で、午後7時から、京城神社の神主によって神式で行われた。以後、この日は、朝鮮総督府にとって、正に記念日になり、各種行事が10月1日に行われた。

他方、寺内総督は、朝鮮では自らが最高権力者であることも誇示した。一般的にこの時期は武断政治期[53]といわれるが、まさに寺内総督は、武断政治を物産共進会で実施した。物産共進会は、閑院宮を迎えての10月1日の開会式とは別に、一般公開に向けて9月11日に「開場式」を実施した。開場式は、陸軍中将井口省吾朝鮮駐劄軍司令官、河村師団長、総督府各勅任官、中枢院各顧問など300余人を招待し、勤政殿で行った。出席者が着席した後、児玉庶務係長（政務総監）が寺内総督の「登壇」を請い、登壇した。この「壇ハ昔時ノ帝座」であり、「天井ニハ飛龍ノ画アリ、背後ニハ日月蓬莱ニ上ルノ壁画アリ[54]」という壇であった。この壇は、朝鮮王朝の国王・皇帝の玉座であり、ここに座るのはこの国の支配者である。寺内総督はこの時、大韓帝国を滅ぼし皇帝になった気分だったのだろうか。李東薫はこの光景を「時代の転換を象徴するものであった[55]」と評価している。

ちなみに、閑院宮の出席した開会式も、会場は景福宮の勤政殿であったが、閑院宮は「式場ノ中央ヨリ一段高キ御座」に「南面シテ椅子[56]」に座っただけであった。皇族を招きながら、その皇族でさえ座らなかった「昔時ノ帝座」に座った寺内総督は、まさに「威容儼然[57]」としていた。武断政治期の総督そのものであった。

物産共進会後の寺内総督は、1915年11月の大正天皇の即位の儀式に出席し、翌年1月にはロシアの皇太子を送迎するなどして、物産共進会「閉会後二月に到るまで殆んど朝鮮統治の実務に服するの余日な[58]」いほど多忙であった。1916年6月に元帥になったので、7月に天皇に挨拶するために東京に行った時に、山県有朋元帥と大隈首相から首相就任[59]を要請され、承諾している。そして1916年10月には首相に就任する。物産共進会は寺内正毅元帥の朝鮮総督としての最後の大きな施策であった。

4　物産共進会の会場と景福宮

4-1　会場を景福宮に選定した理由

物産共進会は景福宮を会場に実施された。どのような理由で景福宮を会場に選定したのだろうか。『報告書1』[60]によれば、候補地は景福宮の他に2、3か所あった。他の場所は「交通不便」であり、土木工事などに「巨額ノ労費」を要するのに対して、景福宮は「地位、風致、規模」、「交通ノ諸点」で「右ニ出ツルモノナク」、特に「光化、建春、迎秋、神武ノ四大楼門」とこれに連なる「墻壁」があり、その内部は12万7200坪の平坦で「宏壮ナル会場区域」があり、その上に境域内には適当に配置された「古宮殿」、「旧苑池」などが存在し「自然ニ会場諸般ノ設備」を備えており、「多大ノ費用ヲ節約」できるとしている。さらに「観覧者」には「是等ノ旧跡」を「遊覧」する良い機会にもなるとしている。ここでは、景福宮はすでに総督府の管理下にあり、会場整備に便利である点をあげ、さらに景福宮は「遊覧地」とみなされており、王宮として扱っていないことも見ておきたい。

しかし、『報告書1』にいう会場設定の理由には触れられていない重要な事実がある。それは物産共進会の会場に、後に朝鮮総督府庁舎が建立されることである。

後の第7章「朝鮮総督府庁舎の建設」で詳しく見るように、1911年、若しくは1912年に庁舎建設費を予算請求する時に、庁舎の敷地は景福宮に決まっていたのである。とすれば、物産共進会は総督府庁舎建設のための敷地を確保する役割も持っていたことになる。展示館建設による景福宮の建物の撤去などは、朝鮮総督府庁舎の建設の準備であったことになる。

4-2　朝鮮総督府の景福宮認識

朝鮮総督府にとって景福宮は、「旧景福宮址」[61]「景福宮址」[62]「旧景福宮」[63]であり、「旧」や「址」であって、王宮としてはすでに存在しないという認識である。物産共進会が開催された当時、王宮としての景福宮は存在せず、総督府の管理する広大な空間だけが存在したことになる。『報告書1』には「明治二十八年十二月以後廃宮トナリ以テ今日ニ至レリ[64]」とも記されている。「明治 28 年 12 月以後」すなわち「1895 年 12 月以後」とは、明成皇后殺害事件とその後の高宗の露館播遷以後のことである。『報告書 1』では日本の侵略的行為には言及しないが、これらの事件が景福宮を「廃宮」にしたのである。

4-3　風水と物産共進会会場

すでに第 1 章で述べたように、朝鮮王朝の都漢城は風水の都であった。その「穴」「明堂」に建立されたのが景福宮であった。漢陽遷都の経緯と景福宮の位置について、朝鮮総督府は知っていただろうか。朝鮮総督府の嘱託であった村山智順の『朝鮮の風水[65]』は、王都決定と風水との関係を詳論している。そしてこの研究成果は現在でも必ず参照されるほどのものである。しかし、村山の研究成果は 1931 年に公表されており、物産共進会当時よりも後である。

しかし、『報告書 1』第 3 章第 7 節「景福宮主要殿堂ノ構造」を見ると、冒頭で王都決定過程に言及している。それによれば、王都は初め「忠清南道鶏龍山」に決めて工事を始めようとしたが、「僧無学（釈王寺ノ開祖）ノ説」によって漢陽に変更し、「鄭道伝ノ計画ニ従ヒ白岳ヲ負ヒ南山ニ面シテ宮闕ヲ建テ之ヲ景福宮ト名ケタ[66]」と記している。この説明には「風水」への言及はないが、「風水の都」を認識した記述である。

そして物産共進会会場を見ると、第 1 号舘は光化門を入った所に作られた噴水の北側で、勤政門の南側に挟まれる所に建てられた平面 94 坪 9 合、高さ 50 尺 7 寸の建物で、その幅は勤政殿を囲む墻壁と一致している。これは後述する朝鮮総督府庁舎と全く同様である。物産共進会の「第 1 号舘トシテ使用シタル建物ハ恰モ庁舎ノ建築位置[67]」である。この第 1 号舘の所在地は、6–2 図「景福宮の光化門一帯」と 6–3 図「第 1 号館の位置」を見比べると分かるように、光化門と勤政門の間で、光化門を入って王の通路である「御道」を経て興禮門を通り、禁川橋を渡って勤政殿の門（勤政門）に行く間の空間である。第 1 号館は、興禮門を壊し、禁川橋をつぶし、勤政門のすぐ前に建てられた。さらに王の通路である「御道」に噴水を設置した。この場所は、風水による景福宮の構造から見れば「外明堂」であり、景福宮の精気の凝結する重要な所である。ここに物産共進会の中心的建物である第 1 号館を建てたのは、風水との関係を認識していた可能性が大きいといえよう。物産共進会と朝鮮総督府庁舎は、景福宮の破壊であり、王都漢陽の破壊でもあるといえよう。

6-2 図「景福宮の光化門一帯」

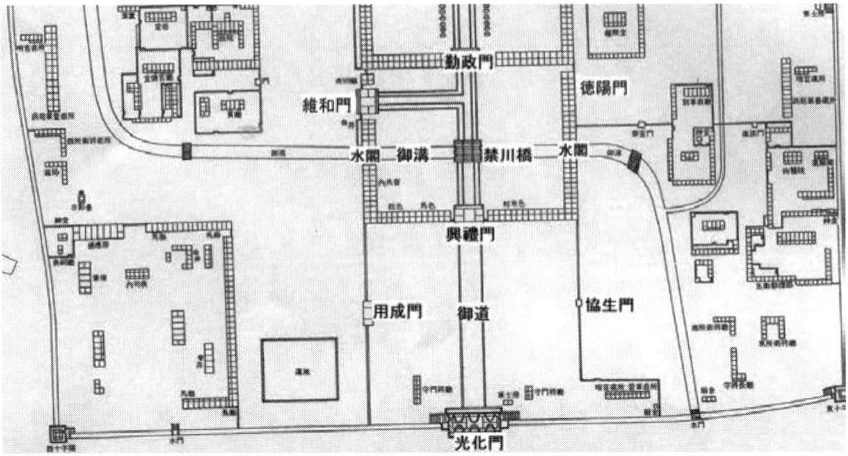

6-3 図「第 1 号館の位置」

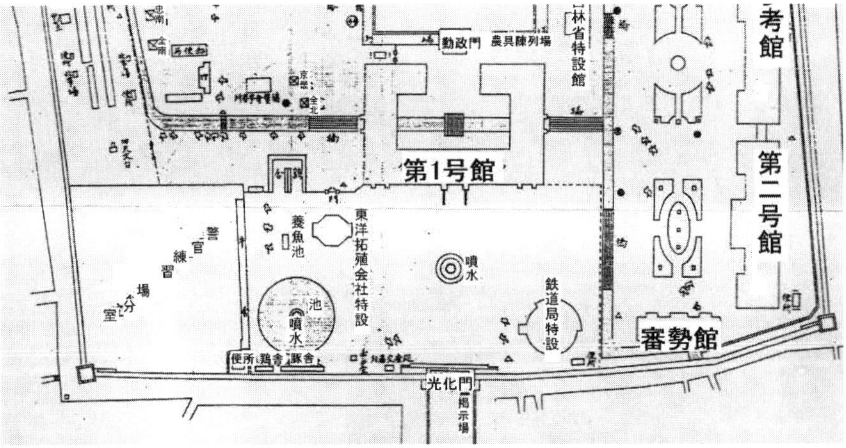

5　物産共進会での景福宮の利用

物産共進会は景福宮内のどこを会場に使用したか。当初は「勤政殿ノ東方一帯ノ空地ノミ使用スル計画」[68]であったが、1915 年 11 月に大正天皇の即位式が実施されることになったために、即位式を「記念」するに相応しく敷地を拡張し、「慈恵殿ヨリ交泰殿裏側ヲ貫通スル地帯以南ノ全部」、すなわち「勤政殿ヲ中心トシタル一大区域」[69]を会場にすることに変更した。その総面積は 7 万 2800 坪である。当初の計画は、勤政殿の東側だけを使用する規模の計画であったが、大正天皇の即位式という日本の皇室行事によって、日程も規模も拡大して実施されることになった。ここに植民地支配と天皇制の関係を見ることができる。しかし、6–4図「物産共進会会場図」に見るように、実際の物産共進会の会場は「慈慶殿

6–4図「物産共進会会場図」

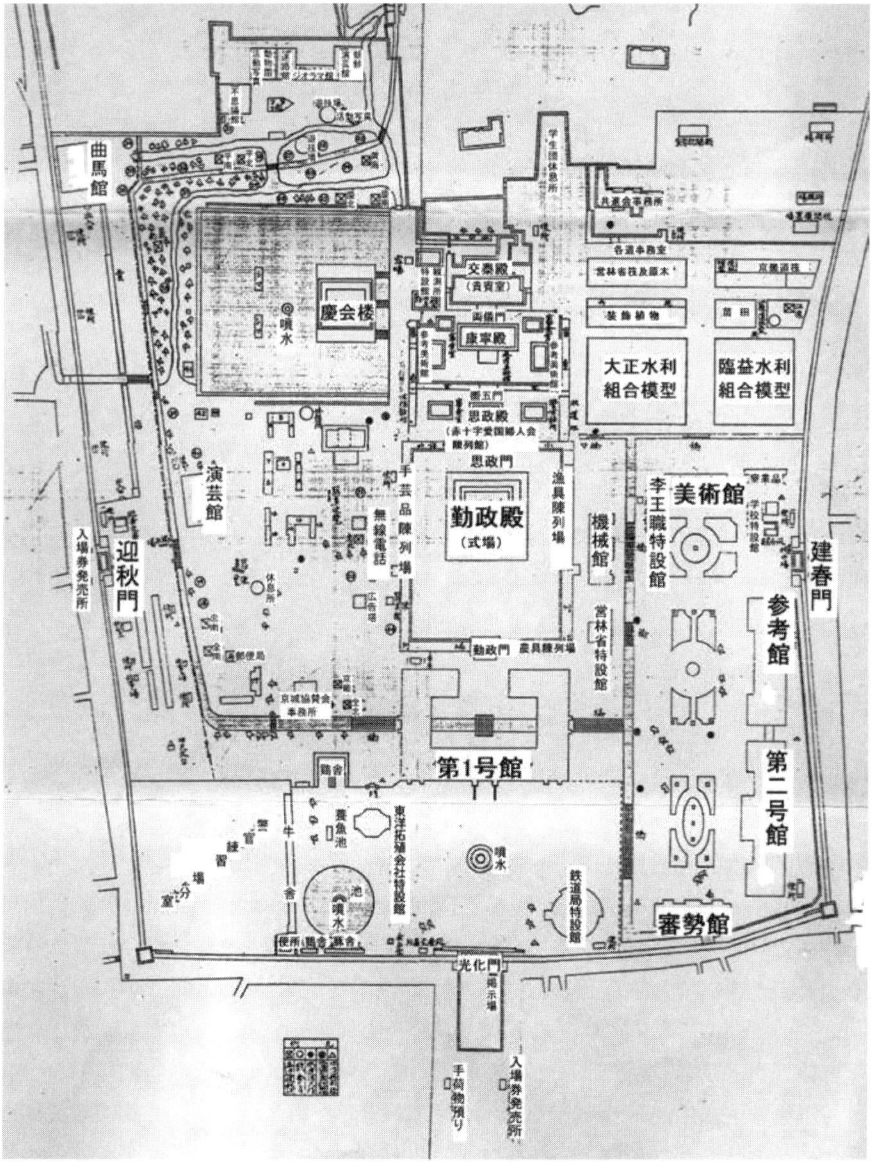

ヨリ交泰殿裏ヲ貫通スル地帯」より北側に拡張されている。「慈慶殿ノ一郭ヲ共進会事務所ニ充用[70]」したので、6–4図のように物産共進会の会場はさらに北側に拡張されている。東側は景福宮の城壁から建綺閣の北側を経て萬慶殿の南側を通り、「学生団休息所」が北にはみ出し、交泰殿の裏庭である峨嵋山の北側に至る。峨嵋山からはさらに北上し辰居門を経て文慶殿の北側を経て西側の城壁に至る経路である。西側が各道の出店した飲食店などになった。

ところで、最初に企画されたという勤政殿東側の「空地」とはどこか。勤政殿の東側は「東宮」関係の建物である。これらの殿閣は、後に詳しく見るように、1914年7月から売却される[71]ので、物産共進会が企画された1913年には「空地」にはなっていない。にもかかわらず「空地」と記している『報告書1』の記述は、物産共進会が極めて計画的に景福宮の破壊を企図していたことを示しているといえよう。

大正天皇の即位式によって規模が拡大され、「勤政殿ヲ中心トシタル一大区域」になった物産共進会の会場は、大きく4つの区域に分けることができる。

第1の区域は、寺内正毅総督が強調する「共進会の会場」で、第1号館をはじめとして、勤政殿の東側（美術館、参考館、第2号館、機械館など）である。

第2の区域は、勤政殿を中心に思政殿、康寧殿、交泰殿など、景福宮の中心的な殿閣で、「共進会の会場」となった。これら殿閣は本来の姿や役割とは異なる姿で残存した。

第3の区域は、光化門と第1号館の間、鉄道局特設館などの特設館のある場所で、「共進会の会場」と「博覧会の会場」の共存する一帯である。

第4の区域は、慶会楼を中心に、慶会楼を取り巻く一帯で、主に京城協賛会が主体になって企画した「博覧会・遊園地」の会場である。

6　物産共進会の会場整備と景福宮の破壊

景福宮は、高宗が1897年にロシア公使館に移御し、1年後にロシア公使館に隣接する慶雲宮に還啓したことによって、国王・皇帝の起居しない宮闕になった。その景福宮で物産共進会が開催されたが、宮闕の建物は残存していた。物産共進会を開催するためには会場となる敷地を整備する必要があった。朝鮮総督府は、景福宮には「散在セル堂宇又ハ門牆」で「荒廃ノ久シキ已ニ頽破朽損シテ修理ニ堪ヘス不潔不体裁」のものがあり、これら「不用ノ建物」は「此機ニ於テ之ヲ一掃」することにした。それらは「勤政殿前面ノ興禮門」と「廻廊」、「東方空地ニ於ケル東宮、資善堂、丕顕閣、侍講院」、「門牆」で、「建物十五棟門九箇所此総建坪七百九十一坪八合」であった。これらは1914年７月中に代金１万1374円70銭で「公売」し、立木26本も同年９月中に63円で「公売」[72]した。本当に荒廃し頽破し朽損していて修理もできないほどなら売却などできないはずである。物産共進会の会場整備にとって不必要な建物を取り壊して売却したのである。

これら「公売」された建物を検討してみよう。先ずは物産共進会の第３の区域に相当する「勤政殿前面ノ興禮門」と「廻廊」である。興禮門は、6–2図「景福宮の光化門一帯」に見るように、光化門から勤政殿に通じる王の通る「御道」にある門で、景福宮の中心軸を構成する重要な門である。興禮門には廻廊があり、東側には徳陽門が、西側には維和門があり、光化門から興禮門までの王の通る「御道」の東側には脇生門が、西側には用成門があった。興禮門を入り勤政門に行く途中には禁川橋があった。太祖による景福宮の創建時に作られたが、世宗８（1426）年から永済橋と呼ぶようになった。

この永済橋には思想的意味[73]がある。第１に、風水思想によって建立された景福宮にあっては、明堂水が西から東に流れることが風水上非常によい形局を作り、そこに流れる禁川にかけられた橋という点である。第２に、王の居住する空間に入るために明堂水を渡ることによって体と心を清らかにするという意味である。第３に、王や臣下がこの橋を渡るたびに心を洗い清め、どうすれば民衆を平安にすることができるかをもう一度考えてみるという意味である。第４に、王の権威を象徴するもので、橋の上でも中央の王の通る御道を左右より一段高く幅を広くして権威を示していることである。第５に、神聖な空間へ外部から雑鬼が侵入することを防ぐことであり、そのために欄干と周辺に下品な石獣である端獣を配置していることである。

以上の点を考慮すれば、興禮門を撤去し、禁川橋、景福宮での永済橋[74]を破壊することは、王宮の象徴性や権威を消し去ってしまうことであり、正宮としての景福宮の精神を破壊することになるといえよう。

次に第１の区域にあって「不用ノ建物」とされた勤政殿の東側にある「東宮」は、皇太子の生活の場所である。「東宮」とは、光化門から勤政殿などに連なる景福宮の「中心軸」、つまり、王のいる内殿の東側にあるので「東宮」という（6–5図「景福宮東宮」）。東宮の主な殿閣は資善堂と丕顕閣で、資善堂は皇太子の公式の活動空間[75]であり、その付属殿閣である丕顕閣は皇太子の便殿に使用されていた[76]。便殿とは皇太子が普段に起居する殿閣である。つまり、資善堂と丕顕閣は皇太子の公的・私的な生活空間であった。したがってこの周囲には、皇太子を教育し輔弼する仕事をする世子侍講院（春坊）と、皇太子を警護する世子翊衛司（桂坊）の建物もあった。これらも同時に撤去された。

景福宮の東宮は高宗の時期に再建された。この時の皇太子（坧）は後の27代国王（皇帝）純宗である。しかし、1895年の明成皇后殺害事件の後の露館播遷で、皇太子坧も父高宗とともにロシア公使館に移ってしまい、その後、皇太子坧は景福宮の東宮には還宮せずに1907年に日本によって純宗として即位させられ、純宗は昌徳宮で政務を執った。純宗皇帝時代の皇太子である垠（英親王）は、慶雲宮（徳寿宮）で皇太子になり、その後日本に「留学」させられるので、景福宮の東宮では生活していない。したがって純宗（坧）は再建された景福宮の東宮で生活した唯一の皇太子である。

「不用ノ建物」とされ公売された資善堂は、世宗12年（1430年）に建立されたが、中宗38年（1543）年に火災で焼失した。その後の再建は確認できず、大院君によって高宗4年（1867年）年に再建された。しかし、1876年の景福宮の大火災で焼失し、高宗25年（1888年）に再建された[77]。この時、丕顕閣も再建された。したがって、物産共進会準備の時は、再建されて25年ほどであり、古い建物とは言えない。

資善堂に関しては、『世宗実録』に「御資善堂視事」として、書筵（王や王世子に学問の講義をした所）、筵会、世子の講学、魂殿などの記録[78]がある。しかし、資善堂は、世子だけでなく、王も政務に使用したようである。『世宗実録』には「王は東宮に移御して、東宮は書筵に移って住居することになったが、康寧殿の南側の廊を修理するためであった。還宮するまでは毎日の上奏はしないように命じ、朝賀が

6-5図「景福宮東宮」

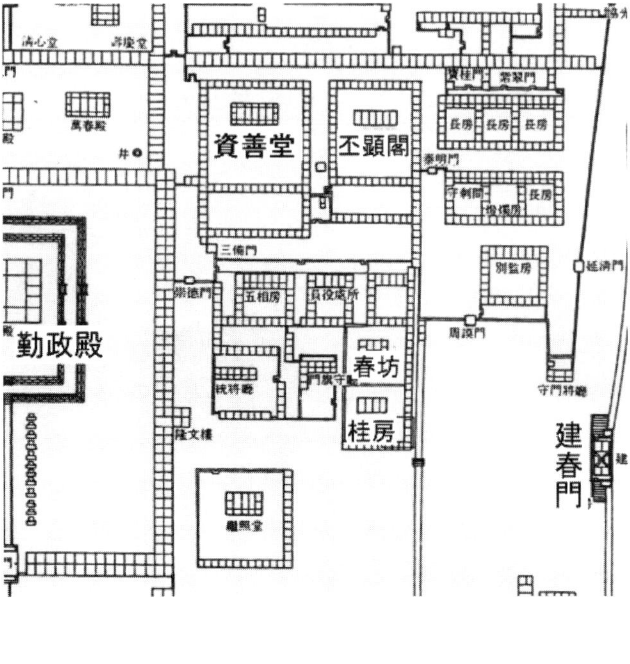

あれば輿に乗って勤政殿に出て行き、普通は資善堂で政事を見た[79]」という記録もある。つまり、王や世子によって使用される重要な殿閣であった。

資善堂は「公売」されたが、購入したのは誰なのか。その後資善堂はどうなったか。当時の雑誌『建築世界』に「男爵大倉喜八郎氏は昨冬朝鮮景福宮内の資善堂を譲り受け東京に移送し大倉美術館境内に目下建設中[80]」とある。大倉喜八郎は、日本国内では建設業や貿易業など各種の事業を行い、朝鮮や台湾などでは、大倉土木組が、台湾鉄道、京釜鉄道、京仁鉄道など数多くの鉄道の敷設工事を請け負い、出資などを行なった。1915年12月に男爵になったが、資善堂を購入したのは男爵になる直前である。

資善堂の移築に関しては、『建築画報』[81]に詳しい。ここでは1916年9月に全部竣工の予定で、「純朝鮮式の洵に美事なものなので道行人の目を聳つ」ものと記され、大倉美術館の田邊浩の談話が載せられている。「此宮殿は朝鮮の景福宮の一部なる資善堂と申す御殿である。今から百年前の建物で何でも朝鮮の王様の御寝所などにも充てられたらしく思われる。玉座なる勤政殿の後ろにあつたもので其の御殿をそつくり其のまゝ移したものである」（句点－筆者）と。百年前の物とか、王の寝所であるとか、勤政殿の後ろなど、事実の誤りもあるが、資善堂を移築した事実を伝えている。しかも、この記事では、「大倉男爵は寺内総督とも相談の上」と記し、寺内総督の承認の下に移築されたことを述べている。建物の移築は技師の小林源次郎外数人の専門家が担当し、「一枚の敷石一枚の瓦と雖も原形のまゝ移し建て」ることを試み、日本に運んで、1916年2月から改築に取りかかったという。大倉美術館では「男爵授爵の際国家に献納」しようとしたが手続きが難しく「沙汰止み」になり、大倉美術館に置くことになったが、資善堂の「組立費」は「約二万円[82]」であるという。組立費2万円は、景福宮の建物の公売費1万1374円70銭と比べると高額であるが、むしろ公売費が非常に安いというべきであろう。以上が資善堂が大倉美術館へ移築された経緯である。

『寺内正毅日記』1916年8月30日の記事に「四時ヨリ大倉氏博物館ヲ見、朝鮮館落成ヲ見ル[83]」とある。元帥拝受の挨拶に東京に行った際に大倉美術館に行って「朝鮮館」を見たのである。自らの承認の下に移築した建物を見て、男爵になった大倉に会ったのであろう。ここでは「朝鮮館」と呼ばれている。

『京城府史』には、「明治四十三年に至り、慶会楼、勤政殿等巨大なるもの及び其の他数個の楼殿を残し、大部分の建物約四千間を撤して民間に払ひ下げ旧態は一変した。東京都赤坂区葵町大倉男爵邸内の集古館（関東震災に焼失した）……は其の際該建物を購入移築したものである。[84]」と記されている。

大倉美術館は、1917年8月財団法人大倉集古館となり、資善堂も大倉集古館の所有となった。大倉集古館の発行した『大倉集古館列品要略』[85]に掲載されている阪谷芳郎の「序」には「集古館ハ元ト男爵（大倉喜八郎…筆者注）ノ住宅ニシテ大部分木造建築ナルヲ以テ他日腐朽ノ患アリ男ヤ実ニ大ニ資ヲ投ジ堅牢ナル美術館陳列ノ方式ニ改造」したとある。『京城府史』の記載によれば、大倉集古館の建物が景福宮から移築した建物のようにも読めるが、『大倉集古館列品要略』には、第1号館は「西洋風建築」、第2号館は「和風建築」、第3号館は「和洋折衷式建築」とある。したがって、1号館から3号館の陳列場は、阪谷芳郎の記述の通り、大倉喜八郎によって建てられたのである。

1923年の関東大震災で焼失してしまった建物の写真を見ると、一部は3階建ての建物のように見える。『大倉集古館列品要略』には、「大倉集古館陳列場平面図」が収録されている。その平面図によれば、大倉集古館は1号館から3号館まで連結された3棟の陳列館であり、陳列室は2階までなので、3階があれば、陳列室以外に使用したのであろう。

大倉集古館は、1号館1階の入口から入ると、少し離れた1号館までの階段に各国宗教彫刻の陳列があり、1号館1階には「支那古美術品」「西蔵仏教彫刻並に法器」「日本仏教彫刻並に法具」「暹羅仏教彫刻」などがあり、1号館2階には「日本蒔絵品」が展示されている。そして、1階の通路で2号館につながり、2号館では1階に「各国仏教経典」「日本甲冑並に鎧直垂及び火事装束」「朝鮮出土古鏡古銅器陶瓷器及び仏教彫刻」などがあり、2号館2階には「支那陶瓷器」「日本支那七宝器」などがある。2号館と3号館も廊下で連結され、3号館1階には「支那墓誌石」「朝鮮古陶器」「日本古土器」が陳列され、2階には「支那日本推朱器並に支那推黄推黒器」が陳列されている。そして2階は「上段の間」という、京都興正寺に伝存していた桃山城の遺物と東京増上寺境内にあった桂昌院尼霊廟の用材を用いて建てた部屋があり、1階には桂昌院尼霊廟があった。出口は3号館1階にあり、途中に出口はない。

それでは資善堂はどこにあるのか。『大倉集古館列品要略』によれば、第1号館から第3号館までの説明の後に、「庭内建造物」という記載があり、灯籠や鐘、仏像、男爵大倉喜八郎翁寿像などとともに「資善堂」も記されている。『寺内正毅日記』に記載さていれる「朝鮮館」という名称は記載されておらず、「資善堂」という名称で記載されている。ここでは「此の堂宇は、旧と、朝鮮なる景福宮内に在りし一宇にして、其の儘、此処に移建せるもの也、是れに由りて、朝鮮時代に於ける、宮殿建築様式の一端を窺ふを得可し[86]」と記されている。しかし、

『大倉集古館列品要略』には、この建物の内部に陳列された展示品への言及がない。正面階段前の左右の石彫獅子や周囲にある塔などについては説明があるので、この建物「資善堂」は朝鮮の宮殿建築を展示した「陳列品」の１つであったといえよう。「朝鮮館」という展示館は存在しなかったと推測できる。

これらの記録を整理すると、『京城府史』に記された「明治四十三年」（1910年）に払い下げられた建物の一部が東京に移築され大倉集古館になったのではない。資善堂は、1914年に物産共進会の準備のために譲渡され、1916年に復元された。大倉喜八郎の作った大倉集古館は第１号館、第２号館、第３号館の３棟の陳列館があり、資善堂はそれらとは別であって、それ自身が「陳列品」であった。移築された資善堂は『建築画報』（1918年12月号）を見れば、移築前の姿を維持しており、朝鮮館にふさわしい本来の建築様式と意匠を残していると評価されている[87]。

また、同じく「公売」された丕顕閣は、資善堂と同じく高宗25（1888）年に再建された。したがって、この建物も古い建物とはいえない。丕顕閣に関して『宮闕志』の「景福宮志」にいくつか記録があり、世祖が1465（世祖10）年の冬に丕顕閣に出向き、王世子が侍立して、成均館の儒者を呼んで『書経』を講義させたり、宣祖が1573（宣祖６）年の冬に丕顕閣に著名な儒学者の李珥を呼んで『書経』の講義を受けたり、1581（宣祖14）年には、丕顕閣で臣下を集めて「対夜」を行った。「対夜」とは、学問のある臣下を宮廷に呼んで、一晩中「史書」などの講義を受ける「経筵」を行うことである[88]。したがって、丕顕閣は高宗の時に再建され、東宮の建物になっているが、本来は、東宮の建物ではなかったのかもしれない。

「公売」された丕顕閣はどうなったか。『京城府史』に「京城府内……西四軒町一九二番地南山荘別荘は、建春門内にあつた丕顕閣[89]」であると記されている。

1932年に刊行された『京城の面影』に、「新町から奨忠壇公園に抜ける坂道を登り詰めた処に、赤荻與三郎氏経営の料亭南山荘がある。……南山荘の大きな朝鮮建物は「丕顕閣」と云つて景福宮内博物館の南側に在つた丕顕閣の一部で、明治四十年に払ら（ママ）下げられた、一部は南山荘に、一部は大倉男が買収内地に持ち帰り博物館を拵らえたが、大正十二年の震災で焼けて了つた。丕顕閣は朝鮮の王世子（東宮）が居られた由緒ある建物である[90]」と記されている。『京城の面影』によれば、南山荘には1910（明治40）年に払い下げられた丕顕閣の「一部」が用いられ、他の「一部」は大倉男爵が買収し日本で大倉集古館として利用した事になる。しかし、丕顕閣は１棟の建物なので、東宮の資善堂を大倉男爵が、丕顕閣を南山荘として使ったのであり、1910年に払い下げられたというのも誤りである。他方、丕顕閣に関しては、別の記録もある。日本人建築家中村與資平（1880～1963年）が1912年に南大門停車場裏の蓬莱洞の自宅の敷地に丕顕閣を改築して設計事務所として使っていたが、漏電で焼失してしまった[91]というものである。

また、『京城府史』には、「南山町二丁目五〇番地の花月別荘は、修政殿の南方にあつた一建物である[92]」との記事がある。『京城の面影』は、南山荘に関する記述に続いて「南山麓花月別荘にも玉堂と云つて、王世子御学問所であつた建物がある[93]」という記述がある。この「玉堂」とは「弘文館」の別名である。弘文館は、玉堂、玉署、瀛閣ともいわれ、司憲府、司諫院とともに三司という。弘文館は昔の集賢殿で、成宋の元年（1470）に弘文館を設置し、集賢殿と同じく文学がある学者を選抜したところである[94]。

『京城府史』にいう「修政殿の南方」とは、より大きくみれば、慶会楼の南に修政殿があり、その南西に玉堂がある。東宮である資善堂や丕顕閣とは、中心軸を挟んで西側にある。つまり、光化門や勤政殿などの中心軸を挟んだ両側の建物が「公売」され、それらが日本人の料亭などに使用されたことになる。

物産共進会の会場を整備するために「不用ノ建物」が「一掃」された。しかし、これらは高宗即位後に大院君の主導によって再建された建物が多く、建築後30年以内の建物が多かった。総督府は「荒廃久シキ已ニ頽破朽損シテ修理ニ堪ヘス[95]」と説明しているが、その多くが日本人によって購入され、自宅に使用したり、料亭になったり、日本に移築され大倉集古館で展示されたりした。つまり、使用不能な建物ではなかったのである。まさに物産共進会の会場を作るのに不必要な建物であるに過ぎず、景福宮を破壊したのである。

7　物産共進会の新築展示館

第1の区域の展示館の特徴を見てみよう。（6–4図「物産共進会会場図」参照）この区域に属する建物をあげてみれば、勤政殿の前にある第1号館（6–6図「第1号館」[96]）、建春門の内側にある庭園を囲んで北側に美術館（6–7図「美術館」）があり、対になる南側に審勢館（6–8図「審勢館」）がある。さらに、庭園の東側に参考館（6–9図「参考館」）と第2号館（6–10図「第2号館」）があり、西側に機械館（6–11図「機械館」）がある。美術館の北側に大正水利組合模型、臨益水利組合模型があり、さらに苗園、装飾植物など農業関係の施設が配置されている。これらはまさに寺内正毅朝鮮総督の強調する「共進会の会場」である。

これらの施設の特徴は、第１に新設の施設であり、物産共進会の終了後には解体されることになっていた。しかし、これらの施設を建設するために、勤政殿・勤政門の前面にあった禁川橋、興禮門、興禮門に連結した廊閣、さらに建春門の内側にあった東宮関係の建物、その南側にあった国王や宮廷生活者の生活用品などを作る部署の建物が破壊された。景福宮は再び国王たちが生活できない「王宮」とされたのである。ただし、美術館は「永久構造[97]」の建物で、物産共進会終了後の12月に朝鮮総督府博物館に衣替えする。

第２の特徴は同じ建築様式で建てられていることである。第１号館は「レネーサンス」式に「セセツション」式を加味し、「外部白漆喰塗リ[98]」した建物で、第２号館、参考館、機械館、審勢館も「１号館ニ同シ[99]」形式である。さらに、迎秋門の内側で慶会楼の南側の広場にある京城協賛会が建設した演芸館も「セセツション」式で「外部ヲ漆喰塗[100]」で作られていた。

これらの写真を見ると、「新築された建物はルネッサンス様式を基礎にしながらセセッション様式が加味された白色の建物[101]」であることがわかる。第１号館、第２号館、審勢館、機械館、さらに美術館も中央に２本の大きな柱があって、四

6-6図「第１号館」

6-7図「美術館」

6-8図「審勢館」

6-9図「参考館」

6-10図「第２号館」

6-11図「機械館」

角形の窓と梁で構成されている。この形式は、物産共進会の後に建設される朝鮮総督府庁舎の形式と同じで、セセッション様式の特徴である。

ルネッサンス様式を基礎にしたセセッション様式を日本に伝えたのは「明治末期来日のデ・ラランデとヤン・レツル」である。デ・ラランデは、上海、天津を経て1903年に来日し、1909年に一旦日本を離れ、「再来日後拠点を横浜から東京に移してからは、セセッションを交えたユーゲントシュティルの作風を得意[102]」としていた。朝鮮では1915年に朝鮮ホテルを設計しており、朝鮮総督府庁舎の設計に関わっている。デ・ラランデが物産共進会の展示館の設計に関わったかは不明であるが、「大正初期の近代建築における形態還元の様相は、簡略化あるいは幾何学的としてモダーンなルネサンスにその大勢があったのであるが、それらは何らかのかたちで新様式である『セセッション』の影響を蒙っている[103]」といわれている。物産共進会の展示館がルネッサンス様式を基礎にたセセッション様式なのは当時の建築様式の流れでもあったといえよう。

この施設のセセッション様式の白壁の展示館を、姜相薫は「日本の統治権力の先進性と近代性などの優越性を象徴する建物[104]」であると言う。その理由は１つには1883年のアメリカのシカゴ博覧会での「ハイツシティー」を構成した建物と物産共進会で新築された建物の類似性であり、２つには1915年当時、日本で流行していた最新の西洋建築の様式がアールヌーボーとセセッション式であったことをあげている。さらに日本の統治権力の優秀性を表すために、日本の伝統様式ではない西洋の様式を採用して、西洋と日本を同一視させることによって、結果的にルネッサンス様式が当時の植民統治権力の権威と近代性を表象する建築様式であったと述べている。その上で、物産共進会では、近代的な白壁の展示館と既存の景福宮の建物を併存させることによって、既存の建物である「朝鮮の宮闕建築様式」は「権威の失墜を象徴する建物」になったと指摘している。

姜相薫論文では、セセッション式の展示館の「近代性」を強調するが、その理由は他の建物を例にした間接的な実証であり、設計者の意図などは証明されていない。建築学的には1910年代にセセッション式が導入され、大きな影響を持ったことは事実である。日本国内にも多くの建物があり、たとえば広島県物産陳列館[105]（現在の原爆ドーム）などもその１つである。従って朝鮮物産共進会の陳列館もそのような大きな流れの中で設計・建設された可能性もある。

また、後に見るように、物産共進会によって景福宮の既存の殿閣がその権威を失墜させられた点には同意できるが、송인호・김제정・최아신論文が「正式建築ではない一回用に急造された建物が朝鮮の正宮であった景福宮の建物と比較して

どれくらい優越性を持っていたか疑問である[106]」という主張も妥当である。さらに同論文では脚注で会場に入った朝鮮人が宮闕の建物を後進的だと思ったかは再検討の必要があるという点も説得力を持つといえよう。

第1区域の展示館の中で最も重要な展示館は第1号館である。第1号館は、勤政門と光化門の間にあって、写真（6–6図「第1号館」）で見るように大きな建物で、その規模は6–1表「物産共進会の展示館と朝鮮総督府庁舎」に見るように、「間口60間（109m）、奥行39間（71m）、梁間11間（20m）、総建坪1494坪9合6勺5才（4942㎡）、軒高18尺4寸（5.6m）、中央塔の高さ74尺4寸（22.5m）、両翼及び側面の塔の高さ50尺7寸（15m）であった[107]。後に見るように、朝鮮総督府庁舎の大きさは、5階建て、間口71間8分（129.1 m）、奥行39間（71m）、軒高75尺（23.7m）で、前面中央の円塔は高さ180尺（54.5m）、建坪2115坪（6991.7㎡）である。6–1表「第1号館と朝鮮総督府庁舎の比較」に見るように、第1号館は、5階建ての朝鮮督府庁舎の塔の高さには大きく劣るが、間口はわずかに及ばないだけで奥行きは同じであるように、朝鮮総督府庁舎に近い大きさだったことが分かる。恐らく第1号館によって勤政門や勤政殿は光化門からは見えなくなっていただろう。

6-1表「物産共進会の展示館と朝鮮総督府庁舎」

	間口		奥行		総建坪		軒高		中央塔の高さ	
第1号館	60間	109m	39間	71m	1,494坪9合6勺5才	4,942㎡	18尺4寸	5.6m	74尺4寸	22.5m
朝鮮総督府庁舎	71間8分	129.1 m	39間	71m	2,115坪	6,992㎡	75尺	23.7m	180尺	54.5m
第2号館	55間	100 m	14間	25.5m	769坪3合2勺5才	2,542㎡	18尺	5.4m	52尺	15.8m
参考館	45間	82m	14間	25.5m	582坪7合5勺2才	1,926㎡			41尺	12.4m
審勢館	28間	51m	8間	14.5m	235坪5合	778㎡			42尺7寸	13m
機械館	25間	45.5m	8間	14.5m	214坪2合7勺6才	708㎡				

また、第2号館[108]は、第7部から第8部までを展示し、教育、経済、衛生、司法など、朝鮮総督府が朝鮮に導入した新制度や新組織がその展示品であった。その規模は、6–1表「物産共進会の展示館と朝鮮総督府庁舎」のとおりである。その規模は第1号館より小さいが、中央の塔は52尺（15.8m）あり、堂々たる建物であった。この第2号館は北側にある参考館と廊下で連結していた。

参考館は「内地生産品」で「朝鮮ノ生産業ニ必要」なもの、「外国輸入品ニ対抗シ朝鮮ニ於テ販路拡張」を目指す「日用必需ノ物品ニ限[109]」って展示した。その建物の規模は6–1表のとおりで、第2号館より小さかった。

そして、庭園の南側にある審勢館には13道の特産物や道勢が模型や統計数字で展示されていた。中央塔は13mもあり、威圧感のある建物であった。

そして、営林省特設館の北側に配置されたのが機械館である。機械館は参考館の展示品の中で「機械類」だけを展示した。

これらの新築展示館は、寺内総督の言う「物産共進会の会場」であった。これらの展示館を建坪と間口で比較すると、最も大きい建物は第1号館であり、次が第2号館、さらに参考館、審勢館、機械館という順番である。この建物構成は物産共進会で何を重視したかを示している。

8　新築展示館での「朝鮮」に関する展示

第1の区域ではどのようなものが展示されたか。寺内朝鮮総督の主張通り、物産共進会の目的は「始政五年間」の「産業ノ進歩」やその「成績」を展示し、「新旧施政ノ比較対照」を「一目瞭然」[110]にすることであった。まさに「進歩」と「発展」を展示することであった。

第1号館は、第1部農業、第2部拓殖、第3部林業、第4部鉱業、第5部水産、第6部工業の6部門が展示されていた。当時の朝鮮は農業を中心とする第1次産業が重要であった。そのために、第1部農業には、米、麦、大豆、蚕糸、綿花、牛革、煙草、人参など「朝鮮ニ於ケル主要農産物」と「農業経営ノ方法及成績」、「農具、装飾、植物」など、「農業ノ進歩発達ニ資ス」もの全てを網羅していた。出品者は「模範農里又ハ組合団体」を代表する者、一般個人の出品は「農業改良ノ志」[111]ある者を選んでいた。

ここでは日本にとって最も重要な農産物である朝鮮の「米」に注目して検討してみよう。米は2080点出品され、「内地人」253人、268点、「朝鮮人」1793人、1812点[112]であった。第1部農業でもっとも多い出品数である[113]。第1号館では展示場所が道別に仕切られ展示された[114]。出品された米は物産共進会期間中の9月11日から17日までの5日間に審査され[115]、審査結果は11月17日、褒賞式当日に発表された。

審査は「玄米」と「精米」に分けて行われた。玄米の審査結果[116]は「優良品種ノ普及ニ伴ヒ米質ノ改善著シキ」ものであり、このうち、中部朝鮮の早神力、全羅北道の高千穂、忠清北道の多摩錦の「三種ハ品質齊一ニシテ色澤及形状良好」と認められた。これに対して南朝鮮の穀良都、北朝鮮の日の出は「臼擦レノ為種皮ノ破傷ノ帯フルモノ多ク色澤稍劣リ外観ヲ損スルコト少ナカラサルモノアル」と評価された。品種改良された内地種にも優劣がつけられている。

それでは在来種はどうか。咸鏡南道の「大骨租」が「最多ク」、平安北道の「大邱祖」が二番目に多いが、「色澤形状共ニ齊一ナラズ且異種ノ混淆少カラズ」と評価された。在来種は色や形が同じでなく、異なった種が混ざっているという評価であった。

「精米」の審査では、「赤米」の混入に注目している。精米従事者は赤米が混入しないように原料の選択に注意し、稲作に従事する農民は「赤米種子ノ除去ニ努力」せよと指摘している。これらの結果、赤米の混入のない「内地種ノ成績ハ遙ニ在来種ヲ凌キ内地産米ニ比シ遜色ナキ優品ヲ見ルコト少カラ」ず、と結論づけた。これに対して在来種は「色澤雑リ粒形整ハス改良ノ績見ルニ足ルモノ少シ」と評されてしまった。つまり、内地種は内地産米に遜色のない優秀なものがあるが、在来種は進歩の跡が見えないというのが結論である。従って「内地種ノ普及ハ益之ヲ奨励」し、在来種は栽培を止めろとは言わないが、「速ニ純良種子ノ育成」に努め「異種混淆ノ根源ヲ断ツニ勉ムヘシ[117]」とされた。

ここでは、内地種の比較の対照は「内地産米」であって、在来種ではない。在来種は日本の統治下５年間では進歩の跡がないとされ、一層の純良種子の育成に努力せよと指摘している。

「米」に関しては、内地種、在来種で二分する주윤정の主張[118]は適切とはいえないのではないだろうか。比較するならば、「内地産米」、「内地種」、「在来種」の三者である。

このことは、農業の進歩に貢献して「功労賞」を受けた人物の受賞理由を見ると明確である。「米」に関係して受賞した３人の日本人を見てみよう[119]。この分野では朝鮮人はいない。

京畿道水原郡の故人酒井努は朝鮮産米は「砂石ヲ混交セル為」、価値が下がってしまうので、「苦心研鑽」して「実行容易」で「効果極メテ顕著ナル石抜法ヲ案出」したことが受賞理由である。赤米と共に「石・砂」の除去も重要であった。

さらに、京畿道仁川府の奥田貞次郎は、1888年に仁川に渡来し、穀物貿易業に従事し、後に精米業を創始し「二十有余年」を経て仁川穀物協会会長に就任し、朝鮮米の販路を拡張したことが受賞の理由である。奥田は精米業を行い、日本国内への朝鮮産米の販路を拡大した。

同様に慶尚南道の大池忠助は、「海産貿易並米穀移出」に従事し、1906年に「精米所ヲ創設」し、朝鮮産米の販路開拓に努め、「釜山港輸移出米ノ激増」に貢献し、朝鮮在住40余年、各種の公職を務めたことで功労賞を受けた。大池も朝鮮産米の貿易商である。

第２部拓殖の部門で功労賞を受けた全羅北道益山郡の藤井貫太郎は、農場経営、農事改良に努め、臨益水利組合を組織し、不二興業株式会社を創設し、「未墾地数千町歩ヲ開墾」し、かつ大正水利組合を組織したことが評価された。藤井の関わった大正水利組合と臨益水利組合の模型は美術館の北側に模型が展示された。藤井の経営する不二興業株式会社は 1914 年設立された植民地農場会社で、日本人移民を入植させ、朝鮮では東洋拓殖会社に次ぐ規模の土地を所有していた[120]。

このように、第１号館や第１区域での「米」に関する展示は、「内地米」と「在来種」の比較対照ではない。内地種と在来種が出品され、それぞれ優良品種が審査されたが、比較の対照は内地産米であり、授賞者の功績は、水利組合を創設し、農業経営を改善し、精米業、内地への朝鮮産米の移出に貢献したことである。物産共進会での「米」は、日本国内との競争であり、日本にとって優良な米であるかが要点だったのである。「朝鮮に産するもの必ずしも朝鮮人の需要を待つに非ずして、輸出貿易を増進し以て富国に資せむとするにあり[121]」という評価は当を得たものである。その他の分野も含めて、第１号館は「徹頭徹尾産業奨励の陳列場[122]」であった。

このように第１号館の展示は、農業、拓殖、林業、鉱業、水産、工業と広範囲にわたり、出品点数は２万 7000 余点に達した。第１号館の展示品は、朝鮮総督府にとって「朝鮮産業の進歩」を展示するものであった。しかし、観覧者である当時の朝鮮人にとっては、「最も平凡なる米麦豆菽」であり、鉱物は「碌碌たる瓦石と選ぶこと無」く、水産品は腐敗して「異臭紛紛」で、「観覧客の十の八九は鼻を摘むで空しく行過ぎ[123]」てしまうという状況であった。朝鮮総督府の展示意図と観客の反応は全く別物であった。

当時の朝鮮の産業の中心分野である農業は、他の分野の２倍以上もある最大の面積（1476 坪）を使用し、まさに第１号館の中心部分に展示された。

第１区域の第２号館は、第７部臨時恩賜金事業、第８部教育、第９部土木交通、第 10 部経済、第 11 部衛生及慈恵救済、第 12 部警務及司獄を展示していた。第２号館の展示品は、その多くが朝鮮総督府、各道庁、朝鮮銀行などによる出品で、朝鮮総督府行政の成果を直接的に宣伝する展示館であった。第７部の臨時恩賜金事業は、臨時恩賜金という天皇によって下賜された資金がどこで使われたかを展示し、「皇恩ノ優渥ナルヲ感知[124]」させるもので、臨時恩賜金の由来、効果などを朝鮮総督府が直接展示した。第８部の教育は朝鮮の「新旧教育ノ状況」を展示した。官立学校、各道公私立学校を内地人学校と朝鮮人学校に分けて作品などを出品した。「旧教育」では「書堂、郷校、成均館、科挙、儒生作詞ノ油絵」を、「新教育」では「勅語奉読式、国語教育、手芸実習、体操、遊戯」を写真で示した[125]。新旧教育を比較し、天皇に関わる勅語奉読式や日本語教育を扱い、学校分布図や各種の調査統計表が展示された。そして京城高等普通学校など複数の学校の生徒の作品が出品された。京城中学校出品の「巨大なる地球儀の電力に依りて自転せるは、生徒の製作品としては驚くべき精妙の域に達せるもの」と評されるものもあったが、教育の分野では「如何に実用教育が普及しつつあるか[126]」に焦点が当てられていた。

第9部土木交通と第10部経済で出品した水運業の朝鮮郵船株式会社、鎮南浦汽船合資会社などは沿岸航路の模型を、朝鮮銀行は朝鮮産の金塊や砂金を、京城電気株式会社は瓦斯応用の器具、電力による電車運転の状況などを展示した。

第2号館は、朝鮮総督府が前面に出て、5年間の事績を宣伝した展示館であった。第1号館が朝鮮在住の日本人や朝鮮人の出品で構成されていたのとは大きな違いである。

この点では、審勢館も各道の業績を展示した点で第2号館に近い。この展示館では、各道庁が工夫を凝らして「既往五年間ノ生産力ヲ比較対象」できるように展示しており、「十三道ノ道勢如何」を知ることができる展示館[127]であった。第2号館が「本府」の展示であり、審勢館は「道庁」の展示である。朝鮮全体の「成績」を示すために、「各道競フテ趣向ヲ凝シ人目ノ集注ニ努メタ」展示館であった。展示館の中は、陳列区域が均一に配分され、各区域の中央に台があり周囲に展示棚があるという形式で、各道の多くは中央の台に道を代表する名所などの模型を置き、「周囲ノ戸棚ニハ壁面ニ各種ノ施設、経過及状況ヲ示スヘキ絵画、写真、図表等」を掲げ、道の「産業、教育、交通其ノ他状況ノ推移変遷ヲ示スト共ニ道勢ノ現状」を知らせていた[128]。まさに物産共進会の目的である朝鮮の「進歩」を各道の道庁が競って示した展示館であった。したがって、展示は「思ひ思ひの考案」で人気を集めようと工夫して、統計表、標本模型などを展示した。各道の5年間の進歩を展示する場所であり、まさに「旧政」と「新政」を比較するための物産共進会の中心的施設と位置づけることができる。しかし、「子細に見去り見来れば何れも甲乙ある無く[129]」、各道の趨勢を比較しにくい展示であり、一般には人気のある展示館ではなかった。

これに比較して人気のあったのが参考館である。参考館は「内地生産品」の中から「朝鮮ノ生産業ニ必要」と認めたものと、「外国輸入品ニ対抗シ朝鮮ニ於テ販路拡張ノ必要」があると認めた「日用必要ノ物品[130]」を展示した。飲食品、醸造品、奢侈品などは「一切出品」させなかった。展示品は「朝鮮ト貿易関係密接」と認めた東京、京都、大阪、兵庫など3府21県の「府県知事ニ事業者ノ出品勧誘ヲ依頼」して応募されたものを「選択査定」[131]して展示品を決めた。朝鮮の産業育成に模範を示す物、日本からの移出に叶うものを選んだといえる。従って出品品が「一頭地を抜けるは固より怪しむに足らず」であり、「真の参考たるに過ぎず」と言いながら、日本国内産品の優秀さを誇る展示館になった。具体的には、足利や桐生の織物、旭硝子会社のガラスなどが陳列された。中でも三越呉服店と古河合名会社が特別にガラス戸棚を用意した「嶄新優美」な陳列は、参考館内の南北に配置され「異彩ヲ放」ち、特に三越呉服店の出品した「内鮮婦人及男女少児六人の盛装せる模型」は、「内地婦人の眼は最も此所に注目」し「恋恋として去るに忍び」ずという状況であり、高島屋の屏風、自動車、自転車、飛行機の模型などは「紳士の涎を垂らす」[132]ものであった。さらに東洋紡績の紡績糸、京都伊東陶山の磁器などが「著シク観覧者ノ注意ヲ喚起」し、台湾総督府の出品物も「貿易上裨益」[133]するものであった。まさに、日本の産業を展示し、日本の「進歩」を誇示する展示館でもあった。参考館は「未タ幼稚ノ域ヲ脱セサル半島ノ工業」に比べて「何レモ製作精緻ニシテ巧佳ヲ極メ」[134]た日本国内産品の優秀さを展示する結果となった。

丕顕閣の跡地には臨益水利組合模型が置かれ、その北側には江原道休息所と江原道出品木炭と苗園、その北に京畿道筏と造林模型が展示された。臨益水利組合は、1906年3月に度支部令第3号として出された「水利組合条例」と、その2年後に発布された「水利組合設置要項及模範規約」によって設置された。これらの施策によって、まず1908年に全羅北道に沃溝西部水利組合が設立され、1911年には臨益、密陽、九馬坪、臨益南部、全益、臨沃などの水利組合が設立され、その蒙利面積が1万300町歩に達した。この中で臨益水利組合は、組合長藤井寛太郎、技師若本雄之進が中心になって、面積800町歩の大貯水池を作り、雨水と万頃江の流水を引き入れて、堤下の2000町歩の水田に灌漑するというものである。農工銀行から年利8朱5厘、3年据え置き、15年年賦で20万円を借り入れて実施した。[135]

資善堂の跡地には大正水利組合模型が置かれ、その北側には花卉装飾植物（鑑賞植物）、営林廠筏及び原木が展示された。大正水利組合は、藤井寛太郎によって設置された水利組合である。これらの設置者藤井寛太郎は、「朝鮮に於ける水利事業の創始者」といわれ、まず全北平野の水利事業を企画し、「益沃（益山と沃溝2郡に跨る）水利組合」を設置し、群山付近に干拓地を造成し、不二農村産業組合を設置して、日本人農民を移民させた。さらに裡里付近に臨益水利組合を設置した。さらに1914年には鴨緑江の下流の平安北道龍川郡に大正水利組合（約1万2000町歩）を設置した[136]。臨益水利組合と大正水利組合は、朝鮮半島の南部の全北平野と北部の鴨緑江の下流という、全く条件の異なる地域の水利組合であった。

藤井寛太郎は、産米増殖計画を実行するために1926年に設立された朝鮮土地改良株式会社の専務取締役に就任し、1930年代には「今は不二興業の王城に采配を振って、益々巨歩を進めている[137]」と評されている。

このように、物産共進会に展示された2つの水利組合の模型は、いずれも藤井寛太郎の設立に係わるものであり、物産共進会の時には大正水利組合は溜め池などの施設が未完成であったが、日本人の朝鮮進出の中心人物を賞賛した「展示」といえよう。このような功績によって、藤井寛太郎は物産共進会で「功労賞」を受賞した。

物産共進会では、出品者の中から名誉金杯20人、金杯173人、銀杯699人、銅牌1703人、褒賞4370人が受賞した。そして、これらとは別に、「朝鮮ノ開発ニ貢献シテ功績多キ者」を表彰するために「功労賞」に該当する29人が「特選[138]」された。授与式は10月17日に勤政殿で行われ、寺内総督、山縣伊三郎審査部長（政務総監）、李王、李垠公殿下など1500人が出席して行われた。これらの受賞者の内で、登壇して寺内総督から受賞したのは、名誉金杯受賞者20人と功労賞受賞者29人だけである[139]。この29人は『物産共進会報告書』に氏名もその功績も掲載されている。「全羅北道益山郡藤井寛太郎」の功績文は「明治三十七年藤本合資会社業務担当社員トシテ渡鮮シ農場経営ノ任ニ膺リ農事改良ニ関スル各般ノ施設ニ努力スルト共ニ臨益水利組合ヲ組織シ遂ニ克ク之ヲ完成シ更ニ不二興業株式会社ヲ設立シ未墾地数千町歩ノ開墾ヲ図リ且大正水利組合ヲ組織シ地方農民ノ福利ヲ増進スル等洵ニ公衆ノ利益ヲ進メ其ノ功労顕著タリ仍テ茲ニ之ヲ賞ス」とある。ちなみに功労賞を受賞した29人の内、日本人12人、日本の会社2社、仏教団体1、朝鮮人12人、外国人2人である。日本人の中では仁川穀物協会会長の奥田貞次郎、釜山で精米業と米穀移出に努めた大池忠助のように米穀関係の人物、さらに砂金床の経営者浅野総一郎、製鉄事業や農事改良、陶器製造業に関わった富田儀作[140]、私立善隣商業学校を創設した大倉喜八郎などが功労賞を受賞した[141]。

このように見れば、東宮跡地に設置された2つの水利組合模型は、藤井寛太郎の事業を顕彰する展示であり、植民地支配の初期から朝鮮で事業を始めたことを功労する展示でもあった。

以上のように第１区域の第１号館から参考館までの展示館は、施政５年間の朝鮮の産業の「進歩」を明らかにし、日本国内に比して劣らない朝鮮産業の発展を展示しようとしていたといえる。それが寺内総督の力説する「物産共進会」なのである。

9　景福宮の既存殿閣と物産共進会

物産共進会の会場の第２の区域は、６－４図に見る様に、勤政殿を中心に思政殿、康寧殿、交泰殿など景福宮の中心軸を構成する建物である。物産共進会では景福宮に残っていた建物を展示室などに利用したが、その実態を見てみよう[142]。

景福宮の中心的な建物である勤政殿は、物産共進会では、開場式、開会式、閉会式の会場になった。開場式では寺内総督が皇帝の如く「昔日ノ帝座[143]」に座し、開会式では「閑院宮竝妃殿下李王竝妃殿下李埈公殿下」が「勤政殿ノ正面」の「壇上ノ定座[144]」に座し、閉会式では物産共進会事務総長の山縣伊三郎政務総監が勤政殿の「壇上ニ起ツテ」来会者に敬礼し、同時に「君が代[145]」が演奏された。物産共進会は、植民地統治国日本が朝鮮で行った日本の行事であった。

しかし、勤政殿での物産共進会はこれだけではなかった。勤政殿の回廊は、部屋が取り除かれ柱と壁だけが残されて展示場になった。東側には「各道の漁具及漁場模型、漁具書額」があり、そこには平北の海鰕網、平南の漁箭、黄海の桂木網など朝鮮各道の特色ある漁具などが展示された。南側の回廊のうち、勤政門の東側には「一切の農具」、西側には「農産物の西瓜、芋、梨、林檎、葡萄等の野菜を各道別」に陳列し、農業分館の「配置図[146]」によれば、蔬菜販売所と果実販売所も設置された。勤政門の西側には「遠州、未生、池坊、青山、三先洗の生花」が並べられ、さらに「松、柏、竹などの盆栽80余点[147]」が置かれていた。この回廊の展示で注目すべきは、展示品が朝鮮各道の農具や漁具などである点である。これらは朝鮮が植民地になる前から使用されてきたもので、朝鮮の物産を日本人に知らしめるという物産共進会の目的を実現している会場といえよう。

このように、景福宮の中心殿閣である勤政殿は、開会式などの会場になり、日本の植民地支配が強調されただけでなく、回廊は破壊され、漁具、農具、園芸品の展示場になり、果実や蔬菜の即売所にされた。物産共進会によって朝鮮の物産が展示される一方で、勤政殿の権威は全く失墜してしまったといえよう。

勤政殿の北側、国王が日常の政務を執る思政殿は、「博愛舘」として利用された[148]。博愛舘には日本赤十字社と愛国婦人会本部の出品物[149]が展示された。日本赤十字社は、朝鮮での救護事業を展示し、「等身大ノ病傷鮮女、医師、看護婦」の人形を置き、朝鮮での救護が「平時ニ於テモ浴ク行ハルルノ一例」を示した。これは「頗ル鮮人ノ好感情ヲ喚起[150]」したと『報告書』では評価している。また、愛国婦人会は、「殊ニ朝鮮本部カ設立以来朝鮮駐剳軍隊傷病兵慰問及来航軍艦水兵ノ歓迎接待等ニ努メ」たこと、第1次世界大戦「出征軍人ニ慰問袋ヲ寄贈シタ」ことなどを展示した。博愛館では朝鮮での赤十字社の活動や愛国婦人会の軍人慰問を展示し、軍国日本の銃後の活動を展示した。この上で、この部屋には「明治十年田原坂の激戦、及博愛社の野戦病院の油絵」があり、これは「四十年以前の昔を語り大尉時代の寺内総督を想起[151]」させるものでもあった。寺内総督は西南戦争に従軍し負傷して右手の自由を失うほどの怪我をしている[152]。この歴史を知るものには田原坂の激戦は寺内総督を想起させるに十分であった。さらに、思政殿の鴨居の上には両方の会の「総裁[153]」である「左に閑院宮載仁親王殿下右には御妃智恵子殿下の真影[154]」の扁額が掛けられていたことが示すように、これらが皇室の活動であることも同時に展示していた。思政殿の博愛館は、皇室と寺内総督の事績を展示する館でもあった。

残存した建物の一つである康寧殿は「国王ノ寝殿」で内部の「三室」は「中央板ノ間脇温突間[155]」という構造であったが、中央の板の間を使って「御大典模型」を設置した。この模型は、即位の大典が物産共進会の期間中に行われたので、「母国ヲ離レ遙カニ其ノ盛儀ヲ憧憬スル者」、また「新府ノ民ヲシテ皇室ノ尊厳」を知らせ「式典ノ荘重ニシテ崇高ナル感念ヲ興サシムル為」、「有職故実家ノ考證」に基づいて「大典ノ模型」を「謹製[156]」して展示した。模型は「高台ヲ設ケ最森厳荘重」に安置し、「後方ニ鯨幕ヲ張リ前面ニハ約六尺ヲ隔テ」た所から「拝観」させ、「崇敬ノ念[157]」を起こさせた。拝観させたというが、実際には「両陛下の高御座は垂張深くして御威容を拝し得ざる[158]」様であった。見えないからこそ重要であって、ここでも皇室に対する崇敬の念を起こさせる展示が行われ、植民地朝鮮に天皇を浸透させようとしていた。

そして、景福宮の軸線をなす最後の殿閣が「王妃ノ寝殿[159]」交泰殿である。交泰殿は「両端ニ洗面所及便所ヲ新設」して「貴賓室」として利用された。景福宮には当然「厠」はあるが、交泰殿の両側にはない。交泰殿から比較的近い厠は慶会楼の北側[160]である。交泰殿に便所を作ってしまった。

このように物産共進会の第2の区域である勤政殿を中心にした思政殿、康寧殿、交泰殿など、景福宮の中心軸を構成する建物は「共進会の会場」であったが、皇室と寺内正毅朝鮮総督を展示し、日本の威厳と崇高さを示し、他方では朝鮮王朝の正宮景福宮の権威を大きく失墜させたのである。

10　物産共進会と「博覧会」

物産共進会の第３の区域は、光化門と第１号館の間で、「共進会の会場」と「博覧会の会場」の共存する一帯である。この区域は、6－4図に見る様に、光化門を入ると正面には噴水があり、右（東）側に鉄道局特設館があり、左（西）側には東洋拓殖会社特設館があった。この２つの特設館は、東洋拓殖会社の事業を紹介展示し、朝鮮鉄道の沿線を紹介する点では「物産共進会」であるが、鉄道局特設館にケーブルカーが設置され、観覧者が乗ることができるなどの点では「博覧会的遊びの要素」も持っていた。

東洋拓殖会社は、「東洋拓殖株式会社法」によって1908年12月28日に設立された半官半民の特殊会社であった。資本金は1000万円（20万株）で、韓国政府の６万株（300万円）、「皇室及皇族竝韓国皇室」の特別枠8300株（41万5000円）を除く13万1700株が公募され、465万7321株の申し込みがあった[161]。株式の申し込みが公募数の35倍にも達し、多数の株主が１株しか割り当てられなかった。東拓の事業は日本人農民を朝鮮に移民させることであり、移民入植地が必要であったが、農地は韓国政府出資300万円分を現物出資で受け取り、田畑各5700町歩を受領した。この土地は「将来事業経営上最有利ニシテ且優良ナル部分」を引き受けた。また、「政府出資地」に「接近シ其ノ管理経営便益」な土地を1913年までに「四万六千町」買収した[162]。会社設立の目的である移民事業は、1910年から1918年春までに3000余戸を移民させた[163]。

6-12図「東洋拓殖会社特設館」

このような特殊会社の東洋拓殖会社（東拓）の事業は、朝鮮総督府の事業と表裏の関係にあり、特設館を作ることができた。東拓特設館（6–12図）は「八角堂」で、「会社事業ノ一班ヲシメス……各種ノ統計及写真」を掲示した[164]。第一室の「牛力利用の籾摺石抜作業の模型は最も人気を集め」た。また、泰川灌漑工事模型、纛島果樹園模型、脱穀法

新旧比較模型、長安坪開墾事業の模型は「ジオラマ式」で「婦人小児も興味を以て愛観[165]」した。また「移住民稲扱使用ノ状況ト鮮人在来打稲法」を「比較」するなどして日本人農民の技法の「進歩」を示したり、「移住地光景、移住民設立小学校児童教育状況、其ノ他金融及各種事業ノ状況ヲ或ハ模型或ハ幻灯」などで表示した。「動力又ハ光力ヲ応用シ観覧客ヲシテ其ノ印象ヲ深カラシメタ[166]」と評価した。しかし、どうしても数字の展示が多く、「統計狂の人ならでは、脚を留むるもの無きが如し[167]」という状況でもあった。

鉄道局特設館（6–13図）は「円筒」型で「屋上四角形」の高い塔を持つ建物であった。「館内周囲ニハ朝鮮鉄道沿線ノ優秀ナル風景ヲパノラマ式油絵」で表現し、「全線千七哩」の鉄道路線を270尺（81m）の模型で作った。「模型ト画面ト相対照シテ観覧」すれば「沿線ヲ旅行スルノ感」を持つことができるようにした。さらに「東京」を出発点として「英京倫敦ニ達スル東亜・欧州間連絡模型」を展示し、「朝鮮鉄道ノ世界交通網」の「要路」であることを誇示した。さらに朝鮮と中国の国境にある「開閉式鴨緑江鉄道橋」の模型もあった。これらによって「既往五年間ニ於ケル鉄道事業ノ発達[168]」を展示した。館内にはケーブルカーが設置され、5銭で乗れた。その外側には京義線の沿線画が貼られていた。さらに「釜山埠頭から大邱の市場、そして南大門に着く沿線画」もあり「一堂の裡一千哩の光景を蒐めて十三道の山河僅に一刻の間に看過[169]」することができた。

このように、東洋拓殖会社特設館や鉄道局特設館は、5年間の「進歩」を示す「物産共進会」の側面とケーブルカーに象徴的なように、観覧者を楽しませる「博覧会」の側面を持っていた。

6-13図「鉄道局特設館」

しかし、この第3の区域には、景福宮の威厳を喪失させる「物産共進会」の側面もあった。第1号館と光化門の間に「円形ノ噴水池ヲ開キ」、その西側に「厩舎、牛舎、豚舎、鶏舎、養魚池[170]」などを設置した。物産共進会会場図（6–4図「物産共進会会場図」）で見ると光化門に連結した外壁の内側である。景福宮の中に家畜舎が並んでいる。この結果、この地域は「獣の鳴き声と糞尿で不潔」な場所となってしまい、「景福宮は朝鮮王朝の法宮としての面貌を失い、外形が大きく歪曲毀損さ

れただけでなく、その位相も格下げになった[171]」。このように景福宮の権威は全く破壊されてしまった。

11　京城協賛会と観覧客動員

物産共進会の第4の区域は、景福宮の軸線の西側で、慶会楼を中心にした南北と西側、迎秋門の内側である。この地域は物産共進会会場図（6–4図）を見れば明らかなように、慶会楼の北側には演芸館やジオラマ館、曲馬館、朝鮮演芸場など、娯楽施設や各道の出店する飲食店が並んでいた。この区域について「始政五年記念朝鮮物産共進会京城協賛会」（以下「京城協賛会」と略す）は「本会施設区域ハ共進会陳列館西方ノ一画ニシテ慶会楼ヲ中心トシ全面積約三万五千坪ニ亙レリ[172]」としている。第4の区域は、約3万5000坪（11万5702㎡）という宏大な地域であり、ここは京城協賛会によって企画・運営されていた。

京城協賛会は京城府内の有志者154人が発起人になって1915年1月11日に発起人総会を開き、会長、副会長、商議員を選任して成立した。会長には東洋拓殖会社総裁の吉原三郎、副会長には京城府尹金谷充と子爵趙重応、京城日本人商工会議所会頭原勝一、京城商工会議所会頭白完爀の4人が、さらに理事長には東洋拓殖会社理事の井上孝哉が選任された[173]。

このように京城協賛会は民間団体であるが、会の発足にあたって、「総督府ノ撰任」した「評議員」と「京畿道庁ノ推薦」した者の中で「京城在住者十七名」が会の設立を発起し、会の「成立ヲ総督ニ申告」したように、朝鮮総督府の下に設立された団体である。

京城協賛会の会員は、名誉会員、特別有効会員、有効会員、特別会員、正会員、副会員、賛助会員の7種類があり、この区分は拠出金の額によるものであった。会員の区分が拠出金の額によるという実利的な会でもあった。

京城協賛会の運営資金は、朝鮮総督府からの補助金1万2800円、李王家からの下賜金6200円、さらに会員からの会費7万5797円38銭で、合計9万4797円38銭であった[174]。

各会員と会費額と人数、金額の内訳を見ると6–2表「京城協賛会の資金」のようになる。

これらの会員は、金額によって物産共進会の入場券が贈呈された。たとえば、名誉会員で3000円以上拠出した人は100枚、500円以上600円以下の人は50枚、特別有効会員で450円以上の人は45枚など、細かく区分して入場券が贈呈された。[175]

最高の3000円を拠出して名誉会員になったのは東洋拓殖会社、朝鮮銀行、三井合名会社、合名会社大倉組、久原鉱業、高田商会、古川合名会社、三菱合資会社の８社であった。これ以外に日韓瓦斯電気会社（1600円）、東亜煙草会社（1000円）、明治鉱業会社（1000円）、朝鮮郵船会社（700円）、大阪商船会社、漢城銀行、第一銀行、満鉄などで、朝鮮に拠点を持つか、朝鮮で事業を展開している会社が名誉会員になった。

6-2表「京城協賛会の資金」

名誉会員	500円以上	25人	35,200円
特別有効会員	250円以上	25人	6,650円
有効会員	200円以上	118人	14,365円
特別会員	50円以上	153人	7,900円
正会員	20円以上	131人	2,870円
副会員	10円以上	351人	3,987円63銭
賛助会員	2円以上	1,425人	4,824円75銭

出典：『京城協賛会報告書』18頁以下。

これに対し、特別有効会員は子爵宋秉畯、子爵趙重応、侯爵朴泳孝、侯爵李載完など朝鮮華族令によって爵位をえた朝鮮貴族が多く、日本人では野田卯太郎（東洋拓殖会社副総裁）、原田金之助（朝鮮郵船会社社長）など会社重役が多かった。[176]

これらの会員を見ると、物産共進会によって朝鮮の「進歩」「発展」が実証・宣伝されれば会社経営上も利益がある会社やその関係者、朝鮮貴族のように日本の朝鮮植民地支配によって身分が保障された朝鮮人であった。

京城協賛会の設立目的や業務は「京城協賛会規則」[177]第５条にあるように「観覧者ノ勧誘……会場外見物」を「斡旋」することや、「船車旅館其ノ他……観覧者ノ便利」を図ること、「各種余興ノ設備」と「勧誘」、「各種大会ノ開催」などであった。このように「物産共進会の展示」以外の各種業務を担当したのが京城協賛会であった。

最初に物産共進会への観覧者の動員について検討してみよう。物産共進会には、50日間の会期中に116万4383人が入場した。[178]その内訳は、有料入場者55万1930人、無料入場者50万8368人、団体入場者10万4085人である。無料入場者とは、物産共進会職員、新聞・雑誌記者、優待者、特別入場証所持者、出品者、売店の使用人などで、毎日1000人から1500人が入場しているが、この数は観覧者には入らない。しかし、『報告書１』によれば、最後の３日間は入場料が無料で、『報告書１』に掲載されている「統計」[179]には無料入場者の人数が記されていない。したがって、入場者総数にも加算されていない。この３日間の入場者は「日毎ニ十余万ノ観覧人潮ノ如ク押シ寄セ来タリ最モ盛況ヲ極メタリ」[180]とされているので、無料入場者数の内、優待者、特別入場証所持者などの観覧者と、この３日間の無料入場者の数を合計すれば、観覧人だけで100万人を越えたといえよう。この入場者数を『報告書１』では「匆怪ノ幸ナリ[181]」と言っているので、予想以上の入場者があったということだろう。

それでは、このように多くの観覧人をどのようにして集めたのだろうか。当時の朝鮮は「汽車汽船ノ交通機関甚タ乏シク、道路概ネ荒廃シテ河流ニ橋梁無ク邑里ニ旅舎稀ニ、遠地ニ祖徠スルモノ常ニ行路難ヲ感セサルハ無シ[182]」といわれるほど交通は不便であった。にもかかわらず、物産共進会期間中の10月３日に、「朝鮮鉄道一千哩記念祝賀会[183]」が景福宮で開催されている。この当時開通していた鉄道は、京仁線（仁川－鷺梁津）、京釜線（京城－釜山）、京義線（京城－新義州）、平南線（平壌－鎮南浦）、湖南線（大田－木浦）、京元線（龍山－元山）があり、８月に咸鏡線の一部（元山－文川間）が開通して、1000マイルに達した。朝鮮半島の南北を縦断する鉄道、東西に延びる鉄道が物産共進会以前に開通していた。

これらの鉄道があったとはいえ、全国各地から100万人を越える観覧者をどのようにして集めたか[184]。遠隔地からの出品者や観覧人のために、鉄道の運賃を距離に応じて「団体ノ乗車」は「二割五分乃至五割引[185]」にした。

これらの物産共進会本部の処置に加えて、観覧人募集に大きな力になったのが各道・各市などに結成された協賛会である。各地の協賛会は、京城協賛会が1915年１月11日に設立されたのを手始めに、光州協賛会の設立（８月５日）まで、全国の各道[186]、さらに、道の下の行政単位である府、市や郡にも協賛会が作られた[187]。これらの各地の協賛会には２つの大きな役割があった。その１は観覧人の募集であり、その２は物産共進会への出品者と各種産品の募集である。各地の協賛会の結成状況は6–3表「各地の協賛会設置状況」のとおりである。

この設置状況をみると、朝鮮半島の南部の都市で協賛会が結成された。そして、黄海道や平安南道では協賛会に代わって観覧奨励会が結成され、最も遠方の咸鏡北道では協賛会は設置されなかった。

これらの協賛会は、形式的には民間で結成し、協賛会役員は民間人で官吏は入っていない。しかし、経費を見ると、道庁などからかなり高額の寄付・拠出金などが出されていたり、事務所が道庁などに置かれていたりするので、半官半民の組織と見ることができる。地方レベルでは、官庁と民間の有力者が一体となって、物産共進会を盛り上げていったことがわかる。

これら協賛会の活動を見ると、第１に、京城協賛会や仁川協賛会のように、特別な役割を与えられ、物産共進会の予算から補助金[188]を受けた協賛会と、第２に、ソウルの近郊都市だったり遊覧地があって物産共進会の観覧者を観光客として迎

6-3表「各地の協賛会設置状況」

道名	道協賛会	府・市・郡の協賛会
京畿道	京畿道協賛会	仁川、水原、開城、高陽
忠清北道	忠清北道協賛会	清州、忠州
忠清南道	忠清南道協賛会	公州、大田、論山、扶余、天安、牙山、燕岐
慶尚北道	慶尚北道協賛会	大邱、金泉、慶州＝道協賛会の支部
慶尚南道	慶尚南道協賛会	釜山、馬山
全羅北道	全羅北道協賛会	群山
全羅南道	全羅南道協賛会	木浦、光州
黄海道	〈観覧奨励会〉	
平安南道	〈観覧奨励会〉	平壌、鎮南浦
平安北道	平安北道協賛会	新義州、
江原道	江原道協賛会	
咸鏡南道	咸鏡南道協賛会	元山
咸鏡北道	〈設置されず〉	「施設事項」を報告

前掲『報告書1』319頁以下より作成

えようとした地方の協賛会、第3に遠隔地の協賛会で観覧人や出品者の募集に専念した協賛会に分けられる。

第1のグループは、協賛会を運営する上で大きな役割をはたした。京城協賛会は、「会場内一切ノ興業物電灯及余興等ノ設備ヲ担当シ兼ネテ多数来賓ノ接待、府内ノ名勝案内、市中ノ装飾、団体宿舎ノ施設等[189]」を担当した。また、観覧券と夜間入場券の販売を担当し、「観覧券及夜間入場券ノ収入ハ全部本会ノ収得」であった[190]。その内訳は切符売り場での販売と13人の売捌人による販売、団体観覧券の3種類で、その合計は、6–4表「観覧券・入場券　販売枚数」のとおりである。入場料金は、観覧券1枚が5銭で、6歳未満は無料、平日は観覧券1枚、日曜日と大祭日は観覧券2枚が必要で、午後5時以降の夜間入場者は1枚3銭の入場券1枚で入場できた。昼から夜まで継続して見学する場合は夜間入場券は必要なかった。また30人以上の場合は半額に割引された団体券で入場した[191]。したがって、6–4表「観覧券・入場券　販売枚数」に記された入場券販売枚数は入場者数と一致しない。

地方の協賛会との関係では、団体観覧での入場者数は物産共進会の実態を見るのに重要である。観覧団の勧誘は、物産共進会事務総長（政務総監山県伊三郎）から各道長官、日本国内の各府県知事に依頼状が出された。これによって、各道が道長官を中心に動き出すことになる。各道ごとの観覧団の組織数は6–5表「各道の団体観覧者数」のとおりである。

6-4 表「観覧券・入場券販売枚数」

		枚数	金額
切符売場で販売	観覧券	213,223 枚	10,616 円 61 銭 5 厘
	入場券	29,064 枚	3,871 円 98 銭
売捌人による販売	観覧券	92,505 枚	7,762 円 12 銭 5 厘
	入場券	68,000 枚	1,649 円 25 銭
団体観覧券		1,032 枚	2,805 円 25 銭
		104,085 人	
合計			26,705 円 22 銭

前掲『京城協賛会報告書』108 ～ 109 頁より作成

6-5 表「各道の団体観覧者数」　　単位：人

道名	普通団体	学生団体	道名	普通団体	学生団体
京畿道	26,107	19,373	慶尚北道	3,086	108
江原道	4,200	500	平安北道	1,831	119
全羅北道	2,426	155	平安南道	2,010	828
全羅南道	2,324	103	咸鏡北道	734	–
忠清北道	1,879	241	咸鏡南道	2,231	350
忠清南道	3,218	727	黄海道	5,301	221
慶尚南道	2,403	431	合計	57,750	23,156

前掲『京城協賛会報告書』119 － 120 頁より作成。

京城協賛会が扱った朝鮮人の団体観覧者は８万人ほどになる。団体入場者は 10 万 4085 人なので、他の団体観覧者は日本人ということになろう。各地の協賛会の報告で団体観覧者数を記しているものは少数であるが、それを見ると、慶尚北道協賛会[192]では、「里数ニ応シテ旅費ヲ補助」し、それによって観覧した人数の一覧表を掲載している。観覧者は、郡単位、学校単位、島単位、寺院、金融組合や教員団体などで観覧し、その団数は 30、参加人数は 3194 人であった[193]。黄海道観覧奨励会では各郡ごとに観覧団を組織している。その団数は 60 団、人数は 4411 人であり、この他に個人観覧人 1139 人を合わせて 5550 人であった[194]。これらを見ると、京城協賛会の数字と若干の誤差があるだけであり、地方からの団体観覧者は京城協賛会で扱った人数に近似した数であった。

京城協賛会は、朝鮮内だけでなく、日本からの団体観覧団[195]にも係わった。９月 11 日、開場式の日に神戸実業団 25 人を始めとして、連日のように日本からの観覧団を接待した。その団数は 21、人数は 1028 人である。この他に日本人観覧人を増加させた行事に、物産共進会会期中に実施された各種大会[196]があった。その参加者の朝鮮訪問が大きな意味を持っている。開場式直後の９月 15 日に南山公園の京城神社で行われた全道神職大会を始め、最も規模の大きかった日本赤十字社朝鮮本部と愛国婦人会朝鮮本部の総会は、10 月２日、昌徳宮秘苑で 8000 人の参加で開催された。ここには開会式のために朝鮮に来ていた２つの団体の総裁である閑院宮と宮妃を始め、寺内総督、李王殿下、両会の本部長などが参加した[197]。また10月3日に景福宮を会場に1500人が参加して行われた朝鮮鉄道一千哩記念祝賀会には、寺内総督、河野広中農商務大臣、李王殿下などが参加した。このような各種大会が、朝鮮ホテル、京城ホテル、景福宮、昌徳宮秘苑などで、20団体によって開催された。この参加者は1万2865人[198]であるが、日本人が圧倒的に多く、日本人に物産共進会を観覧させる方法として用いられた。この接待や宿舎、食事なども京城協賛会が担当にした。

このような団体のために、京城協賛会は宿舎を斡旋した[199]。本来の旅館だけでなく、料理店、飲食店、下宿業者、市内の大家屋などを臨時の宿舎にして斡旋した。この場合、料金を統一して対応した。その料金は日本人の1等1泊2円、2等1円50銭、3等1円で、朝鮮人指定旅館では1泊30銭ないし50銭であった。1日の収客力は日本人用145戸、4792人、朝鮮人用490戸、1万62人であった。日本人用と朝鮮人用では料金に大きな差があることが分かる。さらに、日本人用宿舎については『京城協賛会報告書』掲載の表の注記に「朝鮮ホテルヲ除ク」とある。朝鮮ホテルは、ソウルの中心、徳寿宮の前にあり、高宗が皇帝即位式に用いた圜丘壇を破壊して建てられた。物産共進会も「京城ニ於ケル太平通ノ道路改修工事、朝鮮ホテルノ新築工事等ノ落成[200]」を待って開会されたほどである。いわば、物産共進会に合わせて1914年に完成した高級ホテルであった。

だが、協賛会の募集・斡旋した観覧団の参加者だけでは100万人は突破しない。この不足分は、京城周囲の水原、開城、高陽の3郡の力が大きかった。高陽協賛会[201]は「京城ヲ包囲」する所なので、「何等特殊ノ施設」を必要としないので、付近の名所旧跡の紹介と郡民の観覧に努めた。郡民に補助を与えて勧誘した結果、開会初日だけで男子1468人が観覧し、女子が375人、農友会員47人、面長12人が観覧した。京城に近い地域から多数の観覧者が訪れ、「第一日は二万五千人、第二日以降も亦平均二万人を算するの盛況[202]」であった。また、各道から小学校、普通学校（朝鮮人の通学する小学校）、実業学校、私立学校の生徒が教員の付き添いで観覧している。参加学校数185校、引率職員数509人、生徒数7782人、付添人890人であった。慶尚南道では「各学校長を全部出張見学」させ、私立学校にも奨励し、特に優秀な5校を選んで「職員の出張旅費を補助[203]」している。この費用は、父兄負担もあるが、学校組合の補助や学校費、地方費、校長補助、生徒貯金など、各種の方法でまかなっている。毎日の観覧人の統計を見ると、1万人を越える日が多く、3万8000人を越える日もあった。このような、各種の方法で観覧人を集めた。

次に仁川協賛会[204]では、築港埋立地で市街地に隣接する地区に水族館を作った。

3268坪の敷地に3階建で19の水槽と3つの池を持つ大掛かりな水族館を建設し、物産共進会と同じ開催期間に開館した。物産共進会から3000円と仁川府から1万3500円の寄付を受けて運営され、期間中に10万1837人の入場者があった。物産共進会とともに見学する所を増やしたのである。

第2のグループの協賛会[205]には、水原や開城、忠清南道（百済遺跡）、公州（甲寺など）、大田（儒城温泉）、論山（石弥勒）、扶余（百済遺跡）、天安（成歓の松崎大尉忠魂碑）、牙山（温陽温泉）、慶州（仏国寺・石窟庵）などがある。これらの協賛会は、宣伝看板を作り駅前に掲げたり、絵はがきを作ったり、休息所や交通案内、大地図、道路の新設・改修、樹木の整備、公園の整備、自動車・馬車・人力車・宿泊所の料金値引を実施したりした。たとえば高麗王朝の都であった開城では絵看板と大きな看板を作成した。絵看板には、極彩色で「名勝写真三枚」と「高麗焼」、「葡萄白菜人参其ノ他果実」、「南大門ノ遠景」を適宜配置し、さらに「松都[206]ノ概歴」、京城からの距離などを記した。これを500枚を作成し「朝鮮内鉄道各駅」や「内鮮旅舎」に配布した。さらに、共進会会場付近には同じ内容の「幅七尺長五尺ノ辻看板」を建設した[207]。これらの地域では、道協賛会が観覧人や出品者の募集を担い、市・郡協賛会は観光客の誘致などに力を入れたようである。物産共進会が朝鮮内の各地の状況を変えていったことが窺える。

第3のグループである遠隔地の協賛会は、観覧人や出品者の募集を中心事業にしたが、「観覧者ノ十中八九ハ京城ヲ視ルコト始メテナルハ勿論中ニハ住郡外ニ旅行スルヲ以テ始メトスルモノ尠カラサル[208]」（平安北道協賛会）状況なので、大部分の協賛会は観覧団を組織し、府郡庁員や協賛会役員が引率し、事前に宿舎を予約し、経費は事前に貯蓄させて徴収し、盗難防止などのために往復の道のみならず会場や市街地でも団体で行動するなど、万全の準備の上で観覧した。多くの道協賛会はソウルや仁川に道指定の旅館を設け、数回に渡る観覧団の宿舎にした。多くの朝鮮人が長距離の旅行を初めて経験したともいえる。

協賛会が結成されなかった咸鏡北道は、「最モ遠方ノ地方」で「往復ニ多数ノ日字ヲ要シ」、「多額ノ経費」になるので「毎月貯蓄」をさせたが、往復旅費などが「一人平均ハ実費二十五円内外」となる計算で、参加者は742人であった[209]。

以上のような京城協賛会の活動を中心に、各地の協賛会の活動によって朝鮮人と日本人の観覧人が確保された。特に、京城協賛会は、この他にも観光絵葉書の作成や市内の飾り付け、案内所の設置など、多様な仕事を担当して物産共進会を盛り上げた。全国各地から多数の日時を要して多くの人々がソウルまで旅行した経験は、朝鮮人の日本認識を変えるほどの役割を果たしたともいえそうである。

さらに日本人が朝鮮各地を旅行したことも考えられ、朝鮮各地に大きな変化をもたらした可能性もある。「進歩」と「発展」を展示した物産共進会は、多くの朝鮮人には日本の「進歩」を実感させ、多くの日本人には朝鮮の「発展」を認識させるのに大きな力を持ったといえよう。物産共進会観覧は、併合5年目の朝鮮に大きな影響を与えたといえよう。

12　京城協賛会の「遊園地」運営

物産共進会の第4の区域には、慶会楼の北側にある演芸館やジオラマ館、曲馬館、朝鮮演芸場など娯楽施設や各道の出店する飲食店が並んでいた。これらを運営していたのは京城協賛会と各道各市の協賛会である。京城協賛会の目的に「各種余興ノ設備」と観客の「勧誘」[210]がある。この事業は「物産共進会の会場」で行われたが、寺内朝鮮総督の強調した「共進会」とは異なる会場になっていた。しかし、全国から多数の観覧者を集めるためには、寺内の強調する「共進会」だけでは不十分であった。飲食や娯楽が必要であった。地方から多くの日数を要して京城に来た観覧者にとって、物産共進会と共に必要な「娯楽」を担ったのが京城協賛会であった。京城協賛会の企画したものはあたかも「遊園地」であった。この側面はこれまでの研究では全く無視されてきたが、物産共進会の重要な一要素であった。

京城協賛会が重視した施設に「演芸館」があった。演芸館は6-14図「演芸館」[211]で見るように、迎秋門の内側で「最モ広濶ニシテ群衆ノ集散ニ便利」な所にあり、建築は「セセッション」式で「外部ハ漆漆喰」で総建坪292坪（965㎡）もあった[212]。新築展示館の第1号館などと同じセセッション式を採用し、参考館より大きな建物であった。

6-14図「演芸館」

演芸館は「欧米ノ長所ヲ採リ之ニ我国ニ於ケル劇場固有ノ花道、奈落ヲ設ケ和洋両劇及各種演芸ノ興業ニ適応」させ、「活動写真映写ニモ便」利な設備とした。

演芸館は昼夜2部興行で、昼の部は「期間中ヲ通シ芸妓、妓生ノ舞踊」を上演し、芸妓の手踊りは「作歌ハ斯道ノ大家半井桃水氏」に依頼し、東京から「富士田音蔵、杵屋勝太郎、花柳芳之輔、六郷新十郎」などの有名な「師匠」を招いて作曲、振り付けなどを行った。夜の部は「松旭斎天勝一座ノ奇術」と喜劇、日本の活動写真、妓生、朝鮮人演舞などを上演した。これらの芸人は当時日本でも人気の芸人であった[213]。これらは「出色ノ出来映ニテ共進会余興トシテ一段ノ光彩」を放った。

演芸館の入場料金は昼の部は大人特等30銭、1等20銭、2等15銭で、夜の部は天勝一座の喜劇は特等1円、1等70銭（60銭[214]）、2等50銭（40銭）、3等30銭（20銭）であった。この興行の全収入は昼の部5643円64銭、夜の部7183円5厘で、天勝一座など夜の部の盛況さがわかる。『京城協賛会報告書[215]』には、毎日の演目の一覧、毎日の入場者数の一覧が掲載され、この演芸館の役割の大きさを物語っている。

京城協賛会の担った催し[216]は、非常に多様であった。開場式の9月11日には「芸妓ハ大原女姿」で「各屋台」を曳き、「妓生ハ舞童及朝鮮楽隊」と共に「市中ヲ練リ廻」った。さらに「開場式ヲ一般ニ周知」し、「祝意ヲ表」すために午前11時に「会場内及漢陽公園」で煙火を打ち上げ、これを合図に「各寺院、学校、工場、汽車等ニ於テ二分間一斉ニ打鍾又ハ鳴笛」を実施した。

開会式の10月1日には、「閑院宮殿下御滞京ニ付敬意ヲ表」し、「共進会開会式挙行」に「祝意」を表すため、「本会及京城府庁共同主催」で「市内各町連合ニテ約五千人ノ提灯行列」を行い、「市中ヲ廻リ会場内ニ入」った。

このように重要な日時には大きな行事を担当したが、これ以外も毎日のように各種の催し物を実施した。列挙して見よう。10月10日宝探シデー、10月17日婦人子供デー、10月21日京龍市街山野横断競争、10月22日から31日まで演芸館割引、10月23日観月デー、10月24日から28日まで菊花品評会、10月24日自転車競争会、10月25日芸妓、妓生総見物、10月26日煙火デー、10月27日共進会成功デー、10月30日猿の福引き、最後の日である10月31日に店員職工デーを開いた。この規模も大きく、開会式10月1日の提灯行列には約5000人が参加し、10月10日の宝探シデーには2000点の景品を配り、10月23日の観月デーには2000人に団子を配り、10月25日の芸妓、妓生総見物では430人の芸妓、妓生が参加した。

さらに景福宮内だけでなく、光化門通には春日燈籠を大小80基、五重燈籠2基を作り、南山の中腹にある漢陽公園には探照灯を設置し「連夜市中ヲ探照」したが、大燭光は数哩を照らした。さらに南大門もモールで装飾した。会場内外にはイルミネーションを6821個を設置した[217]。

さらに営業者を入れて、朝鮮演芸館、不思議館、曲馬館、動物園、迷路館、活動写真館、軍艦輪投遊戯、覗眼鏡、ブランコ廻りなどを設置し営業した[218]。これらは、営業者にとっては共進会前後に各地を廻って興行することができなかったので、「経費」を補助する必要があり、大規模なものを設置できなかったと『京城協賛会報告書』にはあるが、朝鮮人には珍しい興行であったろう。

このように、第4の区域は、京城協賛会が主催する物産共進会の「共進会」とは異なる「遊園地」のような所になり、寺内総督の意図とは異なる催し物場になったが、物産共進会が「百二十万人ノ多数ヲ集メテ……最ノ成功セシモノ[219]」といえる結果になるに際して、第4の区域を主催した京城協賛会の企画と運営は重要な位置を占めていたといえる。

13　美術館展示と朝鮮の文化財

物産共進会では朝鮮の文化財を収集展示した。多くの仏像や塔が美術館や庭園にさりげなく置かれた。

物産共進会の開催された当時、「文化財」という概念はなかった。日本では1949年1月26日に法隆寺金堂壁画を焼損したことをきっかけに、1950年に文化財保護法が制定された。それまでは史蹟名勝天然紀念物保存法（1919年）、国宝保存法（1929年）、重要美術品等の保存に関する法律（1933年）によって「文化財」は保存されてきたが、これらが廃止され文化財保護法に一本化された。韓国で「文化財」という用語が用いられるのは1962年に「文化財保護法」が制定されてからである[220]。

物産共進会当時の状況を見れば、朝鮮総督府では1911年に「寺刹令」（制令第7号）を制定実施し、「寺有財産の散逸消耗を防止する規定[221]」を設けた。これによって全国の寺社の所有する建物、仏像、塔などが朝鮮総督府の管理下に置かれた。そして物産共進会閉会後の1916年に「古蹟及遺物保存規則」（朝鮮総督府令第52号[222]）を制定し、貝塚、石器などを含む土地などの先史遺跡、古墳、都城、宮殿、城柵、交通路、寺刹などの「史実ニ関係アル遺跡」を「古蹟」とし、年代を経た塔、碑、鍾、金石仏、幢竿、石燈などの「歴史、工芸其ノ他考古ノ資料」を「遺物」と定め、これらを「古蹟及遺物台帳」に登録し、その現状変更は朝鮮総督府の許可を受けさせることによって保存することにした。

上に見たように、日本でも韓国でも、物産共進会の開催された時期には「文化財」という概念はなく、物産共進会でも「文化財」に相当するものは「第13部美術及考古資料」として区分されていた。本章では「第 13 部美術及考古資料」で扱われた物品は、現在では「文化財」と言われるものなので、分かりやすく「文化財」という用語を用いることにする。

ついでに言えば、「文化財」である塔、碑、鍾、金石仏、憧竿、石燈は、本来は宗教、特に仏教信仰上の必需品であって、「美術品」でも「文化財」でもない。日本では、近代に入って廃仏毀釈などによって寺社、仏像などが保存も覚束ない時期に美術家が仏像などを優れた「美術品」として「発見」し、それらを保護するための法令によって「文化財」が生まれたのである[223]。ここから見れば、植民地朝鮮での「文化財」は日本の価値基準で「朝鮮を代表する」「モノ」として位置づけられた[224]。「文化財は、我が国の長い歴史の中で生まれ、はぐくまれ、今日まで守り伝えられてきた貴重な国民的財産です[225]。」という文化庁の説明は、植民地朝鮮では「我が国」は「日本」であり、「朝鮮」の選択基準ではなく「植民地統治国日本」の価値基準で文化財が選ばれたのである[226]。

物産共進会での文化財は、第 13 部「美術品及考古資料」に区分され、第 45 類美術品と第 46 類考古資料に分けられていた。「美術品及考古資料」は「新作ノ絵画、彫刻類ハ洩ナク之ヲ蒐集シ古美術品及考古資料ハ鑑定ノ上優秀ナルモノヲ参考トシテ陳列スル[227]」とされていた。つまり、新作の絵画、彫刻などと古美術品及び考古資料に区分されていた。

しかも後者は「鑑定」し「優秀」なものを「参考」として陳列するという位置づけであった。朝鮮の文化財は主たる位置づけではなかったのである。

6-15 図「美術館」

この第13部「美術品及考古資料」を展示するために、物産共進会の多くの展示館の中で唯一「永久的建築物」[228]として「美術館」（6–15図「美術館」[229]）が建築された。この建物は後日朝鮮総督府博物館[230]として使用された。美術館の建築様式は「他ノ各館ト大ニ異」り「アメリカンレネーサンス」であり、内部も材料や手法が他の館とは異なり、床は階下は「アスフアルト」敷、階上は「セメント」敷、壁と天井は「漆漆喰」であり、中央広間の床は「赤黒二色ノ浅野『スレート』ヲ亀甲形ニ敷詰メ」ていた[231]。さらに、内部は最初から「文化財」で装飾されていた。階下と階段の踊り場の上の壁には新羅時代に建造された「慶州石窟庵ノ内部石壁ニ刻マレタル薄肉彫リ仏像ノ石膏」で複製したもの（6–16図「壁画の石膏仏像」[232]）を挿入し、天井には高句麗時代の「江西遇賢里ノ古墳」に描かれた「天女」を基にした「天女ノ油絵」（6–17図「天女の油絵」[233]）を描写し、周囲の蛇腹には金箔を置き「特ニ壮麗」にした。美術館は建物の構造などから物産共進会の中でも特別な位置を占めていたといえる。

美術館には何が展示されたか。第13部美術品及考古資料には1302点の出品[234]があり、「申込」は「意外ノ多数」[235]に達し、美術館だけでは収容できなかった。そこで「新作美術品タル絵画及彫刻類」を東洋画と西洋画に分けて、東洋画は康寧殿の西にある慶成殿、西洋画は慶成殿の北にある膺祉堂に収容した。さらに彫刻物は康寧殿に、朝鮮に縁故のある画題の作品は参考美術館として延生殿と康寧殿の一部を利用して展示した。これらは景福宮の中心軸にある康寧殿を中心とした殿閣に展示された。

美術館本館の階下中央正面の展示室の壁面には慶州石窟庵の羅漢仏像を石膏で複製したものをはめ込み、その展示室の中央には「慶州ノ古刹址ニ伝存セシ薬師仏ノ一大石像及弥陀仏、弥勒像」を移して置いた[236]。『朝鮮彙報』1915年9月号には不鮮明な3体の仏像の写真が掲載されており、その説明で仏像名が判明する

6–16図「壁面の石膏仏像」

6–17図「天女の油絵」

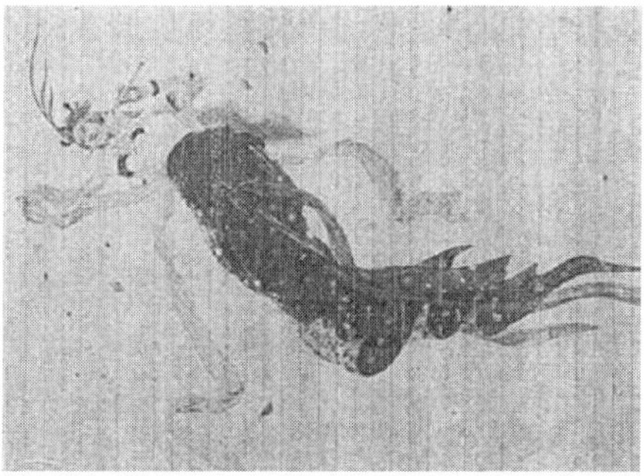

6-18 図「美術館１階中央の３体の仏像」

ので、鮮明な他の図録の仏像に取り替えたものが6–18 図「美術館１階中央の３体の仏像」である。6–18 図の中央の「一大石像」は新羅時代に製作された慶州三陵溪出土の「石造薬師仏坐像」[237]で、「慶州南山の上胸部（八合目）断厳絶壁の場所」にあったものである。

左右の２体[238]は右が「甘山寺石造阿弥陀如来立像」で、左が「甘山寺石造弥勒菩薩立像」で、「唐の開元七年金志誠なる者考妣菩提の為に甘山寺に建立」したものであることが「仏背に銘刻」されている[239]。甘山寺は、慶尚北道慶州市薪渓里に、719 年（開元７年）に重阿飡と金志誠が聖徳王（702–737 年）の万寿無彊を願って建てた寺院であり[240]、仏国寺からは２キロくらいの所にあり、これら３体のどれも新羅時代の仏像である。

美術館の展示の主なるものは、「三国時代ヨリ李朝時代ニ至ル仏像、三国及新羅時代ニ於ケル土器、高麗焼、李朝時代ノ陶磁器、新羅以降ノ金属器、木竹器又ハ古書籍等」であって、全て「優秀傑作」か「学術工芸上」重要なもので、それらは「皆嗜好家ヲシテ垂涎措ク能ハサラシム」ものであった。さらに「新羅時代ノ石刻華厳経、高麗時代ノ大蔵経木版及李朝時代ノ活字類」は「古梓ノ発達」を検討するのに「好資料[241]」であった。

この当時、日本人の間では、朝鮮の仏像や塔などが空前のブームであった。朝鮮総督府の依頼で東京帝国大学教授関野貞が古蹟調査を実施した結果、朝鮮半島にある韓国文化財の所在が明らかになった。たとえば楽浪の調査を例に見れば、「出土した多量の豪華な遺物が、専門家のみならず、一般人のあいだにも楽浪遺物の採集ブームを引き起こし[242]」、「結果的には……盗掘によって楽浪遺跡が壊滅的に破壊されることになった[243]」といわれている。このような「ブーム」のなかで、物産共進会への出品も増加したのであろう。

物産共進会に出品された美術品や考古遺跡は「出品多数ナリシヲ以テ交代陳列ヲ余儀ナク[244]」され、そのためか『報告書１』には、出品物の名称が記されていない。『報告書１』にある展示物の「美術及考古資料陳列配置図」を見ても、「古書画」「仏像」「大蔵経」等と書かれているだけで、仏像名などは記されていない。写真集である『報告書３』にも、その一部と思われる物の写真しか載っていない。1300点以上の出品数なので記載してないということもあるが、その所在がはっきりしない。

6-19図「銅製観音立像」

6-20図「銅製阿彌陀仏座像」

6-21図「銅製観音座像」

6-22図「古瓦紋様」

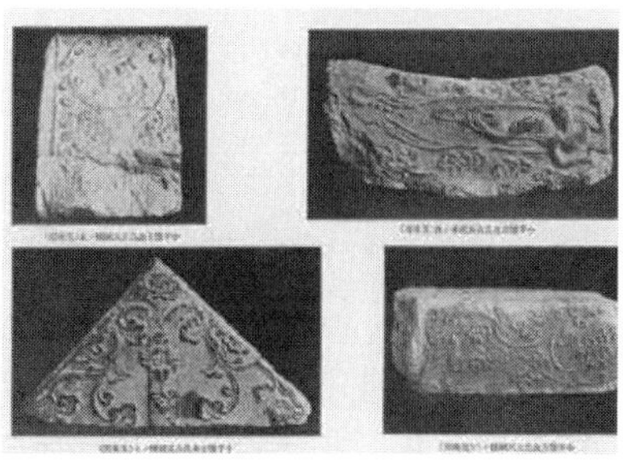

そのなかで、所有者名や出品物が明らかになるのは『報告書3』に掲載されているわずかな写真説明である。6–19図「銅製観音立像」は水越理庸所有の銅製観音立像である。水越は当時朝鮮銀行理事で後日北海道拓殖銀行頭取になる人物である。また、和田常吉が6–20図「銅製阿彌陀仏座像」を出品した。和田は、1885年の甲申事変後に朝鮮に渡り、当時「紳商富豪として屈指」[245]の人物であり、京城居留民会の「総代代理」、「議員」など歴任し、仏像収集家として有名な人物である。6–21図「銅製観音座像」は見矢木欽雨が出品した銅製観音座像（半跏思惟像）であり、6–22図「古瓦紋様」は古平懐古が出品した古瓦紋様（7点の内4点）であり、他に朴永根が梵鐘を出品している。これらが『報告書3』に写真が掲載されている全てである。これ以外の出品物は分からない。これらを見ると、出品者は大部分が日本人であったと推測できそうである。朝鮮の仏像や古墳からの出土品など、当時のブームのなかで入手したものであろうが、これらの文化財がどのようにして日本人の手に渡ったのかは今後の課題としたい。

14　庭園に置かれた文化財

物産共進会の会場には、美術館以外の所にも「文化財」が置かれた。景福宮の中心軸をなす光化門、勤政門、勤政殿、思政殿などの東側、東宮である資善堂や丕顕閣の南側で、建春門の内側の領域に庭園が造られた。庭園になった領域を見ると、美術館の敷地には、元来は、長房、水刺間、燈燭房があり[246]、景福宮の飲食や灯火に携わったところである。この領域の毀損は景福宮の台所の毀損であり、名実ともに人の住めない王宮にしてしまったといえる。

そして、美術館の南側は、大きく見れば光化門領域の西側部分に相当し、王や王妃の衣服を造ったり宮中の財貨・金銀宝などを管理を担当していた尚衣院や春坊（世子侍講院の別称）桂坊（世子翊衛司の別称）、継照殿（東宮の別称）など、王や東宮（世子）に係わる殿閣のあった領域[247]である。

この領域の展示館は、6–23図「庭園配置図」のように、北側に物産共進会で唯一永久的建築物として新築された美術館があり、美術館に対峙する南側に審勢館があり、広場の西側、勤政殿のすぐ東に機械館と営林廠特設館、さらに李王職特設館があり、それに対峙する位置、建春門の内側に参考館と第2号館があった。

これらの建物に囲まれた庭園の中央に音楽堂（6–24図「音楽堂」）を作り、「中央音楽堂ヲ挟ンデ三個所約一千坪ノ仏蘭西式花壇ヲ設ケ而シテ花壇ニハ芝付ヲナシ伊吹（黄青）小菊（赤白黄）カーネーション、……、等三十一種ノ草花ヲ植栽」[248]

6-23 図「庭園配置図」

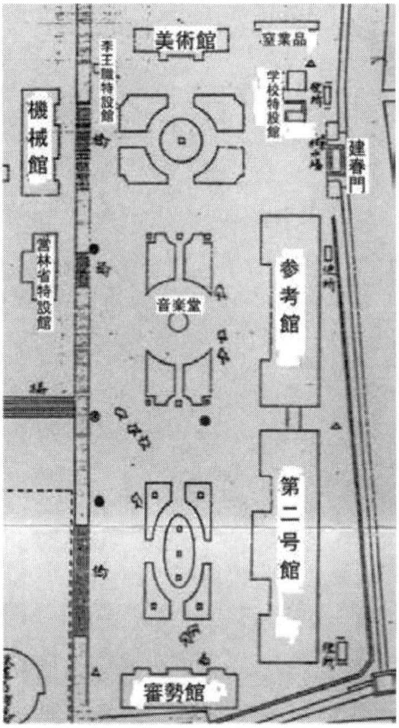

6-24 図「音楽堂」

した。

この庭園の随所に塔や仏像が置かれ、韓国文化財の宝庫になった。『報告書１』には「庭園内ノ各所ニ開城、原州、利川等ノ各地ニ在リタル朝鮮古代ノ仏像及石塔類ヲ配置」して「風致ヲ添ヘタ」[249]と記されているが、具体的な仏像名や石塔名は記されていない。この庭園にあった仏像や塔の名称、配置などは朝鮮総督府の発行した『朝鮮彙報』に掲載された「共進会巡覧記」[250]の小さな記述と会場の写真などから推測するしかない。この記事は物産共進会の報告書を補足するような無署名の記事である。

「共進会巡覧記」は「庭園を徘徊」[251]する形式で説明している。庭園の中心は八角形の音楽堂で、「瀟洒たる此一庭の此処彼処には新羅高麗時代の舎利塔石仏鉄仏を排置す」と記し、新羅時代や高麗時代の仏舎利塔や石仏、鉄仏のあったことを窺わせる。

その配置は、第１に「音楽堂を挟んで其の南北にあるものは利川の三界供養塔」である。「利川の三界供養塔」とは利川にあった五重石塔（三界供養塔）１対（２塔）である。

『報告書３』巻頭にある「物産共進会会場全景」の写真を拡大してみると6–25 図「音楽堂と利川五重石塔」のように音楽堂を中心に南北に配置されていた。

現在、この一対の塔の１つは日本の大倉邸にある[252]。大倉邸に移転された経緯は以下のようである。1918 年７月に大倉集古館理事の阪谷芳郎が、当時の朝鮮総督長谷川好道に、大倉喜八郎の依頼を受けて、大倉集古館にある景福宮の資善堂の傍らに、それに相応しい平壌停車場前にある六角七重石塔を譲り受けたいと申し出たことが発端である。この申し出に対し、朝鮮総督

6-25 図「音楽堂と利川五重石塔」

府では「古蹟調査委員会」で検討した結果、平壌の石塔は1906年に停車場を設置した時から駅前にあって「人ノ熟知」するところであり、移転することは「適当ナラズ」ということになった。そこで、古蹟調査委員会は「之ニ代ルヘキ石塔ヲ詮索」し、「施政五年記念共進会ノ際京畿道利川郡邑内面ヨリ移転」した五層石塔に注目した。これは「其ノ原所在地ハ利川郷校前ノ畑中ニシテ廃寺址ナルコト疑ナキモ寺名詳ナラズ何等歴史上ノ考證ニ値」しないもので、形も良くなく「優秀ナル石塔多キ朝鮮ニ於テハ特ニ博物館ニ保存シ陳列」するには「適当ナラザル感アリ」、従って大倉集古館で変更を願い出れば譲渡することは「機宜ノ処置」であるとした。そこで阪谷芳郎は「専門家ノ研究資料」と「合併ニ係ル国民間ノ同化親交ヲ増進」するのに役に立つとして「博物館内ニ在ル古石塔壱基」の「御下付」を願い出た。この願いが総督の許可するところになって、1918年10月に下付された。さらに朝鮮総督府総務局長は仁川税関長に対して、石塔を搬出するので「諒知置相成度」という「通牒」を出して搬出を助けた。このようにして物産共進会に「排置」された利川の五重石塔は、現在、その1基が大倉邸にある6–26図「大倉集古館の利川五重石塔」[253]である。

6-26 図「大倉集古館の利川五重石塔」

物産共進会に際して移転させられた利川の五重石塔は、朝鮮総督以下の措置によって大倉集古館に運ばれた。大倉集古館の記録には「資善堂の傍らには朝鮮高麗時代の五重石塔婆二基有り。内一基は、旧と、朝鮮京畿道利川郡なる、郷校前の一廃寺址に遺存せしものにして、先頃、朝鮮総督府より、当館へ寄贈せられたる者也[254]」と記されている。

このように大倉集古館への移転の経緯が明確であるので、韓国の利川では市当局と市民によって返還運動が起こっているが、大倉文化財団ではそれを拒否している。

「共進会巡覧記」による庭園の第２の配置は、利川の五重石塔の「南にある五重塔を原州の普済尊者塔、七重塔を開城の奉経塔、五重塔を原州の舎利塔」の３基の塔である。つまり、6–27 図「原州と開城の３塔」のように北側に原州の普済尊者塔（五重塔）があり、その南に開城の奉経塔（七重塔）、そして原州の舎利塔（五重塔）が並んでいた。これら３基の塔を『報告書３』に掲載されている会場全景写真から見ると、開城の七重塔（奉経塔）は音楽堂の南側の植え込みの中央に置かれ、その南北に原州の五重塔（普済尊者塔）と同じ原州の五重塔（仏舎利）が置かれている。

6-27 図「原州と開城の３塔」

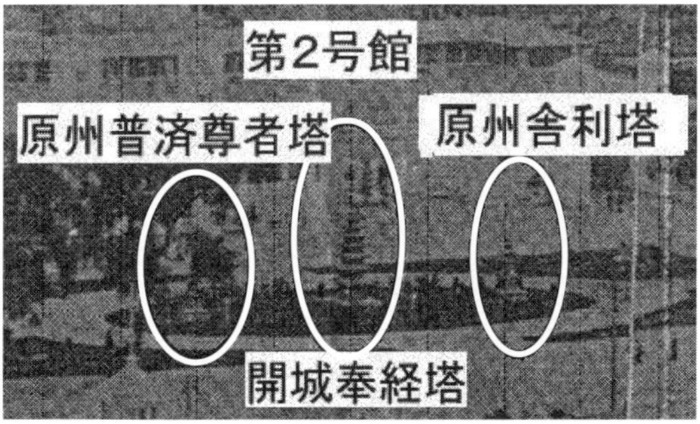

これら３基の内、開城の七重塔（奉経塔）は、現在も国立中央博物館が所蔵している（6–28 図「開城の七重塔」）。正式名称は「南溪院七重石塔」で開城市徳岩洞南溪院の敷地にあったもので、1915 年に基壇部分を除外した塔身部だけが景福宮内に移された。その後再調査した結果、地下に２層の基壇部分を発見し、それを追加して 1990 年に国立中央博物館に移された。この七重石塔を景福宮内に移転する際に塔身部分から７軸の「紺紙銀泥妙法蓮華経」が発見された。これは高麗第 25 代忠烈王の時に写経されたもので、忠烈王９年（1283 年）に塔を重修した時に納めたと推定できる。そして この塔の形式は統一新羅の特徴も見えるが、各部を詳細に見れば高麗中期の石塔であり、雄壮な気風と精製された組み立て手法が見られる高麗時代の石塔の代表であるという[255]。この記述によれば、物産共進会

6-28 図「開城の七重塔」

の庭園に置かれたのは塔身部分だけだったことになる。文化財を展示、設置しても、不十分な扱いであったことがわかる。他の２基、原州の五重塔（普済尊者塔）と原州の五重塔（仏舎利）はその現存を確認できなかった。

「共進会巡覧記」に記された第３の配置は「北にあるを原州の玄妙塔とし、……之を中心として大日如来の石像二尊、文殊及弥勒の鉄製座像二尊を四方に排置す」である。

この「原州の玄妙塔」を「彫刻最も精妙を極む」と評し、玄妙塔を囲む４体を「何れも皆古色蒼然として千古の彫刻に成れるものたるや疑無し[256]」と評している。この場所は美術館と音楽堂の中間の北側の植え込み部分で、その中央に原州の玄妙塔を置き、植え込みの芝生の中に４基の仏像が置かれた。

この中で6–29図「玄妙塔[257]」は、江原道原州の法泉寺址にあった高麗の高僧海麟国師の舎利塔で、「其の製作の優秀巧妙なること、高麗朝四百有余年間を通じて最為第一と推重せらるるものなり[258]」と評価されている。この原州の玄妙塔は、6–30図「美術館前の玄妙塔」のように、「物産共進会では美術館の前の庭園の中央に置かれた[259]。写真では近くに見えるが、6–31図「美術館と玄妙塔[260]」のように実際には離れている。

6–29図「玄妙塔」

この玄妙塔は物産共進会終了後、日本人によって大阪に搬出されたが返還され[261]、国立中央博物館に所蔵されている。国立中央博物館が景福宮にあった時は6–32図「景福宮にあった玄妙塔[262]」のように景福宮の庭に展示されていた。韓国の国宝第101号に指定されている。

6–30図「美術館前の玄妙塔」

玄妙塔の周囲に置かれた４基の仏像は、『報告書３』などには掲載されていない。これらは『朝鮮彙報[263]』に掲載されている物産共進会の機械館の前にある仏像（6–33図「機械館前の仏像」）と建設中の美術館前にある玄妙塔と仏像（6–34図「美術館前の仏像」）が確認できる。美術館と機械館は6–23図「庭園

配置図」を見れば、美術館が北側正面（南向き）にあり、機械館は庭園の西側（東向）である。

この２基の仏像と写真のない２基の仏像の位置を推定して庭園の配置図を作成してみると6–35図「塔と仏像を配置した庭園」のようになる。

6-31図「美術館と玄妙塔」

6-32図「景福宮にあった玄妙塔」

ここで重要なのは、これらの石塔や仏像の所在が明確でないことである。利川の五重石塔は対になっているにもかかわらず、片方が日本の大倉集古館にある。そして元の所在地である利川には片方のみがあって、返還を要求しているが、返還されていない。また、原州の玄妙塔は一時日本の大阪に搬出され、後日返還され、現在は韓国中央博物館に所蔵されている。このように韓国の国宝級の石塔が日本に搬出された例に韓国の国宝86号の敬天寺十層石塔（6–36図「敬天寺十層石塔」）がある。この塔は高麗第29代忠穆王４年（1348）に建てられたもので京畿道開豊郡光徳面にあったが、1907年に日本の宮内大臣田中光顕が日本に搬出した。これに対し搬出反対運動と返還運動が起こり、イギリス人ジャーナリストE.Bethellとアメリカ人ジャーナリストH.Hulbertなどの努力によって1918年に返還されたものである。その後、1960

6-33図「機械館前の仏像」

6-34図「美術館前の仏像」

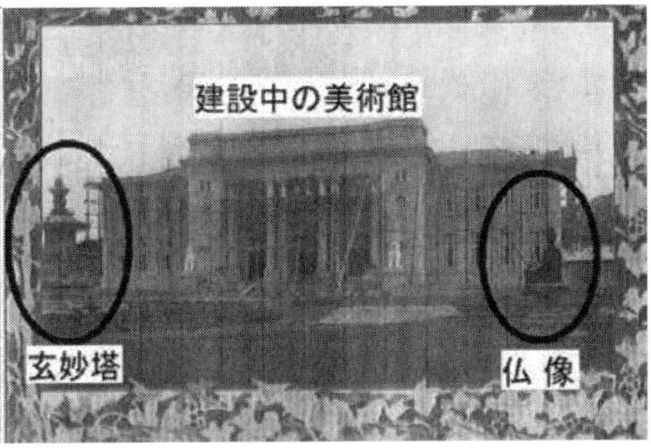

6-35 図「塔と仏像を配置した庭園」

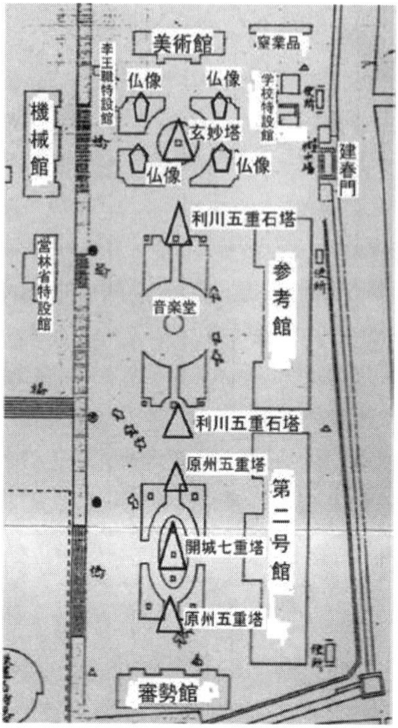

6-36 図「敬天寺十層石塔」

年に景福宮に復元され、1995 年から 2005 年まで 11 年間の保存処理を経て[264]、以後は韓国中央博物館の 1 階正面に展示されている。

物産共進会では、各地から仏像や石塔が移転され展示された。美術館などで展示されたものは、多くは日本人所有として出品された。これは当時、日本人の間に古美術に対する人気が高まり、一種のブームになっていたことによって、ソウル市内にあったという骨董品店から購入されたのかもしれない。また、利川の五重石塔のように、物産共進会終了後に下付や転売されたものもあった。仏教の崇拝の対象である仏像や石塔が古美術品として、日本人の嗜好品として扱われることに、総督府も一端を担っていたといえる。

おわりに―物産共進会の歴史的評価

物産共進会は 1915 年 10 月 31 日に終了した。『報告書 1』では、共進会が「半島ニ裨益スル所寔ニ多大ナリ[265]」と絶賛し、物産共進会は成功したという認識を示した。その理由は、観覧者が累計116万余人もあったことである。観覧人動員のために各地に協賛会が結成され、朝鮮内では「団体入場一千余組十万余人ノ多数ニ達シ[266]」、地方の人々が、汽車や汽船という「進歩」した「文明」の利器を利用して、日本の優れた「文明」に触れたことによって、日本に対する認識が変わったと認識したからであろう。総督府にとっては朝鮮人の動員そのものが「成功」であった。観覧者は日本人が20万6039人（17.7%）であり、朝鮮人が47万2522人（40.6%）であった。『報告書1』では「観覧人ノ多数ハ何レモ皆日進月歩ノ神速ナルニ驚キ、徒ラニ旧套ヲ株守シテ世運ニ伴ハサレハ遂ニ活路ヲ失フヘキヲ覚知シ、翻然トシテ昨非ヲ悟リ宿夢ヲ驚破シ将来一層勤倹力行シテ我皇至仁ノ徳政ニ酬ヒ奉ルヘキノ奮発心ヲ自生スルニ至レリ[267]」と記している。つまりは多くの朝鮮人は、物産共進会を観覧することによって、日本の支配による進歩を認め、抗日の気持ちを捨てて、将来に渡って努力し、天皇の恩に報いるように心を改めたというわけである。

また、もう1つの成功の理由は、物産共進会への出品者数と出品点数が「多数[268]」だったことである。物産共進会への出品者数と出品点数、そのなかで主に第1号館に展示された第1部（農業）の出品者数と出品点数、さらに朝鮮人の出品者数と出品点数は、6–6表「物産共進会への展示品の出品数」のとおりである。この表に見るように、農業が主たる産業であった朝鮮で、全体で13部に分類される出品分野の中で、第1部「農業」の比率が出品者数で過半数を占め、点数でも25%に近く、さらに朝鮮人の出品者数が73.3%で出品点数が35.7%と比率が高いことは、朝鮮総督府の意図を達成したことになった。朝鮮総督府としては、各道を動員して出品者と出品点数を増やし、そのことによって「進歩」またはその「萌芽」を探すことが物産共進会の目的でもあった。その意味では「成功」だったのであろう。

さらに朝鮮総督府が成功と評価する理由を見れば、朝鮮人と日本人への影響があろう。朝鮮人は鉄道や船など「文明の力」で旅行し、物産共進会会場や京城でイルミネーション、活動写真、飛行機、さらにエレベーターなどの「文明」に触れた。このような文化的施策に触れさせることも物産共進会のねらいであった。

6-6表「物産共進会への展示品の出品数」

	出品者	比率	出品点数	比率
物産共進会	18,759人	100%	48,865点	100%
第1部（農業）	10,671人	56.90%	11,697点	24%
朝鮮人	13,750人	73.30%	17,445点	35.70%

出典・前掲『報告書1』84頁～85頁。

また日本人の観

光団に対しても朝鮮をこれまでとは違ったものとして認識させた。『報告書1』では「従来朝鮮ヲ軽視シテ不毛不耕ノ附庸地トナシ曚昧野蠻ノ流氓ト看做シ居タル母国人モ、脚一タヒ京城ノ地ヲ蹈ミ眼一タヒ共進会ヲ瞥見シタルモノハ皆其ノ生産物ノ富饒ニシテ利源ノ不盡蔵ナルヲ察知シ頓ニ投資ノ念ヲ発スルニ至レリ[269]」と記している。日本人は物産共進会への参加によって、朝鮮の生産物が豊かで利源が無尽蔵であることを認識して投資しようと思うようになったと述べている。物産共進会の開催期間中に、日本人を中心にした各種の団体の総会や大会が京城で開催された。これらの行事がこのような認識を日本人に与えた可能性がある。また、名勝旧蹟を持つ地方の協賛会は積極的に旅行者を誘致した。京城協賛会会長吉原三郎は、開場式の挨拶で、数年前までは近郊でも「単独ノ旅行ハ……不安視」されたが、「今日ニ在リテハ如何ナル僻陬ノ地ト雖単独旅行ヲ為シ何等不便ヲ感スルコト無キノ程度ニ進歩セリ[270]」と述べている。開場式という、物産共進会がこれから始まる時の挨拶での発言であることを考えれば、この内容をそのまま事実と受け取ることはできないが、『報告書1』には朝鮮人が物産共進会を見学して「徒ニ旧套ヲ株守」していたが「翻然トシテ昨非ヲ悟[271]」ったという記述もある。とすれば、物産共進会の準備の過程などで、抗日闘争を武力で弾圧することに加えて、日本の「進歩」を認識させて朝鮮人の民心を掌握しようとし、その結果、朝鮮内に変化が起こり、それによって日本人の旅行なども一定程度可能になり、日本人の朝鮮認識にも変化が起こったとも推測できる。物産共進会は、陸軍大将寺内正毅総督の時期の施策ではあるが、「武断」だけでなく、「文明」による施策であったといえよう。

他方で、物産共進会が朝鮮総督府の評価どおりであったかは検討の余地がある。最も力を入れた第1号館の「農業」の展示は、朝鮮人にとっては日常の品でしかなく、さらに鮮度を保つのが難しく、評判は良くなかった。また、物産共進会の後、地方産業の発展に結びついたかは不明である。審勢館の各道の道勢一般も、展示に甲乙はつけにくかった。

そして、本論との関係では、景福宮が会場整備の名目で王宮としての体裁を破壊された。再建後30年内外の多くの殿閣や回廊、門などが、会場整備のために破壊、売却された。さらに残された建物も、本来のあり方を大きく変貌させられ、景福宮は朝鮮王朝の法宮としての地位を失った。さらに、物産共進会の開催を契機に、大倉集古館に渡った利川の五重石塔のように、多くの文化財が売却され、海外に流出したりした。

物産共進会の開催時期が、明治天皇の喪や昭憲皇太后の葬儀があり、大正天皇の即位に伴う大典と重なったことを利用して、皇室の尊厳を宣伝する機会に利用された。それは閑院宮の開会式への出席によって、より一層の効果をもたらした。そのなかで、朝鮮総督寺内正毅は玉座に座って開場式を実施したように、朝鮮王朝を崩壊させた総督としての威圧を発揮した。さらに、物産共進会の最も中心的な建物であった第１号館は、朝鮮総督府庁舎建設の準備作業の意味を持っていたことも重要な点である。武断統治期の文化的施策ではあるが、寺内正毅朝鮮総督の業績を高めた事業でもあったといえよう。

注

1　山路勝彦『近代日本の植民地博覧会』風響社、2008年。この著書は朝鮮物産共進会に言及した日本人による最も早い研究で、総督府は物産共進会を「自己宣伝の機会」にしたと整理し、観客動員を中心に簡単に言及している。また、宮崎涼子『未完の聖地』（京都大学学術出版会、2020年）も朝鮮物産共進会に言及しているが、具体的分析はない。
2　이경미『20 세기 조선 궁궐의 건축적 변형 과정』『郷土서울』60号、2000年。
3　목수현「일제하 박물관의 형성과 그 이미」ソウル大学校大学院考古美術学科美術史専攻碩士学位論文、2000年２月。
4　홍순민「日帝의植民침탈과 景福宮훼손－통치권력의 상징성 탈취」『문명연지』vol.5–no1、2004年。
5　박성진『일제강점기 조선왕조 궁궐건축의 이건과 변용』韓国芸術総合学校芸術専門史課程美術院建築科建築理論専攻碩士学位論文、2007年１月。
6　한도현・주윤정「심민지의 전시문화의 사회구조－『조선물산공진회』（1915）를 중심으로－」（韓国社会学会2000年後期社会学大会発表論文要約集）。
7　주윤정「「朝鮮物産共進会」（1915）에 대한연구」韓国精神文化研究院韓国学大学院碩士学位論文、2002年。
8　주윤정「조선물산공진회와 식민주의 시선」『文化科学』33、2003年。
9　李東勲「「始政五年記念朝鮮物産共進会」と植民地空間」『在朝日本人社会の形成―植民地空間の変容と意識構造』明石書店、2019年、第４章。
10　日本の植民地期、現在のソウルは「京城」といわれた。「地方官官制」第17條に基づく朝鮮総督府令第６号によって従来の漢城府と京畿道を管轄する京畿道庁の置かれる所が「京城」とされた。以後、「京城」の名称が正式名称となった。（『朝鮮総督府官報』第29号（1910年10月１日）などを参照）。以後、便宜的に「京城」も使用する。「京城」は朝鮮王朝時代にも使用されていたので、朝鮮総督府令による造語ではない。
11　강산훈「일제강점기 박람회 건축을 통해 본 건축양식의 상징성」『建築歴史研究』第15巻３号、通巻47号、2006年８月。
12　송인호・김제정・최아신「일제강점기 박람회의 개최와 경복궁의 위상변동－1915년 조선물산공진회와 1929년 조선박람회를 중심으로－」『서울학연구』55、2014年５月。
13　강민기「조선물산공진회와 일본화 의 공적（公的）전시」『韓国近現代美術史学』No16、2000年。
14　全東園「朝鮮物産共進会と『朝鮮文化財』の誕生」東京外国語大学『言語・地域文化研究』15、2009年３月。

15 朴美貞「植民地朝鮮の博覧会事業と京城の空間形成」『立命館言語文化研究』21 巻 4 号 2010 年 3 月。
16 孫孝珍「日本に存在する韓国文化財の「還収（返還）」に関する一考察」東京学芸大学修士論文、2010 年度。
17 金泰雄「1915 年京城府物産共進会와日帝의政治宣伝」(『서울학연구』18、2002 年 3 月。
18 李泰文「1915 年『朝鮮物産共進会』の構成と内容」慶應義塾大学日吉紀要『言語・文化・コミュニケーション』30、2003 年 3 月。
19 朝鮮総督府『始政五年記念朝鮮物産共進会報告書』（第 1 巻）1916 年 9 月、p.12 以下を参照。『始政五年記念朝鮮物産共進会報告書』は第 1 巻から第 3 巻まである。第 2 巻は審査報告書で、第 3 巻は会場などの写真集である。以下、各巻は『報告書 1』などと略す。
20 物産共進会案内リーフレットに掲載された会場全図、水野直樹他編『植民地朝鮮に生きる』岩波書店、2012 年、p.61。
21 前掲『報告書 1』「第 1 章総論」では「景福宮祉」と記されている。
22 朝鮮総督府『施政二十五年史』朝鮮総督府庁、1935 年 10 月、p.122。
23 前掲『報告書 1』p.3。
24 同上「緒言」より。
25 朝鮮総督府『施政二十五年史』1935 年、p.120。
26 前掲『報告書 1』p.285。
27 同上 pp.80–82。
28 同上 p.95。
29 同上 p.5。
30 同上 p.5。
31 各館については前掲『報告書 1』p.5 を参照。
32 入場者に関しては、前掲『報告書 1』p.263 以下を参照。
33 京城協賛会は、1915 年 1 月に、当時東洋拓殖会社の総裁であった吉原三郎を会長に組織された。京城協賛会の様子は『始政五年記念朝鮮物産共進会京城協賛会報告』（1916 年 3 月）p.115 以下を参照。
34 前掲「심민지의 전시문화의 사회구조 –『조선물산공진회』(1915) 를 중심으로 –」pp.88–89。
35 前掲『報告書 1』p.10、「共進会委員ニ対スル総督訓示」(1914 年 8 月 3 日)。
36 同上 p.11、「共進会評議員ニ対スル総督指示」(1914 年 11 月 5 日)。
37 「共進会巡覧記」『朝鮮彙報』1915 年 10 月号 1 日号、p.7。『朝鮮彙報』は朝鮮総督府の発行である。
38 前掲『報告書 1』「総論」p.1。
39 前掲「「朝鮮物産共進会」(1915) 에 대한연구」序論 pp.1–2。
40 元帥寺内伯爵伝記編纂会『元帥寺内伯伝』1920 年、p.809。
41 同上、p.808。
42 前掲『報告書 1』p.12、「共進会評議員ニ対スル総督指示」。
43 同上 p.10、「共進会委員ニ対スル総督訓示」。
44 同上 p.11、「共進会評議員ニ対スル総督指示」。
45 同上 p.11、「共進会委員ニ対スル総督訓示」では「関係書類ノ如キモ始メヨリ整理ヲ遂ゲ会ガ済ンダラ直チニ纏ツタ報告ガ出来ル丈ケニ今ヨリ順序ヲ正シテヤツテ貰ヒタイ」と述べていた。

46 前掲『報告書1』p.30。
47 「朝鮮始政五年記念朝鮮物産共進会開催ニ付稟申ノ件」アジア歴史資料センター A04010291700。
48 前掲『元帥寺内伯伝』p.782。
49 『京城日報』1915年10月2日。
50 前掲『報告書1』p.218、「第3節開会式」の項参照。
51 前掲『施政二十五年史』p.162。
52 『京城日報』1915年10月1日（夕刊）。
53 武田幸男編『朝鮮史』山川出版社、2000年、第6章（糟谷憲一執筆）参照。
54 前掲『報告書1』p.213。
55 前掲「「始政五年記念朝鮮物産共進会」と植民地空間」p.214。
56 前掲『報告書1』p.216。
57 同上、p.213。
58 前掲『元帥寺内伯伝』p.794。
59 山本四郎編『寺内正毅日記』京都女子大学、1980年（1916年7月4日、6日記事）p.700。
60 前掲『報告書1』p.53。
61 同上 p.1。
62 同上。
63 同上書 p.53。
64 同上書 p.65。
65 村山智順『朝鮮の風水』朝鮮総督府調査資料、1931年。
66 前掲『報告書1』p.65。
67 朝鮮総督府『朝鮮総督府庁舎新営誌』（作成年不詳）p.1。
68 前掲『報告書1』p.53。
69 同上 p.53。
70 同上 p.3。
71 同上 p.53。
72 同上 p.53。
73 以下の禁川橋の思想的意味については、権点来『韓国 옛 다리의 構造的特性에 関한 研究（朝鮮宮闕의 禁川橋를 중심으로）』（忠南大学校産業大学院碩士学位論文、2007年）pp.65–66。
74 禁川橋は他の宮殿にもあり、昌徳宮は錦川橋、昌慶宮は玉泉橋という。
75 홍순민『우리 궁궐 이야기』청년사、1999年、p.170。
76 前掲『20세기 조선 궁궐의 건축적 변형 과정』p.412。
77 前掲『일제강점기 조선왕조 궁궐건축의 이건과 변용』p.106。
78 同上 p.106。
79 『世宗実録』78巻（世宗19（1437）年8月18日）「乙亥／上移御于東宮、東宮移接于書筵、以修葺康寧殿南廊故也。 命：“限還宮除常參，其遇朝賀，乘輿出御勤政殿，常時視事於資善堂。”」
80 「大倉邸内の朝鮮建物」『建築世界』1916年9月号、第7巻第9号、p.98。

81 「霊南坂に朝鮮の宮殿」『建築画報』1916 年 10 月号、第 7 巻第 10 号、p.10。
82 前掲「大倉邸内の朝鮮建物」p.98。
83 前掲『寺内正毅日記』p.710。
84 前掲『京城府史』第 1 巻、p.475。
85 大倉集古館『大倉集古館列品要略』1920 年。大倉集古館は 1923 年の関東大震災で焼失してしまうので、1920 年刊行の本書は焼失前の大倉集古館の様子を示す貴重な記録である。
86 同上書 p.146。
87 前掲『일제강점기 조선왕조 궁궐건축의 이건과 변용』p.111。
88 ソウル学研究所『宮闕志 1 景福宮・昌徳宮』1994 年 pp.25–26。原文は漢文、ここではソウル学研究所での韓国語（ハングル）版を使用した。本書には原文も掲載されている。『宮闕志』は、朝鮮時代に作成された本で、各王宮の殿閣、堂齋、楼亭などの名称、創建沿革、位置などを記録した本。第 23 代順祖（在位 1801 ～ 1834 年）の時に編纂され、王の死後の刊行された。
89 前掲『京城府史』第 1 巻 p.475。ここには「其の他旭町一丁目・桜井町二丁目・岡崎町等に散見する朝鮮式の宏壮なる建物の中には此の齋の移築に係はるものが多い。」という記述があり、1914 年に多くの建物が移築され、日本人の利用する料亭や自宅に使用されたようである。同様の記述は京畿道編『京畿地方の名勝史蹟』（1937 年）p.81 にもある。
90 柳川勉『京城の面影』1932 年、内外事情社、p.226。
91 前掲『일제강점기 조선왕조 궁궐건축의 이건과 변용』p.115。
92 前掲『京城府史』第 1 巻 p.475。
93 前掲『京城の面影』p.226。
94 前掲『宮闕志 1 景福宮・昌徳宮』p.57。
95 前掲『報告書 1 』p.53。
96 写真は前掲「1915 年『朝鮮物産共進会』の構成と内容」pp.32–33 より転載したが、6–9「参考館」は前掲『朝鮮彙報』1915 年 9 月号の口絵写真を採用した。
97 前掲『報告書 1 』p.55。
98 同上 p.54。
99 同上 pp.54–55。
100 同上 p.67。
101 前掲「일제강점기 박람회 건축을 통해 본 건축양식의 상징성」p.11。
102 堀勇良「同時代としての「近代」」『日本の建築「明示大正昭和」10 日本のモダニズム』三省堂、1981 年、p.120。
103 同上 p.117。
104 前掲「일제강점기 박람회 건축을 통해 본 건축양식의 상징성」p.12。
105 前掲「同時代としての「近代」」p.120。広島県物産陳列館は 1915 年に建立された。
106 前掲「일제강점기 박람회의 개최와 경복궁의 위상변동 -1915 년 조선물산공진회와 1929 년 조선박람회를 중심으로 -」p.116。
107 前掲『報告書 1 』p.54。
108 第 2 号館、参考館、審勢館、機械館の間口などの数字は、前掲『報告書 1 』pp.54–55 参照。
109 前掲『報告書 1 』p.156。

110 同上 p.79。
111 同上 p.80。
112 同上 p.85。
113『報告書２』p.22。次に多かったのは菽（豆）で 1,560 点である。
114 前掲『報告書１』p.109 以下の陳列配置図による。
115 前掲『報告書２』p.22。
116 同上 p.35。
117 同上 p.50。
118 前掲『「朝鮮物産共進会」(1915 年) 에 대한연구』pp.34–36。
119 ３人に関する内容は前掲『報告書２』pp.27–28。
120 李圭洙「近代朝鮮における植民地地主制と農民運動」一橋大学博士論文要旨『一橋論叢』第 112 巻第 4 号 1994 年 10 月号、p.131。
121 前掲「共進会巡覧記」p.7。
122 同上 p.11。
123 同上 p.6。
124 前掲『報告書１』p.118。
125 同上 p.118。
126 前掲「共進会巡覧記」p.13。
127 前掲『報告書１』p.5。
128 同上 p.123。
129 前掲「共進会巡覧記」p.13。
130 前掲『報告書１』p.156。
131 同上 p.157。
132 前掲「共進会巡覧記」p.15。
133 前掲『報告書１』p.165。
134 同上 p.165。
135 小早川九郎『朝鮮農業発達史・政策編』1944 年、p.99。本章では友邦協会復刻版（1959 年）を使用。
136 古庄逸夫「物故関係者の追憶（二）藤井貫太郎氏」古庄逸夫編『朝鮮土地改良事業史』友邦協会、1960 年、p.180。
137『京城日報』1935 年 9 月 10 日。
138 前掲『報告書１』p.226。
139 同上 p.224。
140 朝鮮での富田儀作については、朴美貞の前掲「植民地朝鮮の博覧会事業と京城の空間形成」に詳しい分析がある。
141 前掲『報告書２』pp.27–29。
142 既存の建物の利用状況は、前掲『報告書１』p.56 以下を参照。
143 前掲『報告書１』p.213。
144 同上 p.218。
145 同上 p.229。
146 同上 p.109 以降の配置図。
147 前掲「共進会巡覧記」p.18。

148 前掲『報告書１』p.56。
149 同上 p.125。
150 同上 p.125。
151 前掲「共進会巡覧記」p.18。
152「寺内正毅」『日本近現代史事典』東洋経済新報社、1978 年、p.441。
153 前掲『報告書１』p.291。
154 前掲「共進会巡覧記」p.18。
155 前掲『報告書１』p.66。
156 同上 p.82。
157 同上 p.123。
158 前掲「共進会巡覧記」p.18。
159 前掲『報告書１』p.66。
160 前掲『景福宮変遷史（下）』p.74。
161 東洋拓殖株式会社編『東拓十年史』1918 年、p.112。
162 前掲『東拓十年史』p.37。
163 同上 p.89。
164 前掲『報告書１』p.127。
165 前掲「共進会巡覧記」p.11。
166 前掲『報告書１』p.127。
167 前掲「共進会巡覧記」p.12。
168 前掲『報告書１』p.126。
169 前掲「共進会巡覧記」p.13。
170 前掲『報告書１』p.2。
171 前掲「日帝의 植民 침탈과景福宮훼손－통치권력의 상징성 탈취」p.23。
172『始政五年記念朝鮮物産共進会京城協賛会報告書』（1915 年 12 月）p.112。以下『京城協賛会報告書』と略す。
173 京城協賛会の役員の経歴は、前掲李東勲「「始政五年記念朝鮮物産共進会」と植民地空間」の別添資料（p.343 以下）に詳しいので参照されたい。
174 京城協賛会の経費は前掲『京城協賛会報告書』p.15 以下を参照。
175 前掲『京城協賛会報告書』p.103 以下を参照。
176 各種会員の名前は、前掲『京城協賛会報告書』p.19 以下に全員が明記されている。
177 前掲『京城協賛会報告書』p.4 以下を参照。
178 入場者に関しては、前掲『報告書１』p.263 以下を参照。
179 前掲『報告書１』pp.270–273。
180 同上 p.5。
181 同上 p.4、第 1 章総論。
182 同上 p.4、第 1 章総論。
183 同上 pp.297–298。1000 マイルは 1600 キロメートルに相当する。
184 入場者に関しては、前掲「1915 년 京城府 物産共進会와 日帝의 政治宣伝」が検討しているので参照されたい。
185 前掲『報告書１』p.231。
186 当時、朝鮮には咸鏡北道、咸鏡南道、平安北道、平安南道、江原道、黄海道、京畿道、

忠清北道、忠清南道、慶尚北道、慶尚南道、全羅北道、全羅南道の 13 道があった。
187 各地の協賛会の結成と活動については前掲『報告書１』p.319 以下を参照。
188 京城協賛会に１万 2800 円、仁川協賛会に 3000 円、江原道協賛会に 3000 円、平壌協賛会に 500 円、鎮南浦協賛会に 200 円が補助された。（前掲『報告書１』p.319）。
189 前掲『報告書１』p.319。
190 前掲『京城協賛会報告書』p.108。
191 同上 pp.80–81。
192 各道の団体観覧者の人数は、前掲『報告書１』p.349、p.374、p.392 を参照。
193 慶尚北道からの観覧者数は前掲『報告書１』pp.350–351。
194 同上 pp.375–376。
195 日本人団体観覧者については前掲『京城協賛会報告書』p.120 以下を参照。
196 各種大会の模様は前掲『報告書１』p.287 以下、参加人数は前掲『京城協賛会報告書』p.132 以下を参照。
197 日本赤十字社朝鮮本部と愛国婦人会朝鮮本部の総会については前掲『報告書１』pp.291–297。
198 前掲『京城協賛会報告書』p.132。
199 宿舎に関しては前掲『京城協賛会報告書』p.122 以下を参照。
200 前掲『報告書１』p.1。
201 高陽協賛会に関しては前掲『報告書１』pp.338–339 参照。
202 前掲「共進会巡覧記」p.6。
203 学校の観覧者数は「共進会参観に関する調」（『朝鮮彙報』1916 年２月号）pp.144–146 参照。
204 前掲『報告書１』p.329 以下を参照。
205 同上 p.336 以下参照。
206 開城は高麗王朝時代に「松都」と言った。
207 前掲『報告書１』p.338。
208 同上 p.383。
209 同上 p.392。咸鏡北道は「施設事項」が前掲『報告書１』に記載されている。
210「京城協賛会規則」第５条、前掲『京城協賛会報告書』p.5。
211 写真は、前掲「1915 年「朝鮮物産共進会」の内容と構成」p.55 から転載。
212 前掲『京城協賛会報告書』p.112。
213 演芸館に関しては同上 p.142。
214 天勝一座の興行は２回行われ、カッコ内は２回目の料金。子ども料金は略。
215 前掲『京城協賛会報告書』pp.145–154。
216 各種催しについては前掲『京城協賛会報告書』pp.161–164 参照。
217 同上 p.118。
218 同上 p.164。
219 前掲『報告書１』p.3。
220 前掲「朝鮮物産共進会と『朝鮮文化財』の誕生」p.136。
221 前掲『施政二十五年史』p.190。
222「朝鮮総督府官報」1175 号、1916 年７月４日。
223 高木博志「日本美術史の成立・試論―古代美術史の時代区分の成立―」『日本史研究』400 号、1995 年 12 月。

224 この点では物産共進会に岡倉天心が関わっていたことに注目した강민기の前掲論文「조선물산공진회와 일본화 의 공적（公的）전시」は重要である。
225 文化庁ＨＰによる。https://www.bunka.go.jp/seisaku/bunkazai/(2021.9.27)
226 前掲「朝鮮物産共進会と『朝鮮文化財』の誕生」p.136。
227 前掲『報告書１』p.82。
228 同上 p.56。
229『사진으로 보는 近代韓国 (上)』서문당、1986 年、p.26。
230 朝鮮総督府博物館については李成市『闘争の場としての古代史』岩波書店、2018 年、p.214 以下を参照。
231 前掲『報告書１』p.56。
232『始政五年記念朝鮮物産共進会報告書』第３巻、写真集（頁無し）、以下『報告書３』と略す）
233 前掲『報告書３』。
234 前掲『報告書１』p.84。
235 同上 p.123。以下、美術館の展示内容は同頁による。
236 同上 p.123。
237『国立中央博物館』図録、1996 年、p.232。
238 서울특별시사편찬위원회『서울의 문화재』제 3 권、불교문화재（1）2003 年、右 p.41、左 p.37。
239『朝鮮彙報』1915 年９月１日、口絵写真の説明。
240『新国史事典』教学社、1983 年、p.17。
241 前掲『報告書１』p.123。
242 荒井信一『コロニアリズムと文化財—近代日本と朝鮮から考える』岩波新書、2012 年、p.38。
243 康成銀・鄭泰憲「日本に散在する朝鮮考古遺跡」前掲『コロニアリズムと文化財—近代日本と朝鮮から考える』p.38 から重引。
244 前掲『報告書１』p.123。
245 京城居留民団役所編『京城発達史』1912 年、p.29。
246 前掲「20 세기 조선 궁궐의 건축적 변령 과정」p.414。
247 前掲『旧朝鮮総督府建物実測及撤去報告書』p.32。
248 前掲『報告書１』p.57。
249 同上 p.57。
250 前掲「共進会巡覧記」pp.5–20。
251「共進会巡覧記」p.15。以下、「文化財」の配置に関しては p.15 を参照。
252 前掲『日本に存在する韓国文化財の「還収（返還）」に関する一考察』第２章参照。この利川の五重石塔を大倉集古館へ移転する際の資料は孫孝珍論文に収録された複写資料から引用している。また、返還運動に関しても孫孝珍論文を参照されたい。
253 黄壽永編『韓国の失われた文化財（増補版）』三一書房、2015 年、口絵写真を転載。
254 前掲『大倉集古館列品要略』p.146。
255 前掲『서울의 문화재』제 3 권、불교문화재（1）写真と共に p.176。
256「共進会巡覧記」p.15。
257 前掲『朝鮮彙報』1915 年９月号、口絵写真と解説。
258 同上 1915 年９月号、口絵説明。

259 同上 1916 年１月号、口絵写真。
260 前掲『報告書３』物産共進会会場全景の部分。
261 前掲『서울의 문화재』제 3 권、불교문화재（1)、p.196。
262 同上 p.197。
263 前掲『朝鮮彙報』1915 年９月号、２枚とも口絵写真。
264 韓国、国立中央博物館の HP の日本語案内による。
https://www.museum.go.kr/site/jpn/relic/recommend/view?relicRecommendId=519812（2021.10.7）
265 前掲『報告書１』p.7。以下の数字は，同書「総論」による。
266 同上 p.4。
267 同上 p.5。
268 同上 p.5。出品者数と出品点数は、同書 p.84 以下を参照。
269 同上 p.5。
270 同上 p.214。
271 同上 p.5。

第７章　朝鮮総督府庁舎の建設

はじめに

1910年9月、日本は朝鮮を「併合」[1]し、植民地とした。朝鮮総督府は、その直後の1911年度予算で新庁舎建設のための予算を要求し、支配の中枢としての新庁舎の建設を企画した。紆余曲折の末、1916年6月25日に総督府庁舎新建設の地鎮祭を行い、工事が始まった。そして10年の年月を経て1926年10月1日に落成式が行われ、新庁舎は完成した。落成式直前から景福宮の正門である光化門の移転工事を実施し、新庁舎正門の取り付け工事が終わり、朝鮮総督府新庁舎が整ったのが1927年9月15日である。企画から16年もの年月を要した。

本章は、朝鮮総督府の新庁舎（以下、「総督府庁舎」と略す）の建設について検討する。検討の中心は「庁舎」の建設に関する検討であって、総督府による朝鮮植民地支配政策などの検討ではない。庁舎建設に関しては、敷地の選定、建設計画、工事担当者、庁舎の構造、工事の進行過程などを取り上げる。そのことによって、総督府庁舎が植民地支配に持った意味を検討する。そして議論の多い光化門の移転に関しても検討する。

総督府庁舎は、日本による朝鮮植民地支配の権威を示す象徴的建物である。最初に、その総督府庁舎を現代の韓国人がどのように受けとめているかを紹介しておこう。張起仁（1916年～2006年）は、韓国の代表的な建築学の研究者の１人であり、元大韓建築学会会長、元サムソン建築事務所代表であった。張は、「景福宮は朝鮮朝500年の王宮で、この民族の精神的象徴[2]」であり、景福宮の勤政殿の前をふさぐ総督府庁舎は「朝鮮民族の息の根を止める」もので「民族抹殺の意図を露骨に表出」したものであるという。「我が民族と文化を根こそぎ抹殺しようとする意図が歴然と現れている」とも言う。その上で「光化門前は日本の宮城の前にある二重橋と同じようなものであり、二重橋の前にこれと同じような建物を朝鮮人が建てたと仮定すると、日本人は文句を言わずに毀してしまったに違いない」という比喩[3]を述べている。日本人がソウルに来て、「まだ朝鮮総督府庁舎がこのように残っていて感慨無量だ」と言うのを聞いたことがあるとも述べている。張は建築家の目から見れば、総督府庁舎は「数少ない洋式石造建築物で、韓国内では傑作」と見られており、「残しておきたい心情もなくはない」と言いつつも「取り壊して西大門刑務所に移して歴代総督の写真も添えて展示してほしいという悲しい気持ち」であると言う。

この文章は1991年の執筆で、総督府庁舎（当時は国立中央博物館として使用）が現存しており、西大門刑務所が「独立公園」として開館するとほぼ同じ時期に執筆された。張起仁のような韓国知識人にも総督府庁舎は「怨念と屈辱」そして「呪詛に満ちた悲運の傷」なのである。このことを踏まえて、総督府庁舎について検討したい。

張起仁の論考が極めて感情的であることに典型的なように、韓国には総督府庁舎に関する実証的学術的研究は少ない。その中でも孫禎睦[4]による総督府庁舎と京城府庁舎に関する研究は優れた実証論文である。この研究は朝鮮建築会『朝鮮と建築』など多くの当時の日本語文献に依拠しつつ、総督府庁舎建設を扱った先駆的研究である。

一方、景福宮に関する研究がほとんどない日本で、総督府庁舎に関する研究は多い。それらの中で、朝鮮だけではなく台湾、満州などの「庁舎」を始めとした建物を比較検討した西澤泰彦の研究[5]は建築学的にも歴史学的にも優れた研究である。さらに谷川竜一の論文[6]も「庁舎」だけでなく、植民地の建造物を検討した優れた研究である。五島寧[7]の研究や宮崎涼子らの総督府庁舎と景福宮の関わりに関する著書[8]と論文[9]も興味深い論点を提示している。これらの諸論考に関しては本文で検討している。

本章では、これらの先行研究を参照しつつ、朝鮮総督府『朝鮮総督府庁舎新営誌』（作成年代不詳）や朝鮮建築会『朝鮮と建築』各号、さらに韓国文化財庁『景福宮　復元整備基本計画報告書』（1994年）をはじめとした景福宮の各種の発掘報告書、韓国の文化体育部・国立中央博物館『旧朝鮮総督府建物実測及び撤去報告書』（1997年）などの資料を使用して朝鮮総督府庁舎について検討する。

1　統監府の時期と「併合」直後の「庁舎」

日本は日露戦争直後の1905年11月、第2次日韓協約を韓国政府に強要し、12月に韓国統監府を設置した。この時期から実質的には日本は韓国を支配した。まず最初に、この時から朝鮮を「廃滅」し、景福宮に朝鮮総督府の新庁舎を建設するまでの統監府庁舎、朝鮮総督府庁舎がどこにあったのかを検討する。

1-1　統監府と朝鮮総督府での職員数

朝鮮総督府庁舎は、「朝鮮ノ中央政庁トシテ代表的ノ官庁[10]」の庁舎である。つまり、日本の朝鮮植民地支配の中央庁であると同時に事務を行う事務所でもある。

まず、中央庁の事務所としての側面から見てみよう。1905年11月17日に締結された第2次日韓協約によって日本政府は朝鮮にあった公使館を撤廃し、同年12月20日、統監府を置いた。翌21日に勅令267号によって統監府および理事庁官制を公布し、翌1906年2月1日から業務を開始した。

出発当初の「統監府及理事庁官制」に記された職制は、統監以外に、勅任の総務長官1人、勅任または奏任官の農商工務総長1人と警務総長1人、以下奏任官の秘書官1人、書記官7人、警視2人、技師5人、通訳官10人、それ以外に判任官の蜀、警部、技手、通訳生合計45人がいた。つまり、統監以下通訳生まで73人[11]という体制であった。

しかし、業務が開始されると、即座に官制が改正された。1907年3月には外務総長などが置かれ、判任官が45人から59人に増加されるなど、官制改正が相次いだ。さらに、同年7月に第3次日韓協約によって統監が韓国政府の内政全般を掌握することになり、9月に官制が改正された。この時、韓国政府の中に多くの日本人が入り、直接政務を担当することになったので、この時の官制改正は大幅なものとなった。

統監府の職員は統監と新設の副統監の他に、総務長官（勅任）、参与官（勅任2人）秘書官（奏任2人）、書記官（奏任6人）、技師（奏任4人）、通訳官（奏任9人）、それ以外に技手、通訳生（判任43人）となった。さらに韓国宮内府と韓国政府の各部の日本人次官は統監府参与の身分を持っていた[12]。統監府の職員は70人ほどになり、これ以外に韓国政府内の参与官を抱えることになった。多くの日本人が韓国政府に入り、それを統括する役割が統監府ということになった。たとえば、1907年10月に統監府の警察官吏は韓国政府の警察官に任命されたので統監府からは警察関係の職員はいなくなった。

しかし、1910年に韓国を「廃滅」した時、その組織は大幅に改編された。その経緯をみると、1910年8月22日「韓国併合に関する日韓条約」に調印し、29日に公布し即日施行した。しかし、当面は従来の統監府を存置し、統監に朝鮮総督の職務を行わせた。旧韓国政府に属した諸官庁も朝鮮総督府所属官署として存置させた。その後1か月をかけて、機関の統廃合、人員の選択配置など、新官制実施に向けて準備を行った。そして、9月30日[13]、勅令354号を以て朝鮮総督府および所属官署の官制を公布し、10月1日から施行した。その結果、職員の構成は親任官の総督および政務総監を始めとして、勅任42人、奏任996人、判任5595人、待遇管理嘱託および雇員8480人、合計1万5113人[14]となった。

統監府と韓国政府を統合した朝鮮総督府の組織の大きさを確認できる。この人員が執務する執務室が必要になった。

1-2 「廃滅」当初の庁舎

「廃滅」当初の庁舎は、旧統監府の庁舎を主とし、元韓国政府の各部庁舎を合わせて使用しており、それらは「各所ニ分在[15]」していた。総督府ができた当初は「官房各課及総務部（営繕課を除き）は倭城台、会計局営繕課、度支部、司法部、取調局は貞洞、内務部は光化門前」にあった。その後、倭城台にまとめることになった。したがって、「廃滅」当初の庁舎は「統監府庁舎」を「増築」したものであり、「表玄関を入つた中庭の北側に当る一棟」と「会計課の居つた建物」があり、この近くに統監官邸もあった。そして、殖産局のあった所が「官舎」で「大小合せて9戸[16]」あった。ここには木内重四郎や俵孫一、小松緑、李王職の篠田治策次官[17]なども入っていた。木内重四郎は農商務省商工局長などを経て、韓国統監府農商工務総長、朝鮮総督府農商工部長官等を歴任した人物である。俵孫一は内務官僚で1907年大韓帝国の学部次官、1910年土地調査局副総裁（後の朝鮮総督府臨時土地調査局副総裁）に就任した。小松緑は『明治外交秘話[18]』という著書のある外務官僚で韓国「併合」時に統監府外事局長として韓国政府との交渉を担当した。「併合」という用語は、1913年3月に前外務次官の倉知鉄吉が小松緑に送った「覚書」にその由来が記されている[19]。李王職の篠田治策は1907年に韓国統監府の嘱託となり、平安南道知事を経て、李王職次官になり、1940年に京城帝国大学総長に就任した。この「官舎」は、住んだ人をみると、朝鮮総督府の高官ばかりである。

さらに、「庁舎」を見ると、特許局が永楽町の朝鮮家屋にあったが、1910年に本建築の予算がついて統監府庁舎の南方に接続して増築され、同年12月に完成した。また、明治町の旧韓国政府の農商工部のあった所に統監府第2庁舎を建築していたが、倭城台に変更して建てた。さらに、学務局の棟が増築されて1911年8月に完成した。これで「兎に角総督府官制の各部局職員全部を収容することが出来る建物」ができあがった。それでも度支部と営繕課はその後も貞洞にあった。[20]

このように、統監府の時期から総督府の当初の時期にかけて、庁舎は倭城台を中心に増築され、1911年８月頃には整備されたといえる。朝鮮総督府の当初の官制を見れば、7-1図「朝鮮総督府官制」のとおりである。総督官房に秘書課と武官室がある。第１代総督寺内正毅は陸軍大将で陸軍大臣を兼任していたので、武官室があったのだろう。外に総務部、内務部、度支部、農商工部、司法部と５部があり、その下に９局５課があった。庁舎建設を担当する「土木局」はまだなく、1912年（明治45）年４月の改正で官房の下に「土木局」が設置される。

これらの旧統監府庁舎と朝鮮総督府庁舎のあった場所について、岩井長三郎は「総督府になつた当初に於ては官房各課及総務部（営繕課を除き）は倭城台、会計局営繕課、度支部、司法部、取調局は貞洞、内務部は光化門前」[21]の３か所に分散配置されていたと記している。

7-1 図「朝鮮総督府官制」

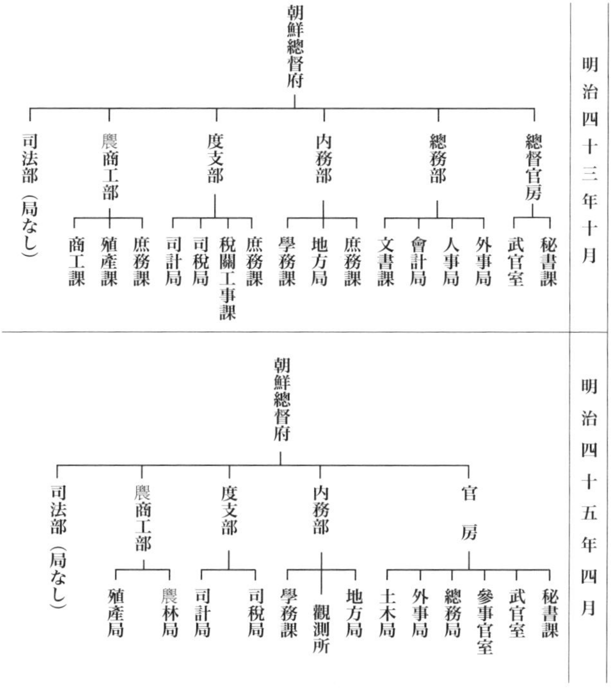

1914年作成された「京城府明細新地図」[22]で当初の総督府官庁の場所を確認してみよう。

7-2図「総督府官署配置図」は全体の所在地を示し、7-3図「倭城台の庁舎」は倭城台の庁舎を、7-4図「貞洞の庁舎」は貞洞の庁舎と周囲の領事館などを示した。7-5図「光化門前の庁舎」は光化門前にあった庁舎である。この地図は1914年作成のものなので、岩井の記述とは一致しない所がある。

7-2図「総督府官署配置図」は全体を示す地図で、丸印をつけた箇所が庁舎の所在地である。地図の中の①は倭城台の総督府本庁舎であり、②は貞洞の庁舎で、③は光化門前の庁舎である。7-3図「倭城台の庁舎」にみるように、倭城台

7-2 図「総督府官署配置図」

には総督府の本庁舎があり、総督官邸もすぐ脇にある。さらに憲兵隊司令部もあって、ここが中心である。7-4 図「貞洞の庁舎」を見れば、貞洞には中枢院と土地調査局がある。徳寿宮を中心とした貞洞は京城の中でヨーロッパ各国の総領事館が集まっており、7-4 図で英国、米国、露国の総領事館が確認できる。7-5 図「光化門前の庁舎」では、逓信局だけでなく朝鮮歩兵隊が配置され、さらに憲兵分隊もあったことが分かる。国王は居住していないが、京城の中心街なので光化門前の警備は厳しかったことが分かる。

このように当初の総督府の庁舎は3か所に分散していた。しかし、岩井の言うように、このような建物配置で、1911 年 8 月には「総督府官制の各部局職員全部を収容することが出来る建物[23]」ができあがったのであり、総督府庁舎の3か所の分散配置は新庁舎ができるまで継続した。

7-3 図「倭城台の庁舎」

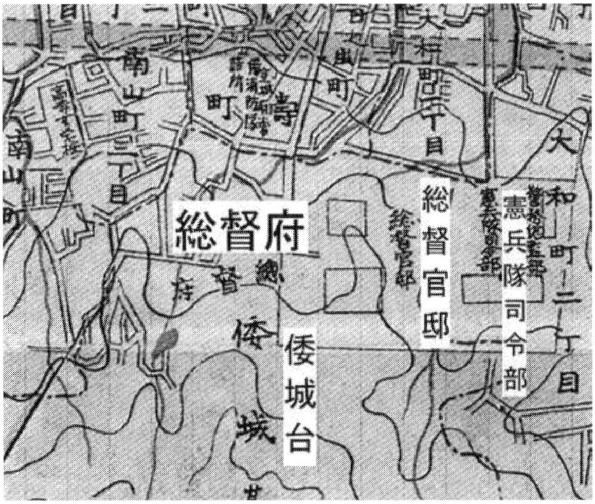

7-4 図「貞洞の庁舎」

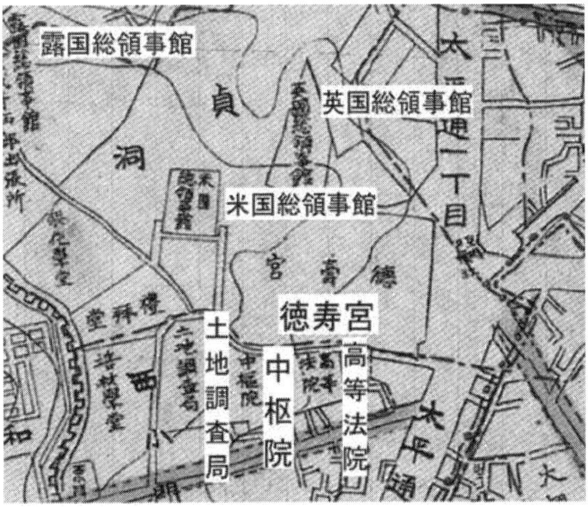

7-5 図「光化門前の庁舎」

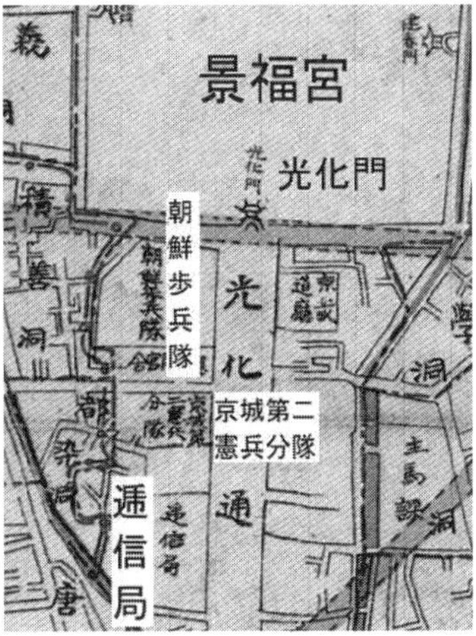

2　朝鮮総督府の庁舎建築計画と予算

朝鮮総督府の新庁舎建設は、「廃滅」直後から企画された。「廃滅」当初は、統監府庁舎と韓国政府庁舎を使わざるを得ないことは明らかであったが、いずれも木造建築で老朽化していた[24]。そこで、初代の会計課長であった児玉秀雄が「敷地は適当の場所に求め得るものとして[25]」1911 年度予算 180 万円を要求し新庁舎建築を計画した。児玉秀雄の父児玉源太郎は、第 4 代台湾総督（1898 年 2 月～ 1906 年 4 月）で、日露戦争の時に満州軍総参謀長を務めた陸軍大将である。児玉秀雄はその嫡男であり、朝鮮総督府では、総務局長兼官房秘書課長でもあった[26]。児玉秀雄の役職を見れば、新庁舎建設の予算請求は、朝鮮総督府の総意であった可能性が高い。

朝鮮総督府の財政は、1910 年 9 月の勅令 406 号「朝鮮総督府特別会計」に従って実施されており、朝鮮総督府の収入で不足する金額は、日本の一般会計で補充されることになっていた。従って、日本政府の予算が帝国議会で協賛を得て成立しない時は、朝鮮総督府の予算も成立しないことになっていた[27]。

1911 年度の最初の総督府庁舎建設の予算 180 万円は政府への予算請求で認められなかった[28]。そこで 1912 年度に「景福宮が本府に移管済みとなりましたので、敷地を之と決定して庁舎の規模も充分将来を見越し、大規模なものとして[29]」予算 300 万円を 5 か年継続事業として要求する準備をした。

この 1911 年度と 1912 年度の予算請求に関する記述は重要である。この 2 年度の予算に関する内容は、庁舎が完成した1926年当時の建築課長岩井長三郎が執筆した「総督府新庁舎の計画及実施に就て[30]」に依拠している。岩井は、「朝鮮総督府の設立時にその建築組織となった営繕課」で国枝博と共に「中心となった」人物である。「1905年東京帝国大学建築学科を卒業し」、「大蔵省臨時建築部技師を務めていたが、1908年春、統監府技師」になった。「廃滅」後は朝鮮総督府の営繕課の技師となり、その後、「営繕課長になり、1929年まで営繕課長・建築課長を務めた[31]」。つまり、統監府時代から継続して朝鮮総督府に勤務し、総督府庁舎建設に直接関わった営繕課、建築課で、長く課長を務めた人物である。従って、当初からの予算請求事情も知っていたと推測される。

この岩井の記述によれば、1911年度には総督府庁舎の敷地は決まっていなかったが、1912年度予算を立てた時には、総督府庁舎の敷地は景福宮に決まっていたことになる。この点について、宮崎涼子は、1911年度の予算請求時にすでに新庁舎の敷地は景福宮に決まっていたが、この時点では景福宮は李王家の資産なので、そのことを明言できなかったが、1911年5月に景福宮が総督府に移管されたので、翌年には敷地を景福宮に決定したと記したと岩井の文章を読むべきであると述べている[32]。つまり、1911年に最初に予算請求する時に、総督府庁舎を景福宮に建設することが決まっていたという。第6章で検討したように、1915年に「始政五年記念朝鮮物産共進会」が景福宮を会場として開催され、その1号館の場所が総督府庁舎の敷地になるが、それ以前に総督府庁舎の敷地は決定していたことになる。この点から見れば、「始政五年記念朝鮮物産共進会」は、共進会会場設営のために景福宮の建物を毀損しただけでなく、総督府庁舎建設のために敷地を確保する役割もあったことになり、これらの政策は極めて計画的であったといえる。

しかし、この1912年の大規模予算は日本政府には請求されなかった。それは先に見たように、1911年8月に統監府庁舎などを増築した建物が竣工し、各部局を収容することができたからである。旧庁舎の増築竣工のために「本庁舎ノ新営ニ就テハ必ズシモ急ヲ要セザル」ことになったのである。この事態に対応して「充分ナル調査」を「朝鮮神宮新営ニ関スル調査ト共ニ」行うことにして、その「準備費」を1912年度3万円、1913年度と1914年度に2万円を要求し認められた[33]。ここで重要なことは「朝鮮神宮新営ニ関スル調査」と共に予算要求が行われていることである[34]。共に朝鮮総督府の業務であるが、総督府庁舎新営と朝鮮神宮の創建が同時に企画され、「朝鮮神宮新営準備金[35]」は1912年から1915年まで予算が計上され、1913年には技術官が日本の官国幣社を調査し、1914年には土木局と内務部で度々合同で諸般の調査とその審議検討を行っている。その後、朝鮮神宮は1918年から予算が計上され、本格的に工事が始まっている。

3　朝鮮総督府庁舎の建築に関わった人物

1912年度の官制改定で、営繕課は官房土木局の下に入り[36]、新土木局長に持地六三郎が就任した。持地六三郎は、1893年に東京帝国大学法科大学政治学科を卒業した後、大蔵省、内務省に勤務し、山口高等学校教授などを経て1900年に台湾総督府に勤務し、地方行政、「理蕃」、土木、通信などに従事した。「なかでも教育行政が、彼の植民地行政の核心に位置していた」。彼は民生部総務局学務課課長であり、台湾教育会幹事長でもあった。その後、1912年に朝鮮総督府官房土木局長になった。なぜ朝鮮総督府に移ったかのか、その「事情は明らかではない[37]」という。持地はその後、逓信局長官（局長）などを務め、1920年に朝鮮総督府を退職し、日本に帰り、1923年に急死してしまう。

持地土木局長の下で、1912年に「技師一名を欧米に出張」させた。さらに、1914年には九州帝国大学教授岩岡保作（工学博士）に「専ら庁舎暖房計画の為……満洲・ハルピン方面に親しく実地に就て視察を乞ひ[38]」、参考意見をもらうことにした。

さらに、1912年には「独国人建築士普魯士亜国建築顧問ゲーラデランデー[39]」を顧問にして新庁舎新築の計画を立てることになった。

以下、この3名の人物について見ておこう。

まずはこの時欧米に派遣された技師は国枝博である。国枝は岩井[40]と同年に東京帝国大学建築学科を卒業し、1906年に韓国政府の度支部建築所技師となり、翌年8月に統監府技師になった。国枝は「朝鮮総督府庁舎建設の実質的な責任者」として「工事事務所である景福宮工事事務所長」となり、1918年9月までその職を務めた[41]。

国枝は、欧米調査の報告書ともいうべき「欧米各国に於ける庁舎建築状況[42]」を書いている。この報告書には出張の日時や訪問先に関する記述はない。しかし、国枝は訪問先から兄の国枝謹に40枚もの絵葉書[43]を出しており、そこから訪問先などが分かる。国枝は1912年4月18日に横浜を出発し、シカゴ、ニューヨーク、ワシントンを見学し、船で大西洋を渡って7月16日にロンドンに到着し、エディンバラ、グラスゴーを経てハーグに行き、ブリュッセルを経てパリに行き、イタリア、オーストリア、ハンガリー、ドイツを経てロシアに入り、その後シベリア鉄道を経て約半年ぶりに日本に帰ってきた。ヨーロッパを駆け足で回ったようであるが、「重点的に滞在した場所」は「ニューヨーク・ワシントンなどアメリカ東海岸の中枢都市に約２週間、はっきりとしないがイギリス、オランダに約１ヶ月、ドイツにおそらく３週間ほど、滞在した[44]」。アメリカ、ヨーロッパ各地の高層建築、議事堂、図書館を見学し、パリではエッフェル塔も見ている。朝鮮総督府庁舎の設計に関係しそうな大きな建物を見たといえる。

国枝の書いた報告書「欧米各国に於ける庁舎建築状況」は、10ページほどである。短い文章ではあるが、必要事項をしっかりと書いた報告書である。その内容は、「概要」、「位置」、「平面」、「構造」、「装飾」、「昇降器」、「防火設備」、「通風装置」、「暖房装置」、「電気設備」、「備品」、「雑設備」、「建設材料」に分けて記述している。以下にその内容を紹介しよう。

「概要」には、全般的な評価が書かれ、「目下最も盛に建築しつつあるは米国」であり、「建築材料構造及設備最も発達せり」と言い、建築の構造や設備が発達したのは「最近数十年の事」で、「建築構造上一大革命」が起こっていると言う。この結果、「建築期間を早め」、「数百万円の工事を半箇年間に完成」できるようになっているとアメリカの状況を評価している。

次の「位置」では、庁舎の位置は「執務上交通機関の最も便利なる場所」を選ぶのはもちろんであるが、「此等建築は他の建築と異り実用以外に都市の装飾と考へ以て都人の誇となすを以て多くは都市の中央を選み何れの地点より行くも便にして且望見することを得へし」と述べ、どの都市も「中央部分に配置」しているという。この点は、国枝が視察に出かける1912年4月以前に朝鮮総督府庁舎の位置が景福宮に決まっていたとすれば、これらの点は景福宮に庁舎を建設することに大きな確信になった可能性もある。「都人の誇」となり、「何れの地点」からも「望見」できることの重要性を主張している。

次の「平面」では、冒頭で「総督府庁舎の参考となるへきものに付て記さむとす」とした上で「各国に於ける各省庁舎市役所は其の適例」であるという。そして国枝が注目したのは「昇降器[45]」である。従来の建物は「上層程不便」であったが、昇降機があれば「上層下層の区別を生せさるに至れり」という。従って「其の構造の完全なる殆と無欠と云ふも過言に非さるへし」とエレベーターに注目した。国枝の報告書で唯一図が載っているのが昇降機の位置である。昇降機は大階段の間にあり、その位置は朝鮮総督府庁舎でのエレベーターの位置と同じである。エレベーターがあれば高層建築でも良く、「高層建築は地積に制限」される所で発達するが、地積に制限されない土地でも「或程度迄階数」があった方が良く、その理由は「外部の美観を保つ上で」必要だという。エレベーターの設置によって高層建築が可能となり、高層の理由は「外部の美観」である。

その上で国枝は各階の配置を説明している。特に地下室に注目し、ここでは英国陸軍省を参考にしている。地階層は見えないが重要な汽罐室や石炭庫、倉庫などが設置されるとしている。第1階は正面玄関のあるところで、玄関を入れば次は「ホール」である。各廊下と大階段に通じる所で、「昇降器を有するものは階段に近く設」けているという。すると「大階段は建築の装飾の一」となり、装飾なので「一般に重きを置」き「大理石、アラバスチン等を用」い、「英国グラスゴー市役所の大階段は十五万円を費」したものであるという。「建物中央に大広間」があって「一般公衆の出入を許」していると説明している。「昇降器」の設置によって内部では大階段も「装飾」になり、「大理石」などで仕上げるとしている。ここではグラスゴーの市役所に注目している。第2階以上には「長官室」や「大小会議室」などを設け、「大会議室は通常二層を通し天井を高くせるもの多し」と述べ、長官室や大会議室を特別視している。

次の「構造」では、「基礎工事」、「壁工事」、「床構造」、「防火構造」に区分して説明している。「基礎工事」は建物の「重量及地質」によって各種の方法を紹介している。景福宮の地質調査ができておらず、各種の場合を検討したのであろう。「壁工事」では「近時最も発達したる構造」として「レーンフォースドコンクリート構造」(Reinforced Concrete・鉄筋コンクリート構造)を高く評価し、これによって「米国桑港」では「最も高きものは十六階迄建築され」ていると興味を示している。「床構造」では「レーンフォースドコンクリート構造」の中で「カーンシステム最も理想に近く経済的」であるとしている。「カーンシステム」は、鉄筋コンクリートの床での「つなぎ」の構造で19世紀後半からアメリカで研究され採用されたいくつかの方法の中の一つである[46]。「防火構造」には高い関心を示し、「防火構造」と「防火設備」に分けて説明している。「防火構造」は「近時建築術の発達と共に大に防火に注意されニューヨークの如きは市の条例を以て最も綿密に規定」されていると重要性を強調している。そして「絶対防火構造」を説明している。これは「一室に於て火を失するも其の室のみ」で消火するもので、「市街建築及大建築」では「最も必要なる要件」であるという。「絶対防火構造」は「不燃材料即ち石、煉瓦、コンクリート、鉄材」で建築するものである。しかし、不燃材でも熱で破壊されるので、「之をコンクリートを以て被ひ」、燃焼しないようにする構造である。それでも家具などは燃えるので、「此の場合建築は耐火的なるを以て室を密閉すれは他に導火するの恐れなし」としている。さらに

「防火設備」では、主に「消防」設備について述べている。ここでは消火器と消火栓の設置場所やその方式、延長するホースの長さなどに言及している。ここで国枝が述べている消化器と消火栓は、朝鮮総督府庁舎でほぼそのまま実現していることに注目したい。

国枝が次に述べているのが「装飾」である。市庁舎などは「其の市を代表して一名所たらしむる観あり」、従って「外観を美にし内部に於ては玄関、広間、長官室に全力を注ぎ意匠を凝らせり」と述べ、その方法は「レネイサンス」や「ゴシツク」が採用されていると言う。これに対して事務室は「簡単衛生的にして便利なるを貴ふ」とし「堅牢」である必要もあり、「松材」が用いられているという。細かいところまで見ている。

次にふたたび「昇降器」に言及している。昇降機によって「階段の制限若は上下の区別」がなくなり「単に階段は装飾に止るに至れり」と述べている。昇降機は階数による便不便だけでなく、「床面積に対し経済的」といい、「昇降器の位置は各所に散在するを便とす」と言い、昇降機設置を強調している。

国枝は「通風装置」と「暖房装置」も調べている。普通事務室には「人工的通風装置」は必要なく、「自然通風」で良いとしている。「暖房装置」は「蒸気」と「温水」の二種があり、普通事務室には蒸気暖房が多いと述べている。そして最後に取り上げているのは「電気設備」である。昇降機や電灯、扇風器などに電気を使い、呼鈴、電話、時計は電池を使うと言う。

その他、備品の統一や非常報知器、書類を運ぶ圧搾空気輸送機や郵便物を落とす設備が設置されていることにも言及している。

最後に「建築資材」に言及し、「諸資材は重に其の国に産するもの」を使っていると言い、「装飾材料も其の国のものを使用して以て誇となす建築は其の国の美術を代表する」ものなので、どうしても他国にしかない場合を除いて「其の国の製作品を使用」していることを強調している。

以上が国枝の報告書の内容である。この内容を整理してみると、第1に、報告書で詳しいのは「内装」、内部の設備などである。昇降機への関心、大広間や長官室への関心、防火設備、さらには地下室にまで言及している点は注目に値する。

第2に、これとは反対に、建物の構造に関する言及がない。建物の階数や規模などには関心がないかのごとくである。高層建築への言及はあるが、それはアメリカのサンフランシスコに16階の建物があるという程度である。この点について谷川は、朝鮮総督府庁舎の建設で「デ・ラランデが外観を設計し、国枝はそれ以外の部分を任されていた」からであり、「外観以外のかなりの部分」で「国枝に裁量があった[47]」からであると述べている。

第3に、報告書の「概要」で述べているように、アメリカでは主に建築材料、構造、設備などに注目し、内部についてはイギリスの建物を参考にしている。固有名詞でグラスゴーの市役所や陸軍省をあげて参考にしている。

第4に市庁舎などは「都人の誇り」といえる建物であり、どこからも「望見」できる位置にあるという。朝鮮総督府庁舎を思えば、「誇り」に思うのは日本人であり、それをどこからも「望見」して「誇り」に思うのも日本人である。朝鮮人は視野にない。

第5に、位置が重要である。市庁舎は都市の中央にあり、「都市の装飾」であるという。「外観」は「美」であって、「玄関、広間、長官室に全力を注ぎ意匠を凝ら」すのは、朝鮮人への威圧感を生むものを意識しているのだろう。

第6に、材料に自国産を使うことを強調している。朝鮮総督府庁舎でも石材などは自国産を使うことに努めている。ここからのヒントであろうか。

国枝のヨーロッパ視察は、朝鮮総督府庁舎の建築を考慮し、特に内装全般を中心に調査した目的意識的な旅行であった。

次に、暖房設備に関して満洲・ハルピン方面を視察した岩岡保作について見てみよう。岩岡は、1893年に東京帝国大学工科大学を卒業し、仙台高等工業学校の教授を経て九州帝国大学工学部の教授となった機械工学の権威である。発明協会の会長を務め、岩岡式研磨機、穿孔機、学童使用机などを発明した。第1高等中学校時代は野球の選手で、俳人の正岡子規と「交互にピッチャとキャッチャ」であったと大学予備門の寄宿舎報（1886年）に書かれている。しかし、第1高等中学校のピッチャーは岩岡保作で、正岡子規は健康上の問題もあり、試合には出られなかったようである[48]。

岩岡が満洲・ハルピンを視察した報告書は未見であるが、朝鮮総督府庁舎の落成式の名簿には暖房設備顧問として記名されている[49]ので、暖房設備を設計・設備する際に助言などを行ったのであろう。先に見た国枝の報告書では暖房設備には関しては比較的簡単であった。

次に、ドイツ人建築家は「デ・ラランデ」（George de LALANDE）である。デ・ラランデは、1901年上海に渡り、天津を経て1903年5月30日に来日、横浜の居留地で活躍していたリヒャルト・ゼールの事務所に入り、その後独立して建築事務所を営み、1908年に事務所を東京に移した。事務所には14人の職員がおり、名古屋、京都、大阪に出張所を設けた。そして、「寺内正毅の知遇を得て総督府庁舎の新築計画に当た[50]」った。さらに、1911年には朝鮮総督官邸の室内意匠、1914年には朝鮮ホテルの設計を担った[51]。寺内正毅とデ・ラランデの関係を詳しく見ると、1908年4月19日に寺内とデ・ラランデは初めて面会し、「家屋建築ノ事ヲ依頼[52]」し、6月13日には再び「麻布ノ家屋建築ノ事ヲ相談[53]」している。さらに6月28日にはデ・ラランデ、杉梅三郎などが立ち会って「地形ヲ見分[54]」している。この時、デ・ラランデを寺内に紹介したのが、後藤新平と後に青木周蔵の養子になる杉梅三郎、高田商会の高田釜吉の3人で、彼等は皆ドイツ留学の経験を持ち、杉梅三郎と寺内は長州出身という関係である。彼等がデ・ラランデを寺内に紹介し、寺内の家を建築することになった[55]。このような関係で、寺内朝鮮総督の「知遇を得て」朝鮮総督府庁舎の設計に関与することになったと思われる。従って、デ・ラランデは1912年3月、またはそれ以前から朝鮮総督府庁舎の建設に関わり、彼の死の直前まで継続した[56]。

国枝博、岩岡保作、デ・ラランデの3人は、それぞれの役割を持って総督府庁舎建設に関わったことになる。

4　朝鮮総督府庁舎の設計者と時期

誰が、何時、総督府庁舎を設計したのか。すでに見たように、寺内朝鮮総督の要請によってデ・ラランデが設計に関わっていたことは明確である。しかし、彼は設計が完成する前の1914年8月に死亡してしまう。それではデ・ラランデはどこまで関わっていたのか。この点について、参考になるのは、「景福宮のマスタープラン[57]」とも言うべき韓国の国家記録院に所蔵されている「景福宮敷地平面図」〈計画案1〉と「景福宮内敷地及官邸配置図」〈計画案2[58]〉である。これらは、朝鮮総督府新庁舎の設計図ではなく、庁舎を中心に景福宮をどのように作り変えるかという計画案である。

これらの計画案について、신혜원は「景福宮敷地平面図」〈計画案1〉は、総督府庁舎と景福宮勤政殿との軸線が一致しており、さらに禁川橋などを保存する計画であるなど、後日変更される所が残っていることをあげて、〈計画案1〉は「ラランデの生前に計画された可能性が大きい」と推測し、〈計画案2〉は「総督府庁舎の位置選定が確定した後の配置計画」で1916年に作成されたと推測している[59]。

徐東帝・西垣安比古は、デ・ラランデは、「景福宮敷地平面図」〈計画案1〉の作成までは関わっており[60]、その作成時期は「国枝が出張から朝鮮に戻る1912年11月以前」であると解釈している[61]。帰国が11月なので、帰国直後に〈計画案１〉を作ることは考えにくいので、それ以前であるとしている。この推測によれば、国枝はヨーロッパ視察に行く前に総督府庁舎の〈計画案〉などの設計案[62]を持っていた可能性がある。これらを踏まえて、総督府庁舎の設計者は「朝鮮総督府嘱託の野村一郎と朝鮮総督府技師の国枝博」とデ・ラランデの３人である[63]としている。

ここに名前の出てくる野村一郎について、岩井は、デ・ラランデが1914年「八月突然横浜の旅館で死去しましたので、元台湾総督府勅任技師であつた野村一郎氏を、……嘱託することになりました[64]」と記している。野村は1895年に帝国大学造家学科を卒業し、1899年に台湾総督府の技師になり、営繕課長として1914年まで勤務し、合計15年間も台湾に滞在した。台湾総督府では台湾総督府新庁舎の「実施設計においてその責任者[65]」であった。この野村が台湾総督府退職直後に朝鮮総督府に嘱託となって庁舎の設計に携わり「1914年度末には基本設計が完成し、1916年度から1923年度までの継続予算として庁舎新築の予算が認められた[66]」のである。この時、欧米視察から帰った国枝や営繕課長の岩井がいるのに、なぜ野村一郎が嘱託になったかについて、土木局長の持地六三郎が台湾総督府に勤務していたこともその理由になるだろうが、岩井も国枝も、当時は30歳そこそこの若さであり「若い国枝一人ではこころもとない」ために、1868年生まれで40歳代後半で台湾総督府庁舎を設計した経験をもつ野村が合流したのであろうと谷川は推測している[67]。岩井は1914年には「基礎設計は出来上りました[68]」と記している。

以上見たように、総督府庁舎の設計を最後まで担当したのは野村一郎と国枝博、そして営繕課長の岩井長三郎などであろう。そして、基本設計は1914年にはできていたということになる。『매일신보』の1916年６月27日には「透視図」が掲載されている[69]。同じ図は『建築雑誌』（第381号、1918年９月）の巻末資料「朝鮮総督府新築設計概要」にも掲載されている[70]。ドームの尖塔の形が完成した庁舎のように円形ではなく、四角形であるなど若干の差異があるが、完成形に近い透視図である。『매일신보』は「透視図」を『建築雑誌』より２年ほど早く報道している。西澤泰彦によれば、『建築雑誌』に掲載された1918年９月は「本体工事に取り掛かる前[71]」である。総督府庁舎の設計には紆余曲折があったようである。

5　朝鮮総督府庁舎の建設場所

総督府庁舎を建設する場所については、「市街枢要ノ位置ヲ占メ而シテ宏大ナル面積ヲ要スルモノナルガ故景福宮内勤政門前ト決定[72]」した。要因は2つである。1は「市街枢要ノ位置」であり、2は「宏大ナル面積」である。この二つを兼ね備えた土地は景福宮の勤政門前である。庁舎の敷地面積は「東西約二百四十二間南北約百二十四間面積二万九千四百八十一坪[73]」（東西約440m、南北約245m、面積約9万7458㎡）である。

しかし、実は、庁舎を景福宮に建設することが決まっても、「配置を如何にしようかと云ふことは迷はせられた」のである。その理由は「景福宮と其前面の光化門前大通との関係を正確な実測図」を作って見ると「光化門と勤政殿との中央を結んだ中心線が光化門通の中心線と一致して居らない、実際は少し西方にふれて居[74]」たからである。ここで言う「光化門と勤政殿との中央を結んだ中心線」が景福宮の軸である。中国の紫禁城や景福宮という正宮では中心軸がある。景福宮でいえば、正殿である勤政殿の中心を通る線は、北側の思政殿、康寧殿、交泰殿の中心線と一致し、勤政殿の南側は勤政門、興禮門を貫いて光化門に達する。これを景福宮の軸と言っている。この軸は正宮では重要である。朝鮮時代の離宮であった昌徳宮や昌慶宮、さらに慶熙宮ではこのような中心線、軸はない。景福宮では太祖の創建時から軸が重視され、高宗時の重建でもこの軸に変更はない。

このような景福宮に総督府庁舎を建てるのに、「中心線が光化門通の中心線と一致して居らない」となぜ迷うのか。「庁舎新築位置ヲ之等在来建築物中心ト合致」させると「正面道路ノ中心線ヨリ離」れてしまい「其ノ威容ヲ正視スルヲ得ザル[75]」からである。新庁舎の「威容」は、国枝の報告書でも重視していた。

なぜこのようなことが起こったのか。岩井は「多分ある迷信からでありましよう[76]」と記している。この「迷信」とは何か。それは風水思想、王都風水ではないだろうか。漢陽は風水の都であるといわれる。第1章で見たように、朝鮮の王都をどこにするかでは大論争があった。その論争は風水思想の理解に原因があった。王都を漢陽にすることが決まった後でも王宮をどこにするかで鄭道伝と無学大師の位置論争があった。鄭道伝は北岳を主山とする位置で王宮を南面させる「壬坐丙向」を主張し、無学大師は仁旺山を主山とする位置に王宮を東面させる「酉坐卯向」を主張した[77]。これを「坐向論」というが、王宮を背にした方位を坐といい、正面を向という。この時の論争では鄭道伝の主張が採用され、景福宮は「壬坐丙向」が採用された。しかし、7-6図「24方位表」に見るように「壬坐丙向」は南南東の方向であり、子午線・「子坐午向」からみれば15度西にずれている。つまり、これによれば景福宮は南面していなかったのである。

これに関して、李康根は、景福宮の方位は「子坐午向」ではなく「壬坐丙向」

であるから景福宮の正門（光化門）は「午門」といわれているが、方位上は「丙門」であると記している[78]。五島寧も村山智順[79]や崔昌祚[80]の研究に依拠しながら景福宮の位置は壬坐丙向である[81]と言っている。これらの主張に対して이경미は「発掘調査の結果、景福宮の坐向は壬坐丙向ではなく癸坐丁向であったことが確認された[82]」と記している。この根拠は『景福宮　寝殿地域発掘調査報告書』[83]での趙由典の考察である。この報告書では「景福宮の中心軸は北坐南向であって癸坐丁向であると実録太祖朝に記録されている。発掘調査をする前はそのように設定して、高宗重建時に建立して現存している康寧殿の前面行閣の通路を東西軸にして直角に曲げて南北軸にした。この軸は高宗重建当時の建物遺構の軸と同じであるだけでなく先代遺構の軸とも同じであった。また、この南北軸と羅針盤による差異は東に10度傾いていた」と記している。

報告書に言う「先代遺構」とは太祖朝の景福宮である。さらに景福宮の軸が「癸坐丁向」であるという「実録太祖朝」の記録は「太祖実録」には見つけられなかった。しかし、それよりも近年の発掘調査の結果を重視すれば、「癸坐丁向」となるが、注目すべきは南北軸・「子坐午向」との差異が「10度」と言う点である。7-6図「24方位表」を見れば明らかな通り、南北軸の関係では、「壬坐丙向」の場合は西に15度、「癸坐丁向」の場合は東に15度ずれる。発掘の結果は高宗重建時と先代遺構の軸は同じであった。高宗期の重建時の記録『景福宮営建日記』などによれば、勤政殿の月台などは軸線を変えずにそのまま使用しているので、先代遺構の軸と同じという結果には納得できる。つまり、太祖創建時と高宗重建時には軸線は変更されていないと見ることができる。

7-6図「24方位表」

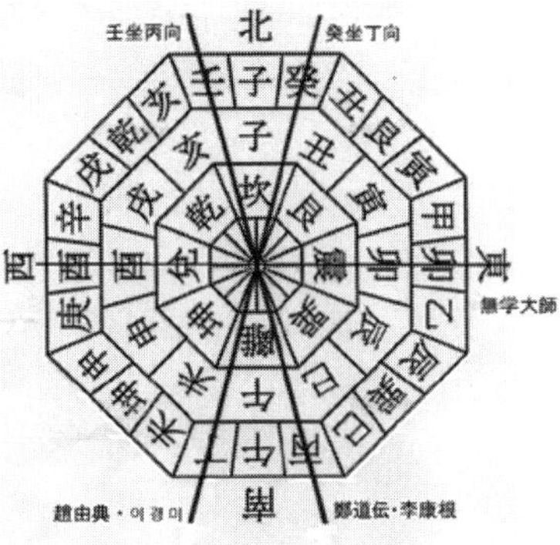

ここで岩井が「多分ある迷信からでありましよう」と言ったことに戻ってみよう。景福宮創建時の鄭道伝と無学大師の論争も、風水思想の理解をめぐっての論争であって、実際の景福宮の建立にどれだけ実現させていたかは分からない。概念上の適用であったといえよう。景福宮の方向が「壬坐丙向」か「癸坐丁向」については、発掘調査報告書などで景福宮の位置を見れば、「癸坐丁向」の方が方角は合っている。残った問題は実際の角度である。24方位であれば、これらの坐向は南北軸（子坐午向）とは各々15度の差異が出る。しかし、発掘調査の結果は

「10度」であった。これは景福宮の軸が坐向論で言えば15度であるはずであるが実際は「10度」であったということである。つまり、正確な「癸坐丁向」ではなかったということになる。これらの坐向論は風水思想によっている。岩井がどこまで風水思想を理解していたかは分からないが、「迷信」と言った意味は重要である。

6　朝鮮総督府庁舎と景福宮の軸線

景福宮の軸線が、光化門の前の光化門通・太平通の軸線と合っていないことは、岩井や国枝などの技師は理解していた。「宮殿配置の中心線即ち光化門勤政殿の真つ心に置けば、門内の配置は申分はない」が、「太平通の中心から光化門前の中心を見通して」みると「稍々横を向くことになつて、誠に不行儀」になる。しかし、「此の道路を本位」とすれば「光化門と勤政殿とは没交渉にな」り、光化門がそのままでは「調和が悪い」ので「少なからぬ迷を起した」のであるが、寺内総督からは「光化門及門脇石塀の将来の処置」については「明確な御指示を受けられなかつた」ので、「関係者熟議の結果道路の中心を本位とする[84]」ことに決定した。

岩井などの技師は、総督府庁舎と景福宮の調和をどうするかを大いに迷ったのである。そして熟議の結果、「道路の中心を本位」とすることに決定したのである。谷川は「建築技師たちが、庁舎の背後にある景福宮を完全に無視したわけではなく、……注意を払っていたことは見逃すべきではない[85]」と強調している。

実際に朝鮮総督府の技師はどのように対応したか。景福宮との調和をどのように考えたか。景福宮と総督府庁舎との関係を詳しく説明しているのは富士岡重一である。富士岡は1911年に東京帝大建築学科を卒業後、建築事務所に勤務した後、1916年に朝鮮総督府営繕課技師になり、1920年には国枝の後任として土木部景福宮出張所所長になった。そして1927年に退職した人物である[86]。

富士岡によれば、「熟慮して」、総督府庁舎は「勤政殿と光化門とをつなぐ線即景福宮建物の中心線の上に其建物の中心を置き、（即大広間の中心を）そして太平通の中心線と合はした[87]」のである。つまり、景福宮の中心軸と総督府庁舎と太平通の中心軸を、庁舎の大広間の中心で合わせたのである。2本の中心軸は総督府庁舎の大広間でクロスしていることになる。

これが富士岡の説明であるが、具体的な「図」はない。大広間で合わさる中心軸はどのようになるのか。勤政殿の軸線と街路の軸線が合わないことは、すでに五島寧が指摘している[88]。五島は 1915 年の測図を使って作図した「軸線の合わない大街路と正殿」の図[89]と『朝鮮総督府庁舎新営誌』の付図を使って作図した 7-7 図「総督府庁舎完成時の状況図[90]」の２つを提示している。前者は景福宮を中心にした大きな地図で軸線が合わないことを示している。後者、7-7 図「総督府庁舎完成時の状況図」は景福宮の勤政殿と総督府庁舎、光化門通、太平通を示した図で、ここでも勤政殿の軸線と総督府の軸線のズレを提示している。特に 7-7 図は勤政殿と総督府庁舎との関係を示しており、軸線のズレは計測してみると５度である。図では光化門はなく、光化門通と太平通が示されているが、太平通が整備されるのが 1912 年で光化門通は 1935 年である[91]。従って、光化門通は歪んだままである。

7-7 図「総督府庁舎完成時の状況図」

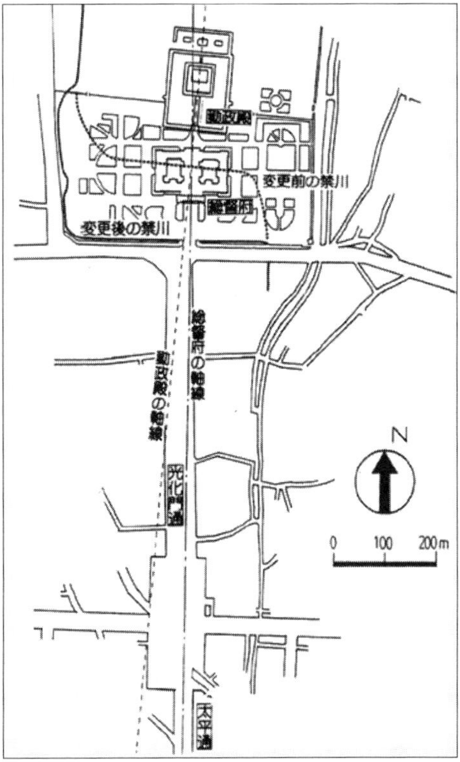

この五島の作図を裏付ける資料がある。それは総督府庁舎を解体する時に作成された実測調査の報告書である。そこには「大体南向きである景福宮内の主要殿閣だけでなく、特に勤政殿の中央軸が光化門路（世宗路）の中心線と一致しておらず僅かに西側に傾いており、また光化門路も「くの字」形に若干曲がっていた。そのために朝鮮総督府の配置計画は景福宮（勤政殿）—光化門—光化門路—太平路の中心線上に建物の中心軸が一致するようにしたので、実際的に勤政殿の既存軸の中心よりも約５度（図面上の検討）程度やや傾けて配置して建物中央の中心軸と道路の中心線が正確に一致する計画になった[92]。」と記されている。この報告書では「約５度」のズレを指摘している。

一方、谷川[93]は、五島と同じく『朝鮮総督府庁舎新営誌』から作成した「景福宮内の朝鮮総督府庁舎配置」図と 7-8 図「復元された光化門と二本の空間軸[94]」を提示し、前者で図中に「庁舎中心部分で交差、交差角度は 3.75 度」と記入している。五島の図では「５度」のズレで、谷川の図では「3.75 度」である。谷川は論文の本文でも当時の「技師たちが作成した配置図[95]」に、景福宮の中心軸と「光化門通り・太平通り」の空間軸を「書き込んでみる」と、総督府庁舎の「中心部分で交差」しており、この「二本の空間軸線は角度の差にして約 3.75 度ずれている」と記している。この角度は谷川が「景福宮内の朝鮮総督府庁舎配置」図か 7-8 図「復元された光化門と二本の空間軸」で実測した数字であると思われる。谷川の使用している 7-8 図は前掲『旧朝鮮総督府建物実測及び撤去報告書（下)』に掲載されている「現況配置図[96]」である。

谷川は「約 3.75 度」の根拠を示していない。「書き込んでみる」と「約 3.75 度ずれてい」たと言うのみである。しかし、この「3.75 度」は 2011 年に報告された韓国の国立文化財研究所の発掘報告書[97]に示されている。報告書では、1968 年に朴正熙大統領によって復元された総督府庁舎に中心軸を合わせた光化門を「旧光化門」と呼び、その位置と 1926 年に移転される前の光化門、さらに太祖代の光化門の位置を調査し、その位置関係を明示している。そして「高宗年間の景福宮重建当時の光化門は現在残っている太祖年間の光化門址の丁度上に建てられた」と報告している。その上で 1968 年に復元された「旧光化門の軸は景福宮の軸から東南方に 3.75 度[98]曲がっていたが、発掘調査の結果、光化門から『興禮門—勤政殿—康寧殿—交泰殿』に到る景福宮の軸は一致することが確認された」としている。

7-8 図「復元された光化門と二本の空間軸」

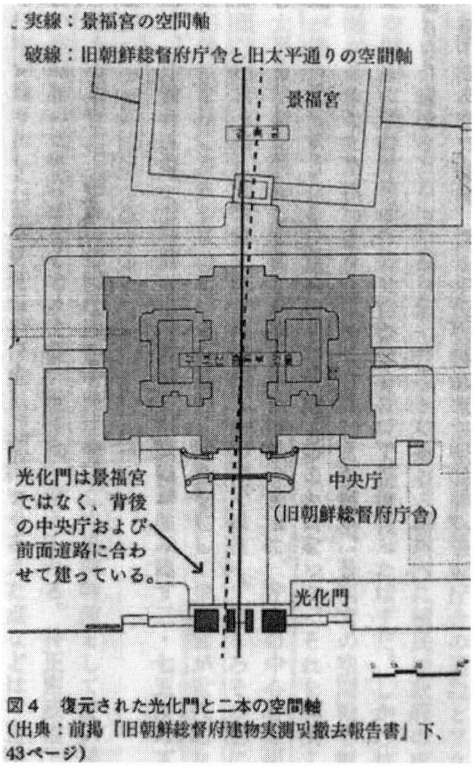

また、신혜원は、前掲国立文化財研究所の報告書が出る前に、2007 年７月から始まった「景福宮光化門址及び月台地域」発掘調査を受けて、「旧光化門の軸が景福宮

の中心軸から東南方向に5.6度ずれていると知られていたが、発掘調査の結果、3.75度曲がっていることが明らかになり、本来の光化門は興禮門—勤政門—勤政殿—康寧殿—交泰殿に至る景福宮の軸と一致することが確認された[99]」と記している。

このように、谷川が2016年に前掲論文で「3.75度」を発表する前に、2007年の発掘調査や2011年の報告書の公開によって、韓国では「3.75度」はよく知られていた事実であった。

景福宮の軸線と総督府庁舎の軸線のズレについては、五島の図で読み取れる「５度」、さらに金錫満の「約５度」、谷川や韓国での発掘調査結果の提示する「約3.75度」があった。これらを見て、角度の差異は、１つには使用している図面が異なっていること、２つには全てがそれぞれの筆者による測定値であることである。ここで重要なことは谷川や五島は、富士岡が「大広間の中心」と言っているにもかかわらず、「大広間の中心」を重視していないことである。「大広間」は庁舎の１階にあった。『旧朝鮮総督府建物実測及び撤去報告書（下）』には7-9図「建立当時の大広間」と「現況」の２図[100]を掲載している。名称も「大広間」と「中央大ホール」である。この「大広間の中心」を「大広間」が明示されない図面を使って「中心」を確定することは困難である。大広間は正確な長方形ではなく、大階段や通路があるので、「中心」をどこに取るかは難しい。試みに作図をして見て「中心」が少々ずれると１度、２度の差が出るように思う。その点で谷川は「約3.75度」といい、金錫満の「約５度」と言ったのは重要である。総督府庁舎を設計した岩井長三郎や国枝博、富士岡重一などは、景福宮にも思いをはせ、軸線をどう調和させるかで苦労したのあるが、この角度の差異が総督府庁舎を建てた日本人にとっては「威容」を示すためには重要であり、景福宮の中心軸が採用されなかったという点で韓国人には自尊心を傷つけられる事実なのである。

7-9図「建立当時の大広間」

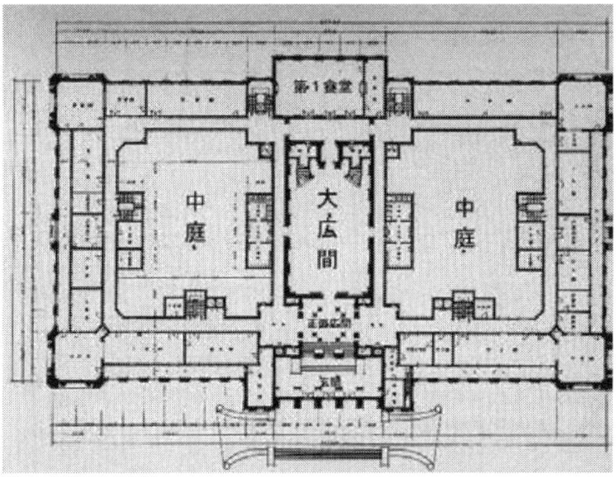

7　朝鮮総督府庁舎と景福宮・勤政殿の関係

総督府庁舎の規模は５階建て、間口71間８分、奥行39間、軒高75尺で、前面中央の円塔は高さ180尺、内部の左右に各380坪５合の中庭があり、建坪2115坪、各階総建坪9604坪である[101]。つまり、7–10図「朝鮮総督府庁舎の正面図」に見るように、間口129.1 m、奥行71m、軒高23.7mで、前面中央の円塔は高さ54.5m、内部の左右に各10.3㎡の中庭があり、建坪6991.7㎡、各階総建坪３万1748.7㎡である。

他方、景福宮の正殿である勤政殿の規模はどれほどであろうか。勤政殿は行閣で囲まれている。7–11図「勤政殿平面図」に見るように、行閣の内部、殿庭の広さは東西99.8m、南北122.5mという規模である[102]。この行閣の南側中央に勤政門がある。勤政門は勤政殿の正門で、高宗代に重建（1867）された。『宮闕誌』によれば、正面３間、側面２間の重層門楼である。これに連結して左右に月廊（行閣）がある。その大きさを「２間通15間」と記している。つまり、２間の広さで15間の長さである。さらに東行閣と西行閣は対称で「２間通42間」である。つまり、２間の広さで42間の長さである。「間（칸）」は柱と柱の間の幅で、必ずしも同じ幅ではない。たとえば勤政門は正面３間でも王の通る中央の門「御間」は５m21cm ２mm、その左右の門の「挟間」は４m75cm ２mm[103]で、46mmの差がある。『宮闕誌』には月廊（行閣）の１間が何尺かは記されていない。7–11図「勤政殿平面図」を見ると左右門の幅（挟間）と月廊（行閣）の幅は同じように見える。東西月廊は「２間」の広さ（幅）であるから、東西４間を「挟間」と同じ幅として計算すると19m ８mmである。この数字に殿庭の99.8mを加えると118m80cm ８mmになる。約119mとなる。

また、勤政殿の建物は、高さが23m98cm、すぐ下の基壇が48cm ９mm、上越台が79cm6mm、下越台が1m54cmなので、全体の高さは26m80cm5mm[104]である。

7–10図「朝鮮総督府庁舎の正面図」

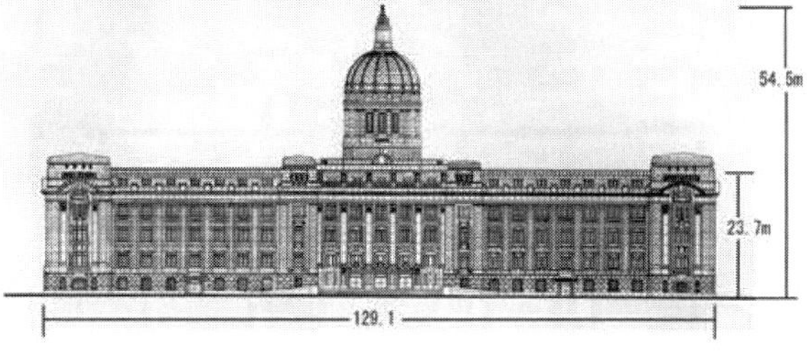

次に景福宮勤政殿と総督府庁舎との位置関係を見ると、「新庁舎は景福宮内の光化門よりの隔り46間、勤政門の前面に於て、同門

7-11 図「勤政殿平面図」

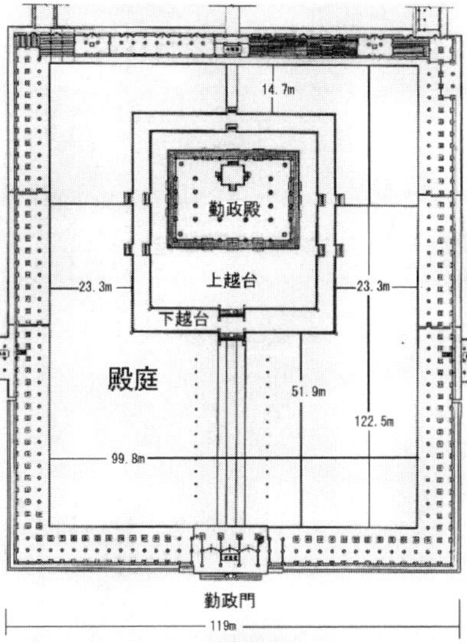

より 17 間の間隔」[105]の場所に建てられた。勤政門と総督府庁舎は角度のズレがあるので、この間隔は中心軸に近い所の距離であろうか。総督府庁舎は光化門から 46 間、即ち 83.6m 北側、勤政門から 17 間、即ち 30.1m 南側に立てられたのである。勤政門から非常に近い所に建てられた。

しかも総督府庁舎の間口は 129.1m で勤政殿の行閣の幅は約 119m である。約 10m 総督府庁舎の方が幅が広い。その上、総督府庁舎の高さは 23.7m、尖塔の高さは 54.5m であり、勤政殿の高さは 26.8m である。総督府庁舎の方が僅かに低いが勤政殿の前面にあるので、総督府庁舎の前からは見えなくなってしまう。勤政殿が隠れるように作られている。総督府庁舎を光化門通、太平路から「望見」すると、庁舎だけが見えて、景福宮、勤政殿は失われたことになる。朝鮮総督府の技師は、中心線をどう取るかでは景福宮の中心線を重視し、景福宮への配慮を見せたともいえるが、総督府庁舎の大きさや勤政殿からの距離などを見ると、景福宮の存在に配慮したとはいえない。

8　朝鮮総督府庁舎の外観

総督府庁舎の様式は「近世復興式」[106]である。「近世復興式」とは西洋建築における「ネオ・バロック様式」[107]に相当するものである。近世復興式は、19 世紀にヨーロッパで流行したネオ・バロック様式より形態や装飾を簡素化したもので、正面は左右対称で、中央部分と両端部分を手前に張り出して強調し、さらに中央にはドーム（塔）を建てる様式である。7-12 図「朝鮮総督府庁舎の概観」に見るように、総督府庁舎の場合は両端を比較的小さくしているところが、本来のネオ・バロック様式とは異なっている。４本の柱と梁が見えるのも特徴である。

この外観について、岩井は「官庁は何処迄も官庁らしき真面目な容姿を見せるべき」で、「基礎をクラシツクに置いた」と言い、それによって「永久に威容の

7-12 図「朝鮮総督府庁舎の概観」

ある建物」となり、「年代と共に益々雅致を加へ荘重なもの[108]」となると記している。

ここでは総督府庁舎は国枝の報告書にある「都市の装飾」となり「都人の誇[109]」となるという発想を見て取れる。

このために、総督府庁舎の「外側廻及塔屋総テ花崗石積又ハ同石貼付[110]」にした。これは「内地最近の建築から見れば贅沢なものに見え」るかもしれないが、朝鮮での諸事情を考慮すれば「石材仕上げは内地で考ふる様な高価なもの[111]」ではないと岩井は主張している。この外観によって、総督府庁舎は植民地朝鮮で威容があり年を経ると共に雅致を加える建物になっていくと自信をのぞかせている。

外観で注目すべきは、２偕から４階まで、南側、東側と西側に幅９尺（約2.7m）のベランダを付けたことである。このベランダは平面図を見ると、各部屋からは出入りはできず、４隅の各部事務室から出入りするものであった。この用途は「夏期日光の室内へ射入を避くる[112]」という防暑対策であった。

総督府庁舎の威容を象徴するものが中央に聳えるドーム（塔）である。尖端までの高さは 180 尺（54.5m）もあった。正面中央の高さが 76 尺７寸（約 23m）であるから、際だった高さである。『旧朝鮮総督府建物実測及び撤去報告書（上）』

7-13 図「朝鮮総督府庁舎の正面図と側面図」

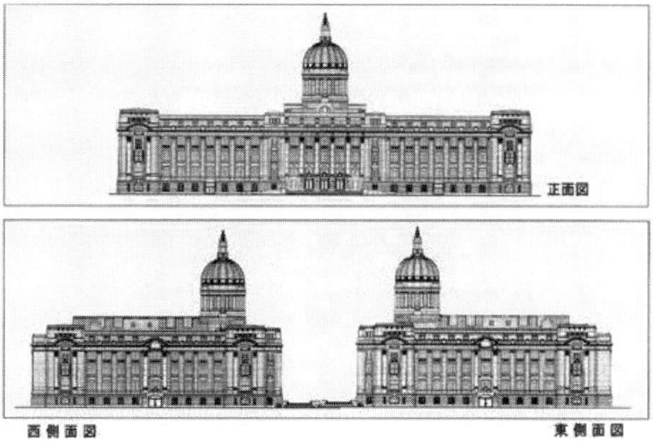

に掲載されている総督府庁舎の正面図と東西の側面図（7-13 図「朝鮮総督府庁舎の正面図と側面図」）をあげておく。

このように総督府庁舎の外壁は「花崗石積又ハ同石貼付」であるが、建築構造や材料を見ると、「煉瓦か石造か又は鉄骨か鉄筋コンクリートか」

を比較検討した結果、「出来る丈壁体を軽く而も堅固に且つ構造の自由なものとしては鉄筋コンクリートに優るものはない」ということで技師たちの「意見の一致」を見た。しかし、「地耐力は壁体の量を安全には支持し得ない」ので、「全部杭打の基礎地形」[113]にした。用いられた杭材は、落葉松末口８寸（約24cm）長さ15尺（約4.5m）乃至26尺（約7.9m）のもので、総数9388本を打ち込んで鉄筋コンクリートの基礎にした[114]。この基礎の上の建物は「柱、桁、梁、床、小屋組等総テ鉄筋コンクリート構造」で、「鉄筋ハカーンシステムヲ使用」した。この方式は「1910年代から関東大震災まで日本国内で流行した」もので、総督府庁舎を建設するころは「流行の真っ只中」[115]であった。そして「周囲壁及間仕切壁ハカーテンウォール式煉瓦中空積」で、その他「間仕切ノ一部ニ木骨ハイリツブ張モルタル塗」[116]を使用した。カーテンウォール式とは、非耐力壁の総称で、建築物へ重さをかけないように作られたもので、高層建築物に使われるという。

当時としては高層で大きな建物である総督府庁舎は、当時の流行の工法を採用していた。そして、外部仕上げは、「外側廻」や「塔屋根」は「総テ花崗石積」または「同石貼付」で、「仕上ハ腰廻リヲ江戸切、其ヨリ上部ヲビシヤン叩キ」にし、「玄関廻リ」およびその他の「彫刻部ヲ小叩キ仕上」[117]にした。小叩きのような古くからある石の仕上げ方を用いた丁寧な工法を採用していた。これらによって、総督府庁舎は、外部は全て花崗岩仕上げのように見えることになった。

9　総督府庁舎の内部構造

総督府庁舎は５層で、地層階１階、地上４階である。建坪2219坪２合１勺９才（約7336㎡）で、総坪数は9471坪５合９勺５才（約３万1311㎡）であった。室数は各階で異なるが、総数は257室であった[118]。「正面図」を見ると５階のように見えるが、車止めを上がって正面の玄関から入り、階段を登った階が１階である。地層階は敷地からは平面であるが、建物の天井の高さが他の階より低く[119]なっており、１階とは言われていない。

各階を見ると、地階層には会計課、土木課などの一般事務室と電話交換室、郵便局などの外、診療室、売店、第２食堂（普通食堂）、宿直室などがあった。

地階層には総督府庁舎への出入り口があった。南側に「東玄関」と「西玄関」があり、建物の東側と西側の中央に中庭に通じる通路があり、通路から庁舎内への入り口が南北に２か所ずつあり、さらに背面に２か所の出入り口があった。これら地階層の入り口以外に地上１階には正面玄関と左右の出入り口があった[120]。庁舎には11か所の出入り口があった。

また、各階の連絡には7か所の階段があり、国枝の重視した昇降機はイタリアのスチグラー社製の普通乗客用が8台、荷物用昇降機1台が設置された。これ以外に文書用小リフト1台、料理用昇降機1台が配膳室と炊事場の間にあった[121]。

10　大広間の圧倒的迫力

総督府庁舎の1階には庁舎の正面玄関がある。車止めから正面玄関を入り、階段を登れば正面広場がある。ここは総督府庁舎で最も高い塔（円形ドーム）の真下であり、見上げればステンドグラスが見える。その奥に大広間がある。大広間は「面積二百坪、天井高中央ニテ七十尺[122]」という大きさである。『朝鮮総督府庁舎新営誌』に収録されている「二階平面図[123]」で計測して見ると横幅約21m、奥行き約32mで、広さは661㎡（200坪）である。奥行きは階段下までか、大広間の一番奥までかによって差異があり正確には確定できない。加えて、天井の高さは21.2mもあって、4階まで吹き抜けである。総督府庁舎のどの階からも1階の大広間が見られるようになっていた。広さ、高さの両方で大広間に入る人を圧倒する。

7-14図「中央大広間」のように、まさに大広間は「建物の中枢」で「各廊下階段等の連絡の中心」として「重要な部分」である。国枝の報告書にある「ホール」の通りである。ここを「適当に装飾し荘重に取扱ふことは、実用とは直接交渉がない様であつても、建物の品位を高め好印象を与へ、出入する者の気分を支配して自然の中に及ぼす影響は見逭すことの出来ないもの」があるので「費用の許す限度に於て気持のよい仕上が望ましい[124]」と岩井建築課長は力説している。建物の中枢であって、建物の品位を高め、出入りする者の気分を支配する場所が大広間である。費用は

7-14図「中央大広間」

かかっても「威厳」を持ったものにする必要があった。

この結果、大広間は「床大理石敷、天井漆喰塗、天窓ステインドグラス、壁体竝柱形ハ下部花崗石磨、上部擬大理石磨」であった。そして、大広間から２階に登る階段には「大階段及周囲手摺ハ白大理石及蛇紋大理石ヲ使用[125]」した。「ホールの壮大感」に「相当考慮を払ひ、大理石や花崗石」は「真正の大理石[126]」を使った。大広間の大理石や花崗石は、入る者を圧倒し正に気分を支配した。

しかし、「大ホール」は「威厳」だけでは「親しみ」が持てない。そこで1922年９月に壁画を「大広間ノ四箇所[127]」に画くことになった。その４か所は、7–15図「大広間の壁画」のように、大広間の北側、大階段の上（7–15図・左）と大広間の入り口の上とその下（7–15図・右）である。これらの壁画は「一流の洋画家……和田三造氏に委嘱」した。この壁画は「軟かな而も深い印象を与ふるもの」を探して「日鮮類似の伝説」の「天女」を画題にした。「内地」は「富士を背景として三保の松原の羽衣」、「朝鮮の代表」には「金剛山を背景として或る木挽がノロの傷いたを助けて天女の天降りとなつた」という、２つの伝説を絵画化したもので、「日鮮風俗の交渉[128]」を表したものである。

7–15図「大広間の壁画」は、前掲『旧朝鮮総督府庁舎　建物実測及び撤去報告書（上）』（p.392）に、大きな写真が掲載されている。

7–16図は、南側壁面の壁画で日本の「羽衣」の図、7–17図は、北側壁面の壁画で朝鮮の「木こりと仙女」の図である。7–16図の「羽衣」壁画の最左の図にある書き込みは、上は「湿気のために後面が損傷した部位」で、下は「引き裂けた部位（銅釘で固定）」とある。

7–15図「大広間の壁画」右側の下の２枚の壁画は、総督府庁舎解体時には存在しなかった。その理由は「解放後、この建物は制憲国会に使用され、壁画があった所に傍聴席が作られたが、古いので傍聴客の手で荒らされて、1970年代に中央庁の建物を修理するときに取り外されて廃棄され、代わりの壁画として、韓国を象徴する陶製の無窮花（ムクゲ）模様に変更された[129]」からである。

この壁画の構想は1922年９月に製作が決まったが、「定礎式」が1920年７月で「上棟式」が1923年５月なので、「上棟式」の半年前に企画されたことになる。最初の設計にはなかったので、期間も短く、壁画は総督府庁舎の「落成式」直前の1926年９月に完成した。

この壁画について、この「羽衣」は「各々金剛山と富士山を背景にして描かれたもので、所謂『内鮮一つ』という日帝の思想を表現した絵画である。……朝鮮の統治を正当化しようという日帝の芸術的証拠として、この壁画は今日の我々に

7-15 図「大広間の壁画」

7-16 図「大広間の壁画・日本の羽衣」

7-17 図「大広間の壁画・朝鮮の木こりと仙女」

歴史的教訓を心に刻ませている。よって、日帝の象徴である総督府建物は撤去されるが、この壁画は永久保存して後世に残しておくものである[130]」といわれている。作った当時の「日鮮風俗の交渉」という評価との差異に注目すべきである。

この壁画は、解体され保存処理がなされ、国立中央博物館収蔵庫に永久保管されている。保管中の状態点検のために、保管箱に小型の湿温度計と適正量の防微剤（Tymol）が設置された[131]。

11　総督室と大会議室・玉座

総督府庁舎の２階は最も注目すべき階である。ここには日本と朝鮮総督府の中枢が集中している。

庁舎南側の真ん中に総督室がある。面積 30 坪（99.2㎡）、附属応接室の面積 13 坪（43㎡）という広さである。7-18 図「総督府庁舎２階配置図」にみるように、総督室の位置は２階の南側中央にあった。朝鮮王朝の国王や韓国皇帝と同じく「天子南面す」という如く、南側に面していた。正に庁舎の正面にあり、ドーム（塔）の下にあり、他の部屋とは違って総督室からはベランダに出ることができ、ベランダから「京城」の街々を見下ろすことができた。朝鮮総督は国王の如くであろうか。

総督室の東側には応接室があり、西側には秘書官室があった。さらに秘書官附属室があり、総督室を出た東西の広間には昇降機が１機ずつ設置されていた。総

7-18 図「総督府庁舎２階配置図」

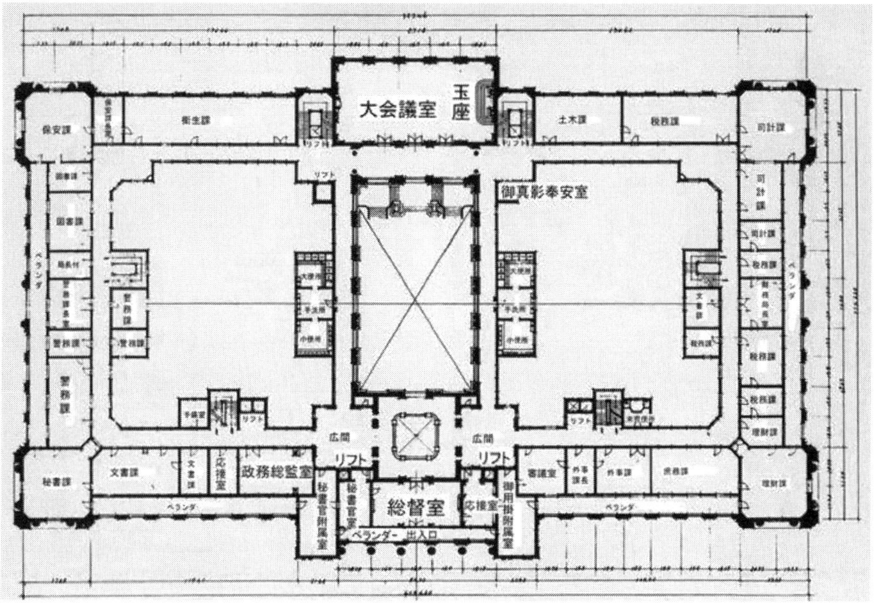

督室や政務総監室に近く、専用機のようである。これら一連の部屋が総督室である。

総督室とその応接室の内装は、壁は「胡桃羽目張」で、天井は「小壁イタリアンベルベット貼」[132]で、巾木、窓膳板、飾暖炉などは大理石、床は「寄木張」で天井は「漆喰塗」であった。総督室には「室其れ自身にも、荘重の感じ」が「必要」[133]だからである。

政務総監室と応接室は、総督室より若干小さく、面積26坪（約86㎡）と10坪（約30㎡）であった。壁は「楢材羽目張、巾木、窓膳板等」は大理石で、床は「寄木張中央一部コルク下地ニ絨緞中敷」で、天井は「漆喰塗」[134]であった。

総督室や政務総監室では、巾木や窓膳板など細かいところにまで大理石を用いるなど、贅沢で「荘重」さを重視していた。

２階で最も重要な部屋は大会議室であった。大会議室は、面積100坪（約330㎡）、天井の高さ37尺（約11ｍ）という規模である。１階の大広間（200坪）の半分の大きさである。一般の事務室の天井の高さは16尺（約4.8m、１・２・３階）であるから、大会議室が特別であることがわかる。壁や天井は「漆喰塗石膏彫刻貼付水性塗料塗」で、腰回りは桃色大理石貼、床は寄木張、注頭はメタリコン、柱座は青銅であった。

7-19図「総督府庁舎の玉座」

この大会議室が重要なのは、部屋の東側に「玉座」があったからである（7-19図「総督府庁舎の玉座」参照）。7-19図は『朝鮮総督府庁舎新営誌』に収録されている「玉座」の写真である。この写真には天蓋が写っていない。

玉座は、天皇が植民地朝鮮に来た際に使用するものである。総督府庁舎の建設に着手した当時の寺内総督は、天皇が朝鮮に来ることを期待していたといえる。天皇が来た場合、大会議室は天皇の下に開催される御前会議の会場になるので、大会議室は最も重視された。

玉座のある大会議室は「庁内で最も荘厳に装飾」してあった。36本の柱型の上部には鑞銀色や金色の柱頭を取り付け、天井と壁は水性塗料を塗り、各彫刻は金箔張りであった。

「玉座の上方に約四分の一半球型の銅板」で、「色々の精密なる彫刻を打ち出して金鍍金[135]」をした天蓋があり、大きさは高さが５尺（1.5m）、直径が７尺（約2.1m）のもの[136]であった。「天蓋の半円形の縁に高価な錦の裂地に金糸で御紋章を織り出して上飾りの前垂[137]」にした。

そして、「常には玉座全部を紺色の紋『ベルベット』の覆幕で覆ふ様になし、玉座の天井即ち天蓋の下は白地の『フレンチクレープ』を中央で絞り半円形に張つて」いた。さらに「天蓋の上の壁面には金鍍金の直径一尺八寸もある御紋章を取付け」てあった。「玉座の前面の壁には大理石の『ストーブ』飾り」もあった[138]。

また、大会議室の床と階段は白大理石、扉と飾暖炉は檜製、壁パネルは唐織物貼、入り口は「上半円形パネルグラスモザイク貼[139]」であった。飾り暖炉はドイツの暖炉で特有のものであった。大会議室は玉座があることによって特別な部屋になっていた。

２階には、玉座があるだけでなく、大会議室の前に「御真影奉安室」もあった。皇室関係の玉座と御紋章、御真影があり、さらに総督室、政務総監室まである２階は、この総督府庁舎の中心階であった。

12　総督府庁舎の設備

総督府庁舎はどのような設備であったかを見てみよう。

朝鮮の冬は寒い。防寒対策は重要な課題であり、「事務室の窓は全部二重窓[140]」にした。さらに、すでに見たように、暖房に関しては1914年に九州帝国大学教授岩岡保作（工学博士）が「専ら暖房計画の為……満洲・ハルピン方面に親しく実地に就て視察[141]」を行ったが、総督府庁舎の「暖房及給水設備は、嘱託九州帝国大学教授岩岡博士の設計」であった。岩岡の設計によって、「コンクリート柱間の壁体は煉瓦の二重」になっていて「中空」があることを利用して、暖房装置は「低圧蒸気暖房法」になった。温度は「戸外摂氏零下五度を平均寒さと見て、其時に室内は六十七八度、廊下は五十度[142]」になるようにした。温度の表示で摂氏と華氏を混用しているが、日本で一般的に使用される摂氏に合わせれば、外は零下５度を平均気温と見て、室内は19度か20度、廊下は10度である。外気と比較すれば室内は25度、廊下は15度ほど暖かいことになる。蒸気暖房法の蒸気は、庁舎の西方83間（約150m）に汽罐室を設置して賄った。汽罐室は建坪175坪（575㎡）で、４基の円筒形多管式レターンチューブボイラーを設置し、各基に自動焚火装置を備えた[143]。汽罐室からは、内径10インチ（約25cm）の鉄管が地中を83間（約150m）ほど暗渠の中を通って庁舎に来ていた。この鉄管から段々に分かれて8800本の放熱器に分かれて、各部屋を暖房した。放熱器は大きさによって５本から40本まであって、組み合わせは約600種類[144]もあった。この暖房のために汽罐室で使う石炭は、自動焚火装置を使ったので、「安価な粉炭」を燃やしたが、「冬期厳寒の折には一日石炭約十噸に、灰三、四噸、合計十三四噸[145]」を３人くらいの人が処理していた。ここでいう「灰」は石炭の燃え滓である。

後に見る様に、庁舎建設の計画の変更によって岩岡博士の暖房設計も変更したが、1921年から暖房工事が始まった。1924年に貞洞にあった事務室が火災にあい、急遽一部の事務が新庁舎に移転することになり、1924年の冬には暖房装置を使えるようにして工事は終わった[146]。

総督府庁舎の設備で重要なものが防火・消火装置である。この点は国枝の報告書でも重視されていたが、総督府庁舎では国枝の調査結果がほぼ採用された。総督府庁舎は「建物其全体が完全なる耐火構造」であって、「床、天井は鉄筋『コンクリート』であり、窓障子は鋼鉄製であり、階段は鉄鋳物で作られ、廊下は人造石であり、広間は石で張られてある、又外の扉は皆青銅製で装甲されてある」、従って「燃える様なものは机と扉位のものである」。その上、「万一に備ふる為め各廊下の要所に消火栓を壁に仕込んで」あった。この消火栓は米国「ホワード」会社製のもので全部で48か所に設置した。そして、その「ホース」の「先端が各隣接するものは交はる様に長さがとつてあ[147]」った。国枝の報告書の通りである。

これらの各設備をみると、国枝の視察報告を採用し、欧米の高層建築で採用されていた設備を十分に取り入れて建設されていたことがわかる。

13　建築工事の進行と直営工事

総督府庁舎の敷地は、勤政殿の正門である勤政門と光化門との間である。この場所は1915年９月に開催された始政五年記念朝鮮物産共進会の第１号館の跡地である。そのために「興禮門が取払はれ、禁川橋は撤去されて禁川は石塀の後に移されて庁舎の敷地は自ら出来上[148]」っていた。1916年に「総督府庁舎新営費[149]」20万円が認められ、1916年６月25日に「盛大なる地鎮祭が行はれ[150]」総督府庁舎の建設工事が着工された。

工事は「請負にすることを原則」にした。しかし、「工事実施の都合及其の順序、工費年割当の関係から適当に区分して請負はしむること」にした。全てを一括請負ではなく、工事の内容で区分して請負業者を選ぶ方式にしたのである。

まずは、「基礎の堀方と杭打工事を指名入札」した結果、「合資会社大倉組」[151]に落札した。大倉組は大倉喜八郎が1873年に創設した会社から始まり、渋沢栄一とも関係が深く、台湾、朝鮮などで土木事業を行ってきた会社である[152]。

この杭打ち工事については、すでに見たように、建坪が2000余坪（約6612㎡）もあり、杭の数も9388本という数で、杭は末口８寸（約24cm）、長さ最少15尺（約4.5m）、最長26尺（約7.9m）もあり、落葉松を使った。「重量一噸の鉄錘が枠に添ふて落下する勢は中々見物であつて、付近の居住者は共振動に不安を感じた」ほどで、「一時工事を急いで夜業をした時は深夜近所の安眠を妨げて非難をされたことも[153]」あった。基礎工事は1916年７月10に起工し1917年３月31日に竣工した。

次の工事は、「構造重要部分」の「鉄筋コンクリート工事」に着手することになり「合資会社清水組[154]」に落札した。1917年６月に起工して「順序よく工程を進めて」いた。そこで、この工事と平行して「外部石煉瓦積の工事」に着手しようとして「見積」をとったところ、「漸く欧州戦乱が財界」に大きく影響を及ぼし、「物価労賃の高騰は次第に甚だしく停止する模様も見えない」ような状態になった。請負業者はこの状態に「脅かされ不安は極度に達し、其の見積は予定価格を超過すること驚くべし三倍」にもなった。そのためにこの入札は「不調」に終わった。そこで「慎重熟議を重ね断然直営」で行うことになった。そこで清水組との契約も「解約」し、今後の工事に必要な「仮設物とか持込建築材」などは「買収」し「直営」工事が始まった[155]。

重要な直営工事は大理石の採掘であった。総督府庁舎には、多くの大理石が使われた。１階の大広間の壁、床全部、２階の広間の壁や床、大会議室内の玉座の階段、総督室と政務総監室や応接室の暖炉の飾り、大階段の手摺りなどであり、広範囲に大理石が使われた。大広間の床など、「種々の模様に図案された『モザイツク』を取合せて美観を添へ[156]」た。7–20図「大広間の床のモザイク」は１階大広間[157]のもので、北側（図の上）、階段のある方が広間の奥である。このモザイクに色違いの大理石をはめ込んでいた。使った大理石の種類は14種類で、使用面積は総計４万7000平方尺（4316㎡）で、１・２階の中央大広間の柱は高さが９尺（約2.7m）余、幅が１尺９寸（約58cm）という長尺物で、この柱が各８本ずつ「ライトウエル」（光井戸）の廻りに使われた。このように総督府庁舎での大理石は「朝鮮では未層有の数量[158]」を使用した。

この大理石の採取は直営工事で行われた。大理石は「最も多量に要する」ので、

7-20 図「大広間の床のモザイク」

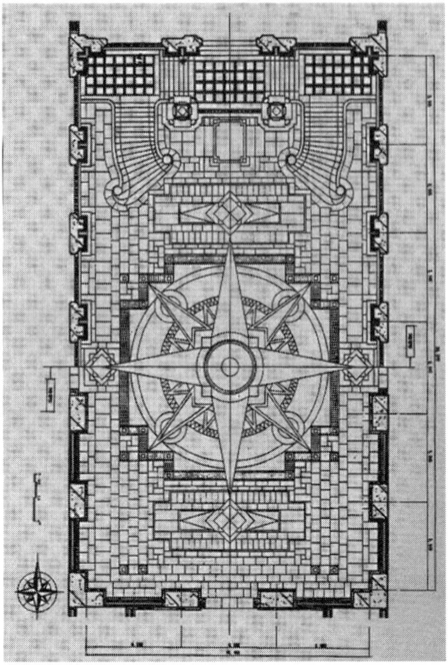

「美濃赤坂の大理石工場より経験あるものを選抜雇入れ[159]」た。黄海道金川郡古東面江辛里岐灘で採掘することになり、1919 年 8 月に採掘事務所を開設した。しかし、大理石の採掘は多くの困難があった。「人里はなれた寂しい山中」での仕事に「内地の職人は屢々帰郷を申出、其引止めに苦心し」た。またこの年の 9 月 2 日に新総督の齋藤実が着任する際に南大門の京城駅で老人同盟会会員の姜宇奎に爆弾を投下される事件[160]があって、「採掘使役鮮人の同盟罷業」が「幾度[161]」もあった。さらに「暴風雨が襲来し事務所宿舎の家屋は倒壊浸水の憂目[162]」にあったりした。

採取した大理石は、近くの禮成江を使い、海路仁川に出て漢江を上り龍山で陸揚げして景福宮に運んだ。予定量を採取し事務所を閉鎖したのは 1921 年 9 月[163]であった。2 年ほどかかったことになる。

ここで採取された大理石は「玄関広間の大部分に使用せる黒色、青色、雲紋のある薄雲と称するもの[164]」などであり、採取された大理石の工事は、「原石を官給とし、又機械の一部を貸与することにして、岐阜の矢橋大理商店が全部請負ひ」、1921 年 2 月に着手し、大部分は 1924 年に完工したが、「他工事の関係で面積二百坪余の大「ホール」床だけが施工出来ず」にいたが 1926 年 6 月に完成した。「中止期間を差引き前後三年六ヶ月[165]」の工事であった。

工事は直営で行ったが、「材料の購入より職工の使役すべてに亙りての直轄」では「工事の実績を完全に挙ぐることは容易」ではないので、「部分的には請負の形式」をとることにした。その主なものは、すでにみた大理石工事や「外部の石工事」、「壁塗工事[166]」であった。以下、主な請負工事を見てみよう。

まず、外部の石工事[167]を見てみよう。石工事は主に直営であったが、日本石材会社の請負もあった。20 万才の石が必要なので、「支那人石工」を使い、「内地人石工」が「最も重要な仕事の面倒な部分」を担当し、また「指導の位置」にもいた。工事の最盛期には 1 日 300 人が働いても手不足を感じるほどであった。石工の工事は６年もかかったが、中国人は「勤勉」で、「内地人の仕事を全部会得」した。その結果、最後の頃には「内地人石工が支那人石工の圧迫を受けて甚しく脅かされ、支那人石工排斥を叫」ぶという事件も起こった。岩井は「無理もない」と言いつつも、朝鮮人石工が育たないので「支那人石工の跋扈は将来注意すべきこと」であると述べている。

次に、壁塗りは「大阪の者」に指名入札で落札した。壁塗りは「其仕上の如何で外観は勿論、耐久に大関係」があるので、「内地大建築に確実に経験ある者」を選んだ。しかし、ここでも京城の左官が仕事を奪われるという事態に対し「京城左官組合の躍起運動」が起こった。しかし、この問題は京城の左官の技量を鍛錬させ、朝鮮神宮の大鳥居の擬石塗を完成させるほどになり解決した。

さらに、装飾の工芸品は請負が多い[168]。建築材料は「優秀な材料」を選択し、装飾の工芸品はなるべく「朝鮮のもの」を使い、「朝鮮に無いものは内地に出来るものを使ふ」という方針で行った。たとえば、庁舎四隅の角家の頂上の窓には青銅鋳物を使ったが、これは富山県高岡市で製作した。「総督室、貴賓室の入口の額縁、貴賓室の柱形のベース」などは青銅鋳物で作ったが、これは大阪で一番大きな今村銅器製造所で製作した。さらに大ホールの３階の手摺と各玄関の受付窓は青銅と真鍮煮黒味燻で作ったが、これは富山県の高岡工芸試験所で作った。大会議室の玉座は銅板の打出しを使って金属鍍金を施しているが、これは京城の朝鮮美術品製作所で作成した。朝鮮美術品製作所は、朝鮮王朝の工芸品製作機関であった李王職美術品製作所を、1921 年に富田儀作が買収して取締役になった会社である[169]。朝鮮王朝の工芸品を作っていた機関で天皇の玉座の一部を作成したのである。

金属工芸品も特注、請負が多かった。東京の天賞堂はメタリコンという材料を開発していたが、これを大広間と会議室の柱頭に採用した。

また、中央塔のステンドグラスは面積が 1000 平方尺（約 92㎡）で、「塔の中に鉄骨を組み、それから球状に吊下げたもの」であるが、「日本では一番大きなもの」である。ステンドグラスは、大広間の天井、玄関の窓、食堂の入り口、扉、窓欄間、２階の便所などに使用した。これらは東京の別府七郎と宇野沢ステンドグラス工場が製作した。

さらに総督室には螺鈿の板を使ったが、これは統営漆工会社が作成し、総督室、会議室、応接室の家具は東京の旭家具株式会社が作成し、電灯器具は東京電気会社が製作した。

このような装飾工芸品などは直営といっても専門の会社によって製作された。

総督府庁舎の工事は第１次世界大戦の影響で直営で行うことになったが、そのために労働者の調達と「罷業」なども起こり、さらに特殊な技術を要する工芸品や家具など、多くの製品は請負を採用せざるを得なかった。

14　大型石材の調達と運搬

総督府庁舎の外部仕上げには花崗石が使われた。最も多量に使用した所は「馬車廻しの高欄渦石と正面玄関上の『アーキトレイブ』[170]」で、前者は150切、後者は100切の非常に大きなものであった。アーキトレイブとは、柱と柱をつなぐ装飾上の帯状部品で梁である。

さらにベランダに使用したアーキトレイブは15尺５寸（約4.7m）もある大きなものであった。これら特殊な物以外は、石材を重ねて使ったが、一般には貼り付けた。壁石は標準の厚さが４寸（12cm）で、ベランダの柱形は７寸５分（約23cm）の大きさであった。

石材の加工は「切数が大量」なので、「予定工程表からは一日平均二百五十切」を仕上げなければならなかった。そこで不慣れな機械を使うよりは「在来の人手」で刻むことにした。そのために多くの職人が必要になり、最盛期には「石工の総数二百名」が働き、これに「仲仕や手伝人夫を合すると三百名近い者」が働いていた。これら石工には日本人と中国人を使用した。中国人は「労銀が安く」、技術も上達したので、日本人石工が「自衛上組合を組織し一致団結して各方面へ支那人石工使用制限の要望を運動する」事態も生じた。これも「一再ではなかった」。

石材の据え付けでは、建物の中途の壁石は、大きいものは「チエインブロック」や「ウインチ」で巻き上げ、手頃なものはほとんど沖士が担ぎ上げた。さらに高いところは「モーター」直結の「ウインチ」でつり上げた。

石材工事は採石を別とし1919年11月に起工し、1923年８月に外回りまで竣工した。その後、他の工事との関係で遅れた馬車廻し、車寄せ、通路などの工事を継続した。

総督府庁舎で使用した花崗石は「各産地から見本を取寄せて比較研究」した結果、「東大門外」に産するものが「産額も豊富」で「石質も良」く、「運搬にも便利」なので、この花崗石を使うことになった[171]。この東大門外の石山は「旧韓国政府より採取許可の権利」を得て清水組が採取していた。その採取期限が1919年３月に「満了になることを好機」として「採掘権は取上」げ、「接続民有石山の一部を買収」し、直営で採取することになった。この石山では「朝鮮神宮造営用石材」と「京城土木出張所の市区改正工事用石材」と「京城府の工事用のもの」とを採取するという「共同経営」を実施した[172]。この採取は1919年５月から1924年まで５か年間継続して行われた。総督府庁舎用に採った石材だけで20万切であった。

これら石材などをどのようにして工事現場まで運搬したか。総督府庁舎の建設を始めた1916年６月当時の京城には路面電車[173]が走っていた。この電車は、漢城電気会社によって敷設され、1899年陰暦４月８日に開通式を行った。西大門から鐘路・東大門を経て、明成皇后の陵墓（洪陵）のある清涼里までの５マイル（約８km）単線軌道であった。電車は全長28尺７寸（約8.7m）、幅７尺11寸（約2.2m）であった。乗客定員40人の転向席式開放車８台と韓帝御乗用貴賓車１台で運転を開始した。運転手は日本人、車掌は朝鮮人であった。

電車を敷設した理由は、高宗が明成皇后の陵墓に頻繁に出かけ、そのたびに「輿乗群臣」を多数従えて行くので、１回に10万元も経費がかかるからであった。当時、漢陽にいたアメリカ人Ｈ・コールブラン（H・Collbran）が、「電気鉄道」は速力が速く利便であり、欧米諸国でも使用されている、高宗の「展墓」でも経費も節減でき、日常は市民も利用できると「電気鉄道」の敷設を建議した。高宗はこれに同感し、陸軍総将李学均にＨ・コールブランと交渉させた結果、高宗が先ず40万元を出資し、後日さらに35万元を出資し、両者の間で共同で起業することになった[174]。

電車を敷設した漢城電気会社は、アメリカ人Ｈ・コールブラン（H・Collbran）とＨ・Ｒ・ボストイック（H・R・Bostwick）の２人が1896年に創設した会社で、仁川・京城間の鉄道敷設権を獲得した。その後、漢城に進出し、路面電車の敷設権を獲得した。彼等は日本の京都[175]で路面電車を設計した米国工学士男爵真木平一郎に依頼し、真木は同じく米国工学士大圃孝之助と石隅信乃、他２名を集め、1898年10月に漢城に来て、同月17日に起工し、同年12月25日に竣工した。次に電車の動力のために、75kw直流600v １台100馬力の蒸気発電の発電所を東大門内に設置した。その後、車両の組み立ても終わり、1899年陰暦４月８日に開通式を行った。

その後、電車は世宗路から南大門まで延長され、1900年１月には南大門から旧龍山（後の元暁路駅）までの延長工事が竣工し、１月９日と10日の両日、政府高官を招いて試運転を行い開通させた。その後、総督府庁舎建設工事が始まるまでの路線を太線で強調したものが7–21図「漢城の路面電車[176]」である。それらの

7-21 図「漢城の路面電車」

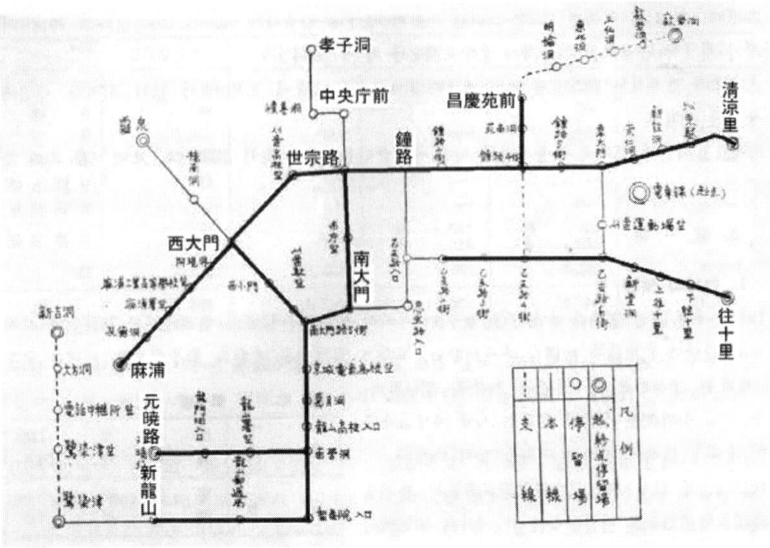

路線の敷設年月日を記したものが 7-1 表「路面電車敷設年」[177]である。

漢城の電気鉄道（路面電車）の運行を利用して、総督府庁舎の資材を運んだ。「工事材料運搬ノ便否ハ直ニ材料ノ価格ニ影響シ工事費経理上最モ考慮ヲ要スルモノ」[178]であった。電車運搬は、「建設工事中の実際を見て出来る丈電車運搬によることが得策」[179]であったので、京城電気株式会社[180]に交渉し、いくつかの路線を新設した。運搬の貨車も専用の貨車で、積載量は「一連結一立坪」であった。

1つは東大門外の花崗石を運搬する路線である。「東大門外清涼里線ヨリ採石場ヘノ支線」と「光化門通記念碑殿前ヨリ景福宮内工事現場」への路線を使って花崗石を運搬した。この2つの新設路線の内、清涼里から採石場への路線は工事が終わると廃止されたが、「光化門記念碑殿」から景福宮内への引き込み線は、7-21 図「漢城の路面電車」の「世宗路」から「中央庁前」を経て孝子洞までの常設路線として残った。「記念碑殿」とは、鐘路と景福宮からの道路（光化門通）の交差点にあった「高宗即位四十年称慶記念碑」の碑閣である。この碑は 1902 年に高宗の即位 40 年と大韓帝国の皇帝に即位し

7-1 表「漢城の路面電車敷設年」

竣工年月日	区間
1898 年 12 月 25 日	西大門－清涼里
1899 年	鐘路－南大門
1901.1 年	南大門－旧龍山
1901 年 7 月	西大門－南大門
未詳	西大門－麻浦
1910 年 7 月 21 日	旧龍山－新龍山
1910 年 12 月 20 日	昌慶苑線
1914 年 6 月 8 日	往十里線

たことを記念して建立されたものである。

２つめは旧龍山線を漢江畔まで延長した路線である。この路線は、漢江で採取した「砂利、川砂」と「水路龍山ニ陸揚セシ大理石」を運搬した。この路線は後日廃止されたが、旧龍山（元曉路）から龍山発電所まで延長されて一部は残った。

３つめは新設ではなく、麻浦線を利用したもので、麻浦煉瓦工場から煉瓦を運んだ。

このように、重量の重い石材などは、電気鉄道（路面電車）の線路を利用して、貨車によって運搬され、漢江で採取した砂利や川砂は「夜間と雖も運搬して江岸には少しも取残さない」ほどであった。

15　総督府庁舎工事の進行過程

総督府庁舎の建設工事は、1916 年 6 月 25 日の地鎮祭から始まった。この前日に寺内正毅朝鮮総督が元帥府に列せられた。これによって寺内は元帥陸軍大将従二位勳一等功一級伯爵という身分になった。寺内にとっては正に吉日であり、「寺内大将の元帥府に列せられた喜びのまだ失せぬその日、此の栄誉ある国家の元勲を首脳に戴[181]」いて地鎮祭は挙行された。地鎮祭を報じる『京城日報』は、総督府庁舎について、「やがては深遠なる大陸政策の発祥地ともなるべき主班植民地の中央政庁朝鮮総督府新築庁舎」と評している。ここに総督府庁舎の役割が明確に述べられている。

地鎮祭は、「古色蒼然たる勤政殿前十余間の箇所に南面して……木目も鮮やかに匂やかなる白木造りの祭壇」を設置し、その前に「瑞々しき青竹」を建てて大鳥居に見立てた式場で、寺内総督、山縣伊三郎政務総監、児玉秀雄総務局長、持地土木局長の順で「建築敷地東西南北の四隅に五寸角の花岡石を埋め」、順次玉串を捧げて行われた。地鎮祭は全くの日本式で行われ、新聞記事の「古色蒼然たる勤政殿」と「白木造りの祭壇」という対比は当時の朝鮮観を表出し、玉串を捧げる神式の地鎮祭を朝鮮で行うことにも注目したい。

地鎮祭以後、建設工事は進行した。1920 年 7 月 10 日に定礎式を行った。この時京城は連日の豪雨で漢江が氾濫し大きな被害があった。『京城日報』によれば、「罹災民約二万、浸水家屋六千余戸、溺死者約二十名[182]」と報じている。京城の民衆の被害とは別次元で定礎式は行われた。

総督府庁舎の定礎式は、1919 年 11 月以来、外観の石材工事が進行している中で、庁舎の大広間で行われた。大広間は、まだ大理石は敷き詰められておらず、板の間であった[183]。式場には「正面に白木造の御須屋を設へ真榊神酒神饌」が供えられた。齋藤実朝鮮総督以下参列者は、御須屋で玉串を供えた後、定礎地点に参進した。定礎地点は庁舎の東南隅にあり、銀幕と国旗を掲げて飾られていた。ここで齋藤総督は銀鏝を持ってセメントで礎を定め、そこに収納物を収めた鉛箱を入れて定礎式を終わった[184]。定礎石は花崗石を用い、「定礎」の２文字は齋藤総督が揮毫した。鉛箱に入っている収納物[185]は総督、政務総監などの官職氏名を彫刻した銀板１枚、庁舎新築設計書及び工事経過概要書１冊、それに10日付の『京城日報』１部であった。

定礎式は家屋の守護神に建物の永遠の堅牢と繁栄を祈願する儀式でもあるが、近代建築での定礎式は、建物の東南の隅に、定礎箱を入れて定礎石を据え付ける儀式である。総督府庁舎の定礎式は玉串を捧げ、東南の隅に定礎石を据え付けるなど、和洋混交という様子を見ることができる。その儀式はやはり日本式を持ち込んでいた。

定礎式が終わると建設は本格化し、次には上棟式が1923年５月17日に行われた。上棟式は、木造建築の場合、屋根の最も高い所に棟木という横向きの具材を取り付ける時に行う行事である。棟上げができたことを工事関係者と一緒に祝う行事でもある。従って「本庁舎ハ鉄筋混凝土造ニシテ棟上ゲヲ行フノ必要ナキモノ[186]」と認めている。しかし、「建築ノ工程長期ナル故其ノ画期的意義ノ為及建築上ノ慣例」と「多年従事シタル職工人夫ノ慰労」を兼ねて「特ニ上棟式ヲ挙行」することにした。総督府庁舎は「棟木トシテ掲揚スベキモノナク式用トシテハ檜製仮棟木ヲ使用シ棟札ハ銅板ニ刻シテ之ヲ塔屋内上部ニ納ムル[187]」ことにした。

上棟式場には「舗設シタル祭壇ノ四隅ニ齋竹ヲ立テ、注連ヲ張り、其ノ正中ニ神籬台ヲ置キ、前面左右ニ真榊（真榊ニハ五色ノ帛ヲ垂レ左ニ鏡玉右ニ剣ヲ掛ク）ヲ建ツ、棟木ニ布網ヲ懸ケ、幣ヲ立テ、弓矢ヲ飾ル[188]」という形式であった。真榊に垂らした鏡と玉と剣は三種の神器を模したものであろうか。式の進行は、原静雄土木部長と岩井長三郎建築課長が棟木を奉揚し、槌打を富士岡重一土木部景福宮出張所長が行い、餅撤を、東南隅で齋藤総督、東北隅で有吉忠一政務総監、南西隅で原静雄土木部長、西北隅で岩井長三郎建築課長が行った[189]。当日は300人の官民が集合した[190]ので、餅拾いが行われたのであろう。続いて総督はじめ全員が玉串を捧げ、上棟式は「盛大に挙行」された。

上棟式も終わった1923年５月は、地鎮祭から７年が経ち、定礎式からも３年が経っていた。総督府庁舎建設工事が始まった当時、「本府職員八百人、之ニ将来四割ノ増員ヲ見込ミテ事務室ヲ計画」していたが、その後「数度ノ官制改正」

によって部局が「増置拡張」され「職員ハ千数百人ニ増加」した。ために事務室は「工事半バニシテ既ニ狭隘」を告げる状態になった。そこで「庁舎五階ハ倉庫トシテ使用」する設計であったが「普通事務室ニ充用」する必要が生じ「相当ノ変更工事」[191]を行った。この結果、総督府庁舎の４階には土地改良課、鉱務課、林務課、造林課、林産課が入り、残りが書庫、活動写真映写室に使われた。[192]

この設計変更があった後の1924年４月28日、午後10時半「西小門町朝鮮印刷株式会社奥二階宿直部室横の辺」から出火し、300坪の同社全部を焼き、さらに午後11時半「隣接する土木部工事課に延焼」し「建て続きの土木部本館、鉄道部、法務局、土地調査局、専売局」を焼き、午前１時半漸く鎮火した。「所謂貞洞総督府各部局は僅かに高等法院と中枢院の二棟を残したのみで全く灰燼に帰した」。この火事は「実に京城未曾有の大火」[193]で『京城日報』は「号外」を２度も発行した。

この大火は総督府庁舎建設に大きな影響を与えた。『京城日報』は重要書類は大部分持ち出したと報じているが、有吉政務総監が出向いて現状を視察した。その後の対策として、「本庁舎ヲ未完成ノ儘之等事務室ニ使用」[194]することになった。具体的には「未完成の庁舎東半分を仮庁舎」[195]として使った。焼失した部局と庁舎完成後の各課の配置を比較してみると、土木部は地階層と１階東側、２階東側と分散配置され、法務課は１階西側、土地調査局は記載されていないが土地改良課など土地関係は４階に配置されている。[196]鉄道部、専売局は総督府庁舎に事務室を持っていない。高等法院と中枢院は焼け残ったのでそのまま使用したかも知れない。

この火災は、「工事上に来せし手違いは少からざるもの」があって「直接監督者施行者の苦心は一通り」[197]ではなかった。しかし、予定より「一年三箇月ヲ早メ」1926年１月に「倭城台前庁舎ヨリ全部ノ移転ヲナスノ運ビ」[198]となった。「残工事としては電話の改良、大ホール、大会議室、炊事場」があるだけになった。[199]

大きな工事が終わり、総督府庁舎の建物が完成して1926年10月１日午前10時半から「落成式」[200]があった。10月１日は1915年10月１日に定められた「始政記念日」[201]である。

落成式には齋藤総督、森岡守成朝鮮軍司令官をはじめ、貴族文武官民外国使臣などの来賓１千数百人が参列した。

式場は庁舎中央大広間で、平塚根宜によって「修祓の儀」、次に「降神の儀」、「献饌の儀」があり、さらに平塚根宜が祝辞を奏上し「庁舎修祓の厳かな神事を執り行ひ」、玉串を捧げ、次いで齋藤総督、湯浅政務総監、森岡朝鮮軍司令官、富士岡土木部景福宮出張所長、児玉関東庁長官代理などが玉串を奉呈し、さらに

「撤饌昇神の両儀」が行われた。まったくの神式の落成式である。朝鮮の地でも日本の朝鮮総督府の庁舎の落成式は神式であった。

この後、生田清三郎内務局長が工事の経過報告を行い、総督、来賓の祝辞があり、正午に閉会した。午後は、慶会楼で1500人も参加した饗宴が行われた。終了後には博物館地域で模擬店が始まり、「陽光を受けて非常な賑やかさで」あった。来賓には記念絵葉書が配られた。他方、庁舎は午後には一般公開され、朝鮮内の各郵便局で落成記念スタンプを押印できた[202]。

落成式での生田内務局長の「工事報告[203]」によって庁舎工事の経過をまとめてみよう。計画に必要な諸般の調査に1912年から1915年まで３か年を要し、1916年になって８か年継続事業として予算300万円で庁舎の新築を決定した。しかし、途中で「財界の変動」があり、つまり第１次世界大戦が起こり、物価や労銀が暴騰し、到底当初の予算では工事の遂行が不可能になった。期間の延長と経費の追加を余儀なくされ、1923年に竣工する予定も1926年度に変更になり、経費も336万余円が追加された。1925年12月に建物の大体の工事が竣工したので、1926年１月旧庁舎から新庁舎に移転し、1926年10月１日に落成式を行うことになった。ただし、光化門の移転、正門外柵の新設、倉庫の新築、構内の整備などが残っていた。総督府庁舎の完成に11年もかかり、総額675万1982円を要した。庁舎の敷地は景福宮12万4480坪（41万1504.13㎡）の内、前方東西240間（436.4m）、南北124間（225.5m）、２万9481坪（９万7457.85㎡）を使用した。建物は、前方境界から36.5間（66.4m）引き込んでおり、間口71間８分（130.5m）、奥行39間（70.9m）、建坪2134坪余（7054.5㎡）、５層、軒の高さ64尺（19.4m）、総建坪9619坪余（３万1798.3㎡）である。構造は復興式、外面は石造仕上の鉄筋コンクリート構造、材料は朝鮮内のものを使用した。構造上の特徴は、夏期遮熱のために各階の東西南３面にベランダを設けたこと、事務室の天井を普通標準より高くしていること、汚水処理は水洗式であること、各階に暖房や昇降機が設置されたことなどである。

極めて事務的ではあるが、朝鮮総督府による公式の経過、経費、面積、構造であり、総督府庁舎建立に関する必要事項を整理している。

16　柳宗悦の光化門移転批判と朝鮮民族美術館の設立

完成間近の総督府庁舎の前にある光化門を、総督府庁舎完成後にどう措置するかに関して、柳宗悦の「失はれんとする一朝鮮建築の為に[204]」が『改造』1922年

9月号に掲載されこともあって、大きな問題になった。柳はこの時期に朝鮮民族美術館の設立を企画していた。次に柳宗悦と光化門、朝鮮民族美術館について考察して見よう。

16-1　総督府庁舎工事の進展と『東亜日報』の報道

すでに見たように、総督府庁舎の新築工事は、1916年6月21日に地鎮祭が行われ、1920年7月10日に定礎式が挙行された。

工事進行中の1921年5月24日、7-22図「『東亜日報』光化門移転記事」のように、『東亜日報』に光化門を移転するという記事が掲載された。「光化門を移転計画」[205]という大見出しの記事は、縦書き見出しで「新築する総督府の竣工後にどこかに移転するはずだ」と伝え、「景福宮大闕の中に今建っている総督府（の工事…君島）が終わった後、長い歴史を持つ古代の建築物である光化門は取り壊してしまうという話が世上にあって、哀惜の念を持つ人が多いようだ」と記載し、これに対する総督府土木部建築課長岩井長三郎氏の談話が「建築課談」として掲載されている。その談話は「総督府工事が大正13年には終了するので、その間にはどうするか決定するつもりだが、この問題は来年には決断する。元々から光化門を取り壊すという話はつまらない嘘で風説であり、どこに移すかという位置問題で結末がついていないのである。世間ではその建築物は建築学理上で移すことが出来ないという話があるが、決してそのような理知はなく、お金が沢山かかるだけである。総督府の方針としては断じて取り壊すことはなく、良いところに移すつもりである」というものであった。

7-22図「『東亜日報』光化門移転記事」

光化門을移轉計劃
신축하는총독부의준공후에
어대로던지옴겨지울터라고
건축과담

つまり、『東亜日報』の記事に掲載された建築課長岩井長三郎の談話によれば、光化門を取り壊すことはなく、移転する方針だが場所が決まっていないということである。

この記事を柳宗悦がいつ読んだかは明らかではない。水尾比呂志は「光化門の取毀しを宗悦が知ったのは大正十一年のいつ頃だったのかは明らかではない[206]」としている。しかし、『東亜日報』の記事が掲載された翌年である1922年7月4日に、柳は「失はれんとする一朝鮮建築の為に」を書き上げた。この論文は『改造』1922年9月号に掲載され、さらに朝鮮語訳が『東亜日報』に8月24日から28日まで掲載された。さらに「東京の英字新聞には直ちに英訳が掲載[207]」された。「もっとも原文は大変な伏字[208]」があり、柳は「渡鮮する毎に警察から尾行される危険人物にされてしまった[209]」という。この論文の影響は大きかったといわれている。高崎宗司は「柳の一文は、光化門を破壊から救う決定的な一因になった[210]」と言い、水尾比呂志は「流石に総督府も、朝鮮人に及ぼす影響を考慮したのか、取毀しは移築に変更された。宗悦は移築という慈悲らしい措置も存在の意義を半減させる、と書いたが、結局、光化門は移されて生き延びる[211]」と言っている。さらに中見真理は柳は「1922年に朝鮮総督府が、朝鮮様式の建築物である『光化門』（景福宮の正門）の取り毀しを計画したときには、それに反対し[212]」と言い、柳宗悦自身も『改造』に載った「失はれんとする一朝鮮建築の為に」について述べ、「総督府もついに黙殺出来なくなったのか、後年役人が私に次のように述懐した。『君の一文のおかげで総督府は二十万円の出費をさせられた』というのである。取毀しを止めて他に移したので、その移転費の事であった。私の文章が公的に役立ったのは一生涯のうちに二度あるが、これが最初であった[213]」と述べている。柳自身も光化門は「取毀し」から「移築」に変更されたと述懐しているのであるから、多くの研究者が柳の「失はれんとする一朝鮮建築の為に」が光化門の「破壊」を救ったとするのも当然かも知れない。

しかし、すでに見たように、『東亜日報』の記事は、「光化門の移転」を報じたものであり、その内容は、総督府庁舎建設に深く関わった建築課長岩井長三郎の談話であり、岩井は光化門を取り壊すことは断じてなく移転する方針であるが場所が決まっていないと言っているのである。従って、柳の「失はれんとする一朝鮮建築の為に」によって、光化門の破壊が移築に変更されたとするのは事実ではないだろう。この点に関して中見は、柳の文章が「しばしば門の破壊そのものに反対したものと解釈され、柳のおかげで破壊を免れ移転となったと言われることが多い。しかし、『東亜日報』は21年5月24日にすでに移転計画を報道しているので、柳の主張の主旨は、移転についても景観の破壊であるとしてそれに反対したものであったと考えられる[214]」と記している。この点に関しては、先に引用した水尾も「宗悦は移築という慈悲らしい措置も存在の意義を半減させる、と書いた」と記している点は重要である。

光化門は柳の文章の影響によって破壊から移転に変更されたのではないとすれ

ば、柳の「失はれんとする一朝鮮建築の為に」は何を主張していたのか、検討する必要がある。これまでの多くの研究では、光化門の移転と柳の「失はれんとする一朝鮮建築の為に」の関係は述べているが、中見や水尾のように、それをどう評価するかに関しては分析されていない。この点は欠かせない作業であるように思う。

16-2　柳宗悦と朝鮮の関わり

柳と朝鮮の関わりは、1914年9月に浅川伯教が我孫子の柳の自宅に李朝陶磁器「李朝染付秋草文面取壺」を持参して訪問したことに始まる[215]という[216]。浅川伯教は1913年5月に京城府南大門公立尋常小学校に赴任したが、翌年には新設の京城府西大門公立尋常小学校に転勤し、朝鮮に住んでいた。浅川伯教は朝鮮の美術工芸にひかれて朝鮮に渡ったが、当時はロダンに心酔していた。『白樺』の読者であった浅川が柳邸を訪れたのは、ロダンから白樺派に贈られたロダンの彫刻が柳邸にあることを知ったからである。

柳は、浅川の訪問以前に、高等科在学中（1911年ころ）に神田の骨董店で染付牡丹紋の古壺を買ったことがあった。「大枚三円で買い入れた。学生にとって当時の三円は決して安い額ではなかった[217]」。このように、朝鮮の壺に関心のあった柳は、浅川の訪問が「陶磁器の美」への「開眼[218]」となり、1916年8月10日に初めて朝鮮を訪問した。この時に浅川伯教の弟の浅川巧と会った。以後、柳の朝鮮との関わりは浅川兄弟との親交を基礎に行われたのである。

柳が初めて朝鮮を訪れた3年後の1919年3月1日、朝鮮では「3･1独立運動」が起こった。1910年の韓国「廃滅」以降のいわゆる「武断統治」への抵抗闘争である。

柳は1920年5月11日に「朝鮮人を想ふ[219]」を執筆し、『読売新聞』に5月20日から24日まで掲載した。これは柳宗悦が日本の朝鮮政策を批判した最初のものである。柳は「自分は朝鮮に就いて充分な予備知識を持つてゐるわけではない」が、「今度不幸な出来事が起こつた為」に「もだし難い情が余に此一篇を書かせたのである」と執筆の動機を最初に述べている。「不幸な出来事」とは1919年3月に起こった3・1独立運動である。柳は「我々日本人が今朝鮮人の立場にゐると仮定してみたい。恐らく義憤好きな吾々日本人こそ最も多く暴動を企てる仲間であろう」と言い、「反抗する彼等よりも一層愚かなのは圧迫する吾々である」とも言う。柳は自らが「朝鮮人の立場」にいたら、と仮定し、朝鮮人の立場で日本の朝鮮政策を考えようとした。この発想から「吾々は先づ永遠の独立を彼等に不可能ならしめる固定した方法をとつた。更に尚自律する彼等の精神を認めない事によつて、只日本に適する道徳と教育を與へた。一言で云へば物質に於ても霊に於ても彼等の自由と独立とを奪つた」と述べ、物心両面で自由と独立を奪った日本の朝鮮支配を批判した。従って「独立が彼等の理想となるのは必然の結果であろう」と述べた後で、「朝鮮の人々よ」と呼びかけて、「かくて吾々の国が正しい人道を踏んでゐないといふ明かな反省が吾々の間にある事を知ってほしい」と訴えた。

柳は、「朝鮮人を想ふ」の中で歴史観も披瀝している。朝鮮人の歴史を学ぶ機会がない時代を反映して「誰も朝鮮史を繙く時、その暗黒な悲惨な時としては恐怖に充ちた歴史」を見るだろうと言い、「絶えまなく襲ふ外寇と、互に傷つけた内乱とで国民は休らう暇がなかつた」、「朝鮮の歴史が受けた運命は悲しいものであつた。彼等は抑へられ抑へられて、三千年の月日を送つた」と、朝鮮内外の歴史を見ている。このような朝鮮史の認識は、「二、三の朝鮮史を繙いた」だけの柳には当然であっただろうが、柳の朝鮮観の基礎でもあった。

1920年2月2日、朝鮮人の南宮壁が柳を訪問した。柳にとっては朝鮮人との最初の交流であった。さらに3月14日に「朝鮮の友に贈る書[220]」を執筆し、新潮社に送ったが掲載されなかった。しかし、「朝鮮の友に贈る書」は、その一部が4月に『東亜日報』に朝鮮語訳が掲載された。その後、執筆日を4月10日に改めて『改造』6月号に掲載され、6月16日には本田増次郎の英訳（抜粋[221]）で『The Japan Aduvertiser』に掲載された[222]。『改造』に載った文は伏せ字[223]が非常に多かったが、「朝鮮の友に贈る書」にも大きな反響があった。

柳は「朝鮮の友に贈る書」を執筆した後、『改造』に掲載される前の1920年5月1日から22日まで、朝鮮を訪問した。第2回目の訪問である。この時の訪問は「音楽会を開きその会を朝鮮の人々に献げる[224]」ためであり、文芸や学芸の雑誌を発行するための資金集めでもあった。この訪問は朝鮮人の大歓迎を受けた。柳宗悦の妻兼子の音楽会は予定を超えて7回開催され、宗悦の講演会は4回、柳夫妻の歓迎会は4回開かれた[225]。この旅行は柳宗悦にとっては多くの朝鮮人の友人もできて、有意義な旅であった。

柳宗悦は、この旅の途中で古書店で古地図を購入した[226]。その古地図を見て、「京城の市街は明かにその自然を背景として計画された都」であると見抜き、南山に登って見れば、「中でも美しいのはその南山を南に控へて、連る城壁を守る崇礼門（南大門）から、大通りを過ぎて光化門に至り、勤政殿の本営を臨んで、高く北漢山を仰ぐ秩序ある建築とその自然の背景とであらう。何人も気づく様に此景福宮の建立が絶えず自然を省みて、その礎を置くのに正しい場合を選んだとひふ事を、注意しないわけにはゆかぬ」と考えた。柳宗悦は、「京城」全体を1つの景観として見ているのである。

その上で、「京城」の破壊に注目している。「西大門は第一に此都から奪われて了つた。美しかつたと聞く西小門も続いて人の眼を楽ます事を許されなくなつた」。そして残っている南大門も「その荘厳な崇礼門の美に、なくてはならぬ両側の城壁は、破壊し盡されて見る影だにない」といい、東大門に対し「お前のみが旧時の姿を止めて此京城を守つてゐる。どうか永く立つてゐてくれ」と呟いたのである。

さらに景福宮を尋ねた時に、柳の「感情は最もひどく破れた」。柳宗悦は、景福宮は「前の摂政大院君が、文禄兵火の残墟を昔に戻さうとして企てた宮殿」であり、「李朝最後の大作」であり、その前の光化門は「その威力に於て君位の荘厳を表示するのに充分」であり、その奥の勤政殿、背後の北漢山、白岳、その下の慶会楼などは、「京城の都を美しく飾つて」おり、「実に吾々に残された貴重な建築と言わねばならぬ」と評した。

その景福宮が「正に滅亡の嘆きを見ようとしてゐる」という。「今日光化門と勤政殿との間に実に厖大な西洋建築が総督府の手によつて建ちつつある。然も位置はやゝ西側に片寄つて、旧時の秩序を少しでも、省みる事がない。さしも大きな正殿も今日は門を通して見る事さえ出来ぬ。否、今日では既に勤政殿の全景を正門から見る如何なる位置もなくなつたのである。何たる無謀の計画で之があらう。やがて之が正殿を毀し、光化門を棄てる前徴でないと誰が保證し得よう。……強いて民族の反感を買ふ為に、此事を行なふのかと人に聞くにちがひない」と怒りを露わに批判している。

柳宗悦は、1920年5月に朝鮮を訪問した時に、約2年後に執筆する「失われんとする一建築の為に」の素地を身に付けていたのである。

朝鮮旅行から帰った後に『改造』に「朝鮮の友に贈る書」が掲載された。ここで柳宗悦は何を言っているのであろうか。

柳は「此頃殆ど朝鮮の事にのみ心を奪われてゐる」と言い、それは「あり得べからざる出来事が目前に現れてゐる」ので「私の心」が「平和」でないからであるという。3・1独立運動に立ち上がった朝鮮人への思いである。この出来事について、「もろもろの不正や罪悪が時として国家の名によつて弁護される」、しかし、「正しい日本はかゝる行ひを改めるのに憚る事があつてはならぬ。……私はそれが私自身の行ひではないとは云へ、少なくとも或場合日本が不正であつたと思ふ時、日本の生れた一人として、茲に私はその罪を貴方がたに謝したく思ふ」

と、自らの問題として謝罪している。そして、「私は仮りに日本人が朝鮮人の位置に立つならば……愛国の念を標榜し、忠臣を以て任じる此国民は、貴方がたよりももつと高く反逆の旗を翻すにちがひない。吾々の道徳はかねがねかかる行為を称揚すべき立場にゐる。吾々は貴方がたが自国を想ふ義憤の行ひを咎める事に、矛盾を覚へないわけにはゆかぬ」と朝鮮人へ思いを寄せている。その上で、「若し日本が不正であるならば、いつか日本の間から貴方がたの味方として起つ者が出るにちがひない。真の日本は決して暴虐を欲してはゐないのである。少なくとも未来の日本は人道の擁護者でありたいと希つてゐるのである」と未来に望みを託すのである。

にもかかわらず、柳は朝鮮人に対して、「吾々が剣によつて貴方がたの皮膚を少しでも傷ける事が、絶対の罪悪である様に、貴方がたも血を流す道によつて革命を起して被下つてはいけない。……それは決して決して和合に至る賢明な道とはならぬ」と日本への抵抗運動を否定している。柳は、「朝鮮とその民族とに抑へ得ない愛情」を持ちながら、「芸術の美はいつも国境を越える」と言いながら、朝鮮人の独立運動、独立は認めなかったのである。

しかし、『改造』に掲載された「朝鮮の友に贈る書」は伏せ字だらけであった。ここに引用した文章の下線部分は伏せ字になった箇所である。これで柳の本意が通じたのだろうかと思うほどである。

16-3　柳による朝鮮民族美術館の設立

柳宗悦は浅川伯教・巧兄弟と交流を深めていく中で、「朝鮮民族美術館」の設立を構想した。浅川巧が 1920 年 1 月[227]に我孫子の家を訪ねた時、「二人の話が煮えて、遂に『朝鮮民族美術館』の設立を決意[228]」したと柳は回想している。柳は 1921 年 1 月の『白樺』に「『朝鮮民族美術館』の設立に就いて[229]」を発表した。この美術館は「東京ではなく京城の地」に建てることにし、美術館の設立は柳の「心からの敬念と情愛の披瀝」であり、美術館を「日鮮の人々の親しく会し、心おきなく語り合ふ場所にもしたい」と述べた。

1921 年 1 月 10 日から 24 日まで、朝鮮を訪問（3 回目）した。この旅行は民族美術館建設の準備であった。この時、柳は第 3 代朝鮮総督齋藤実との面会[230]に成功し、美術館の建物として「京城景福宮神武門外にある」観豊楼を「齋藤総督の御好意によって借用[231]」することができた。さらに、鎮南浦の実業家で陶磁器合資会社「富田工業」などを経営する富田義作[232]の賛同と援助の約束を得た。さらに同年 6 月の第 4 回目の朝鮮訪問時には妻兼子の音楽会で約 3000 円を集め、富田義作から900円、三井物産京城支店から200円、宗悦の妹千枝子から300円、後藤新平から100円、1922年10月18日以前に総督齋藤実と政務総監有吉忠一から150円などの大口寄付があった。これらの寄付を含め1922年10月22日までに9480円を集めた。[233]

さらに、1921年５月５日から15日まで東京の流逸荘で朝鮮民族美術展を開催し、朝鮮の民族美術を日本に紹介した。この直後の５月24日、『東亜日報』に「光化門を移転計画」の記事が載った。その直後の６月１日から７月21日まで、柳は留学生南宮壁を伴って朝鮮を訪問（４回目）した。この訪問も美術館設立準備であった。

７月31日からの５回目の朝鮮訪問は、京城に住んでいる妹の千枝子が重体であるという知らせがあったからである。妹は30歳の若さで1921年８月４日に産褥熱で死亡した。[234]

柳は1922年１月１日を釜山で迎えた。目的は、美術館になる観豊楼よりも適切な場所を探す目的であった。

この年の７月４日、柳は前年に『東亜日報』で報じられた「光化門移転」に関して、「失はれんとする一朝鮮建築の為に」を執筆し『改造』９月号に掲載した。そして９月には『朝鮮とその芸術』を刊行した。ここには「朝鮮人を想ふ」や『改造』に発表した際には伏せ字の多かった「朝鮮の友に贈る書」などを伏せ字なしで掲載できた。[235]そして、この本の「序文」では、この書を著したのは第１に「朝鮮問題に対する公憤」であり、第２に「その芸術に対する思慕」であると表明した。「目前に悩ましい光景が展開されてゐる」のを「黙してゐる事が私には一つの罪と思へたからである[236]」とも述べた。

この文章を公表した後も、柳は美術館の設立準備を行った。同年、1922年９月13日から10月14日まで、朝鮮を訪問（７回目）した。朝鮮滞在中の10月５日から７日まで、京城の黄金町にあった朝鮮貴族会館で、朝鮮民族美術館主催「李朝陶磁器展覧会」と講演会を開催した。「李朝陶磁の芸術的価値を一般に紹介するとともに、未来の朝鮮窯芸の発展も熱望する目的[237]」であった。入場者は1200人、そのうち３分の２が朝鮮人[238]であった。入場者の中には朝鮮総督齋藤実や政務総監有吉忠一もいた。そして後日、齋藤と有吉の名で美術館設立のために150円が柳に届けられた。この援助に対し、柳は齋藤に礼状を出している。[239]

美術館の建物である観豊楼は、1921年１月10日からの３回目の訪朝の際に齋藤総督の好意によって決定したが、1921年６月の４回目の訪問の際には、観豊楼が京城の北側、北岳の山麓にあったため、市内へ変更しようとして、土地の見当もつけた[240]。そして美術館設立の準備などのために、1922年1月1日から6回目の朝鮮訪問を行った。この時、美術館のための南大門通りの土地借用の件は、持ち主との交渉が不調となって、新たな場所を探さなければならなくなった[241]。そして、1923年9月の関東大震災後の11月17日からの8回目の訪問の際に、「未解決の朝鮮民族美術館の開設場所の確定」を図り「再び朝鮮総督府に要請[242]」した。柳は1924年3月27日から朝鮮を訪問（9回目）した。この時は、甲府の小宮山清三宅で木喰上人仏を見つめた直後で、その調査を中止しての朝鮮訪問であった。この急な変更は「3月20日頃に朝鮮総督府の緝敬堂使用認可が通告されたためではなかったか」と推測[243]されているが、3月23日付けの小宮山清三宛ての手紙では「本館蒐集にかゝる朝鮮美術品を今般景福宮内緝敬堂に蔵置致す事に相成候[244]」とあるので、この推測は納得のいくところである。

このようにして、朝鮮民族美術館は、景福宮内の緝敬堂に決定した。緝敬堂は「高宗皇帝が外国からの使臣と臣下たちを接見したところで、西側にあるほぼ同じ形の咸和堂と連結されている。朝鮮総督府による破壊と朝鮮戦争による戦禍から免れた数少ない建物」である。朝鮮民族美術館では「緝敬堂を展示室に、咸和堂を事務室[245]」に使った。

緝敬堂と咸和堂は、第5章の5-2図「咸和堂と緝敬堂」に示したように、景福宮の北側、香遠亭の南側である。香遠亭の北側には、日清戦争当時の高宗の日常の生活の場であり、明成皇后殺害事件の起こった乾清宮がある。と同時に、すでに第5章で見たように、緝敬堂と咸和堂は、日清戦争当時の高宗国王の居室の1つであり、日清戦争の始まりである1894年7月23日の景福宮占領事件の時に、高宗国王と明成皇后は咸和堂におり、広島の歩兵第21連隊第2大隊第5中隊が2人を捕虜にしたところである。この事実を柳宗悦たちが知っていたかどうかは不明であるが、この建物を朝鮮総督府が柳宗悦の朝鮮民族美術館に使用させたのである。景福宮の中にある数多くの建物の中で、この建物が選ばれた事実は重要である。

このような準備を経て1924年3月に朝鮮民族美術館は開館された。準備期間の最中である1922年7月4日に「失はれんとするに一朝鮮建築の為に」が執筆され、『改造』1922年9月号に掲載された。後に見るように、伏せ字になった箇所はあるが、その直後の10月5日から李朝陶磁器展覧会を開催し、齋藤総督や有吉政務総監が観覧し、後日150円も寄付した。光化門と緝敬堂はどちらも景福宮の建物である。柳宗悦は、ここに美術品を展覧することに違和感はなかったのだろうか。

16-4　柳宗悦の家族関係と朝鮮

柳宗悦は、1914年9月に浅川伯教が我孫子の自宅を訪問して以来、朝鮮の芸術に関心を深め、1919年の3・1独立運動の後には「朝鮮人を想ふ」を書き、朝鮮植民地支配に批判的な意見を表明した。その後も朝鮮の芸術への思いを深め、1921年1月に「『朝鮮民族美術館』の設立に就いて」を発表し、美術館の設立に動き出す。その年の1月に朝鮮に行き、朝鮮総督齋藤実に面会し、彼の好意によって、美術館に使用するために、北岳の山麓にある観豊楼を借用した。当時、柳は32歳である。また、1922年には「失はれんとする一朝鮮建築の為に」を『改造』9月号に発表した直後の10月に京城で李朝陶磁器展覧会を開催した時に齋藤総督と有吉政務総監が観覧し、後日150円の寄付も届いた。それに対して柳が礼状を送っている。

このような柳宗悦の朝鮮での活動には、朝鮮の芸術への思いとともに、齋藤実総督の後援があったようにも見える。なぜ、柳宗悦は海軍大将で朝鮮総督である齋藤実に面会することができ、寄付金までもらう事ができたのであろうか。この理由は明確ではないが、その一端を見るために、柳宗悦の家族関係に注目してみたい。

柳宗悦は、1889年3月21日、父柳楢悦、母勝子のもとに生まれた。[246]父の楢悦は、江戸時代は津藩の藩士であった。大変有能な人で、和算を学び、その知識によって伊勢湾沿岸を測量し、1855年に設置された長崎の海軍伝習所で3年間学んだ。明治政府の成立後、政府が海軍を創設する際に、楢悦は最初から海軍に入り、1871年に海軍少佐で兵部省海軍部水路局長に就任した。1880年に海軍少将になり、1888年に退役し、創設以来16年勤めた海軍水路部長も退き、元老院議官になり、1890年に貴族院議員に勅任された。だが、1891年1月にインフルエンザから肺炎をおこし、死亡した。葬儀は海軍葬であった。[247]海軍草創期の中心人物の1人である。

母の勝子は、楢悦の3番目の妻である。前の2人の妻は病気で亡くなった。1855年の生まれで、1880年に楢悦48歳、勝子25歳の時に結婚した。勝子[248]の父嘉納次郎作は海軍権大書記官で、嘉納治五郎の父親であった。楢悦は上司である勝海舟の世話で結婚した。[249]勝海舟は元海軍卿で、元老院議官であった。柳楢悦と嘉納次郎作は共に海軍であり、朝鮮総督の齋藤実は海軍大将であるが、楢悦の10歳下で、海軍の後輩である。

柳宗悦と朝鮮との関係を見る時、姉妹も重要である。姉の直枝子は、1880年生まれで、華族女学校を卒業し、1903年に加藤本四郎に嫁した。加藤は東京帝国大学を卒業して1895年に第2回外交科試験に合格し、外務省に入省し、韓国に赴任した。仁川総領事になり、その後1908年奉天総領事在職中に死亡した。その後直枝子は海軍大佐谷口尚真と再婚した。谷口はその後海軍大将、軍令部長になった。直枝子も最初の夫が外交官とし朝鮮に赴任しており、再婚した夫は海軍大将・軍令部長になった。

妹千枝子は、1891年7月4日生まれで、父楢悦の没後に生まれた。華族女学校を卒業し、朝鮮総督府事務官今村武志に嫁した。今村[250]は東京帝国大学を卒業し、1909年11月に行政科試験（高等文官試験）に合格し、朝鮮総督府に勤務した。その後専売局長、黄海道知事、殖産局長、内務局長を経て1931年7月に朝鮮総督府を退官し、1932年7月樺太庁長官に就任した。1929年に開かれた朝鮮博覧会では経営部長を務めた。その後1942年9月には仙台市長になった。結婚後千枝子は京城で過ごしていたが、1921年8月に産褥熱で30歳で死亡してしまう。今村が専売局長の頃である。

姉直枝子は夫加藤本四郎が外交官として韓国に赴任し仁川総領事などを勤めた。加藤は1908年に死亡してしまうので、柳宗悦が朝鮮に関心を持つ以前であるが、すでに19歳になっているので、記憶は残っていただろう。さらに妹の千枝子は、夫今村武志が朝鮮総督府に勤務し、京城に在住していた。今村は高等官だったので、齋藤総督も知っていたであろう。千枝子の京城在住は、柳宗悦が朝鮮の芸術に関心を深め、「『朝鮮民族美術館』の設立に就いて」を発表し、そのために朝鮮を訪問していた時期である。

柳宗悦が朝鮮に関心を持つ動機にこれらの姉妹の存在は無視できないであろう。柳宗悦が朝鮮に関心を持ち、その芸術に思いを深め、齋藤実朝鮮総督に援助を受ける関係は、このような家族関係や海軍との深い関係は重要な要素であろう。

16-5 「失はれんとする一朝鮮建築の為に」での主張

1921年5月24日『東亜日報』が光化門の移転を報じてから1年2か月後の1922年7月4日、柳宗悦は「失はれんとする一朝鮮建築の為に[251]」を執筆し『改造』9月号に掲載した[252]。柳は、この文を書いた理由を冒頭で次のように述べている。「東洋古建築の無益な破壊」に「胸を絞られる想ひを感じて」「追惜の文字」（145）を書いた。そして、朝鮮の光化門を知らない人のために「次のように想像」してほしいと言って次のような事例を提示している。「<u>今朝鮮が勃興して日本が衰頽し、遂に朝鮮に併合せられ、宮城が廃墟となり、代つてその位置に厖大</u>

な洋風な日本総督府の建物が建てられ、あの碧の堀を越えて遙かに仰がれた白壁の江戸城が毀されるその光景を想像して下さい。否、もう鑿の音を聞く日が迫つてきたと強く想像してみて下さい」(145)。

柳は自らを相手の立場に置き換えて考えることができるが、ここでは読者の理解を助けるために、この方法を用いている。ただし、下線部分は『改造』では伏せ字になっていた[253]。

柳はこの文を2人称で書いている。光化門に呼びかけているのである。冒頭も「光化門よ、光化門よ、お前の命がもう旦夕に迫らうとしてゐる」(146) で始まっている。そして「お前を死から救はうとする者は反逆の罪に問はれる」(146) ので、私には「どうする事も出来ないのだ」(146) と告白する。にもかかわらず「沈黙の中にお前を埋めて了ふのは私には余りに悲惨」(146) に思え、救済を「云ひ得ない人々に代つて……この一篇を書きつらねるのだ」(146) と言う。それは「私には一つの使命だ」(146) と言い、朝鮮人に代わって光化門を救うためにこの文を書いたのだという。

柳は、1921年5月24日の『東亜日報』で総督府建築課長岩井長三郎が、総督府の方針としては断じて取り壊すのではなく良いところに移転するのだ、と言っていたことを知っていただろうか。移転か破壊かである。この点について、柳は「破壊を避けて移転を試みようとしてゐる事を伝聞した」(152) と書いている。従って、総督府が「移転」の方針であることは知っていた。しかし、「移転」という「この慈悲らしい処置」(152) によって「幸ひに死は……免れるとしても、門が持つ存在の意義は半ば殺されて了ふのである」(152) という。柳は総督府の「移転」という方針を知っていたにも係わらず、この処置を「破壊」と捉えていたのである。

では柳は光化門をどのように認識していたのだろうか。光化門は「今から凡そ五十有余年の昔、汝が王国の力強い摂政大院君が、彼の躊躇を許さぬ意志によつて」(147–8) 作ったものであり、「李朝末期の作」(148) であるという。柳は、光化門は古い建築だから破壊するなとは言っていない。

光化門は「李朝の美の権化」(148) で、「門を過ぎるものは皆その権威に打たれる」(148) のであり、「実に一つの王朝の威厳を示さうとして建てられた好乎の記念碑」(148) なのである。柳によれば、光化門が朝鮮王朝の威厳を示すものであり、王朝の威厳、権威を示すものと認識されていた。

なぜ光化門を「破壊」してはならないのか。「移転」では駄目なのか。「光化門は景福宮の門であつて何処の門でもあらぬ。あの位置とあの背景と、あの左右の壁とを除いて、門にどれだけの生命があるであらう。形態は残つても。それは抽象せられた生命なき形骸ではないか。特に自然と建築との調和を慮つた古人の注意を無視して、それが如何なる意義を保つであらう」(152)。

柳は、光化門は景福宮の正門として、その位置が重要なのである。背景、左右の壁、自然との調和が重要なのであって、移転によって「形態」が残っても意義がないのであるとしている。

では、柳は景福宮をどのように見ていたか。「諸官衙を左右にひかへ、聳える北漢山を背景として」(149)、「自然との配置を深く考察して計画せられた」(149)もので、「自然は建築を守り、建築は自然を飾つている」(150)関係にある。しかし、「十余年の昔」(150)には、光化門に近づく時「その荘厳な美」(150)を仰ぎ、「中門を入り錦川橋を渡れば、前には壮大な勤政殿が聳え、背後には康寧殿や慶会楼の瓦が波うつ如く重なつて」(150)いた。「東には建春門、西には西大門、北には神武門、そうして南面の正門をこそ人は名づけて光化門と題した」(150)のである。しかし、現在は「もう二度と此世では見得ない」(150)のである。「李朝の代表的建築である康寧殿と交泰殿とは既に他に移転せられ」(150)、「主要にして最大な建築である勤政殿を門を通して仰ぎ見る日はもう二度と帰つてこない」(150)。「自然の背景を考察し、建物と建物との配置を熟慮し、凡てに均等の美を含ましめ、純東洋の芸術を保留しようとした努力は、今や全然破壊せられ、放棄せられ、無視せられ」(150)たのである。そのために「光化門がその位置に立つべき意義は酷くも奪はれ」(150)た。景福宮は破壊され、往時の姿は見られなくなり、光化門もその立つ位置が奪われたのである。

光化門、景福宮、そして漢城はどのような関係か。光化門は景福宮の正門である。「その正門が奪はれる時、景福宮に何の力が出てこよう。然も景福宮を失ふ時人は漢城の中心を失ふのと同じなのである」(149)。景福宮は「李朝建築の代表であり模範であり精神」(149)なのである。光化門の破壊は景福宮の破壊になり、漢城の破壊につながっていくと柳は考えていた。光化門の破壊は王都漢城の破壊につながることであり、したがって光化門の破壊は許されないことなのである。

なぜこのようなことになったのか。勤政殿の前に「それ等東洋の建築と何等の関はりもあらぬ厖大な洋風の建築、即ち来るべき総督府の建物がその竣工を今や急いでゐる」(150)からである。

ここに見るように、柳の光化門への「呼びかけ」は、自然と調和した光化門の位置を重視し、景福宮の破壊に抗議し、それは漢城の破壊となり、漢城の中心を失うことになると主張したのである。その破壊の元凶が総督府庁舎の建設であり、その建物が光化門の存在を無視して建設されたことを批判したのである。柳は、単に光化門の破壊に抗議したのではなく、総督府庁舎の建立をも批判したのである。

16-6　柳宗悦と齋藤実朝鮮総督

朝鮮の芸術に関心を深めた柳宗悦は、朝鮮民族美術館の設立を思い立つ。そこで1921年1月に朝鮮に渡り、美術館のための建物を求めて齋藤実朝鮮総督と面会し、景福宮の北、北岳山麓の観豊楼を借用した。さらに、翌年の10月に開催した李朝陶磁器展覧会には、齋藤総督や有吉忠一政務総監が参観し、後日寄付金まで届いた。この二つの出来事の間の時期に、朝鮮総督府庁舎建設を批判した「失はれんとする一朝鮮建築の為に」が発表され、さらに柳の著書『朝鮮とその芸術』が刊行され、そこでは「朝鮮の友に贈る書」などの伏せ字が復活している。

このようなことをどう見れば良いか。この点については高崎宗司[254]と中見真理[255]によって論じられている。それらを踏まえて、簡単に見ておこう。

当時32歳の柳宗悦が齋藤朝鮮総督に面会できたのは、家族関係が重要ではないだろうか。柳宗悦の父、柳楢悦は天保3年（1832年）生まれで、海軍草創期の軍人で、海軍少将である。齋藤実は、安政5年（1858年）生まれで、楢悦と同じ海軍の軍人であり、海軍大将であった。朝鮮総督は天皇に直隷し、陸海軍大将が任命された。齋藤にとって楢悦は25歳も年上の先輩海軍将校であり、退官後に元老院議官、貴族院議員に勅選されている。そして楢悦は「朝鮮総督齋藤実のかつての上司だった[256]」のである。

さらに、楢悦の娘の直枝子の2番目の夫である谷口尚真は、当時海軍少将で、齋藤実の後輩である。3人は海軍将校という関係である。さらに、楢悦の末娘千枝子の夫今村武志は、高等官で朝鮮総督府に勤務し、この当時は朝鮮総督府の専売局長であった。齋藤にとって、柳楢悦に関係するこれらの人物は、職務上も重要な関係にある人々である。楢悦の子息である宗悦が齋藤総督に面会するに際して、齋藤総督と楢悦、及び姉妹の夫との関係は大きな意味があったのではないだろうか。

それでは柳宗悦は日本の朝鮮植民地支配をどのように考えていたのだろうか。朝鮮について1919年5月に書いた最初の論文「朝鮮を想ふ」で、日本の植民地支配に抵抗した3・1独立運動に同情し、「独立が彼等の理想となるには必然の結果であらう[257]」と理解を示した。さらに翌年の「朝鮮の友に贈る書」でも「少なくとも或場合日本が不正であつたと思ふ時、日本の生れた一人として、茲に私はその罪を貴方がたに謝したく思ふ」（下線部分は伏せ字）と、自らの問題として謝罪している。

にもかかわらず、柳は「吾々が剣によつて貴方がたの皮膚を少しでも傷ける事が、絶対の罪悪である様に、貴方がたも血を流す道によつて革命を起して被下つてはいけない[258]」と日本への抵抗運動を否定している。

柳は『朝鮮の美とその芸術』を出版する時の「序[259]」で、この本を出版する理由を「朝鮮問題に対する公憤」と「芸術に対する思慕」の二つに求めている。この二つは柳の思想では統一されていたのだろう。

柳が1923年に書いた「日鮮問題の困難に就て[260]」が「朝鮮問題に対する公憤」に関する「最後の論文[261]」である。そこでは、朝鮮統治の「困難の原因は朝鮮人側にある」という意見に対して「私はそう考へない者の一人である」と理解を示す。他方、「日本の統治方針の誤り」かについては「それも慥に一原因を構成する」とのべるが、原因は「国家の為に道徳が存在してゐると云うことが、一切の困難の原因」であるという。そして「朝鮮人が不逞なのではない。日本の統治が暴虐なのでもない。それは寧ろ末葉の問題である」と双方の問題にしてしまっている[262]。

この原因は、3・1独立運動の後に齋藤実が朝鮮総督に就任し、それまでの「武断政治」を「文化政治」に改め、新聞の発行を認めるなどの宥和政策がとられたことへのとらえ方にある。「文化政治」が朝鮮の芸術を評価する柳宗悦による「朝鮮民族美術館」の設立を許可したのであり、朝鮮総督府庁舎の建設を批判する「失はれんとする一朝鮮建築の為に」が出された直後に齋藤総督や有吉政務総監が李朝陶磁器展覧会を観覧するという行為になっていったのだろう。

これらの事実を踏まえて、柳の「失はれんとする一朝鮮建築の為に」を見ると、柳は景福宮の破壊を批判し、「移転」は「破壊」であると主張しているが、齋藤朝鮮総督や朝鮮総督府にとって、柳の文はどのような意味を持っていたのだろうか。

『東亜日報』での岩井長三郎の談話[263]にみるように、光化門の「移転」は柳の「失はれんとする一朝鮮建築の為に」が公表される1年以上も前に既定の事実となっていたのである。移転の「場所」を含めた正式決定が何時なのかは不明であるが、「移転」は決定通り実施されたのである。

柳の「失はれんとする一朝鮮建築の為に」は、『改造』に載り、『東亜日報』に朝鮮語訳が掲載され、東京の英字新聞にも載って、大きな反響を呼んだことは事実であるが、それによって「総督府もついに黙殺出来なくなっ」て、光化門の

「取り毀しを止めて他に移した[264]」ということではないといえよう。

17　今和次郎・関野貞による批判

総督府庁舎の建設を批判したのは、柳宗悦１人ではない。著名人では今和次郎、関野貞をあげることができる。今和次郎による批判は『朝鮮と建築』（２輯４号・1923年６月１日号）に、関野貞による見解は『朝鮮美術史』（朝鮮史学会編・1932年）に、それぞれ掲載された。今和次郎の批判は、柳宗悦が「失はれんとする一朝鮮建築の為に」を公表した９か月後で上棟式直前であり、関野の見解が公表されたのは総督府庁舎完成後である。

今和次郎は、1923年５月７日に、建築学会と日本建築協会共催の「満鮮視察団」の一員として京城を訪問した[265]。建築学会は、辰野金吾などによって1886年に造家学会として設立され、1897年に建築学会と改称された学術団体である。日本建築協会は、学者、建築家、建築会社の関係者が一緒になって1917年に大阪で関西建築協会として設立され、1919年に日本建築協会となった職能団体である。東京には職能団体として1914年に日本建築士会（日本建築家協会の前身）が設立されていた[266]。

２つの主催団体は東京と大阪にあったので、視察団の構成員も東京から10人、大阪から３人、合計13人で構成されていた。満鮮視察団の行程を簡単に紹介すれば、1923年4月21日東京発、翌日神戸から船に乗って門司を経て、25日に大連に着いた。旅順を見て大連から北上し長春を経てハルビンを視察、南下して長春に戻り、吉林を往復し、撫順を視察後奉天に戻り、奉天を出発し、安東経由で５月７日早朝に京城に着いた。

朝鮮で満鮮視察団を接待したのは朝鮮建築会である。朝鮮建築会は、朝鮮在住の建築技術家が「科学的に組織ある文明的都市の建設を計ること」と「気候風土に適応せる住宅建築の普及[267]」を目的に結集した会である。学術団体と職能団体を兼ねた組織で、1922年３月８日に創立総会を開いた。創立総会では、会長は「当分欠員」とし、副会長に朝鮮総督府建築課長の岩井長三郎と京城で建築事務所を主宰していた中村與資平[268]を、理事長に朝鮮殖産銀行営繕課長の中村誠を、理事に総督府土木部景福宮出張所長である富士岡重一など10人を選任した。そして機関誌『朝鮮と建築』を刊行することにした。このような建築関係団体は、1920年に満州建築協会が、1922年には朝鮮建築会が、1929年には台湾建築会が作られている[269]。

朝鮮建築会は、創立総会後に役員会で名誉会長に朝鮮総督府政務総監水野錬太郎を推薦し、名誉会員に朝鮮銀行総裁美濃部俊吉、朝鮮殖産銀行頭取有賀光豊、京畿道知事工藤英一、朝鮮貴族の侯爵李完用、侯爵朴泳孝、子爵宋秉畯、学者の伊東忠太東京帝国大学教授、『朝鮮古蹟図譜』の著者である関野貞東京帝国大学教授、黒板勝美東京帝国大学教授、さらに片岡安工学博士などを選出した。

このように、朝鮮建築会は朝鮮の官民を一体にした会であった。機関誌『朝鮮と建築』には、朝鮮総督府の建築関係の方針「総督府本年度建築梗概[270]」や建築課長岩井長三郎による「朝鮮神社造営に就て[271]」などが掲載されており、総督府の建築関係の広報誌のようである。

満鮮視察団を迎えた朝鮮建築会では、中島猛矣理事などが朝鮮と中国の国境である新義州まで出迎えに行き、『朝鮮事情要覧』、『京城案内』「視察日程」などを贈呈し、岩井長三郎副会長、中村誠理事長、藤井専之助理事など8人が京城駅に出迎えた。京城駅から朝鮮ホテルに直行し朝餐を共にした。午前9時から昌徳宮の李王職に行き、仁政殿の殿内を拝観し、続いて秘苑、植物園、博物館、動物園を観覧、午後は水野錬太郎政務総監の午餐会に臨んだ。ここには岩井長三郎朝鮮総督府建築課長、富士岡重一土木部景福宮出張所長を始め朝鮮建築会の理事が臨席した。この日の午後は自動車で南大門、京城府新庁舎、黄金町通、奨忠壇、東大門、パコダ公園、独立門などを視察した。夜は朝鮮建築会主催の歓迎宴があった。ここでは満鮮視察団の団長波江悌夫の挨拶があった。波江は片岡建築事務所に所属していた。片岡建築事務所の所長片岡安は工学博士で日本建築協会会長であり、朝鮮建築会の発会式直後の5月17日に「生活改善と住宅」と題して京城公会堂で講演会[272]を開いている。片岡は、台湾総督府庁舎建設に際して行われた新築設計の懸賞募集で丙[273]になった。この片岡の事務所に所属する波江悌夫が満鮮視察団の団長であった。

満鮮視察団は、翌日5月8日には、景福宮、総督府新庁舎、慶会楼、博物館を視察し、正午に建築中の朝鮮神社に行った。ここで岩井建築課長らが出迎え、一行は神宮の修祓を受けた。ここで午餐の饗応を受け、午後7時10分京城発の列車で釜山へ向かった。満鉄京城管理局は「特に一行の為寝台付一等車一両を連結」した。朝鮮建築会からは阪本登、植木茂両理事が釜山まで見送った。釜山には9日午前6時に到着したが、満鉄京城管理局の朝餐会があり、出発を延期して釜山市内、東莱温泉を視察し、夜9時45分、昌慶丸で帰還した。

今和次郎の総督府庁舎批判は、満鮮視察団の団員の中で「特に本誌の為に、視察所感を語られた」という記事の中にある。「時機に適せるもの多きを以て、今之を速記して[274]」、『朝鮮と建築』に掲載したものである。速記録なので、話し口調になっている。

今和次郎の談話は「総督府新庁舎は露骨すぎる」という題である。視察談なので、総督府新庁舎だけに言及したのではない。先ずは朝鮮ホテルに言及している。朝鮮ホテルは総督府庁舎の設計に係わったゲオルグ・デ・ラランデの設計で清水組が施工した。ホテルの施工主は満鉄で、後に総督府鉄道局の直営になり、1914年10月から営業を開始した。客室69室、旅客収容数106人で、「このような規模は当時では東洋一流のホテルと言われていた」。そして「このホテルの裏庭には1897年に高宗が皇帝に即位する時に天神地祇に告祭するために建造した圜丘壇があった[275]」。朝鮮ホテルについて今和次郎は、「一番驚いたのは、ホテルの中庭に取込んだあの朝鮮の建物ですね、……之れはホテルのプランニングとしては余りに露骨過ぎて、被征服者を蹂躙して居るやうな一種の悲みに打たれるのです」と述べた。7–23図「皇穹宇（左）と圜丘壇（右）」と7–24図「現存する皇穹宇」、さらに7–25図「朝鮮ホテル」を参照されたい。

7–23図「皇穹宇（左[276]）と圜丘壇（右）」

7–24図「現存する皇穹宇[277]」

7–25図「朝鮮ホテル」

これらの写真で見るように、1897年に高宗の皇帝即位の祭祀が行われた圜丘壇（원구단・右）と1899年に建設された皇穹宇（황궁우・左）が一体になっていたが、朝鮮ホテルは圜丘壇を取り壊し皇穹宇を裏庭のようにして建てられていた。朝鮮ホテルの写真では残った皇穹宇は裏側なので見えない。満鮮視察団が京城で朝鮮ホテルに宿泊した1923年には圜丘壇はすでに取り壊されていた。圜丘壇は、日本の韓国「廃滅」によって滅んでしまった朝鮮王朝の第26代国王である高宗が皇帝に即位した式場なので、それを取り壊し、その一部を裏庭にするホテルは朝鮮人を「蹂躙」していると今和次郎は批判したのである。しかし、今和

次郎も朝鮮人を「被征服者」と位置づけているという問題もある。

次に総督府庁舎に言及している。5月8日、今和次郎たち満鮮視察団一行は景福宮、総督府新庁舎などを、富士岡重一土木部景福宮出張所長たちの案内で視察している。[278]従って新庁舎について詳しい説明を聞いたであろう。それを受けて今和次郎は「総督府庁舎の一番先のプラニングが、何時までも朝鮮民族に一種の悪感情を与へる」のではないかと思い「如何にも残念」と述べている。その上で「総督府庁舎としては其の場所の選定が誤つて居るのだと思はれますから、取毀つことは一番宜いだらう」が工事も進行しているので、「社会事業の建物か若くは其の他一般民衆の使用する建物として使用」するのが「理想的」であると提案した。今和次郎は、批判だけでなく対案を出している点も注目される。

今和次郎は、柳宗悦の書いた「失はれんとする一朝鮮建築の為に」を読んでいて、柳が「新庁舎が出来るので光化門は取壊されるであらうが、さうなれば湛らぬやうな気がする」と書いていたが「私も同じ感じを有つて居る一人なんです」と述べ、さらに「あう云ふ露骨な建物が、総督府庁舎として使用されることは好ましいことぢやありません」と述べた。付け加えて、今和次郎は、「本当かどうか知りませぬが」と述べた上で、「関野博士なども、あの位置の選定は誤つて居ると云ふことを、極力主張して居られた」と聞いたとも述べている。その上で「全く彼処以外に敷地は幾らでもあつたらうにと云ふ気がします」と感想まで述べた。

今和次郎は、総督府庁舎を景福宮に作ることに反対し、他の使用方法を考えろと主張した。今和次郎は当時は早稲田大学教授で東京美術学校講師であった。1912年に東京美術学校図按科を卒業して早稲田大学の建築学科の助手、講師、助教授を経て1920年に早稲田大学教授になった。[279]満鮮視察団の一員で朝鮮に来た時は35歳で岩井建築課長などより若いが、前年（1922年）には朝鮮総督府の委嘱で地理学者小田内通敏らと朝鮮の集落・住宅・民具などを調査している。朝鮮総督府とも関係が深かった。しかも、満鮮視察団を接待した朝鮮建築会は、名誉会長が政務総監水野錬太郎であり、副会長が総督府建築課長岩井長三郎で、理事には土木部景福宮出張所長富士岡重一がいる。総督府庁舎建設の中心人物が接待の中心にもなっている。これらの人々は、今和次郎の談話が掲載された『朝鮮と建築』を読んだことが推測される。それらの人物が読む雑誌で「総督府新庁舎は露骨すぎる」と述べたことは大きな力があったと思われる。直接光化門移転には言及していないが、柳宗悦の『改造』に載った「失はれんとする一朝鮮建築の為に」に触れている。まさに総督府庁舎建設に直接反対した意見として重要である。

関野貞は、今和次郎の視察所感によれば、1923 年５月にはすでに総督府庁舎に批判的な考えを持っていたことになる。その根拠を今和次郎は示していないが、関野貞の『朝鮮美術史』（1932・朝鮮史学会[280]）での言及がそれであると思われる。関野貞は、「朝鮮美術史」第７章朝鮮時代第３節「宮闕」で景福宮について次のように述べている。景福宮は「李太王即位の始め大院君大英断を以て……大宮闕を再興し、爾後三十余年間の王宮となつて居たが、李太王の慶運宮に移られてより次第に荒廃するに至つた」とその歴史を振り返り、「近年総督府庁舎の其前面に建てらるゝに及び其一部を撤去し、又国王王妃常住の殿たりし康寧・交泰二殿が昌徳宮に還さるゝに及び益規模の縮小を見た」と総督府庁舎建設による景福宮の変貌について言及した。さらに関野貞は、康寧殿と交泰殿の「一郭は国王王妃常住の殿舎なるが故に朝鮮固有の特質を具へて居る。両殿共に中央に広間を置き左右に多くの温突室を区画せるは全く支那式に見ざる所、朝鮮に於て特に発達完成された宮殿建築の特色である。この両殿先年昌徳宮内に還されて最も代表的なる朝鮮式宮殿をこゝに失つたのは惜しむべきである」と記した。関野貞は、景福宮が総督府の所管になり、勤政殿の前面に総督府庁舎が建ち、さらに朝鮮固有の建築様式の交泰殿と康寧殿が昌徳宮に移されたことを惜しんでいる。

この関野貞の意見に今和次郎が視察所感で触れたことにどんな意味があるだろうか。関野貞の朝鮮での仕事を知っていたからであろう。関野貞は、台湾総督府勅任技師を退官した後に総督府庁舎の設計に係わった野村一郎と同じ 1895 年に東京帝国大学造家学科を卒業[281]した東京帝国大学教授であり、岩井長三郎や富士岡重一の先輩である。それだけではなく、関野貞は「辰野工科大学々長」の「命[282]」によって 1903 年６月 27 日から９月４日まで朝鮮の宮殿や寺院を全体的に調査する「韓国建築調査」を実施し、その詳細な報告書である『韓国建築調査報告』を公にした。関野貞はこの調査の時に景福宮も調査しているが、調査時期は、明成皇后殺害事件の後に高宗国王がロシア公使館に移り、一年後に慶運宮を新王宮とした後なので「景福宮ハ漸ク荒壊シ柱傾キ屋破レ荒草基砌ヲ没シ蒼鼠古瓦ニ蔵ルヽモ復修築ノ挙ナク空ク風零雨残ニ委シテ顧ミス惜ムヘキノ至ナリ」という状況であった。しかし、景福宮は「李朝最近ノ最大最美ノ建築モ亦盡ク此宮内ニ包有セラル」と言い、「景福宮ノ殿堂門廊ノ研究ノ興味多キヤ復多言ヲ要セサルナリ[283]」と絶賛している。

このように関野貞は往時の景福宮を良く知る研究者であり、景福宮の建築上の価値を高く評価していた。その関野貞は総督府庁舎建設による景福宮の変貌を惜しんでいるのである。さらに、関野貞は朝鮮建築会によって推薦された名誉会員でもある。総督府建築課の岩井長三郎や富士岡重一には、景福宮に総督府をつくることに対する厳しい批判と受けとめたのではないだろうか。

このように見ると、柳宗悦の批判もあったが、建築の専門家である今和次郎や関野貞の批判は、当時は多くの人の知るところとはならなかったが、総督府関係者には厳しい批判だったと考えられる。

光化門の移転が何時決定されたかは不明である。しかし、1921年5月24日の『東亜日報』に載った岩井の談話では、総督府の方針としては断じて取り壊すことはなく、良いところに移転する、と述べていた。『朝鮮総督府庁舎新営誌』では1926年7月14日「光化門移転決定」と記している。「工事着工」が7月22日なので、移転決定日と工事着手日があまりに近い。従って7月14日も俄には信じがたい。要は柳宗悦の「失はれんとする一朝鮮建築の為に」だけで移転が決定したのではなく、今和次郎や関野貞の意見なども考慮して移転とその場所が決定されたのであろう。

18　光化門の移転

光化門は「景福宮東側慶会楼真東ノ位置ニ移転して保存[284]」することになった。工事着工は1926年7月22日である[285]。では、光化門の移転はどのように行われたか。工事は京城にある宮川組が入札の結果5万4800円で落札した[286]。宮川組の請負は「光化門の解体は勿論其左右に連なる土塀即景福宮を圍繞せる四周土塀中南方の一角二三〇余間に亙る土塀を撤去したる上光化門を原形のまゝ東方建春門に隣した地点に建造する」ことであった。

工事は1926年10月1日に行われる総督府庁舎落成式を一区切りに進められた。「落成式までに光化門の上層木造建物だけを解体し下層部石造の属する分は其儘とし、式終了後解体作業をなす予定」であり、「式当日は特に該門残存石造部に布を以て化粧をなし、来賓を出入せしむる[287]」ことになっていた。落成式までの工事は予定通り進行したようである。

以後の工事は、光化門の撤去と新しい総督府庁舎の門の建設と、光化門の移転先での建設工事という2つの工事が進行した。この工事の途中の1926年9月1日に、光化門の上樑文を書いた帛と棟札が発見された。高宗代の重建の際に取り付けたもので、上樑文は「支那朱繻子一反に墨で……書いて巻物」にしたもので「元来は棟木下の添桁に穿ちたる穴に納められた[288]」ものである。当時は新聞記事にもなった。

光化門の撤去は1926年12月20日に終了した[289]。光化門の跡地には「総督府の大庁舎にふさはしい立派な石造の大門」が作られ、27年８月に竣工した[290]。「大門の構造は庁舎と同じ様式で堅牢をほこる復興式[291]」で、門は中央の２柱は高さ15尺（４m54cm）で８尺（２m43cm）に７尺（２m12cm）の四角形で、左右の２柱は高さ14尺（４m24cm）で６尺５寸（１m96cm）と５尺７寸（２m12cm）の四角形、門扉は中央が22尺（６m67cm）、左右が14尺（４m24cm）であった[292]。

門は「ゆとりのある広さ」で、左右の通用門も「職員の登退時刻等往還の混雑なる際でも雑踏する気遣ひはまずない」広さであり、門衛の詰所は「石柱の中に設けられ」た[293]。大門の左右は高い頑丈な鉄柵が庁舎の南面230間（418m）で作られた。これは宮川組ではなく、別の会社が入札で請け負ったが、社名は判明しない。

7-26図「総督府庁舎正門[294]」は光化門通り側から見た写真である。1986年発行の『国立中央博物館改築竣工報告書』に収録された写真であるが、撮影年月日は判明しない。守衛が立っていることを考慮すれば、植民地時代の写真であろう。守衛の身長と比較すれば、大きさも明確である。中央の２本の柱と鉄柵、通用門も明確に判明する。

7-27図「総督府庁舎正門（庁舎から見る）[295]」は、総督府庁舎から見た市街と正門である。４本の柱と鉄柵を見ることができる。正門を裏側から見たもので、人が写っており門の大きさが分かる。中央２本の柱が大きいので、「朝鮮総督府正門の竣工[296]」の記事の内容が正確ではないだろうか。この写真は国立中央博物館が所蔵する黒白ガラス板写真の１枚である。撮影年月日は不明であるが、路面電車や自動車が走っているので1930年代のものと思われる。

もう１つは光化門の移築工事である。景福宮の東側、慶会楼の真東に移転された光化門の工事は、移転地基礎工事が1926年11月21日に終わり、1927年６月20日に定礎が終了し、７月３日には素屋ができあがっている。素屋は工事のための仮屋根なので、この中で光化門の建設工事が進行した。そして、翌７月４日

7-26図「総督府庁舎正門」

7-27図「総督府庁舎正門（庁舎から見る）」

には立柱が、8月5日には棟上があり、9月5日には盖瓦、屋根が葺き終わった。そして9月15日には素屋が撤去され、光化門移転工事が完了した。[297] 光化門の移築は光化門の解体が1926年7月22に日に開始され、移築先の敷地の基礎工事が11月21日に終了し、約1年2か月で光化門の移築工事が終わった。光化門の移転が終了し、総督府庁舎も完成した。

おわりに

旧朝鮮総督府庁舎は1995年8月15日、金泳三大統領の時に大規模な撤去の式典が挙行され解体された。中央塔を中心に装飾的な外壁などが韓国の天安にある独立記念館に展示されている。また、大広間の天井近くの壁にあった壁画は国立中央博物館収蔵庫に保管されているというが一般の人は見ることができない。

筆者は、往時、国立中央博物館として使用されていた建物を見たが、その圧倒的な大きさや荘厳な光り輝く大理石の大広間などは忘れることができない。一言でいえばそこを訪ねる人を圧倒する建物であった。建設にあたって欧米を視察した国枝博の報告書にある「都人の誇り」と言える建物であるが、朝鮮植民地時代、朝鮮人をどれほど圧倒したかは想像に難くない。本章を終えるにあたってその理由を考えて見たい。

まず、第1にその位置である。総督府庁舎は、朝鮮王朝の正宮であった景福宮の敷地内に、正殿である勤政殿の勤政門から約30m前に建てられた。大きな総督府庁舎は、勤政殿の行閣より3mほど低いが、光化門通りから見ると景福宮は見えない。当時、建築にかかわった岩井長三郎たちが、景福宮の軸線と総督府庁舎の軸線をどう合わせるかに腐心したとはいえ、景福宮をその風景から抹消してしまったのである。国枝は庁舎は「都市の装飾」とも言ったが、まさに京城に君臨する建物でどこからでも「望見」できる位置であった。しかも、岩井は「迷信」と言ったが、風水の都漢城では総督府庁舎の場所は「外明堂」に相当していた。朝鮮王朝を精神的にも抹殺する場所であった。

第2に、その外観である。総督府庁舎の中央には特別高い尖塔があった。高さ54.5mは当時の朝鮮、京城では非常に高く、中心軸である太平路、改修された後の光化門路から望見できる、市街地の中心にあった象徴的な尖塔であった。国枝の視察報告の通りに「都人の誇り」、日本の誇りを象徴していた。

第3に、圧倒する力は外壁の豪華さである。外壁は多くの花崗石が貼られていた。建築理論の強度を保つために骨格は鉄筋コンクリートで作られたが、外壁は花崗石が用いられた。岩井は花崗石は永久に威容のある建材で、なお且つ年を経ると共に益々雅致を加え荘重なものになると述べている。岩井の指摘通り、撤去される時まで花崗石の外壁は威容を保ち、雅致を加え荘重であった。花崗石は朝鮮産で京城の東大門外の採石場で採取した。路面電車の路線を延長して運搬した。朝鮮の建物を意識した方法であった。

第４に、最も威容を誇ったのは庁舎一階の大広間である。朝鮮各地から採取した大理石を用いてモザイク画のように作った大理石の床は、４階まで吹き抜けになっているので、総督府庁舎のどの階からも１階の大広間が見ることができた。広さと高さ、さらに床の豪華さは大広間に入る人を圧倒した。大広間の奥には白大理石と蛇紋大理石を使った大階段は、国枝の言うように装飾的意味が強く、２階への導入口でもあった。

第５に、２階の大会議室と総督室である。この部屋へは一般の人は入れなかったであろう。入れない権威を持っていた。大会議室は特別の部屋で、ここには天皇が座る玉座が東側に常設されていた。総督府庁舎建設を企画した寺内正毅総督は、天皇が朝鮮に来ることを期待していたのだろうか。天井の高さや部屋の装飾も特別であった。さらに２階には御真影奉安室もあった。朝鮮は天皇の支配する植民地だったのである。また、２階には朝鮮総督の執務室もあった。左右に秘書官室と応接室を備え持った総督室は総督府庁舎の南側中央にあった。「君子は南面す」というとおり、南側中央で、総督室だけが直接ベランダに出られるようになっていた。この部屋も天井の高さや装飾が特別であった。まさに権威の象徴としての総督室である。２階には玉座、御真影奉安室、大会議室、総督室、政務総監室があり、朝鮮総督府の中枢が集まっていた。

第６に、総督府庁舎の正門である。正門の位置にあったのが光化門である。光化門は景福宮の御門であって、総督府庁舎の正門に使用するには相応しくなかった。そのために移転することになった。移転決定の時期などは分からないが、早期に移転が決定されたようである。移転は実施され、４本の大きな柱を中心にした正門が作られた。正門には守衛が常駐していた。

このように総督府庁舎は朝鮮人を圧倒し威圧するもので、威容、威厳のあるものになっていた。しかし、このような建物には、建設当時から明確な批判があったことも重要である。柳宗悦、今和次郎、関野貞らの批判が残されている。そして、冒頭に見たように、韓国人からも厳しい批判がある。総督府庁舎は民族の精神的象徴である景福宮を破壊し、民族の息の根を止め、民族抹殺の意図を持っていると批判されていることを心にとめておきたい。

注

1 「併合」という用語の政治的意味については、拙稿「韓国廃滅か韓国併合か」『日本近代史の虚像と実像２』（大月書店、1990 年）を参照。拙稿では「廃滅」という用語が日本の意図を最も適切に表現したものであることを提起した。本章では「廃滅」を使用する。

2 張起仁「朝鮮総督府庁舎」『大韓建築学会誌』35 巻２号、通巻 159 号、1991.3、pp.44-51。この号は「特集・ソウル 600 年の建築的事件」という特集号である。張起仁の論考は学術論文というより、筆者の心情を吐露しているような文章である。

3 この比喩に関しては、後述する柳宗悦の比喩を参照されたい。

4 孫禎睦「朝鮮総督府庁舎및 京城府庁舎建立에 対한研究」『郷土서울』48 号、1989 年 10 月、p.59 以下、後に『日帝強占期都市社会相研究』（一志社、1996 年１月）に「朝鮮総督府 庁舎 및 京城府 청사 건립과 그 효과」と改題して収録。

5 西澤泰彦『日本植民地建築論』名古屋大学出版会、2008 年。西澤の『植民地建築紀行』（吉川弘文館、2011 年）、同「建築家 中村與資平の経歴と建築活動について」『日本建築学会計画系論文報告集』第 450 号、1993 年８月も参考になる好論であった。

6 谷川竜一「日本植民地とその境界における建造物に関する歴史的研究」東京大学大学院工学系研究科 2008 年度博士論文。また「3.75 度の近代 – 旧朝鮮総督府庁舎から見る建築設計の歴史的可能性 –」『衝突と変奏のジャスティス』（青弓社、2016 年）も興味深い論文である。

7 五島寧「植民地「京城」における総督府庁舎と朝鮮神宮の設置に関する研究」『1994 年度第 29 回日本都市計画学会学術論文集』29、1994 年。

8 宮崎涼子『未完の聖地 – 景福宮 宮域再編事業の 100 年』京都大学学術出版会、2020 年。

9 徐東帝・宮崎涼子・川嵜陽・水野直樹・西垣安比古「「京城都市構想図」に関する研究」（『日本建築学会計画系論文集』第 78 巻、第 687 号、2013 年５月）、徐東帝・西垣安比古「デ・ラランデの京城都市構想図と景福宮敷地平面図に関する研究」（『日本建築学会計画系論文集』第 79 巻、第 699 号、2014 年５月）、宮崎涼子・徐東帝・西垣安比古・水野直樹「「京城都市構想図」における景福宮域の再編計画案の立案時期とその特徴」（『日本建築学会計画系論文集』第 80 巻、第 707 号、2015 年１月）。

10 『朝鮮総督府庁舎新営誌』作成年代不詳、p.7。

11 朝鮮総督府編『朝鮮ノ保護及併合』1918 年３月（金正柱編『朝鮮統治資料』第３巻、宗高書房、1970 年復刻版）pp.36-37。

12 同上、p.40。

13 朝鮮総督府編『施政二十五年史』1935 年、p.15。

14 前掲『朝鮮ノ保護及併合』p.518-519。合計には総督と政務総監を加えた。

15 前掲『朝鮮総督府庁舎新営誌』p.1。

16 岩井長三郎「総督府新庁舎の計画及実施に就て」朝鮮総督府『朝鮮』第 131 号、1926 年４月号、pp.10–11。岩井は朝鮮総督府土木部建築課長で、1924 年に設立された朝鮮建築会副会長であった。岩井は朝鮮建築会機関誌『朝鮮と建築』第５輯第５号（1926 年５月号）に「新庁舎の計画について」を掲載しているが、これは『朝鮮』に掲載した「総督府新庁舎の計画及実施に就て」の一部分である。

17 木内重四郎、俵孫一、小松緑、篠田次官、倉知鉄吉の履歴は、秦郁彦編『日本近現代史人物履歴事典』(東京大学出版会、2002年)による。木内重四郎(p.178)、俵孫一(p.330)、小松緑（p.225)、篠田治策（p.259)、倉知鉄吉（p.199)。
18 小松緑『明治外交秘話』原書房、1976年。
19 前掲「韓国廃滅か韓国併合か」p.32参照。
20 この庁舎の増築などについては、前掲「総督府新庁舎の計画及実施に就て」による。
21 同上 p.11。
22 「京城府明細新地図」1914年作成（許英桓著『定都600年ソウル地図』汎友社、1994年）p.101。
23 前掲「総督府新庁舎の計画及実施に就て」p.11。
24 前掲『朝鮮総督府庁舎新営誌』p.1。
25 前掲「総督府新庁舎の計画及実施に就て」p.11。
26 前掲『施政二十五年史』「人事」参照。
27 同上、p.62。
28 前掲『朝鮮総督府庁舎新営誌』p.1。
29 前掲「総督府新庁舎の計画及実施に就て」p.11。
30 同上。
31 前掲『日本植民地建築論』p.345。
32 宮崎涼子「デ・ラランデが描いた「京城都市構想図」に見られる景福宮改造計画案」『二十世紀研究』第14号、2013年12月、pp.165-166。前掲『未完の聖地』pp.93-97。
33 前掲『朝鮮総督府庁舎新営誌』p.。
34 朝鮮総督府庁舎と朝鮮神宮の「京城」における位置関係などについては、青木哲人『植民地神社と帝国日本』吉川弘文館、2005年を参照。
35 朝鮮総督府『朝鮮神宮造営誌』1927年、pp.1-2。
36 営繕課の組織名は、大韓帝国期から朝鮮総督府の時期に渡って度々変更になった。この変遷については谷川竜一「日本植民地とその境界における建造物に関する歴史的研究」（東京大学大学院工学系研究科2008年度博士論文）p.319、脚注66参照。谷川氏からは博士論文の提供を受けた。記して感謝する。
37 金子文夫「持地地六三郎の生涯と著作」『台湾近現代史研究』第2号、1979年8月、pp.120-123。
38 前掲「総督府新庁舎の計画及実施に就て」p.12。
39 同上pp.12–13。岩井は「ゲーラデランデー」あるいは「ゲーデラランデー」と書いている。孫禎睦によれば、当時日本人には「George」の発音が難しく、George de LALANDEは「ゲ　デラランデ」と発音されていたという。前掲「朝鮮総督府庁舎및京城府庁舎 청사 건립과 그 효과」p.529、注3。
40 国枝が欧米に派遣される時、岩井は「辞退」したという。前掲「日本植民地とその境界における建造物に関する歴史的研究」p.326、p.330。
41 前掲『日本植民地建築論』pp.345–346。
42 国枝博「欧米各国に於ける庁舎建築状況」『朝鮮総督府月報』第3巻11号、1913年11月20日号。
43 前掲「日本植民地とその境界における建造物に関する歴史的研究」p.331。谷川の博士論文には絵葉書の一覧表が掲載されている（p.332)。
44 同上論文、p.333。

45 「昇降器」の「器」は一般的には「機」を使うが、国枝は本文では「昇降器」を使い、図では「昇降機」と記している。本章では引用を除き「昇降機」を使う。

46 田中健治郎「鉄筋コンクリート構造の黎明（豆知識）」日本コンクリート工学会『コンクリート工学』Vo1.40、No.9、2002.9、pp.19–20。

47 前掲「日本植民地とその境界における建造物に関する歴史的研究」p.334。

48 君島一郎『日本野球創世記』ベースボール・マガジン社、1972 年、pp.75–76、p.114。

49 前掲『朝鮮総督府庁舎新営誌』p.20。『朝鮮と建築』の「朝鮮総督府新庁舎号」では暖房設備については技手の徳永真一が執筆している。

50 堀勇良「来日外国人建築家事典」『日本の美術』８、No.447、2003 年８月、pp.92–93。

51 「ジャポニズムと新建築」前掲『日本の美術』８、p.65。

52 山本四郎編『寺内正毅日記』京都女子大学、1980 年、441 頁。なお、『寺内正毅日記』ではデ・ラランデを「独逸技師ドララアンド」（６月 13 日)、「技師ドララント」（６月 28 日）と表記している。

53 前掲『寺内正毅日記』p.453。

54 同上 p.456。

55 阪本勝比古「ドイツ人建築家 G. デ・ラランデとその周辺」『東京都江戸東京博物館研究報告』第 13 号、2007 年３月 31 日、pp.62–63。

56 前掲「「京城都市構想図」に関する研究」p.1181。なお、デ・ラランデの死亡日は 1914 年８月４日とされているが、広瀬毅彦の研究によって８月５日であることが判明したという「「京城都市構想図」における景福宮域の再編計画案の立案時期とその特徴」p.196 及び p.200、注 26。

57 文化財庁『景福宮変遷史（上)』2007 年８月、p.81。

58 この２つの計画案は韓国・国家記録院に所蔵され、前掲『景福宮変遷史（上)』p.82 に掲載されている。〈計画案１〉や〈計画案２〉という呼称は신혜원「일제 시대의 변화 고찰」(前掲『景福宮変遷史（上)』）p.82 で使用したものである。

59 前掲「일제 시대의변화 고찰」p.82。

60 前掲「デ・ラランデの京城都市構想図と景福宮敷地平面図に関する研究」p.1218。

61 同上。

62 同上。国家記録院には複数の平面図があるという。

63 この根拠は「朝鮮総督府庁舎新築設計概要」(『建築雑誌』1917 年 9 月、381 号、pp.67–68）に野村一郎と国枝博の名前があげられており、これにデ・ラランデを加えた３人としている（前掲「デ・ラランデの京城都市構想図と景福宮敷地平面図に関する研究」p.1218)。

64 前掲「総督府新庁舎の計画及実施に就て」p.13。

65 前掲『日本植民地建築論』、p.81。「実施設計」とは、台湾総督府庁舎は設計を公募し、日本銀行建築所技師長野宇平治の案が「乙」となり、この案をもとに、野村一郎など営繕課の技師が設計したからである。

66 同上 p.81。

67 前掲「日本植民地とその境界における建造物に関する歴史的研究」p.337。

68 前掲「総督府新庁舎の計画及実施に就て」p.13。

69 前掲『景福宮変遷史（上)』p.81。

70 前掲『日本植民地建築論』p.82。

71 同上 p.82。
72 前掲『朝鮮総督府庁舎新営誌』p.1。
73 同上 p.1。
74 前掲「総督府新庁舎の計画及実施に就て」p.15。
75 前掲『朝鮮総督府庁舎新営誌』p.2。
76 前掲「総督府新庁舎の計画及実施に就て」p.15。
77 村山智順『朝鮮の風水』（1931 年）国書刊行会、1972 年、p.699。
78 李康根「장건이후의 변천과정 고찰」前掲『景福宮変遷史（上）』、p.32。
79 前掲『朝鮮の風水』。
80 崔昌祚『韓国의風水思想』民音社、1984。
81 五島寧「漢城の街路構成に関する研究」『都市計画 別冊都市計画論集』26、1991 年、p.609。
82 이경미「20 세기 조선궁절의건축격변청과정」『郷土서울』60 号、2000 年、p.425。
83 趙由典「先代遺構考察」文化財管理局・国立文化財研究所『景福宮　寝殿地域発掘調査報告書』1995 年、p.329。
84 前掲「総督府新庁舎の計画及実施に就て」pp.15–16。
85 谷川竜一「三・七五度の近代－旧朝鮮総督府庁舎からみる建築設計の歴史的可能性」谷川竜一・原正一郎・林行夫・柳沢雅之編著『衝突と変奏のジャスティス』青弓社、2016 年、pp.125–126。
86 前掲「日本植民地とその境界における建造物に関する歴史的研究」p.326。
87 富士岡重一「新庁舎の設計概要」前掲『朝鮮と建築』第５輯第５号、p.7。
88 五島寧「漢城の市街地構成に関する研究」『都市計画 別冊都市計画論文集』26、1991 年、p.609。
89 同上論文 p.609 の「図３」。
90 前掲「植民地「京城」における総督府庁舎と朝鮮神宮の設置に関する研究」p.543。この論文で五島は角度を明示していない。筆者の測定による。
91 前掲「植民地「京城」における総督府庁舎と朝鮮神宮の設置に関する研究」p.546。
92 金錫満「建築様式」（文化体育部・国立中央博物館『旧朝鮮総督府建物実測及び撤去報告書（上）』1997 年４月、p.58。
93 前掲「三・七五度の近代－旧朝鮮総督府庁舎からみる建築設計の歴史的可能性」pp.124–125。p.127 に図を掲載している。
94 7–8 図の方が地図が鮮明なので、7–8 図を掲載した。
95 この配置図は、前掲「総督府新庁舎の計画及実施について」p.15 に掲載された図である。
96 文化体育部・国立中央博物館『旧朝鮮総督府建物実測及び撤去報告書（下）』1997 年４月、p.43。
97 国立文化財研究所『경복궁 발굴조사보고서 光化門址、月台址、御道址』2011 年、p.60。
98 「3.75 度」には脚注があり、「旧光化門は景福宮中心軸から 5.6 度曲がっていることが知られていたが、今回の発掘調査の結果を基に確認された結果（光化門址－勤政殿）3.75 度曲がっていることが明らかになった。」と記している。
99 신혜원「1945 년 이후의 경복궁 」前掲『景福宮変遷史（上）』2007 年８月、p.102。
100 前掲『旧朝鮮総督府建物実測及び撤去報告書（下）』pp.46–47。
101 前掲「新庁舎の設計概要」p.8。
102 김덕문「月臺及び殿庭」文化財庁『勤政殿 実測調査報告書（上）』2000 年、p.322。

103 文化財庁『景福宮 勤政門修理報告書』2001年、p.58。
104 勤政殿の各部分の数字は、文化財庁『勤政殿実測調査報告書（下）』2001年による。「下」は実測図面を掲載しており、図面は多数あり、建物や基壇の高さは場所によって差異がある。ここでは正面や中央の数字を採用している。
105 前掲「新庁舎の設計概要」p.7。
106 前掲『朝鮮総督府庁舎新営誌』p.2。
107 近世復興式に関しては、前掲『日本植民地建築論』（pp.82–84）及び西澤泰彦『植民地建築紀行—満洲・朝鮮・台湾を歩く』（吉川弘文館、2011年）pp.223–225による。
108 前掲「総督府新庁舎の計画及実施に就て」p.17。
109 前掲「欧米各国に於ける庁舎建築状況」p.63。
110 前掲『朝鮮総督府庁舎新営誌』p.3。
111 前掲「総督府新庁舎の計画及実施に就て」pp.16–17。
112 前掲「新庁舎の設計概要」p.10。
113 前掲「総督府新庁舎の計画及実施に就て」pp.14 –15。
114 前掲『朝鮮総督府庁舎新営誌』p.3。
115 前掲『日本植民地建築論』p.84。なお「カーン式」に関しては、注90（pp.421–422）も参照。
116 前掲『朝鮮総督府庁舎新営誌』p.3。
117 同上 pp.3–4 。
118 同上 p.3。坪数など、前掲「新庁舎の設計概要」、p.9と異なっているが、理由は不明である。
119 事務室の天井は1階以上が16尺（約4.8m）であるが、地層階は13尺（約4 m）である。
120 前掲「新庁舎の設計概要」（p.9）には「正面玄関三ヶ所の外、左右小玄関二ヶ所、東西道路より中庭に通ずる通路二カ所、背面に二カ所の出入口合計九ヶ所の出入り口を設け」とあるが、庁舎内に入る入り口は中庭の通路からの4か所の入口があるので11か所である。
121 前掲『朝鮮総督府庁舎新営誌』p.6。
122 同上 p.4。
123 『朝鮮総督府庁舎新営誌』の平面図では、地層階を「1階」とし、「5階」までにしている。従ってここでは「二偕平面図」とする。
124 前掲「総督府新庁舎の計画及実施に就て」pp.19–20。
125 前掲『朝鮮総督府庁舎新営誌』p.4。
126 前掲「総督府新庁舎の計画及実施に就て」p.20。
127 前掲『朝鮮総督府庁舎新営誌』p.4。
128 前掲「総督府新庁舎の計画及実施に就て」pp.20–21。
129 前掲『旧朝鮮総督府庁舎　建物実測及び撤去報告書（上）』、p.389。
130 前掲『旧朝鮮総督府建物実測及び撤去報告書（上）』p.389。
131 同上 p.409。
132 前掲『朝鮮総督府庁舎新営誌』p.4。
133 前掲「総督府新庁舎の計画及実施に就て」p.20。
134 前掲『朝鮮総督府庁舎新営誌』p.4。
135 木戸桂治「室内装飾工事について」前掲『朝鮮と建築』第5輯第5号、p.48。
136 富士岡重一「庁舎の装飾と工芸」前掲『朝鮮と建築』第5輯第5号、p.33。
137 前掲「室内装飾工事について」p.48。

138 同上 pp.48–49。
139 前掲『朝鮮総督府庁舎新営誌』p.4。
140 前掲「新庁舎の設計概要」p.9。
141 前掲「総督府新庁舎の計画及実施に就て」p.12。
142 同上 p.18。
143 前掲『朝鮮総督府庁舎新営誌』p.5。
144 徳永眞一「暖房と衛生設備」前掲『朝鮮と建築』第 5 輯第 5 号、p.65 以下を参照。
145 前掲「暖房と衛生設備」p.69。
146 同上 p.71。
147 前掲「新庁舎の設計概要」p.10。
148 前掲「総督府新庁舎の計画及実施に就て」p.21。
149 総督府庁舎に関する費用は前掲『朝鮮総督府庁舎新営誌』に添付された予算書と決算書による。
150 前掲「総督府新庁舎の計画及実施に就て」p.21。
151 同上 p.21。前掲『朝鮮総督府庁舎新営誌』には「大倉土木株式会社」と記されている（p.7）。
152「渋沢社史データベース」にある大成建設の社史によると、「合資会社」であった時期は記されていない。この時期に関しては、1911 年から（株）大蔵組土木部で、1917 年に（株）大倉土木組と改組された。
153 前掲「総督府新庁舎の計画及実施に就て」p.21。
154 清水組は清水喜助が 1804 年に江戸神田で大工を開業し「清水屋」と号したことに始まる。以後、渋沢栄一邸を建築したりして、1887 年には渋沢を相談役に迎え、事業を拡大した。1915 年合資会社清水組に改組した。
155 直営に関する過程は、前掲「総督府新庁舎の計画及実施に就て」（pp.21–22）による。
156 宮島貞吉「大理石工事に就いて」前掲『朝鮮と建築』第 5 輯第 5 号、1926 年 5 月 p.54。
157 前掲『旧朝鮮総督府建物実測及び撤去報告書（上）』p.184。
158 前掲「大理石工事に就いて」p.53。
159 前掲「総督府新庁舎の計画及実施に就て」p.23。
160 趙景達『植民地朝鮮と日本』岩波新書、2013 年、p.59。
161 前掲「総督府新庁舎の計画及実施に就て」p.23。
162 同上。
163 同上。
164 同上。
165 前掲「大理石工事に就いて」p.55。
166 前掲「総督府新庁舎の計画及実施に就て」p.24。
167 外部の石工事と壁塗りは前掲「総督府新庁舎の計画及実施に就て」pp.24–25。
168 装飾工芸品、金属工芸品、ステンドグラス、電灯器具などについては、前掲「庁舎の装飾と工芸」による。
169 朴美貞「植民地朝鮮の博覧会事業と京城の空間形成」『立命館言語文化研究』21 巻 4 号、2010 年 3 月、p.152。
170 花崗石工事については宮島貞吉「花崗石材工事に就いて」、前掲『朝鮮と建築』第 5 輯第 5 号、1926 年 5 月 p.24 以下を参照。
171 同上、p.24。

172 前掲「総督府新庁舎の計画及実施に就て」p.22。
173 路面電車に関しては『京城電気株式会社二十年沿革史』、1929年、非売品、pp.54–58による。
174 同上p.47及びp.49。
175 京都では1894年に「東洋」で最初に電気鉄道が走ったという。同上p.54。
176『ソウル600年史』第4巻p.974より作成。
177 同上。
178 前掲『朝鮮総督府庁舎新営誌』p.8。以下、路面電車は本書による。
179 前掲「総督府新庁舎の計画及実施に就て」p.24。
180 京城電気株式会社は、1896年に設立された漢城電気会社が、1904年に韓美電気会社となり、1909年日韓瓦斯株式会社に買収され、1915年に日韓瓦斯株式会社という社名を京城電気株式会社と改称したものである。前掲『『京城電気株式会社二十年沿革史』による。
181『京城日報』1916年6月25日夕刊。
182 同上1920年7月10日夕刊。
183 前掲『朝鮮総督府庁舎新営誌』掲載の写真による。
184 定礎式の経過は『京城日報』1920年7月10日夕刊による。
185 収納物は前掲『朝鮮総督府庁舎新営誌』p.15。
186 同上p.16。
187 同上p.16。
188 同上p.15。読点を加えた。
189 同上p.16。
190『京城日報』1923年5月17日夕刊。
191 前掲『朝鮮総督府庁舎新営誌』p.8。
192 前掲『朝鮮総督府庁舎新営誌』に掲載されている「五階平面図」による。ただし、ここは4階である。
193『京城日報』1924年4月29日夕刊。
194 前掲『朝鮮総督府庁舎新営誌』p.8。
195 徳永眞一「暖房と衛生設備」前掲『朝鮮と建築』第5輯第5号p.71。
196 前掲『朝鮮総督府庁舎新営誌』にある完成後の各階「平面図」を参照しているので、配置に変更があった可能性もあり、必ずしも東側になっていない。
197 前掲「総督府新庁舎の計画及実施に就て」p.25。
198 前掲『朝鮮総督府庁舎新営誌』p.8。
199 前掲「総督府新庁舎の計画及実施に就て」p.26。
200 落成式の様子は「総督府新庁舎落成式」『朝鮮と建築』第5輯第11号、1926年11月号、p.44。
201 前掲『施政二十五年史』p.162。
202「総督府庁舎落成式準備」『朝鮮と建築』第5輯第10号、1926年10月号、p.58。
203 前掲「総督府新庁舎落成式」pp.44–45。
204 柳宗悦『朝鮮とその芸術』に収録、『柳宗悦全集』6巻、筑摩書房、1981年。「失はれんとする一朝鮮建築の為に」は『柳宗悦選集』第4巻（春秋社、1972年）を始め各種の柳の著作をまとめた本に収録されている。ここでは引用は『柳宗悦全集』6巻を用いる。
205『東亜日報』1921年5月24日。この記事の収集には一橋大学准教授加藤圭木氏とソウル大歴史教育科助教고한석氏の、古い韓国語の解読にはソウル大教授徐毅植氏の援助を受けた。記して感謝する。
206 水尾比呂志『評伝柳宗悦』筑摩書房、1992年、p.97。
207 柳宗悦「四十年の回顧―『民藝四十年』を読んで」（柳宗悦『民藝四十年』岩波文庫、1984年）、p.343。
208『柳宗悦選集』第4巻や『柳宗悦全集』6巻は、伏せ字を復元したものを掲載している。どこが伏せ字にされたかは、高崎宗司篇『朝鮮を想う』（筑摩叢書、1984年）を参照。『朝鮮を想う』は柳の「朝鮮の友に贈る書」の伏せ字も明示している。
209 前掲「四十年の回顧―『民芸四十年』を読んで」、p.343。
210 高崎宗司『「妄言」の原形（増補３版）』木犀社、2002年、p.111。以下「（増補３版）」を略す。
211 前掲『評伝柳宗悦』p.98。
212 中見真理『柳宗悦―時代と思想』東京大学出版会、2003年p.101。
213 前掲「四十年の回顧―『民芸四十年』を読んで」p.344。
214 中見真理『柳宗悦―「複合の美」の思想』、岩波新書、2013年、p.89。
215 柳宗悦と朝鮮との関わりに関しては、数多くの柳宗悦研究で言及されている。浅川伯教の我孫子の柳邸訪問が朝鮮との関わりの始めであることは、代表的な柳宗悦研究者である水尾比呂志の前掲書（p.55）、高崎宗司の前掲書（p.101）、さらに高崎『朝鮮の土となった日本人―浅川巧の生涯（増補3版）』草風館、2002年（p.98以下）、近年の研究である中見真理『柳宗悦―時代と思想』東京大学出版会、2003年（p.316）、中見『柳宗悦―「複合の美」の思想』、岩波新書、2013年（p.79）、韓永大『柳宗悦と朝鮮―自由と芸術への献身』明石書店、2008年（p.39）で言及されている。この外に最初の自伝的研究である鶴見俊輔『柳宗悦』（平凡社選書、1976年）や竹中均『柳宗悦・民芸・社会理論』（明石書店、1999年）も本研究とも関わり重要である。本章ではこれらの研究に依拠している。これらの著書には「年賦」が掲載されており、便利である。
216 浅川に関しては、前掲『朝鮮の土となった日本人』p.39以下による。
217 前掲「四十年の回顧―『民芸四十年』を読んで」p.345。及び前掲『民芸四十年』巻末の年賦参照。
218 前掲『評伝柳宗悦』p.55。
219 前掲『柳宗悦全集』第6巻、pp.23–32。この「朝鮮人を想ふ」には伏せ字はない。
220 同上p.33以下。
221 本田増次郎の訳であることは前掲『柳宗悦全集』第6巻、p.51。
222 前掲『柳宗悦―「複合の美」の思想』p.87。
223「朝鮮の友に贈る書」の伏せ字は、1922年に刊行した柳の論文集『朝鮮とその芸術』（1922年9月（pp.18–32））では復元されている。この時は、1922年8月24日から28日まで『東亜日報』に「失はれんとする一朝鮮建築の為に」が掲載された直後である。このことについて、高崎宗司は前掲『「妄言」の原形』（p.74）で「当局がそれを許したのは、三・一運動のほとぼりがさめたことや、文化統治の進行に対応したものと思われる」と述べている。下線をつけた伏せ字部分の表示は前掲『朝鮮を想う』pp.39–53による。
224「彼の朝鮮行」前掲『柳宗悦全集』第6巻、p.56。

225 前掲『「妄言」の原形』pp.106–107。
226 前掲「彼の朝鮮行」前掲『柳宗悦全集』第6巻、pp.60–63。
227 柳宗悦「浅川のこと」前掲『柳宗悦全集』第6巻、p.637には「大正十一年」とあるが、前掲『「妄言」の原形』によれば、この年は「大正十一年」（1922年）ではなく「大正九年」（1920年）の誤りであるという。柳が『白樺』に「『朝鮮民族美術館』の設立に就て」を発表するのは1921年1月であるから、高崎の指摘は納得できる。
228 柳宗悦「浅川のこと」前掲『柳宗悦全集』第6巻、p.637。
229 柳宗悦「『朝鮮民族美術館』の設立に就いて」『白樺』第12巻第1号（前掲『柳宗悦全集』第6巻、p.79以下）。
230 前掲『柳宗悦と朝鮮―自由と芸術への献身』p.102。
231「『朝鮮民族美術館』に就ての報告」『白樺』1921年2月号（前掲『朝鮮を想う』p.94）。
232 富田義作については、前掲「植民地朝鮮の博覧会事業と京城の空間形成」pp.152–153を参照。
233 寄付金については、前掲『「妄言」の原形』p.108。
234 前掲『評伝柳宗悦』p.95。
235「掲載できた」理由は注223参照。前掲『「妄言」の原形』p.74参照。
236 前掲『柳宗悦全集』第6巻、pp.13–14。
237 前掲『評伝柳宗悦』p.98。
238 前掲『朝鮮の土となった日本人』p.112。
239 前掲『「妄言」の原形』p.134。礼状の日付は1922年10月18日である。
240 前掲『評伝柳宗悦』p.95。
241 同上p.97。
242 同上p.106。
243 同上p.107。
244 同上p.107引用の手紙による。
245 前掲『朝鮮の土となった日本人』pp.112–113。
246 柳宗悦、楢悦の生涯に就いては、前掲『柳宗悦』に詳しい。
247 前掲『評伝柳宗悦』p.7。
248 講道館を作った嘉納治五郎は勝子の弟である。
249 前掲『柳宗悦』p.34。
250 今村武志の略歴は、前掲『施政二十五年史』、『戦前期日本官僚制の制度・組織・人事』（東京大学出版会、1981年）などによる。
251 前掲『柳宗悦全集』第6巻、pp.145–154。参照頁は引用文の後のカッコ内に記す。
252 これは『東亜日報』に8月24日から28日まで朝鮮語で掲載された。
253 前掲『朝鮮を想う』pp.121–122。
254 前掲『「妄言」の原形』。
255 前掲『柳宗悦―時代と思想』。前掲『柳宗悦―「複合の美」の思想』。
256 前掲『柳宗悦―「複合の美」の思想』p.90。
257 前掲「朝鮮を想ふ」『柳宗悦全集』第6巻、p.31。
258 前掲「朝鮮の友に贈る書」『柳宗悦全集』第6巻、p.39。
259 前掲『柳宗悦全集』第6巻、p.13。
260 同上pp.227–232。

261 前掲『「妄言」の原形』p.121。
262 高崎はこの柳の意見は「日本の統治の暴虐性を否定し、日本人と朝鮮人を両成敗した」と評価している。(前掲「『「妄言」の原形』p.121)。
263『東亜日報』1921 年５月 24 日。
264 前掲「四十年の回顧―『民芸四十年』を読んで」p.344。
265 満鮮視察団に関しては『朝鮮と建築』２輯３号（1923 年４月１日号)、２輯４号（６月１日号）による。
266 前掲『日本植民地建築論』、pp.364–365。
267「本会創立の趣旨及経過」前掲『朝鮮と建築』創刊号、p.2。
268 中村與資平については、西澤泰彦「建築家 中村與資平の経歴と建築活動について」『日本建築学会計画系論文報告集』第 450 号・1993 年 ８ 月を参照。
269 前掲『日本植民地建築論』、pp.366–367。
270 前掲『朝鮮と建築』第２輯３号（1923 年４月１日号)。
271 同上。
272「講演会」前掲『朝鮮と建築』創刊号１輯１号、1922 年６月 25 日号、p.3。
273 前掲『日本植民地建築論』、p.68。なお、この懸賞募集では甲は該当者なし、乙は日本銀行建築所技師長野宇平次の案が選ばれた。当時片岡は辰野金吾と共同で建築事務所を主催していた。
274 前掲『朝鮮と建築』第２輯４号、1923 年６月１日号、p.11。10 人の談話が掲載されている。
275 ソウル特別市市史編纂委員会編『ソウル 600 年史』第４巻、1981 年、p.1239。
276 圜丘壇：『사진으로 보는 朝鮮時代（続)』소문당、1987 年、p.112。朝鮮ホテル：『사진으로 보는 近代韓国（上)』소문당、1986 年、p.17。
277 現存する皇穹宇：ソウル市史編纂委員会『ソウルの文化財』１巻、2003 年、p.149。
278 前掲『朝鮮と建築』第２輯４号、1923 年６月１日号、p.65。
279 今和次郎の経歴は畑中章宏編集・今和次郎『今和次郎採集講義』青幻舎、2011 年所収の「年譜」による。
280「朝鮮美術史」は、関野博士論文集第３巻『朝鮮の建築と芸術』(岩波書店、1941 年）に収録されている。ここでは『朝鮮の建築と芸術』に収録された「朝鮮美術史」を参照した。
281『現代日本朝日人物事典』朝日新聞社、1990 年、p.895。
282 関野的『韓国建築調査報告』東京帝国大学工科大学、1904 年８月「緒言」p.1。
283 前掲『韓国建築調査報告』、p.150。
284 前掲『朝鮮総督府庁舎新営誌』p.11。
285 同上 p.11。
286「光化門移転と其跡工事」『朝鮮と建築』第５輯第９号、1926 年９月１日号、pp.39–40。
287 同上 p.40。
288「光化門造営の上樑文に就て」『朝鮮と建築』第６輯第７号、1927 年７月１日号、p.17。
289 前掲『朝鮮総督府庁舎新営誌』p.12。なお、孫禎睦「朝鮮総督府庁舎및京城府庁舎건립과 그 후과」『日帝強占期都市社会相研究』(一志社、1996 年、pp.555~557）に光化門撤去に関する記述がある。『東亜日報』などを使っているが、『朝鮮総督府庁舎新営誌』の記述とは日時に差異がある。
290「朝鮮総督府正門の竣工」『朝鮮と建築』第６輯第９号、1927 年９月１日号、pp.43–44。

291「総督府を飾る大理石」『朝鮮と建築』第６輯第２号、1927 年２月１日号、p.45。
292「朝鮮総督府正門の竣工」前掲『朝鮮と建築』第６輯第９号、1927 年９月１日号 p.43。なお、前掲「総督府を飾る大理石」には、門の高さ 12 尺（3m64cm）、幅は 21 間（38m）の広さで、角８尺（2m43cm）の大石柱を４本で構成し、中央の車馬道は柱の間で幅３間半（6m36cm）で左右の通用門は各 14 尺（4m24cm）ずつと記されている。
293 前掲「総督府を飾る大理石」p.45。
294 国立中央博物館『国立中央博物館改築竣工報告書』1986 年、p.53。
295 文化財庁『宮・陵関連ガラス板図録』1997 年 12 月、p.152。
296 前掲「朝鮮総督府正門の竣工」p.44。
297 前掲『朝鮮総督府庁舎新営誌』pp.11–12。

第８章　20 世紀前半景福宮での共進会・博覧会

はじめに

この章では、始政五年記念朝鮮物産共進会以後の景福宮の変化を整理してみよう。日本が朝鮮を植民地として支配するようになってから、景福宮を大きく変化させたものに各種の「共進会・博覧会」があった。最初に行った大規模な「共進会・博覧会」が、1915 年に開催された朝鮮総督府主催の始政五年記念朝鮮物産共進会（以下「物産共進会」と略す）であった。その後、景福宮には朝鮮総督府の庁舎が建立された。そして次に朝鮮総督府主催で行われた大規模な「共進会・博覧会」が 1929 年の朝鮮博覧会であった。この博覧会は、始政 20 周年記念行事でもあり、20 年間の朝鮮支配の「成果」を誇示するものであった。この２つの大規模な「共進会・博覧会」の間の 15 年間に、景福宮では朝鮮総督府の新庁舎が建設されると共に、各種の「共進会・博覧会」があり、昌徳宮の火災もあって、景福宮は大きく毀損され、その姿を変えていった。ここではそれらを整理してみよう。

景福宮で行われた主な「共進会・博覧会」を整理すると 8–1 表「景福宮で開催された共進会・博覧会[1]」のようになる。

8–1 表　「景福宮で開催された共進会・博覧会」

年度	共進会・博覧会名	主催
1915 年	始政五年記念朝鮮物産共進会（9.11 ～ 10.31）	朝鮮総督府
1923 年	朝鮮副業品共進会（10.5 ～ 10.24）	朝鮮農会
1923 年	統計展覧会（10.15 ～ 10.26）	朝鮮総督府
1925 年	朝鮮家禽共進会（4.16 ～ 4.20）	朝鮮畜産業会
1926 年	朝鮮博覧会（5.13 ～ 6.11、21 日まで延長）	朝鮮新聞社
	第 1 会場 = 倭城台総督府旧庁舎、第 2 会場 = 景福宮	
1929 年	朝鮮博覧会（6.12 ～ 10.31）	朝鮮総督府
1935 年	朝鮮産業博覧会（4.20 ～ 6.10）	朝鮮新聞社

これらの共進会・博覧会に関する研究を見てみよう。すでに検討した物産共進会と第9章で検討する1929年の朝鮮博覧会を除けば、その規模が小さいこともあって、資料も乏しく、韓国でも研究が少なく、内容が解明されていない。その中で1923年の朝鮮副業品共進会（以下「副業品共進会」と略す）に関しては、전민정の「日帝時期の朝鮮博覧会（1929年）研究—朝鮮人の近代的視覚体験を中心に[2]」が展示館の概要や展示品について簡単に言及し、副業品共進会は、農業以外の産業が副業になる朝鮮では、その奨励、普及と開発は重要であり、日本との比較対象によって朝鮮人の反省と自覚を促し、消費心理を刺激する空間であったと述べた。さらに、金大浩「日帝強占以後景福宮の毀撤と『活用』（1910～現在[3]）」は、各種行事などでの景福宮の毀撤を検討しているが、植民地時期には博覧会、共進会などで景福宮を「活用」したと指摘している。その中で1923年の副業品共進会や朝鮮家禽共進会にも言及し、会場や展示を紹介している。さらに정소영「1923年朝鮮副業品共進会の開催と影響[4]」は副業品共進会に関する最も詳細な論文である。この論文は『朝鮮副業品共進会事務報告（全[5]）』を使って、副業品共進会の開催過程と役職員、共進会への反応を中心に詳しく分析しているが、副業品共進会の内容に関しては詳しく分析していない。

このように副業品共進会は、開催場所や展示館、展示内容など、最も中心的な内容が明らかになっていない。その主な理由は資料の不足である。

1923年の副業品共進会に関しては、主催者が編纂した『朝鮮副業品共進会事務報告（全）』があり、副業品共進会の内容が分かり、정소영論文が分析した役員などに関する記述だけでなく、その全容が明らかになる。この『朝鮮副業品共進会事務報告（全）』は、日本では広島大学中央図書館と神奈川県立図書館でのみ所蔵されている[6]。また、これに匹敵すると思われる資料が、足立丈次郎『朝鮮副業指針（全）—朝鮮副業品共進会総覧[7]』である。この資料は東京経済大学桜井文庫に所蔵され、「東京経済大学学術機関デポジトリ[8]」で公開されている。本書の筆者足立丈次郎は「朝鮮副業品共進会の提唱者」であり、本書は「総督府側に於ては西村殖産局長を始め平井商工課長、野口三井の両技師」などの「推輓を蒙り」、「参考書、編纂資料、其の他に付種々の便宜[9]」を受けて編纂された。朝鮮総督府の編纂ではないが、それに匹敵する資料であるといえよう。しかし、足立本人は副業品共進会の役員などではない。その他の行事に関しては、雑誌『朝鮮』や当時の新聞などが主な資料である。

1　昌徳宮の火災

朝鮮物産共進会の後、景福宮は大きく変化するが、その要因の一つに景福宮や昌徳宮の火災もあった。景福宮は高宗5（1868）年に完工した。しかし、その後、後苑の工事などもあって、工事が完了したのは高宗10（1873）年12月であった。

しかし、景福宮では度々火災が起こり宮殿を焼失した。高宗代の景福宮再建後では、まず高宗10（1873）年12月10日に慈慶殿から出火し[10]、高宗は20日昌徳宮へ移御した[11]。再建工事は経費などの点で難航したが、高宗は高宗12（1875）年5月27日景福宮に移御した[12]。

しかし、工事が終わった後の高宗13年（1876）年11月4日[13]、再び景福宮で火災が起こった。景福宮の交泰殿・麟跡堂・健順閣・紫薇堂・徳善堂・慈慶殿・協慶堂・福安堂・純熙堂・延生殿・慶成殿・含元殿・欽敬閣・虹月閣・康寧殿など内殿が全て全焼した。『高宗実録』には830余間が焼失したと記されている。非常に大規模な火災で、その後高宗は火災の場所から離れた乾清宮で政務を執った[14]。

そして、景福宮を最も大きく破壊することになったのが1917年の昌徳宮の火災である。この時はすでに日本の植民地になった後であり、景福宮や昌徳宮の管理権も日本に移っていた。従って『純宗実録』も「付録」である。

『純宗実録』「付録」1917年11月10日の項には「十日。大造殿火。午後五時、火自大造殿西溫突接連之內人更衣室而起、內殿全部燒燼【大造殿、興福軒、通明門、養心閤、莊順門、熙政堂、贊侍室、內殿、倉庫、景薰閣、澄光樓、王華堂、靜默堂、曜華門、曜暉門、含光門】、午後八時始鎭火。是夜兩殿下暫避于演慶堂、鎭火後、移臨于仁政殿東行閣、假寢所定以誠正閣。內殿所藏貴重物品及勳記、勳章、徽章、記念章、俱爲燒失」と昌徳宮の火災の様子が記されている。

つまり、10日午後5時に昌徳宮の大造殿で火災が起きた。火は大造殿の西溫突に連結している內人（女官）の更衣室から起こり、內殿の全部が燃え尽くした。燃えたのは殿閣などは上記『純宗実録』（「付録」1917年11月10日）のとおりであり、火は午後8時に鎭火した。この夜両殿下はしばらく演慶堂に避難して、鎮火後臨時に仁政殿東行閣に移り、臨時寝所を誠正閣に定めた。內殿に所蔵していた貴重品及び勳記、勳章、徽章、記念章が全て一緒に焼失してしまった。

この火災によって純宗や妃の生活の場である奥の院の殿閣が焼失した。特に大造殿は内裏の王妃の居間であり寝所である[15]。この再建は即座に取り組まれた。14日には李王職長官子爵閔丙奭を始めとした総督府高官が会議を開き、火災の事後対策を熟議した。まず、仮殿を楽膳齋に定め、応急修理費に予備費の中から6万5000円を支給して、新殿を建築し、韓式を始めとして洋式を参酌して約700坪の規模にし、これに対する建築及び設備費など54万6300円を計上し、1919年までに建築しようとした[16]。

そして27日には昌徳宮の殿閣再建のために、景福宮内に残っている交泰殿・康寧殿・東行閣・西行閣・延吉堂・慶成殿・延生殿・膺祉堂・欽敬閣・含元殿・萬慶殿・興福殿を壊し、その旧材を使用することを決定した[17]。これによって昌徳宮の再建が進み、再建工事は1918年9月に始まり、20年末までに完成した。この事実から判断して景福宮の内殿撤去は遅くも19年末頃には終わったと推測されている[18]。

昌徳宮の火災によって景福宮から移築された殿閣などを物産共進会会場図によって確認しておこう。8-1図「昌徳宮へ移築された建物」は物産共進会会場図を元に昌徳宮に移築された殿閣を黒で示した。

移築された殿閣は、物産共進会では交泰殿は貴賓室に、康寧殿には大正天皇即位の大典の模型を設置し、康寧殿の西側の慶成殿は美術館の第1分館、膺祉堂は

8-1図「昌徳宮へ移築された建物」

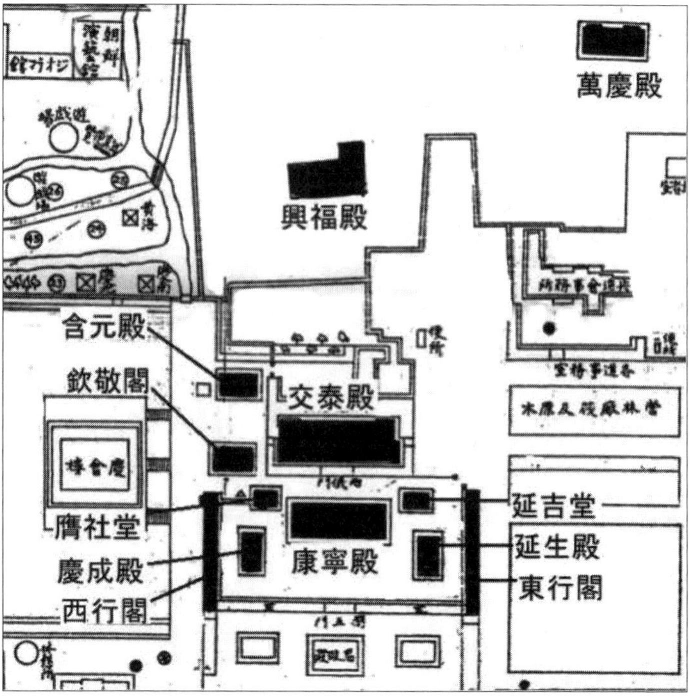

第2分館に、康寧殿と延生殿は参考美術館に、欽敬閣は印刷写真館に、含元殿は観測館に、延吉堂は審査室に使用した[19]。また、萬慶殿と興福殿は物産共進会の会場外にあったので、使用されていない。

これらの殿閣は、景福宮の光化門、勤政殿、康寧殿、交泰殿という中心軸上にある主要建物を含み、さらにそれらを取り巻く重要殿閣であった。

これらの殿閣を取り除くと景福宮に残った殿閣は、東西南北の四大門（建春門と迎秋門、光化門と神武門）と勤政殿と思政殿、思政殿の東西の萬春殿と千秋殿、思政殿の裏の門である響五門、さらに慶会楼と香遠亭、香遠亭の東側の六隅亭、敬安堂、内齋堂、陳設庁（東西）、璿源殿、排位庁、泰隆門、香遠亭の南側の咸和堂と緝敬堂、神武門の東側の集玉齋と八隅亭、協吉堂であった。物産共進会で景福宮の勤政殿の南側が毀損されたが、その2年後の昌徳宮の火災によって勤政殿の北側の殿閣が毀損され、景福宮の破壊は一層進行し、その面影が失われていった。

2　朝鮮副業品共進会

2-1　朝鮮副業品共進会の趣旨

朝鮮農会主催の朝鮮副業品共進会（以下「副業品共進会」と略す）は、1923年10月5日から10月24日まで、景福宮を会場にして開催された。主催は朝鮮農会で朝鮮総督府は「参加ノ形式[20]」であった。副業品共進会は、副業によって「農家経済ノ組織ヲ整頓シ農民ノ経済ヲ潤沢ナラシメ農村ノ振興、地方富力ノ増進」を期待して開催された。当時の朝鮮は、「農業者ノ数人口ノ八割ヲ占メ」、しかも「其ノ経済カ微弱」であり、「都鄙」に「遊手鮮カラサル」状態であった。そのために「副業奨励ノ施設ハ極メテ緊要」であり、「主業」に対し、「余剰ノ労力ヲ利用シテ各般物資ノ産出ヲ豊富」にすれば、「衆庶ノ收利ヲ増加シ、勤勉力行ノ美風ヲ養成シ、民力ノ堅実ナル向上」を期待できる「産業振興ノ根元」であると認識されていた[21]。当時の朝鮮では、1919年の3・1独立運動の影響で、「武断政治」から「文化政治」に統治方針が変更され、海軍大将の斎藤実が第三代朝鮮総督に就任していた。斎藤総督による農業政策の中心は産米増殖計画であった。従って「主業」は米作であり、品種や肥料など耕種法の改良と灌漑施設、開墾、干拓という土地改良事業から構成されていた。ここで増産される米は内地への移出を前提にした商品作物であり、日本への移出高は増加したが、それは生産高の増加を超えていた。肥料不足や精米技術の未熟さという問題もあった[22]。

このような朝鮮農家の状況に対処し、朝鮮農村の収入増加を目指したのが副業の奨励であった。「一般住民ノ経済力尚極メテ微弱ニシテ副業奨励ノ如キ刻下ノ急務」であるという認識は、1923年10月5日の副業品共進会開会式での斎藤総督の「祝辞[23]」にも表れていた。

従って、副業品共進会では「副業ニ関スル万般ノ出品ヲ一場ニ陳列」し、その「実情ヲ紹介」すると共に「彼此考覈対照ノ機会」を与え、副業に対する「一般ノ理解ヲ誘発」し、その「自奮ヲ喚起」し、将来の「副業ノ普及発達ヲ促進」することを目的とした[24]。

2-2　副業品共進会の担い手

副業品共進会は、朝鮮農会が主催したが、朝鮮総督府が全面的に「参加」した。朝鮮農会は、朝鮮の副業を助長奨励するために朝鮮総督府から「補助金ノ交付」を受けて副業品展覧会を開くことを企画したが、経費などの点で「所期ノ目的」を達することが困難であったために、朝鮮総督府の「参加」を求め、さらに「協賛会ヲ組織シ其ノ醵金」によって「事業ノ規模ヲ大ナラシムルコト」とした。そこで、朝鮮の「有力者」に評議員を嘱託し、1923年6月10日に京城商工会議所で評議員会を開催し、「朝鮮副業品共進会」を創設し、方針を確立し、諸般の準備に着手した[25]。したがって副業品共進会は朝鮮農会の主催であるが、「朝鮮副業品共進会」が企画と運営を担った。

「朝鮮副業品共進会規則[26]」によれば、会の役員は、会長1人、副会長2人、評議員若干名、参与若干名、理事長1人、理事若干名、事務委員若干名で構成された。この「規則」に従って、会長は有吉忠一政務総監が就任し、副会長には西村保吉殖産局長、李完用朝鮮農会長・侯爵が就任した。

若干名と規定された評議員には、朝鮮総督府関連者10人、道知事や府尹11人、朝鮮農会関連者6人、農業・水産業・鉱業など協会関連者11人、商業会議所・東拓・電気会社など産業関連者16人、鉄道会関連者11人、銀行関連者5人、地方有力者19人、言論関連者1人と90人も就任した。朝鮮総督府関連者は、原静雄土木局長、和田一郎財務局長など各局長であり、道知事や府尹は忠清北道と咸鏡南道の知事以外の各道の知事と京城府尹が、主催団体である朝鮮農会からは尹致昊理事、韓相龍朝鮮農会副会長・朝鮮畜産協会理事・朝鮮山林協会理事・漢城銀行頭取などの理事が就任し、他の評議員も商業会議所や有力会社・銀行関連者が名を連ねた。

さらに、参与には宋秉畯朝鮮日報社長や宋鎮禹東亜日報社長を始め地方新聞社の社長や副社長総勢 22 人が就任し、報道各社を網羅していた。

そして「会長ノ命ヲ承ケ会務ヲ掌理」する理事長には富田儀作朝鮮農会副会長・朝鮮蚕糸会副会長が就任した。そして「会務ヲ分掌」する理事には朝鮮総督府の各課長、各道の内務部長、朝鮮農会理事、各産業協会の理事など 51 人が就任した[27]。

副業品共進会を運営する理事長に就任した富田儀作（1858-1929）は、早く朝鮮に渡り、1908 年には鎮南浦と平壌に陶磁器合資会社「富田工業」を設立し、日本人に人気のあった陶磁器を製作し、1922 年には村井文太郎と共に李王職美術製作所を引き継いだ「株式会社朝鮮美術品製作所」で、李王家の李花の模様をつけた高級美術品を作って京城の三越百貨店で販売した。さらに平壌にも平壌陶磁器会社を設立した[28]。すでに見たように柳宗悦が朝鮮で活動する際に援助を与えており、朝鮮で事業に成功した実業家を理事長に据えた。

朝鮮総督府は「参加」となっているが、副業品共進会の役員構成を見ると、朝鮮農会ばかりでなく、朝鮮総督府からは政務総監を始め、各局長、課長、道知事などが参加している。さらに、副業品共進会「規則」第 3 条によれば、朝鮮副業品共進会の「事務所ハ朝鮮総督府内ニ置ク[29]」となっており、総督府の関与は「参加」の域を超えていたと思われる。副業品共進会の準備を始めた頃は、景福宮内の新庁舎は完成しておらず、総督府庁舎は南山の中腹などにあった。したがって、会務の進行にともない、総督府内に事務所を置くことは「不便」になり、7 月 11 日に京城商工会議所内に移転した。さらに会場内の「施設進行」にともなって 9 月 1 日に景福宮の思政殿に再移転した。この日は関東大震災の起こった日である。また、副業品共進会を「協賛援助」するために成立した「京城協賛会」も 9 月 15 日に思政殿の西隣の千秋殿に事務所を設置した[30]。次に見るように、関東大震災が起こっても副業品共進会を実施すると朝鮮総督府が主張した理由には、副業品共進会の準備が進行していたこととも関係があったと言えよう。

副業品共進会は、朝鮮総督府が全面的に「参加」し、その力で朝鮮の産業界を動員して実施したことが分かる。朝鮮総督府主催といっても良いようなものであった。

2-3　関東大震災と副業品共進会

副業品共進会は、1923 年 6 月 10 日に評議員会を開催し、諸般の準備を始めた。そして後述するように、京城協賛会も 7 月 7 日に成立し、準備が進行していた。ところが同年 9 月 1 日に、日本の関東地方で大地震が勃発した。関東大震災である。副業品共進会の準備にも大きな影響を与え、副業品共進会の「開催ニ坊間或ハ中止又ハ延期」の声が上がった。そこで9月下旬に評議員会を開催して「開催ヲ断行スヘキコトヲ決議」し、「之ヲ広ク世上ニ声明」した。この評議員会で有吉会長は開催の可否に関して詳しく説明した[31]。有吉忠一は副業品共進会の会長であると同時に朝鮮総督府政務総監でもある。この見解は朝鮮総督府の見解であるともいえよう。長い説明であるが、副業品共進会への見方を示している主張であるので紹介しよう。

有吉は、「関東震火災」による「中止又ハ延期」の論点を3点に整理している。第1は、国家の大災難の時に共進会を開催することは「罹災者ニ対シテ同情ヲ欠」き、「不謹慎」である。第2に、大災難の時に共進会を行っても「恐ラクハ内外ノ観覧人カ甚タ少」く、「共進会開催ノ目的ヲ達スルコトカ出来」ない。第3に、「種々ナル蜚語流説」などが伝わり「人心ニ不安ヤ疑惑ヲ生スル」機会になってしまう。

有吉会長は、これらの意見に「十分ナル敬意」を示し、何れも「相当理由ノアルコト」と考えるが、他の方面からは「大ニ考慮スル所」があるとして、共進会を実施する理由を5点に渡って述べている。

第1に、副業品共進会は朝鮮農民の「経済上ノ収入ヲ増加シ、農村ノ振興、経済組織ノ改善ヲ促」す「極メテ差迫ツタ緊急切要ノ真面目ナル一施設」であり、国内の他の地域で災害があっても「中止又ハ延期」すべき理由はなく、かえって他の所での欠陥を補って「国力ノ減退」を防ぐことが「一層切要」である。つまり、国内の災害に左右されるべきではないという主張である。

第2に、大災害で日本国内では「人心沮喪シテ、人気ノ沈衰」をまねき、政府も復興に努めているが、朝鮮内で「一般人気ノ銷沈ヲ来」しては「朝鮮ノ不利蓋シ甚大」である。この際に「産業ノ発達」と「人心ノ作興」のために「平和的ノ施設ハ一層之ヲ遂行」して「人心ノ沈衰」を防ぐために、「却テ時宜ニ適スルノ措置」である。つまり、災害から立ち上がるために、一層実施するべきであると主張した。

第3に、もし中止または延期すれば、内地の災害のために「朝鮮及朝鮮人ノ幸福利害ヲ目的トスル事業ヲ閑却スル」ことになり、共進会の「本来ノ心事ヲ疑ハシムル」ことになってしまう。つまり、共進会開催の目的を疑わしいものにしてしまうと主張した

第4に、大震災は「過大ニ宣伝セラレ、恰モ内乱テモ勃発」するかのように見られ、「種々ナル風説若ハ宣伝等」もあったが、すでに内地では「天災ハ畢竟

天災ニ止マツテ」、「復旧及建設ニ努力」している。また、内地からの参考出品も「期待」できないとみなすものもあるが、内地では「救済ハ救済、平和事業ハ平和事業」として「冷静ニ之ニ努力」している。共進会を実施することで、内地の震災の「各種ノ影響ヲ過大視スルノ妄想ヲ打破」して、「内地ニ対スル鮮内ノ疑惑ヲ一掃」することは重要である。つまり、朝鮮人殺害事件も起こった関東大震災時の事態の朝鮮への影響を食い止めるためにも共進会を実施するべきであるという主張である。

第５に、内地では「朝鮮ノ治安ヲ疑」って、内地と朝鮮の「商品取引上ニモ、種々ノ悪影響」があり、「商品ヲ送付セサル者サヘ」ある。この状態で共進会を中止または延期すれば、「一般ノ疑惑ヲ実ニシ、朝鮮ニ取テ幾多取引上ノ不利ヲ招クノ虞レ」があるので共進会を実施し内地の疑惑を一掃する必要がある。朝鮮の治安を安定させ、内地との経済関係を改善するためにも共進会を実施すると主張した。

これら有吉会長の５点の意見は朝鮮経済のための副業品共進会であり、朝鮮人の人心に配慮し、内地と朝鮮の関係を配慮して、副業品共進会を実施すべきであるという意見である。関東大震災の被害を朝鮮に及ぼさないためにも共進会を実施しようとしたものと言える。朝鮮への影響が如何に大きかったかを物語っているともいえる。

有吉会長は、共進会を実施すべき５点の理由を述べた後で、中止または延期するべきという先に見た３点の意見への反論を述べている。

第１の「不謹慎」という意見に対し、中止しても「内地ニ於ケル救済トモ援助トモ」ならず、実施しても「災害ニ対する救済ノ妨害トモ支障トモ」ならないので、「冷静熱心ニ之ニ努力」し、個人や国家の「経済ノ向上」に資するためには実施した方が良いと言う。

第２の観覧者が減少するという意見に対し、共進会は「元来内地在住者ノ為ニ設」けるものではなく、朝鮮農民の「経済上ノ困難ヲ救済スル」ためのものであって、「共進会ノ必要ト価値トヲ理解スル人達」は「減少スルモノトハ思ハレマセヌ」と言う。

第３に「種々ナル蜚語流説」が伝わり「人心ニ何等カノ不安」を招くという意見に対し、このような事態を招くような「不都合ノ行為ヲ為スモノ」がいるならば、彼らは「同胞ヲ愛スルノ精神ナク、同胞ノ幸福利益ヲ助長スルノ誠意モナ」い者であり、「朝鮮人ノ恥辱」すること「之ヨリ甚シキハナイ」者で、朝鮮人にはこのような「不心得ノ者」はいないと信じると言う。

有吉会長の、朝鮮総督府の副業品共進会にかける期待の大きさを示していると共に、朝鮮総督府の実施する政策は日本の国内問題に影響されないとする独自性を見ることもできる。1923年という韓国「併合」から13年という年の朝鮮総督府の主張ともいえる。

2-4　副業品共進会の出品物

朝鮮の産業全般の中で、副業とはどのようなものか。副業は「主業若は本業に対する言葉」であり「一定の意義はない」という。「本業に支障を及ぼすことなく、或は寧ろ本業を補助する」もので、「余剰労力を利用し以て副収入を得る仕事」である。従って「生活の状態土地の状況に依り何れが本業か分からぬこともあ」るともいう。「概して之を言へは一家の経済に及ぼす影響の大小に因り、或は本業と称せられ、或は副業と看做され、截然たる区別がないから、副業の範囲は極めて広汎なものである[32]」という。

副業品共進会の提唱者である足立丈次郎のこの副業品の定義によれば、「主業」または「本業」以外は全て副業である。このことを踏まえて副業品共進会の出品物の分類を見てみよう。

「朝鮮副業品共進会規則」第19条「出品ノ分類、品種別及一点ノ出品数量」によれば、その分類は極めて詳細で、第1類から第27類まで区分されていた。全体の分類を示す前に「第一類棉花及其ノ製品」を例示すれば、「品名例示」には「棉花、綿糸、綿布、錦交織布、靴下、メリヤス、漁網、投網、綿紐其ノ他ノ編組物、バテンレース及刺繍類、手提袋、巾着、造花、足袋、シャツ其ノ他ノ布帛加工品等」が例示され、「一点ノ出品数量」には「棉花棉糸各一斤、織物一反若ハ一疋、靴下一打、漁網類一反若ハ一張、足袋二足、シャツ二枚、其ノ他適宜」と示されている。このように詳細な内容が各分類に規定されていた。

全27類の出品品種と出品数を8-2表「副業品共進会　種類別と出品数」に示しておく。

この表に見るように、「副業品」として分類されたものは、農業では「稲作」以外のもの全てが含まれ、さらに漁業や林業、鉱業などもあり、第27類のように「以上ノ分類ニ属セザルモノ」まで存在する。従って「副業品」は「一定の意義」はなく、朝鮮人に何らかの収入をもたらすもの全てと言って良いであろう。

副業品共進会では「出品区域」を「朝鮮一円」としていたので、出品物の内、「普通出品」は朝鮮内で副業によって「生産若ハ採取」したものをいい、「参考品」は朝鮮以外で生産されたものをいう[33]。朝鮮内とは朝鮮の各道であり、朝鮮以

8-2 表 「副業品共進会　種類別と出品数」

類	種　類　別	普通出品	参考品	計
第 1 類	棉花及其ノ製品	874	353	1,227
第 2 類	麻及其ノ製品	682	153	835
第 3 類	繭及其ノ製品	1,024	339	1,381
第 4 類	毛皮、獣毛、羽毛及其ノ製品	484	91	575
第 5 類	果実及其ノ製品	503	75	578
第 6 類	蔬菜及其ノ製品	643	89	732
第 7 類	油子及其ノ製品	549	25	574
第 8 類	核子及其ノ製品	228	15	243
第 9 類	家畜家禽及其ノ製品	518	78	596
第 10 類	魚貝類及其ノ製品	430	109	539
第 11 類	海藻及其ノ製品	123	27	150
第 12 類	澱粉類及其ノ製品	319	73	392
第 13 類	藁麦藁箒黍及其ノ製品	599	314	913
第 14 類	莞草藺草及其ノ製品	399	180	579
第 15 類	天日草及其ノ製品	38	−	38
第 16 類	蘆草及其ノ製品	131	14	145
第 17 類	杞柳萩蔓及其ノ製品	427	154	581
第 18 類	骨蹄角及其ノ製品	52	10	62
第 19 類	竹及其ノ製品	309	374	683
第 20 類	銘石及其ノ製品	225	70	295
第 21 類	粘土類及其ノ製品	324	133	457
第 22 類	金属製品	392	311	703
第 23 類	用材及其ノ製品	794	474	1,268
第 24 類	製紙用繊維及其ノ製品	509	291	800
第 25 類	薬剤染材及其ノ製品	551	58	609
第 26 類	種子及苗木	449	57	506
第 27 類	其ノ他以上ノ分類ニ属セザルモノ	227	1,120	1,347
合　計		11,803	4,987	16,790

表中の第 3 類の合計は原表では 1,381 であるが、1,363 に訂正した。
原表では普通出品合計は 11,821、総計 16,808 である。
出典：前掲『『朝鮮副業品共進会事務報告』分類は pp.12-15、点数は pp.111-113。

外の地域とは、出品物を出した日本の 38 府県と陸・海軍省、台湾、関東州と農商務省である[34]。日本からは山形県、岩手県以外の東北各県、北海道、関東地方の群馬県、埼玉県などが参加していない。

出品点数を見ると、第 3 類の繭及びその製品（1024 点）が最も多く、全体の約 8.6% を占めている。2 番目に多いのは第 1 類の棉花及びその製品（874 点）である。そして３番目に多いのが第２類の麻とその製品（682点）である。第１類の棉はすでに紹介したが、第３類の繭とその製品には、家蚕、野蚕繭、真綿、生糸、柞蚕糸、絹布、柞蚕布、絹交織布、絹ハンカチーフ、絹製手提袋、巾着、造花、刺繍品、その他絹編組物、絹布加工品などが例示されている。同様に第２類の麻とその製品には、麻類、麻糸類、麻布類、麻交織布、麻シャツ、リネンバテレンレース麻鞋、その他麻及び麻布加工品などが例示されている。棉、麻、繭の繊維関係が最も多く（2580点）、全体の22%を占めていた。この他、第13類（599点）の藁、麦藁、箒黍で、その製品は、藁、縄、叺筵、草履、筵蓆、草鞋、蚕具、箒などがあるが、これを加えると農村の副業の主な物が見えてくる。さらに日本からの出品である「参考品」に注目すると、第１類、第３類、第13類に多い。当時、産米増殖計画が進められており、日本に移出する米を入れる叺を日本産の叺を使うか朝鮮産の叺を使うかは朝鮮総督府にとっても重要な政策課題であった。副業品共進会の理事であった上瀧基（当時山林課長）は、1965年10月に、朝鮮で縄叺事業を経営した坂本迪藏からの聞き取りに参加し、坂本から、当時は「手織式」で「１戸１日５枚位」を製造したという話を聞いている。坂本は1912年に全羅南道縄叺製造販売組合を立ち上げ、専務理事を務めた。1915年の朝鮮物産共進会ではこの組合は「金賞」を受賞した。坂本は、「叺の製造」は「飽くまでも、農家の副業」であり、「遊んでいる時間に、又雨で休む時、夜業に一枚造る」というのが「副業」であり、１枚10銭で売ると、米１升が７銭か８銭の時代に朝鮮の農家には重要な収入源であったと述べている[35]。朝鮮の副業は、叺のように、経済的に恵まれない朝鮮の農家に、副業を奨励し副収入を得させるものであった。

2-5　副業品共進会の会場

副業品共進会は景福宮で行われた。景福宮を会場に選定した理由は、「交通、風致、面積其ノ他総テノ点ヨリ考察」して景福宮が「最適当」であるからである。景福宮の「五万坪ヲ画シ本会場」とし、経費の節約、建築の時間を考慮して、「始政五年記念朝鮮物産共進会ニ於テ使用セル古建築三棟ヲ借入レ……応急修理ヲ加ヘテ本館、第一参考館、第二参考館」とし、さらに「中央休息所、家畜及家禽舎、苗木陳列場、放魚池等」を配置して会場[36]とした。物産共進会では「七万二千八百坪[37]」を使用したので、その一部ということになる。

副業品共進会が開催された1923年は、物産共進会の第一号館の所に朝鮮総督府新庁舎を建設する工事が進行中であった。しかし、他の展示館は残っていたのである。

副業品共進会は、本館、第一参考館、第二参考館の３棟と中央休息所、家禽及び家畜舎、苗木陳列場、放魚池などから構成されていたが、それは景福宮のどこか。8–2 図「朝鮮副業品共進会場平面図[38]」を見てみよう。

平面図で、「主会場」と「特設館」と名付けて黒枠で囲んだ所が副業品共進会の主な会場である。平面図の右上の「特設館拡大図」として黒枠で囲んだ所は、下方の「特設館」の内部を拡大した図である。従って景福宮の内部に「特設館拡大図」の場所に展示館があるわけではない。また、平面図左下の「特設館他索引」は、「特設館拡大図」の中にある建物を説明したものである。

会場は、光化門から入場し、「主会場」、「特設館」を見学し、「サーカス団」を見たり、「飲食店」街を通って、「接待所」である慶会楼を経て「競技大会場」に行き、「弓術大会」を見たり、再び「飲食店」街を通って「迎秋門」から退出することになっていた。

8–2 図　「朝鮮副業品共進会場平面図」

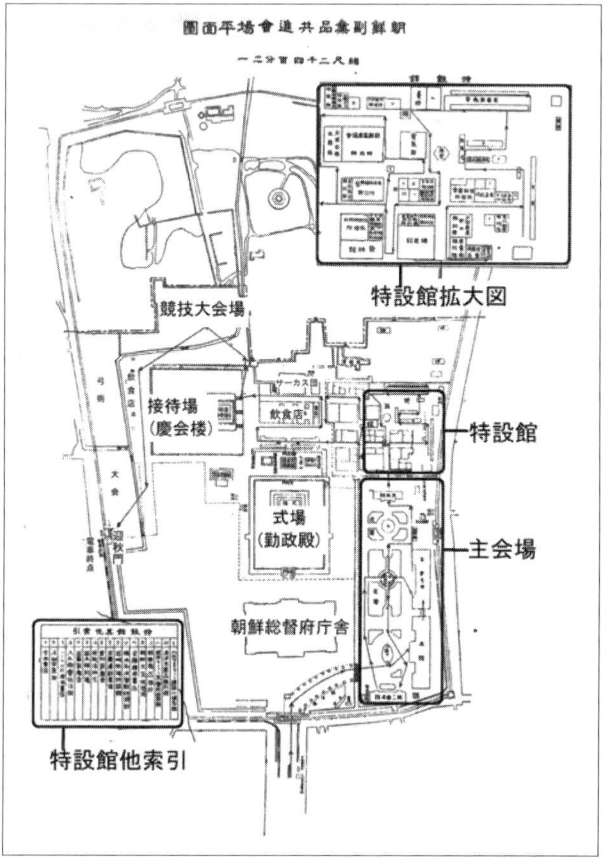

そして「迎秋門」が「終点」の電車に乗って市内に入ることもできた。

次に 8–3 図「主会場」をさらに詳しく見てみよう。「主会場」には、本館、第一参考館、第二参考館という副業品共進会のメイン展示館が配置されていた。「始政五年記念朝鮮物産共進会」で使用した「古建物三棟」を借り入れて、「応急修理[39]」したと言う通り、本館は物産共進会の「第二号館」であり、第一参考館は同じく「参考館」であり、第二参考館は「審勢館」である。さらに「副業品共進会場平面図」には、光化門から入って本館、第一参考館、中央休息所を経て第二参考館を見て、その後花壇を回って美術館を見た後「特設館」に行く順路を案内している。8–3 図「副業品共進会「主会場」図」には順路を太い線で示しておいた。

副業品共進会の本館には第 1 類から第 27 類までの現物とその製品が展示されていた。[40] ただし、本館には家畜家禽や魚介類の生物は展示されていない。これらは「特設館」に展示された。本館入り口を入ったところには「中央装飾」があり、その奥には「バテンレース実演場」もあった。

前掲『朝鮮副業品共進会事務報告』には「館内観覧順路図」が掲載されており、全ての物を見落としなく見られるように「順路」が示されている。「本館」を見た後に、8–3 図にあるように、「第一参考館」に入る。この建物は朝鮮物産共進会の時も会場が連結されていたが、そのまま連結して使用した。

第一参考館は日本の九州・中国・四国・関東・北陸の各地方の出品品があり、さらに朝鮮各道の出品物、水原と裡里の高等農林学校、各道の箪笥や家具類、京畿道と忠清北道のバテンレース作業、そして関東州と満州、台湾、諸官署からの出品物が展示されていた。

8–3 図「副業品共進会「主会場」図」

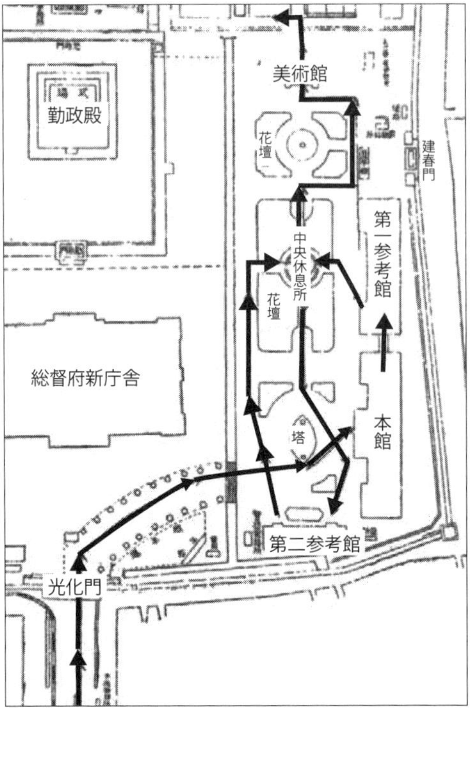

第二参考館は、実演している所を見せる会場で、日本からは大阪の久保田工業所と藁ヅト製造が、朝鮮からは京城の高木商店染色、東洋染色会社及び瀬戸商店メリヤス製造、小野硝子工場、朝鮮産業貿易会社、岩崎ブラシ製造所、京畿道の屑繭整理、中央試験所、朝鮮製菓会社、京城織物公司の９社が、京畿道の戸田農具会社縄及び京畿製叺、京城織物同業組合、花筵・織物製造の３か所、全羅北道の苔紙製造、平安南道の織物製造、大邱の東洋杞柳会社、全羅南

道の竹細工品製造と叺製造の２社、江原道の木細工品製造、忠清南道の麻布及び叺製造、慶尚南道の咸陽普通学校、咸鏡北道の豚毛整理、忠清北道の川島撰穀機の合計 24 の会社や工場、試験場が出品し、各種の実演を行った。この第二参考館も、館の東側から入場し、会場内を循環見学し、西側から退出するコースになっていた。第二参考館は、日本や朝鮮で副業品製造業などで成果を上げた事業所を紹介し、模範を示す会場だったと思われる。だからこそ、案内図でも地方名を主に示している第一参考館と違って会社名など固有名詞を出しているのであろう。

本館、第一参考館、第二参考館、さらに美術館の北側には「特設館」の会場があった。「特設館」の場所は、物産共進会では「大正水利組合模型」と「臨益水利組合模型」、さらに「植物装飾」、「苗田」、「営林省筏及び原木」、「京畿道筏」などが展示されていた所である。形状を比較すると「各道事務室」のあった建物の形がそのままになっている。まさに物産共進会の会場を利用している。と共に、朝鮮物産共進会が閉会して８年ほど経過しているが、物産共進会の会場が残っていたことになる。

「特設館」に何が展示されていたかを見てみよう。

8–4 図「特設館内建物配置図」を見ると、名称を書き込めない所は「イロハ

8–4 図　「特設館内建物配置図」

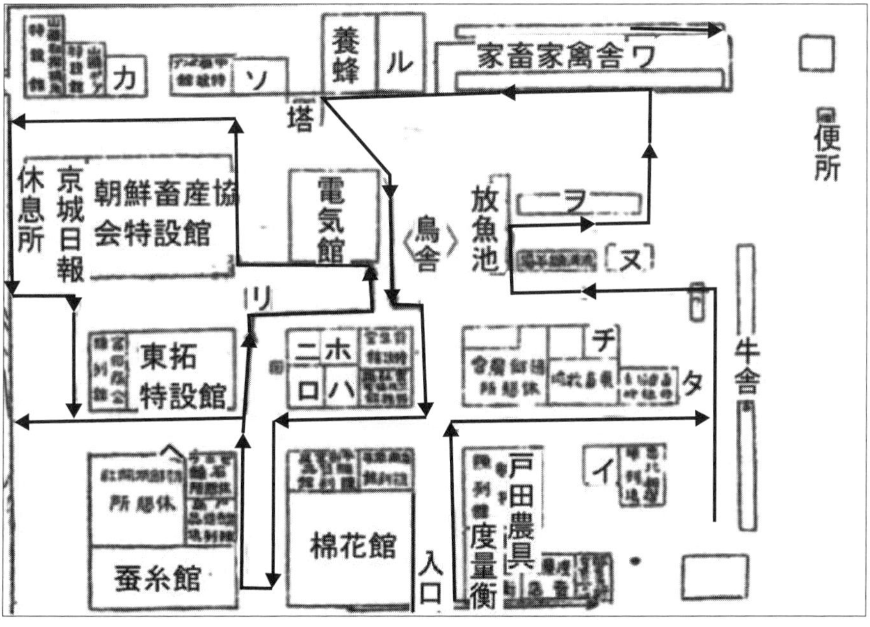

8-3 表「副業品共進会特設館索引」

イ	大正コンクリート建築小規模館
ロ	清津水産品陳列所
ハ	東洋セメント瓦会社特設館
ニ	郵便局出張所
ホ	朝鮮火災休息所
へ	安藤絵端書店
ソ	楠本石油発動特設館
チ	岩崎牧場特設館
リ	京畿道副業塔
ヌ	愛知家畜舎
ル	模範場豚舎
ヲ	苗木陳列場
ワ	家畜家禽舎
カ	大矢商店特設館
ヨ	ソーウル社絵端書店
タ	活動写真館
レ	全南売店

……」で示していて、その名称を 8-3 表「副業品共進会特設館索引」のように別記している。

「ヨ」の「ソーウル社絵端書店」と「レ」の「全南売店」の２つは見つからなかった。

この特設館の北側部分には、「朝鮮畜産協会特設館」を始め、「牛舎」、「家畜家禽舎」、「ル」の「模範場豚舎」、西隣に「養蜂」があり、「チ」の「岩崎牧場特設館」、その下の「東畜牧場」、「鳥舎」、「放魚池」、「ヌ」の「愛知家畜舎」とその西側の「洗涌緬羊場」など、各種の生き物が展示された。景福宮の内部で以前は東宮であった地域が恰も動物園の如くに変貌してしまった。

さらに農業関係では蚕糸館、棉花館、苗木陳列場もあった。第二参考館に陳列できない動植物を集めていた。特設館「入口」には「度量衡陳列館」(図では「度量衡」と表記)、「戸田農具肥料陳列館」(図では戸田農具」と表記) があった。朝鮮農村で十分に使われていない日本の「度量衡」や農具、肥料を普及させる目的と思われる展示館があった。そして若干の娯楽設備である「タ」の「活動写真館」、電気館、東拓特設館、さらに朝鮮農会や京城日報、朝鮮新聞社などの休息所もあった。

副業品共進会の会場には、「主会場」と「特設館」以外に競技大会場、弓術大会場、そして飲食街もあった。

景福宮を会場とした副業品共進会は、物産共進会の残存展示館を利用して、その会場内で実施した。しかし、異なる点は、物産共進会の第一号館のあった所に朝鮮総督府新庁舎が建設されており、そのために使用面積も 2800 坪ほど狭く、先に見た昌徳宮の火災後に移築された康寧殿や交泰殿の跡地はサーカス団や飲食店街に利用した。景福宮の変貌を見て取れる。

2–6　副業品共進会と西十字閣の崩壊

副業品共進会の会場の出口は迎秋門であった。8–5 図「迎秋門と電車終点」は 8–2 図「朝鮮副業品共進会場平面図」の迎秋門（出口）と電車終点の部分を拡大したもので、この電車の路線は積善洞前と通義洞を結ぶ「迎秋門線」[41]である。副業品共進会の観覧客の便宜のために敷設されたもので、副業品共進会開会日である 10 月 5 日に合わせて、10 月 3 日に開通した。積善洞は景福宮の西前面の地名で、通義洞は迎秋門の横の地名である。

この電車の開通が大きな問題を引き起こした。この電車路線は光化門から迎秋門への線路なので、景福宮の西の端にある西十字閣の角で 90 度の方向転換が必要である。この工事によって光化門から西十字閣への城壁が崩れた。不鮮明な写真ではあるが、『東亜日報』には光化門から西十字閣を見た写真[42]（8–6 図「崩れた

8–5 図「迎秋門と電車終点」

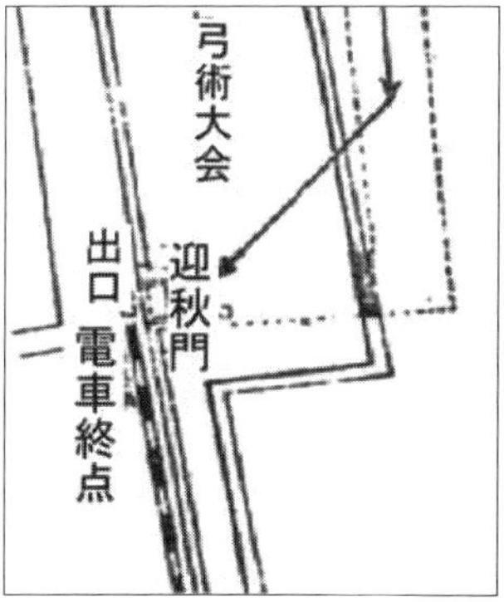

8–6 図「崩れた城壁と西十字閣」

8–7 図「電車の振動で崩れた迎秋門」

城壁と西十字閣」）が掲載されている。さらに10月2日に城壁は撤去されたが、その理由は副業品共進会が開催されたからと報じている[43]。さらに迎秋門は電車の振動で崩れてしまった[44]。

そして1926年4月27日朝、迎秋門の南側の墻4間が崩落し、遊んでいた4歳の子どもが負傷した[45]。8–7図「電車の振動で崩れた迎秋門[46]」はその写真である。写真には左側に電車も写っている。そして、迎秋門もこの頃撤去された[47]という。

副業品共進会とそれを契機に敷設された電車によって、景福宮の西側の城壁と西十字閣、さらに迎秋門までの城壁が崩壊し、迎秋門も結果的には取り壊されてしまった。

2–7　副業品共進会の受賞者

副業品共進会への出品点数[48]は、普通出品1万1803点、参考品4987点、合計1万6790点であった。さらに出品人数は、普通出品9724人、参考品1514人、合計1万1238人であった。この内容をみると、普通出品は朝鮮内だけと決められているので、1万1803点は全て朝鮮各地からのものである。これに対して、参考品4987点は、朝鮮各地の参考品が1748点で、日本の各県、陸軍省関係、海軍省関係、台湾、関東州・中国、農商務省からの参考品が3239点である。朝鮮に在住する日本人の出品などは「参考品」であり、参考品は「内地其ノ他」で約65%を占めた。このことを考慮すると普通出品に出品した9724人は朝鮮各地からの、しかも朝鮮人の出品である。慶尚北道1163人、京畿道1106人、全羅南道918人などが多かった。

この出品点数と出品者数は「何レモ予定点数ヲ超過シ[49]」ていた。そして審査の結果[50]、名誉賞8点、一等賞53点、二等賞194点、三等賞567点、四等賞1121点、五等賞1414点であった。名誉賞は京畿道1点、忠清南道1点、全羅北道1点、全羅南道2点、慶尚北道1点、慶尚南道1点、咸鏡南道1点であった。名誉賞を受賞した人名・組織名を8–4表「名誉賞受賞者一覧」で見てみよう。

「8–4表」で名誉賞を受賞した項目を見ると、朝鮮総督府の奨励していた副業品がどんな物かが推測できる。この8件の中には、実棉・陸地棉（高興安）、生糸・真綿・春繭（湯浅金四郎）、夏布（舒川郡苧布組合・苧布は麻布）と繊維関係が最も多い。日本の代表的な輸出品と日常着に使う繊維である。さらに、穀類の叺の入っていることも注目される。そして牡牛は家禽・家畜の副業としての重要性を表している。後述するように1925年4月には「朝鮮家禽共進会」が朝鮮畜産業会の主催で開催される。

一等賞は 53 名が受賞しているが、これを出品の類別に区分してみると 8–5 表「一等賞受賞の副業品とその分類・点数」のようである。

一等賞を受賞した副業品は、第 1 類の棉、第 2 類の麻、第 3 類の繭で 15 点にもなる。第 3 類の繭とその製品は輸出用も含め、朝鮮人の衣類として生産され

8–4 表「名誉賞受賞者一覧」

氏名	住所	品名	1 カ年の生産能力	1 カ年の販売額	販売先	沿革	備考
高興安	全羅南道	実棉陸地棉	1000 斤	300 円	木浦		
湯浅金四郎	京畿道	生糸 真綿 春繭	120 貫 30 貫 339 貫		朝鮮内各地	1918 年創業	褒章：内地では再三受賞 朝鮮では初出品
尹秉秀	咸鏡南道	苹果紅玉	15,000 貫	10,900 円	元山付近・内地	1904 年創業	朝鮮物産共進会で銅賞褒状 1922 年咸鏡南道連合果実品評会で特等
金景熙	慶尚南道	牡牛					
沈澤慶	全羅北道	穀類叺	1,150 枚	287 円	金堤郡縄叺改良組合	1918 年創業	
舒川郡苧布組合	忠清南道	夏布	100 疋	1,000 円	朝鮮各地	1914 年創業	
潭陽産業組合	全羅南道	改良細簾	50 個	50 円	京城・大邱・東京など		
韓圭烈	慶尚北道	貢物紙					

出典：前掲『朝鮮副業指針全 - 朝鮮副業品共進会総覧』pp.82-89。

8–5 表「一等賞受賞の副業品とその分類・点数」

類	副業品	分 類	点数
第 1 類	棉花	実棉在来棉、輸出向加綿加工品、綿糸網地	3 点
第 2 類	麻	大麻、苧麻、麻布	3 点
第 3 類	繭	繭春蚕、繭春蚕、生糸、真綿、萩製蚕箔、絹布、明紬（ツムギ）、交織布、亢羅（生糸で織った布）	9 点
第 5 類	果実	苹果紅玉、苹果国光	2 点
第 6 類	蔬菜	甘藷、馬鈴薯、葱頭ネギ	3 点
第 9 類	家畜家禽	鶏卵、蜂密、牡牛、牡牛、豚牡、鶏一番（白色レグホン）鶏一番、乾鯉	8 点
第 11 類	魚貝類	乾海苔	1 点
第 12 類	澱粉	馬鈴薯澱粉	1 点
第 13 類	藁	叺、縄、改良筵	3 点
第 15 類	天日草	莞草（蓆の原料）、莞草製筵蓆、褥地、模様細簾	4 点
第 19 類	竹	竹林、改良櫛、バスケット	3 点
第 20 類	名石	硯	1 点
第 21 類	粘土	瓮（モタイ）味噌などの貯蔵用	1 点
第 23 類	用材	木炭、カラマツ苗木、桑苗木	3 点
第 24 類	製紙	晒布糊、油衫紙、油衫紙、窓紙	4 点
第 25 類	薬剤	除虫菊、五倍子、大黄、地黄	4 点

出典：前掲『朝鮮副業指針全 - 朝鮮副業品共進会総覧』pp.90-115。

た物もある。さらに、家畜家禽が8点もあり、鶏、牡牛、豚と韓国の農家で飼っている農業用と食用でもある動物といえる。その中で牡牛が2点受賞している点は牛の飼育を奨励しているともいえよう。また、朝鮮の農家で壁紙などに使う第24類の製紙と漢方薬の原料も受賞しているが、これらも朝鮮での在来からの副業品であろう。

しかし、受賞の理由を見ると、8-4表に見るように、生産能力と販売額が記されており、受賞したのは商品作物として生産、飼育された物である点に注目する必要がある。在来の副業品を商品作物に改革し、副業収入に結びつけた人物が表彰された点が一層重要である。

2-8 京城協賛会の役割

朝鮮農会は、「副業品展覧会」を開催しようとしたが、資金不足のために「万全」な会は実施できないとして、朝鮮総督府の「参加」を求め、さらに「本会ノ事業ヲ翼賛」する人々によって「協賛会」を組織し「其ノ醵金」をもって事業を拡大し、副業品共進会を開催することにした[51]。「京城協賛会」は1923年7月初旬に準備が始まった。7月1日に朝鮮内の各新聞社代表に参与を嘱託し[52]、7月2日は共進会の役員名簿を公表した[53]。これらを経て、7月4日に有吉政務総監の名義で市内各新聞社代表、重要銀行、実業家などを朝鮮ホテルに招いて、副業品共進会について協議した[54]。会議には李完用朝鮮農会長、朴泳孝、宋秉畯朝鮮日報社長などの朝鮮人、美濃部俊吉朝鮮銀行頭取、有賀光豊朝鮮殖産銀行頭取、谷多喜磨府尹など40余名が参加した。会議では西村殖産局長が副業品共進会の趣旨及び計画について詳細な説明を行い、朝鮮の現状に鑑みて共進会は適実緊急であり、官民共同歩調を同一にして予期の目的を貫徹することを望むと述べた。これに対して美濃部朝鮮銀行頭取は一同を代表して協力協賛することを述べた。そして満場一致で共進会協賛会を組織することを決議し、参加者全員が発起人となって協賛会規定などを起草することになった[55]。そして共進会の経費は、協賛会の負担する10万円、主催者側の負担額、総督府寄贈の参考館その他の景福宮内の会場建造物を計算して50万円で実施することにした[56]。さらに、7月7日に協賛会の発起人会を銀行集会所で開き、協賛会規約を決定し、協賛会の役員と予算を決定した[57]。

京城協賛会は、会長が美濃部俊吉朝鮮銀行頭取、副会長が釘本藤次郎朝鮮商業会議所連合会会長（京城商業会議所会頭）と趙鎮泰東洋拓殖会社監事の2人で、商議員が有賀光豊朝鮮殖産銀行頭取、尾崎敬義元東洋拓殖会社理事、谷多喜磨京城府府

尹、安藤又三郎満鉄理事、韓相龍朝鮮農会副会長の５人であり、彼らは副業品共進会の評議員を兼任した。韓相龍のように朝鮮実業界の中心人物も加わっていた[58]。

協賛会の役員は、会長、副会長、商議員の他に、顧問に西村保吉殖産局長を始め４人、幹事に大村友之亟副業品共進会理事長を始め13人、さらに相談役59人で構成され、その他総督府の船越光雄が事務長に就任し、商業会議所と殖産銀行、府庁、総督府などから嘱託が任命され業務を担った[59]。

このように見ると、副業品共進会は、主催は朝鮮農会であるが、朝鮮総督府、京城府、商業会議所、主要な銀行など朝鮮の実業界によって行われたものであるといえる。

京城協賛会は、副業品共進会を「賛助」することを目的に、「市中ノ装飾」、「観覧者ニ対スル旅宿ノ斡旋」、「其他余興」、「競技会」など諸種の施設を行った[60]。協賛会の事業は観覧者の便宜を図ると共に共進会の余興を担当した。

市中の装飾は、「共進会気分」を「高潮」させるために、南大門に「電飾」で「副業品共進会ノ額面」を掲げ、夜間にはイルミネーションを施した。さらに市中は「懸燈飾花」で装飾した。また、活動写真館を特設し（8–4図「特設館内建物配置図」の「タ」）、午前中は副業奨励に関する映画を上映し、午後は副業品共進会に参加している当事者が各種の映画を上映した。活動写真館の隣に「演興館」を設け、主に朝鮮の新旧演芸を興行した。また、各種の競技会を実施した。その１つの「詩文大会」は、朝鮮古来の「白日場」のように各種課題を設け、古風詩、賦、作文、律で参加者が１人１首を提出して、応募した作品を勤政殿の回廊に展覧した。また弓術大会では朝鮮各地から選手を募集し男子60人、女子30人が参加した。副業品に関しては、各道から選出された選手による叺製造競技会、縄紬競技会、稲扱競技会を実施した。さらに、朝鮮角力大会、素人角力大会、武道大会（撃剣・弓術・柔道）、マラソン競走、鞦韆（ブランコ）競技会、畜犬大会なども担当した。勤政殿回廊では盆栽、菊花、生花などの展覧会、李王職雅楽演奏会、豊年踊など、非常に多くの余興を実施した。これ以外に雑演芸（綱渡り・手品）や奏楽、煙火、福引き、宝探しなど、観覧者を飽きさせない各種の催し物を実施した[61]。

協賛会の重要な任務である宿舎の斡旋に関して、協賛会の斡旋数は不明であるが、副業品共進会の開催された1923年10月５日から24日を含む10月の京城府内に宿泊した人数が判明する。その数を前月の９月（カッコ内数）と比較すれば、内地人は１万7392人（7984人）、朝鮮人５万578人（１万3597人）で、内地人は2.1倍、朝鮮人は3.7倍である[62]。これらの人が京城内に宿泊したとすれば、宿舎の斡旋は重要な業務であったといえる。会場内の売店・飲食店は売店は34店、飲食店33軒を許可した。[63]

京城協賛会は副業品共進会を成功させるために、裏方ともいえる役割を果たした。しかし、朝鮮内各地からの観覧客にとっては、宿泊や飲食は欠かせないものであり、京城に数日間滞在する場合は余興も欠かせないものである。博覧会とは称していないが、京城協賛会は欠かせない行事を担当していたといえる。

2-9　副業品共進会の入場者

副業品共進会は1923年10月5日から24日まで開会された。「朝鮮副業品共進会規則」によれば、期間中は、毎日午前9時から午後5時まで開かれ、夜間の開場は行われなかった。入場する光化門は午前8時半に開かれ、出口の迎秋門は午後6時に閉じられた。会場の観覧について詳細な「心得」が案内されていた。[64]

入場料は大人1人20銭、子ども1人10銭、6歳未満は無料、20人以上の団体は3割引、学生・下士・兵卒は5割引であった。[65] 一般の入場者の入場券売店を光化門前に設置し、窓口8か所、12人の販売者で販売した。[66]

だが入場券は優待観覧券など各種あった。それらを整理してみると、8-6表「入場券の種別と内容」のようになる。

副業品共進会は10月24日に閉会したが、「共進会ノ効果ヲ徹底」するために、25日と26日の2日間、会場はそのままで無料観覧日にした。午前中は午前9時から軍人、学生、総督府と所属官署の勤務人と家族に公開し、午後は一般の人が入場した。さらに27日も「鑑賞日」として会期中繁忙のために観覧できなかった人、または混乱のために「研究的ニ十分ナル観覧」ができなかったという憾を満たすために諸官署の長、銀行会社の頭取、社長など官民有力者約1000人を招待して観覧させた。[67]

これらの措置を講じた結果、10月5日の初日は個人1万167人、団体は学生

8-6表「入場券の種別と内容」

優待観覧券	本会が優待した者に発行
特別入場券	各出品人に1人1枚発行
無料入場券	〈1〉 1回限り有効の無料入場券、仕事で入場する者に発行 〈2〉 会期期間中無料入場券、出品物のために出入りする者に発行
入場券（一般観覧者）	大人20銭、子ども10銭、20人以上団体3割引、軍人・学生5割引
入場回数観覧券	数回の観覧者、家族観覧者に発行、15回分2円50銭
門鑑	臨時人夫、売店従業員に発行、無料

出典：前掲『朝鮮副業品共進会事務報告』p.478

団体 7 組 306 人、普通団体 7 組 259 人、合計 1 万 732 人、無料入場券入場者が 3036 人で総計 1 万 3768 人であった。以後、最も多かったのは 10 月 17 日で 3 万 8493 人であり、ほぼ毎日 1 万 5000 人以上の入場者があった。

これらの入場者数を整理すると 8–7 表「有料入場者数」のようである。

8–7 表「有料入場者数」

個人			団体			
大人	小人	計	学生・軍人	普通	計	総数
236,851	33,272	270,123	47,388	29,730	77,118	347,241

出典：前掲『朝鮮副業品共進会事務報告』p.484。

このように開催期間中の有料入場者は、個人が約 27 万人、団体が 7 万 7000 人、合計約 35 万人である。入場者には、これ以外に無料入場者がいる。無料入場者数と有料入場者数を見たものが 8–8 表「無料入場者数と有料入場者数」である。

8–8 表「無料入場者数と有料入場者数」

無料入場者	有料入場者	累計
48,379 人	347,241 人	395,620 人

出典：前掲『朝鮮副業品共進会事務報告』p.484。

8–9 表「延長日の入場者数」

10 月 25 日	10 月 26 日	10 月 27 日	総数
50,203 人	68,633 人	881 人	119,717 人

出典：前掲『朝鮮副業品共進会事務報告』p.485。

8–8 表によれば、出品者などの入場者は 4 万 8000 人ほどである。普通出品点数 1 万 1821 点、出品人数 9724 人、参考品 4987 点、1514 人[68]と比較すると、相当に多い数である。無料入場者は出品物の管理などのための入場であろうが、普通出品者は地方の農民が多いことを考慮すると、朝鮮内と朝鮮外からの出品のある参考品の管理者も相当いたことを思わせる。

さらに、延長された 25 日、26 日、27 日の無料観覧日の入場者は 11 万 9717 人であった。各日の入場者数は 8–9 表「延長日の入場者数」のように、25 日が 5 万 203 人、26 日が 6 万 8633 人、27 日が 881 人であった。官民の有力者 1000 人を特別招待した 27 日は 881 人で、予定に満たなかったことになる。

副業品共進会の入場者は、正規期間中の入場者 39 万 5620 人と無料観覧日の入場者 11 万 9717 人を合計した 51 万 5337 人である。ただし、この数字には優待観覧券と特別入場券、仕事で入場した門鑑の所有者は含まれていない。これらの数を含めると、観覧者数はさらに増えることになる。朝鮮物産共進会の観覧者数 116 万 4383 人とは比較できないが、関東大震災直後の開催という点を考慮すれば、観覧者数は目標に達したといえるだろう。

このような観覧者はどうして確保できたか。地方からの観覧者である咸鏡南道利原郡の場合、郡庁で京城の副業品共進会と釜山で開かれた水産共進会に観覧者を送り出した。出発日は10月10日、引率者は朴承昊、団員は西面８人、東面８人、南面８人、合計25人であった[69]。咸鏡南道からはかなりの遠距離で、釜山まで行くのであるから、大旅行である。ここから25人を送り出したのは「郡庁」であった。また、全羅北道は一層大規模な副業品共進会視察団を派遣した[70]。各郡ごとに数日にわたって出発した。全羅北道の最も大きな都市である全州を含む全州郡は最多の視察団を派遣したが、その内訳を見ると、６日100人、８日100人、９日104人、11日100人、12日108人、14日83人、16日98人、17日50人、19日100人、21日70人、合計913人、16団（１団平均57人）であった。次に多くの視察団を派遣したのは井邑郡で800人、16団（１団平均50人）で、３番目に多かったのが穀倉地帯の益山郡で580人、12団（１団平均48人）であった。各郡が多くの視察団を派遣し、全羅北道の14郡から合計5800人、129団（１団平均45人）であった。

新聞などで知ることができるのは一部にすぎない。そして1915年の物産共進会のように各地に「協賛会」は組織されなかったようなので、これらの「視察団」の派遣は咸鏡南道に見るように「郡庁」が直接関与した可能性が高いと推測できる。前掲『朝鮮副業品共進会事務報告』によれば、入場者数の内、普通団体での入場者は２万9730人で、団体数は747団である[71]。１団平均40人ほどである。会場までの距離などを考慮すると多くの団員は40人前後だったのだろう。とすれば各道の郡庁などにとって団長の選定や団員の募集などは、大きな仕事であったと推測される。これは道、郡の独自事業ではなく、総督府からの指示が出ていたのであろう。

副業品共進会は、朝鮮農会の主催で、朝鮮総督府の「参加」の下に、副業品共進会という組織が運営し、京城の協賛会が観客動員や余興などを担当した。

しかし、朝鮮総督府は「参加」であったが、全面的に運営に関与したといえる。たとえば、朝鮮総督府は政務総監通牒で仁川税関長に「朝鮮副業品共進会出陳物ノ特殊取扱ニ関スル件[72]」を発し、副業品共進会に出品するために「輸移入スル物品」に対する「移入税ヲ免除」し、さらに「内地、台湾又ハ樺太」からの出品物には特別な扱いをすることを命じている。さらに『朝鮮総督府官報』には副業品共進会でだけ使用する郵便消印の図案が掲載され、会場内の京城郵便局臨時出張所で「引受消印」に使用することが記載されている[73]。また10月10日には「三大懸賞問題提供」というタイトルで、副業品共進会の第一論文、第二論文、予選投票に関する記事[74]が載っている。そしてこれらに当選した人の名前と住所、賞金などが掲載されている[75]。これらは「朝鮮副業品共進会」と記されてはいるが、恰も朝鮮総督府の行事であるかの如くである。

朝鮮総督府は副業品共進会に全面的に関わっていたといえる。

3　統計展覧会

朝鮮副業品共進会が開催されている景福宮で、同じ時期に、副業品共進会とは異なる展覧会が開催されていた。朝鮮総督府主催の統計展覧会である。統計展覧会は、1923年10月15日から10月26日までの12日間、景福宮の勤政殿の東廊で開かれた[76]。勤政殿は、副業品共進会では開会式や閉会式に使われ、統計展覧会閉会の前々日の10月24日には副業品共進会の閉会式が行われた。閉会式には、斎藤実朝鮮総督を始め、有吉忠一副業品共進会会長（政務総監）、美濃部俊吉京城協賛会会長（朝鮮銀行頭取）など来賓1000余人が参加した[77]。これらの人々は、統計展覧会を見た可能性は高い。

統計展覧会は、「統計思想の普及と、統計の改善刷新」を目的に、朝鮮総督府の主催で開催された。開催の趣旨を、斎藤誠朝鮮総督は、10月24日に行われた褒章授与式で次のように述べた[78]。統計は「国家社会各般の現象」を示し「発達推移消長の跡」を表しており、さらに「施設経営の指針を示し又学術研究の基礎」であるので、官庁でも民間でも「之を切要とすること言を俟たず」。翻って朝鮮を見れば、改善の程度は「未だ以て現状に満足」できないので統計展覧会を開催した。斎藤総督は、朝鮮の現状では統計の事務が不十分であり、改善の必要があると述べた。

このような目的で統計展覧会は開催された。出品者[79]は朝鮮全体の「十三道の各官公署、団体、個人」で、出品総点数は2675点であった。その内訳は、統計図表およびポスター1155枚、統計標語857点、著書その他の刊行物541点、統計宣伝歌99点、統計器具16点、施設物7点であった。優秀作品には褒章が与えられた。

会場は勤政殿の東廊であった。勤政殿の東廊は、勤政殿を囲む行閣の東側部分で、副業品共進会「主会場」の東側にあたり、副業品共進会会場に連結した場所である。『宮闕誌』[80]によれば、行閣の幅が2間、長さが42間あった。南から3分の1の場所に隆文楼がある。隆文楼は一段大きな建物で、勤政殿の行閣の出入り口にもなる。隆文楼の南側は2層で上は倉庫、下は書房（書庫）で、北側は米の倉庫であった[81]。勤政殿の東廊は、２間幅の部屋が42間あった。「間」は長さではなく、柱と柱の間を意味している。勤政殿の行閣は朝鮮物産共進会の時に部屋としての機能を失い、柱だけが残る行廊（回廊）に変えられた。行閣から行廊（回廊）への変貌であり[82]、共進会や展覧会などの展示場になったのである。

勤政殿の東廊42間を15区画に区分し、第１区画と第２区画は個人、会社、銀行の出品場とし、第３区画から第12区画までを朝鮮の13道の出品場にした。第14区画と第15区画は総督府の出品区画で、第14区画には検事検察事件、民事訴訟、さらに刑務所作業収入比較、第１審刑事有罪判決人員、登記事件、その他林産・植林・水産の分布状況を展示した。第15区画には総督府の歳入・歳出・予算、朝鮮の貿易状況を展示した。

１区画の大きさが同じか差異があったかは判明しないが、平均２間を使っても余裕があった。陳列の基準は、統計図、統計表、ポスターを中心に置き、標語集は上部に横型の額のように配置し、余白に宣伝歌を置くという形式であった。

展覧会での展示は、審査委員長大西一郎（朝鮮総督府調査課長）の「審査報告書」に端的に表明されている。図表は努力の跡を認めるのもあるが、人目を引こうとして「殊更周囲の装飾に力を注」いだものがあり、「色彩配合等のみに重きを置き其の他全般統一を無視したもの」があり、著作刊行物、標語、宣伝唱歌も「概して優秀なるもの乏しく将来改善の余地」が少なくないと評した。

その結果、名誉賞は５点で、逓信局（逓信事業統計）、朝鮮銀行（朝鮮銀行券発行高）、殖産銀行（資本金及び貸出高比較）、南満州鉄道（主要駅乗降人数一覧）、平馬左橘（統計より見たる花柳病・二冊）であった。総督府の逓信局とともに、朝鮮銀行、朝鮮殖産銀行、満鉄など、朝鮮で事業を営む会社が受賞している。朝鮮各道の受賞では、一等賞は全羅北道（全羅北道人口統計図）と京城府（京城府財政一覧）の２点であった。以下、二等賞９点、三等賞８点、四等賞52点、総計71点であった。出品数が総計2675点に対して受賞数が少ない。特に各道の受賞を見ると、一等賞は京畿道と全羅北道だけで、二等賞３点、三等賞１点であり、受賞した展示物が少ない。統計のあり方に問題があるのか、展示方法に問題があるのかは不明だが、各道の力の入れ方に不十分さがあったのだろう。各道では、副業品共進会に向けて観覧者（視察者）の募集や引率もあり、同時開催の統計展覧会は負担が大きかったのではないか。

会場は景福宮の勤政殿の東廊で、「李朝五百余年の昔を偲ぶ古典的な建築物一切が開放され、季は碧空開潤秋天麗らかな時であり、副業品共進会及付設の諸計画と相俟つて観覧者をひくに十分であつた[83]」と評している。

入場者数は、毎日 7000 人以上が入場し、最も多かった 17 日は 1 万 3904 人も入場した。12 日間で総計 9 万 9917 人が入場しており、統計展覧会という一般の人には関心を引きそうにない展覧会としては入場者があったといえよう。これは副業品共進会を同時開催であったことが有利に作用したと思われる。

4　朝鮮家禽共進会

朝鮮総督府新庁舎が建設されている時期に、景福宮では、朝鮮家禽共進会（以下「家禽共進会」と略す）が、1925 年 4 月 16 日から 4 月 20 日までの 5 日間、朝鮮畜産業会の主催で開催された。家禽共進会は、池田秀雄殖産局長が共進会長であり、下岡忠治政務総監が褒章授与式で一等賞、二等賞などの受賞者に褒章を授与しているように、朝鮮総督府と深く関わった行事であった[84]。

家禽共進会での「家禽」とは朝鮮の農家で飼育している鶏と鶏卵である。1923 年 10 月に副業品共進会が開催され、その 1 年半後に家禽共進会が開かれた。副業品共進会では、非常に多くの種類の副業品が出品され、鶏や鶏卵も第 9 類[85]の中の 1 つとして出品されていた。それらの中で家禽共進会が他の副業品に先立って、最初に開催されたのである[86]。

副業品共進会（1923 年）以後、朝鮮博覧会（1929 年）までに開かれた品評会などは、신주백の作成した〈表 1〉「朝鮮総督府が主催・支援・参加した展覧会・品評会」によれば、この当時、多くの会が開催されていた。それらの中から 1926 年、1927 年、1928 年に開催された展覧会や品評会を整理してみると、8–10 表「朝鮮総督府主催・支援・参加した展覧会・品評会[87]」のようになる。

「8–10 表」を見ると、多くは特定の物産に限定しない物産品評会や商品・産業品評会であり、家禽共進会と類似しているのは 1927 年の平北畜牛共進会、慶南

8–10 表「朝鮮総督府主催・支援・参加した展覧会・品評会」

1926 年	1927 年	1928 年
釜山貿易品展覧会	慶北メートル展覧会	南鮮 6 道連合畜産共進会
納涼博覧会	京城商品展覧会	米穀貯蔵共進会
メートル展覧会	平南・郡審勢展覧会	物産振興展覧会
黄海道永同 6 郡連合物産品評会	平北南産業品評会	朝鮮船舶発動機共進会及び朝鮮水産品展覧会
平安北道郡連合物産品評会	平北畜牛共進会	咸北審勢展覧会
京城生産品品評会	慶南畜牛陳列共進会	
	全北第 1 回家畜共進会	

畜牛陳列共進会、全北第１回家畜共進会であって、家畜の牛が主要なものであった。

牛が注目される理由は、「当局」によれば、当時朝鮮で飼育されていた牛は160万頭であるが、満足に仕事に使える牛は90万頭くらいであり、当時の農家数240万戸に割り当てると約３戸に１頭、耕地面積430万町歩に割り当てると５町歩に１頭程度で、農業の発展には不十分である。牛は少なくとも１戸毎に１頭、耕地２町歩に１頭は必要で、それには成牛300万頭が必要であり、飼育方法が良ければ不可能でないので、畜産を奨励する必要があると述べている[88]。

朝鮮の鶏は、副業品共進会では鶏49点、鶏卵99点[89]が出品された。その評価は「概して優良なるもの乏しく稍期待に反せるの感」があり、「朝鮮に於ける養鶏業は依然として幼稚なるを免れす、斯業改良の前途尚遼遠なるへし[90]」というものであり、鶏卵も「未た以て優良なりと云ふことを得す[91]」という内容であった。それでも一等賞に鶏卵で中村貢（京畿道)、鶏一番[92]（白色レグホン）で高木親爾（京畿道）と小松ハナ（京畿道）の３名が受賞した。

鶏を中心にした共進会を開催した理由は、「養鶏は農家の副業中最も好適[93]」なものであり、副業は「資本土地労力並びに技術等を用ふること少く老幼婦女子の区別なく、凡ゆる階級者と雖も簡易に行ひ得る」ものであるが、養鶏は「最も此の条件に適合[94]」するものだからである。さらに、農家１戸平均２羽強を飼育しているが、その「種類極めて劣等」なので「経済価値頗る低く」、「飼養羽数の比較的多きに比し生産額少き憾」ある状態なので、「先づ之が種類の改良」を図るのが「刻下の急務」であり、その上で「飼養羽数の増加」を実現すれば、「巨額の収得」を期待できるからであるという[95]。

養鶏は必ずしも優良ではないが、飼育農家が多いので、共進会を開催し品種の改良を奨励しようという目的で家禽共進会が開催されたのである。

家禽共進会は、第１類生鶏、第２類鶏卵、第３類各種養鶏器具機械其他参考品に区分されていた[96]。第１類の生鶏は「白色レグホーン種」、「ロードアイランドレッド種」、「プリマスロック種」、「名古屋種」、「三河種」が出品された[97]。さらに各道から募集した家禽に関わる小学生の絵画、童謡、写真が飾られ、さらに数十店の売店もあった。

出品数は、白色レグホーン種124点、ロードアイランドレッド種36点、プリマスロック種44点、名古屋種55点、三河種３点の合計262点、その外各種鶏卵449点、鶏肉製品、羽毛骨製品などであった[98]。

入場者数は第１日目の6600余人が最小で、日曜日の第４日目は１万6000人を突破する入場者があった[99]というが、総数は判明しない。

4月19日に慶会楼で褒章授与式が行われ、下岡忠治政務総監の「告辞」、池田秀雄共進会会長（殖産局長）の「式辞」の後に、下岡政務総監から1等から4等までの総代と養鶏功労者が褒章され、池田会長から自由画、写真の受賞者に褒章が授与された[100]。

入賞者は第1類（鶏）、第2類（卵）と、写真展覧会入賞者、自由画入賞者の1等入賞者名が判明する[101]。第1類（鶏）は個人6人、各地の畜産同業組合などが5組合の合計11である。6人の個人を見ると朝鮮人1人、日本人5人である。畜産同業組合は咸鏡南道、忠清南道、慶尚北道、平安南道、全羅北道の各道1組合である。また第2類（卵）は個人13人で朝鮮人2人、日本人11人であり、畜産同業組合4組合であった。写真入賞者は日本人が2人、自由画は日本人児童16人、朝鮮人児童4人であった。

この受賞者を見ると、圧倒的多数が日本人であって、優良生産者は日本人といえる。共進会の目的が養鶏の奨励策であったとすれば、朝鮮人農家が日本人農家に学ぶことを奨励したといえる。朝鮮の農家での養鶏の評価は朝鮮人農家が該当し、日本人農家は別だったといえよう。

この家禽共進会は景福宮のどこで開催されたか。「会場入口の光化門は既に装飾を終わつて開会の日を待つばかり[102]」という記事によって、入り口は光化門であることは判明するが、会場図などもなく、明確に判明しない。しかし、1年半ほど前に開催された副業品共進会の「特設館」の集まった会場図に「家禽家畜舎」があり、主催団体である朝鮮畜産協会の「特設館」があり、さらに「鳥舎」もあった。「純白な艶々しいレクホーンは入り口近くに居を占めて[103]」いるという記述から家禽家畜舎が使用されたことが窺える。また「小鳥の陳列場では九官鳥が鶏の啼真似」をしていたとあるので、「特設館」にあった「鳥舎」も使用した。「養鶏開発並養鶏に関する事業の趣味及実益に富む活動写真の映写」をした[104]ので「活動写真館」も使用している。これらから家禽共進会は景福宮の中の副業品共進会の「特設館」にあったいくつかの施設を使用したと推測できる。

5　1926年朝鮮博覧会

1926年5月に朝鮮博覧会が開催された。1929年6月の朝鮮博覧会と同名であるが、1926年の博覧会は朝鮮新聞社が主催し、1929年の博覧会は朝鮮総督府の主催であった。

1926年朝鮮博覧会は5月13日から6月11日までの予定であったが21日まで延長され[105]、会期が1か月以上となって、副業品共進会よりも長い期間であった。

博覧会会場は、第1会場が倭城台朝鮮総督府旧庁舎、第2会場が景福宮であった[106]。

第1会場には産業館、教育館、家庭館、逓信館、鉄道館、陸軍館、満蒙館、官庁館、体育館、メートル館という特設館で構成され、さらに即売店と余興場が設置された。

産業館には朝鮮各道の産物を展示し、教育館には京城府内の小学校、普通学校など27校で選抜された児童の作品と教育資料や南洋児童の作品が陳列され、家庭館には衛生用品から台所道具、消防器具までが網羅され、逓信館には電気故障の発見機、魚帆船の模型を置き、さらに光化門と総督府新庁舎の模型に電信電話の部分品と豆電球をつけて不夜城を現出した。

さらに、鉄道館は朝鮮総督鉄道局と朝鮮鉄道株式会社の共同館で、欧亜大陸連絡交通の大模型が展示され、陸軍館には最新戦法による壮烈な実戦の光景を展示し、これに関する兵器被服を出品し、陸軍の輪郭を示した。

満蒙館は関東庁と南満州鉄道会社の連合出品で、満州の高梁酒、栗、関東塩、柞蚕などの特産品と朝鮮内と比較するために棉、米、麻、陶器などを展示した。

官庁館は専売局、勧業模範場、水産試験場から参考資料が出品され、体育館は各種競技場の理想的な設備による大模型を展示し、朝鮮の運動界の趨勢を展示した。メートル館は総督府商工課龍山分室と朝鮮度量衡協会の連合特設館で、メートル法を宣伝した。

このような第1会場の展示館構成は、博覧会が「あくまでも勧業のための博覧会であり、経済博覧会[107]」であったことを示している。

会場内にはラジオが設置されたが、1926年5月は朝鮮ではラジオの実験放送の時期であったので珍しかった。余興場では、毎日、日本女性の出演演舞があり、即売所では日本と朝鮮の一流の大商店によって品質善良で低下価格品の宣伝販売が行われた。

このように第1会場では朝鮮内の事情を示す物品が展示された。特に児童生徒の作品の展示は日本人の通学する小学校と朝鮮人の通う普通学校の作品、日本の委任統治領である南洋の生徒の作品が展示された点は興味深い。3者の優劣が比較展示されたのだろう。朝鮮新聞社の主催であったが官庁館や体育館など官庁から参考品が独立館で展示されたのも特徴であろう。

第1会場となった倭城台朝鮮総督府旧庁舎は、先に見たように何か所かに分散していた。従って「倭城台」の旧庁舎では分かりにくい。だが会場が総督官邸や憲兵隊司令部に隣接した本庁舎とすれば、南山の中腹である。そして、朝鮮総督府新庁舎は 1926 年 1 月にはほぼ竣工し新庁舎への移転が始まっていた。朝鮮博覧会が開催された 1926 年 5 月には旧庁舎は博覧会の会場に使用できたのであろう。

第 2 会場の景福宮では、先ず第 1 号内地本館があり、日本内地の産物を展示した。特に東京や京都の優秀な品が注目され、日本製袋機販売所が出品した専売特許の茂木式製袋機は 1 時間に 1 万枚の封筒を作る能力を示して人気があった。

さらに特設館には、飛行機館、熊平館があり、営林省館は鴨緑江材で作られ、京都館はクラシックな京都情緒を漂わせ、電気館では電気機械類を陳列し、機械館では発動機の音が激しく聞こえ、水族館ではアザラシの芸があった。平南館では平安南道の産物を宣伝していた。さらに第 2 号館では朝鮮の産物を展示していた。

慶会楼の周辺には即売所、飲食店、妓生舞踏場があり、楽天地には忠孝館、東洋サーカス館、世界動物園、犬猿芝居、活動人形、射的、球転しなどの余興場があった。

第 2 会場の景福宮は、主に日本の製品が展示され、広い会場を使って余興や飲食店、即売所などが設けられ、博覧会の「楽しみ」を担当した。第 1 会場も第 2 会場も、朝鮮の植民地支配の進展と日本との比較が重視されたといえる。

朝鮮博覧会は毎日午前 9 時から午後 4 時まで開かれていた。入場料は一般（学生を含む）が 1 人 30 銭、子ども 1 人 15 銭で、50 人以上の団体は半額であった。[108]

入場者数の詳細は不明であるが、「開会 40 日間入場者延人員約六十万[109]」といわれている。副業品共進会の入場者は 51 万 5000 人ほどであるから、朝鮮博覧会の方が入場者が多かった。1920 年代に入ると博覧会や共進会、品評会などが各地で頻繁に実施されるようになって、催し物に参加する障壁は低くなっているのかもしれない。日本国内での博覧会の開催などを受けて、「入場者数が博覧会の成否を左右する重要な指標[110]」となっていたという点も重視しなければならない。

第 2 会場の景福宮では、どの地域が会場として使用されたかは明確に記されていない。しかし、展示館の様子から副業品共進会の会場がそのまま使用されたのではないだろうか。副業品共進会の主会場を想定すると、第 1 号内地本館は「本館」が、特設館や行機館、京都館などに「第 1 参考館」、「第 2 参考館」などが利用されたのではないか。1926 年の朝鮮博覧会では副業品共進会の「特設館」一帯は、展示内容から見ると、使用されなかったのではないだろうか。

8–8 図「独立運動を報じた『東亜日報』」

東亞日報
號外發行禁止
鐵桶城가튼警戒網裡
各處에서朝鮮○○萬歲高唱
爆發의第一聲은學生隊列中
觀水橋附近
敦化門附近
黃金町附近
東大門附近
騎馬隊東衝西突
群衆은自相踐踏
軍隊示威行列
警官隊放銃說
騎馬警官疾行
到處萬歲
十餘名刑事隊
佛教代表의啓明星
新事件新檄文續出
大同團宣言
關係者三名
檄文은全部七千萬張
檢事出動取調
騷然한各地
各署連絡하야八方으로檢擧
鍾路署에서百五十

また、朝鮮博覧会の開催時期は「会期中李王殿下の御薨去あり、ついで国葬の大義」があった[111]。「李王殿下」すなわち朝鮮王朝第 27 代国王（皇帝）純宗が、1926 年 4 月 26 日に亡くなり、その国葬が 6 月 10 日に行われた。まさに朝鮮博覧会の会期中であった。純宗の国葬は、日本の国葬令に倣って行われた。国葬は何日もかかる行事で、 4 月 29 日の「成奠殯」（日本の皇室の葬儀の正寝移柩の儀に相当）から始まり、 6 月 12 日の「返虞」（斂葬後一日権舎祭の儀に相当）までの儀式があるが、 6 月 10 日は「遣奠」（斂葬当日柩前祭の儀に相当）、「発靷」（霊輿発引の儀に相当）、「奉訣式」（斂葬の儀の中の葬場の儀に相当）の儀式が行われた[112]。このような国葬の儀式が進行中に朝鮮博覧会は行われた。

同時に 6 月 10 日には『東亜日報』が第 1 面で大きく「各地で朝鮮○○万歳高唱」と報じたように「 6・10 万歳運動[113]」が起こった。8–8 図「独立運動を報じた『東亜日報』」を見ると、観水橋付近、敦化門付近、黄金町付近、東大門付近などの見出しで運動を伝え、「各署連絡によって八方で検擧」、「鍾路署で百五十名」、「東門署で五十名」、「本町署で十餘名」とも報じている、他方「軍隊示威行列」ともあり、当日の状況を詳しく伝えている。

朝鮮博覧会がこのような中でどのように進行していったかは不明である。朝鮮博覧会と国葬、 6・10 万歳運動の関わりは解明できていない。

おわりに

本章では 1915 年の朝鮮物産共進会以後の景福宮の変化を検討した。景福宮ではいくつかの共進会、博覧会が開催された。これらは比較的小規模であったこともあって、朝鮮副業品共進会を除けば、その概要は雑誌と新聞に残るわずかな記録によってしか知ることができない。先行研究も副業品共進会以外は簡単な紹介があるだけである。

この期間の景福宮の変化には昌徳宮の火災が大きな影響を持った。昌徳宮には李王殿下（純宗）が起居していたこともあって、皇族の住まない景福宮の殿閣を昌徳宮の再建に利用した。勤政殿の後ろにあった康寧殿、交泰殿を中心にした殿閣が移築された。これは景福宮の毀損には好都合であったといえよう。

朝鮮副業品共進会は、産米増殖計画で増産が目指された米穀以外のあらゆる物品が「副業品」とされ、農家経済の補填や副業品産業の奨励を目的に開催された。主催は朝鮮農会であったが、創設させられた副業品共進会と京城協賛会が組織され運営を担った。朝鮮総督府は全面的に「参加」協力した。この会の開催直前の9月1日には日本で関東大震災が起こり、大きな動揺があったが、強行された。副業品共進会は物産共進会の会場跡を利用して行われたが、あらゆる物品が副業品とされたために、会場となった景福宮では家畜家禽、牛、鳥、魚などが飼育され、動物園と化してしまう状況で、王宮として威厳は失われた。同時に、副業品共進会の出口が迎秋門であったために、市内電車が迎秋門近くまで延長され、その工事や振動で迎秋門は崩壊し、電車路線設置のために西十字閣が撤去された。景福宮は大きく毀損され、以後景福宮は催し物会場として幾度も利用された。

さらに景福宮では統計展覧会、家禽共進会、朝鮮博覧会が続けて開かれた。朝鮮支配の成果を展示し、さらに朝鮮人に余興などによって消費文化を体験させ、日本の支配の正当性を実感させる催し物であった。

他方で、その会場となった景福宮は恰も便利な催し物会場になってしまった。これらの催し物によって、王宮としての威厳は失われ、一般民衆の娯楽の場に変身させられてしまった。1920年代、朝鮮総督府による朝鮮植民地支配のあり方は、旧国家の威厳を毀損することによって朝鮮人を懐柔したといえよう。なお、1935年の朝鮮産業博覧会は史料不足で調べられなかった。

注

1　신주백「박람회　과시·선전·계몽·소비의 체험공간」『歴史批評』67、2004年夏号、表2。

2　전민정「일제시기 조선박람회（1929년）연구 -조선인의 근대적 시각 체험을 중심으로-」成均館大学校美術学碩士学位論文、2003。

3　김대호「일제강점 이후 경복궁의 毀撤과『活用』（1910～현재）」『서울학연구』29、2007年8月。

4　정소영「1923년朝鮮副業品共進会의 개최와 영향」『숭실사학』38、2017年6月。

5　朝鮮副業品共進会『朝鮮副業品共進会事務報告（全）』朝鮮副業品共進会、1924 年。
6　筆者は広島大学中央図書館の配慮で閲覧できた。
7　足立丈次郎『朝鮮副業指針全―朝鮮副業品共進会総覧』東光社、1924 年 3 月。
8　東京経済大学学術機関デポジトリ
https://repository.tku.ac.jp/dspace/handle/11150/2557(2022.6.23)
9　前掲『朝鮮副業指針全―朝鮮副業品共進会総覧 7』「凡例」。
10　『高宗実録』高宗 10 年 12 月 10 日「慈慶殿災」。
11　同上 高宗 10 年 12 月 20 日「移御于昌德宮」。
12　同上 高宗 12 年 5 月 27 日「移御于景福宮。大王大妃殿、王大妃殿、大妃殿、中宮殿、世子宮、同爲移御。
13　同上 高宗 13 年 11 月 4 日「初四日。景福宮災。【交泰殿、麟趾堂、健順閣、紫薇堂、德善堂、慈慶殿、協慶堂、福安堂、純熙堂、延生殿、慶成殿、含元殿、欽敬閣、虹月閣、康寧殿】八百三十餘間延燒。
14　문화재청『경복궁 광화문 및 기타권역 복원정비 계획보고소』2002 年、p.31。
15　『宮闕志』第 1 巻、ソウル学研究所、1994 年、p.73、原文「大内坤殿正堂也」p.34。
16　『純宗実録』付録、1917 年 11 月 14 日。十四日。本職長官子爵閔丙奭以下高等官、會議火災後處理之方。"假殿【樂善齋】應急修理費六萬五千圓、豫備金中支出；新殿建築、以朝鮮式爲主而其餘參以洋式。建坪略爲七百坪、建築及設備雜費概筭爲五十四萬六千三百圓、自本年始役、至八年竣工爲定"啓。
17　同上 付録、1917 年 11 月 27 日。「二十七日。本職重建殿閣、以景福宮內諸殿閣【交泰殿、康寧殿、東行閣、西行閣、延吉堂、慶成殿、延生殿、膺祉堂、欽敬閣、含元殿、萬慶殿、興福殿】舊材移建事、與總督府議定後啓稟。
18　孫禎睦「朝鮮総督府庁舎및京城府청사건립과 효과」『日帝強占期都市社会相研究』第 8 章、p.527 以下。
19　『始政五年記念朝鮮物産共進会報告書』第 1 巻、pp.56–57。
20　朝鮮副業品共進会編纂『朝鮮副業品共進会事務報告』朝鮮副業品共進会、1924 年、p.1。
21　「趣意書」、同上 p.1。
22　産米増殖計画については、李成市・宮嶋博史・糟谷憲一編『朝鮮史 2』山川出版社、2017 年、p.96 以下参照。
23　前掲『朝鮮副業品共進会事務報告』pp.435–436。
24　「式辞」副業品共進会理事長富田儀作、同上 p.434。
25　この経緯については、同上 p.2 参照。
26　同上 p.9 以下。
27　評議員などの分類と氏名は、前掲「1923 년朝鮮副業品共進会의 개최와 영향」pp.146–148 による。
28　朴美貞「植民地朝鮮の工芸と日本―「産業政策」と「アジア古代文明」への試み」稲賀繁美編『伝統工芸再考 京のうちそと―過去発掘・現状分析・将来展望―』2007 年、思文閣出版、pp.386–388。
29　前掲『朝鮮副業品共進会事務報告』p.9。
30　同上 p.31。
31　有吉会長の説明（演述）は、前掲『朝鮮副業品共進会事務報告』pp.2-9。以下、引用はこのページから。

32　前掲『朝鮮副業指針全―朝鮮副業品共進会総覧』pp.1–2。
33　「朝鮮副業品共進会規則」第 17 条、第 18 条による。
34　前掲『朝鮮副業品共進会事務報告』pp.113–114。
35　『朝鮮縄叺発達史談』友邦協会、1973 年、pp.40–45。
36　前掲『朝鮮副業品共進会事務報告』pp.107–108。
37　朝鮮総督府『始政五年記念朝鮮物産共進会報告書』(第 1 巻)、p.3。
38　前掲『朝鮮副業品共進会事務報告』第 6 章第 2 節、p.108 の次ページ、ページ数なし。
39　同上 p.108。
40　同上（p.116）の「館内観覧順路図」には本館と第 1 参考館、第 2 参考館の配置図と出品者が記されている。
41　『東亜日報』1923 年 9 月 2 日「迎秋間線電車は宮墻を壊し十字閣裏まで」。
42　同上 1923 年 9 月 9 日 8–6 図の写真。
43　同上 1923 年 9 月 2 日「迎秋間線電車は宮墻を壊し十字閣裏まで」。
44　前掲「일제강점 이후 경복궁의 毀撤과『活用』(1910– 현재)」p.103。
45　『東亜日報』1926 年 4 月 28 日。
46　朝鮮総督府編『朝鮮古蹟図譜』10 巻、1930 年。「図譜」に掲載された写真は関野貞・谷井済一が過去に撮影したものである。
47　前掲「일제강점 이후 경복궁의 毀撤과『活用』(1910 ～현재)」p.103。
48　出品点数などは、前掲『朝鮮副業品共進会事務報告』pp.111–116。
49　前掲『朝鮮副業品共進会事務報告』p.111。
50　前掲『朝鮮副業指針全 – 朝鮮副業品共進会総覧』pp.75–81。
51　前掲『朝鮮副業品共進会事務報告』p.2。
52　『東亜日報』1923 年 7 月 5 日「共進会参与嘱託」。
53　『東亜日報』1923 年 7 月 2 日「共進任員決定」。
54　同上 1923 年 7 月 6 日「副業共進協賛会成立」。
55　『毎日申報』1923 年 7 月 6 日「副業協賛組織」。
56　『東亜日報』1923 年 7 月 6 日「副業共進協賛会成立」。
57　同上 1923 年 7 月 10 日「共進協賛会組織」。
58　これら人物の役職は前掲「1923 년朝鮮副業品共進会의 개최와 영향」pp.154–155 を参考に加筆した。
59　前掲『朝鮮副業品共進会事務報告』pp.457–464。
60　同上 pp.456–457。
61　同上 pp.464–469。
62　同上 pp.492–493。
63　同上 p.475。
64　同上 pp.475–476。
65　開場時間は「朝鮮副業品共進会規則」第 42 条、料金は 43 条に規定されていた。同上 p.19。
66　同上 p.481。
67　同上 p.482。
68　同上 p.112。
69　『東亜日報』1923 年 10 月 5 日「共進会視察団」。
70　『毎日申報』1923 年 10 月 3 日。新聞記事は「出発日割と人員数」を記している。

71 前掲『朝鮮副業品共進会事務報告』pp.483–484。
72 韓国・国家記録員「CJA0004009」。
73 『朝鮮総督府官報』1923 年 10 月 4 日。
74 同上 1923 年 10 月 10 日。
75 同上 1924 年 2 月 1 日。
76 統計展覧会に関する引用文、数字などは「朝鮮総督府主催統計展覧会概況」『朝鮮』1923 年 11 月号、103 号、pp.186–192 による。
77 前掲『朝鮮副業品共進会事務報告』pp.450–455。
78 斎藤総督の「総督告示」は前掲『朝鮮』(1923 年 11 月号)pp.191–192。
79 前掲「朝鮮総督府主催統計展覧会概況」p.186。
80 『宮闕誌』は高宗年代、1908 年頃に作成された。ソウル学研究所『궁궐지 1』1994 年、解題 p.5。
81 「東行閬 二間通四十二間合八十四間 東有連接二間通二間合四間 即 隆文樓樓以南後間二層上庫下書房色樓以北上下庫 庫北有合仁門門以北西樓上觀光廳東樓米庫」、韓国文化財庁『勤政殿実測調査報告書上』2000 年、이강근「Ⅳ配置」p.132。
82 前掲、이강근「Ⅳ配置」p.135。
83 前掲「朝鮮総督府主催統計展覧会概況」p.187。
84 「朝鮮家禽共進会褒章授与式挙行」『京城日報』1925 年 4 月 20 日。
85 第 9 類は「牛、豚、鶏、バター、チーズ、牛脂、豚脂、鶏卵、ハム、腸詰、蜂蜜、蜜蝋等」であった。
86 前掲「박람회 – 과시・선전・계몽・소비의 체험공간」〈表 1 〉参照。8-1 表参照。
87 同上の〈表 1 〉から一部抜粋。
88 「畜産奨励　農村振興策として刻下の急務」『京城日報』1925 年 4 月 16 日。
89 前掲『朝鮮副業指針全』p.186。
90 同上 p.192。
91 同上 p.196。
92 鶏一番とは雄と雌を 1 組にした数え方である。「朝鮮家禽共進会開催」『朝鮮』1925 年 2 月号、p.161。
93 家禽共進会褒章授与式での「下岡忠治政務総監告辞」『京城日報』1925 年 4 月 20 日。
94 家禽共進会褒章授与式での池田秀雄共進会会長(殖産局長)の「式辞」『京城日報』1925 年 4 月 20 日。
95 前掲「池田会長の式辞」。
96 「三百の銘鶏を集めて」『京城日報』1925 年 4 月 15 日。
97 「朝鮮家禽共進会の概況」『朝鮮』1925 年 11 月号、p.136。
98 同上 p.136。なお『京城日報』1925 年 4 月 15 日には異なる数字が掲載され、出品総数も 387 点とさらに多い数字であるが、本稿では『朝鮮』の数字を採用した。
99 前掲「朝鮮家禽共進会の概況」p.136。
100 前掲『京城日報』1925 年 4 月 20 日。
101 前掲「朝鮮家禽共進会の概況」pp.136–138。
102 「三百の銘鶏を集めて」『京城日報』1925 年 4 月 15 日。
103 前掲「朝鮮家禽共進会の概況」p.136。
104 前掲「朝鮮家禽共進会開催」『朝鮮』p.162。

105「朝鮮博覧会の概況」『朝鮮』1926 年 7 月号、p.130。
106 朝鮮博覧会（1926 年）の内容は前掲「朝鮮博覧会の概況」pp.130–132 による。
107 清川雪彦「殖産興業政策としての博覧会・共進会の意義―その普及促進機能の評価―」一橋大学経済研究所『経済研究』39 巻 4 号、1988 年、p.341。
108「開幕された博覧会」『時代日報』1926 年 5 月 13 日。
109 前掲「朝鮮博覧会の概況」p.132。
110 國雄行『博覧会と明治の日本』吉川弘文館、2010 年、p.157。
111 前掲「朝鮮博覧会の概況」p.130。
112「純宗国葬彙報」『毎日申報』1926 年 5 月 12 日。
113 趙景達『植民地朝鮮と日本』岩波新書、2013 年、pp.100–102。

第9章　1929年朝鮮博覧会の開催

はじめに

朝鮮総督府は、1929年9月12日から10月31日までの50日間、景福宮で朝鮮博覧会を開催した。その目的は、「総督府始政二十年」間の「実績を中外に闡明して将来の進歩」に備えること、朝鮮外からの出品と「彼此比較し採長補短、相互の紹介」を行うこと、「内外の観覧者」に「朝鮮に対する正しき理解を求め」ること、それによって「半島の開発と国運の隆盛」に寄与することであった[1]。

1929年は「総督府始政二十年に相当する」年であり、朝鮮博覧会は「過去二十年間」の実績を展示し多くの朝鮮人や日本人に誇示する企画であった。朝鮮博覧会の開催は1921年に開かれた産業調査会の決議に端を発し、その後朝鮮工業協会、公職者大会などによって機運が促進され開催に至った。

この朝鮮博覧会は景福宮を会場にして開催された。景福宮にはすでに南側に朝鮮総督府新庁舎が建立されており、会場は景福宮の新庁舎の裏側（北側）と神武門の外側を含む合計約10万坪であった。従って、移転された光化門を正門とし、神武門外に裏門を新築した。会場の建物は景福宮の慶会楼や勤政殿などに隣接した各陳列館で、これらは全部新築した。そのために景福宮の後半部分は大きく改変された。

本章では、朝鮮博覧会はどのような博覧会であったか、その展示館の内容を検討し、その特徴、さらにその評価を検討する。その上で景福宮はどのように変貌させられたか、京城協賛会はどのような役割を担ったかを見ていきたい。

1　先行研究と資料

1-1　博覧会に関する研究

最初に博覧会に関する研究史を見ておこう。日本では、博覧会に関する研究は非常に多いが、吉見俊哉[2]は著書で研究史を整理している。そこでは、第1に、博覧会の歴史を技術史的な立場からとらえた吉田光邦[3]を中心とする研究会の成果をあげている。この研究成果は博覧会に関する最も本格的な通史的研究であるという。第2は、博覧会を建築史やデザイン史の観点から研究した成果である。ここには日本に関する展示と欧米でのジャポニズムの流行を結びつける視点も含まれる。第3は、経済史を中心に博覧会の意義や効果を産業発達史との関連でとらえる研究である。ここには清川雪彦の研究[4]なども含まれるであろう。これらの研究は、何らかの技術的、経済的、様式的な発展のなかで博覧会の果たした役割を検討した。これらの研究に対して吉見は、博覧会に集まってきた人々の社会的経験の歴史としてとらえ直すことが重要であると言う。そして、吉見の指摘した「博覧会は、帝国主義と消費文化、それに大衆娯楽という三つの要素を融合させてきた[5]」という点は、本章の分析にも有効な視座である。さらに、本章との関連では、吉見が植民地に注目していることである。博覧会は帝国主義と植民地主義の巧妙で大規模な展示を行った。1870年代以降、パリで開催された万国博ではより大規模に植民地主義的な展示を行い、1880年代から1910年代までの博覧会では一層顕著になり、植民地の人々を「展示」したり、植民地戦争での戦利品を展示した。そして日本で開催された博覧会でも日露戦争の前後から、朝鮮館、台湾館、満蒙館、南洋館が人気パビリオンになり、アイヌや琉球、台湾の人々の「展示」を行った[6]。帝国主義の領土拡張を誇示するために、版図になった植民地を展示したという。本章で検討する朝鮮博覧会でも台湾館、満蒙館などを設置したが、関連を注目したい。吉見の研究は、植民地に注目したこともあり、韓国語に翻訳[7]されているために、多くの韓国の研究者が言及している。

また、博覧会研究が少ない時期の論文に清川雪彦の成果[8]がある。本論文は明治時代を検討対象にしているが、本章にとって示唆に富む論文である。清川は博覧会と共進会を同列に論じており、本質的意義は技術知識・情報の普及促進機能にあり、殖産興業政策の基本的柱の1つで、勧業のための博覧会であり、経済博覧会であるという。その上で強いて言えば、博覧会は先端的な商品や高級品の展示・観覧にやや力点を置いており、共進会は参加者間の競争や褒賞・出品物の販売により大きな主眼があったという。朝鮮での共進会や博覧会を見る時に示唆的である。

さらに清川は博覧会・共進会の形態的特徴には「評価機能」と「公示効果」という二つの本質的機能があるという。前者「評価機能」とは、審査と評価によって出品者間の競争を促し、品質の全体的向上や生産方式の改善を実現する機能であり、後者「公示効果」とは、出品物や参考品の展示によって技術情報を縦覧者と出品者相互間に拡散・共有させ、市場の形成・拡大を図る機能である。ここには公示機能と宣伝広告効果の２つがあるが、これを合わせて「公示効果」と呼んでいる。

これらを踏まえて、國雄行もその諸著[9]で研究史の整理をしている。國は戦前の研究成果にまで言及して、①概説、②博覧会出品物の分析、③経済史的分析、④社会史的分析、⑤美術史的分析に区分して検討している。ここでも重要な研究として、経済史的分析では清川雪彦、社会史的分析では吉見俊哉の研究をあげている。的確な研究の紹介・整理である。

数多い博覧会に関する研究の中で、端的に「博覧会とは何か」を答えているのが國雄行の『博覧会と明治の日本[10]』である。博覧会は多様な性格を持つので、それらを箇条書き的に整理している。それを紹介しよう。①博覧会とはコンクールである。多くの物品を一堂に集め優劣を競わせ、報賞を与え、技術改良を促し、優品製作を奨励する競技会である。②博覧会とは商品見本市である。出品物の購入希望者と販売契約を結ぶ場である。即売もあるが一般的には契約である。③博覧会とは事物教育の場である。主催者が教えたいこと、伝えたいことを、視覚に訴え教え導く場である。④博覧会とは見世物である。観覧客を集めるには必要な場である。⑤博覧会とは祝祭である。博覧会は会期のある非日常的なイベントであり、非日常的な祝祭と同じである。大規模な国家祭典となって、事物教育によって国家や国王の支配の正統性を伝えると共に、博覧会と祝祭を同時に行って入場者を増加させた。⑥博覧会とは戦争である。博覧会は産業戦争であり、兵器や戦争の戦利品を展示し、植民地を積極的に展示して、戦争の成果を展示する展覧会でもあった。これらの性格は、博覧会の多様さを示すとともに、博覧会一般に通用する指摘であるといえる。

以上、簡単に博覧会に関する研究を見たが、これらの研究は、第１に、ヨーロッパで開催された博覧会を分析の対象にしていること。第２に、日本の博覧会を対象にした研究では、國雄行の研究のように、内国勧業博覧会を中心に分析していること。第３に吉見俊哉は植民地に注目しているが、それは主に19世紀から20世紀初頭のヨーロッパ・アメリカで開催された博覧会を分析対象にした研究であった。植民地の展示も植民地の人々を博覧会場に住まわせて生活そのものを「展示」する場合を取り上げていた。本章で対象とする朝鮮博覧会のように、植民地で開催された博覧会は分析の対象になっていない点を指摘しておきたい。

1-2　朝鮮博覧会に関する研究

次に本章で検討する朝鮮博覧会に関する研究を見てみよう。山路勝彦は、日本が植民地で開催した博覧会を分析した[11]。「植民地博覧会」とは植民地で開催された博覧会、および植民地そのものを主題とした博覧会のことである。従って植民地行政政府の意向が直接的に反映され、植民地統治の一環として行われた。植民地権力がむき出しに露呈されたり、帝国主義の暗い部分を映し出しているともいえる。山路はこのような問題意識を持って、朝鮮、満州、台湾での博覧会を網羅的に分析している。山路の著書では絵葉書、錦絵、ポスター、チラシ、パンフレットを豊富に活用していることが特徴であり、当時の博覧会を実感できる点で有効である。これらは宣伝用なので主催者・統治者の意図を示しており、植民地統治の方法を浮き彫りにさせているという点でも重要な資料である。本章の分析対象である1929年の朝鮮博覧会も検討している。山路は、植民地統治者の2側面、即ち「植民地住民に対する優越感」と「宗主国に対する負い目」を指摘している。特に後者は「朝鮮居住日本人でありながら、所詮は辺境の住民と共住している周辺成員と見なされることに引け目」を感じていたと指摘している。この点は重要であり、朝鮮博覧会を担った朝鮮総督府の官吏の役割に関する問題で、後に分析したいと思う。山路の朝鮮博覧会への言及は、日本では研究が非常に少ないことを考慮すれば、貴重な研究であり、本章も多くの示唆を受けている。

次に韓国人による朝鮮博覧会に関する研究を見てみよう。韓国には著書、博士学位論文、碩士学位論文、学術雑誌掲載論文など、2000年を前後する時期から数多くの研究が発表されている。

韓国で最初に朝鮮博覧会を研究したのは崔錫栄であろう。その論文「朝鮮博覧会と日帝の文化的支配[12]」で、本人も「既存の研究は全く存在しない[13]」と述べているが、管見によっても最初かと思われる。崔錫栄は、これまでの韓国での植民地期を対象にした研究は「日帝の抑圧統治と経済的搾取に対する朝鮮民族の抵抗」に力点があったことを指摘し、その上で、日帝が「文化的な装置」を通して「精神的な統治」を行った点を検討して、「日帝の植民地支配に関する全体的な像を描く」ことが必要である[14]と主張した点は重要である。その上で、朝鮮博覧会では近代性を強調し、日本の版図と軍事力、植民地施政の功績を誇示しているなど、博覧会の基本的性格を提示した。さらに朝鮮博覧会では前近代と近代を比較対照することで、植民地支配の正統性を明示し、植民地支配を肯定していると主張した。他方で朝鮮博覧会は朝鮮人は非常に大きな負担を強いるものであり、観覧者である朝鮮人は、日本語で説明されていることもあって、内容も理解できず博覧会から疎外された存在であったことも強調している。

崔錫栄の主張した、朝鮮博覧会が日本の近代性、朝鮮の前近代性を誇示するものであった点を展示館の構成や展示内容を分析して強調したのが崔公鎬の論文「日帝時期の博覧会政策と近代工芸[15]」である。日本の先端産業技術を紹介した展示館は「文明開化」であり、朝鮮各道の特設館は「田舎風」であり、台湾館や満蒙館には「前近代的な風俗」を展示し、周辺性・停滞性を可視化したと主張した。特に李王家の展示は朝鮮王朝が名実ともに従属させられたことを明示したと主張した。

このような視点を一層強く主張したのが김영희「朝鮮博覧会と植民地近代[16]」である。김영희は、朝鮮博覧会は「朝鮮色」を表に出し、新旧、近代文明と固有文化、文明と非文明（原始性）、近代と伝統の対比であり、文明化された帝国と未開発の植民地、「始政発達の名残」と「朝鮮の固有文化」、工業製品と農作物という２分法的構図で「劣悪な」朝鮮という認識を明確に可視化したものであったと述べた[17]。この２分法的発想で、博覧会の展示館を朝鮮館（地域館、各道特設館）と日本館（府県と企業の特設館）の造形性、展示内容を検討し、朝鮮と日本のイメージがどのような姿で再現され対比されたかを検討した。このような２分法的比較の結果、朝鮮博覧会は朝鮮人に自己否定の劣等意識と外部追随の心理を形成し、1919年の３・１独立運動の街を博覧会見学の街に変貌させ、朝鮮民衆の意識と生活空間から「民族」を後退させ、劣等意識と外部追随の植民地的正体性（アイデンティティ）を創出することに一定程度寄与したと評価した。

朝鮮博覧会を早い時期に検討した崔錫栄や崔公鎬、少し後の김영희は、朝鮮博覧会での日本の先進性と朝鮮の後退性・停滞性という優劣比較の２分法的方法を使って朝鮮博覧会を分析した。

このような研究状況の中で、田玫貞の成均館大学校大学院碩士学位論文「日帝時期朝鮮博覧会（1929年）研究—朝鮮人の近代的視覚体験を中心に—[18]」は、朝鮮博覧会を全面的に分析した最初の研究であろう。田論文は、朝鮮博覧会以前に朝鮮で開催された博覧会を検討し、朝鮮博覧会のための京城の都市改造、交通網の整備、朝鮮博覧会見学による朝鮮人の視覚的体験、朝鮮博覧会の会場などを検討した。田論文で注目すべき点は、これまでの韓国での植民地時期を対象にした研究が収奪論と民族解放論が中心であったのに対して、주윤정[19]や崔錫栄[20]の研究で主張された、「展示」という文化的装置によって視覚的「知」を権力が支配したとする点を重視したことである。このような視覚は韓国での朝鮮博覧会研究ではほぼ共有されていると思われる。その上で従来の研究で強調された「比較と対照」

以外の視点、博覧会が構造的に持っている「視覚構造」を中心に分析すると主張した。[21] さらに朝鮮博覧会を〈1〉帝国主義・植民地主義的傾向、〈2〉啓蒙的傾向、〈3〉消費文化的傾向に区分して分析した。[22] 安炫貞「視線の近代的再編、日帝治下の展示空間―博覧会と博物館を中心に―」[23] も田論文と同様にこの３点で朝鮮博覧会を検討した。この視点は、先に見たように吉見俊哉の提起した博覧会の持っている要素である。[24]

さらに資料の限界などを理由に1935年に台湾で開催された「台湾博覧会」との比較を試みた하세봉の研究「植民地権力の２つの顔―朝鮮博覧会（1929年）と台湾博覧会（1935年）の比較―」[25] も注目される研究である。하세봉論文では、朝鮮博覧会は景福宮という朝鮮人が入ることのできなかった宮闕に100万人もの観覧者を入場させたことによって朝鮮王朝の無力さを示し、植民権力の治績と対比した。そして、朝鮮は一つの国家が植民地となり、台湾は一地方が植民地になるという差異があり、朝鮮で朝鮮博覧会の会場になった景福宮という宮闕は国家主権の伝統を象徴したものであったと主張した。その上で、植民地の期間が長い台湾では、博覧会の開催も「日本人対台湾人」ではなく「内地対台湾」であり、台湾総督府に勤務する植民地官僚が植民地支配の成果を日本の「官僚と民衆」に見せるという性格があったと指摘した。この点は朝鮮博覧会を検討する際にも重要な指摘である。

以上見たような主に吉見俊哉など日本の研究成果を受けて、朝鮮博覧会を、日本と朝鮮、近代と伝統、文明と非文明などという構図で把握する従来の研究に明確に異を唱えたのが김제정「植民地期博覧会研究視覚と地域性―1929年朝鮮博覧会を中心に―」[26] である。김제정はこれまでの朝鮮博覧会に関する先行研究を詳細に検討した上で、朝鮮博覧会において、朝鮮総督府が、統治20年の治績を毀損する恐れのある「植民地の後進性と原始性、落後を強調する理由がな」く、「近代と伝統、文明と非文明という構図は、基本的に1929年朝鮮博覧会に適用しにくい研究視覚である[27]」と主張した。朝鮮総督府は朝鮮博覧会を「第一に、朝鮮統治20年間に発展した朝鮮の位相を対内外に宣伝し、植民統治の正統性を確保しようとしたものであり、第二に、日本及び他の地域の産業を展示・紹介することにより、朝鮮内の殖産興業、すなわち産業の発展を図ろうとしたものであった」と把握し、朝鮮は20年間の統治によって「すでに文明化されているか、少なくともその道を歩んでいなければならない」のであって、「落後・未開・原始」などは「過去」の朝鮮に対する評価であるという。[28] この分析視覚で、朝鮮総督府が見せようとしたのは「朝鮮色」や日本の「近代性」と朝鮮の前近代性、後

退性の対比ではなく、「文明に進歩していく朝鮮の発展の様子[29]」であったと主張した。この上で重視しなければならないのは朝鮮博覧会の「地域性」であるという。つまり、朝鮮総督府は、日本本国に対して「朝鮮の地域的利害関係」を掲げて対応したのであり、この主体は、「朝鮮20年組」、「土着型官吏[30]」と呼ばれた朝鮮総督府勤務の長い官僚である。彼らは1910年の韓国「廃滅」以前の統監府時代から継続して朝鮮で勤務した人物で、朝鮮博覧会の開かれた1920年代後半には朝鮮総督府の局長級に成長し、政策決定にも重要な役割を果たし、それは特に経済官僚で顕著であるという。

この김제정の研究視覚は、송인호・김제정・최아신の3人による「日帝強占期博覧会の開催と景福宮の位相変動―1915年朝鮮物産共進会と1929年朝鮮博覧会を中心に[31]―」にそのまま継承された。송인호ら3人の研究論文の第2章2節「1929年朝鮮博覧会と『朝鮮様式』」は、김제정の執筆担当と思われ、김제정の前掲論文がほぼそのまま掲載されている。

この김제정の提起は、朝鮮博覧会と台湾博覧会を比較検討した하세봉の前掲論文でいう「内地対台湾」という視覚とも連携しているといえ、山路勝彦が述べた「朝鮮居住日本人は日本人でありながら、所詮は辺境の住民と共住している周辺成員と見なされることに引け目」を「引け目」ではなく、「日本本国」と対立した朝鮮総督府官僚と読み替えれば、共通する問題意識といえる。

この研究の進展を김나라「1929年朝鮮博覧会京城協賛会研究[32]」はさらに進展させたといえよう。김나라は、朝鮮博覧会の京城協賛会で活躍した人物を分析し、「発起人、役員、寄付者（中略）の大部分が総督府官吏または日本と朝鮮で商業活動をした会社の役員および大株主」であったことを明らかにした。朝鮮総督府の官吏と朝鮮で活躍した資本家や商人が、1920年代に入り、朝鮮総督府の統治方針が農業中心から工業中心政策に転換したことを受けて、朝鮮物産協会と朝鮮工業協会が朝鮮博覧会の開催を主張したことを明らかにした。

この김제정が提起し김나라が進展させた朝鮮博覧会の分析視覚は、中心的な役割を果たした朝鮮総督府官吏や京城協賛会の役員の分析などが主であって、朝鮮博覧会の展示内容などに関する十分な検討は今後の課題ともいえるが、「近代と伝統、文明と非文明」などの二項対立的な分析からの進展として重視する必要がある。

以上のような「近代」の把握に関する研究とは別に、建築学の姜相薫の研究「日帝強占期近代施設のモダニズム受容―博覧会・普通学校・アパート建築を中心に[33]―」は、建物のモダニズム様式がどのように受容されたかを、博覧会と普通学校、アパートで検討した。朝鮮博覧会展示館の建築様式に関する最初の本格的な分析といえよう。

姜相薫は、モダニズム建築の性格を「先進性の表象」と「合理性の追求」で説明し、博覧会は「先進性の表象」の性格が極端に表れ、普通学校では「合理性の追求」が強く表れ、アパートは「先進性の表象」と「合理性の追求」の性格が同時に表れるとし、「先進性の表象」は西欧化を通して近代化を進行させた非西欧で存在する特徴であり、モダニズム建築は植民地社会では植民統治権力の先進性を象徴するものであったという[34]。姜相薫は、このようなモダニズム建築の性格が朝鮮博覧会でどのように作用したかを検討した。

姜相薫の論文では、朝鮮博覧会について、展示館を博覧会直営館、朝鮮の各道特設館、日本の各府県特設館、日本の勢力下にあった各地方館、日本の民間企業特設館に区分して、それぞれの展示館の建築様式の特徴を明らかにした[35]。この検討は朝鮮博覧会研究を大きく前進させた。本章でも多くの示唆を受けた。

また、朝鮮博覧会での景福宮の毀損に関する論文としては、김대호「日帝強占以後 景福宮の毀撤と活用（1910～現在）[36]」、신혜원「朝鮮博覧会の開催と景福宮の変化[37]」がある。これらは朝鮮博覧会によって東十字閣と東側の城郭が変形させられたことを取り上げている。この点については本章でも検討する。

また、國雄行が博覧会には多様な性格があると述べたことを紹介したが、その多様な性格のなかの一側面を検討したのが南基雄の「1929年朝鮮博覧会と植民地近代性[38]」である。南基雄は朝鮮博覧会では、その準備過程で土幕民を排除し、都市衛生の観点から乞食と浮浪者を犯罪者として取り締まったこと、観覧者を動員するために京城の市内電車とバス路線を整備したことなどを明らかにした。また、農村からの観覧者は、金融組合からの借金によって博覧会を観覧したために農民は経済的危機に陥り、他方、多くの観覧者による消費を期待した京城の商人には破産者が続出したことなどを明らかにした。南基雄は朝鮮博覧会を通じて朝鮮人は「植民地規律権力の強化」と「植民地経済構造の二重性」という「植民地近代性」を体験したという。

また、최임영「1929年朝鮮博覧会に活用された京城の交通網[39]」は、朝鮮内ばかりでなく、日本や満州などから来た博覧会観覧者の利用した交通網の実体を京城駅の乗降者数を検討し、さらに京城内での電車やバスの利用実態も明らかにした。

さらに朴美貞「朝鮮博覧会（1929年）の文化住宅展示と京城の空間形成[40]」は、朝鮮建築会が「文化住宅」3棟を展示したことを検討した。1922年に東京上野で開催された「平和記念東京文化住宅博覧会」と大阪の阪急電鉄沿線の桜ヶ丘住宅地で開催された「住宅改造博覧会」の流れを受けたもので、展示された文化住宅は「朝鮮居住日本人の住居に適した案という側面が顕著」なものであったが、この成果は「朝鮮人建築家たちによって、朝鮮の伝統家屋の改善策としても活用された[41]」と言う。そして、1920年代半ばの京城には、北側に朝鮮総督府新庁舎、南側に朝鮮神宮が作られ、南北東西につながる新作路を作る都市再編によって、北村に朝鮮人が居住し、南村には日本人が居住するという「異民族間分離」から日本人と朝鮮人の「融合[42]」の時代になり、展示された文化住宅は朝鮮在住の人々への啓蒙と宣伝をねらった実物見本であったと位置づけた。

以上見たように、日本では「博覧会」に関する研究が豊かに蓄積されているが、植民地で開催された博覧会に関しては山路勝彦の研究が唯一である。他方、韓国では2000年を前後する時期から非常に多くの論文が蓄積された。その研究は、当初は日本の、特に吉見俊哉の研究に影響を受け、「近代と前近代」に象徴される日本と朝鮮を比較する傾向が強かった。しかし、このような研究視覚を克服するために、朝鮮在住官吏の主導する朝鮮博覧会では「朝鮮の発展」を展示したと主張する論文が公表され、それに関連する京城協賛会についての研究も出てきている。同時に建築学の分野から展示館の建築学的研究、朝鮮博覧会の開催が京城の都市化を進めたと見る研究など多方面の研究が蓄積されている。本章では、これらの研究蓄積に依拠しながら、以下、論を進めていきたい。

1-3　朝鮮博覧会に関する資料

次に朝鮮博覧会に関する資料を紹介しておこう。하세봉[43]も指摘しているように、朝鮮博覧会に関しては、1915年に開催された始政五年記念朝鮮物産共進会のような公式「報告書」はないが、主催した朝鮮総督府が刊行した『朝鮮博覧会記念写真帖』（1930年）と『施政二十五年史』（1935年）、さらに雑誌『朝鮮』（1929年10月号「朝鮮博覧会開設記念号」）などがある。また京城協賛会編『朝鮮博覧会京城協賛会報告書』（1930年）も公的性格を持つ資料であり、朝鮮建築会の機関誌『朝鮮と建築』（第8輯9号、1929年9月1日号「朝鮮博覧会号」）も同様な資料である。さらに、『京城府市』（第2巻、1936年）、雑誌『朝鮮及び満州』、『文教の朝鮮』、『朝鮮経済雑誌』、『朝鮮の教育研究』などに関連記事があり、新聞『東亜日報』、『朝鮮日報』、『京城日報』にも記事がある。これらが朝鮮博覧会の資料といえよう。これらの資料によって朝鮮博覧会とはどのようなものであったかを明らかにしたい。

2　朝鮮博覧会の目的とその概要

2-1　開催期間と目的

朝鮮総督府は、1929年9月12日から10月31日までの50日間、景福宮とその場外で朝鮮博覧会を開催した。その目的は、朝鮮総督府による朝鮮「経営二十年間の実績」を明らかにして「将来の発展」に資し、「彊外各地の出品に依り相互紹介」し、さらに「彊外多数人士」に「朝鮮に対する正しき理解」を得て、「朝鮮の開発に寄与」することであった[44]。斎藤実朝鮮総督は、20年間の朝鮮統治の「実績」を明らかにすることを第1の目的とし、その上で朝鮮内外からの出品物を「相互紹介」し、朝鮮の発展に寄与することを第2の目的とし、さらに日本人など朝鮮外の人々に朝鮮の発展を認識させることを第3の目的とした。これらの目的を達成し、「半島の開発」と「国運の隆盛」に寄与することは、日本による植民地支配の正統性を内外に示すことであった。

朝鮮博覧会では、朝鮮統治の実績を展示するために、出品物を22部に分類していた。朝鮮博覧会規則には9–1表「朝鮮博覧会の出品分類」のように規定されていた[45]。

9–1表「朝鮮博覧会の出品分類」

第1部	農業	第12部	通信、交通及運輸
第2部	水利、開墾及干拓	第13部	土木及建築
第3部	林業	第14部	教育及学芸
第4部	鉱業	第15部	度量衡
第5部	水産	第16部	美術及工芸
第6部	食料	第17部	社会事業
第7部	染織工業及布帛加工業	第18部	経済
第8部	機械及電気	第19部	保険衛生
第9部	化学工業	第20部	警務及司法
第10部	製作工業	第21部	陸海軍
第11部	意匠、図案及特許	第22部	其の他

出典：「朝鮮博覧会規則」第6条より作成

このような22部に分類された出品を見ると、あらゆる分野が含まれている。朝鮮総督府は、朝鮮博覧会で、朝鮮統治20年間の実績を全て展示しようとしたといえる。

2-2　各種の展示館

朝鮮博覧会では、その目的を実現するために、数多くの展示館が準備された。それらを分類してみると、第1は朝鮮総督府の運営する直営館である[46]。直営館は17棟、約8000坪もあった[47]。それらは博覧会場の各所に配置されたが、もっとも中心に置かれた展示館は正門である移転後の光化門から入場し、真正面に見える慶会楼までの中心通路の両側にあり、南北に対に構成された産業北館と産業南館、社会経済館と米の館、美術工芸教育館と各道審勢館である。そのほかの直営館を列挙すれば、教育美術工芸館、交通土木建築館、司法警務衛生館、機械電気館、参考館、内地館、メートル館、陸軍館、海軍館、水族館、畜産館、活動写真館、接待館などである。朝鮮総督府で建設した事務局、音楽堂、警官詰所、救護所、切符売場、門塔などと合算すると約8000坪になる。これらの直営館は、会場の要所に配置され、その近隣に他の展示館があった。直営館は朝鮮博覧会の開催目的である朝鮮植民地統治20年間の「実績」を展示する重要な展示館であった。

第2は各道の特設館である。これらは京畿道館、忠清北道館、忠清南道館、全羅北道館、全羅南道館、慶尚北道館、慶尚南道館、黄海道館、平安南道館、平安北道館、江原道館、咸鏡南道館、咸鏡北道館で、朝鮮13道全てが設置した特設館である。この各道特設館も直営館と同様に各道での「実績」を展示する館であった。

第3は日本の各府県特設館である。独立した特設館は、東京館、大阪館、京都館、九州館、名古屋館、広島館、滋賀県館、三重県館、奈良県館、長崎商館であり、他の県は内地館内に展示場所を持っていた[48]。これらの展示館は第2の開催目的である朝鮮内外からの出品物を「相互紹介」し、朝鮮の発展に寄与するための展示館であった。

第4は日本の支配下にある地方館で、北海道館、台湾館、満蒙館、樺太館があった。これらの展示館は、日本の版図を内外に誇示するものであり、博覧会の持つ「帝国主義」の要素を表す展示館であった。

第5は企業特設館で、三井館、三菱館、住友館など多数あった。これらの展示館は日本の企業の朝鮮への関心を見る指標でもあり、朝鮮が商品市場としての有効性を示すためのものでもあった。

第6は京城協賛会が設置した施設である。ここでは演芸館、野外劇場、子供の国、飲食店及び売店などであり、観覧者にとっては重要な施設である。京城協賛会は、全国に結成された「協賛会」の中心的存在で、博覧会の持つ「大衆娯楽」と飲食店・売店などによる「消費文化」の要素を担っていた。地方からの観覧者には宿舎や食堂・売店などは必須の施設であり、それを担当したのが京城協賛会であった。

このような展示館の中で直営館以外の特設館は80棟、約7000坪もあった[49]。このように分類される展示館は、それぞれが朝鮮博覧会の目的を実現するために企画・構成されていた。

2-3　朝鮮博覧会の入場者と予算

朝鮮博覧会は「出品点数約十万点」、「入場人員百二十余万人」で、「予期の効果」[50]を収めたという。朝鮮総督府殖産局の児島高信商工課長は、博覧会開会前に入場者を「有料の者百万人を予想」し、「一日平均二万人」と見積もり、この数は1915年の朝鮮物産共進会が「有料入場者が六十五万人」だったこと、最近の各地の博覧会が「一日平均二万人を超えて居る」ことをあげ、朝鮮博覧会の入場者目標の達成は「困難」ではないと予想していたが[51]、そのようになったと言えよう。新聞によっては140万人と報じたものもあった[52]。朝鮮総督府の公表した入場者数は120万人であるが、朝鮮人と日本人、さらに他国人の参加人数の区別は分からない。しかし、日本人など朝鮮外の人々に朝鮮の発展を認識させるという第３の目的もある程度達成されたといえよう。従って、斎藤実朝鮮総督の述べた朝鮮博覧会の三点の目的はほぼ達成されたといえそうである。

朝鮮博覧会には、国庫から1928年度に10万円、1929年度に101万2500円、合計111万2500円が支出され、さらに京城府から25万円が支出され、公費合計は136万2500円であった。この外、各道審勢館に対する各道の地方費を加えると150万円を超え、さらに各道協賛会の経費を加算すると200万円になる。直営館以外の80棟もある特設館の費用を加えれば、巨額の経費が費やされたといえる[53]。

朝鮮博覧会の入場料金は、大人１人30銭、小人（6歳以上12歳以下）１人15銭、軍人１人25銭、学校児童（職員引率の場合）１人10銭、軍人・学生・生徒（20人以上で引率者ある場合）１人15銭、一般団体（20人以上）１人20銭で、非常に細かく分類されていた。近年の博覧会は大人１人50銭や60銭であり、1923年の副業品共進会も大人１人20銭だったので「余り高い方ではない」[54]という。

2-4　朝鮮博覧会の会場図

朝鮮博覧会の外観は9-1図「朝鮮博覧会の会場絵図」によって概観を知ることができ、北岳山の下にある景福宮と神武門外が会場であることが分かる。

この図絵は、鳥瞰図画家吉田初三郎が描いた「朝鮮博覧会図絵」の部分である。この図絵は朝鮮総督府が1929年に発行した朝鮮博覧会と京城観光案内のリーフレットに掲載されたもので、リーフレットは縦26.5㎝、横75㎝で、その１面に大きく書かれていた。図絵全体の右側は日本の東京・京都・大阪・神戸を経て下関から船で釜山に渡り朝鮮内各地を経て列車で京城駅まで来る道程が描かれ、他方図絵の左側は上海から奉天、安東で鴨緑江を渡って新義州・平壌を経て京城駅までの道程が描かれている。京城内を詳しく描き、その左端に北岳山の下にある

9–1 図「朝鮮博覧会の会場絵図」

景福宮での朝鮮博覧会が描かれている壮大な図絵である。朝鮮博覧会は、朝鮮総督府新庁舎の裏側の景福宮のほぼ全部と神武門の近くの城壁を陸橋で渡った外側までが会場であった。朝鮮博覧会の目的の１つである朝鮮内だけでなく「彊外各地」の人々に朝鮮博覧会を見ることで朝鮮に対する「正しい理解」を得てほしいとう目的に沿った図絵であった。

9–1 図「朝鮮博覧会の会場絵図」の右下に高い塔が見えるが、これが「装飾門」であり、「装飾門」は景福宮の東十字閣を景福宮から分離して装飾したものである。その前に市電の停留所（「博覧会場」）があった。観覧客は、たとえば京城駅から電車で、または清涼里や往十里などの郊外の駅から鐘路・安国洞を経て朝鮮博覧会の会場に電車で来た。装飾門を入って次の門が「中門」であり、景福宮の建春門の横に設置された。この「中門」を過ぎると朝鮮博覧会の「正門」である装飾された「光化門」に到着する。観覧客はここから入場する。そして会場内を 9–2 図「朝鮮博覧会々場案内図[55]」に示された導線に従っていくつもの展示館を見学した後、陸橋を渡って神武門の外側に行き、京城協賛会の売店の中を通って裏門から出るという一方通行の観覧路が設定されていた。

裏門を出ると「孝子洞」という市電の駅があり、それに乗って市内に戻ることができた。

この「9–1 図」は朝鮮博覧会を正確に描いたものではなく、図絵には描かれていない塔もあり、建物の形状も正確ではないが、朝鮮博覧会のイメージは良く伝

9-2 図「朝鮮博覧会々場案内図」

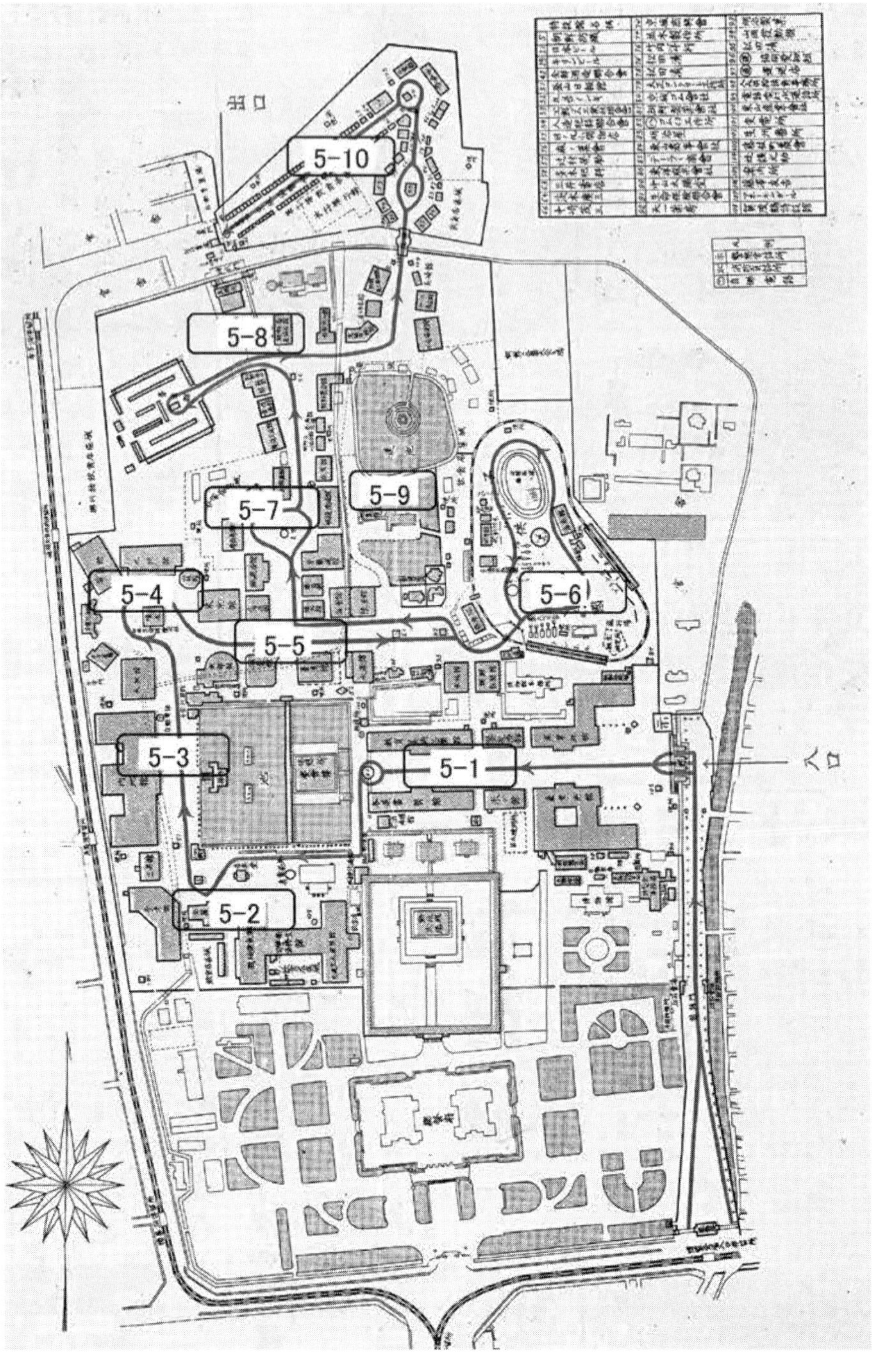

えている。

3　朝鮮博覧会の会場と景福宮

朝鮮博覧会の会場は景福宮であった。会場として景福宮が選択されたことについて、朝鮮総督府建築課長で朝鮮建築会の会長でもある岩井長三郎は、候補地として南山の裾野の「奨忠壇とそれに接続した光熙門外府有地を中心とした区域」を考慮したが、この土地は「起伏が甚だしく」、「莫大な土工費」を要するので適当ではなく、景福宮になったと述べている[56]。これを受けて、景福宮を選んだ理由を児島商工課長は、①費用を節約できる官有地か府有地、②観覧人の出入や資材・出品物の搬入に便利なこと、③適当な背景を有すること、④池または渓流樹木などの風致は良いこと、⑤会場の入り口から会場の壮観を見通せること、⑥利用できる既設建築物があること、⑦城壁や境界に利用できるものがあることの7点を列挙した[57]。

この列挙された項目は、景福宮を念頭に置いて作った条件のようでもある。1915年の朝鮮物産共進会開催以降、第8章で見たように、景福宮では規模は小さいがいくつもの共進会や博覧会が開催された。1923年の副業品共進会の際には迎秋門まで市電が延長され、準備ができていた。朝鮮総督府新庁舎建設の際に建設資材運搬のために使用した線路も引かれていた。このような流れを見ると、朝鮮博覧会の会場を景福宮にすることは当初から予定されていたのではないだろうか。

また、景福宮の総面積は約20万坪であるが、すでに朝鮮総督府庁舎に約4万坪を使用しており、博覧会の敷地に不適当な裏手の丘や松林、既に北側の城壁付近に建設されていた「官舎[58]」などを除く約7万5000坪ほどが朝鮮博覧会の敷地になった。上野公園で1922年に開催された平和記念東京博覧会の会場約3万2000坪と比較するとその2倍もあって、さらに泉水や樹木もあり、すでに公園になっており、各館の配置や興業物の設置に「非常に適当」であった[59]。景福宮は朝鮮博覧会には適していたことになる。

4　朝鮮博覧会の開会式

朝鮮博覧会は、始政五年記念朝鮮物産共進会と同様に、開場式と開会式を別々に行った。開場式は1929年9月12日、開会式は始政記念日の10月1日であった。

開場式は景福宮内の勤政殿で挙行された[60]。勤政殿の勤政門には鯨幕を張り廻らし、勤政殿には金屏風を廻らして装飾した。開場式の様子は京城放送局がラジオで放送した。

式場には「府内初等学校児童七千余名」が手に紙旗を持って勤政殿の庭に整列し、「京城第一・第二高普、京城第一・第二女高普の生徒二百名」が式場西側に整列した。その会場に朴泳孝侯爵、尹徳栄子爵（李王職掌侍司長）、韓昌洙李王職長官、上原平太郎第20軍師団長、その他貴族、文武官民・外国使臣、満鉄・関東庁・各府県代表、新聞記者など千余名が入場し着席し、午前9時20分、斎藤実朝鮮総督出席の下で開式された。参列者が起立し女子学生が「君が代」を合唱し、児玉秀雄事務総長の事務報告、斎藤総督の告示の後、女学生が「博覧会歌」を合唱した。斎藤総督が勤政殿の前に立つと、7000人の児童が「朝鮮博覧会万歳」を唱和し、紙旗を打ち振り、「さしも広き会場は一大壮観を極め」、9時30分に閉会した。

斎藤総督は1929年8月17日に朝鮮総督に就任したばかりであったが、すでに3・1独立運動直後の1919年8月から1927年12月まで朝鮮総督を務めた経験があった。勤政殿での開場式は始政五年記念朝鮮物産共進会でも実施されたが、この時、寺内朝鮮総督は「昔時の帝座[61]」を使用したが、朝鮮博覧会での「式壇」の位置は明確ではない。しかし、初等学校児童7000人、京城第1中学校などの生徒200人を参加させ、女子学生に「君が代」と「博覧会歌」を合唱させ、7000人の児童に「朝鮮博覧会万歳」を唱和させる光景は昔日の寺内正毅朝鮮総督の行動に劣らないものであったといえよう。

さらに始政記念日の10月1日に開会式が実施された[62]。始政五年記念朝鮮物産共進会と同様に閑院宮が出席した。しかし、事前には秩父宮の参加を求める声が大きかった[63]。特に産業界では秩父宮の出席を求める声があり、朝鮮殖産銀行の有賀光豊頭取、朝鮮商業銀行の和田一郎頭取、朝鮮銀行の松原純一理事、東洋拓殖会社の沢田豊丈理事、朝鮮土地改良会社顧問の金寛鉉などが秩父宮の出席を求める意見を表明していた。彼らの談話からはなぜ秩父宮かという明確な理由は読み取れない。有賀頭取の「至極結構なことだ、それは何人も反対するものはあるまい、その筋の方々はその実現に努力するやう希望する」という意見に代表されるように、皇族の出席を求めていたともいえる。始政五年記念朝鮮物産共進会は閑院宮だったので、今回は秩父宮という意見ともいえる。

10月1日の開会式では、開場式と同じく式場には金屏風が廻らされていた。午前8時から来賓の受付を開始し、勤政殿東側回廊の休息所に参集し、開会の時刻には2000余人の来賓が勤政殿の広場に参列し、午前9時30分に閑院宮が入場した。閑院宮に続いて斎藤総督、和田御付武官、稲垣御用掛、浮田宮家事務官などが入場した。そして佐世保海軍軍楽隊が「君が代」を吹奏した。壇上には正面中央に閑院宮、左側に高宗の5男李堈、右側には斎藤総督が着席した。式は児玉事務総長の事務報告、斎藤総督の式辞朗読、浜口雄幸首相・松田源治拓殖大臣・俵孫一商工相の式辞が代読され、京城協賛会の朴泳考と朝鮮出品人総代富田儀作の祝辞があって、10時20分に開会式は終了した。

児玉事務総長は事務報告で、朝鮮博覧会は規模の大きさ、出品の種類と数量の多さ、その出品物の優良精巧さが「遙に始政五年記念朝鮮物産共進会を凌駕するものあり。既往二十年間の文化の向上竝に経済の発展を反映するに足る」と自画自賛している点が開場式の事務報告との差異である。この点を閑院宮に印象づけようとしたのであろう。

開会式は、20年間の朝鮮植民地統治の成果を誇り、その正統化を主張する朝鮮博覧会の目的を演出していた。

5　朝鮮博覧会の構成

朝鮮博覧会は、開催目的に沿って展示館が配置されていた。会場は大変広いのでいくつかの区域に分けて見てみよう。「9–2図」には、各区域が全体図のどこに相当するかがわかるように、項の番号を記入しておいた。

5-1　慶会楼前通り

会場の正門である装飾された光化門を入ると、朝鮮統治20年の「実績」を誇示する展示館があった。ここは「慶会楼前通り[64]」と呼ばれ、朝鮮総督府による直営館で構成されていた。9–3図「慶会楼前通り」に見るように、「慶会楼前通り」は「正門」である「光化門」から入った直線の通りで、生命保険連合会の大きな塔まで6棟の展示館があった。直営館は全部で17棟であるが、ここに6棟あった。

ここに配置された直営館とその展示内容を『朝鮮博覧会記念写真帖』によって整理すると、9–2表「慶会楼前通りの展示館[65]」のようになる。

朝鮮博覧会の会場には「生命保険連合会塔」のような塔が数多く立っている。9–1図「朝鮮博覧会の会場絵図」は、鳥瞰図としては優れているが、各種「塔」は描ききっていない。『朝鮮博覧会記念写真帖』（第28）の9–4図「三角山上ヨリ見タル会場」を見ると、その「塔」の多さが判明する。博覧会場を華やかにす

9‒3 図「慶会楼前通り」

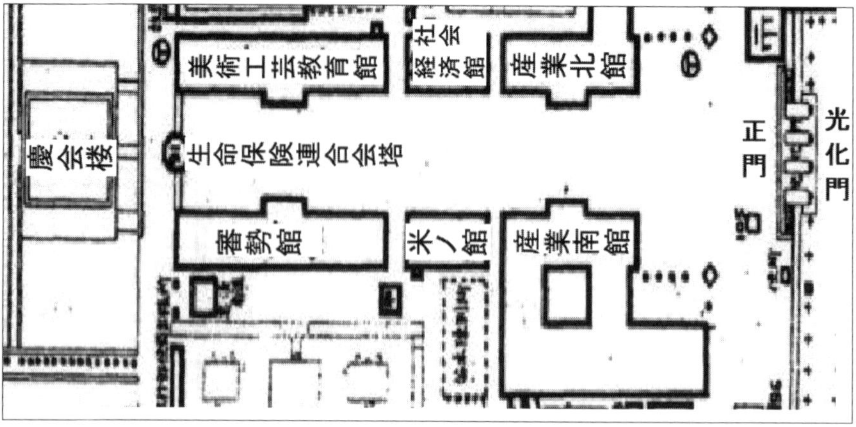

るために建物だけでなく各企業などの「宣伝塔」が建てられたものと思われる。本章では各区域の名称に「塔」を採用しているので、会場写真を掲載しておく。「9‒4 図」の写真によって各区域の塔が判明する。

入場後に最初に見るように誘導された産業南館では、第 1 部農業（米を除く）、第 3 部林業、第 5 部水産、第 6 部食料、第 9 部化学工業、第 11 部意匠図案及特許の 6 分野に関する展示を行った。

そして、これらに関係する機械器具や模型、統計資料などと共に、林業試験場、獣疫血清製造所、水産試験場、勧業模範場の試験成績や専売事業の施設などが陳

9‒2 表「慶会楼前通りの展示館」

産業南館	1105 坪	朝鮮式建物。朝鮮で生産した農産物、水産物、林産物を網羅展示した。
〈付属蚕糸館〉		糸繰・真綿製造・桑の接木・李王家御親蚕所
産業北館	770 坪	朝鮮式建築。朝鮮で生産した各種工産物及び鉱産物を網羅展示した。
米ノ館	200 坪	朝鮮式建築。朝鮮産の米、米の改良、輸移出品と利用に関する出品、水利開墾と産米増殖に関する大型模型を陳列し、米に関するあらゆる施設を展示した。
社会経済館	200 坪	朝鮮式建築。社会事業と経済関係を展示。社会事業関係では活動写真と各種統計、社会事業団体の成績。経済関係では銀行、金融組合、産業組合、保険会社、無盡会社による出品を展示。
各道審勢館	500 坪	朝鮮式建築。朝鮮 13 道の道勢と各種の施設を一堂に展示。道別に区画して、巨費を投じて装飾意匠をこらしていた。
美術工芸教育館	500 坪	朝鮮式建築。全館を美術工芸（200 坪）と教育（300 坪）に分け、美術工芸には書画、新古美術品、教育には各学校の状況、宗教、天文、体育に関する出品を網羅した。

出典：『朝鮮博覧会記念写真帖』などによる。

9-4図「三角山上ヨリ見タル会場」

列されていた。[66]

農業では、農村の実況をパノラマで見せ、「特産豆と粟で朝鮮婚礼の新郎新婦を作り温突に休んでゐる実況」[67]を示したり、「林檎葡萄の成熟した情景をバックとした果樹園の模型」などで農村の実情を展示した。

水産では、「鎮海養魚場の模型、日本海海流の模型」[68]、「柱木網で捕獲する平北の蝦、慶南の漁場実況」の模型を展示した。

林業では、「鴨緑江の流域、国境の森林、鉄道による材木の搬出状況」などを図案化し、「材積の無尽蔵」を表した。

また、東洋拓殖会社が「天女舞ふ農村の大パノラマ」を、丁字屋が「金剛山一万二千峰の絶景」を、三中井呉服店が「海金剛をバックに斬新流行の衣装で新装した美人々形」を特別出品していた。

また、付属の蚕糸館には「李王家御蚕室の御用品」を展示していた。これは「大妃殿下が毎年昌徳宮内の御蚕室で行はれる養蚕の御用品を特にお貸下げを乞うて出品」したもので、「蚕業が朝鮮開発に如何に重要性をもつてゐるかを説明」[69]したものであった。

産業北館は朝鮮南館と対をなしていたが、第4部鉱業、第7部染織工業及布帛加工業、第10部製作工業の3分野に関する展示を行った。産業北館は、南館が生産物であったのに対して「加工品の出品が主」であった。「染織・布帛工業・製作工業・食料品」などの工業生産を出品し、それに加えて「鉱産品が適当に配列」され、さらに「中央試験場・燃料撰鉱研究所・地質調査所などの試験研究成績」が「一目瞭然」と展示されていた。特に鉱業品では「油脂・石鹸・絹布・棉布・皮革・造花・漆器・杞柳製品・パルプ洋紙・菓子類・炭酸水・麺子製造品・陶器類」などを網羅し、「坑道の模型に坑内作業の状況」を展示した。これらの製品を「沢山並べて『朝鮮のものだつて馬鹿にするない』といふ意気込み」を示し、「内地資本家をして否でも応でもひとはだ脱がさずにはおかぬといふ仕組み」[70]を提示し、内地資本家を誘致する手立てを展示していた。ここでも三越呉服店が洋装の男女と子供という家庭生活の様子を模型で展示していた。

米の館は「9–3図」に見るように、産業南館の隣にあった。ここには、第2部水利・開墾及干拓に関する展示を行った。米の館は「産米増殖計画遂行中の朝鮮に於ては重要な館」であり、「朝鮮農業の大宗たる『朝鮮米』が、いかにして今日の地位を得るに至つたか、といふ官民多年の苦心の跡を知らしめるに最も相応しいもの」であった。館の中央正面に「朝鮮式の御殿風の舞台」を作り、3つの人形による「全南地方の風習豊年踊」[71]が電気装置で踊っていた。そして「米作の変遷を示すために今と昔の米作状況を耕作期と収穫期別にパノラマ」で表し、さらに「全羅北道における水利組合の大模型、東洋拓殖会社の農村模型、土地改良会社の土地改良施設模型」、さらに「防潮堤、取入堰、貯水池、水利事業施設前後の状況」などのパノラマを作り、「朝鮮の水利事業がいかに国家的大事業」であるかを展示した。このような展示は「主として内地（の…筆者）観光者に見て貰ふ」ためのものであった。米の館は「朝鮮の米か、米の朝鮮」かと言うだけに「産業館と独立」しており、「米の朝鮮の意義」[72]を展示していた。まさに始政20年の成果を展示していた。

社会経済館は、米の館と対をなし、産業北館に隣接していた。第14部教育及学芸、第17部社会事業、第18部経済の3分野に関する展示を行った。

日本と朝鮮の各種社会事業、各種経済機関に関する展示で、「朝鮮の経済事情と、社会施設の状況を、図表と模型によつて展示」していた。したがって「徹頭徹尾数字づくめ」で「金融機関の趨勢、銀行業務の状況、鮮内通貨の状況、金融組合の所在地」などを標本や写真で展示していた[73]。「お祭り騒ぎの博覧会にはふさはしくないがまたなくてはならぬもの」で「専門筋には見逃せない館」[74]でもあった。

各道審勢館は、朝鮮各道の「産業、教育、土木、水利、灌漑、砂防、衛生に関する施設」や「都市、平野、農村、開拓せられたる田畑・道路・河川・港湾・漁場・主要の産物等を模型・図面表・写真・実物」などで表現し、「今昔の比較対照とその道の大勢をゐながらにして知るやうに出来て」おり、「各道の最も苦心」した所で「会場中で最多額の費用」を費やした「博覧会独特の館」であった。朝鮮博覧会の22の分野を各道で網羅して「立ち所に朝鮮の概念を得させようとする」[75]展示館であった。

美術工芸教育館では、第14部教育及学芸、第16部美術及工芸の2分野に関する展示を行った。そして、「始政二十年間における教育発達の状況と現在の教育機関の内容形式」と「朝鮮特有の美術工芸品等を集めて陳列し朝鮮にもかうした文化の流れがあることをほこらんとするもの」[76]であった。

美術工芸では、「古今の美術工芸品を蒐集し」、「一回から七回までの鮮展入選画、帝展の名作」等を展示し、特に「田邊至画伯の『裸婦』、和田三造画伯の『南風』など」も展示した。

教育では、「幼稚園より大学に至るまでの各教育に関する統計・図面・模型・成績及び図書館・美術館・動植物園等の社会教育的施設に関する各種の出品」もあった。「朝鮮古代各国時代の美術・工芸等は学術的の資料」として展示した。

ここまでの「慶会楼前通り」の展示館は、全て朝鮮式建築で、朝鮮の農林水産など産業、特に米の館での朝鮮米展示、さらに加工品展示や、朝鮮各道の状況、さらに社会事業や教育の現状など、朝鮮の発展とその歴史を展示していた。これは朝鮮博覧会の目的の1つである朝鮮統治の実績を示すことである。さらに朝鮮人ばかりでなく日本人（内地人）に朝鮮を知らしめるという目的にも沿うものであった。概況を伝える文章の中ではあるが「朝鮮のものだつて馬鹿にするない」、「内地資本家にひとはだ脱が」す、「朝鮮の米か、米の朝鮮か」などは実績を示すもので、朝鮮と朝鮮統治の成果を誇る文面が見られる。「慶会楼前通り」の直営館はそのために朝鮮の歴史と現状を展示する館であり、日本による朝鮮植民地支配の正当性を実証するものであったといえよう。

これらの6つの展示館には出品物の22分類の内で14分類が入っている。まさに朝鮮博覧会の中心部分であった。

5-2　慶会楼池の南側

「慶会楼前通り」の展示館を見て、会場の動線を左に折れると「慶会楼池の南側」といえる展示館群がある。

この区域には、交通土木建築館、司法警務衛生館、機械電気館、参考館、メートル館、専売局の6つの直営館が配置されており、22分類のなかで6分類が展示されていた。

さらに朝鮮の各道特設館である忠清南道館、咸鏡北道館、全羅南道館があり、三井物産館、朝鮮紡織館などの企業特設館も配置され、さらに世界各地の展示を含む参考館もあり、飲食店区域もあった。朝鮮博覧会のメイン会場の1つといえよう。

9–5 図「慶会楼池の南側の展示館」は、この区域の拡大図である。忠清南道館は思政殿の回廊と審勢館の間に挟まれており、漢場銀行出張所や郵便局もある狭い通路を入ると「慶会楼池の南側」の区域に入る。これらを整理してみると 9–3 表「慶会楼池の南側の直営館」のようになる。

交通土木建築館には、第 12 部通信交通及運輸、第 13 部土木及建築に関する展示を行った。この館は、「始政以来二十年間における交通・土木建築・逓信事業の、進歩発達の状況を示す館」で、「電話、電信、無電、燈台、電送写真等の実物」を展示していた。「要するに日鮮満交通、金剛山・朝鮮交通網の大模型、朝鮮鉄道、京南鉄道会社の各種出品」の模型などが展示されていた。

9–5 図「慶会楼池の南側の展示館」

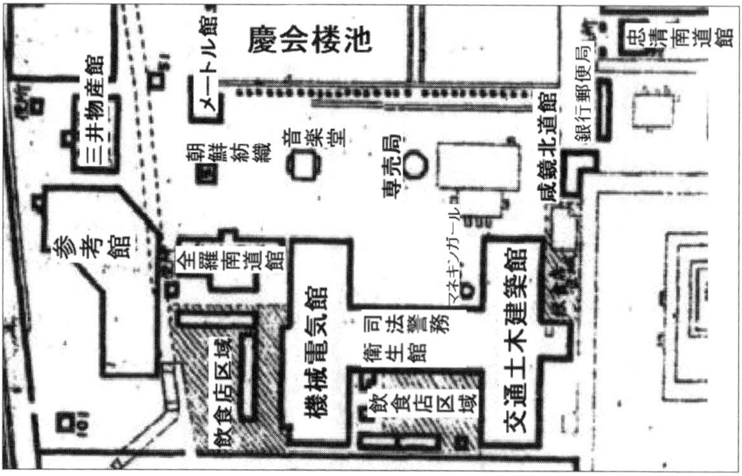

9–3 表「慶会楼池の南側の直営館」

交通土木建築館	550 坪	西洋建築。交通部は鉄道・逓信を、土木部は港湾、道路、河川を、建築部は各種建築用材料、器具などを出品。
司法警務衛生館	320 坪	洋式建築。司法部は各刑務所事業成績品、模型を、警務部は警務の各種資料を、衛生部は伝染病、性病、寄生虫、結核、口腔衛生などに関する模型や成績を出品。
機械電気館	500 坪	記載なし
メートル館	40 坪	朝鮮式建物、「メートル」法の宣伝と普及に関する出品。
参考館	600 坪	洋式建築。官公署、学校、外国、新聞社、運輸汽船会社などの参考出品、農林省、商工省、司法省、南洋庁、大阪毎日新聞社の人造人間、大阪朝日新聞社の事業出品、フランス、ベルギーの出品物。参考資料。

注：機械電気館の坪数は、前掲『朝鮮博覧会記念写真帖』に記載がないので、前掲「会場概観」p.335 の坪数を採用した。

司法警務衛生館では、第19部保健衛生、第20部警務及司法の2野が展示されていた。「内地の博覧会には一寸見られない施設」で、「朝鮮総督府の博覧会」だから設けられたもので、「民衆ばなれがして観覧者もこゝだけは素通りするかも知れない」が中身は「こつた仕掛け[77]」があった。

司法に関しては、「間口一間半・奥行一間の模型台を作り、裁判官・原告・被告など十三名を博多人形」で作り、「旧韓国時代の裁判の状況をパノラマで展開し、又高等法院の大模型、『司法の神』といふ高さ五尺の女神像で、暗黒と光明の時代」を展示した。その外、国境警備、悪性伝染病の状態、性病秘密室、井戸、火葬場、煤煙防止などの公衆衛生に関する模型などが展示された。

機械電気館は、平面が「工」字型の建物で、司法警務衛生館と連結しており、第8部機械及電気に関する展示を行った。「電気や機械に関する各種の出品が、悉く網羅陳列」され、「電動装置による騒音と、電飾装置による照明で近代文明を現実に見せて」いた。

メートル館は慶会楼の池の畔にあり、第15部度量衡を展示する直営館であった。「メートル法の特色利便を、最平易に、且つ極めて簡明に、興味本位に表現」していた。メートル法が普及していないなかで「頗る注目に値する」と評された。

この区域で最も大きな展示館が参考館である。日本の「新聞・商船・通運・東京工業試験場・簡易保険局・司法省・農林省・南洋庁・資源局などの参考品」と「独・仏、白等諸外国の出品」を展示し、さらに「東京・京都・名古屋の各優良品・発明品」なども参考品として陳列していた。「大阪毎日新聞社出品の人造人間」は「表情はすべて空気の調節」で行い、手は「マグネットと空気の作用」で構成され、「東洋的の神秘な心の世界から生まれた、崇高な芸術品」と評価された。

以上、「慶会楼池の南側の直営館」では、6分類の展示が行われていた。これらの展示は、参考館のように進んだ日本・諸外国の出品物を含んではいるが、朝鮮統治の到達点を示し、朝鮮に関しては、司法警務衛生館のように、歴史的にみるために朝鮮時代の状況と現在を比較する方法をとったものがあった。

「慶会楼池の南側」には3つの各道特設館があった。それらは9–4表「慶会楼池の南側の各道特設館と企業特設館」の通りである。

これらの特設館は、主に道内観覧者のための休息所や即売所、さらに物産の宣伝などを行っていた。そして、建物にその地方の特色をだした展示館が多かった。忠清南道特設館は瑞山の磨崖仏と思われる仏像を塔にしている。咸鏡北道特設館は八角形で高さ100尺の白亜の塔に「咸鏡北道」と大書している。全羅南道特設

9‒4 表「慶会楼池の南側の各道特設館と企業特設館」

忠清南道特設館	50 坪	忠清南道と道協賛会の経営、道内観覧者の休息所
咸鏡北道特設館	70 坪	八角形・百尺の白亜の塔、階下は陳列・即売、階上は休息所、迎賓室で茶菓子の接待。
全羅南道特設館	200 余坪	物産の即売、食堂、休息所、活動写真、物産宣伝の舞踊
三井物産特設館	120 坪	白亜色の建物、三井関係の事業を網羅、接待室で宣伝
朝鮮紡織会社塔		塔の写真のみ掲載
釜山日報塔		塔の写真のみ掲載
専売局		高麗人参塔

各道特設館は、各道と道協賛会の経営である。以下の道特設館も同様なのでこの記述は省略する。
前掲『朝鮮博覧会記念写真帖』第 57 による。

館は建物の前面に「全南特設館」とアルファベットで「ZENRANANDO」と大きく書いていた。何れも観覧者が自分の道の特設館と分かるように工夫していた。[78] しかし、朝鮮博覧会の展示館の設計に関係した４人の建築家の展示館評では好評ではない。忠清南道特設館は「場所が悪かった」と言われ、咸鏡北道特設館は「大した力作でもない」と言われ、全羅南道特設館は「余りゴチャゴチャしてをる」、「飾が多過ぎる」と評判が悪い[79]。この４人は直営館の設計に関与した人物で、各道特設館は「特に様式の指定はしない[80]」ことになっていたからであろう。

さらに「慶会楼池の南側」には三井物産特設館があった。三井館は「三井王国のあらゆる事業」を紹介した「白亜色建物」で「内容充実特ニ接待室[81]」を設け、宣伝に活用していた。また、この区域には専売局の高麗人参塔、朝鮮紡織会社塔、釜山日報塔があった。釜山日報塔には朝鮮交通図があり、中には日本蓄音機商会の売店があった。付近には音楽堂、マネキンの舞台もあった。

「慶会楼池の南側」の区域には、直営館もあるが、企業特設館が登場し、さらに各道特設館が観覧者のための休息所、食堂を設置し、各種の塔が建ち、マネキンも登場して博覧会の娯楽的側面も強くなりだしていた。

5‒3　慶会楼池の西側

慶会楼の池の西側には最も大きな展示館である内地館があった。総坪数 1437 坪もあり、西洋建築で「館中随一の広大な建物」である。この内地館は、「兵庫県外の二十九県」の産物を「各県別に陳列[82]」しており、「全国の名産品を一堂に集めた内地産業の縮図」であった。館内には各県ごとに県名を書いた看板があり、日本語とハングルの表記もあった。たとえば「山梨県」は「산리현」（산 - 山、리 - 梨、현 - 県）と漢字で表記され、「島根県」は「시마네겐」（시 - し、마 - ま、네 -

ね、겐 - けん）と発音で表記するなど、統一がとれていなかったが、県名を朝鮮人に分からせる努力をした県もあった。

さらに、内地館の中には、「森永製菓・朝鮮絹織・小林ライオン等の特別陳列」もあった。

そして、この区域には接待館があった。接待館は慶会楼の池の中に作られた74坪6合[83]の朝鮮様式の建物で、「慶会楼を小型にしたやうな、美しい朱塗り」の「純朝鮮式建物[84]」で京城協賛会が来賓の接待に使用した。

9-6図「慶会楼池の西側の展示館」

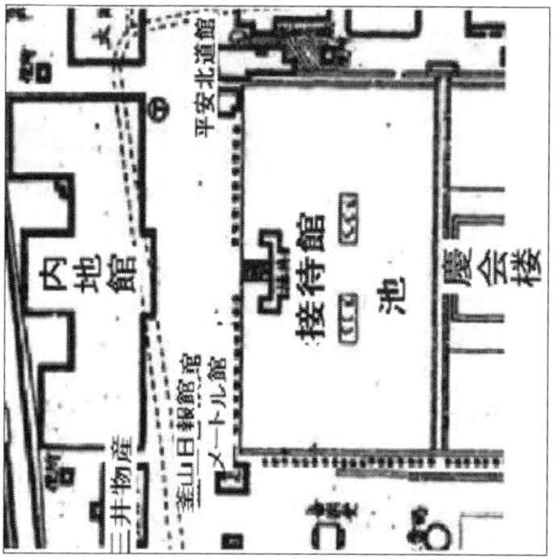

さらに内地館の前に平安北道特設館があった。即売所と食堂、休息所の75坪の建物であるが、「鴨緑江材ヲ利用シタル十二坪ノ瀟洒ナル茶室」を設け、「木材ノ宣伝」と「接待[85]」を行った。

この地区は建物の数は少ないが、日本の各地の産物を宣伝する出品があり、重要な地区であった。

5–4　日本生命保険会社噴水塔周辺

慶会楼の池の北側、日本生命保険会社の噴水塔周辺には、東京府特設館、京都市特設館、大阪市特設館、名古屋市特設館など、単独で特設館を設置した地方館が集まり、九州各県の特設館も並んでいた。

この中に全羅北道館があり、山林館（山の館）、そして演芸館があった。

これらを整理してみると、9–7図「日本生命保険会社噴水周辺の展示館」と9–5表「日本生命保険会社噴水周辺の特設館」のようになる。

9–7図「日本生命保険会社噴水周辺の展示館」

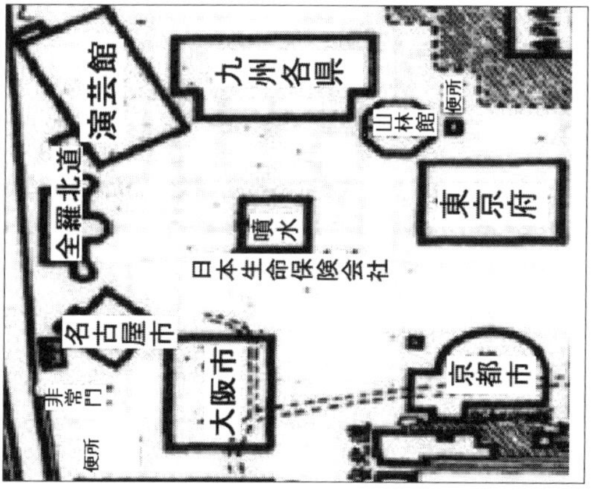

9‒5 表「日本生命保険会社噴水周辺の特設館」

東京府特設館	300 坪	白亜造り、松屋呉服店の特別陳列、「アートメタル」陳列棚
京都市特設館	211 坪	京都市の経営、特産絹布・衣裳など陳列、京都風の休息所
大阪市特設館	320 坪	大阪優良商品を陳列、紹介・販売
名古屋市特設館	100 坪	名古屋市と名古屋勧業協会の経営、物産の陳列・即売
九州特設館	410 坪	九州各県と沖縄県の連合施設
全羅北道特設館	122 坪	外部極彩色の建物、即売、製作実演、食堂、接待室
山林館	60 坪	別称「山の館」８角形、総督府山林部の経営、植林奨励
演芸館	634 坪	京城協賛会の経営

注：演芸館の面積は前掲『朝鮮博覧会京城協賛会報告書』p.114。

内地館の北側にあるのが大阪特設館で、大阪出品連合協会の経営である。入り口正面に大黒「福おこし」があり、中央には「大阪城・築港・難波橋等工業の大阪」を設け、さらに大阪優良品協会と大阪満鮮貿易組合の連合出品があり、化粧品・菓子・織物・金物・醸造品・自転車・金属製品などを展示していた。

館内には「大阪商人なるが故に誠実なり[86]」の標語が大きく掲げられていた。

この北側にある名古屋特設館は、愛知県出品協会の特設館[87]である。入り口には名古屋城の金の鯱の模型を置き、毛織物・有松絞・陶磁器・自転車・大釜・仏具・楽器などを展示していた。

隣の全羅北道特設館は、売店、食堂、接待室、湯呑所を設け、道内の生産品を陳列し、「団扇の製造実演と任実郡朴山月山の烙画（焼絵）の実写」を見せていた。

案内図の動線では演芸館に行き着く。京城協賛会の経営で「工費二万余円」も要し、「千余人を収容」できる建物で、本券番芸妓や新町券番芸妓、朝鮮側各券番妓生が主演し「観客の人気を博して」いた。

次の九州館は、九州各県と沖縄県が連合で出品して特産品を網羅し、「九州産業の縮図」であった。「朝鮮と九州との経済関係を現すパノラマ」などがあった。

山林館は、「落葉松の丸太で建てた校倉造の館」で、「朝鮮植物ばかりで造つた前庭」では、植物には名札がつけてあり、館内は「愛林標語を懸けた休息所」があった。

東京館は、「建物も瀟洒で陳列も亦明る」く、「市と府下の特産品を陳列」しており、「中央に松屋呉服店の特別陳列があり、日米商会の自転車、ミツワ石鹸、花王石鹸等の特別陳列」もあり、「日本石油会社の石油坑の有益な模型」もあった。東京館は有名企業の展示館であった。

京都館は「純京都式」で、「西陣織・京染・陶器・金属製品・小間物・刺繍・屏風、扇子等の名産品」を陳列していた。建物の「館上の高塔は祇園祭の鉾」の模型、「鉾の尖には高声蓄音機」をつけて祇園囃子を放送した。また、茶寮を設けて、来賓に振袖姿の女性が宇治茶を進めていた。

日本生命保険会社噴水周辺の展示館は、全羅北道特設館や演芸館もあったが、中心は日本の大都市館であって、日本の進んだ技術や工芸品、伝統的な製品を展示していた。

5–5　銀座通

東京館と京都館は「大道路を隔てゝ」向かい合っていた。この両館は「ショーウィンドウがあるので銀座街のやうな感じがする」ところで、東京館・京都館から「子供の国」までは賑やかな大通りで、「博覧会の中枢で、銀座通といつてよい所」であった。これらは 9–8 図「銀座通の展示館」と 9–6 表「銀座通の展示館」のようになる。

東京館と京都館はすでに見たとおりである。東京館の隣が北海道館で、陳列場、即売場、試食堂の三つに分かれており、陳列場には「農畜・水産・鉱産・毛皮類」を陳列し、「林産代表品としてベニヤ板使用の一室」を作り、即売所では北海道特産品を販売し、食堂では北海道料理を提供していた。

満蒙館は、関東庁と満鉄の経営で、北海道館の向側にあり、ラマ塔型の大建物を作り、階下中央に満蒙交通模型を置き、「農産・鉱産・畜産等、満蒙の富源」を陳列し、「渤海風網漁業、満蒙人生活状況」を展示した。「十万金」を投じただけに「建物・装飾・陳列ともに調和が宜く、遺憾なきまでに、満蒙の色彩を現している」という。他方、「門の色彩や模様は支那式として怪しく、塔に比して粗末[88]」という意見もあった。

台湾館は、満蒙館の隣にあり、入り口広場の壁画では台湾情緒を描き、中には笵将軍と謝将軍を並べ、熱帯植物を置いた。さらに台湾の五大産業品である「米・砂糖・青果・樟脳・茶」を陳列し、「出品・即売・喫茶」の三方面から台湾

9–8 図「銀座通の展示館」

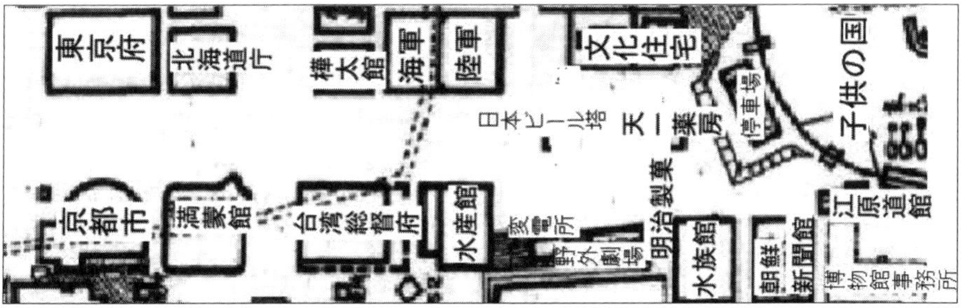

9-6表「銀座通の展示館」

東京館	300坪	前出
京都館	210坪	前出
北海道館	125坪	陳列場、即売所、食堂、木材、海産物、獣毛皮の陳列
満蒙参考館	200坪	関東庁・満鉄の経営、喇摩塔式建築、大連市の大模型
樺太館	90坪	樺太庁の経営、樺太島の物産および事情の宣伝紹介
台湾館	210坪	台湾総督府の経営、台湾式建物、熱帯植物などで台湾を紹介
海軍館	150坪	軍艦型甲板付建築、海軍省出品の各種兵器、無線操縦の実演
陸軍館	150坪	陸軍省出品の被服・兵器・銃器、野外に「タンク」などを展示
水産会館		朝鮮水産会の特設館、館外に大鯨骨を展示、水産食堂
文化住宅3棟		朝鮮建築会経営、33坪5合、27坪8合9勺、24坪8合2勺
野外演芸館	51坪	京城協賛会の経営
明治製菓会社塔		写真のみ掲載
水族館	140坪	中央に24坪の海獣池、周囲に38個の水槽、淡水・海水魚
朝鮮新聞社特設館	150坪	宮島館、安芸の宮島を模した建物
江原道特設館	45坪	丸太造、休息所、食堂
日本ビール塔		写真のみ掲載
天一薬房塔		掲載なし

注：野外演芸場の坪数は前掲『朝鮮博覧会京城協賛会報告書』p.116。

を紹介していた。

樺太館は、台湾館と道を挟んで反対側にあり、館内中央には「多数のオツトセイとロツペン鳥の剥製を配置した海豹島の大模型」を置き、樺太の印象をだしていた。さらに日露戦争後の1909年にあった日露国境画定委員による「国境画定議定書手交の場面を作り、樺太の邦領に帰せし当時の歴史的場面」をも展示していた。さらに「オットセイ毛皮・弧毛皮」など樺太特産品を陳列していた。

樺太館の隣に海軍館と陸軍館が列んでいた。海軍館は直営館で第21部の陸海軍の海軍部である。海軍館は「全体が軍艦」の建物で、「戦艦・巡洋艦・駆逐艦・潜水艇の模型・大礼特別観艦式・海上航空戦・軍港・要港の施設模型」があり、会期中は「海と海軍に関する活動写真の映写」があった。

陸軍館も直営館で、陸軍に関する「明治維新から、日清・日露の両戦役を経て、今日に至るまでの戦争、兵器の推移、各種の大砲兵器、防空兵器、地中戦・空中戦のパノラマ」があり、館外には実物のタンクがあった。

陸軍館の東側に朝鮮建築会の出品である文化住宅3棟[89]があった。「中産階級」のための「住宅見本建物」である。

水産館は外側に「大きな有髭鯨の骨」を飾り、館内の中央に灯台を置き、「朝鮮の各水産物や、水産試験場の試験品」を陳列した。缶詰・乾海苔の実演もしていた。

さらに野外劇場の舞台があり、京都名物の郷土芸術「六齊」を実演していた。

その隣の水族館は洋式建築で、入り口に大きな瓶を飾り、館内の水槽には「朝鮮沿海でとれる凡ゆる魚が泳ぎ」、「中央の池にはオットセイや河獺」がいた。

朝鮮新聞社特設館は「宮島館」を経営し、真っ赤な大鳥居があり、休息所と新聞閲覧室があり、販売店もあった。

江原道特設館は休息所と食堂があった。

銀座通は、東京館と京都館の華やかなショーウィンドウから始まっているが、北海道館、樺太館、満蒙館、台湾館という日本の版図を誇示するとともに陸海軍館という軍国主義を展示した典型的な区域であった。また、文化住宅も朝鮮に住む日本人、上流の朝鮮人のためのもので、日本の朝鮮での支配力を象徴しているともいえる。若干の娯楽的なものもあるが、朝鮮博覧会の「帝国主義」・「軍国主義」を最も強く示す区域であるといえる。

5-6　子供の国

銀座通をまっすぐ行くと「子供の国」に入る。朝鮮博覧会で最大の遊園地である。子供の国は鉄道局の経営で、入り口を入ると「国境」に沿って敷設された「狭軌の鉄道」[90]があり、入り口脇の停車場から乗車すると「第１トンネル」があり、中は「世界の名所のパノラマ」になっており、「第２トンネル」は「朝鮮名所のパノラマ」で、「汽車は世界と朝鮮を一周する仕組」になっていた。

「園の中央には高さ五十尺の装飾塔が燦然として輝き、その前面には天使の噴水があり、この噴水池の中に金魚や亀や水鳥」がいた。飛行塔、波形サークリング、像滑り台、ノンキナトウサン滑り台、赤鬼青鬼の鉄棒のブランコ、家族用のブランコ、自動木馬、遊

9-9 図「子供の国」

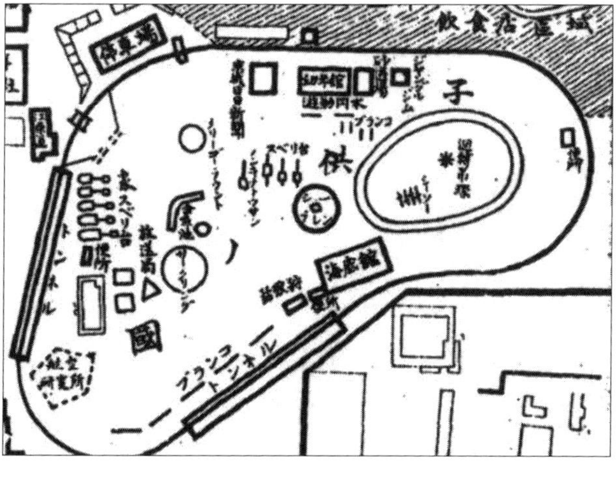

動円木、ジャングルジム、各種シーソー、回転吊環などの遊び道具があり、京城日日新聞社館・猛獣狩館・海底遊行館・世界旅行館・幼年運動館が連続して建ち、「真に子供王国」であった。産業館などを見て「ゴチャゴチャになつた頭を子供の国に行つてキャッキャと戯れるのも爺婆だつて嬉しいに違ひない[91]」といわれた。

5–7　キリンビール塔周辺

銀座通の途中、北海道館と樺太館の間を行くと広場の中央に「キリンビール」と大書したキリンビール塔があった。このキリンビール塔を中心に各道特設館や企業特設館が集まる区域があった。

9–10 図　「キリンビール塔周辺の展示館」

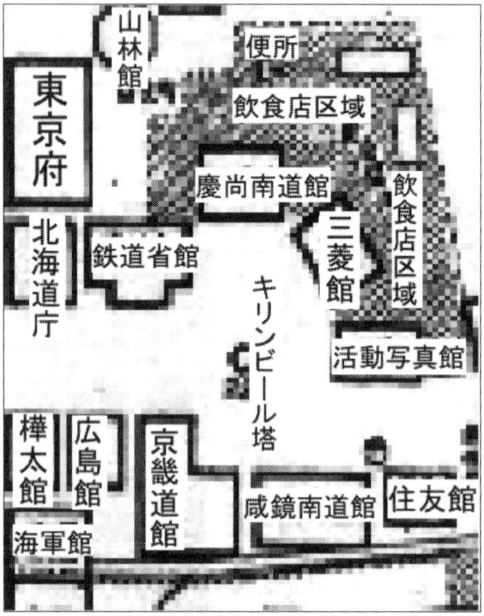

この区域は 9–10 図「キリンビール塔周辺の展示館」に見るような展示館があり、その内容は 9–7 表「キリンビール塔周辺の展示館」に示すとおりである。

北海道庁館の隣が鉄道省館で、第 12 部通信交通及運輸の一部を展示していた。入り口に「東京急行電車の電気陳列」があり、鉄道関係の諸機械・図表・模型・パノラマ、活動写真などを展示していた。その中で京城から東京までの「鉄道大模型・ロータリー雪掻車の実演が観客をあつめて」いた。

次の慶尚南道は「水産・醸造・漆器・陶器・果実」など道内の特産物を陳列即

9–7 表「キリンビール塔周辺の展示館」

鉄道省館	200 坪	鉄道の現勢、鉄道に関する知識の普及
慶尚南道館	115 坪	即売所、食堂、接待室
三菱館	125 坪	三菱の事業を陳列紹介、内容豊富
活動写真館	120 坪	直営館、洋式建築、朝鮮総督府の施政、内地、各植民地、外国に関する宣伝映画を上映
広島館	66 坪	広島市の経営、物産の陳列、即売
京畿道特設館	315 坪	各道中最大規模、重要工産物、有名商店の商品の陳列と即売
咸鏡南道館	170 坪	朝鮮水電と朝鮮窒素の大模型を展示、階上に咸興市のパノラマ、食堂と休息所
住友館	80 坪	ギリシャ式建築、製銅事業を中心に機械製作事業、館内に噴水

売していた。「毎日釜山から新鮮な魚貝を取寄せ、米もお酒も食器も皆道内産を用ひ、廉価で美味を提供してお客の人気」を呼んでいた。この館では「当業者懇談会」を開いたり、人気投票を行うなどの特色があった。各道特設館の中で活発な活動をしている館であった。

三菱館は三菱王国のあらゆる事業を紹介していた。

活動写真館は直営館であった。朝鮮の産業経済及び社会事業などの映画、「其の他南洋諸島の風景」、現地人の生活状況などを無料で観覧させた。

樺太館の隣の広島館は、仏具・神輿などの特産品を陳列していた。

京畿道館は、九州館（410坪）に次いで315坪もある大きな館で、朝鮮各道特設館の中でも一番大きな展示館であった。京城にある三越、三中井、丁字屋、大沢商店などの特別陳列があり、さらに東華商会・ツヅキ商会・橋元毛皮店など府内各商店が出品していた。「出品物も流石に朝鮮特設館中の華」であった。

咸鏡南道館は、「華美な壮麗な建物」で、前面に「窒素肥料会社・朝鮮水電・利原鉱山の三大模型」を展示し、内に食堂・販売部・陳列場を作り、２階では「咸南十景」のパノラマを映写し解説を加え、その脇には「見落とす勿れ　咸南十景パノラマ[92]」と大書していた。

次の住友館は製鋼・電線・銅鋼管・肥料など住友事業の一班を展示していた。

この区域には、活動写真館という娯楽館ではあるが直営館があり、第12部通信交通及運輸の一部を展示する鉄道省館もあり、同時に各道特設館と大企業の特設館が混在していた。朝鮮博覧会の中では、直営館を置き、日本の大企業を宣伝し、京畿道館のような大型特設館を設置しており、重要な地域の継続であった。

5–8　全鮮酒造連合会塔周辺の展示館

「キリンビール塔周辺の展示館」を過ぎて、さらに奥へ進んだ区域が「全鮮酒造連合会塔周辺の展示館」である。この区域の展示館の配置は9–11図「全鮮酒造業連合会塔周辺の展示館」の通りであり、展示館の展示内容は9–8表「全鮮酒造業連合会塔周辺の展示館」のようであった。

最初にある慶尚北道館は、食堂や休息所を設け、尚州明紬、リンゴ、鬱陵島木細工など道の特産品を陳列していた。

黄海道館は、休息所を設け、楽浪焼、黄州苹果を販売していた。次の朝鮮毎日新聞社館には各種の売店があった。さらに朝鮮畜産協会館は朝鮮の畜産品を陳列し、ブラシの製造を実演していた。その奥の万国街は、敷地面積約800坪、建物は木造丸太建で約200坪、観客定員800人[93]で、出演者は外国人が主で、アメリカ人のブーシー嬢は猛牛との格闘、フランス人のニーナ・アンタレス嬢はユニークダンスを演じ、インド人は２尺の長剣を使い、山本忠男は25種の楽器を同時に演じていた。これらの「嶄新奇抜な演技は、朝博の一大呼物」であった。

少し奥まった所にある畜産館は、「朝鮮畜産の一班を遺憾なく示して」いた。

通路の反対側の朝鮮治刑協会館では「全鮮刑務所の製作品を陳列販売」していた。

9-11 図「全鮮酒造業連合会塔周辺の展示館」

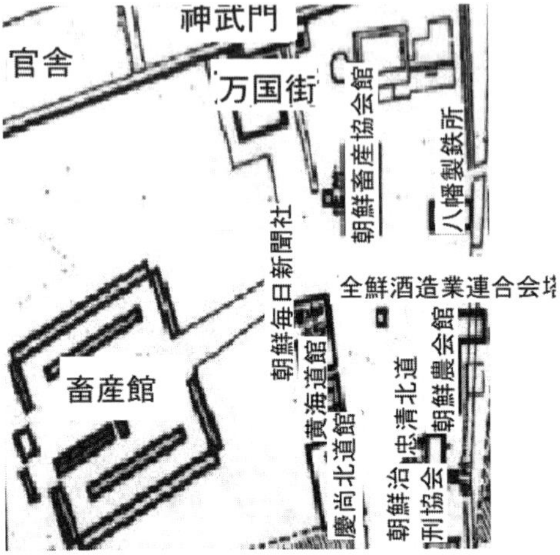

忠清北道館は陳列場と一般休息所を設けていた。

朝鮮農会館は、朝鮮各道の農会の出品物を陳列し、ポスターの展示もあった。八幡製鉄所館は、前面に製鉄所の工場設備の模型を置いていた。

この区域は各道特設館と各種協会館があった。万国街のような博覧会の娯楽の要素が強くなってきた所に特徴がある。

9-8 表「全鮮酒造業連合会塔周辺の展示館」

慶尚北道館	104 坪	即売所、食堂、休息所、2 階に接待室
黄海道館	45 坪	丸太造休息所、食堂
朝鮮毎日新聞社館		写真のみ掲載
畜産館	150 坪	牛、豚、羊、鶏などを陳列
朝鮮畜産協会館	120 坪	朝鮮畜産会の事業、畜産食料品・毛織物の即売、畜産食堂
朝鮮治刑協会館		記載無し
忠清北道館	30 坪	即売所と休息所
朝鮮農会館	130 坪	朝鮮農会の経営、農会の事業、副業の奨励の活動写真
八幡製鉄所館	100 坪	精巧な製鉄工程の模型、活動写真室で製鉄に関する映写
万国街	800 坪	京城協賛会の経営、外国人の各種演芸・有料

注：万国街の坪数は前掲『朝鮮博覧会京城協賛会報告書』p.120。

5–9　蓮池周辺の展示館

景福宮の北の端に蓮池があり、池の中に香遠亭という小さな亭があった。高宗が景福宮の乾清宮に起居した時期にはよく利用した亭であった。この池の周辺から城外の「敬武台」展示場へ通じる陸橋までの空間にもいくつかの展示館があっ

9–9表「蓮池周辺の展示館」

京城日報特設館	106坪	新聞製作順序を陳列、売店、新聞閲覧室
熊平商店館		写真のみ掲載、熊平消防館
朝鮮商工新聞社館		写真のみ掲載、塔で足袋の宣伝
平安南道館	124坪	玄武門を模した朝鮮式建物、陳列所、即売所、食堂、接待所
セール商店特設館		記載無し
長崎商館		長崎市の経営、特産品の即売、「カステラ」の食堂
貴賓館		旧名聚敬堂、王大妃の隠居所

9–12図「蓮池周辺の展示館」

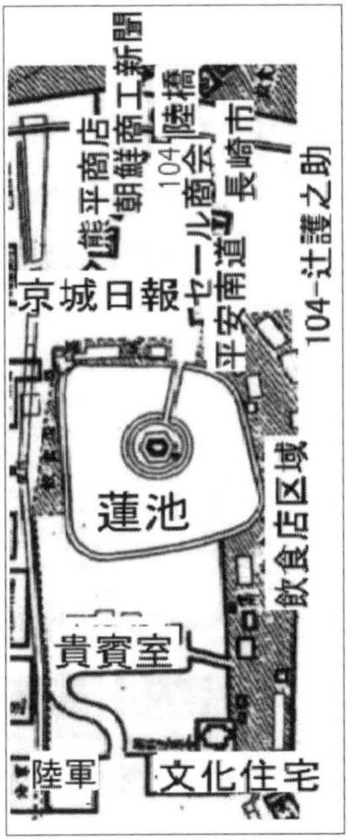

た。この展示館の配置は9–12図「蓮池周辺の展示館」であり、その展示内容は9–9表「蓮池周辺の展示館」である。

この中にある貴賓室は、『朝鮮博覧会記念写真帖』によれば、「旧名ハ聚敬堂ト称シ……王大妃ノ隠居所」であったとされている。しかし、『宮闕志』（19世紀半ば作成）や『宮闕誌』（1908作成）、「朝鮮王朝実録」には「聚敬堂」はない。ここには咸和堂と緝敬堂があった。すでに第4章「高宗代の景福宮再建」で見たように乾清宮ができた後、咸和堂と緝敬堂は事実的に内殿の機能を担っていた所である。また、第7章「朝鮮総督府庁舎の建設」で見たように、1924年3月に、柳宗悦が朝鮮民族美術館を開館した建物でもある。朝鮮博覧会では開会式当日閑院宮が休息所に使用した[94]。通路は陸軍館と文化住宅の間にあり、貴賓室だけへの道であった。この時期、朝鮮民族美術館がどうなっていたかは不明である。

蓮池の北側にある最初の展示館は京城日報社特設館で、新聞製作の状況や朝鮮古代史の物語絵を展示し、休息所には新聞閲覧室を設け、全国の新聞を見られるようにしていた。

その隣の熊平商店館は熊平消防館である。朝鮮商工新聞社館は展示内容が分からない。

この区域で大きな建物は平安南道館で、朱丹の朝鮮式建物の中にはパノラマ式の桜の牡丹台があり、周囲に特産品を展示している。二階は玄武門造で接待室である。

セール商会特設館には多くのフォードの自動車が陳列され、塔上では蓄音機で音楽を流していた。

長崎館や2か所もある辻護之助は不明である。

5–10　敬武台区域

朝鮮博覧会の最後の区域が陸橋を渡った所で、景福宮の城外である。本章で多く用いている「会場概観[95]」ではこの区域を「敬武台」と表記しているが、これは「景武台」の誤りかも知れない。『朝鮮王朝実録』を見ると、「景武台」は多数検索[96]できるが、「敬武台」という表記はない。景武台は高麗時代の1104年に完成した「離宮」で、朝鮮王朝時代に太祖が景福宮を創建する際に「後園」として使った。これが景武台である。植民地時期に、ここに総督官邸が造られ、さらに米軍政時期には司令官官邸として使われた[97]。

景武台は景福宮の「景」と北門である神武門の「武」を取ってきたものともいわれている。

敬武台区域は「朝鮮博覧会場配置図[98]」でも滋賀県館と三重県館、奈良県館以外は建物に番号が振ってあるだけである。まずはこの3館を見てみよう。9–10表「滋賀県館・三重県館・奈良県館」参照。

9–10表「滋賀県館・三重県館・奈良県館」

滋賀県館	82坪	三井寺の梵鐘模型を屋上に設置、即売式陳列館、食堂
三重県館		二見ヶ浦の女夫岩の模型を屋上に設置、即売式陳列館
奈良県館	33坪	入り口の上に大仏の模型を設置、売店

この3館について「会場概観」ではコメントを書いていない。『朝鮮博覧会記念写真帖』に「9–10表」のような説明がある。

この区域には9–13図「敬武台区域」にもあるように、京城協賛会が経営する大きな飲食店街があることが特徴である。出口である裏門の近くで、観覧客も食堂などを求めていたのであろう。

9–13図「敬武台区域」

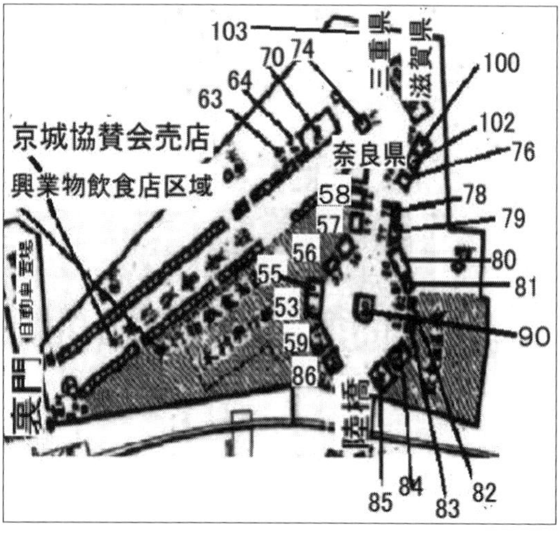

次に9–13図「敬武台区域」は、朝鮮博覧会場配置図にある番号を使って建物の名称を記しておこう[99]。各展示館の名称は9–11表「敬武台区域の展

9-11 表「敬武台区域の展示館」

陸橋を渡って右側の展示館 - 滋賀県館まで		陸橋を渡って左側の展示館 - 奈良県館まで	
85	テーラー商会館	86	東洋麻糸会社
84	東山農場会社館	59	人造肥料特設館
83	明治屋館	53	全鮮ゴム工業社連合会
82	㋩ゴム臼工作所館	55	日の丸小間物店
81	朝鮮製薬会社館	56	麻ノ葉会
80	京城ゴム工業所特設館	57	辻村栄助
79	大正コンクリート工業館	58	多木肥料宣伝塔（地球儀）
78	松田清メンソレータム？	奈良県館	
76	松田清	陸橋を渡って真正面の展示館	
102	生州番所館	90	中山太陽堂館
100	東山産業会社館		
滋賀県館			
三重県館			
三重県館と奈良県館の前の広場の中心			
74	並木製作所館		
三重県館から出口に向かって			
103	藤枝町農会館		
70	京城商興会		
64	茨木廣三特設館		
63	三井売店館		

示館」の通りである。

これらの展示館は、どのような展示内容であったかは不明である。人名である「松田清」は２つの展示館に記されているが、どのような人物か不明である。ただ「会場概観」に記された展示館名で「大正コンクリート工業」の次が「メンソレータム館」となっており、それに相当する展示館がないので、この「松田清」に該当している可能性はある。

この「敬武台区域」の展示館名を見ると、日本の企業の社名と予想できるものが多い。とすれば、日本の企業が朝鮮進出の足場確保のために朝鮮博覧会に出店したと推測できるのだろうか。

6　朝鮮博覧会の区域の特徴

ここまで朝鮮博覧会の各区域の内容を見てきた。これらの区域の特徴を検討してみよう。

「慶会楼前通り」は、朝鮮博覧会のメイン会場で、17棟の朝鮮総督府直営館の中で6棟もあり、さらに朝鮮博覧会の22の出品分類の内14分野がここにあった。朝鮮博覧会の第1の目的である朝鮮「経営二十年間の実績」を明らかにする区域である。そして展示館は全て「朝鮮式」といわれる建築であった。

「慶会楼池の南側」は、第2のメイン会場ともいえる区域で、6棟の直営館があり、5分野の出品があった。さらに3つの各道特設館と参考館、大企業の三井物産館もあった。この区域は、朝鮮博覧会の第1の目的に加えて、第2の目的である内外の出品物を相互紹介し朝鮮の発展に寄与する区域であった。主な観覧者である朝鮮人にとってはこの区域で初めて朝鮮の道特設館に出会い、さらに参考館で日本や外国の展示に触れる区域であった。

「慶会楼池の西側」には、1437坪という最も大きな展示館である「内地館」があり、「全国の名産品を一堂に集めた内地産業の縮図」といわれたように、「日本」を見せる区域であった。内地館には29県の展示場があり、展示内容は各県の特産品を出品するなどしたものであった。

「日本生命保険会社塔周辺区域」は、日本生命保険会社の塔を中心に、日本の大都市の特設館が集中していた。内地館に各県別の展示があるのに対して、この区域は東京、大阪、京都、名古屋の個別の特設館があり、「日本」を見せる区域が連続していた。

次の「銀座通」と命名された区域は、「帝国日本」と「軍国日本」を見せる区域であった。入り口の南北には満蒙館と北海道館があり、台湾館と樺太館が対になり、陸・海軍館が続く通りは、近代日本の帝国主義的側面を十分に表出した区域であった。博覧会の目的に沿う展示館群であった。

「子供の国」は、最も博覧会的な区域といえよう。小型列車や回転飛行機、猛獣狩館や海底館、大型ブランコなど、子供でなくても十分に楽しめる区域であった。京城協賛会の企画であり、博覧会の「娯楽」の要素を満たした区域であった。

「キリンビール塔周辺区域」は、朝鮮各道特設館と大企業展示館の区域であり、鉄道省館という直営館もあったが、中心は各道特設館と大企業館（三菱・住友）で、さらに飲食店区域が広く取られている。各道の特産品などの出品物は各道審勢館に展示されているので、この地域の各道特設館は、休息所や売店が多く、観覧者が休息する所でもあった。

「全鮮酒造連合会塔周辺」は、朝鮮の各道特設館区域と娯楽区域であった。万国街は大きな劇場で、外国人の芸人が出演していたので、朝鮮人にも日本人にも興味のある所であった。博覧会の「娯楽」の要素が濃くなる区域であった。

「蓮池周辺」と「敬武台区域」は、日本の中小企業の出店が目立つ区域である。ここには貴賓室もあるが、一般の観覧者が自由に入れる場所ではなかったと思われる。他の会社や商店は、報告書がないために、どのような会社であったかは不明であるが、その名称から、日本人の企業ではないかと推測される。そして、朝鮮博覧会の会場では最も立地が悪く、出口近くでもあり、京城協賛会の経営する商店や飲食店が多く、朝鮮博覧会の休息所といえる区域であった。

7　朝鮮博覧会の展示館別の特徴

朝鮮博覧会の展示館は、直営館、各道特設館、日本の各府県特設館、日本の支配下地域の特設館、企業特設館、そして京城協賛会の設置した施設に区分できる。

朝鮮総督府の直営館は、朝鮮博覧会の開催目的を実現するための展示館で、是非とも観覧してほしい展示館である。したがって、正門から入場した観覧者が最初に見ることができるように、「慶会楼前通り」と「慶会楼池の南側」に集中的に配置された。この展示内容は、朝鮮人よりは日本人などに対して、朝鮮の発展した姿を見せるという朝鮮博覧会の第3の目的を達成する区域でもあったと思われる。

各道特設館は、各道庁と各道協賛会の経営で、直営館である各道審勢館での各道の特産品などの展示を補う役割も持っており、『朝鮮博覧会記念写真帖』で見ると、各館は地元の仏像を載せたり、地方の有名な建築物を模したり、産物の丸太を利用したりと工夫を凝らしている。朝鮮に拠点を置く新興財閥である朝鮮水電や朝鮮窒素のあった咸鏡南道などはそれらの模型を展示したりした。各道審勢館の展示を受けて、各道特設館は、大部分が特産物の特売所、食堂、休息所であった。各地方からの観覧者には、自らの居住道の特設館は安心感があり、博覧会観覧には重要な施設であった。

日本の各府県特設館を見ると、東京、大阪、京都、名古屋、広島、長崎、三重、滋賀、奈良、九州が独自の特設館を設置し、兵庫県以外[100]の各県が内地館で展示していた。これらは、朝鮮総督府が「勧誘に努めた」結果で、「各県、市、商工会議所其の他の出品団体等[101]」が取りまとめを行った。この結果、出品数が多く、全てを展示できない状況になった。各県の特産品などの宣伝の場所であるが、大きな展示ケースに展示されたものが多く、十分に観覧できたかは評価が難しい。

日本の支配下地域の特設館は、博覧会そのものの持つ帝国主義と植民地主義を展示しており、近代日本が獲得した版図を誇示していた。展示館の配列を見ても、

「銀座通」と名付けた「華やかな大通り」に北海道館が並んでいることにも注目したい。同時にここには陸海軍館も併設されており、軍国日本を誇る区域であった。

企業特設館は、日本の財閥企業が朝鮮博覧会を宣伝に利用したことを示している。そして非常に多くの中小企業から商店に至るまで出店していた。特に博覧会場の最後の区域である「敬武台区域」には、会場案内に詳しい「会場概観」でさえ名称を列挙するだけで全く説明のない企業が出店していたことに注目したい。これらは朝鮮に拠点を置くと考えられるが、京城協賛会への寄付企業などではない。

朝鮮博覧会は「報告書」がないので、優秀な出品に与えられる「名誉金牌、金牌、銀牌、銅牌、褒状」が誰に与えられたかは不明である。これらの褒賞は「彊内の出品だけ[102]」が該当し、名誉金牌 27 人、金牌 174 人、銀牌 710 人、銅牌 1448 人、褒状 3298 人[103]に与えられた。この中にこれらの企業も入っている可能性はあるが、不明である。

京城協賛会の設置した代表的な施設は「子供の国」であるが、その外に、演芸館、接待館、野外劇場、売店、朝鮮飲食店、万国街、マネキンガール舞台、無料休息所、音楽堂、自動写真館などがあり、会場外では駅案内所を設置し、観覧客を案内した。京城協賛会の施設は、博覧会の重要な要素である消費文化と大衆娯楽を担っていた。京城協賛会は、主催者ではないが、朝鮮博覧会の開催に不可欠な任務を担い、朝鮮博覧会事務総長児玉秀雄から「感謝状[104]」を受けている。

8　朝鮮博覧会の評価

朝鮮博覧会に関する研究史を見ると、真っ向から対立する２つの評価がある。その１つは「新旧」などの二分法的発想で朝鮮博覧会を評価した研究で、2000 年を前後する早い時期に発表されたものである。崔錫栄[105]や崔公鎬[106]、田玟貞[107]、김영희[108]の研究をはじめ、日本で唯一の研究である山路勝彦の研究[109]もこの分類に入る。また、建築史の視点から朝鮮博覧会を検討した姜相薫の研究[110]もこの分類に入るだろう。

他の１つは、朝鮮総督府は統治 20 年の治績を毀損する恐れのある「植民地の後進性と原始性、落後性を強調する理由がな」、く「近代と伝統、文明と非文明という構図」は朝鮮博覧会には適用しにくいと主張した김제정[111]の提起で、하세봉[112]、김나라[113]もこの分類に入る。

さらに建築様式での朝鮮様式、朝鮮式、朝鮮色の評価をめぐる問題もある。以下、これらを順次検討してみよう。

8-1　「新旧」などの二分法の評価

「新旧」などの二分法的発想で朝鮮博覧会を評価した研究に関しては、それまでの先行研究を受けて、この評価を最も強く主張した김영희論文を中心に検討しよう。すでに見たように、김영희は、朝鮮博覧会を「新旧、『近代文明と固有文化』[114]、文明と非文明（原始性）、近代と伝統の対比であった。文明化された帝国と未開発の植民地、『始政発達の事跡』と『朝鮮の固有文化』、工業製品と農作物の２分法的構図で『劣悪な』朝鮮という印象を明確に可視化したものであった[115]」と評価した。김영희は、この評価を「朝鮮のイメージがどのように表現されたか[116]」という視点で展開している。そして、展示内容にも言及しているが、二分法的方法で言及しているのは展示館の外観のイメージである。김영희が重視しているのは「『劣悪な』朝鮮という印象」であり、「朝鮮のイメージ」であり、対比される「新旧」、「近代文明と固有文化」、「文明と非文明（原始性）」、「近代と伝統」がどのような内容かは明らかにしていない。「印象」や「イメージ」なので、具体化は難しいのかも知れないが、再検討することも難しい。崔錫栄は先行研究で主張された「近代性」について「資料の制約で具体的には述べることができない[117]」と記している。つまり、「近代性」を具体的に実証できないということである。김영희の主張する対立項目も同様ではないだろうか。

このことを前提に김영희論文を検討してみよう。김영희は、朝鮮博覧会では、「勤政殿、慶会楼などの古建築と『千古斧鉞』、即ち非常に昔から手が触れられない密林の中の昔の宮闕の痕跡を背景に朝鮮物産の『精粋』を集めた直営館は『朝鮮色』、即ち朝鮮美を漂わせる『郷土カラー』『朝鮮色』建物で埋め尽くした。博覧会場を『完全に朝鮮文化の縮図』に再現し、植民地『朝鮮の博覧会建物というものを直感的に見てわかるように』しようとした」と記し、さらに「文明以前の状態の『原始性』（千古斧鉞、赤緑など）が植民地朝鮮の土台であることを証明することになった。同じく朝鮮館[118]と違って、およそ西洋式建築の日本館は総督府庁舎と共に『目に見えて』『現代的な気分』を起こした[119]」と主張した。

ここに引用したように、김영희は具体的な事実を主張するのではなく、「イメージ」を述べるという手法を採用している。しかも、その主張では、根拠として引用している文章や用語も恣意的に使用している。김영희は、「千古斧鉞」の密林を景福宮の古さの象徴を表すために使っているが、この用語は、김영희も注

記しているように、笹慶一「朝鮮博覧会の所感[120]」にあるもので、笹は、景福宮を博覧会会場に使用するに際して「勤政殿、慶会楼、光化門等李朝時代の代表的建築物や慶会楼の池、六角堂の池等昔時宮廷の秘苑、千古斧鉞を加えぬ密林等を思ふ存分に利用」できるので景福宮は博覧会の適地であるという文脈で使用している。このために、東京大正博覧会（1914年）や平和記念東京博覧会（1922年）で会場になった「上野不忍池畔に比し優るとも決して劣るものではない」とも言っている。「千古斧鉞」は「原始性」を表す用語ではなく、このような条件を備えた景福宮は朝鮮博覧会の会場に適していると評価する際に使用しているのである。

また、김영희論文で原始性を示すために引用している「王朝の夢を見る如く、浦島の龍宮に遊ぶが如き感を抱かしめる」という文章は、岩槻善之氏談「博覧会の建物に就て[121]」に書かれているが、会場にある「新しい建物」が勤政殿などの「古建築とはぴつたり」しており、「慶会楼の池をめぐつて接待館、メートル館、橋、門などさながら王朝の夢を見る如く、浦島の龍宮に遊ぶが如き感を抱かしめる」と続く文章であって、岩槻善之は「これ程までに環境と建物のぴつたり会つた会場は見られなかつたであらう」とも評価している。김영희が自らの主張を裏付けるために使用した文章や用語は、評価が異なる使用方法と言わざるを得ない。

さらに、김영희は、朝鮮博覧会の直営館、各道特設館、日本府県館・企業特設館について、その建築的特徴を見た後で、「このように朝鮮館と日本館の建築様式と展示品などに対する印象の一部を見た。植民地と本国の間に確立された序列化は展示館のデザインに投影された。洗練された都市スタイルの建築様式と展示技法に対して、土着様式と展示技法の未熟性、近代文明を体現した日本館に対し非文明の朝鮮館が対照をなした。特に全羅南道館と参考館、住友館と咸鏡南道館がそうであった[122]。」と記している。ここでは日本館一般と朝鮮館一般[123]を対比し、日本は「近代文明」、朝鮮は「非文明」と二分法で評価している。そして全羅南道館と参考館、住友館と咸鏡南道館を特にその典型的な対比であると例示している。すでに見たように「全羅南道館と参考館」は「慶会楼池の南側」で隣接して建てられ、「住友館と咸鏡南道館」は「キリンビール塔周辺」で隣接して建っている。この文脈では参考館と住友館が「近代文明」の建物、全羅南道館と咸鏡南道館が「非文明」の建物となる。김영희は、自身の論文中で参考館については展示内容の説明だけであって建築様式には言及していない[124]。他方、全羅南道館は「四角の外観、黄色の壁、赤色と青色の横板などで新しい試みが見えるが『感心するところはない。さりとて悪くもない』」などという評価を紹介し、その中で隣接した参考館と「好一対」となっていたという評価[125]を紹介している[126]。김영희は

言及していないが、全羅南道館について記したと同じ資料（「朝博建築を弥次る」）の「参考館」に関する記述は「新しい様式、構造と関係なく正面を四角な平面で包んで色彩でこなしたやり方、壁の主な部分のクリーム色と入口廻りや窓上の桃色の調和はおとなしいもの」などと記され「参考館といふ字体も不調和、窓まはりの額縁の灰色も物足りない[127]」と評価されている。「好一対」の評価であろう。

建築学の見地から展示館を分析した姜相薫は、各道特設館を建築学的に分類し、全羅南道館を「新しいデザインを採用した」館とし、その特徴を「幾何学的形態など抽象的デザイン、伝統文様の変形など既存の様式から逸脱した新しいデザインの試み」と評価している[128]。これらから、参考館と全羅南道館を「近代文明」と「非文明」の展示館の対照的なものと評価するのは適切でないといえる。

それでは住友館と咸鏡南道館の場合はどうか。김영희は自らの論文の中で、住友館は「ギリシャ風の『近代的でスマートな』、『モダンな映画』の中に登場する建築のような外観が美しかった。『青銅水鳥の嘴から落る滴りの水盤に波紋の広げるのを凝視して感慨無量[129]』だったと賛辞を受けた。『内容は要領がない』のであるが、機械製作など系列社製品が『十分にあり、気分が良かったのみ[130]』と言われていた[131]」と紹介している。

次に咸鏡南道館はどのように記しているか。咸鏡南道館は「四角の建物の壁にエジプト風の絵を描き注目されたが、建軒、赤色と白色でまだらまだらしたのは『嫌悪』を感じた。また朝鮮窒素肥料会社と朝鮮電気などの工場模型と共に名勝地を宣伝するパノラマを見せていたが、外観に比して貧弱に見えた[132]」と記している。

김영희が多用する「朝博建築を弥次る」でも住友館は、「素晴らしい意匠だ。形といひ色といひ、申し分なし。場内新様式の建築の白眉であり、朝鮮式の接待館と竝んで双璧であらう[133]」と絶賛されている。これに対して咸鏡南道館は「咸南と埃及[134]と如何なる縁ありや。それは兎も角として人眼をひくための埃及館もよく見れば嘘ばかり[135]」と酷評されている。しかし、김영희論文で言うように、咸鏡南道館は「四角の建物の壁にエジプト風の絵を描き注目された[136]」のである。さらに、雑誌『朝鮮』に掲載された「会場概観」では、咸鏡南道館は、「華美な壮麗な建物で、前面に窒素肥料会社・朝鮮水電・利原鉱山の三大模型を設けて外容を整え、内に食堂・販売部・陳列場を設け、二階では咸南十景を映写し解説を加へて見せてゐる」と紹介されている。これらを見ると、住友館が「製鋼・電線・銅鋼管・肥料・其の他住友事業の一班を展示[137]」しており、咸鏡南道館には朝鮮窒素肥料会社、朝鮮水電会社、赤鉄鉱の利原鉱山で外観を整えていたことを考慮すれば、工

業館が並列していたともいえる。住友館がギリシャ風で咸鏡南道館がエジプト風であったことも偶然であろうか。これらを見ると、住友館が「近代文明」で咸鏡南道館が「非文明」の展示館と評価するのは適切でないといえる。

このように見ると、「新旧」などの二分法的比較は、朝鮮博覧会の評価には適していないといえよう。

8-2　朝鮮博覧会での「前近代性と近代性」

崔公鎬や山路勝彦は、朝鮮博覧会の展示方法や展示内容に関して優劣比較や前近代性と近代性の対比を指摘した。これらの研究では具体的な展示内容に言及しているので、主張は明確である。崔公鎬は「展示館の中心である産業館では東洋拓殖会社と三越商社、三井商社、三中井呉服店など全て日本人企業が布陣した」が、「国内の展示館では罪人を取り調べる朝鮮時代の行刑制度を模型で展示したように、全羅北道館では小さい形の改良傘をかぶったみすぼらしい田舎風の烙竹匠老人を登場させ試演までするなど、伝統風物を見せることが主力であった」と記し、「日本に代表される文明開化と朝鮮の前近代性を露骨に対比させると共に、朝鮮は日本によって開化の対象であることを暗黙に洗脳しようという作為があった」[138]と主張した。産業南館には東洋拓殖会社と三中井呉服店、産業北館には三越商社（呉服店）、三井館（企業館）には三井商社が展示していた。また、行刑制度は司法警務衛生館で展示されていた。ここでは産業南館の「特別出品」を取り上げ、産業南館の主要な展示がある農林水産業には言及しない。また、全羅北道館の烙竹匠老人は『朝鮮博覧会記念写真帖』に老人の実演風景の写真が掲載されているが、これは「道内の生産品を陳列し、団扇の製造実演と、任実郡朴日山氏の烙画の実写とを見せてゐる。孔子が愛用したといふ歴史付の鳳翔生薑も出ている」[139]のであり、伝統的な生産品や著名な芸術品などを展示しており、休息所などだけの多い各道特設館の中では充実した内容を持った館である。「みすぼらしい田舎風の烙竹匠老人」というが、朝鮮の伝統的な衣服を着用した老人の姿であり、老人の実演している烙竹画は、柳宗悦も「全羅紀行」でその烙竹制作を見学した喜びを記しているほどの伝統工芸である[140]。朝鮮の伝統工芸品の展示は朝鮮の「前近代性」を示すことなのだろうか。しかも、全羅北道館は「日本生命保険会社噴水塔周辺」にあって、東京府特設館、京都市特設館、大阪市特設館、名古屋市特設館など日本の大都市の特設館、九州各県特設館の中に設置されていた。比較対照するのであればこのような近隣展示館と比較するべきではないだろうか。極めて恣意的な比較によって、朝鮮の「前近代性」を強調しているように見える。

さらに、司法警務衛生館の裁判制度も日本と朝鮮を比較する例としていくつかの先行研究で言及している。山路は司法警務衛生館の裁判制度を取り上げ、「裁判官、原告、被告などの人形を作り、朝鮮王朝や旧韓国時代の裁判の状況をパノラマで表現する一方で、今の裁判は傍聴人も参加させ外界に開かれた制度であることを訴え……近代の法治主義に基づく司法制度は過去の裁判制度とは決定的に違うことを明言した場面である[141]」と紹介した。

田玟貞論文でも取り上げられ、「司法部には旧韓国時代の法廷の姿と総督府統治下の高等法廷の姿を再現して比較が可能なようにして置いた[142]」と記している。

김영희も「司法警務衛生館は新旧裁判光景を模型で再現していたが、『朝鮮式燭台の上に50ワットの電灯で明るくし旧韓国時代の裁判状況』と『高等法院の法廷で判事、当事者、傍聴客の裁判実況』を対比して見せた。裁判の昨日と今日、暗黒の社会と照明の社会の点滅式電気装置などで、昔の朝鮮に対する総督府統治の近代性を誇示した[143]」と記している。この展示については本章で多用している「会場概観」でも「暗黒と光明の時代を見せてゐる[144]」と記して比較対照させている。

しかし、この司法関係の展示は「法の女神」といわれる高さ５尺の女神像（テミス）を置き、「左手に剣右手に古鏡を持つて回転塔の上に立ち右鏡には八十ワツト電力を通じてその反射光線で放火、文書偽造、賭博、脅迫その他あらゆる犯罪の書面を照らし犯人逮捕、警察の取調、予審、裁判を経て刑務所に収容せられ一は出所後改悛して社会で活動し他は再び暗黒面に彷徨する状況を巧に示して知らず識らずのうちに悪に対する憎しみの念を教へようといふ仕掛である[145]」と説明されている。『朝鮮博覧会記念写真帖』（第35）に掲載された裁判所の写真はこの過程の中の一場面なのである。たしかに、旧韓国時代の裁判と植民地時代の裁判の差異を示していることは事実であろうが、その一場面だけを取り上げて「内地の博覧会には一寸みられない施設[146]」を評価して良いだろうか。

近代性と前近代性がどんな内容なのかも重要なテーマであるが、朝鮮博覧会を主催した朝鮮総督府が朝鮮の前近代性を可視化することの目的は何かも追求されなければならないのではないか。植民地下での朝鮮の発展を展示することによって、植民地支配を正統化する目的があったことは考えられるが、朝鮮の前近代性を強調することにどんな目的があったかについて納得いく説明は見られない。

8-3　展示館の「朝鮮式」「朝鮮色」「朝鮮様式」について

朝鮮博覧会では、朝鮮総督府建築課長である岩井長三郎が、光化門（正門）から慶会楼までの「慶会楼前通り」の直営館の建築様式に「純朝鮮の様式」[147]を採用したと述べたことをめぐって、各種の見解が出されている。

その名称をめぐって、田玟貞は「朝鮮式」を、姜相薫は「朝鮮様式」を、山路勝彦は「朝鮮色」を、김제정は「朝鮮式」を採用している。姜相薫は、『朝鮮と建築』（第８輯第９号）で「朝鮮様式」を採用していることを根拠に「当時直営館の設計者によって任意に採択・変容された我が国の伝統建築様式であった点」から「朝鮮様式」を採用した[148]と述べている。また、김제정は岩井長三郎は『京城日報』の談話で「朝鮮式」を用いたことを理由にあげている。朝鮮博覧会特集号の『朝鮮と建築』（第８輯第９号）を見ると、必ずしも「朝鮮様式」で統一されていない。岩井長三郎は「純朝鮮の様式」と言い、笹慶一は慶会楼に至る両側の建物を「全部朝鮮古来の様式」または「朝鮮式」[149]とも言い、岩槻善之は「朝鮮式様式」または「朝鮮式」[150]と述べ、直営館の設計に関わった朴吉龍は「朝鮮式」[151]を使用している。彼らは、朝鮮博覧会の直営館建築に深く関わっているが、その中でも統一されていないとすれば、どれを使用しても大きな問題はないと考える。

取り上げるべきは、山路の言うように「何が『朝鮮色』なのかを考えると、岩井建築課長の発言でははっきりとしない[152]」ということであろう。本章では便宜的に「朝鮮様式」を使用することにする。

朝鮮博覧会で「朝鮮様式」が採用されたことについて、姜相薫は、朝鮮物産共進会では直営館は「ルネッサンス様式やセセッション様式」であり、同時期の植民地状況下の満州大博覧会（1933年）と植民地の台湾博覧会（1935年）では、直営館で該当「地域の地方色」を出している事例はなく、「主な展示館建築に博覧会主催地域（国家）の地方色を表現することは……異例なこと」で、「朝鮮博覧会の大きな特徴[153]」であったと記している。

その上で、朝鮮博覧会で、なぜ朝鮮様式を採用したかについて、姜相薫は、岩井長三郎や笹慶一の文章[154]を引用しながら、伝統的な建築様式を直営館に採用することは「明確に意図された目的」があったからであり、その目的は「植民地朝鮮で開かれる博覧会」なので「日本での博覧会と差別性」を明確にする必要があり、さらに伝統建築は朝鮮人にも好感を持たれるものであるが、直接的には内地から来る観覧客に植民地の「風情」を感じさせることであったとしている。さらに「岩井はまた景福宮の勤政殿、光化門、慶会楼とその雰囲気を合わせてクラシカルな朝鮮総督府庁舎とも似合っている必要があると説明して」いるので、「博覧会場の選定理由自体が朝鮮様式を選んだ原因」であるとも述べている。そして、これらのことは、日本人の視点での接近であり、植民地朝鮮は「他者化」されており、「伝統的建築様式を通して西欧化された日本との距離を強調」し、「同時に日本人の異国趣味を満足させる」ものであり、「直営館の建築を通して植民地としての位置を確認させるという朝鮮博覧会の政治的性格を明らかに[155]」していると述べた。

姜相薫によれば、朝鮮様式とは朝鮮の伝統的建築であり、景福宮はその条件を満たし、日本は西欧化されており、朝鮮は西欧化からは遠い異国趣味を満足させる他者なのである。山路の疑問には姜相薫が答えを出しているといえる。

しかし、直営館の朝鮮様式は、「完全な朝鮮風ではなく、日本的趣向が加味された東洋式建築に過ぎなかった[156]」と田玟貞は評価している。この点は姜相薫も同様で、「直営館に採用された『朝鮮様式』は『朝鮮物産共進会』の主展示館の立面装飾と同じで、倉庫型建物に添えられた装飾的なものであった。……『朝鮮様式』は展示館の屋根と軒、窓、外部柱、壁体などに装飾的効果として付加され、至極機能的に設計された展示館の構造体に付加された装飾」であって「全体的な比率と形式は本来我が国の伝統建築物では探しにくいものであった[157]」と評価している。

つまり、直営館の朝鮮様式は、建築学的に言えば、倉庫型建物に屋根や軒、窓、外部柱、壁体などに装飾されたもので、機能的に設計された構造体であったという。それではなぜ朝鮮様式が採用されたか、直営館を設計した朴吉龍は「朝鮮式にしたのは、内地でやつた朝鮮館の評判が宜しかつたので、内地から来る人は朝鮮式に期待をかけてをりませう。その期待に背かないためと、又一つには構内に勤政殿とか、慶会楼といふやうなものがあるので、それらと調和させるためであった[158]」と述べている。設計者の意図は、日本からの観覧者の期待にそうことと、景福宮の建物と調和させることであったといえる。この趣旨は岩井長三郎の談話[159]の趣旨とも一致している。

8–4　統治20年の治績での評価

朝鮮博覧会を「新旧」などの２分法的方法で評価する主張、「前近代性と近代性」の対比で評価する主張、さらに「朝鮮様式」などで評価する主張に関して、異議を主張しているのが김제정である。すでに見たように、김제정は、上記の評価に関する先行研究を詳細に分析して、これらは吉見俊哉の影響が大きく、「新旧」「文明と非文明」などの対比は「博覧会の一側面」に過ぎず、吉見の研究対象は西洋や帝国主義国家内で開催された博覧会で、日本の場合も「内国勧業博覧会」であり、これに対して「植民地で開催された博覧会では植民政府が彼らの業績を毀損する憂慮があるため、植民地の後進性と原始性、落後性を強調する理由

がない。『現在』の植民地朝鮮は20年間の日本統治ですでに文明化されているか、少なくともその道を歩んでいなければならなかったため、落後・未開・原始などの非文明イメージは『過去』の朝鮮に対するものにとどまらなければならなかった[160]」と主張した。この「過去」から現在までの「歴史」を示す例証として김제정は、司法警務衛生館で展示された朝鮮時代と植民地時期の裁判場面の対比をあげている。朝鮮時代のこの場面は、山路や田玟貞が日本の「文明の偉大さを印象づける意図を持った」と評価した展示であるが、김제정は歴史的な流れを示す展示であると評価をしている。この点は「前近代性と近代性」を批判した際に述べたとおりである。

「工業製品と農産物の二分法的構図」についても、朝鮮総督府は産米増殖計画を実施し、米の館を設置するほど朝鮮米の宣伝しているので、農業を「非文明」「未開発」とする評価は当たらないと否定している。

「朝鮮色」や「朝鮮式」に関しても、姜相薫の研究をふまえた上で、朝鮮博覧会が日本人の視点から接近しており、植民地「朝鮮」を徹底的に「他者化」しているという評価に対しては、「外部の視線を意識することは、博覧会のような国家次元の行事では共通して見ることができるもので、朝鮮博覧会だけの性格と評価することはできない[161]」と言う。さらに多くの先行研究の主張する「日本館と朝鮮館」を比較して「朝鮮式展示館は我が国の前近代性を象徴する」という主張に対しては、남기운の「朝鮮総督府が主な展示館を通じて見せようとしたのは植民統治によって文明に進歩していく朝鮮の発展の様子だった[162]」という主張に依拠して、「総督府直営館の建物もそれにふさわしくしなければならなかった。したがって『朝鮮式』展示館を前近代性、後進性、未開の象徴と評価するすることはできない[163]」と主張した。

さらに、山路は朝鮮総督府には「二つの顔」があり、一つは「植民地に対する優越感」で、もう一つは「宗主国に対する負い目[164]」であると主張したが、김제정は、この「二つの顔」には「同意」しつつ、これと「朝鮮色」・「朝鮮式」を結びつけることに納得できないと反論した。

このように김제정は、多くの先行研究を批判しているが、批判の根拠は朝鮮博覧会が朝鮮総督府の20年にわたる統治の「治績」を誇示するものであったという点である。この批判の根拠を김제정は「地域性」という論理で説明している[165]。それを見れば、「当時の朝鮮総督府高官が地域的正体性を持つようになり、朝鮮の地域的利害関係を示す政策[166]」を実施するようになったことをあげている。この政策を担った経済官僚は「土着型官吏」、「朝鮮20年組」であり、1910年代か

ら朝鮮総督府に勤務している官吏が、1920年代には局長級に成長し、政策決定に関して重要な位置に就くようになり、「本国官吏と異なり……朝鮮地域に相当な愛着」を示し、「生活基盤が朝鮮にあり」、「退職後の職業も主に朝鮮内で求める」ような人物であると言う。殖産局長を務めた穂積眞六郎、内務局長の生田清三郎、殖産局長の今村武志、そして朝鮮博覧会でも度々登場した建築課長で朝鮮建築会会長でもある岩井長三郎などをあげている。

彼らは、「朝鮮の地域的利害関係」を主張したが、それは朝鮮総督府の「治績」の主張であり、하세봉[167]の提示した「日本人対台湾人ではなく内地対台湾という論理構造」と同様であり、山路の言う「二つの顔」の「宗主国に対する負い目」が「自負」に変わったと見ることもできよう。「朝鮮」対「内地」という構図ができていることが重要である。

このように見ると김제정などの見解は朝鮮博覧会を見る際に重要な視点であるといえよう。朝鮮博覧会では、20年間の支配の実績が強調されている。この点は各展示館を見てきた本章で十分に示してきたが、この김제정などの見解は、それと符合するものであるといえよう。

9　朝鮮博覧会と景福宮の毀損

朝鮮博覧会のための会場整備で景福宮は再びその一部が破壊された。すでに見たように、景福宮の敷地には多くの新築展示館が建設され、大きく改変された。しかし、これ以外に大きな変化があったのが、景福宮の東側の城壁とその角にあった東十字閣である。景福宮の正門であった旧光化門を挟んで両側には城壁があり、西の角には西十字閣、東の角には東十字閣があった。西十字閣は1923年の朝鮮副業品共進会の際に破壊され、その後、朝鮮総督府新庁舎が完成した時には、9–14図「景福宮の南側城壁と東十字閣」[168]のように西十字閣はなくなり、東十字閣は改変された景福宮の城壁の東側に残存していた。

その後、東十字閣が景福宮の城壁から分離されるが、その経緯は「今秋開催する朝博の準備は着々と進行中だが、博覧会の開会中は約200万人の観覧客が会場に出入する予想なので、総督府正門前の電車停留所から博覧会正門となる光化門まで路面が狭小で多数の人の交通に不便な点が少なくないので、本部庁舎の東側にある王宮時代に築造した朝鮮式牆壁をすべて撤去し、現在本部使用の庭球場に至るまで道路を拡張し、大衆の通行に不便がないようにすることになり、よって、東南角にある十字閣は朝鮮式色彩がある建物なので存置することになったが、右

9–14 図「景福宮の南側城壁と東十字閣」

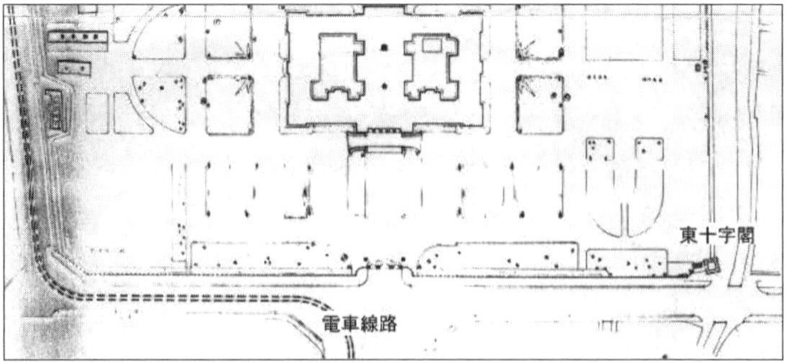

建物は拡張された道路中央に残ることになった[169]」という『毎日申報』の記事によって判明する。つまり、電車の停留所から博覧会の正門までの道が狭いので通路を拡張することになり、そのために東十字閣が景福宮の城壁から分離されたというのである。

また、この記事によれば、会場への電車の停留所は「総督府正門前」になっている。しかし、朝鮮博覧会の時は東十字閣の所に「博覧会場[170]」という停留所ができている。この電車路線は朝鮮博覧会直前に複線で新設された[171]。したがって『毎日申報』の記事の書かれた 1929 年 5 月にはまだ新線と新駅は完成しておらず、当時すでに設置されていた「総督府正門」という駅名が記されていた。

1929 年 5 月には博覧会場への道路の拡張と東十字閣の景福宮城壁からの分離が決まり、その後に電車の整備とともに、分離工事が行われたと推測される。そして博覧会の時には 9–15 図「朝鮮博覧会場配置図（部分）」に見るように分離され、「装飾門[172]」となった。博覧会の時の装飾門は 9–16 図「装飾門」のように下部分が隠されていた。装飾門について、「中に昔の塔があつて、それを包み隠す為に已むを得ず大きくなつた[173]」というように、装飾門は高さが「百二十尺ばかり」

9–15 図「朝鮮博覧会場配置図（部分）」

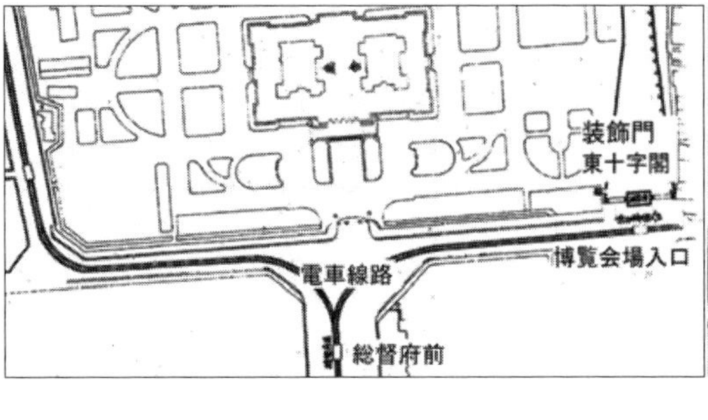

9–16 図「装飾門」

もある大きな塔のようになった。そして「純朝鮮式の立派な出来栄えだ。……博覧会の玄関に於て先づ博覧会建築のオーケストラの序曲を奏するものとして誠にふさはしい姿だ[174]」とも評された。

このように、東十字閣は朝鮮博覧会の会場整備によって、景福宮から分離され独立の建築物のようになってしまった。同時に、東十字閣の分離にともなって、景福宮の東側は建春門を経て博覧会正門の光化門までの間が道路を直線にするために城壁が削除された。

そのため「塔から正門に至る朝鮮式の高い土塀の取毀しは道路を広げるため止むを得なかつたとしても惜しいことだ[175]」といわれた。このように朝鮮博覧会によって、景福宮の一角が毀損された[176]。

10　京城協賛会と朝鮮博覧会

10–1　京城協賛会の役員

朝鮮博覧会では、始政五年記念朝鮮物産共進会と同様に京城協賛会が結成された。京城協賛会は、1928年8月21日に発起人会を開催し、530人の発起人によって発足した[177]。この日、京城府尹の馬野精一が朝鮮博覧会の開会趣旨、計画、朝鮮総督府の準備経過を報告し、同時に京城協賛会の「趣意書」、「会則」を提案し決定した。したがって、実質的な準備はこの日以前に始まっていたことになる。

会則によれば、役員は総裁（1名）、顧問（若干名）、相談役（若干名）、参与（若干名）、会長（1名）、副会長（4名以内）、理事長（1名）、理事（10名以内）、町洞委員（若干名）、常議員（30名以内）、評議員（250名以内）という構成であり、役員だけでも大所帯であった。総裁以下の役職には、9–12表「京城協賛会役員一覧」に整理したような人々が就任した。

総裁には朝鮮貴族で侯爵の朴泳孝が就任し、顧問には加藤敬三郎朝鮮銀行総裁、有賀光豊朝鮮殖産銀行頭取、渡辺定一郎京城商工会議所会頭、そして子爵の朝鮮貴族で中枢院顧問の閔丙奭が就いた。何れも朝鮮銀行界、産業界の重鎮が就任したが、彼らは名誉職であろうが、多くの参加者を募るには十分な人物であった。

会則には「若干名」とあった相談役には64名、参与には84名が委嘱され、評議員と常議員は人数の規定通り評議員250名、常議員30名が選ばれた。同様に「若干名」となっていた町洞委員は147名が馬場委員長から委嘱された。相談役、参与、評議員、常議員、町洞委員の合計が575名であり、「京城」あげての協賛会を組織しようとしたといえる。実務を担ったのは会長や理事長で、10人の理

9-12表「京城協賛会役員一覧」

役職	人名	経　歴
総裁	朴泳孝	侯爵、朝鮮世襲貴族財産審議会会員、朝鮮貴族審査委員、臨時教育審議会委員、王公族審議会委員顧問
顧問	加藤敬三郎	朝鮮銀行総裁
	有賀光豊	朝鮮殖産銀行頭取
	閔丙奭	子爵、中枢院顧問
	渡辺定一郎	京城商工会議所会頭
会長	馬場精一	京城府尹、1929年1月に咸鏡南道知事に転勤
	松井房次郎	（馬場の後任）京城府尹、1929年12月から馬場の後任で咸鏡南道知事、退職後京城商工会議所特別会員
副会長	古城菅堂	医師、京城居留民団民長、朝鮮実業銀行頭取、東洋生命保険会社取締役などに就任
	西崎源太郎	1928年4月27日病気で辞任
	韓相龍	漢城手形組合評議員、東洋拓殖会社顧問、中枢院参与、京城商工会議所商議員、貴族院議員
	白寅基	1928年5月16日病気で辞任
理事長	釘本藤次郎	朝鮮殖産銀行監査
理事	吉村　伝	（総務部）各地で憲兵分隊長を歴任、在郷軍人会分会長
	高橋源六	（会計部）朝鮮総督府殖産局水産課
	肥塚正太	（勧誘部兼会計部）主任理事
	梁在昶	（勧誘部）京城商工会議所議員
	中村誠	（設備部）朝鮮建築会副会長、演芸館や街路装飾を担当
	申升均	（設備部）漢場銀行南大門支店長
	中屋重樹	（接待部兼設備部）京城電気常務理事
	李升雨	（接待部）東一銀行監査役
	戸島祐次郎	（余興部）食料品卸売業・嶋屋商店店主
	全聖旭	（余興部）京城神社相談役、京城府町会連合会顧問

注：役員の人名は前掲『朝鮮博覧会京城協賛会報告書』による。
役職は前掲김나라「1929 년 조선박람회 경성협찬회 연구」pp.12-14、その他資料で作成。

事が京城協賛会を運営した。会長が京城府尹であるように、主催者である朝鮮総督府の下に京城協賛会は結成された

10-2　京城協賛会の財政

京城協賛会の会員は、拠出した金額で区分され、名誉会員、有功会員、特別会員、賛助会員、正会員の5種類の会員があった[178]。会員種別と寄付金額は9–13表「京城協賛会会員と寄付金額」のとおりである

これらの内、名誉会員11人は9–14表「名誉会員一覧」のとおりである。

9–13表「京城協賛会会員と寄付金額」

会員種別	寄付金額	人　数	金　額
名誉会員	5000円以上拠出者	11人	149,000円
有功会員	1000円以上拠出者	44人	77,140円
特別会員	200円以上拠出者	192人	55,200円
賛助会員	50円以上拠出者	555人	40,908円30銭
正会員	5円以上拠出者	2,774人	22,684円
計		3,576人	344,932円30銭

出典：寄付者名と金額は前掲『朝鮮博覧会京城協賛会報告書』pp.199-264。

9–14表「名誉会員一覧」

3万円	東京三井合名会社三井八郎右衛門、東京三菱合資会社社長岩崎小弥太
2万円	京城電気株式会社
1万2千円	朝鮮銀行、朝鮮殖産銀行
1万円	東洋拓殖会社、安田善次郎、南満州鉄道株式会社
5千円	李王家、朝鮮鉄道株式会社、大阪住友合資会社社長住友吉左衛門

出典：前掲『朝鮮博覧会京城協賛会報告書』p.199。

これらの高額寄付者は、三井、三菱、住友、安田などの日本の財閥企業と東拓や満鉄、朝鮮鉄道という植民地での大企業、さらに顧問を出している銀行、朝鮮の京城電気、さらに李王家である。京城協賛会は、日本の大企業などを動員することができたといえる。

前掲『朝鮮博覧会京城協賛会報告書』には、3576人全員の名簿が掲載されているが、有功会員44人は、丁字屋など朝鮮に本店を持つ企業だけでなく、東京や大阪の企業も多く、個人名の寄付者はわずかである。また、特別会員には李堈公家、李鍝公家をはじめ朝鮮貴族、さらに顧問の有賀光豊、理事長の釘本藤次郎、副会長の古城管堂、韓相龍などがいるが、大部分は日本の企業である。

50円以上の賛助会員でも日本の企業とともに個人名が記録され、さらに「会員」である50円の寄付者には日本人の個人と共に朝鮮人の名前が数多く並んでいる。さらに50円以下で最小の5円の寄付者は非常に多くの朝鮮人の名前も記されている。

この寄付者の募集は1929年4月17日から始まった。古城管堂と韓相龍の副会長、釘本理事長、肥塚、高橋、梁、全の4理事が中心になって、各種団体、大地主、事業家、商工業者に対して会長名の勧誘状を送り、京城内を5区に区分し担当者を決めて募集を開始した。そして8月末日で募集を締め切った。会員募集は資金集めとともに朝鮮博覧会を周知させ参加者を募る役割もあったのではないだろうか。

寄付者全員に入場券などが配布され、「協賛会会員証」も配られた。寄付者と寄付金額によって区分された入場券などの配布方法は9–15表「京城協賛会会員と入場券の配分数」のとおりである。

名誉会員と有功会員以外は寄付額によってさらに細分され、優待入場券や演芸

9–15表「京城協賛会会員と入場券の配分数」

会員種別	寄付金額	寄付金額の区分	優待入場券	演芸館入場券	茶菓接待券	博覧会徽章	協賛会会員章
名誉会員	5000円以上拠出者		50枚	20枚	50枚	1ヶ	1ヶ
有功会員	1000円以上拠出者		40枚	15枚	40枚	1ヶ	1ヶ
特別会員	200円以上拠出者	200円以上	15枚	10枚	30枚	1ヶ	1ヶ
		300円以上	20枚	10枚	20枚	1ヶ	1ヶ
		500円以上	30枚	10枚	15枚	1ヶ	1ヶ
賛助会員	50円以上拠出者	50円以上	12枚	5枚	20枚		1ヶ
		100円以上	17枚	5枚	17枚		1ヶ
		150円以上	20枚	5枚	12枚		1ヶ
正会員	5円以上拠出者	5円以上	2枚	1枚	10枚		1ヶ
		10円以上	4枚	1枚	8枚		1ヶ
		20円以上	6枚	2枚	6枚		1ヶ
		30円以上	8枚	3枚	4枚		1ヶ
		40円以上	10枚	4枚	2枚		1ヶ

出典：前掲『朝鮮博覧会京城協賛会報告書』p.94。

9–16表「京城協賛会の収入」

補助金	国庫補助金	54,961円70銭
	京城府補助	30,000円
	商業会議所補助	10,000円
	合計	94,961円70銭
使用料	（土地・建物・光熱費など）	83,801円84銭
不要品売却量		1,206円55銭
雑収入	子供の国入場料	11,006円26銭
	万国街入場料	16,880円61銭
	演芸館入場料	17,889円07銭
	絵葉書・案内書売上	1,170円
	雑収入	1,302円25銭
	合計	48,248円29銭
入場料	入場券売上代	229.961円70銭
寄付金・会費		344,932円30銭
計		803,112円38銭

出典：前掲『朝鮮博覧会京城協賛会報告書』pp.177-178

館入場券、茶菓接待券が金額によって「9–15表」のように配分された。特別会員で300円以上と賛助会員で150円以上の寄付者は優待入場券が20枚で同数であるが、特別会員には博覧会徽章が授与され、さらに演芸館入場券や茶菓接待券で差異があるなど、実に細かく優劣をつけており、寄付金の差額による細かい優劣によって寄付金を集めていた。

この寄付金を含めた京城協賛会の収入を見ると 9–16 表「京城協賛会の収入[179]」の通りである

京城協賛会の収入の内訳を見ると、９万 5000 円ほどの国庫などからの補助があるが、主な収入は入場料と寄付金である。先に見た寄付金は京城協賛会の運営費であった。

また、「雑収入」である各種施設の入場料を見ると、万国街と演芸館、そして子供の国の入場料金が主なものであった。

10–3　京城協賛会による入場券販売

京城協賛会の事業は「会則」第５条に規定されていた[180]。入場券の販売、各種売店の設備、飲食店、興業物、余興の運営、絵葉書・案内図の作成と販売、観覧者の誘導斡旋、船車や旅館の斡旋、来賓の接待、外国人への通訳、各種大会の斡旋、名所旧跡の紹介などであった。これらの「事業」を見ると直営館などでの展示以外の朝鮮博覧会の運営は京城協賛会が事実上担っていたことが分かる。観覧者にとっての楽しい博覧会は京城協賛会によって施設・運営されていた。

入場券の販売は朝鮮総督府の委託[181]を受けて京城協賛会が担当し、入場券売場は正門前と裏門に４か所設置し、先に見たような細分された入場料別に販売したが、その実績は 9–17 表「入場券の販売実績」のとおりである。

入場券を購入した人は 98 万 6179 人で、その売上金額は 22 万 5689 円 70 銭であった。この外に門鑑の売上が 4272 円で、入場料金総額は 22 万 9961 円 70 銭であった。

入場金売上高 22 万 9961 円 70 銭は岩井長三郎が開会前に経費について述べた「入場料二十二万五千円[182]」に符合し、ほぼ予定の金額であった。言うまでもないが、入場券購入者数は有料入場者数であって、入場者はこれ以外に優待券所持者、無料観覧日の入場者 10 万人などを合算すれば、実際の入場者は百数十万人[183]になる。

9–17 表「入場券の販売実績」

大人	30 銭	586,943 人
小人	15 銭	92,042 人
軍人	25 銭	4,244 人
団体	20 銭	302,950 人
合計		986,179 人
入場料金額		225,689 円 70 銭
門鑑売上代		4,272 円
売上総合計額		229,961 円 70 銭

出典：前掲『朝鮮博覧会京城協賛会報告書』pp.194-197。

10–4　観覧客の動員

「会則」第５条に規定され朝鮮博

覧会の事業では、先に見た高額寄付者への接待は重要なことであった[184]。京城協賛会では「内外貴賓」、「博覧会優待券」所持者、「茶菓券」所持者に限って接待館で接待した。接待館は「慶会楼池の西側」区域、慶会楼の池の中に建てられていた。ここには「本館専属の事務員一名女子接待員八名」を配置し、接待館への入場者に対しては「朝鮮特産の人参茶及本会特製の徽章入の菓子並に博覧会鳥瞰図、絵葉書、其他の印刷物」を提供した。来館者は総数5万8664人、1日平均1173人強で、団体341団体、1万4229人、個人4万4135人であった。各室には古流池の坊、青山流、生才流の生け花を飾って接待した。

朝鮮博覧会の入場者を増やすためには団体入場者が重要であった[185]。この手段の1つが各種大会の斡旋であった。ここには専務係員を置き、「会場の設備旅館の斡旋」、出席者には「記念品の印刷物」を配布し、「補助金を交付」したり「名勝古蹟の案内」、「昼食の饗応」、「接待館演芸館の案内」、「記念品の贈呈」などを行い、「博覧会の宣伝及観覧者の誘致」に努力した。

その結果、日本新聞協会第17回大会、全国教育大会、全国金物商連合大会、農学関係全国諸学会連合大会などの各種大会が36回開催され、2万177人が参加した。

さらに朝鮮外から来た341団体、2万4371人の観覧者団体を接待した。記念品や各種印刷物を贈呈し、昼食や接待館、演芸館の接待も行った。東京から33団体、大阪から29団体など日本各地に加え、満州38団体、台湾2団体など日本の植民地からの団体もあった。

京城協賛会は、観覧客のために旅館も斡旋した[186]。警察官署や旅館組合、人力車組合や自動車組合と協議し、旅館の割り当て、料金の標準、待遇なども調整した。朝鮮人の旅館などは各道事務所や各道協賛会と協定し、指定旅館を割り当て便宜を図った。

京城協賛会が斡旋した旅館[187]は、洋式設備、内地式設備、朝鮮式設備に分類され、洋式設備の旅館は朝鮮ホテルと備前屋旅館の2館で、朝鮮ホテルの場合、「欧式室料」が3円から50円まで、「米式宿泊」が9円から62円まで、備前屋旅館の場合、「欧式室料」が4円50銭と5円50銭、宿泊料が1泊2食付き（和食）の場合、「欧式室料」に2円50銭増しであった。

内地式設備の旅館には「甲種料金採用の旅館」（11館）と「乙種料金採用の旅館」（8館）、「丙種料金採用の旅館」（4館）に細分され、料金はさらに「一等」から「三等」まであり、甲種旅館の場合、1等7円、2等6円、3等5円で食事料は別であった。

朝鮮式設備の旅館は8館あり、甲種と乙種があって、甲種特等（1人部屋）3円50銭、1等（2人部屋）2円、3等（3人部屋）1円20銭などであった。その住所を見ると内地式設備の旅館は「天眞楼・南山町」など「町」の住所で、朝鮮式設備の旅館は「日光旅館・積善洞190」など「洞」の住所で、鐘路を境に南側に内地式設備の旅館が、北側に朝鮮式設備の旅館があり、当時の日本人と朝鮮人の居住地にあったことが分かる[188]。

このような料金設定から外国人、日本人、朝鮮人と明確に区別された旅館が準備されたことが分かる。そして、地方から来る朝鮮人観覧者には決して安いものではなかった。「地方観覧客」の「一名の旅費を仮りに十円宛[189]」とした新聞記事を参考にすると、朝鮮式設備の乙種旅館の場合でも3等（3人部屋）1泊1円を利用しても数泊し、入場料、食事代、交通費を考慮すると決して安価でなかったと思われる。

10-5　博覧会での「子供の国」など「娯楽施設」の運営

京城協賛会の中で「子供の国」は大きな事業であった。「子供の国」は「約八千坪」の「児童の遊技場[190]」であった。周囲に子供用の小幅の鉄道線路を敷設し、小型の機関車と客車を使い、2か所にトンネルを設置し、その中に世界名所風景と朝鮮内名所をつくり、「世界一周」の旅行気分を楽しませた。この鉄道の内側が「子供の国」で、メリーグランド、サークリング、飛行塔、海底館、猛獣狩館、幼年滑り台、木馬、幼年シーソー、ブランコなどを設置されていた。子供の国は「日々大小人の入場者織るが如く肩摩轂撃の一大盛況を呈し[191]」たという。これらの中でメリーグランド、サークリング、飛行塔、海底館が有料であったので、入場者数が判明する。入場料金と入場者数を整理すれば、9–18表「各種遊技場入場料金と入場者数」のとおりである。この表を見ると、子供の国のメリーグランド、サークリング、飛行塔、海底館の入場者数は最も多いサークリングで5万5714人で1日平均1114人であり、メリーグランドは1日平均230人に過ぎない。先に見たように、子供の国への入場者は「肩摩轂撃の一大盛況」であったとすれば、多くの入場者は運動場や自由遊戯、猛獣狩館など無料の施設を利用したか、子供の入場者が少なかったかについては不明である。

京城協賛会が設置した演芸館は634坪の洋風建築物で収容人員800人であり、日本舞踊や洋式ダンスなどを上演した[192]。また、万国街は木造丸太建ての建物で定員800人[193]で、「東洋及欧州の数ヶ国」の「目覚ましき各種の演技者を網羅した……興行団」によって「奇絶妙技他の追随」を許さない「独特」なものを上演し

9-18表「各種遊技場の入場料金と入場者数」

		入場料金	入場者数	1日平均	入場料収入
演芸館		大人50銭小人25銭	58,435人	1,687人	17,889円7銭
子供の国	メリーグランド	大人小人共1回5銭	11,548人	230人	577円40銭
	サークリング	大人小人共1回10銭	55,714人	1,114人	2,785円70銭
	飛行塔	大人小人共1回10銭	46,887人	938人	4,678円86銭
	海底館	大人小人共1回5銭	48,376人	968人	2,465円60銭
万国街		不明(平均約18銭)	94,636人	2,057人	16,880円61銭

出典：前掲『朝鮮博覧会京城協賛会報告書』pp.135-152より作成。

た。「常に観客の賞賛を博し開館以来……入場者満員の盛況」を続けた。[194]

子供の国も演芸館も万国街も同じく有料であったが、演芸館や万国街の方が入場者数が多いのは内容が大人向きであったからであろうか。

それらの施設は、朝鮮博覧会の中で、「娯楽」を担当するもので、京城協賛会が博覧会を盛り上げるのに多きな役割を果たしたことが分かる。

おわりに

朝鮮総督府は「始政二十年」の「実績」を中外に明らかにすることなどを目的に朝鮮博覧会を開催した。朝鮮総督府の施政の実績を展示したのは「直営館」であり、直営館には産業南北館を始めとして諸施政の実績を展示する館や軍国日本を展示する陸海軍館があった。そして帝国日本を展示する台湾館や満蒙館などがあり、朝鮮各道の実績を誇示する各道審勢館と各道特設館があった。これらは朝鮮総督府の始政二十年の実績を誇る展示館であった。

朝鮮総督府の実績を補強し、より発展した日本の産業などを展示する内地館や各府県特設館や植民地朝鮮へ進出している各企業特設館があった。ここには三井や三菱・住友などの財閥企業から朝鮮で事業を展開する企業や商店などの展示館もあった。

このように、日本の施政の実績を誇示することは、日本の朝鮮植民地支配が正統であることを誇示することであり、朝鮮博覧会は日本の朝鮮植民地支配の正統性を内外に知らしめる博覧会であった。

そして、朝鮮博覧会を側面から支え運営したのが京城協賛会であった。博覧会に不可欠な観覧者の動員、宿泊、食生活から交通案内、そして「娯楽」を担ったのが、京城協賛会と各地方協賛会であった。特に京城協賛会は京城在住日本人を中心に、日本と関わって事業などを営む朝鮮人も参加していた。

これらの展示や運営によって、98万6000人の有料入場者、これに加えて優待券所持者などの無料入場者があり、合算すれば100数十万人の人が博覧会を観覧した[195]。さらに朝鮮総督府にとって皇族である閑院宮が出席したことも大きな成果であった。このように主催者である朝鮮総督府から見れば朝鮮博覧会は「成功」したといえよう。

しかし、会場となった景福宮は、朝鮮総督府庁舎の裏側から城外までを会場に使用され、勤政殿や慶会楼を除く大部分の殿閣が毀損され、新たに東十字閣まで城外にされてしまい、東十字閣から朝鮮博覧会の正門になった移転後の光化門までの城壁も毀損された。

さらに、朝鮮博覧会が朝鮮人にとって、どのような影響を持ったかを見れば、朝鮮博覧会の別の側面が見えてくるように思う。この点については、特に南基雄[196]と崔錫栄[197]が詳細に明らかにしているが、2つの点を指摘しておこう。朝鮮人にとって朝鮮博覧会がどのようなものであったかは、新聞記事[198]などを通してみることしかできないが、現場を観ている点で貴重である。第1は京城の旅館や商店にとっての朝鮮博覧会である。京城の商工業者は京城協賛会の会員になることも含めて、一大躍進を期待した。鐘路一帯の商業者は中央繁栄会を組織し、朝鮮博覧会を機に朝鮮商界の繁栄を期待していた[199]。北村の旅館では地方からの観覧客を期待して借金までして客を待っていた。先に見たように、京城協賛会は朝鮮式設備の旅館を指定して準備した。しかし、地方からの観覧者は地方道協賛会が指定した旅館に宿泊してしまい、京城協賛会指定の300余りの旅館業者の大部分は客が入らないことになってしまった[200]。そこで旅館業者が抗議し、今村殖産局長が仲裁に入る事態となった[201]。

また商店も多くの客を南村の「チンコゲ（泥峠진고개）」といわれた日本人が居住する本町通りに客を奪われ破産してしまう店もでた。『東亜日報』[202]は「秋風落寞した旅館売店　料亭花巷にだけ金雨均霑　◇朝博と水泡になった一躍千金夢」という大きな記事を載せている。博覧会期間中に不渡り手形が激増したと伝える新聞もある[203]。このように旅館業者や商店は朝鮮博覧会に大きな期待をかけていたが、一躍千金は夢と消えたのである。

第2は農村問題である。1929年の稲作は旱魃の被害を受け、たとえば慶尚南道の泗川郡と東萊郡は被害甚大で収穫は7割減となり、道当局に救済を求めたと報じている[204]。このような状況の中で朝鮮博覧会は開催された。朝鮮人農民の観覧者の様子を伝える史料によってその一端を紹介しよう[205]。朝鮮人観覧者の多くは農民であり、彼らは「面区長ノ切ナル勧誘ニ已ムヲ得ス上京セル者」が多かったが、「時恰モ秋ノ収穫前ニ当ル為手下ニ預金ナク又旱水雹害地方ニハ豊作ノ見込ナキヲ以テ……金融容易ナラザル時」であった。よって「観光旅費トシテ十数円或ハ其レ以上ノ金子ヲ借入ルルハ容易ナラサル」状況であったが、面長の勧誘で参加し、「満員」の「汽車」に乗り「立チ詰メテヤウ、着京」した。その後即座に博覧会を見学したが、「博覧会場ニ入レハ引率者ニ催促セラレ……見ル間モナク又団隊ニ取残ササレンカ為ニ引導者ノ旗ニノミ多ク気ヲ取ラレ博覧会」をゆっくり見物できず、さらに「参考スル者ナク説明モナク又説明書モ読メサル為出品ノ何タルカヲモ好ク理解セス」と言う状況であった。彼らの費用は「平均セハ二十円程」で昼食その他を加算すれば「二十二三円ヲ超過」し、「京城土産」を買えば「優ニ二十五六円」になった。彼らは帰郷後に「金融ノ逼迫ニ苦シム」上に「戸税、戸税付加金及面費」を納入しなければならず、少なく見積もって「農家平均一戸当四円十銭」の税金の「納入ニハ困難ヲ感スル」状況であったという。

朝鮮博覧会は、一方では展示館などに「総経費二百万円」が投じられ、朝鮮人観覧者によって「一千万円といふ巨大な金が消費され」、博覧会に期待した「朝鮮人商店や旅館等の損失、破産」などの「経済的損失」があり、他方では観覧者にとって「精神的方面に何程かの収穫があつたかーといふならば、無かつたと答ふるの外ない[206]」と報じている。

朝鮮博覧会は、朝鮮総督府にとっては「成功」であり、日本の朝鮮植民地支配を正統化することができた。特に長く朝鮮総督府に勤務した高級官僚にとっては、朝鮮博覧会は自らの自負心を日本本国の示す場となった。他方、朝鮮博覧会を観覧した朝鮮人にとっては経済的には大きな損失・負債・破産などをもたらし、精神的には成果が「無かつた」と評されるものであった。朝鮮博覧会は、このような二側面をもった博覧会であったといえよう。

注

1　朝鮮総督府『二十五年史』1935年、p.601。
2　吉見俊哉『博覧会の政治学』中公新書、1992年、講談社学術文庫2010年。ここでは講談社学術文庫版を使用した。pp.27–29。
3　吉田光邦編『万国博覧会の研究』1986年、思文閣出版。本書の「万国博覧会研究会のあゆみ」によれば、万国博覧会研究会では、『図説万国博覧会史 1851 － 1942』（思文閣出版、1985年）を出版し、吉田光邦『改訂版万国博覧会』（NHKブックス、1985年）、吉田光邦『万国博覧会』NHK市民大学テキスト、1985年）も刊行した。
4　清川雪彦「殖産興業政策としての博覧会・共進会の意義―その普及促進機能の評価―」

一橋大学経済研究所『経済研究』39 巻 4 号、1988 年。本論文は清川雪彦『日本の経済発展と技術普及』（東洋経済新報社、1995 年）に収録された。
5 前掲『博覧会の政治学』p.32。
6 同上 p.30。
7 이태문訳『박람회 근대의 시선』농형、2004 年：訳本名『博覧会—近代の視線』。
8 前掲「殖産興業政策としての博覧会・共進会の意義—その普及促進機能の評価—」pp.341–343。
9 國雄行『博覧会の時代』岩田書院、2005 年 pp.11–13。
10 國雄行『博覧会と明治の日本』吉川弘文館、2010 年 pp.207–211。
11 山路勝彦『近代日本の植民地博覧会』風響社、2008 年 pp.124–126。
12 崔錫栄（최석영）「조선박람회와 일제의 문화적 지배」『歴史と歴史教育』（熊津史学会）3・4 号、1999 年、後『한국근대의 박람회・박물관』서경문화사、2001 年に一部改訂して収録。
13 前掲「조선박람회와 일제의 문화적 지배」p.560。
14 同上 p.561。
15 崔公鎬（취공호）「日帝時期의 博覧会政策과 近代工芸」『美術史論壇』11 号、2000 年。
16 김영희「조선박람회와 식민지 근대」『동방학지』（延世大学国学研究院）140 号、2007 年。
17 同上 p.226。
18 田玟貞（전민정）「일제시기 조선박람회（1929 년）연구－조선인의 근대적 시각 체험을 중심으로－」成均館大学校大学院美術学科美術史専攻碩士学位論文、2003 年。
19 주윤정「『朝鮮物産共進会』（1915）에 대한 연구」韓国精神文化研究院韓国学大学院社会学専攻碩士学位論文、2002 年。本論文に関しては第 6 章の朝鮮物産共進会で言及した。
20 前掲「조선박람회와 일제의 문화적 지배」p.561。
21 前掲「일제시기 조선박람회（1929 년）연구」pp.2–3。
22 同上 p.81。各論点については pp.81–95 を参照。
23 安炫貞（안현정）「시선의 근대적 재편、일제치하의 전시공간 – 박람회와 박물관을 중심으로 –」『韓国文化研究』19 号、2010 年。
24 前掲『博覧会の政治学』p.32。
25 하세봉「식민지권력의 두 가지 얼굴：조선박람회（1929 년）와 대만박람회（1935 년）의 비교」경남사학회『역사와 경계』（慶南史学会）51 号、2004 年。
26 김제정「식민지기 박람회 연구 시각과 지역성 –1929 년 조선박람회를 중심으로 –」『도시연구：역사・사회・문화』第 9 号、2013 年 6 月。
27 同上「国文抄録」p.29。
28 前掲「식민지기 박람회 연구 시각과 지역성」pp.9–10。
29 同上 p.16。
30 同上 p.17。
31 송인호・김제정・최아신「일제강점기 박람회의 개최와 경복궁의 위상변동－ 1915 년 조선물산공진회와 1929 년 조선박람회를 중심으로－」『서울학영구』55 号、2014 年 5 月。
32 김나라「1929 년 조선박람회 경성협찬회 연구」延世大学校碩士学位論文、2017 年 7 月。引用は「国文要約」p.iii。
33 姜相薫（강상훈）「日帝強占期近代施設의 모더니즘受容－博覧会・普通学校・아파트建築을中心으로－」ソウル大学校大学院建築学科博士学位論文、2004 年 2 月。
34 前掲「日帝強占期近代施設의 모더니즘受容」国文抄録 pp. ii – iii。

35 前掲「日帝強占期近代施設의 모더니즘受容」pp.62–86。
36 김대호「일제강점 이후 경복궁의 毀撤과「活用」(1910 ～현재)」『서울학영구』29 2007 年８月。
37 신혜원「마 . 조선박람회의 개최와 경복궁의 변화」文化財庁『景福宮変遷史（上)』(2007 年８月）第２章３。
38 南基雄（남기웅)「1929 년 조선박람회와 식민지 근대성」漢陽大学校教育大学院歴史教育課程碩士学位論文、2007 年２月、pp.10–13、pp.32–35 を参照。
39 최인영「1929 년 조선박람회에 활용된 경성의 교통망」『서울학연구』72、2018 年８月。
40 朴美貞「朝鮮博覧会（1929 年）の文化住宅展示と京城の空間形成」稲賀繁美編『東洋意識　夢想と現実の間－ 1887 － 1953』ミネルヴァ書房、2012 年。
41 同上 p.508。
42 同上 p.511。
43 前掲「식민지권력의 두 가지 얼굴 : 조선박람회 (1929 년) 와 대만박람회 (1935 년) 의 비교」p.114。
44 斎藤実「朝鮮博覧会に際して」『朝鮮』173 号、1929 年 10 月号（朝鮮博覧会開設記念号)、pp.3–4。
45「朝鮮博覧会規則」第６条『朝鮮経済雑誌』160 号、1929 年４月 25 日 p.47。
46 以下、展示館の分類方法は、前掲「日帝強占期近代施設의 모더니즘受容」(pp.62–86）を参考にした。
47「朝鮮博覧会直営館工事」『朝鮮と建築』８輯８号、1929 年８月号 p.41。
48 日本の府県の特設館の名称で「県」がつく館とつかない館、及び北海道館の分類は、前掲『朝鮮博覧会記念写真帖』に記された名称・分類に従った。
49 前掲「朝鮮博覧会直営館工事」p.41。
50 前掲『朝鮮博覧会記念写真帖』「序」。
51 児島商工課長「朝鮮博覧会に就て」『文教の朝鮮』1929 年９月号。『朝鮮の教育研究』第２巻９月号、1929 年９月号。この文章は、児島高信商工課長が 1929 年５月 30 に京城放送局の「朝鮮博覧会の夕」の際に放送で講演したものを記録したものである。朝鮮博覧会規則では、第５条で「本会ニ関スル事業ハ当分ノ内朝鮮総督府殖産局商工課ニ於テ之ヲ掌ル」と定めている。従って児島商工課長は朝鮮博覧会の実務担当責任者である。同じ講演記録が前掲の２雑誌に掲載された。引用は『文教の朝鮮』による。
52「朝鮮博覧会の総決算―我等の得たる所は何？」「中外日報社説」(『朝鮮思想通信』第 43 集、1929 年 11 月４日掲載)。
53 前掲「朝鮮博覧会に就て」p.16。
54 同上 p.21。
55「朝鮮博覧会々場案内図」水野直樹・庵逧由香・酒井裕美・勝村誠編『図録植民地朝鮮に生きる　韓国・民族問題研究所所蔵資料から』岩波書店、2012 年。
56 岩井長三郎述「朝鮮博覧会の概要」『朝鮮と建築』第７輯第８号、1928 年８月号 p.14。
57 前掲「朝鮮博覧会に就て」p.17。
58 景福宮跡の「官舎」については宮崎涼子『未完の聖地　景福宮宮域再編事業の 100 年』京都大学学術出版会、2020 年、p.177 以下を参照。
59 前掲「朝鮮博覧会の概要」p.14。
60 開場式の様子は「開場式」(前掲『朝鮮』1929 年 10 月号「朝鮮博覧会開設記念号」)

pp.328–339による。
61　朝鮮総督府『始政五年記念朝鮮物産共進会報告書』第１巻、1916年９月。p.213。
62　開会式の様子は「開会式」（前掲『朝鮮』1929年10月号「朝鮮博覧会開設記念号」）pp.346–348による。
63　「今秋の朝鮮博覧会に対する希望と計画―この機会に秩父宮殿下をお迎えしたい」『朝鮮及満州』1929年４月号 pp.66–67。
64　「会場概観」『朝鮮』1929年10月号「朝鮮博覧会開設記念号」p.333。この「会場概観」（p.330–346）は各展示館を詳しく紹介している。以下、「会場概観」からの引用は頻度が多いので注記を省略する。
65　展示館の坪数は資料によって異なるので、本章では朝鮮総督府で編纂した『朝鮮博覧会記念写真帖』のものを採用した。また「表」内の説明も『朝鮮博覧会記念写真帖』に記されたものによった。本章の以下の表に記した展示館の坪数・説明も同様である。
66　「朝鮮博覧会」『朝鮮研究』２巻９号、1929年９月10日 p.40。
67　同上 p.40。
68　同上。
69　同上。
70　同上 p.41。
71　同上。
72　同上 pp.41–42。
73　同上 p.43。
74　同上 p.42。
75　同上 pp.42–43。
76　同上 p.42。
77　同上 p.43。
78　前掲『朝鮮博覧会記念写真帖』による。
79　「朝鮮博覧会建築物に就ての移動漫談会」『朝鮮と建築』第８輯第９号、p.21以下。出席者は秋野敬三、朴吉龍、橋爪大蔵、野村孝文である。
80　岩井長三郎「会場の選定と建築施設」『朝鮮と建築』第８輯第９号（朝鮮博覧会号）p.2。
81　前掲『朝鮮博覧会記念写真帖』第79。
82　同上第40。
83　前掲『朝鮮博覧京城協賛会報告書』p.116。
84　前掲『朝鮮博覧会記念写真帖』第50。
85　同上第61。
86　同上第69の館内写真。
87　名古屋特設館の主催団体が前掲『朝鮮博覧会記念写真帖』と前掲「会場概観」では異なっている。
88　弥次生「朝博建築を弥次る」『朝鮮と建築』第８輯９号、1929年９月１日号「朝鮮博覧会号」p.39。
89　文化住宅に関しては、前掲「朝鮮博覧会（1929年）の文化住宅展示と京城の空間形成」参照。
90　前掲「朝鮮博覧会」p.44。
91　同上 p.44。

92 前掲『朝鮮博覧会記念写真帖』第 62 の写真。
93 前掲『朝鮮博覧会京城協賛会報告書』p.120。
94 前掲『朝鮮博覧会記念写真帖』第 78。
95 「会場概観」『朝鮮』1929 年 10 月号「朝鮮博覧会開設記念号」p.346。
96 韓国：国史編纂委員会 HP『朝鮮王朝実録』：https://sillok.history.go.kr/main/main.do (2023.1.30)。
97 『増補새国史事典』1983 年、教学社、p.1353。本章では「会場概観」によって「敬武台」を用いる。
98 前掲『朝鮮博覧会京城協賛会報告書』所収。
99 この展示館の番号は「朝鮮博覧会々場案内図」も「朝鮮博覧会場配置図」も同一である。前者は水野直樹他編『図録植民地朝鮮に生きる』岩波書店、2012 年 p.63 参照。
100 前掲『朝鮮博覧会記念写真帖』第 40。
101 前掲「朝鮮博覧会に就て」p.19。
102 前掲「朝鮮博覧会に就て」p.20 。
103 『東亜日報』1929 年 10 月 12 日。授与式は 10 月 11 日に行われた。
104 前掲『朝鮮博覧会京城協賛会報告書』冒頭の記事。
105 前掲「조선박람회와 일제의 문화적 지배」。
106 前掲「日帝時期의 博覧会政策과 近代工芸」。
107 前掲田玟貞「일제시기 조선박람회（1929 년）연구 – 조선인의 근대적 시각 체험을 중심으로 –」。
108 前掲「조선박람회와 식민지 근대」。
109 前掲『近代日本の植民地博覧会』。
110 前掲「日帝強占期近代施設의 모더니즘受容 – 博覧会・普通学校・아파트建築을中心으로 –」。
111 前掲「식민지기 박람회 연구 시각과 지역성 –1929 년 조선박람회를 중심으로 –」。
112 前掲「식민지권력의 두 가지 얼굴 : 조선박람회（1929 년）와 대만박람회（1935 년）의 비교」。
113 前掲「1929 년 조선박람회 경성협찬회 연구」。
114 김영희は「近代文明と固有文化」というキーワードについて、脚注で朝鮮総督府『朝鮮博覧会記念写真帖』1930 と記しているが、この『写真帖』には「近代文明と固有文化」という用語は使用されていない。
115 前掲「조선박람회와 식민지 근대」p.226。
116 同上 p.223。
117 前掲「조선박람회와 일제의 문화적 지배」p.571。
118 김영희は「朝鮮館」「日本館」というのは、個別の展示館ではなく、「朝鮮と日本の関連展示館を包括的に呼ぶ」と注をつけている。
119 前掲「조선박람회와 식민지 근대」p.227。
120 笹慶一「朝鮮博覧会京の所感」『朝鮮と建築』第 8 輯第 9 号、1929 年 9 月 p.8。
121 岩槻善之氏談「博覧会の建物に就て」『朝鮮と建築』第 8 輯第 9 号、1929 年 9 月 p.12。
122 前掲「조선박람회와 식민지 근대」p.239。
123 すでに見たように、김영희が用いる「朝鮮館・日本館」は、個別の展示館ではなく、「朝鮮と日本の関連展示館を包括的に呼ぶ」時に使用すると説明している。

124 前掲「조선박람회와 식민지 근대」p.232。
125 前掲「朝博建築を弥次る」p.37。
126 前掲「조선박람회와 식민지 근대」p.233。
127 前掲「朝博建築を弥次る」p.38。
128 前掲「日帝強占期近代施設의 모더니즘受容」p.71「表 3–8 각도 특설관의 외관 디자인 경향」参照。
129 内藤資忠「博覧会の建築について」『朝鮮と建築』第 8 輯第 9 号 p.19 を引用。
130 編輯同人「朝博見物記」『朝鮮農会報』3–10、1929 年 10、pp.88–89、筆者はこの史料は未見。
131 前掲「조선박람회와 식민지 근대」p.238。
132 同上 p.235。
133 前掲「朝博建築を弥次る」p.41。
134 「埃及」はエジプトの漢字表記。
135 前掲「朝博建築を弥次る」p.41。
136 前掲「조선박람회와 식민지 근대」p.235。
137 前掲「会場概観」p.345。
138 前掲「日帝時期의 博覧会政策과 近代工芸」p.132。
139 前掲「会場概観」p.338。
140 村上豊隆「柳宗悦と朝鮮の焼絵竹」田部隆幸『柳宗悦も賛美した謎の焼絵発掘』誠文堂新光社、2014 年 p.106。
141 前掲『近代日本の植民地博覧会』pp.128–129。
142 前掲「일제시기 조선박람회（1929 년）연구」p.89。
143 前掲「조선박람회와 식민지 근대」p.231。
144 前掲「会場概観」p.335。
145 前掲「朝鮮博覧会」p.44。
146 同上 p.43。
147 前掲「会場の選定と建築施設」p.3。
148 前掲「日帝強占期近代施設의 모더니즘受容」p.63。
149 前掲「朝鮮博覧会の所感」p.9。
150 前掲「博覧会の建物に就て」p.13。
151 前掲「朝鮮博覧会建築物に就ての移動漫談会」p.25。発言から朴吉龍の設計と分かる。
152 前掲『近代日本の植民地博覧会』p.126。
153 前掲「日帝強占期近代施設의 모더니즘受容」p.63。
154 前掲『朝鮮と建築』第 8 輯第 9 号、1929 年 9 月号所収「朝鮮博覧会の所感」。
155 前掲「日帝強占期近代施設의 모더니즘受容」pp.65–67。
156 前掲「일제시기 조선박람회（1929 년）연구」p.120。
157 前掲「日帝強占期近代施設의 모더니즘受容」pp.64–65。
158 前掲「朝鮮博覧会建築物に就ての移動漫談会」（p.25）での朴吉龍の発言。
159 前掲「会場の選定と建築施設」pp.2–3。
160 前掲「식민지기 박람회 연구 시각과 지역성 –1929 년 조선박람회를 중심으로 –」p.10。
161 同上 p.15。
162 前掲「1929 년 조선박람회 경성협찬회 연구」p.171。
163 前掲「식민지기 박람회 연구 시각과 지역성 –1929 년 조선박람회를 중심으로 –」p.16。

164 前掲『近代日本の植民地博覧会』p.124。
165 김제정は、岡本眞希子『植民地官僚の政治史－朝鮮・台湾総督府と帝国日本』三元社、2008、木村健二「朝鮮総督府経済官僚の人事と政策」、『近代日本の経済官僚』日本経済評論社、2000、李炯植「「文化統治」初期における朝鮮総督府官僚の統治構想」、『史学雑誌』第115編第4号、2006、同「政党内閣期（1924～1932年）の朝鮮総督府官僚の統治構想」、『東京大学日本史学研究室紀要』第12号、2007、尹海東「植民地官僚から見た帝国と植民地」、『東洋文化研究』第22号、学習院大学東洋文化研究所、2009など近年の日本での研究に依拠して論を展開している。
166 前掲「식민지기 박람회 연구 시각과 지역성－1929년 조선박람회를 중심으로－」p.17。
167 前掲「식민지권력의 두 가지 얼굴 : 조선박람회（1929년）와 대만박람회（1935년）의 비교」p.138。
168 朝鮮総督府『朝鮮総督府庁舎新営誌』年不詳、「構内配置図」の一部。
169「東十字閣の角の道路を大拡張　博覧会入場者のため十字閣は路中に」『毎日申報』1929年5月11日。
170 この駅名は京城電気株式会社『京城電車案内』1929年による。
171 前掲「1929년 조선박람회에 활용된 경성의 교통망」p.51。
172「装飾門」は「装飾塔」とも呼ばれている。本章では前掲『朝鮮博覧会記念写真帖』の表記である「装飾門」を使う。
173 前掲「朝鮮博覧会建築物に就ての移動漫談会」p.21。
174 前掲「朝博建築を弥次る」p.34。
175 同上p.35。
176 前掲김대호「일제강점 이후 경복궁의 毀撤과「活用」（1910～현재）」p.105。
177 京城協賛会発足の経過、会則などは、京城協賛会『朝鮮博覧会京城協賛会報告書』1930年による。
178 会則11条に規定されていた。前掲『朝鮮博覧会京城協賛会報告書』p.10。
179 同上p.94。
180 同上pp.9–10。
181 同上p.191。
182 岩井長三郎「朝鮮博覧会の概容」『朝鮮と建築』第7輯第8号、1928年8月号p.16。
183 前掲『朝鮮博覧会京城協賛会報告書』p.197。
184 接待館などでの接待は、前掲『朝鮮博覧会京城協賛会報告書』p.124–125。来館者総数が団体来館者数と個人来館者の合計と合わないが、そのままとした。
185 同上pp.126–130。
186 同上p.131。
187 旅館の区分、宿泊費などは「朝鮮博覧会観覧団体乗車便覧」（『朝鮮鉄道協会誌』8巻10月号、1929年10月10日）pp.79–80による。
188 前掲「朝鮮博覧会（1929年）の文化住宅展示と京城の空間形成」p.511。
189「우리의所得은 무엇인가 朝鮮博覧会의総決算」『中外日報』社説1929年11月2日。この朝鮮語の記事は『朝鮮思想通信』第43輯1094号1929年11月4日に「朝鮮博覧会の総決算　我等の得たる所は何？」とタイトルとサブタイトルを入れ替えて翻訳され掲載された。
190「子供の国」については、前掲『朝鮮博覧会京城協賛会報告書』pp.117–119、pp.131–

146参照。
191 前掲『朝鮮博覧会京城協賛会報告書』p.139。
192 同上 pp.114–115。
193 同上 p.120。
194 同上 pp.149–152。
195 前掲『始政二十五年史』p.603。
196 前掲「1929 년 조선박람회와 식민지 근대성」参照。
197 前掲「조선박람회와 일제의 문화적 지배」参照。
198 当時の幾つかの新聞は韓国・国史編纂委員会のホームページにある「韓国史データベース」の「日帝強占期」で見ることができる。https://db.history.go.kr/（2023.4.10）。
199『中外日報』1929年9月16日。
200『朝鮮日報』1929年9月14日。この記事は南基雄論文からの再引用。旅館数が300余りとあるが、朝鮮式設備の旅館はこの数には達していない。
201『中外日報』1929年9月16日。
202『東亜日報』1929年10月13日。
203『東亜日報』1929年11月2日。
204『南鮮日報』1929年10月9日。
205 李範昇「朝鮮博覧会ニ関スル民情」年不詳・ペン書き日本語（『斎藤実文書』16、高麗書林、1990年）所収。李範昇がどのような人物かは不明であるが、用紙には「朝鮮総督府」と書かれており、斎藤実文書に収録されているので、斎藤総督も見ていた可能性がある。
206 前掲「朝鮮博覧会の総決算－我等の得たる所は何？」『中外日報』社説1929年11月2日。（『朝鮮思想通信』1929年11月4日号、第43集1094号p.20。

第10章　1945年解放後の景福宮

はじめに

1945年8月15日、日本の敗戦によって、朝鮮は日本の植民地支配から解放された。本章では、解放・光復[1]後の景福宮の歴史を、景福宮の補修・復元と朝鮮総督府庁舎の撤去との関係で見てみよう。

1945年以降は、朝鮮・韓国の歴史であって、本書の直接の検討対象時期ではないが、日本が朝鮮を植民地として支配した時期に、景福宮を破壊し、さらに朝鮮総督府庁舎を建立したことを考慮すれば、解放後の歴史にも言及する必要があるだろう。

最初に景福宮と朝鮮総督府庁舎の解放後の歴史を簡単に紹介しよう。景福宮は1948年に勤政殿の解体補修工事が行われたが、1950年からの朝鮮戦争時に被害を受けてしまう。

他方、朝鮮総督府庁舎は、1945年9月、朝鮮半島の南部を占領支配したアメリカ軍によって接収され、米軍政庁として使用された。そして、南北分断が確定的になり、1948年8月15日に大韓民国政府が樹立されると、韓国政府の中央庁として使用された。しかし、中央庁は朝鮮戦争で内部が消失し、以後、約10年間ほど放置されてしまう。

旧朝鮮総督府庁舎は1962年11月に朴正熙大統領によって改修され、政庁になった。建物の大ホールは議場になり、全斗煥大統領の時の1983年5月に最後の議会が開催され、1986年8月15日に国立中央博物館に生まれ変わる。この時期から撤去論議が本格的になり、金泳三大統領によって1995年8月15日、解体式が挙行され、翌年には完全に解体・撤去された。同時に景福宮の復元も本格化し、1990年から2009年までの20か年計画、さらに2011年から2030年までの復元工事計画が立案され、現在（2024年）も継続中である。

このように、景福宮と朝鮮総督府庁舎は、相互に関連しながら、補修・復元と解体・撤去という歴史を経ている。この過程で、景福宮と朝鮮総督府庁舎をめぐっては様々な議論が展開された。いわば大韓民国の解放後史そのものでもあるようである。

本章では、第１に解放直後からの景福宮の補修工事の状況を概観し、第２に旧朝鮮総督府庁舎は、なぜ、どのように使用されたかを検討する。第３に国立中央博物館に使用された経過を見てみたい。そして第４に国立中央博物館の解体論議に言及し、第５になぜ景福宮は復元されるのかを考えてみたい。

1　解放後の景福宮に関する研究

解放後の景福宮に関する研究は、朝鮮時代・大韓帝国期、さらに植民地期に比較すると、相対的に少ない。しかし、特に朝鮮総督府庁舎撤去問題に関しては数多くの論評がある。それらを全面的に検討するには当時の総合雑誌などを検討する必要があり、入手が難しく、困難が多い。

解放後の景福宮に関する略史を見るためには大韓民国の首都であるソウルの歴史を見ておく必要があるが、ソウル歴史編纂院『誰でも分かるソウルの歴史2000年[2]』(2009年) は研究書ではないが、日本語訳もあってわかりやすい。また、解放後の景福宮の歴史に関する研究は建築学研究者の論文が主であり、신세원「1945年以後の景福宮[3]」が解放直後の景福宮とその補修整備を論じている。

旧朝鮮総督府庁舎である中央庁の復元に関しては、李鐘相「官衙街計画と官庁建築の20年[4]」があり、撤去問題に関しては、撤去が現実となった時期に書かれた이상해「景福宮慶熙宮復元と旧朝鮮総督府庁舎撤去問題[5]」、張起仁「朝鮮総督府庁舎[6]」、金昌俊「日帝強占期の景福宮毀損と復元作業[7]」などがある。이상해は成均館大学建築工学科教授で建築学博士であり、ソウル歴史編纂院院長であった。張起仁はソウル歴史編纂院の参与理事でサムソン建築社事務所代表である。彼らはソウルの歴史、建築学の研究者で、景福宮の歴史、旧朝鮮総督府庁舎を建築学の見地から評価している。

景福宮は文化財になっているが、韓国の文化財保護法の成立過程を論じた大橋敏博「韓国における文化財保護システムの成立と展開―関野貞調査 (1902) から韓国文化財保護法成立 (1962年) まで―[8]」は韓国の文化財保護に関して植民地時代から論じている好論である。

近年は解放後の景福宮と旧朝鮮総督府庁舎に関して大学院生の論文も散見される。박혜인と指導教授である김현섭の研究論文[9]と박혜인の碩士学位論文「朝鮮総

督府庁舎撤去問題を通してみた韓国建築界の意識変化に関する研究[10]」は、韓国の建築学者が旧朝鮮総督府庁舎の撤去に関わってどのように意識を変化させたかを検討している。

これまで紹介した研究をふまえた정희선「解放後朝鮮総督府庁舎の変遷とその意味[11]」は旧朝鮮総督府庁舎の開放後の歴史を時代の変化の中に位置づけた好論である。庁舎撤去と景福宮復元の関係などが説得的にまとめられている。

ここに整理した各種論文は解放後の景福宮と朝鮮総督府庁舎の歴史を見る際に検討に値するものである。

2　解放後の景福宮に関する資料

韓国では、文化財庁によって文化財の保護や宮闕の発掘調査と復元整備などが行われているが、それらに関する報告書を公表している。数多くの報告書には解放後の景福宮を検討する場合に必要な基本的事実が報告されている。韓国の研究者も多くはこれらの報告書を基礎に検討している。

最初に、本章で使用している報告書[12]を列挙しておこう。

解放直後の景福宮に関しては、『景福宮変遷史（上）』（2007年）や『景福宮光化門月台および（및）東・西十字閣圏域復元等考証調査研究用役報告書』（2018年）があり、解放後の補修工事に関しては『勤政殿実測調査報告書』（2000年）、『景福宮光化門 및 其他圏域復元整備計画報告書』（2002年）、『勤政殿補修工事 및 実測調査報告書（上）』（2003年）に補修工事に関する日程や補修内容、詳しい年譜が掲載されている。

朝鮮総督府庁舎に関しては、『旧朝鮮総督府建物実測 및 撤去報告書（上）[13]』（1997年）と『旧朝鮮総督府建物 実測 및 撤去図版（下）』（1997年）に朝鮮総督府庁舎の開放後の歴史や撤去決定過程や撤去過程などが詳しく記録されている。

旧朝鮮総督府庁舎が国立中央博物館に改変されることに関しては、国立中央博物館『国立中央博物館改築竣工報告書』（1986年12月）に改変過程、改修工事、展示室など全般が記録されている。

さらに景福宮の復元整備に関しては文化財管理局『景福宮復元整備基本計画報告書』（1994年）と文化財庁『景福宮復元基本計画[14]』（2009年）が、短期計画・長期計画を詳細に記録している。

また、光化門が朴正熙大統領によって再建され、その後本来の位置に建設される経過に関しては前掲の『景福宮光化門 및 其他圏域復元整備計画報告書』と国

立文化財研究所『景福宮発掘調査報告書—光化門址・月台址・御道址』[15]（2011年）、前掲『景福宮光化門月台および東・西十字閣圏域復元等考証調査研究用役報告書』[16]（2018年）に詳しい経緯や図面が数多く掲載されており、重要な事実を提供している。

文化財庁からは「東宮地域」[17]や「寝殿地域」[18]、「乾清宮址」[19]、「泰元殿圏域」[20]、「思政殿」[21]などの発掘調査報告書が公表されて、文化財庁のホームページで見ることができる。

文化財庁の刊行ではないが、文化財管理局に勤務していた金昌俊・崔伊泰・呉析根の３人の景福宮復元工事の起工式に関する記録[22]は、起工式の様子を良く伝えている。

各報告書は、数百ページに及ぶ物が多く、ここで紹介した内容以上の事実を伝えており、解放後の景福宮を検討するには必須の資料を提示している。また、執筆者は景福宮を研究している研究者であることが多く、研究論文である。これらは全て韓国語文献である。

3　解放直後の景福宮

1945年８月15日日本の敗戦時、景福宮はどのようになっていたか。参考になる論文、資料を見ると、１つは、図面41「朝鮮総督府（景福宮）敷地平面図」[23]がある。「図面41」は作成年代や作成者が明示されていない。しかし、前掲・文化財庁『景福宮光化門月台および東・西十字閣圏域復元等考証調査研究用役報告書』（p.163）は、「図面41」と同じ図面を、「1930年代初般の景福宮の敷地」として掲載している。この報告書では1929年の朝鮮博覧会の会場図を紹介した後に、1930年代初頭に残っていた殿閣としてこの図面を掲載している。1929年の朝鮮博覧会以後、景福宮では大規模な展覧会などの行事は開催されていないので、展示館などを撤去した後の平面図であると言える。1945年８月当時の景福宮の敷地の状況が記されているといえる。

他の１つの文献は신세원「1945年以後の景福宮」[24]である。この論文の脚注には、漢陽大学校東アジア建築歴史研究室「韓国景福宮と中国紫禁城の文化財保護戦略比較研究」（2005）と明記されているので、この研究論文の景福宮に関する部分であると推測できる。図版、新聞などを多用している。この論文には「表７ 解放直後景福宮に残っていた主要建築物」[25]が掲載されているが、この「表７」は前掲『景福宮復元整備基本計画報告書』の「第５章 景福宮の配置及び建築物」の

10–1 図「朝鮮総督府（景福宮）敷地平面図」

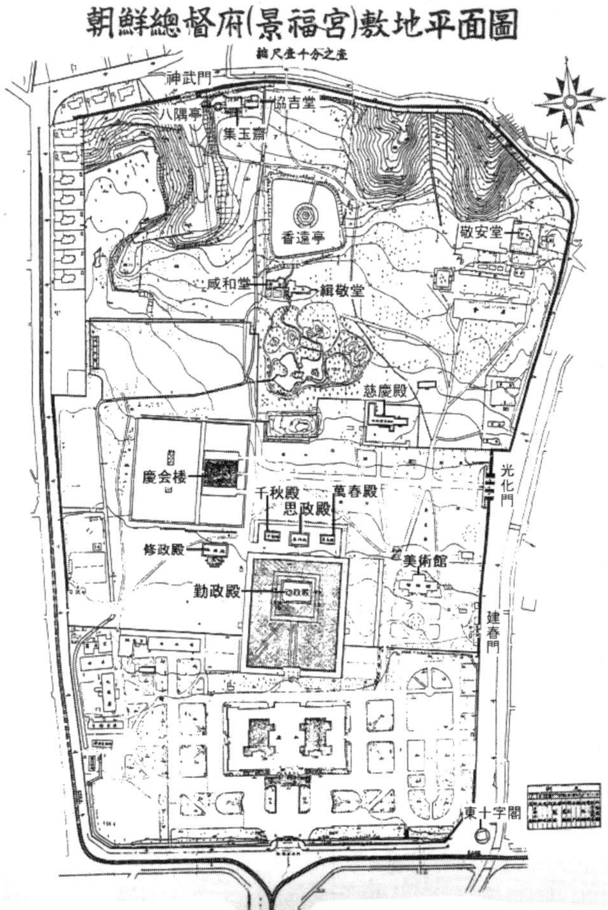

出典：文化体育部・国立中央博物館編『旧朝鮮総督府建物実測及び撤去図版』（下）1997 年、p.41

「1．配置及び殿閣」にある「6）現在まで残った建物」を簡略に整理したものである。ここに記されている殿閣は 1945 年 8 月前後にあった景福宮の殿閣と推測される。

この「図版 41」と신세원論文を参考に、1945 年 8 月当時、景福宮に残っていた殿閣を 1929 年の朝鮮博覧会の会場図と比較検討してみよう。

10–1 図「朝鮮総督府（景福宮）敷地平面図」に名称を書き込んだ門や殿閣が 1945 年 8 月当時残っていた。10–2 図「朝鮮博覧会場配置図」を見ると、これらの建物は朝鮮博覧会の時に使用されなかったり、使用されても殿閣が残り、その後も撤去されずに残っていたことが分かる。番号を記入して比較照合したが、簡単に説明しておく。

門は、光化門、建春門、神武門の３つの大門が残っていた。光化門⑧は 1929 年朝鮮博覧会では、慶会楼に直面する博覧会会場のメイン通りに入る正門であった。朝鮮総督府庁舎の建立によって、1926 年にこの場所に移建されていた。建春門⑥は電車通りから会場までの途中にあり、「正門」の横に位置していた。神武門⑭は朝鮮博覧会の出口の脇にあった。このように建春門と神武門は朝鮮博覧会では重要な役割がなく、そのまま残っていた。

10-2 図「朝鮮博覧会場配置図」

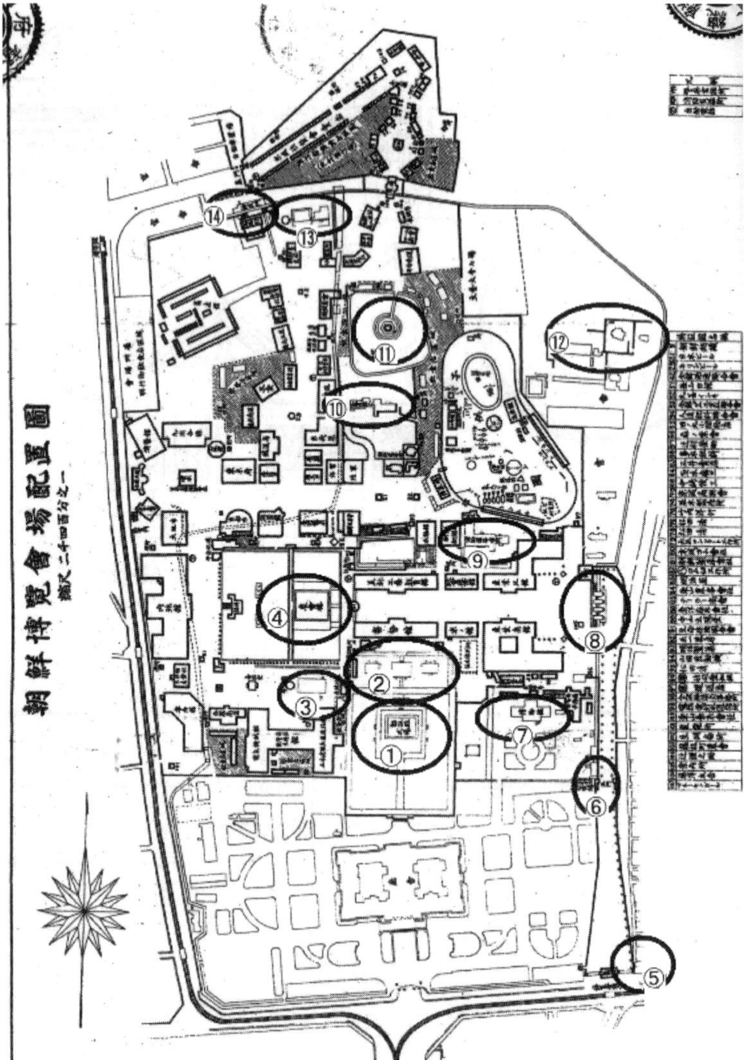

出典：朝鮮博覧会京城協賛会編『朝鮮博覧会京城協賛会報告書』1930 年所収

殿閣の中心である勤政殿①は開場式・開会式に式場として使用され、行閣は展示場に使用されたが、毀損されなかった。また、思政殿②を中心にした萬春殿、千秋殿一画と修政殿③も朝鮮博覧会では使用されず残っていた。慈慶殿⑨は朝鮮博覧会会場の中心近くにあるが、朝鮮博覧会事務所に使用されたために残存した。

また、緝敬堂と咸和堂⑩は、朝鮮博覧会では開会式当日に閑院宮が休息する貴賓室として使用された。そのため一般観覧客は観覧が許されず、そのまま残された。香遠亭⑪と啓安堂⑫、さらに八隅亭、集玉齋、協吉堂⑬の一画は、朝鮮博覧会では勤政殿・思政殿より北の敷地のほぼ全面が使用された中で、取り残された場所であった。

以上のように、10–1図「朝鮮総督府（景福宮）敷地平面図」に記された殿閣は、朝鮮博覧会によって多くの門や殿閣が毀損されるなかで残存し、1945年8月を迎えた。この平面図（10–1図）が解放直後の景福宮の姿といえるだろう。

4　景福宮勤政殿の補修工事

解放後の景福宮は、米軍政の方針に大きな影響を受けた。アメリカ太平洋陸軍最高司令官マッカーサー元帥は、1945年9月7日布告第1号によって北緯38度以南の行政権を掌握し、南朝鮮（韓国）を米軍政下に置くことを宣言した。さらに11月2日、法令第21号によって従来の法令を存続させた。これによって1933年に制定された「朝鮮宝物古蹟名勝天然記念物保存令」（総督府令第6号）は存続することになった。これは1962年1月に韓国文化財保護法（法第961）が制定されるまで効力を維持した[26]。

景福宮の管理は、「皇室財産総局」が米軍政下で文化財管理業務を担当し、1948年の大韓民国政府樹立とともに文教部に文化局教導課ができ、同年8月15日に景福宮管理事務所が設置され、管理業務を担当した。

この当時、景福宮の勤政殿は破損が甚だしく、屋根を補修するなど、たびたび補修工事が行われた。その詳細は、前掲『勤政殿補修工事及び実測調査報告書（上）』に報告されている。この報告書によれば、2000年から2003年まで行われた補修工事の際に、1948年4月と1970年10月に行われた補修工事の記録が発見された。1948年と1970年の工事記録は、両方とも附椽（飛簷垂木）に書かれており、1948年の工事記録を記した3本の飛簷垂木の1本には「金貞燮大工 金相俊大工 林龍基瓦工 陽一九四八年八月三十日」とあり、1970年の工事記録を記した3本の飛簷垂木の1本には「신양사 景福宮 건정전 보수공사西紀 一千九百七拾年十月八日」とある。「신양사」は施工業者と推測され、「景福宮건정전補修工事西紀1970年10月8日」と書かれている[27]。「건정전」は「근정전（勤政殿）」なのか、「報告書」も言及していない、しかし、これらによって、勤政殿は1948年、1970年、2003年に大規模な補修工事が行われた事が分かる。

5　景福宮の利用

解放後の景福宮の広い空間は、多様な目的で使用された。1946年4月26日から3日間、慶会楼で、朝鮮農会主催の展示会が開かれた。農産工芸品生産増加と勤労思想振興をはかろうとしたもので、羅と木綿で織ったり、繭で糸を紡いだりを試演したりした[28]。

また、1946年5月21日、植民地時代に日本の神の精神の普及に支障になるという理由で勤政殿内に置かれていた忠武公李舜臣の戰捷碑が麗水に移された。

アメリカ独立記念日の7月4日の夜に慶会楼で米軍人幹部を招待して祝賀慰労会があり、午後4時から首都劇場で高麗交響楽団によるハイドンの交響曲第6番の演奏会もあった。

また1946年8月10日の『朝鮮日報』には10月18日から20日まで景福宮前庭で解放記念全朝鮮学校音楽祭典を開催するという記事があり、同年10月20日の『東亜日報』には、10月22日から5日間、軍政庁第1会議室で統計展覧会を開催するという記事がある。

さらに、1946年8月6日、米軍政庁は景福宮内に米軍軍人簡易兵舎を建てる意向を表明した。当時の国立博物館長、古蹟保存委員会などが反対し、8月24日には38の文化団体代表が軍政長官ホッジ（John Reed Hodge）中将に面会し、善処を要請した。しかし、慈恵殿から神武門の間に簡易兵舎が建てられた。

これ以後も景福宮では、ボストンマラソン1位、2位、3位に入った選手の祝賀会が1950年6月3日に慶会楼で開催されたり、1950年代から60年代には慶会楼の蓮池などがスケートリンクに利用されたりした。

このような状況に対し、「日帝強占期以後、本来の機能を失った勤政殿はこのような行事の式場などに活用される立場に転落した[29]」といわれ、신세원は「この頃の景福宮は文化財で、保護の対象であると見るよりは行事を開催する宴游の場所」とみられていたと述べている[30]。植民地時代に朝鮮総督府庁舎が建立され、その後方の景福宮では勤政殿などわずかな殿閣は残ったが、他の空間では各種の展覧会、博覧会などが開催され、王宮としての機能は抹殺された。その姿を継続した景福宮は、解放後も「朝鮮王朝の正宮」としてより、植民地時代と同様に活用されたといえる。

6　米軍政庁と朝鮮総督府庁舎

日本の敗戦によって朝鮮半島は北緯38度線で南北に分断された。北側をソ連が、南側をアメリカが占領することは、すでに日本の敗戦前から米ソによって合意されており、8月16日に境界線が確認された[31]。ソ連軍は8月20日に元山に上陸し、米軍の一部も8月25日に仁川に上陸した。そして米軍による軍政は沖縄に駐屯していた第24軍団が担当し、ホッジ中将が司令官に任命された。そして連合国軍最高司令官マッカーサー元帥の下で南朝鮮の占領政策が実施された。

1945年9月2日、ホッジ中将は「南韓民衆各位に告ぐ」（ホッジ布告令）を出し、米軍の方針に従って植民地統治体制を当分の間維持することを宣言した[32]。朝鮮総督府の官僚は当面、同じ任務を継続した。

そして9月9日、米軍はソウルに入り、同日、ホッジ中将と朝鮮総督阿部信行の間で降伏文書の署名式が行われ、南朝鮮の支配権が朝鮮総督から米軍に移った。この調印式は朝鮮総督府庁舎の第1会議室[33]で行われた。

同日、マッカーサー元帥は太平洋米陸軍総司令部布告第1号～第3号によって朝鮮半島南部での米軍政の実施を宣言した。この布告第1号「朝鮮住民に布告する」の第2条では、既存の植民地体制を存続させ行政を運営することを明らかにした。初期の米軍政は既存の植民地統治体制と日本人官僚に継続して業務を担当させ、その上で各行政組織に米軍将校を任命して軍政庁組織を整えた。日本人による既存の機能は継続することになった。この日本人官僚による機能がいつまでかは明確ではないが、朝鮮総督府の最後の財務局長であった水田直昌によれば、9月12日に総督、政務総監、各局長を14日に罷免するという命令がでたが、他方、アドバイザーとして京城にとどまることも命ぜられた。その後水田は12月24日に休暇をとるという名目で日本に帰国した[34]。したがって、この後も日本人官僚は任務に当たっていた可能性もあるが、最終日は確定できない。

米軍の支配は朝鮮南部全体に及んだが、ソウルには第24軍団の本部が設置され、兵員が滞在する建物が必要になり、朝鮮総督府所有の建物が買収され、朝鮮総督府庁舎も買収された。この時から朝鮮総督府庁舎には「在朝鮮米陸軍司令部軍政庁（以下、軍政庁）」という新しい公式名が与えられ、米軍は「capital hall」と呼び、通称「white hall（白亜館）」とも呼んだ。そして後に韓国で使われた「中央庁」という名称は「capital hall」を鄭寅普（정인보）が「中央庁」と翻訳したといわれている[35]。「軍政庁」、「capital hall」、「白亜館」、「中央庁」は何れも旧朝鮮総

督府庁舎の新しい名称で、政治の変遷によって別名が使用された。

軍政庁は、軍政期には重要な場所であり、1945年10月20日の「京城市民主催連合軍歓迎会」は軍政庁で開催され、120万人の参加者が集まり、ホッジ中将、アーノルド少将などが同席する中で「偉大な朝鮮の指導者」として李承晩が紹介され、帰国4日目の李承晩は次期指導者として注目された。

米軍政は、朝鮮総督府の公共機関を実用的な目的を優先して使用し、植民地支配の痕跡を消す措置を取らず、各部屋もそのまま活用した。軍政庁第1会議室は米軍政の重要な政見発表の場として使用され、1945年10月16日李承晩の帰国記者会見、同年11月26日の金九の記者会見のように、有力政治家の記者会見場として使われた。1946年1月16日の第1回米ソ共同委員会もここで開催された。

米ソ共同委員会の決裂後、米軍政は南朝鮮過渡立法議院（以下、過渡立法議院）を開院した。これは朝鮮総督府庁舎に初めて朝鮮人の常設機構が設置されたという点で注目に値する。過渡立法議院は、軍政庁の1階大ホールを議事堂として本会議を開催し法律の公布などを行い、1948年5月19日に解散した。

この時期は解放直後で政府樹立などの課題があり、親日や植民地遺産の精算などの議論は進まず、さらに、軍政を実施するための行政機関の入る建物を準備する時間的・経済的余裕がなかったことも朝鮮総督府庁舎が使用され続けた理由であった。

7　大韓民国政府の樹立と旧朝鮮総督府庁舎・朝鮮戦争

南北統一政府の樹立は成功せず、南では1948年8月15日に大韓民国政府が樹立され、北で同年9月9日に朝鮮民主主義人民共和国が樹立された。

大韓民国政府樹立以前、1948年5月10日に南朝鮮だけの単独選挙が実施された。これ以降、軍政庁だった中央庁の大ホールが国会議事堂になり、議員室や国会事務関連事務室が中央庁2階に配分された。このため軍政庁の事務室が他の階に移転することになった。

1948年7月17日、中央庁の国会議事堂で憲法が公布され、7月20日に国会で李承晩が初代大統領に、李始栄が副大統領に選出された。そして、1948年8月15日に中央庁広場で初代大統領李承晩と副大統領李始栄の就任式が行われた。[36]

この8月15日[37]、駐韓米軍司令官ホッジ中将は米軍政の廃止を宣言した。1948年9月13日、韓国政府は米軍政から行政権の移譲を受けた。ここで米軍政は終了し、大韓民国は独立国家になった。同時に米軍政の所有していた一切の財産は韓国政府に移譲され、中央庁の建物も韓国政府の国有財産になり、「中央庁」が正式名称になった。

朝鮮総督府の庁舎では、日本の敗戦によって「日の丸」が下ろされ、南朝鮮を占領した米軍の「星条旗」が掲げられ、大韓民国政府樹立によって「太極旗」が掲げられるという歴史をたどった。軍政庁、中央庁は大韓民国政府誕生の場所として、歴史的にも重要な建物になった。この「建物は日帝と米軍庁、そして共和国[38]の時代的象徴になった[39]」と評価され、「朝鮮総督府庁舎の活用に対する批判的な意見にもかかわらず、政府樹立以後、建物が中央庁として引き続き活用されたのは、代替空間の不在と予算と時間不足という現実的な理由に起因した[40]」ともいわれた。

1950年6月25日朝鮮戦争が始まった。6月28日に、朝鮮民主主義人民共和国（以下、北朝鮮）の人民軍はソウルを占領し、人民軍は中央庁に前線司令部を置いた[41]。人民軍はソウル占領中、中央庁に「人共旗[42]」を掲げ、中央庁の正面には金日成とスターリンの肖像を掲げた。北朝鮮も中央庁（旧朝鮮総督府庁舎）を権威の象徴であると認識していたのであろう。

しかし、1950年9月15日、国連軍が仁川に上陸し、9月28日にソウルが収復された。この時人民軍は中央庁に放火し、内部が焼失し、外部にも傷跡が残った。大韓民国政府は中央庁の復旧を企画したが、1950年10月25日、中国人民志願軍が参戦し、1951年1月4日、国連軍がソウルを撤収し、ソウルは再び人民軍に占領された。

その後、1951年1月26日、韓国軍の海兵隊が仁川に上陸し、3月14日にソウルが再収復された。

朝鮮戦争中、ソウルは北朝鮮の人民軍に2回占領され、2回収復された。この間、中央庁は焼失し、中央庁については、その存廃のみならず、復旧問題も加わり、複雑な状況になった。1952年になって、李承晩大統領が朝鮮総督府庁舎の撤去、景福宮と光化門の原状回復という方針を表明したからである。さらに、中央庁にあった国会議事堂は、臨時に移転していた市公館から旧府民館を修理して移転することが報道された[43]。中央庁の役割は終了したかのようになった。

以上のように、朝鮮総督府庁舎は日本の植民権力の建立した象徴的な建物であるにも係わらず、米軍、韓国政府、北朝鮮に使用され、朝鮮戦争によって焼失するまで、その時々の権力者によって使用された。その理由は、政治的激動期であって、過去の植民地遺産の清算などが行えず、さらに別の建物を新築する経済的余裕もない中で使用され続けたといえよう。

朝鮮戦争での焼失後、中央庁は放置された。李承晩大統領が復旧を拒んだからであった。しかし、1960年の4月革命で李承晩政権が倒れると、中央庁を活用する動きが起こり、さらに1961年の朴正熙による5・16軍事政変以後、中央庁復旧は「革命政府」が担い手になった。1961年9月6日、国家再建最高会議が中央庁の修理復旧を最終決定したが、その理由は①東洋屈指の西欧式近代建物であること、②毎年被害損失が3000万ウォンに達すること、③撤去して同じ規模の建物を新築するより復旧するほうが経済的な利益が大きいこと、④分散している中央機構部署を集中して受容できることであった。このように中央庁の復旧は経済的理由が最も大きかった。

工事は1961年9月27日に屋根の修理から始まり、1962年11月19日に終了した。そして11月22日に中央庁広場で本館開庁式が行われた[44]。

1950年9月に人民軍によって焼失させられてから12年後に中央庁は復活した。そして1982年7月に全斗煥大統領が中央庁の国立中央博物館への転換を決裁するまで約20年間、韓国政府の中央庁舎として機能した。

この間の景福宮の変化を見れば、5・16軍事政変で政権を掌握した朴正熙は、経済開発に力を注ぐと共に、文化財の復元に特別な関心を示した。伝統の保護と育成を民族の正統性に符合させ、政権の正統性に結びつけようとした。国宝第1号の崇礼門（南大門）重修工事（1963年5月14日竣工式）を行い、1962年には文化財保護法を施行した。そのような中で、1967年から1969年に光化門復元事業を実施した。この目的は「自尊心」の立て直しと「民族精気の復元と民族的正統性の継承」を担うのが現政権であるという意味を持っていた。建立された光化門は、鉄筋コンクリート造りで、建物の軸も中央庁に合わせたものであった。

また、5・16軍事政変に出動した第30師団1個大隊は、首都警備司令部第30警備大隊と名称を変更し、景福宮の西北側の泰元殿圏域に簡易建物などを建てて駐屯した。第30警備大隊の駐屯は1996年まで続いた。

8　国立中央博物館への改変

1981年5月25日、全斗煥大統領は中央庁庁舎を国立中央博物館に改修することを指示した[45]。全斗煥政権は「文化暢達[46]」の理念を「国政指標」に置き、文化事業と施設拡充を推進した。その核心事業として中央庁庁舎を国立中央博物館に改築することを位置づけた。中央庁庁舎は「日帝植民統治の象徴的建物」であり、この建物を「我が国民が日帝下の植民史を振り返」り、「新しい歴史創造の決意を固める教育の場」とし、さらに「伝統文化研究活動の中心地」とし、「民族文化伝承啓発の揺籃」としての役割を期待した。

中央庁庁舎を国立中央博物館に改修・移転した理由は、第1に、1980年代になって既存の国立中央博物館の建物が遺物展示、収蔵の面で規模が小さくなっていた。第2に、中央庁庁舎が博物館になることによって、この地域が行政の中心街という性格から文化的性格に転換し、ソウルの中心街が「悠久な歴史を自慢する文化都市」に変貌することが期待された。第3に、世界的な博物館をつくることによって「民族文化」が世界に認識されることを期待した。博物館は「民族文化の中枢機関」としての役割を担うことになった。

中央庁庁舎を国立中央博物館に転換させる理由を見てみれば、当時の韓国の世界的な地位の向上が上げられる。経済成長とともに、1986年のアジア大会と1988年のソウルオリンピックの開催を前に「韓民族の文化伝統と偉大さを誇示」するためにも景福宮と一体になった文化の殿堂が必要であった。

さらにより具体的には、政府庁舎にあった多くの部署が果川市へ移転されたことである。果川市はソウルの南端の冠岳区に隣接するソウルの衛星都市の1つで、ソウル駅を通る地下鉄4号線には「政府果川庁舎」という駅もある。

1975年に移転計画を立て、1978年に中央庁と同規模の第1、第2庁舎の建設に着工し、1982年7月には保険社会部、科学技術処が中央庁から果川第2庁舎に移転し、1983年3月には建設部、農水産部、法務部が果川第2庁舎に移転した。さらに、第3棟、第4棟も竣工し、1986年には商工部、財務部、労働部、動力資源部、経済企画院も果川に移転した[47]。

1982年7月に全斗煥大統領は中央庁庁舎の国立中央博物館への移転を決裁した。これは果川の政府庁舎への移転とほぼ同時期であった。つまり、中央庁庁舎は中央庁ではなくなっていたのである。

以上に見たように、中央庁庁舎に国立中央博物館を移転することは、いくつかの条件が符合したのであるが、旧朝鮮総督府庁舎を利用する理由は、以前のように、新しい建物を建てるより経済的であるという理由より、「民族文化」や「日帝植民地支配」、「民族史教育の場」など「植民地支配」、「民族の問題」が強調されるなかで実現していったのである。

中央庁庁舎を国立中央博物館に改築する作業は大きな事業であった。1983年6月15日、本館中央ホールで起工式が行われ、3年後の1986年8月21日に全斗煥大統領も参加して竣工式が行われた。この日に国立中央博物館は開館した。

国立中央博物館の玄関前の花崗石壁に陰刻された「竣工記[48]」には「この建物は

10-3 図「乙未事変記録画展示閣」[49]

10-4 図「展示閣に描かれた事変の図」

10-5 図「展示閣を見る学生」

10-6 図「「明成皇后遇難之地」の碑」

10-7 図「明成皇后殉国崇慕碑」

世上が皆知っているように我が民族の暗黒時代である 1926 年、国の由緒深い景福宮の前庭に日本の朝鮮総督府の建物として作られ、彼らの侵略統治の本拠地となった。1945 年光復以後には米軍政庁に変わり、1948 年大韓民国政府が樹立されると、ようやく我が制憲国会議事堂と行政部中央庁舎になったが、6・25 動乱後、ソウル収復からは行政府庁舎に使用された。

そのように国の昔の土地に闇の中で生まれ、新生韓国の新しい光を込めたこの建物が、まさに我が民族の歴史と文化をすべての人に正しく認識させる社会教育の殿堂になったのは決して偶然ではないと言える」と刻まれている。

9　朝鮮総督府庁舎の撤去

9-1　景福宮の変化

1980 年代に入り、韓国では文化財保護の機運が高まり、1984 年 12 月に個々の文化財ではなく、一定範囲の歴史的環境の中で文化財を保護する伝統建造物保存法ができた。景福宮は1963年に史跡117号に指定されていたが、1985年1月に景福宮の勤政殿、慶会楼が国宝に、慈恵殿、峨眉山煙突、勤政門、東十字閣などが宝物に指定された。

他方、景福宮には伝統的な殿閣ではない建造物も作られていた。全斗煥政権の「文化暢達」の理念には植民地史の振り返りや歴史創造の決意を固める教育の場の造成という内容もあった。その動きの中で1982年に「歴史上受難の現場に対する教育施設計画」の方針によって旧乾清宮の東側に「乙未事変記録画展示閣」を建設した。

展示閣は事変現場を再現するような茂みの中（10–3図「乙未事変記録画展示閣」）にあり、掲げられた2枚の絵、10–4図「展示閣に描かれた事変の図」は歴史の検証を踏まえたとは思えない想像画で、日本の無謀な侵略を彷彿とさせるものであり、それを中学生らしき女子学生が見ている（10–5図「展示閣を見る学生」）。そして、同じ敷地には李承晩大統領親筆[50]の10–6図「明成皇后遇難之地」の碑も建っていた。この碑は1954年6月30日に建立されたものである。さらに裏面に「朴正熙大統領」と記された10–7図「明成皇后殉国崇慕碑」もあった。

展示閣は李承晩大統領の反日精神を全斗煥大統領が継承して建立された。これらの建造物は文化財保護や景福宮の復元には調和しないものではあるが、学生が見学している様子を見ると、植民地支配を学ぶ教育の場としては一定の役割を果たしているともいえる。

9–2　朝鮮総督府庁舎撤去方針の決定

このような紆余曲折を経て、1984年5月22日、「朝鮮王宮の復元浄化に伴う管理改善[51]」が全斗煥大統領に報告され裁可された。景福宮などの宮闕を王宮本然の位相と品格を持たせる保存管理方案を整備しようという試みであった。このような中で1988年には朝鮮戦争時に焼失した萬春殿の復元工事が始まった。萬春殿は思政殿の東側の殿閣である。

1989年6月に景福宮復元計画が樹立され、1991年1月21日、文化部は国立中央博物館の龍山移転と旧朝鮮総督府庁舎の解体、景福宮の復元という「基本計画[52]」を公表した。この基本計画の「短期計画」の「④興礼門地域」に「旧朝鮮総督府の建物（現国立中央博物館）の撤去が完了するとともに、興礼門、維和門、用成門、周辺行閣および景福宮内の御溝を探して復元した後、解体された永済橋を元の位置に復元し、御溝に連結した石橋、水門などを復元する」と記されたことから、「旧朝鮮総督府の建物（現国立中央博物館）」の撤去が明らかになり、撤去論争が始まった。

このように、旧朝鮮総督府庁舎の撤去は景福宮の復元と一体となって進行したのである。

9-3　旧朝鮮総督府庁舎の撤去論争

撤去されることになった建物は「朝鮮総督府庁舎」、「米軍政庁」、「中央庁」、「国立中央博物館」と名称を変えて存続してきたが、撤去当時、政府が使用した名称は「朝鮮総督府」[53]であった。「日帝強占期の侵略と収奪」のイメージを強調する効果があった。

この建物の撤去は、日帝の残滓精算という民族感情の発露と風水地理学的次元での民族精気の回復という理由で、李承晩政権時代から議論されてきた。しかし、経済的理由が優先し、議論は進展しなかった。

1991年1月21日、文化部が国立中央博物館を龍山の米8軍駐屯地北側地域一帯に移し、朝鮮総督府庁舎を解体し、景福宮を復元するという発表によって、賛否両論が本格的に沸騰しはじめた[54]。

この問題に対し、国立中央博物館は、先ず、学界及び専門家600人、一般市民400人、合計1000人を対象に、1991年6月3日から5日までの3日間、世論調査を実施した。

調査結果[55]は、撤去賛成：一般市民65%、専門家77%、
撤去反対：一般市民27%、専門家22%
移転復元：一般市民24%、専門家35%

KBSテレビも1991年6月30日午前9時20分から10時20分までの1時間、世論調査を実施した。

場所はソウルの汝矣島にあるKBSテレビ本社、一般市民500人が対象であった。
調査結果は、撤去賛成：49%、反対：51%

この2つの世論調査を見ると、国立中央博物館調査（ビデオリサーチ担当）は撤去賛成が多いが、KBS調査では賛否が伯仲している。

さらに、1991年6月3日から8月24日まで、学界、言論界、建築界、一般文化界などの専門家を対象にシンポジウムを開催し、国民的合意の形成をはかった。

政府は、建物の撤去を、世論調査、シンポジウムなどの多様な意見を踏まえつつ進行しており、丁寧に進行させていったといえよう。

これらを踏まえて、盧泰愚政府は、1992年12月7日、文化財政策諮問会議を

開催し、龍山米8軍基地内敷地5万坪を確保し、国立中央博物館を新築移転し、その後朝鮮総督府庁舎を撤去する方針を決定した。

1993年2月25日、金泳三が大統領直接選挙で当選し大統領に就任した[56]。金泳三大統領は1993年4月1日、景福宮を完全に復元するために、旧朝鮮総督府建物を撤去し、景福宮内に駐屯していた30警備団を移転することを指示した。特に旧朝鮮総督府庁舎の撤去は民族の精気を回復するために国策事業として推進されることになった。

政府の発表でも、撤去の根拠は「民族の断絶した脈を探し、民族精気を回復するため[57]」であった。

撤去賛成の理由は「日帝断脈説」と「大日本」説、「日帝残滓精算」に大別できる。

日帝断脈説[58]は風水地理思想によるものである。漢陽は風水の都であり、すでに第1章で見たように、中国の崑崙山に発する北龍は朝鮮半島の白頭山に至り、そこで新しい精気を得て、漢陽の北にある北漢山に連なる。この精気を受けた脈は北漢山を「鎮山」、白岳を「主山」として景福宮に至り、国王が臣下の拝賀を受ける場所の「穴」に連なる。「穴」は風水の精気が凝結している所である。この「穴」の前が「明堂」であり、主建築物の前庭を「内明堂」、その前の広い地を「外明堂」という。

これを景福宮に当てはめれば、国王が臣下の拝賀を受ける勤政殿は「穴」であり、朝鮮総督府庁舎は勤政門の前の「外明堂」に建てられたことになる。したがって、朝鮮総督府庁舎の建設はこの脈を絶つものであり、庁舎の撤去によって民族の精気を回復するという論理である。「脈」とは「龍の中に隠されている山の精気[59]」である。

「日帝断脈説」には、日本は景福宮に流れる脈を断絶するために、朝鮮総督府庁舎を建立しただけでなく、北漢山の頂上に「鉄柱」を打ち込んだというものもあった。1987年8月15日の光復節に合わせて開館した「独立記念館」(忠清南道天安市)の第三展示館[60]には北漢山山頂にあったという「鉄柱」が10–8図「北漢山の鉄柱」のように展

10–8図「北漢山の鉄柱」[61]

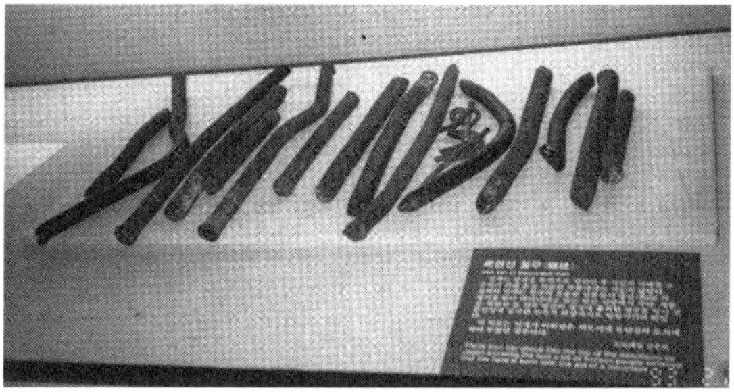

示されていた。

この鉄柱に関して、海野福寿は、朝鮮総督府が行った土地調査事業との関連で検討している[62]。「朝鮮総督府臨時土地調査局」は土地調査事業との関係で地形測量を行ったが、「日帝が鉄杭を埋設したとすれば、測量に何らかの関係があるのではないか」と海野は推測して検討したが、「現在のところそれを裏付ける確証はない」と述べている。しかし、朝鮮民衆が土地調査事業を妨害した理由を、日本の憲兵隊司令部は「迷信」によると述べているので、民衆の運動と鉄柱が関連しているのではないかと述べている。

野崎充彦の前掲『韓国の風水師たち』には「断脈目的の鉄柱をめぐって」（p.182）以下に韓国人の関係者へのインタビューなど興味深い記述があるが、その１人に鉄柱の撤去作業に同行した崔於中がおり、崔は論文[63]に「鉄柱はやはり断脈を目的として打ち込まれたもの」であるが、「朝鮮の気脈は、このようなやり方では絶つことはできず、些かも傷ついていない」とも記しているという。また、具閏瑞へインタビューでは、白雲山荘の老婆が、舅は「日本人とともに鉄柱を打ち込むのを見た」と証言し、この証言をもとに探索し、鉄柱を引き抜いた、しかし、「確証というほどのものは得られなかった」と言い、マスコミに取り上げられ話題になったこともあって、鉄柱を 1988 年に独立記念館に寄贈した[64]という。

この鉄柱について、海野論文でも野崎の著書でも、明確な論拠を探し当てていない。野崎も言うように日本人が朝鮮総督府庁舎を建立する時に風水学を知っていたかも不明であり、「鉄柱問題」は解決していない。しかし、韓国人の中には残っているのだろう。

次に「大日本」説を見てみよう。北岳山（白岳山）と朝鮮総督府庁舎、京城府庁舎を空中から見ると、北岳山に「大」を書き、朝鮮総督府庁舎は建物に２つの中庭があるので、「日」の字に見え、京城府庁舎は左右両翼で曲がっているので、少し加筆すれば「本」になるというものである。韓国の KBS テレビでも報道され、日本の『週刊金曜日[65]』はそのテレビ放送を写真に撮って 10–9 図「『大日本』の３枚の写真」のように３枚の写真で伝えた。

しかし、朝鮮総督府の建立は、すでに第７章で検討したが、その際には「日」字に関する資料はなく、정희선の前掲論文でいうように「大日本俗説」であり、当時は「鉄柱」説や「日帝断脈説」と結合してマスコミで報道されたものであった。

朝鮮総督府庁舎の竣工は 1926 年であるが、1936 年に竣工した日本の国会議事堂も左右に中庭を持つ「日」型である。当時の大型建築で取り入れられた様式であったといえる。

次に「日帝残滓精算」について見てみよう。朝鮮総督府庁舎は「日帝の植民地支配」の象徴的建物であることは言うまでもなく、「日帝残滓」である。この精算は韓国にとっては重要な政治的課題である。したがって、旧朝鮮総督府庁舎に繋がる最も中心的課題である。むしろ、「日帝残滓」が「精算」されず、1990 年代まで残ってきたことに意味があるともいえる。

このような撤去賛成論について、韓国・成均館大学校建築工学科教授の이상해は次のように述べている[66]。景福宮は「過去の専制王朝時代に太祖李成桂」が建立したものであり、「朝鮮王朝の崩壊は即座に正宮である景福宮」が「権力の中枢機関」ではなくなったことを意味する。「君主制ではない立憲民主制の国家である今の大韓民国と朝鮮王朝の脈絡を政治歴史的にどのように解析するか」を議論する必要があり、「朝鮮王朝の国脈がどのようにして大韓民国の国脈に続くのかについて説明しなければならない。朝鮮王朝以前にも多くの王朝が我が歴史上にあったからである」と。

この議論はマスコミなどが感情的ともとれる撤去論を展開してい

10–9 図「「大日本」の３枚の写真」

韓国のテレビ（KBS）では、総督府庁舎は上からみると「日本」の「日」の字になっていると指摘している。現在ほど電気照明を多用しなかった当時の庁舎建築では、光採りの中庭が必要とされた関係で、「日」の字は決して珍しいものでない。

ソウル市庁（旧京城府庁）は総督府から南下したところにある変形の大きな交差点に面している。この建物が日本の「本」の字になっているという。たしかにこの形のビルは当時でも珍しい。だが、この写真の上から右にかけての面は交差点の形にあわせて設計されている。

北の山の形が「大」、総督府が「日」、京城府庁が「本」を表し、三つそろうと「大日本」になると指摘されている。意図的にそうしたかどうかは不明だが、日本語の強要や創氏改名など、そう疑われてもしかたがないほど「日本」を押しつけた。

（KBS の画像より）

る中で、朝鮮王朝の景福宮を復元することが、立憲民主制の大韓民国とどう関わるのかについて議論を深める必要があるという意見である。

したがって、「国脈」を論じる場合も「白頭山から流れてきた朝鮮の国脈は漢陽の地にある景福宮だけに流れてきたのではない」。開城にも鶏龍山にも平壌や知異山にも流れているのであり、「朝鮮王朝が遷都した景福宮の場所だけをなぜ朝鮮の国脈といい、今日もその国脈を保持しているという話なのかを説得力をもって話さなければならない。」と主張した。「日帝断脈説」や「日帝残滓論」に一石を投じた論考といえる。

他方、世論調査では少数であったが、撤去反対論もあった。撤去反対論者は「国立中央博物館」という名称を使って意見を開陳した。代表的な団体は「国立中央博物館保存のための市民の集い[67]」であった。その主張は、「朝鮮総督府庁舎は日帝が建てたもの」だが、「解放後、韓国現代史を共にした歴史の場」であり、「国立中央博物館の撤去は大韓民国現代史の破壊行為」であると述べた。また、撤去には「1兆ウォンを超える莫大な予算が必要」とも指摘した。さらに、「国立中央博物館の移転過程での所蔵品の安全」も保障できないとも主張した。

また、別の反対論者は、朝鮮総督府庁舎を史跡に指定するように要請し、撤去工事の禁止を裁判所に要請した。しかし、この訴えは却下された。

さらに、「移転して保存」の主張もあった。サムソン建築社事務所代表の張起仁[68]は、朝鮮総督府庁舎は韓国内の石造建築様式の建物としては「傑作」であると言い、徳寿宮の石造殿、韓国銀行旧館（朝鮮銀行本店）、独立門をあげて称賛した。朝鮮総督府庁舎の「外壁」の「石材の重厚な概観は雄壮に見える」と評価し、「屋根に銅板を使うなど当時では非常に豪華なもので、残しておきたい気持ち」と述べた。その理由を、「ある史学者の言葉」を引用しつつ、撤去しても「日帝統治の歴史、それ自体が抹殺されることはなく、我が歴史における恥辱と受難の歴史を消すこともできない」ので、「むしろ、残しておいて事実をそのまま見ることが民族意識を強化すること」になると言い、「後世に恥辱の歴史を克服したという歴史意識を植え付ける教訓的象徴の意味」もあるので「建物を保存することが妥当」だとし、移転して保存することを主張した。しかし、他方で「庁舎はそのままにして置いて、怨念と屈辱と、そして呪詛に満ちた悲運の傷を噛み返すより、撤去して燦爛たる昔のものを眺める心は、その何倍もの誇りと希望を勇ましく思う」とも述べている。建築学者としての評価と受難の歴史的産物を撤去したい気持ちが複雑に交錯している様子が窺える。

このように、建物の撤去論者は「朝鮮総督府庁舎」と呼び、撤去反対論者は

「国立中央博物館」と呼ぶなど、「名称」が先ず問題になり、政府は「民族の断絶した脈を探し、民族精気を回復する」ことを重視した。マスコミなどが過度に取り上げ各種の「俗説」も同様であった。しかし、이상해が言うように、専制朝鮮王朝の景福宮の復元が立憲民主制の大韓民国とどう連結されるのか、まして「国脈」と「民族精気の回復」をどう説明するかという提起は重要である。さらに、張起仁のように建築学的には「傑作」と評価される建物は移転しても残すべきという意見もあったことも重要である。また「日帝の残滓」ではあるが、「受難の歴史の象徴」を学ぶ歴史的教訓の場を重視する意見もあった。

9–4　朝鮮総督府庁舎の撤去

撤去を前に、10–10図「覆われた朝鮮総督府庁舎」のように、朝鮮総督府庁舎は大きな囲いで覆われた。そこには撤去の正統性を示す標語が書かれていた。

横文字の上の段には「歴史の香り　景福宮復元」とあり、下段には「旧朝鮮総督府建物撤去」と書かれており、朝鮮総督府庁舎の撤去と景福宮の復元が一体のものであることを読み取れる。

覆いの向かって右側には「3・1の民族精神　未来の波だ」とあり、左側には「民族精気回復せよ　世界化の主役に」と書かれていた。3・1独立運動の精神を受け継いで、民族の精気を回復し世界化（現代化）の主役になるという韓国の未来像を掲げていた。

この覆いは何度か取り替えられ、撤去直前には右側の縦文字は「光復の力強い歓声、新韓国の原動力」となり、8月15日には「民族の精気を立て直せ」とあり、光化門には「光復50年 統一で未来へ」と南北統一にも言及した。光復50周年の朝鮮総督府庁舎の撤去は「日帝残滓の精算」でもあるが、民族の精気を回復し、現代化の主役になり、統一国家への展望を示すものでもあった。

10–10図「覆われた朝鮮総督府庁舎」[69]

1995年8月15日、金泳三大統領は、光復50周年の祝賀式[70]で、朝鮮総督府庁舎の中央ドームの尖塔を解体分離した。光化門前通りに来

10–11 図
「旧朝鮮総督府の尖塔の撤去」

賓席を設け、その外側に一般席をつくり、一般市民にもその様子を公開した。[71]

10–11 図「旧朝鮮総督府の尖塔の撤去」に見るように、炎の中で尖塔は分離され、庁舎の前庭に下ろされ、一般に公開された。10–12 図「降ろされた尖塔」の右側の下方の丸い柱の間の硝子窓は数日後には壊されていた。韓国人の朝鮮総督府への感情の一端を見ることができた。

当時の新聞には「植民尖塔」、「恥辱の尖塔」が分離され「民族精気の桎梏の覆い」がはがれ「日帝精算が終わる」とあった。[72]

10–12 図「降ろされた尖塔（左 8 月 15 日、右 8 月 16 日）**」**

庁舎の撤去過程では、鉄筋コンクリート造りの建物に花崗岩などを貼り付けた実態が明らかになり、1996 年 11 月 13 日午後 5 時に最後まで残されていた会議室の壁が倒され、撤去作業が完了した。

10–13 図「景福宮が見えた」[73]は撤去途中の 11 月 3 日に撮影されたもので、「総督府建物で遮られて見えなかった景福宮が次第に姿を現してきた」と報じ、10–14 図「消えていく旧総督府建物」[74]では「13 日午後 5 時最後まで残っていた会議室の後ろ壁が解体され光化門から景福宮から繋がるソウルの旧姿が表れるようになった。」と報じた。

光化門通りから勤政殿の屋根が見える光景は 1926 年に朝鮮総督府庁舎が完成して以来 70 年ぶりに見える風景であった。

このように撤去された朝鮮総督府庁舎の一部は、1998 年 8 月 11 日、独立記念館の片隅の「朝鮮総督府撤去部材展示公園」に、10–15 図「展示された尖塔」のように展示された。展示の説明[75]によれば、展示されたのは尖塔、定礎石、欄干石造物など 17 種類で、「教育資料として活用」するためであった。展示物は「忽侍する方式で配置」され、「尖塔を地下 5 m の深さに埋葬して展示」し、

10–13 図「景福宮が見えた」

10–14 図「消えていく旧総督府建物」

10–15 図「展示された尖塔」[76]

「独立記念館の西側（夕陽の象徴）に位置させることで、日帝植民地時期の真正な克服と精算という点を強調した」と記している。独立記念館には7つの大きな展示館があるが、この「朝鮮総督府撤去部材展示公園」は野外にあり、風雨に曝されており、まさに「忽侍する方式」、「粗末に扱う方式」であった。

以上のような経過を経て、旧朝鮮総督府庁舎は撤去された。金泳三大統領時期の撤去論では、庁舎が軍政庁を経て中央庁として、韓国の現代史の中心舞台であったことは無視された。そして、1980年代を経て90年代になって、韓国が経済成長した後に、「日帝強占期」が浮上し、「民族の精気」や「国脈」、そして「日帝の残滓精算」が叫ばれる中で、「朝鮮総督府建物」が撤去される歴史が展開された。

10　景福宮の第1次復元事業[77]

10–1　復元前の景福宮

景福宮の復元と朝鮮総督府庁舎の撤去は表裏の関係にあり、ほぼ同時に始まった。景福宮の復元は、本格的な事業開始の前に始まり、1988年に朝鮮戦争の時に焼失した萬春殿の復元工事が、1990年には寝殿地域の発掘調査が実施された。1991年1月21日、文化部は「景福宮復元整備基本計画」を決定し公表した。国立中央博物館の龍山移転と朝鮮総督府庁舎の撤去、景福宮の復元という内容であった。

最初に検討したいのは、復元事業が始まる時、景福宮はどのような状況だったかである。10–16 図「復元直前の景福宮」[78]を見ると、解放直後の 10–1 図「朝鮮総督府（景福宮）敷地平面図」には存在しなかった建物などがある。

景福宮の北西部には 30 警備団が駐屯し、神武門の東には国立民俗博物館がある。さらに、香遠亭の東で慈慶殿の北側には「旧国立中央博物館」がある。

30 警備団は、1961 年の 5･16 軍事政変に出動した第 30 師団 1 個大隊が首都警

10–16 図「復元直前の景福宮」

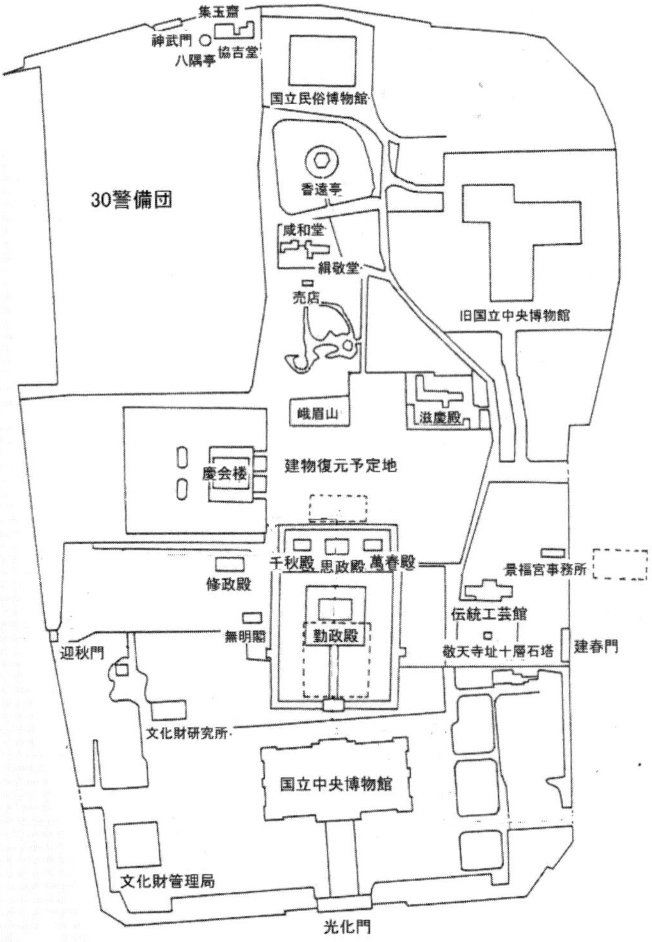

備司令部 30 警備大隊に名称を変更し、景福宮内に兵舎を建てて駐留した部隊である[79]。

神武門脇の国立民俗博物館は、植民地時代の朝鮮総督府美術館の建物を利用して 1975 年 4 月 11 日に開館したものである。

そして「旧国立中央博物館」は、1966 年の懸賞設計公募に当選した作品で、1970 年に金山寺弥勒殿、法住寺捌相殿、華厳寺覚皇殿、仏国寺石造階段など 9 つの伝統建築を模写してコンクリートで建てられたものである[80]。これらは宮闕建築とは異なる姿の寺刹建物であり、儒教的統治基盤の宮闕内に位置することは場所としても符合しないと批判された[81]。

この建物は、1986 年に旧朝鮮総督府庁舎に国立中央博物館が移転した後は国立民俗博物館に改修され、神武門脇の国立民族博物館は韓国伝統工芸館になった。

このように、復元前の景福宮には、伝統的な建築物ではない、鉄筋コンクリートの建物があり、これらは解放以後に建設されたものであった。したがって、景福宮の復元はこれらの建物の撤去を含む事業であった。

10–2　景福宮復元の目的

このような景福宮の状況を踏まえて、1991 年 1 月 21 日に決定された「景福宮復元整備基本計画[82]」（以下「基本計画」）を検討してみよう。

景福宮の復元整備の目的は、先ず「荘厳だった景福宮の威容を回復し、歴史都市の首都ソウルの面目を回復する」ことであり、「文化民族としての矜持を感じ、民族精気を今日に生かし、自慢できる文化遺産を後生に伝えること」であり、「我が国を探究する外国人に我が文化と歴史を理解させる堂々とした歴史現場になること[83]」であった。

また、「日帝が破壊・変形させた景福宮を首都ソウルの象徴的文化遺産として復元し、朝鮮正宮の基本宮制を保存し、韓国文化の歴史性と優秀性を認識する歴史教育の場[84]」に造成することでもあった。

景福宮復元の意義は、日帝によって破壊された荘厳な景福宮を回復し、民族精気を今日に生かし、朝鮮正宮の基本宮制を保存し、韓国文化の歴史性と優秀性を確認する歴史教育の場にすることであった。この目的は朝鮮総督府庁舎を破壊する論理と同様であった。

10–3　景福宮復元の基準年代

景福宮復元にとって重要なことは、復元基準年代を何時にするかであった。

「基本計画」では、「高宗時の最終景福宮完工時点である1888年」とした。景福宮は、何度か火災にあっており、その都度再建され、壬辰戦争時の焼失によって大きく損傷した。これらを考慮して、復元基準年代は太祖3年と高宗による重建の時の2つが考慮された。前者は創建時であり、後者は今回の事業に非常に近い時期である。「基本計画」では高宗による重建時を選んだが、現存する建物との調和や資料の存在などを考慮すると「高宗代の重建時期に選定したことは適切な選択である[85]」と国立文化財研究所所長김봉건は評価した。

10-4　景福宮復元の資料

高宗代の重建を復元基準年代にするとどのような資料があるか。「基本計画」では、復元資料[86]を検討している。

第1は「宮闕誌[87]」である。「宮闕誌」は1908年頃に作成され、高宗重建後の建物について殿号、堂号、門号、間数、尺量、宮牆間数を記録していて、北闕図形とともに高宗代に重建された後の景福宮を理解するために代表的な記録であり、復元整備計画樹立にとって重要な資料である。「北闕図形」より前に作成されたと推測できる。

第2は「北闕図形」である。光化門から神武門までを描いた景福宮配置図で、間数区画があって、殿閣と門の名称、室用度、重要建物の層数、柱間、柱長、様式などが記録されており、景福宮の建築を把握するのに重要な資料である。北闕図形の大きさは横280cm、縦432cm、北闕後苑図形は横283cm、縦228cmである。作成年代は乾清宮一廓が建立された高宗10年（1873）以後から丕顕閣が移転された1910年頃の間と推測できる。

第3は「朝鮮古蹟図譜」である。「朝鮮古蹟図譜」は朝鮮総督府が主管して朝鮮の文物を調査整理した資料集であるが、結果的に貴重な資料集である。全体で15巻あり、最初の巻は1915年に、最終刊は1935年に刊行された。景福宮などの宮闕に関する第10巻は1920年に刊行された。

第4は「日帝時代実測調査図面」である。日本が朝鮮の宮闕、城郭、客舎、文廟など主要伝統建造物を実測調査したり、補修設計した図面である。現在450帳残っており、国立中央博物館で保管しており、景福宮関係は18帳である。

第5は「朝鮮時代の地図」である。景福宮全図（三省出版博物館所蔵）、景福宮図、景福宮古図などがあり、18世紀以後の配置図と推測される。

第6は1900年代初め頃の写真である。これらには①近藤豊の『韓國建築史図録』に掲載されている23枚の写真と、②韓国文化財保護協会で刊行した『韓國の古宮』（1980年）に収録された写真で、1950年から1960年の間に撮影され、撮影者は李海善である。李海善は1980年代には韓国写真作家協会顧問であり、大韓写真芸術家協会名誉会長[88]である。③西門堂発行『近代韓国（山河と風物）』と『朝鮮時代（生活と風俗）』、東亜日報刊行『韓国百年』に掲載された景福宮の写真である。

第7は「絵画」である。勤政殿や康寧殿などを模写したものである。

第8は「朝鮮王朝実録」である。日別に記載された記事である。

第9は「発掘された地下遺構」である。非常に正確に当時を証明する重要な資料である。

復元作業では、これらの資料を参照して、可能な限り正確な景福宮殿閣を復元しようとしたと推測できる。

景福宮は復元に必要な資料は豊富にあるが、これらの資料にも問題[89]があった。第1には、資料の蓄積と研究成果の不足である。たとえば瓦の文様など研究不足のまま復元したと指摘された。第2には関連した各種証拠が互いに不一致であるなど資料解析に関する問題が提起された。北闕図形と発掘調査の差異などが指摘され、発掘調査を通しての確認の必要性が指摘された。

10–5　景福宮復元「短期計画」

これらを踏まえて基本的な方針は、「正殿と便殿、寝殿、東宮を備えた朝鮮正宮の基本的な宮制」を復元し、「世宗の時の数多くの科学文化財を再現」し、「境内セメント構造物など変形施設物を全て撤去」することであった。

復元計画は1990年から2009年までの20年間にわたる「短期計画」とその後の「長期計画」であった。短期計画は5段階に分けて行うことになっていた。主な内容は以下の通り[90]。

第1段階＝寝殿地域復元

期間：1990年1月～1995年12月まで（6か年）
作業内容：康寧殿、交泰殿など12棟復元
整備計画：寝殿地域復元完了後、観覧客に公開

第2段階＝東宮地域復元

期間：1994年～1997年（4か年）
整備計画：伝統工芸館は旧民俗博物館に移転後撤去
：資善堂、丕顕閣、行閣など4棟の復元

第3段階＝殯殿（泰元殿）地域復元

期間：1997 年～ 2000 年（４か年）

整備計画：30 警備団移転後 1997 年から発掘調査

：泰元殿、永思斎、恭黙斎、東・西洗踏房などと、御溝などの復元

第４段階＝興礼門地域・修政殿地域復元

期間：2000 年～ 2004 年（５か年）

整備計画：国立中央博物館と文化財研究所の撤去

：興禮門・維和門及び行閣、奇別庁、用成門など５棟の復元

：禁川橋・御溝の復元

：修政殿周辺行閣の復元

：敬天寺址十層石塔を新築後の国立中央博物館に移転

第５段階＝光化門移建、西十字閣、南側外観垣根、蓮池、慈慶殿地域、緝敬堂、咸和堂地域、齊壽閣地域、集玉齋地域、興福殿地域、乾清宮地域の復元、未復元建物址の露出整備

期間：2003 年～ 2009 年（７か年）

整備計画：木造の光化門復元、西十字閣復元、宮外観垣根・蓮池復元など。

以上が 1990 年から 2009 年までの 20 年間の復元整備計画の「短期計画」である。

10–17 図「復元計画の段階」に見るように、景福宮の全地域にわたる復元計画であったことが分かる。「短期計画」で 20 か年にわたる大きな復元計画であるが、第２段階まではかなり具体的であるが、後半は計画が

10–17 図「復元計画の段階」

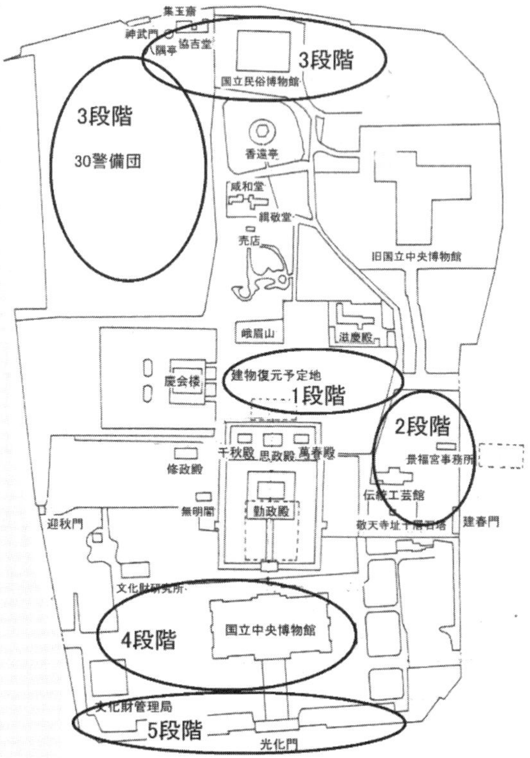

確定できていないことも読み取れる。

10-6　景福宮復元「起工式」

1991年6月5日、景福宮復元事業の「起工式[91]」が行われた。起工式は勤政殿前庭で盧泰愚大統領が出席して行われた。式は「開基告由祭儀」、「経過報告」「致辞」など韓国の開基式に則って行われた。そして盧泰愚大統領の「致辞」があった。大統領は、日本は韓国を併合し「歴史の脈」を絶つために350余棟の景福宮の殿閣を破壊した。「景福宮を復元することは他人によって毀損された民族史に対する矜持を回復するためである」と述べた。ここでも景福宮復元は「歴史の脈」を回復し、「民族史に対する矜持を回復」することであった。植民地として支配され、歴史を絶たれたことに対する「民族史」の回復の重要性を主張したと言えよう。同時に「民族」の強調にも注目すべきである。

起工式以後、景福宮の復元事業は基本計画に沿って実行された。

10-7　景福宮復元事業の進行

2009年、「短期計画」が終了した時点での復元事業の進行結果を整理しておこう[92]。

第1段階の寝殿地域の康寧殿、交泰殿などの復元は予定通り進行した。そして観覧客に公開された。

第2段階の東宮地域は資善堂、丕顕閣、行閣など4棟の復元が完了し、伝統工芸館を撤去した。第2段階も計画通り進行した。

第3段階は短期計画に変更が生じた。第4段階に計画されていた国立中央博物館（朝鮮総督府庁舎）が1996年に撤去されたために、第4段階に予定していた興礼門地域を復元し、修政殿前の「無明閣」を1998年に撤去し、敬天寺址十層石塔を移転した。

第4段階は短期計画の第3段階を実行した。乾清宮一廓にあった「国立民族博物館」を1998年に撤去し、殯殿（泰元殿）地域にあった30警備団を1996年に移転し、2004年に土地整備を行い、施設物を撤去した。

第5段階は1968年に鉄筋コンクリートで復元された光化門を2007年に撤去した。2004年に文化財研究所を撤去した。

以上が主な復元工事の進行結果である。異質な建物である国立民俗博物館は撤去されず、木造の光化門復元や西十字閣の復元も実現していない。

11　景福宮の第２次復元事業

1990年に始まった景福宮復元「短期計画」による復元事業は2009年に終了した。しかし、高宗重建時（1888年）に比して40%[93]しか復元されていなかった。これを踏まえて文化財庁は2009年に『景福宮復元基本計画』（以下「復元基本計画」・第２次復元事業）を立て、第２次の復元事業に着手した。これは1994年の「基本計画」（第１次復元事業）を前提した復元計画[94]であった。

第１次復元事業は「景福宮基本宮制の復元」を目指し、日本の植民地支配の否定的な遺産の撤去が目指されたが、第２次復元事業では「王室生活及びその他主要建物の復元及び整備」を目標にし、観光を考慮しつつ、景福宮本来の価値を伝達することになった。2000年代には「故宮観光資源化事業」、「故宮の効率的な管理運営と活用方案」などが加わった。

このような流れの中で、景福宮では1995年から始まった守門将交代式を皮切りに毎年各殿閣で儀礼再現行事が行われ、2003年からは文化財庁主催で景福宮を韓国語だけでなく英語、日本語、中国語で無料で案内する[95]など、文化財を教育や観光資源として積極的に利用する試みが行われるようになった。

第２次復元事業は2011年から2016年までの第１段階から始まり、2030年まで６段階に分けて計画されている。「復元基本計画」を見ると、第１次復元事業で実施しなかった景福宮の全域にわたる計画である。しかし、「短期計画」の第５段階にあった「西十字閣」の復元は「復元基本計画」には入っていない。さらに２つの案が企画されている第５段階の「五衛都総府」や「内司僕」の復元は「故宮博物館」と同じ場所なので、「故宮博物館」を改築するかどうかと関係がある。2025年から2030年という最後の段階である第６段階の「国立民俗博物館の撤去」と「璿源殿の復元」は同じ場所であり、国立民俗博物館は鉄筋コンクリートの異質な建物であるとはいえ、観光の中心施設の１つでもあり、進行の困難が予測される。

この第２次復元事業は2030年までの事業であり、現時点（2024年）は進行中で、詳しい評価は困難である。

12　光化門の復元

光化門は景福宮の正門である。光化門は朝鮮総督府庁舎建立の際の1926年に建春門の北側に移転された。その後、1929年の朝鮮博覧会では正門として利用され、1950年の朝鮮戦争の際に門楼を焼失してしまった。日本との関わりが深い光化門の復元を見ておこう。

光化門復元は1966年12月初めに朴正熙大統領の指示で始まった。当初は建春門の北側に木造で復元する計画であったが、予算の問題もあって、中央庁の正門の位置に鉄筋コンクリートで建設することになった[96]。建春門北側には門楼が焼失して虹霓基壇だけが残っていたので、この基壇だけを移転し、1968年12月11日に竣工した[97]。この時の光化門復元の目的は新築された国立中央博物館の入り口としても使用し、都市美観が重視された。したがって旧中央庁と軸線を合わせることになり、本来の光化門とは軸線が5.6度東側に曲がり[98]、位置も南側に14.5 m、西側に約10.9mずれているといわれた[99]。

朴正熙大統領時代に再建された光化門は、1996年に旧朝鮮総督府庁舎が撤去され、景福宮の復元が始まると、勤政殿などと軸線が合わないことがより明確となり、景福宮復元「短期計画」第5段階（2003年～2009年）に「木造の光化門復元」が企画された。

鉄筋コンクリート造りの光化門の撤去と光化門圏域の発掘調査は2004年から2010年まで国立文化財研究所によって本格的に行われた。発掘調査は光化門だけでなく、用成門、協生門、御道などを含めた圏域で実施された。この結果、光化門址、月台址、東と西の宮城跡、御溝、用成門址、協生門址などの位置、規模、配置状態などが究明され、光化門復元事業の考証資料を得ることができた[100]。

光化門についてみれば、高宗代の光化門は朴正熙時代の光化門から南に約11.2m、西に13.5m離れた地点であった。発掘調査で確認された光化門址は光化門の陸築と門楼を支えていた基礎部分で、全体で長方形であり、基壇基準は東西が34.8m、南北が最大残存長14.3m（西編と東編が12.6 m）であり、東・西・南の基壇石が残っていたが、北側は後代の工事によって破壊されていた。発掘調査によって、高宗代光化門遺構の下70cmの所に太祖代の光化門址の基礎部分が発見された。これによって高宗代の光化門は太祖代の光化門の上に作られていたことが確認された。

また、朴正熙大統領時代の光化門の軸線は景福宮の軸線から5.6度ずれているとされていたが、発掘の結果、東南方に3.75度ずれていることが確認され、復元された光化門は興礼門、勤政殿、康寧殿、交泰殿の軸線と一致することも確認された[101]。

これらの調査結果を基礎に光化門圏域は2010年度に高宗代の姿に復元された[102]。

光化門は2010年8月15日光復節に合わせて公開された。李明博大統領も出席した式で「光化門」と漢字で書かれた扁額が披露され、開通式が行われ、一般市民も光化門から景福宮に入っていった。こうして光化門は復元された。[103]

おわりに

1945年解放後の景福宮は、韓国の現代史の舞台であった。

第1には、景福宮は当初は日本の植民地時代と同様に各種行事の会場に使用されたり、娯楽施設が設置されるなどしていた。

第2に、景福宮の前面に建つ朝鮮総督府庁舎は政治の舞台であった。それは朝鮮戦争による焼失と再建という期間を含めて、名称が軍政庁、中央庁、国立中央博物館と変わったことに象徴的である。1945年から1986年の国立中央博物館誕生までの約40年間、朝鮮戦争での焼失と改修再建までの約10年間を含めて、ここで大韓民国政府は誕生し、成長していった。

第3に、中央庁庁舎を国立中央博物館に改修したことである。韓国の経済成長を背景に、行政庁の1部の首都移転を踏まえて、中央庁庁舎を国立中央博物館に転換させることと同時に景福宮の復元という課題が誕生した。国立中央博物館として使用した約10年間は、景福宮が韓国（ソウル）観光の中心地になった時期でもあった。

第4に、国立中央博物館の撤去と景福宮の復元が同時に政治課題になった。国立中央博物館の撤去は「朝鮮総督府庁舎」の撤去といわれ、日本による植民地支配と結びつけて、韓国の国脈を回復する事業と位置づけられた。1981年から始まる「朝鮮総督府庁舎」の撤去論議は経済成長によって過去の清算として位置づけられた。1995年の光復節50周年の大行事として「朝鮮総督府庁舎」は撤去された。

第5に、景福宮の復元事業は韓国（人）のアイデンティティの復元事業である。少なくとも第1次復元事業は、国脈の復元であり、文化民族としての矜持と民族精気を生かし、荘厳な文化遺産を後世に伝えることであった。莫大な国家予算を使い、40年もの年月をかけて実施される景福宮復元事業は、韓国にとって最も大きな過去の植民地遺産の清算事業なのである。観光地景福宮は韓国人の「心」、「矜持」の源泉なのである。

第6に、これまで見てきた景福宮に関する出来事は、全てが大統領を中心とした時の権力者によって進行されたことである。1つの文化遺産、行政府庁舎の歴史は、大統領による命令や指示によって動いてきた。まさに国家的事業であったことを重視したい。

注

1 「光復」とは日本からの解放を意味する用語で、韓国では、8 月 15 日は「光復節」である。本章では、日本で一般的な「解放」を使用する。
2 ソウル歴史編纂院『誰でも分かるソウルの歴史 2000 年』2009 年、監修：李在熙・申瀅植、執筆者：盧重國・羅恪淳・李相培・鄭在貞。
3 文化財庁『景福宮変遷史（上）』2007 年 8 月、第 2 章第 4 節、pp.94–117。
4 李鐘相「官衙街計画과官庁建築의 20 年」大韓建築学会『建築』1966 年 v.10–1。
5 이상해「경복궁 경희궁 복원과 옛조선총독부청사 철거문제」『大韓建築学会誌』35 巻 2 号、1991 年 3 月、通巻 159 号。
6 張起仁「朝鮮総督府庁舎」『大韓建築学会誌』35 巻 2 号、1991 年 3 月、通巻 159 号。
7 金昌俊「일제강점기의 景福宮훼손과 복원작업」『文化財』30 号、1997 年 12 月 30 日号。
8 大橋敏博「韓国における文化財保護システムの成立と展開－関野貞調査（1902）から韓国文化財保護法成立（1962 年）まで－」『総合政策論集』（島根県立大学総合政策学会）第 8 号、2004 年 12 月。
9 박혜인・김현섭「조선총독부 청사 철거문제를 통해 본 한국건축학계의 인식변화에 관한 연구」『大韓建築学会論文集計画系』第 26 巻、第 10 号（通巻 264 号）2010 年 10 月。
10 박혜인「조선총독부청사 철거문제를 통해 본 한국건축학계의 의식변화에 관한 연구」高麗大学校大学院建築学科碩士学位論文、2011 年 2 月。
11 정희선「해방이후 조선총독부청사의 변천과 그 의미」淑明女子大学校大学院歴史文化学科韓国史専攻碩士学位論文、2017 年 6 月。
12 文化財庁によって公開されている報告書は「文化財庁」を省略した。
13 この報告書は文化財庁の前身である文化体育部と国立中央博物館によって作成された。文化財庁になるのは 1999 年 5 月である。
14 『경복궁 복원 기본계획』2009 年。
15 『경복궁 발굴조사 보고서 光化門址・月台址・御道址』（2011 年）。
16 『경복궁 광화문 월대 및 동・서십자각 권역 복원 등 고증조사 연구용역 보고서』2018 年。
17 『景福宮東宮地域重建工事報告書』2000 年。
18 『景福宮寝殿地域重建工事報告書』2000 年。
19 『景福宮乾清宮址発掘調査報告書』2003 年 。
20 『景福宮泰元殿圏域重建報告書』2005 年。『景福宮　泰元殿圏域造景工事・修理報告書』2005 年。
21 『경복궁 사정전 일획정밀 실측보고서（景福宮思政殿一画精密実測報告書)』2014 年。
22 金昌俊・崔伊泰・呉析根「景福宮復元起工式」『文化財』24 号、1991 年 12 月。
23 文化体育部・国立中央博物館『旧朝鮮総督府建物 実測 및 撤去図版』（下）1997 年、図面 41p.41。
24 前掲『景福宮変遷史（上)』第 2 章第 4 節、pp.94–112。
25 前掲『景福宮変遷史（上)』pp.95–96。

26 韓国文化財保護法制定までの経緯は、前掲「韓国における文化財保護システムの成立と展開－関野貞調査（1902）から韓国文化財保護法成立（1962年）まで－」pp.183–184による。
27 前掲『勤政殿補修工事 및 実測調査報告書（上）』p.188。
28 この項の内容は、前掲『景福宮光化門 및 其他圏域復元整備計画報告書』と신세원「1945년 이후의 경복궁 」（『景福宮変遷史（上）』第２章４節）の記述に依拠しているが、出典は新聞記事なので、韓国国史編纂委員会のホームページにある「韓国史データベース」で確認した。
29 『勤政殿補修工事 및 実測調査報告書（上）』p.127。
30 前掲「1945년 이후의 경복궁」p.96。
31 武田幸男編『朝鮮史』山川出版社、2000年、なお、新版『朝鮮史』（李成市、宮島博史、糟谷憲一編、山川出版社、2017年）にも同様な記述がある。大きな政治の流れは本書に依拠している。
32 以下、米軍政下の政策に関しては、前掲정희선「해방이후 조선총독부청사의 변천과 그 의미」と前掲『旧朝鮮総督府建物 実測 및 撤去報告書（上）』（執筆：金昌東・牧園大建築学科教授）に詳しい叙述があり、本項はこの２文献に依拠している。新聞などの資料の提示も重複するので、省略した。
33 朝鮮総督府の庁舎には、「第１会議室」という名称の会議室はなかった。日本の植民地支配時期に総督室のあった２階の「大会議室」が「第１会議室」と呼ばれるようになったと思われる。
34 水田直昌『落葉籠』1980年、非売品、pp.119–122。
35 前掲『旧朝鮮総督府建物 実測 및 撤去報告書（上）』p.49。ここでも「言われている」と記し、根拠は示されていない。
36 これ以降の大韓民国政府成立時と朝鮮戦争時の中央庁に関しては、前掲「해방이후 조선총독부청사의 변천과 그 의미」と前掲『旧朝鮮総督府建物 実測 및 撤去報告書（上）』の詳細な叙述に依拠した。
37 朝鮮戦争などの年月日は한국정신문화영구원 지음『한국사영표』동방미디어㈜、2004年によった。
38 韓国では政府成立後、李承晩大統領の時代（1960年の４月革命まで）を「第１共和国」という。
39 前掲『旧朝鮮総督府建物実測 및 撤去報告書（上）』p.54。
40 前掲「해방이후 조선총독부청사의 변천과 그 의미」p.30。
41 이현주「한국전쟁기「조선인민군」점령하의 서울－서울시 임시인민위원회를 중심으로－」『ソウル学研究』2008年、31号、p.208。
42 韓国では「人民共和国旗」を略して「人共旗」というが、北朝鮮の国旗は紅藍五角星旗である。
43 『東亜日報』1953年11月6日。
44 中央庁の復旧工事について、前掲「官衙街計画과 官庁建築의 20年」は「1964年７月に完成」（p.11）と記し、前掲『景福宮変遷史（上）』（p.99）は「1964年完工」と記している。しかし、前掲『旧朝鮮総督府建物実測 및　撤去報告書』（p.54）と前掲「해방이후 조선총독부청사의 변천과 그 의미」（p.41）は1962年11月22日に中央庁広場で開庁式が行われたと記し、日時が一致していない。上記論文などは日時に関して資料を

提示していない。『馬山日報』1962年11月22日（夕刊）には「全公務員の奮発促求朴議長中央庁開庁式致辞」というタイトルの記事が掲載されており、22日午後1時半に朴正熙最高会議議長が「全公務員の奮発を捉求した」と記している。これによれば、中央庁の開庁式は1962年11月22日であることが分かる。

45　国立中央博物館への改修に関しては国立中央博物館『国立中央博物館改築竣工報告書』（1986年12月）に詳しい報告がある。この項は、この「報告書」と前掲「해방이후 조선총독부청사의 변천과 그 의미」（p.44以下）に依拠して叙述した。

46　前掲『国立中央博物館改築竣工報告書』「発刊の辞」による。

47　果川政府庁舎への移転時期は前掲「해방이후 조선총독부청사의 변천과 그 의미」（p.45）による。

48　「竣工記」は前掲『国立中央博物館改築竣工報告書』（p.244）からの再引用。

49　ここに掲載した写真は筆者が1992年10月に撮影したものである。

50　『ソウル600年史』第5巻、p.953。

51　前掲『景福宮復元整備基本計画報告書』p.15。

52　この「基本計画」は文化財管理局「景福宮復元整備基本計画報告書」（1994年）である。

53　この指摘は、前掲「해방이후 조선총독부청사의 변천과 그 의미」p.51。

54　庁舎撤去論争は、多くの文献があるが、ここでは前掲『旧朝鮮総督府建物実測及び撤去報告書』と前掲「해방이후 조선총독부청사의 변천과 그 의미」に詳しい紹介があるので、これらに依拠して整理した。

55　賛否の合計が100％にならないが、出典のママにした。前掲『旧朝鮮総督府建物実測및 撤去報告書』p.344。

56　盧泰愚大統領以降の大統領は国民の直接選挙で選ばれており、第6共和国憲法に基づいている。

57　文化体育部「国立中央博物館建立計画」国家記録院資料（前掲「해방이후 조선총독부청사의 변천과 그 의미」p.50から重引）。

58　日帝断脈節については野崎充彦『韓国の風水師たち』（人文書院、1994年）が参考になる。

59　崔昌祚著、金在浩・渋谷鎮明共訳『韓国の風水思想』（人文書院、1997年）p.59。

60　前掲『韓国の風水師たち』（p.182）による。筆者も1993年に独立記念館で見た。

61　前掲『韓国の風水師たち』（p.182）からの引用。

62　海野福寿「研究ノート　朝鮮測量事業と朝鮮民衆」『駿台史学』第100号。1997年3月。憲兵隊司令部の文書は「三角覘標及標石ノ保管ニ関スル件」（1914年6月）であり、海野論文に引用されている。

63　催於中「白雲台鉄柱の風水的考察」『山』1985年10月号、朝鮮日報社。筆者はこの論文は未見で、引用は前掲『韓国の風水師たち』（p.183）からの重引用。

64　前掲『韓国の風水師たち』p.195。

65　『週刊金曜日』1995年8月11日号、p.37。

66　前掲「경복궁 경희궁 복원과 옛조선총독부청사 철거문제」p.53。

67　この団体の動向は、前掲「해방이후 조선총독부청사의 변천과 그 의미」（P.54）による。

68　前掲「朝鮮総督府庁舎」p.47。

69　1995年4月3日筆者撮影。

70　韓国では、8月15日は「光復節」という祝日であり、毎年大統領が演説する祝賀式が行われる。

71 筆者はこの日ソウルを訪問し、一般席で見学した。３枚の写真は筆者の撮影である。
72 当時の各種の新聞の引用は、前掲前掲「해방이후 조선총독부청사의 변천과 그 의미」(P.54) からの重引。
73 『中央日報』1996 年 11 月 4 日。
74 『中央日報』1996 年 11 月 14 日。
75 「展示公園」の展示説明文から引用。
76 写真は 2008 年３月 29 日筆者撮影。
77 第１次復元事業 (1990 ～ 2009)、第２次復元事業 (2011 ～ 2030) という用語は、前掲『경복궁 복원 기본계획』で使用しているものである。
78 金昌俊・崔伊泰・呉析根「景福宮復元起工式」『文化財』第 24 号、1991 年 12 月 28 日。p.288。金昌俊は文化財管理局建築技士、崔伊泰・呉析根は文化財管理局建築技士補であり、起工式を詳しく記録している。
79 前掲『景福宮変遷史 (上)』p.100。
80 前掲『景福宮変遷史 (上)』p.101。이경미「20 세기 조선 궁궐의 건축적 변형 과정」『향토서울』60 号、2000 年、p.422。김봉건「경복궁 복원에 관한 고찰」『서울학연구』29、2007 年８月、p.138。
81 前掲「경복궁 복원에 관한 고찰」p.139。
82 前掲『景福宮復元整備基本計画報告書』1994 年。
83 同上、文化財管理局長金鎮武の「発刊の辞」。
84 同上 p.13。
85 前掲「경복궁 복원에 관한 고찰」p.136。
86 復元資料については、前掲『景福宮復元整備基本計画報告書』pp.221–223 に詳しい。
87 景福宮の殿閣などを記述したものに『宮闕志』がある。ハングル表記ではともに「궁궐지」であるが、「宮闕志」は憲宗年間 (1834–1849) のものである。
88 李海善の略歴は『韓國の古宮』の奥付による。
89 問題点の指摘は、前掲「경복궁 복원에 관한 고찰」pp.141–144。
90 前掲『景福宮復元整備基本計画報告書』p.233 以下と p.326 以下を参照。
91 「起工式」の詳細は、前掲金昌俊・崔伊泰・呉析根「景福宮復元起工式」に詳しい。
92 復元事業の結果は、前掲『경복궁 복원 기본계획』pp.146–148 に詳しい一覧表がある。
93 前掲『경복궁 복원 기본계획』p.38。
94 第２次復元事業の内容は前掲『경복궁 복원 기본계획』p.269 以下を参照。
95 前掲『경복궁 복원 기본계획』p.91 以下を参照。
96 前掲『景福宮変遷史 (上)』p.102。
97 한국정신문화영구원 지음『한국사영표』동방미디어㈜、2004 年、p.672。
98 前掲『景福宮復元整備基本計画報告書』p.14。
99 前掲『景福宮変遷史 (上)』p.102。
100 国立文化財研究所『경복궁 발굴조사 보고서 – 光化門址・月台址・御道址』2011 年、p.21。
101 同上 p.60。
102 文化財庁『경복궁 광화문 월대 및 동・서십자각 권역 복원 등 고증조사 연구용역 보고서』2018 年、p.101。
103 筆者はこの時韓国ソウルに滞在しており、８月 15 日の光復節と儀式に参加した。

おわりに

1991年9月、第2回日韓合同歴史教科書研究会が、韓国学術振興財団講堂で開催された。私は、この研究会に報告者の1人として参加し、初めて韓国を訪問した。空き時間を利用して景福宮を見学した。そのとき受けた衝撃が、30年以上もの時間を経て、この本に結実した。

その衝撃とは、景福宮に入った途端に目に入った国立中央博物館である。当時は景福宮と国立中央博物館は別の見学地であった。勤政殿の東側から景福宮に入ると、そして勤政殿の越台に立つと、写真のように、見えるものは国立中央博物館の裏側であり、ソウルの街並みではなかった。景福宮は朝鮮王朝の正宮であり、勤政殿は国王の即位式を行ない、臣下から拝賀を受け、外国使臣の接見を受けたりする場所である。その景福宮、勤政殿は見る影もなく、眼前を国立中央博物館に塞がれていた。

言うまでもなく、国立中央博物館は植民地時代の政治の中心機関、朝鮮総督府の庁舎であった。「植民地」とは何かがここに凝縮されていると確信した。植民地支配の本質は、朝鮮人の「心を支配」すること、「精神的自由を支配」することであると考えた。「植民地支配を研究することは景福宮を研究することだ」とその時に思った。植民地支配とは支配される人々の自尊心を、矜持を粉々にしてしまうこと、韓国人としての自覚をなくしてしまうことだ。皇民化政策、朝鮮人抹殺政策と言われる支配は、「心の支配」・「精神的自由の支配」なのだと思った。

景福宮は朝鮮王朝の正宮であり、当時の一般の朝鮮人には近づき

がたい所であったかも知れない。しかし、その正宮をないがしろにし、朝鮮王朝を抹殺してしまえば、植民地支配は「成功」なのだろう。韓国「併合」は実は韓国「廃滅」なのだという外務次官だった倉知鉄吉の覚書を思い出した。このことを「韓国廃滅か韓国併合か」（『日本近代史の虚像と実像２』大月書店、1990 年）で書いたことを実感した。

ソウルの暑い夏の日、広い景福宮の奥深く見学して「乙未事変記録画展示閣」に描かれた明成皇后殺害事件の絵を見て、史実ではないと思いつつ衝撃を受け、見学する中学生を見て衝撃を受けた。明成皇后殺害事件も調べなければ、と思った。事件の現場である乾清宮の敷地には韓国伝統工芸館があった。

その後、何回景福宮に行ったかは記憶にない。韓国を訪問する度に景福宮に行った。景福宮は、見学する度に見学通路が変更され、新しい殿閣が造られ、発掘調査が行われていた。景福宮の復元事業が進行していることを自覚したのは、その後である。すでに第 10 章で見たように、私が最初に韓国を訪問した 1991 年は景福宮の復元事業が始まった年でもあった。

その後、私はこの課題に取り組むことができなかった。日韓合同歴史教科書研究会の時に知り合ったソウル市立大学校教授鄭在貞氏とともに、歴史教科書、歴史認識をめぐって、２人の勤務校であった東京学芸大学とソウル市立大学校との間で行った日韓共通教材を作ることに 10 年もの時間を費やしたからである。上越教育大学の加藤彰先生に会長になっていただき、東京学芸大学の同僚であった木村茂光氏、坂井俊樹氏や卒業生、大学院生などと共同作業を継続した。成果は『日韓歴史共通教材　日韓交流の歴史』（明石書店、2007 年）として刊行された。

景福宮の研究に着手できたのは、2009 年から 2011 年まで、ソウル大学校師範大学に勤務するようになってからであった。勤務中は、拙著『日韓歴史教科書の軌跡』（すずさわ書店、2009 年）を刊行し、ソウル大学校名誉教授李元淳先生の執筆した平壌第三公立中学校の同窓会史を翻訳した『平壌三中　学窓の追遠史』（秋岡あや・野木香里・山口公一と共訳・明石書店、2010 年）を刊行する仕事に没頭した。しかし、ソウル大学校という韓国の著名な大学を活用して景福宮に関する資史料や論文を収集したことが大きな成果となり、2011 年に日本に帰ってから景福宮の研究を本格的に開始した。定年後という時間的に余裕のある生活も幸いした。

本書の内容は朝鮮総督府の庁舎の研究に限定できず、漢陽の成立から現代まで、大変な長期間を扱うことになった。これを知るにはその前が必要、という歴史研究ではよくある遡及的思考によって、本書の構成はできあがっていった。

本書の刊行は、ソウル市立大学校鄭在貞教授と日韓合同歴史教科書研究会で知り合ったことに始まるのかも知れない。日本語で気さくに話しかけてくれた鄭在貞氏は、日本の東京大学に留学し、日本語が堪能であったことが幸いした。当時、私は韓国語ができなかった。鄭在貞氏との縁で 1996 年にソウル市立大学校に留学した。この時、韓国語の語学院に通って韓国語を学んだ。当時、50 歳であった私は、劣等生で、韓国語を聞き取ることができるようにならなかった。でも、簡単な会話と読み取りがある程度できるようになった。このことが本書で韓国語論文を使用できた理由である。

そして、ソウル大学校名誉教授であった李元淳先生との出会いが本書の基礎にある。李元淳先生は国史編纂委員会委員長という多忙な仕事中にもかかわらず、ソウルのなかで日本と関係のある「遺蹟」を案内して、詳しい説明をしてくださった。李元淳先生も日本語を植民地時代に修得しており、日本語で説明してくださった。

さらに、ソウル大学校では、李景植先生をはじめ、同僚になった諸先生に、資史料や論文の収集に便宜を図っていただいた。特に徐毅植教授と何人かの助教と大学院生には、論文の収集に多大な援助をいただいた。韓国のインターネット状況を活用して、「膨大な」という程の論文、資史料が収集された。その上、徐毅植氏には漢文資料の解読までお世話になった。徐毅植氏がいなかったらこの本は出来なかったと思われる。

日本に帰ってからの研究では、壬辰戦争の検討では共立女子大学の堀新氏に史料の収集や史料解読でお世話になった。早稲田大学で韓国学研究所を主宰されていた李鐘元氏が筆者を招聘研究員に招いてくださったことによって、早稲田大学の図書館が利用可能となり、貴重な史料を収集でき、さらに韓国にもない「景福宮営建日記」を見つけることができた。李鐘元先生と早稲田大学の図書館には感謝したい。さらに広島大学図書館は、学外者の筆者に『朝鮮副業品共進会事務報告』のコピーを提供していただいた。この史料は本書には必須のものであり、感謝したい。

また、韓国のインターネット状況にも助けられた。博士論文、碩士論文、学会誌掲載論文、さらに国史編纂委員会などのホームページには、多くの新聞、雑誌、統監府や総督府の官報、朝鮮王朝実録、人物の履歴などが簡単に閲覧できた。このインターネット状況にも感謝したい。

東京教育大学に入学し、筑波移転反対闘争に関わり、こんな不勉強では高校の教員にはなれないと考えて大学院に入学し、家永三郎先生に実証史学のあり方を学び、大江志乃夫先生には研究史の重要さを教わった。幸いに博士課程修了後に東京学芸大学に職を得て、阿部猛先生や竹内誠先生、佐藤和彦先生を始めとした先生方には家永教科書訴訟支援運動に力を注ぐことを黙認していただき、歴史教育を学んだ。家永教科書訴訟の本質は、教科書検定が憲法 21 条「検閲は、これをしてはならない」に違反するかどうかを問うものであり、憲法 23 条の学問の自由、憲法 19 条の思想の自由が保障されているかを争点にしたものであった。まさに「心の自由」・「精神的自由」を争点にした訴訟であった。筆者が景福宮で見た風景から得た衝撃につながるものであった。

1990 年に始まった日韓合同歴史教科書研究会に参加を呼びかけられたのは、修士論文で東洋拓殖会社を研究し、その後駒澤大学の浅田喬二先生を中心とした研究会で満州支配や中国侵略の歴史を学んでいたことと、家永教科書訴訟支援運動で歴史教育を学んでいたからであろう。日本と韓国の歴史教育・歴史教科書をテーマとする日韓合同歴史教科書研究会は、私の研究生活を大きく変えた。その後の日韓歴史教科書研究会の交流は、長い時間と多大な労力を費やしたが、有意義な交流であり、その結果が本書の結実にも深い関係がある。

本書は多くの方にお世話になって完成したが、その方々、家永三郎先生、大江志乃夫先生、浅田喬二先生、李元淳先生、加藤章先生などが鬼籍に入られたことが残念でならない。真っ先に本書をお届けしなければならない方々である。その外、韓国人の留学生であった李淵植さんを始めとした何人もの方々、ソウル大学校の助教、大学院生には感謝します。

これからは鄭在貞さん、李宇泰さん、徐毅植さん、木村茂光さんなど、共に日韓の交流と歴史教科書をめぐる研究会を継続してきた方々と協力し合って研究を継続していきたい。

本書の出版にあたっては、厳しい出版事情の中で出版を許諾された明石書店の大江道雅社長を始め、編集部の佐藤和久さん、編集者の黒田貴史さん、複雑な組版をお願いした菅原政美さんに大変お世話なりました。記して感謝いたします。

2024 年 6 月吉日　　　　　　　　　杉並・宮前の自宅で　君島和彦

〈著者紹介〉
君島和彦（きみじま・かずひこ）
1945 年　栃木県生まれ
1977 年　東京教育大学大学院博士課程単位取得退学
1977 年　東京学芸大学講師・助教授を経て 1993 年教授
1996 年　韓国：ソウル市立大学校に留学
2009 年　東京学芸大学退職・韓国：ソウル大学校師範大学教授
2010 年　韓国：ソウル大学校師範大学定年退職・招聘教授
2011 年　東京学芸大学名誉教授
主な著書・翻訳書
『教科書の思想』1996 年、すずさわ書店
『日韓歴史共通教材　日韓交流の歴史　先史から現代まで』（共著）2007 年、明石書店
『日韓歴史教科書の軌跡』2009 年、すずさわ書店
『平壌三中　学窓の追遠史』（監訳）2010 年、明石書店
『近代の日本と朝鮮「された側」からの視座』（監修）2014 年、東京堂出版

日本の朝鮮支配と景福宮――**創建・毀損・復元**

2024 年 10 月 31 日　初版　第 1 刷発行

著　者	君　島　和　彦
発行者	大　江　道　雅
発行所	株式会社 明石書店
	〒 101-0021 東京都千代田区外神田 6-9-5
	電話 03（5818）1171
	FAX 03（5818）1174
	振替　00100-7-24505
	http://www.akashi.co.jp/
装丁	金子裕
印刷・製本	モリモト印刷株式会社

（定価はカバーに表示してあります）　ISBN978-4-7503-5844-4